AUGUSTE ESCOFFIER

Ma cuisine

2 500 RECETTES

13

14

INTRODUCTION

Avant de faire connaître la manière de préparer et d'accommoder les mets que l'on trouvera décrits dans ce recueil de cuisine bourgeoise, je crois utile de donner quelques simples notes sur les aliments qui font la base de notre nourriture et qui doivent servir à réparer la déperdition de nos forces physiques et à maintenir l'équilibre sans lequel la vie cesserait rapidement. Malheureusement nous n'apportons en général qu'une médiocre attention à ces questions vitales. L'existence ultra active que nous menons ne nous laisse pas le loisir de prendre les soins indispensables à l'entretien de notre machine humaine afin de la maintenir en bon état. Nous oublions trop volontiers que, semblable aux rouages d'une pendule, elle s'arrêtera, si nous négligeons de l'huiler ou de la remonter en temps utile. Il suffit pourtant de si peu de chose pour éviter de ces légers désagréments qui, parfois, peuvent devenir graves; mais il faut vouloir. La nature nous donne les aliments à l'état le plus simple ; à nous de savoir les utiliser suivant notre tempérament et à ne pas nous exposer par inattention ou par négligence à une foule de légers malaises.

Les aliments sont solides ou liquides; ils sont tirés du règne animal ou du règne végétal.

C'est par la chimie qu'on est arrivé à connaître les diverses propriétés des substances alimentaires.

Chaque aliment possède une saveur particulière, douce, salée, amère, âcre, acide, etc. qui le fait distinguer des autres.

L'odorat est le premier juge de nos aliments.

Les substances qui nous donnent les meilleurs sucs sont : le pain de froment pur, frais, bien fermenté et bien cuit; la chair du bœuf, du mouton, du veau, du poulet, du chapon, du faisan, de la perdrix, etc. Le mauvais pain, les viandes dures, coriaces sont moins nourrissantes.

En vue d'obtenir une bonne alimentation, il faut choisir parmi les animaux ceux qui ne sont ni trop jeunes, ni trop vieux.

La chair des oiseaux et des animaux sauvages est plus légère que celle des animaux domestiques, avantage dû à leur plus grand exercice.

Une viande trop chargée de graisse fatigue l'estomac.

Les animaux qui se nourrissent de thym, de romarin, de serpolet et autres plantes aromatiques, fournissent une chair plus savoureuse et plus fortifiante (ce sont ces plantes dont se nourrissent nos moutons de Provence et qui font la renommée de leur chair si délicate).

Les saisons nous obligent aussi à modifier notre alimentation. En hiver, non seulement la nourriture doit être plus chaude et plus abondante que dans les autres saisons, mais elle doit être surtout tirée en grande partie du règne animal.

Les corps gras sont nécessaires à l'alimentation des peuples du Nord, ainsi que les boissons spiritueuses.

Les aliments tirés du règne animal nourrissent davantage que ceux fournis par le règne végétal; mais pour en extraire les qualités substantielles et hygiéniques il faut unir les uns aux autres.

Les viandes salées ou séchées ne conviennent qu'aux personnes robustes; les estomacs faibles et délicats doivent s'en abstenir.

Le poisson est moins nourrissant que la viande ; néanmoins il est indispensable à notre existence aussi bien au point de vue nutritif qu'économique. Le poisson fait la base de la nourriture de certains peuples et rentre dans la catégorie des produits naturels que l'homme n'a qu'à recueillir sans avoir, comme pour les légumes, le souci d'ensemencer.

Les habitants des pays chauds se nourrissent presque essentiellement de fruits et de légumes. Le lait est l'aliment simple et naturel de tous les peuples.

L'oeuf frais du jour, modérément cuit à la coque se digère facilement et a l'avantage, sous un volume restreint, d'être très nourrissant. Cependant certaines personnes ne peuvent le supporter.

Nous devons également tenir compte de la question sérieuse mais désagréable des *régimes*, question qui rend l'existence impossible. Aussi vais-je laisser la parole aux médecins spécialistes.

Un bon et fin dîner doit se terminer de préférence par d'excellents fruits qui, en parfumant la bouche, font oublier le goût des viandes. Les fruits sont en un mot l'apothéose du dîner, surtout lorsque ceux-ci sont unis à de délicieuses crèmes glacées.

Un café soigneusement préparé, pris quelque temps après le repas, favorise la digestion.

Le café se plaît à être servi au salon; son suave parfum en se développant monte à la tête, réveille les esprits et donne du brio à la conversation.

Tout aliment doit contenir une substance capable de réparer les pertes que nous subissons continuellement et de donner aux organes qui en sont chargés, l'énergie nécessaire. Il est donc indispensable de consulter la force de son estomac avant d ' y introduire certains aliments.

11 y a différentes manières de soumettre les aliments à la cuisson : on les fait bouillir dans l ' eau; on les fait braiser dans leur jus; on les fait rôtir, griller ou frire.

L'ébullition a ses avantages, mais il faut qu'elle ne soit pas trop prolongée si la chair qui y est soumise doit être mangée. Le bouillon est le résultat de ce mode de cuisson des viandes.

Par le braisage la chair se pénètre de vapeurs chaudes; elle s'attendrit, ne s'épuise pas à la cuisson et conserve ainsi tout son suc.

Les viandes rôties ou grillées retiennent à peu près toutes les parties solubles. L'action directe du feu carbonise les parties extérieures et repousse vers le centre tous les sucs. Le rissolage qui se forme à la surface communique à la fibrine un goût particulier très agréable et qui est la caractéristique de ce genre de cuisson. Les viandes rôties sont très nourrissantes et toniques; leur saveur appétissante les rend pour beaucoup d'estomacs préférables à toute autre préparation. Mais si simple que ce soit de faire rôtir, il faut y apporter certains soins.

La friture est plutôt indiquée pour certains poissons; néanmoins il est prudent de ne pas manger l'enveloppe extérieure, celle-ci étant extrêmement nuisible aux estomacs délicats à cause de la graisse qu'elle absorbe pendant la cuisson. La poisson grillé et bouilli convient mieux aux estomacs fatigués.

La viande, bien que nécessaire, doit être consommée avec modération. L'usage des légumes frais et secs dans notre alimentation est non seulement indispensable, mais salutaire.

Les assaisonnements ont pour but d'aider les forces gastriques; mais il faut se garder des abus, car rien n'est plus défavorable à la santé qu'un usage immodéré des assaisonnements, si simples qu'ils soient.

En général on peut poser comme principe à toute personne consciente de l'importance qu'il y a à conserver à l'estomac toutes ses facultés, qu'il est bon de quitter la table avant d'avoir donné libre cours à ses désirs. L'oubli de ce précepte est souvent la cause d'indigestions.

Le meilleur principe d'hygiène alimentaire est de varier les mets, car l'uniformité finit par causer du dégoût dont l'influence se fait sentir sur la digestion; et, de ce fait la nécessité des assaisonnements s'impose. Rien n'est plus favorable en effet pour donner aux aliments des propriétés autres que celles qu'ils possèdent par eux-mêmes.

ASSAISONNEMENTS. — Les diverses espèces d'assaisonnements peuvent être rangées en trois classes : 1° les stimulants purs : 2° les stimulants aromatiques; 3° les aromates.

STIMULANTS PURS. — Ce sont : la moutarde, l'échalote, la ciboule, l'ail, la civette et le sel.

STIMULANTS AROMATIQUES. — Les principaux sont : le poivre, le gingembre, le piment, le raifort, les câpres, les cornichons, les capucines, la muscade, la girofle, la cannelle.

ASSAISONNEMENTS AROMATIQUES. — Comprennent: le thym, le serpolet, le safran, la sauge, le romarin, le persil, le cerfeuil, le laurier, la vanille, l'eau de fleurs d'oranger, etc.

AROMATES. — On classe dans cette catégorie : le verjus, le citron, le vinaigre, mais on peut les confondre avec les assaisonnements aromatiques parce que le verjus et le citron sont estimés autant par leur arôme que par leur acidité.

Bien que ce livre soit destiné à la cuisine bourgeoise, il n'en est pas moins précieux pour le restaurateur, le maître d'hôtel, le chef de cuisine, etc.

La petite ménagère, même, y trouvera de délicieuses recettes à la portée de ses moyens. On ne doit pas oublier que la bonne et saine cuisine, aussi simple qu'elle puisse être, fait la joie du foyer.

En résumé, « Ma Cuisine » n'est pas un simple aide-mémoire, mais bien un livre de cuisine aux recettes aussi claires que possible et très pratique.

A , E .

LES SAUCES
PRINCIPAUX FONDS DE CUISINE

PRÉPARATION DES JUS OU FONDS BRUNS

Pour obtenir 5 à 6 *litres de fonds brun :* Prendre 3 kilos de jarret de boeuf, 2 kilos de jarret de veau, quelques couennes de lard sèches passées 10 minutes à l'eau bouillante, 200 grammes de carotte, 200 gr. d'oignon; bouquet composé de branches de persil, une feuille de laurier, brindilles de thym, une petite gousse d' ail.

Désosser les viandes, les détailler en morceaux de 50 à 60 grammes ; les tenir en réserve. Casser les os aussi menus que possible; retirer la moelle des os de boeuf. Garnir le fond d'une braisière, de grandeur voulue, avec les couennes de lard, les oignons et carottes émincés; ranger les os sur ce lit de légumes. Mouiller d'un demi-litre d'eau, mettre la braisière sur un feu doux, la couvrir et faire réduire l'eau complètement. Remettre de nouveau un demi-litre d'eau chaude et faire réduire à fond. Mouiller alors avec 7 ou 8 litres d'eau bouillante. Ajouter le bouquet, 3 grammes de sel par litre d'eau, quelques grains de poivre. Mettre en ébullition, cuire doucement pendant au moins 5 heures en maintenant le niveau de mouillement avec de l'eau bouillante au fur et à mesure de la réduction.

Lorsque le fonds est prêt, faire légèrement rissoler au beurre, dans une casserole, les morceaux de viande tenus en réserve ; les mouiller avec un quart de litre de fonds préparé, couvrir la casserole, faire réduire complètement sur feu moyen et renouveler l'opération à deux re- prises; puis ajouter le reste du fonds. Porter à l'ébullition, écumer s'il y a lieu, couvrir la casserole aux trois quarts, conduire la cuisson très lentement pendant 3 heures, puis dégraisser le jus, le passer à la passoire fine dans une terrine et le tenir en réserve pour ses divers usages. Les viandes ayant servi à faire le second jus n'étant pas tout à fait épuisées pourront être remouillées avec de l'eau et les faire bouillir très doucement pendant 2 heures, ou bien en composer d'excellents hachis.

Le jus obtenu par cette seconde ébullition peut servir de mouillement à divers braisés.

Les os ayant servi à faire le premier jus doivent être remouillés avec de l'eau chaude puis les faire bouillir très lentement, pendant 4 à 5 heures pour en extraire toute la gélatine contenue dans les os. Le jus obtenu mélangé au jus précédent, réduit à l'état d'un sirop épais brun, constitue la glace de viande.

FONDS BLANC SIMPLE

Pour obtenir 5 à 6 litres de fonds blanc : Prendre 6 kilos de jarret et épaule de veau, 200 grammes de carotte, 200 grammes d'oignon,
60 grammes de poireau, une petite demi-branche de céleri; un bouquet composé de : branches de persil, une feuille de laurier, brin de thym, 2 clous de girofle, 6 à 8 litres d'eau. Désosser les viandes, les ficeler, les mettre dans une marmite avec les os que l'on aura brisés, l'eau et 30 grammes de sel. Faire partir en ébullition, écumer soigneusement, ajouter la garniture. Temps de cuisson à petit feu et régulier : 2 heures et demie environ. Passer à la passoire fine dans une terrine et tenir en réserve pour divers usages.

FONDS DE VOLAILLE

Les proportions sont les mêmes que pour le « Fonds blanc simple », en ajoutant quelques abatis et carcasse de volaille et une poule.

FONDS OU JUS DE VEAU BRUN

Proportions pour 4 litres de jus : 3 kilos de jarret et épaule de veau, désossés, quelques couennes de lard passées pendant 8 minutes à l'eau bouillante; les os brisés menu, 150 grammes de carotte, 200 grammes d'oignon coupés en rondelles un peu épaisses; bouquet composé de queues de persil, une feuille de laurier, brin de thym. Mouillement .:
6 litres de fonds blanc.

Foncer une casserole à fond épais; plus large que haute; avec les oignons, carottes, couennes de lard, sur ce lit d'aromates, disposer les viandes détaillées en morceaux et les os. Mouiller avec un demi-litre de fonds blanc, mettre la casserole dans le four, sans la couvrir, dès que le mouillement sera complètement réduit, ajouter de nouveau un demi-litre de fonds blanc, laisser réduire à fond, puis ajouter le restant des 6 litres de fonds et le bouquet.
Retirer la casserole du four, la mettre sur le coin du fourneau, la couvrir aux trois quarts; faire partir en ébullition; écumer, et tenir ensuite en ébullition lente pendant 3 heures.

Passer au tamis fin, tenir ce jus en réserve selon l'usage auquel il est destiné.
Les viandes et os ayant servi à la préparation de ce jus, les remouiller avec de l'eau chaude, faire bouillir lentement pendant 2 heures, passer ensuite le fonds à la passoire fine. Peut servir de mouillement à divers braisages ou le faire réduire pour glace de viande.

JUS DE VEAU LIÉ A L'ARROW-ROOT

Proportions pour I litre : Faire réduire 2 litres de jus brun, préparé selon la formule ci-dessus, à 1 litre. Délayer 30 grammes d'arrow-root avec un peu de fonds froid; le verser dans le fonds bouillant; cuire pendant une minute et passer à la passoire fine.

GLACE DE VIANDE

La bonne Glace de Viande s'obtient par la réduction du fonds bruni et blanc.

Au fur et à mesure que la réduction s'avance, et que s'opère la concentration, le fonds est passé à travers une mousseline, et mis dans des casseroles plus petites. La pureté de la glace résulte d'un écumage soigneusement fait pendant le cours de la réduction.

La réduction peut au début se faire à grand feu, mais vers la fin elle doit être conduite doucement et à feu très modéré.

La glace est à point lorsqu'elle a acquis cette consistance sirupeuse et qu'elle enveloppe une cuiller plongée dedans d'une couche brillante et bien adhérente, c'est-à-dire qu'elle nappe la cuiller.

Dans une grande cuisine, après avoir retiré le premier fonds, les viandes sont remouillées avec de l'eau bouillante de façon qu'elles se trouvent largement submergées, puis mises en ébullition à petit feu pendant plusieurs heures.

Par cette seconde ébullition, les os épuiseront leur gélatine, ce qu'on ne peut obtenir à la première opération, et c'est cette gélatine qui, mêlée aux sucs des viandes, donne un transparent d'où lui vient le nom de « Glace de Viande ».

La Glace de Viande sert surtout au fini de certaines sauces, en leur donnant de la légèreté, de la saveur et un raffinement indiscutable ; mais on doit en faire usage judicieusement, sans abus et avec à-propos, et elle est d'une réelle utilité dans bien des cas.

LES ROUX
Les Roux représentent la base de liaison des sauces.

Roux brun.
Proportions pour 1G0 grammes de roux : 50 grammes de beurre clarifié et 60 grammes de farine tamisée.

Mettre le beurre dans une casserole de grandeur proportionnée au volume, lui amalgamer la farine et conduire la cuisson à feu lent. Une fois cuit, le roux brun doit avoir une teinte noisette et être très lisse.

Ces 100 grammes de roux serviront de liaison à I litre et demi de fonds brun.
Roux blond.
Les proportions sont les mêmes que pour le roux brun, soit 50 gr. de beurre clarifié et 60 grammes de farine tamisée.

La cuisson doit être conduite très lentement, jusqu'au moment où le roux a pris une teinte légèrement blonde.

GRANDES SAUCES DE BASE

La préparation des sauces demande beaucoup de soin. On ne doit pas, en effet, oublier que c'est par le raffinement apporté à nos sauces que la Cuisine Française jouit d'une suprématie mondiale.

Je n'entrerai pas ici dans les détails que la préparation des sauces exige dans une grande cuisine de restaurant et hôtel, ce serait superflu. Le but de cet ouvrage, au contraire, est de simplifier les formules, de les rendre aussi claires que possible, de les mettre à la portée de tous et d'en faciliter l'exécution aux ménagères.

Nous avons en Cuisine trois sauces fondamentales qui sont :

1° La Sauce dite « Espagnole » qui, en fait, n'est qu'un jus brun lié par un roux également brun, composé de beurre et farine par parties à peu près égales.

2° Le « Velouté » qui ne diffère de l'Espagnole que par le jus dénommé fonds blanc, lié avec un roux tenu aussi blanc que possible.

Ces jus bruns et blancs sont tirés des viandes dont les sucs sont neutres de goût ; le veau et le bœuf en constituent les premiers éléments, puis la volaille.

Les sauces préparées avec ces jus ou fonds de cuisine s'adaptent à diverses préparations de poisson, à l'accommodation des viandes en général, des volailles, des gibiers, etc. Leur adjonction ne peut qu'en rehausser la saveur.

3° La sauce « Béchamel ». Cette sauce, au point de vue économique, peut être considérée comme la Reine des Sauces, elle se prête à de multiples et délicieuses préparations et s'harmonise aussi bien avec les œufs, le poisson, les viandes, qu'avec la volaille, les divers gibiers et les légumes; de plus sa préparation facile demande peu de temps.

Nous avons ensuite la sauce Tomate qui, elle aussi, joue un rôle important dans la Cuisine Moderne.

Puis, la Glace de Viande qu'on n'apprécie pas toujours à sa valeur et qui, cependant, lorsqu'elle est soigneusement traitée, peut, dans bien des cas, être de la plus grande utilité.

Dans les grandes cuisines de restaurants et hôtels, ces sauces fonda- mentales sont préparées tous les matins, et ce n'est que par ce moyen qu'on arrive à faire un service rapide dans les conditions les meilleures.

Les sauces-mères permettent de préparer à la minute toutes les petites sauces composées dont on trouvera plus loin les formules.

SAUCES DE BASE

Sauce brune, dite « sauce espagnole ».

Pour obtenir un litre de Sauce Brune, préparer 100 grammes de roux comme il est indiqué; dès qu'il est cuit à point, retirer la casserole hors du feu, laisser refroidir le roux quelques instants et le délayer, avec 1 litre de fonds brun, en se servant d'un fouet à blancs d'oeufs de façon à obtenir une liaison lisse sans grumeaux; faire prendre l'ébullition à la sauce en continuant à remuer avec le fouet ou avec une spatule.

La tenir ensuite sur le côté du feu, en ébullition lente et régulière. Y joindre une mirepoix ainsi préparée : 30 grammes de lard de poitrine détaillé en petits dés; 30 grammes d'oignon, 50 grammes de carotte, coupés en dés; brindille de thym, petite feuille de laurier, quelques queues de persil.

Faire fondre le lard dans une casserole plate avec 30 grammes de beurre, ajouter les légumes et arômes préparés; les faire légèrement rissoler.

Continuer l'ébullition pendant 3 heures, en y ajoutant de temps à autre quelques décilitres de fonds brun froid, pour en faciliter le dépouillement de la sauce. Ce dépouillement sera d'autant plus rapide que le fonds sera plus ou moins saturé des sucs des viandes employées pour la préparation de ces fonds.

Arrivée au point voulu, passer la sauce à la passoire fine dans une terrine, en pressant légèrement la mirepoix, et la vanner jusqu'à presque complet refroidissement. Tenir en réserve.

SAUCE DEMI-GLACE

La sauce appelée « Demi-Glace » est la Sauce Espagnole complétée au dernier moment avec une addition de fonds de veau brun un peu corsé ou de fine glace de viande.

Demi-glace tomatée.

Ajouter à la formule précédente le tiers de son volume de Sauce Tomate.

VELOUTÉ SIMPLE

Pour obtenir un bon Velouté, procéder comme il est indiqué pour la « Sauce Espagnole » en remplaçant le Roux brun par du Roux blond et du fonds blanc, en tenant compte des mêmes proportions données pour « l'Espagnole ».

Conduire la cuisson du velouté à très petite ébullition pour en faciliter le dépouillement et obtenir une sauce transparente.

Temps de cuisson et dépouillement : Une heure et demie. Passer ensuite le velouté à la passoire fine dans une terrine et la vanner jusqu'à complet refroidissement. Tenir en réserve.

NOTA. — Pendant que s'opèrent la cuisson et le dépouillement de la sauce Espagnole et du Velouté, on doit, avec soin, enlever de temps à autre le beurre et l'écume qui montent à la surface.

Pour le velouté, on pourra supprimer la mirepoix indiquée pour l'Espagnole.

Pour faciliter le dépouillement des sauces, les casseroles employées à cet usage doivent être plus hautes que larges.

Le fond de la casserole ne doit pas reposer entièrement sur le fourneau, il faut en soulever légèrement un côté avec un petit morceau de Sel ou autre corps dur.

SAUCE BLONDE OU SAUCE PARISIENNE
(ex-Sauce Allemande».)

Est le velouté ordinaire, lié aux jaunes d'œufs.

Proportions pour un litre: Velouté ordinaire: Un litre.

Éléments auxiliaires : 5 jaunes d'œufs, un demi-litre de fonds blanc, froid; une pincée de poivre mignonnette; un soupçon de muscade râpée, quelques cuillerées de cuisson de champignons, frais cuits (sur- foui *ne jamais employer à cet usage de champignons en conserve*).

Traitement : Réunir dans un sautoir à fonds épais : cuisson de cham- pignons, fonds blanc, jaunes d'œufs, mignonnette, muscade : mélanger le tout au fouet ; ajouter le velouté, faire prendre l'ébullition et réduire d'un bon quart, en plein feu et sans cesser de remuer à la spatule en faisant pression sur le fond de la casserole.

Réduire la sauce jusqu'au moment où elle nappe bien la spatule et la passer à l'étamine dans une terrine.

La vanner légèrement; tamponner la surface avec un morceau de beurre, pour éviter qu'il s'y forme une peau. Tenir en réserve hors du feu.

SAUCE SUPRÊME

Proportions pour 1 litre : 1 litre de velouté de volaille réduit au point voulu; additionner de 2 décilitres de crème très fraîche, réduire quelques instants et passer la sauce à l'étamine.

L'addition de la crème au velouté se fait au dernier moment et en même temps que la crème, ajouter quelques cuillerées de glace de viande blonde tirée d'un fonds blanc de veau et volaille.

SAUCEBÉCHAMEL

Proportions pour I litre : Préparer un roux blond comme il est indiqué, le délayer avec I litre de lait bouillant, faire prendre l'ébullition en remuant avec le fouet ; retirer la casserole sur le coin du feu, ajouter 8 grammes de sel, une pincée de poivre mignonnette, un soupçon de muscade râpée, un demi moyen oignon piqué d'un clou de girofle et un petit bouquet composé de queues de persil, une demi- feuille de laurier et brindille de thym. Conduire l'ébullition à petit feu 25 à 30 minutes, en ayant soin de soulever un coin du fond de la casserole.
Passer la sauce à l'étamine dans une terrine, tamponner la surface de la sauce avec un morceau de beurre. Tenir en réserve.

SAUCE TOMATE

Proportions pour 1 litre : Pour obtenir 1 litre de bonne sauce tomate, choisir 3 kilos de tomates fraîches, les diviser en deux; extraire les semences sans presser la tomate ; les hacher, les mettre dans une casserole avec 75 grammes de beurre ou de préférence 5 cuillerées à soupe d'huile d'olive, 10 grammes de sel, une pincée de poivre, un bouquet de branches de persil dans lequel on aura enfermé la moitié d'une gousse d' ail. Couvrir la casserole; donner 30 à 35 minutes de cuisson à petit feu. Passer la sauce au tamis fin; mettre le coulis qui en résulte dans une terrine ; tamponner la surface de la sauce avec un morceau de beurre. Tenir en réserve.

Cette méthode de préparer la sauce tomate a l'avantage d'être rapide et de conserver à la sauce toute la fraîcheur et l'essence du fruit.

A défaut de tomates fraîches, on pourra les remplacer avantageusement par de la tomate concassée en conserve qu'on peut se procurer chez tous les épiciers.

NOTA. — Dans les diverses sauces décrites ci-dessus, on remarquera que j'ai pris comme base de proportions la contenance d'un litre ; on pourra, en tenant compte de ces proportions, en augmenter le volume à volonté.

PETITES SAUCES BRUNES COMPOSÉES

Sauce bigarade ou orange pour caneton rôti.
Pour un caneton : Zeste d'une orange et zeste d'un demi-citron détaillés en fine julienne, cuits 5 à 6 minutes à l'eau, égouttés et mis dans une petite casserole avec le jus de l'orange et du demi-citron ; tenir au chaud.
D'autre part, faire réduire de moitié, dans une petite casserole, un verre de vieux Frontignan ; ajouter un petit verre de curaçao sec et un décilitre et demi environ de fine demi-glace un peu corsée ; donner quelques secondes d'ébullition puis y joindre les zestes et les jus d'orange et citron. Servir à part dans une saucière et, en même temps, des quartiers d'orange parés à vif dressés dans un saladier.
Sauce bordelaise.
Pour obtenir un quart de litre de cette sauce, faire réduire de moitié un décilitre de vin rouge

ou vin blanc à volonté, avec une cuillerée à café d'échalote hachée et une pincée de poivre mignonnette. Ajouter un décilitre et demi de sauce demi-glace légèrement tomatée ; faire bouillir quelques minutes, passer la sauce à la passoire fine dans une petite casserole.

Mettre au point en lui ajoutant 50 grammes de moelle de bœuf très fraîche détaillée en dés ou en rondelles, et pochée pendant quelques secondes à l'eau salée ou bouillon.
(Spéciale aux grillades de viandes noires de boucherie.)

Sauce bourguignonne.

Pour 3 à 4 décilitres de sauce : Faire légèrement revenir au beurre une mirepoix composée de : 60 grammes de lard maigre de poitrine,
2 cuillerées d'oignon, 2 cuillerées de carotte, coupés en petits dés ; une feuille de laurier, brindille de thym, queues de persil ciselées et quelques grains de poivre écrasés. Mouiller de trois quarts de litre de bon vin rouge ; faire réduire de moitié. Passer la sauce à la passoire fine, dans une casserole ; la lier avec 2 cuillerées de beurre au-quel on aura mélangé une cuillerée et demie de farine ; mettre au point au dernier moment avec 60 grammes de beurre fin.
(Spéciale à différentes préparations d'œufs et certains poissons.)

Sauce bretonne.

Faire légèrement blondir au beurre 2 cuillerées d'oignon haché ; mouiller de 2 décilitres de vin blanc; réduire de moitié et ajouter :
3 décilitres de sauce Espagnole et autant de sauce tomate, une pointe d'ail écrasé et à quelques feuilles de persil concassées. Faire bouillir 8 à 10 minutes, la passer à la passoire fane.

NOTA. — L'emploi de cette sauce est presque exclusif à la liaison aux « Haricots à la Bretonne ».

Sauce aux cerises.

Pour cette sauce, la cerise de Montmorency, en conserve, le jus légèrement sucré, est la meilleure.

Préparation : Mettre dans une casserole, 1 décilitre de Porto et même quantité de jus de cerise, une pincée d'épices anglaises et le zeste râpé d'une orange. Faire réduire de moitié; ajouter 4 à 5 cuillerées de gelée de groseille et à peu près égalité de cerises sans noyaux. Donner quelques minutes d'ébullition. Servir dans une saucière.
Sert pour venaison, caneton poêlé, canard braisé, oies.

Sauce chasseur.

Sauter au beurre et huile d'olive, en les faisant légèrement rissoler,
150 grammes de champignons crus émincés ; y ajouter une cuillerée à café d'échalote hachée et, aussitôt mouiller d'un demi-décilitre de bon cognac et 1 décilitre de vin blanc et réduire de moitié. Compléter avec 3 décilitres de sauce demi-glace, 2 à 3 cuillerées de sauce tomate et une cuillerée de glace de viande. Faire bouillir quelques minutes, ajouter à la sauce une pincée de feuilles de persil ciselé.

Sert pour tournedos, noisette d'agneau; filets Mignons, filets de poulet, etc.

Sauce chaud-froid brune

Proportion pour 1 litre : Trois quarts de litre de sauce demi-glace réduite à point ; 5 décilitres de gelée de pied de veau. Faire vivement réduire la sauce d'un quart de son volume.

Vérifier l'assaisonnement, et constater si la sauce a la consistance nécessaire pour son emploi. Compléter avec quelques cuillerées de madère ; passer à la mousseline dans une casserole et vanner la sauce jusqu'au moment où elle est arrivée au point de refroidissement convenable pour bien napper les éléments du chaud-froid auquel elle est destinée.

Pour la sauce chaud-froid brune pour canard et gibier, on ajoute à la sauce demi-glace en réduction, 1 décilitre et demi d'essence tirée soit du canard ou du gibier employé.

A l'époque de la truffe fraîche, on pourra ajouter à la demi-glace en réduction, quelques pelures de ce tubercule.

On peut également préparer une sauce chaud-froid tomatée. Dans ce cas, on ajoute à la sauce demi-glace en réduction un tiers de son volume de sauce tomate.

Sauce chevreuil.

Pour 1 litre de sauce : Faire réduire de moitié 2 décilitres de bon vinaigre rouge de vin. Ajouter un 'litre de sauce demi-glace, donner

10 à 12 minutes d'ébullition, compléter avec quelques grains de poivre écrasés; continuer l'ébullition 5 à 6 minutes et passer la sauce à la passoire fine dans un bain-marie. (Spéciale pour venaison.)

Sauce diable.

Cette sauce se prépare généralement en petite quantité et au moment voulu.

Proportions pour 4 à 6 personnes : Réduire de deux tiers 3 décilitres de vin blanc additionné de 2 échalotes finement hachées. Ajouter

2 décilitres de sauce demi-glace, faire bouillir quelques minutes et relever la sauce d'une pointe de poivre de Cayenne ou d'un petit piment haché.

Spéciale pour poulets, pigeons, pieds de porc.

Comme variante, on peut ajouter à cette sauce, soit une cuillerée à café de moutarde anglaise, cuillerée à dessert de « Lea Perrin Sauce » et une cuillerée de beurre d'anchois.

Excellente pour poissons grillés.

Sauce grand veneur.

Proportions pour 1 litre de sauce : Faire fondre dans une casserole 3 cuillerées de gelée de groseille, lui mêler, petit à petit, 2 décilitres de crème fraîche, en procédant avec un fouet à blancs d'œufs et ajouter 1 litre de sauce Chevreuil. Donner quelques minutes d'ébullition.

Sauce italienne.

Ajouter à trois quarts de litre de sauce demi-glace tomatée 4 cuillerées à soupe de Duxelles, 125 grammes de jambon maigre cuit coupé en très fine brunoise. Laisser bouillir pendant 5 à 6 minutes. Compléter avec une pincée de persil haché.

Sauce moelle.

Sauce demi-glace réduite à point, facultativement légèrement beur- rée, additionnée au dernier moment de 100 grammes de moelle très fraîche, détaillée en dés, et pochée quelques minutes; pincée de persil haché.

Sauce Pérîgueux.

Ajouter à un demi-litre de sauce demi-glace, réduite à point, 3 cuillerées de truffe soigneusement pelée et hachée ; pour terminer, quelques cuillerées de madère.

(Spéciale aux petites entrées.)

Sauce piquante.

Réduire de moitié 2 décilitres de vinaigre, additionnés de 2 cuillerées à soupe d'échalotes finement hachées. Ajouter un demi-litre de sauce demi-glace, donner 8 à 10 minutes d'ébullition à petit feu. Compléter, hors du feu, avec 2 cuillerées de cornichons, persil, estragon hachés.

Cette sauce est surtout indiquée pour la viande de porc bouillie ou grillée. Elle sert aussi pour le bœuf bouilli et émincés de viande de boucherie.

Sauce poivrade ordinaire.

Faire revenir au beurre jusqu'à coloration des légumes d'une mire- poix composée de 50 grammes d'oignon, 50 grammes de carotte, coupés en dés ; une feuille de laurier, brindilles de thym, branches de persil ciselées.

Mouiller de 1 litre et demi de vinaigre de vin, réduire de moitié et ajouter un demi-litre de sauce demi-glace. Faire réduire quelques instants et passer la sauce à la passoire fine. Compléter la sauce par l'addition de 50 grammes de beurre fin.

Les proportions de cette sauce sont à peu près basées pour 8 à 10 personnes.

NOTA. — Lorsque la sauce Poivrade ordinaire est destinée pour accompagner une pièce de venaison ou certains gibiers, si la venaison a été mise en marinade on pourra ajouter à la sauce quelques cuillerées de la marinade.;

PETITES SAUCES BLANCHES COMPOSÉES

Sauce aurore.

Velouté additionné de purée de tomate bien rouge, dans les pro- portions de trois quarts de velouté et un quart de purée de tomate. La mise à point se fait avec 100 grammes de beurre incorporé au dernier moment par litre de sauce.

Autre manière de préparer la sauce aurore.

Faire fondre dans une petite casserole 2 cuillerées de beurre, lui mêler I cuillerée à dessert de paprika rose doux; chauffer pendant quelques secondes et l'incorporer à un litre de Béchamel à la Crème. NOTA. — Il est important de se rendre compte de la qualité du Paprika qui doit être doux et ne pas le confondre avec le poivre rouge de Cayenne.

Sauce béarnaise.

Pour le quart d'un litre de sauce Faire réduire de deux tiers un décilitre de vin blanc et un décilitre de vinaigre à l'estragon addition- nés de : 2 cuillerées à café d'échalotes hachées, une pincée de feuilles d'estragon ciselées, une petite pincée de poivre mignonnette, une pincée de sel et la grosseur d'une noix de beurre. Retirer la casserole hors du feu, laisser refroidir la réduction pendant quelques minutes; ajouter 3 jaunes d'oeufs et monter la sauce à feu doux avec 250 gr. de beurre ramolli ou à peine fondu, par petites parties, en procédant comme pour la Mayonnaise ou la sauce Hollandaise, et en se servant d'un petit fouet à sauce.

La liaison de la sauce se produit par la cuisson progressive des jaunes d'œufs, d'où très important de traiter la sauce Béarnaise à feu doux.

Quand le beurre est incorporé, passer la sauce à l'étamine ou dans de la mousseline; régler l'assaisonnement en le relevant d'une petite pointe de poivre de Cayenne; la compléter avec une pincée d'estragon et une demi-pincée de cerfeuil hachés.

Cette sauce ne demande pas à être servie très chaude.

Sauce béarnaise tomatée, dite « sauce Choron ».

Préparer la sauce Béarnaise comme ci-dessus ; mais sans addition finale d'estragon et de cerfeuil hachés. La tenir assez ferme et l'additionner du quart de son volume de purée de tomate très réduite.

Sauce béarnaise à la glace de viande, dite « sauce Valois ».

Préparer la sauce Béarnaise selon les proportions indiquées à la recette type. La compléter avec 2 fortes cuillerées de glace de viande fondue.

Sauce au beurre.

Amalgamer 40 grammes de farine à 40 grammes de beurre fondu. Mouiller d'un trait, avec 6 décilitres d'eau bouillante additionnée de 6 grammes de sel ; mélanger vivement au fouet ;

ajouter une liaison de 4 à 5 jaunes d'œufs délayés avec 2 cuillerées de lait chaud ou de crème. Passer la sauce à l'étamine et la compléter, hors du feu, avec 250 gr. de beurre fin.

Sauce aux câpres.

Est la « Sauce au Beurre » ci-dessus, additionnée, au dernier mo- ment, de 2 ou 3 cuillerées de petites câpres par litre de sauce. *(Sert aux poissons bouillis.)*

Sauce cardinal.

Sauce Béchamel à la Crème à laquelle on incorpore par demi-litre de sauce 75 à 100 grammes de beurre de homard; relever la sauce d'une pointe de poivre de Cayenne.

Sauce chaud-froid blanche ordinaire.

Proportions pour 1 litre : Trois quarts de litre de velouté ordinaire, 6 à 7 décilitres de gelée de pied de veau ; 3 décilitres de crème.

Mettre le velouté dans un plat à sauter à fond épais; placer à plein feu et faire réduire à la spatule en appuyant sur le fond de la casserole et en faisant absorber à la sauce la gelée et un tiers de crème.

La réduction de l'ensemble doit être d'un bon tiers.

Vérifier l'assaisonnement et la consistance; passer à l'étamine; ajouter petit à petit le restant de la crème et vanner la sauce jusqu'à refroidissement convenable pour l'enrobage des éléments destinés à être chaud-froités.

Sauce chaud-froid blonde.

Procéder comme pour la sauce Chaud-Froid ordinaire, en remplaçant le velouté par de la sauce Blonde, dite *Sauce Allemande,* et en diminuant de moitié la quantité de crème.

Sauce chaud-froid aurore.

Préparer la sauce Chaud-Froid d'après la première formule ; l'additionner d'un décilitre et demi de purée de tomate très réduite, ou d'une petite cuillerée de paprika rose doux, chauffé légèrement au beurre.

Sauce crevettes.

Ajouter à un demi-litre de sauce Béchamel à la Crème ou à un demi-litre de sauce blonde : 100 grammes de beurre de crevettes roses, additionné de 2 cuillerées à café de paprika rose doux.

Garniture : Queues de petites crevettes roses décortiquées.

Sauce curry à la crème.

Faire fondre 50 grammes de beurre dans une petite casserole, ajouter une cuillerée d'oignon finement haché; dès que l'oignon commence à blondir, lui mêler une cuillerée à café de bon curry doux; laisser chauffer quelques secondes en remuant avec une cuiller; ajouter alors un quart de litre de sauce Béchamel ; donner quelques minutes d'ébullition à petit feu. Passer la sauce à l'étamine ou à la passoire fine et la compléter avec quelques cuillerées de crème fraîche.

On pourra remplacer la sauce Béchamel par du Velouté ou de la sauce Blonde, en leur incorporant quelques cuillerées de crème fraîche.

Sauce au paprika rose, ou « Sauce aurore »

Même composition et procédé de préparation que la « Sauce au Curry », sauf que la poudre de curry est remplacée par même quantité de paprika rose en poudre et doux. Finir la sauce avec quelques cuillerées de crème fraîche.

NOTA. — Il est difficile de donner des proportions exactes pour l'emploi du Curry et du Paprika à cause des quantités irrégulières de poivre de Cayenne que contiennent ces deux produits.

Sauce diplomate, ou « sauce riche ».

Ajouter à un demi-litre de sauce blonde : 1 décilitre de fumet de poisson, quelques cuillerées de cuisson de champignons frais cuits, quelques parcelles de beurre frais, et 2 cuillerées de beurre de homard.

Compléter avec garniture de : 2 ou 3 cuillerées de chair de homard et une cuillerée de truffe coupées en dés.

Sauce groseilles, dites « groseilles à maquereau ».

Choisir 250 grammes de groseilles, peu mûres et bien vertes; les cuire quelques minutes à l'eau bouillante dans un poêlon en cuivre. Les égoutter et finir de les cuire avec 2 cuillerées de vin blanc. Passer à la passoire fine. Ajouter à la purée obtenue 2 décilitres de sauce au Beurre ou de sauce Poisson.

Cette sauce se sert surtout avec le Maquereau grillé ou bouilli à l'anglaise.

Sauce hollandaise.

Pour 500 grammes de beurre très frais et de première qualité, mettre 4 jaunes d'œufs dans une casserole avec 4 cuillerées d'eau froide, une pincée de sel, une pincée de poivre mignonnette.

Poser la casserole sur le coin du feu, à chaleur très douce, et incorporer aux œufs le beurre, petit à petit, en procédant comme pour la mayonnaise, en se servant d'un petit fouet à sauce. Ajouter pendant

le montage de la sauce quelques petites cuillerées d'eau par petites parties.

Cette sauce doit être assez épaisse, tout en étant légère. Pour l'obtenir ainsi, les jaunes d'œufs et le beurre doivent, par la chaleur, prendre la consistance voulue à mesure qu'on y ajoute le beurre.

Compléter l'assaisonnement avec le sel nécessaire, quelques gouttes de jus de citron, et passer la sauce à l'étamine ou à la mousseline, à défaut à la passoire fine.

Sauce aux huîtres.

Pour cette sauce, on compte généralement 3 à 4 huîtres par personne.

Les huîtres sont légèrement chauffées dans leur eau, égouttées et ébarbées, puis enrobées soit d'une sauce Béchamel à la Crème, soit de sauce Blonde au fumet de poisson.

Sauce ivoire.

Sauce Blonde ou Sauce Allemande, additionnée d'un quart de son volume de glace de viande tirée de jarrets de veau et fonds de volaille.

Sauce Joinville.

Ajouter à un demi-litre de sauce Blonde 125 grammes de beurre d'Écrevisse.

Garniture : Petites crevettes roses décortiquées, 2 petites cuillerées de truffe taillée en julienne.

Sauce Mornay.

A un demi-litre de Béchamel à la Crème additionner au dernier mo- ment, 100 grammes de beurre fin et 3 cuillerées de parmesan râpé.

(Sert pour poissons, volaille, légumes de ce nom.)

Sauce mousseline.

Sauce Hollandaise à laquelle on incorpore, au moment de la servir,
2 cuillerées de crème fouettée par demi-litre de sauce.

Cette sauce sert d'accompagnement aux poissons bouillis et aux légumes tels que : Asperges, salsifis, cardons, etc.

Sauce moutarde.

Ajouter à un quart de sauce au Beurre ou de sauce hollandaise, une cuillerée de moutarde de Dijon ou moutarde anglaise.

Cette sauce ne se prépare qu'au moment de la servir. On prépare aussi un beurre à la Maître-d'Hôtel auquel on mélange, comme pro- portions, 2 cuillerées à café de moutarde à 100 grammes de beurre. Ce beurre accompagne très bien tous les poissons grillés.

Sauce normande.

Anciennement, dans les restaurants à Paris, cette sauce se composait, dans les proportions suivantes : Un demi-litre de sauce blonde ou sauce allemande, réduite au point voulu, à laquelle on incorporait

150 à **200** grammes de beurre très fin au moment de servir. Aujourd'hui la sauce vin blanc au fumet de poisson remplace la sauce normande d'autrefois.

Sauce smitane (crème aigre).

Faire légèrement blondir au beurre 2 cuillerées d'oignon finement haché; ajouter 2 décilitres de vin blanc sec et réduire celui-ci à fond. Ajouter un demi-litre de crème aigre ; laisser bouillir quelques instants; passer à la passoire fine et ajouter le jus d'un petit demi-citron.

Sauce ou purée Soubise.

Émincer 500 grammes d'oignons blancs et les cuire 5 à 6 minutes à l'eau bouillante. Les égoutter et les mettre dans une casserole grassement beurrée. Ajouter 150 grammes de riz Caroline, deux tiers d'un litre de bouillon blanc, une pincée de sel, une prise de poivre blanc, et une forte pincée de sucre. Faire prendre l'ébullition, couvrir la casserole et cuire doucement au four.

Broyer ensuite au mortier riz et oignons; passer au tamis fin.

Mettre la purée obtenue dans une casserole; chauffer fortement et compléter la sauce en lui incorporant 2 cuillerées de beurre fin et I déci- litre de crème très fraîche.

Sauce Soubise tomatée.

Ajouter à 3 décilitres de purée Soubise 1 décilitre et demi de purée de tomate très réduite.

Sauce vénitienne.

Réduire de deux tiers 3 décilitres de vinaigre à l'estragon additionné de 2 échalotes hachées, une pincée de cerfeuil, une pincée de poivre mignonnette et gros comme une petite noix de beurre. Ajouter 3 à 4 décilitres de sauce Blonde; donner quelques secondes d'ébullition, passer à la passoire fine dans une petite casserole. Compléter la sauce avec 100 grammes de beurre frais, deux cuillerées à café de vert d'épinards et une cuillerée d'estragon et cerfeuil finement hachés.

Sauce Villeroy.

Réduire en plein feu un demi-litre de sauce Blonde; se servir pour cette opération de la spatule en appuyant bien fort sur le fond de la casserole jusqu'à ce que la sauce soit au point d'épaississement convenable pour bien envelopper les objets qui doivent être trempés dedans.

NOTA. — Le seul usage de cette sauce est d'envelopper certains éléments qui sont ensuite panés à l'anglaise.

Sauce Villeroy tomatée.

Sauce Villeroy ordinaire à laquelle on additionne un tiers de purée de tomate.

Sauce vin blanc.

La préparation de cette sauce peut se faire de deux manières.

Première méthode. — A un demi-litre de velouté bouillant, au fumet de poisson et très réduit, ajouter 3 jaunes d'œufs délayés avec quelques cuillerées de fumet de poisson. Compléter la sauce en lui incorporant petit à petit 300 grammes de beurre fin.

Deuxième méthode. — Réduire de moitié 1 décilitre et demi de bon fumet de poisson. Ajouter 4 à 5 jaunes d' œufs et monter la sauce avec 500 grammes de beurre en procédant comme pour une « Sauce Hollandaise ».

SAUCE S ANGLAISES CHAUDES

Sauce aux airelles (cranberries-sauce).

Cuire à couvert 250 grammes d'airelles rouges avec un demi-litre d'eau. Quand les baies sont cuites, les égoutter et les passer au tamis fin. Sucrer selon le goût la purée obtenue.

Cette sauce se sert surtout avec la dinde rôtie.

On sert aussi les airelles cuites simplement en compote, légèrement sucrées.

Sauce au beurre à l'anglaise («butter» sauce).

Cette sauce est à peu près identique à la « Sauce au Beurre » à la française. La seule différence est qu'elle n'est pas liée aux jaunes d'œufs.

Sauce aux câpres (capers-sauce).

Est la « Sauce au Beurre » à laquelle on additionne 2 cuillerées de petites câpres par demi-litre de sauce.

Se sert avec les poissons bouillis, et est l'accompagnement indispensable du « Gigot de Mouton Bouilli à l'Anglaise ».

Sauce au céleri (celery-sauce).

Nettoyer 3 pieds de céleri et en prendre le cœur et les feuilles tendres autour du cœur ; émincer le tout et le mettre dans une casserole ; ajouter un oignon émincé. Mouiller avec du bouillon blanc juste à hauteur du céleri ; couvrir la casserole et cuire doucement.

Égoutter ensuite le céleri, le piler et le passer au tamis fin. Mettre la purée obtenue dans une casserole et lui ajouter même volume de sauce Béchamel.

Cette sauce sert d'accompagnement aux volailles bouillies ou braisées.

Sauce crème à l'anglaise (cream sauce).

Cette sauce n'est autre que la « Sauce Diable à la Française » à laquelle on ajoute par quart de litre de sauce, 2 cuillerées de Lea Perrin sauce, et le quart de son volume de crème

Sauce aux œufs à l'anglaise (eggs-sauce).

Sauce Béchamel à laquelle on ajoute 2 œufs cuits durs, chauds, coupés en dés, par quart de litre de sauce.

Est l'accompagnement du Haddock et de la Morue.

Sauce au pain (bread-sauce).

Dans un demi-litre de lait bouillant, ajouter 80 à 100 grammes de mie de pain blanc frais; une pincée de sel fin, un petit oignon piqué d'un clou de girofle, une cuillerée de beurre.

Cuire doucement pendant un quart d'heure, puis retirer l'oignon, lisser la sauce au fouet et 'la compléter avec la valeur d'un décilitre de crème.

On sert cette sauce avec les rôtis de volaille et de gibier à plumes.

NOTA. — Pour les gibiers, on ajoute en plus une saucière de « Bread- Crump » qui est de la mie de pain frite au beurre bien sèche, et un plat de « Pommes Chips ».

Sauce persil (parsley-sauce).

A un quart de litre de « Sauce au Beurre à l'Anglaise », ajouter un demi-décilitre d'infusion de feuilles de persil ; compléter la sauce avec une cuillerée à soupe de persil haché et blanchi.

(Cette sauce se sert avec tête de veau, pieds de veau,cervelles,etc.)

Sauce aux pommes (apple sauce).

Marmelade de pommes très sucrée et un soupçon de cannelle en poudre.

Cette marmelade est servie tiède et accompagne indifféremment oie, canard, porc, rôtis, etc.

NOTA. — Cet accompagnement de certains rôtis n'est pas absolument particulier à l'Angleterre ; il se pratique également en Allemagne, en Belgique et en Hollande.

Dans ces pays, les gibiers rôtis sont toujours accompagnés d'une marmelade de pommes ou d'airelles, ou d'une compote de fruits chaude ou froide.

Sauce réforme (reform-sauce).

Cette sauce est un composé de sauce Diable qui comporte, par demi- litre de sauce, une garniture de : 2 moyens cornichons, un blanc d'œuf dur, 2 moyens champignons, 20 grammes de truffe, 30 grammes de langue écarlate, le tout détaillé en julienne.

(Cette sauce est spéciale aux côtelettes de mouton, dites « A la Réforme ».)

Sauce sauge et oignons (sauge and-onions-sauce)

Cuire au four 2 gros oignons blancs. Quand ils sont refroidis, les éplucher et les hacher finement, puis les mélanger à 150 grammes de mie de pain trempée au lait et pressée pour en extraire le liquide. Ajouter la valeur d'une cuillerée à soupe de sauge hachée ; assaisonnement se! et poivre.

Cette préparation sert à farcir les canards.

On fa sert aussi en saucière, à part, après l'avoir additionnée de quelques cuillerées de bon jus de rôti.

Sauce Yorkshire.

Cuire complètement, dans 2 décilitres de vin de Porto, une cuillerée de fine julienne de zeste d'orange. Egoutter la julienne et ajouter au vin 2 cuillerées de sauce demi-glace, autant de gelée de groseilles, un soupçon de cannelle en poudre, une pointe de poivre de Cayenne. Faire bouillir quelques secondes, passer à la passoire fine et compléter la sauce avec le jus d'une orange et la julienne de zeste.

(5e *sert avec canetons rôtis ou braisés, et jambon braisé.)*

SAUCES FROIDES

Sauce mayonnaise.

La plupart des sauces froides composées dérivent de la Mayonnaise qui, pour cette raison, est considérée comme une sauce-mère au même titre que l'Espagnole et le Velouté,

La préparation de la Mayonnaise est très simple ; mais encore doit-on tenir compte de certaines considérations exposées ici :

Proportions de la Sauce Mayonnaise ; 3 à 4 jaunes d'œufs dont le germe doit être retiré; un demi-litre d'huile; 6 grammes de sel fin, une pincée de poivre blanc, une petite cuillerée de vinaigre ou l'équivalent de jus de citron. Facultativement, on peut avec avantage ajouter au vinaigre 2 cuillerées à café de moutarde de Dijon.

1° Mettre les jaunes dans une terrine dont le fond doit être concave, y joindre le sel, le poivre, un filet de vinaigre ou quelques gouttes de citron ;

2° Broyer les jaunes avec un fouet; ajouter l'huile goutte à goutte pour commencer, et la laisser tomber ensuite en petit filet dans la sauce, quand celle-ci commence à se lier. Ajouter de temps en temps quelques gouttes de vinaigre ou du jus de citron ;

3° Additionner finalement à la sauce 2 cuillerées d'eau bouillante, ce qui a pour but d'en assurer la cohésion et de prévenir la décomposition, si elle doit être conservée.

NOTA. — 1 ° Le préjugé que L'assaisonnement ajouté aux jaunes d'œufs est une cause de dissociation des éléments de la Mayonnaise n'est pas admis. Il est au contraire démontré scientifiquement que le sel liquéfié augmente la force assimilatrice des jaunes d' œufs;

2° C'est une erreur de croire que l'apprêt d'une Mayonnaise doit se faire sur glace, puisque le froid est la cause la plus fréquente de sa désorganisation. Dans la saison froide, l'huile doit être maintenue à la température de la cuisine ;

3° Les causes de dissociation de la Mayonnaise résultent : 1° de l'addition trop vive de l'huile au début; 2° de l'emploi de l'huile trop froide; 3° d'une trop grande addition d'huile par rapport au nombre de jaunes d'œufs employés.

Sauces mayonnaises diverses.

Pour les services de hors-d'œuvre, et même pour entrées froides, on peut, avec les œufs et parties crémeuses des homards et autres crustacés, langoustes, crevettes, écrevisses, anchois, œufs durs, paprika, curry, tomate, etc., obtenir une grande variété de Mayonnaises bien distinctes. Il suffit de piler l'un ou l'autre de ces éléments, de relâcher la purée avec un peu de Mayonnaise, puis passer au tamis fin et additionner à la purée obtenue, deux tiers de Mayonnaise ou parties égales. C'est affaire de goût et d'idée.

Sauce Chantilly.

Sauce Mayonnaise à laquelle, au moment de servir, on incorpore 2 cuillerées de crème fouettée bien ferme, par quart de litre de Mayonnaise.

Sauce raifort aux noix fraîches.

Mélanger dans une terrine : 150 grammes de raifort râpé, 150 gr. de lobes de noix épluchées et finement hachées, une prise de sel, une cuillerée à dessert de sucre en poudre, 2 cuillerées de mie de pain blanc frais, 2 décilitres de crème très fraîche et en dernier une cuillerée à dessert de bon vinaigre ou le jus d'un citron.

(Spéciale pour truite ,saumon, ombre-chevalier.)

Sauce ravigote ou vinaigrette.

Proportions : 2 décilitres et demi d'huile, un demi-décilitre de vinaigre, une cuillerée de petites câpres; une pincée de persil, autant d'estragon, cerfeuil, ciboulettes hachées; sel, poivre. Bien mélanger le tout. Facultativement, on peut ajouter à cette sauce une cuillerée d'oignon finement haché, une cuillerée de moutarde, une cuillerée de sauce anglaise et même un œuf dur haché.

(Spéciale pour tête de veau, pieds de Veau, pieds de mouton et pour poissons froids.)

Sauce rémoulade.

Ajouter à un quart de litre de sauce Mayonnaise 2 cuillerées à café de moutarde de Dijon, une cuillerée à soupe de cornichons, une demi- cuillerée de câpres, hachés et pressés; une pincée de persil, autant de cerfeuil et estragon hachés; une demi-cuillerée d'essence d'anchois.

Sauce suédoise.

Ajouter à 250 grammes de marmelade de pommes bien réduite une cuillerée à dessert de bonne moutarde, une forte cuillerée de raifort râpé et 2 décilitres de sauce Mayonnaise.

On peut, dans cette sauce, supprimer la Mayonnaise et la remplacer par de la crème fraîche et le jus d'un citron.

NOTA. — Cette sauce sert d'accompagnement au porc frais et oies rôties, froid ou chaud.

Sauce tartare.

Passer au tamis fin 4 à 5 jaunes d'œufs durs; les mettre dans une terrine, les travailler en pâte lisse, les assaisonner de sel et poivre frais moulu; lui additionner petit à petit 3 à 4 décilitres d'huile et une petite cuillerée de vinaigre ; la compléter avec une forte cuillerée de ciboulette pilée additionnée de 2 cuillerées de Mayonnaise et passée au tamis fin.

Sauce verte.

Jeter dans l'eau bouillante, pendant 3 à 4 minutes : 50 grammes de feuilles d'épinards, autant de cresson, 30 grammes de persil, estragon, cerfeuil en quantité égale, Égoutter : rafraîchir vivement; les presser pour en extraire l'eau; piler ces herbes et les tordre dans un linge pour en extraire le jus. Ajouter ce jus à un quart de litre de sauce Mayon- naise relevée d'une pointe de poivre de Cayenne.

S A U C E S A N G L A I S E S F R O I D E S

Sauce Cumberland (Cumberland--sauce).

Additionner à 4 cuillerées à soupe de gelée de groseilles dissoute : un décilitre de vin de Porto; une demi-cuillerée d'échalote finement hachée, passée une minute à l'eau bouillante et pressée dans un linge; une cuillerée de zeste d'orange et autant de zeste de citron taillés *en* fine julienne ou râpés; blanchir quelques minutes, bien égoutter et re- froidir; un jus d'orange et le jus d'un demi-citron; une cuillerée à des- sert de moutarde anglaise en poudre ; une pointe de Cayenne et facultativement, une demi-cuillerée à café de gingembre en poudre. Bien mélanger le tout.

{Sauce spéciale à lavenaison froide.)

Sauce menthe (mint-sauce).

Hacher 50 grammes de feuilles de menthe; la recueillir dans un bol et ajouter 2 cuillerées à soupe de sucre en poudre ou de cassonade blanche, 5 à 6 cuillerées de vinaigre, une prise de sel. Bien mélanger le tout.

(Est l'accompagnement de l'agneau (chaud ou froid.)

Sauce raifort (raifort-sauce).

Réunir dans une terrine : 100 grammes de raifort râpé, 50 grammes de sucre en poudre, une pincée de sel fin, 100 grammes de mie de pain blanc fraîchement préparée, 2 à 3 décilitres de crème fraîche et une cuillerée à dessert de vinaigre.

Cette sauce accompagne les pièces de bœuf bouillies ou rôties, et doit être servie froide.

NOTA. — Dans cette sauce, le vinaigre doit être ajouté en dernier lieu.

GARNITURES POUR GROSSES PIÈCES DE RELEVÉ ET PETITES ENTRÉES

GARNITURES POUR RELEVÉ

De tous temps les garnitures, par leurs variations, ont toujours tenu un rôle important dans la Grande Cuisine Française. Mais, aujourd'hui pour parer aux exigences de la vie moderne, et assurer un service rapide, beaucoup de nos anciennes garnitures, souvent trop compliquées, doivent être modifiées.

Il est donc nécessaire, en tout premier lieu, de supprimer une partie des éléments trop nombreux et encombrants qui rentrent dans la corn- position de ces garnitures et compliquent inutilement le service, et ne s'en tenir qu'aux produits les mieux appréciés et en petite quantité.

La cuisine, à tous les points de vue, profitera de ces modifications, tout en donnant satisfaction aux consommateurs.

Toutes pièces de Relevé ne devraient comporter que deux éléments de garniture ; les pommes de terre n'étant pas comprises dans ce nombre, pourront toujours être servies en supplément, et cela en toutes circonstances.

Pour les pièces de Relevé, les garnitures devraient être servies à part, et, mieux encore, lorsque les convives dépassent le nombre de dix, il y a avantage de servir directement sur les assiettes. Dans ce cas, le maître d'hôtel, après avoir présenté la pièce à l'amphitryon, la découpera et, au fur et à mesure, en mettra sur des assiettes chaudes, un morceau convenable. Un aide placé à côté de lui, ajoutera la garniture et une cuillerée de jus un peu corsé ou, suivant la nature de la pièce, une cuillerée de sauce demi-glace légère, puis passera aussitôt les assiettes aux convives.

Cette méthode est la plus pratique pour servir vite et surtout très chaud, ce qui est très important.

Certains éléments de garniture tels : Les petits pois, les flageolets, les haricots, jardinières, les pâtes diverses, sont toujours servies à part, soit par un garçon ou les convives de se servir eux-mêmes à leur volonté.

GARNITURES POUR PETITES ENTRÉES

Ces garnitures en général sont expliquées aux formules initiales, mais ce qui est important à recommander, ce sont les soins qu'on doit donner aux jus et sauces qui doivent accompagner ces petites entrées, telles que : Noisettes, côtelettes, escalopes, tournedos, filets de pou- let, suprême de volaille, de gibiers, etc., surtout lorsque ces entrées sont garnies de légumes liés au beurre, tels : Petits pois, pointes d'asperges, haricots verts, flageolets, jardinière. Dans ce cas, la glace de viande un peu légère additionnée de beurre dans les proportions de
125 grammes de beurre pour 1 décilitre de glace de viande blond, tirée de la chair et des os de veau et volaille est seule recommandée. La glace de viande au beurre de décomposer le beurre de liaison des légumes, comme c'est le cas, quand on fait usage d'un simple jus ou de sauce demi-glace, apporte un élément nouveau de liaison d'une saveur incomparable de finesse.

PANADES
(Spéciale à diverses farces de poisson.)

Panade au pain.
Proportions : 3 décilitres de lait bouillant, 250 grammes de mie de pain blanc rassis, 5 grammes de sel.
Procédé : Tremper la mie de pain dans le lait jusqu'à imbibition complète; dessécher à feu vif jusqu'à ce que la pâte se détache nette- ment d'après la cuiller; l'étaler sur un plat beurré et laisser refroidir.

Panade à la farine.
(Utilisable pour toute farce grasse ou maigre.)
Proportions : 3 décilitres d'eau, une pincée de sel, 50 grammes de beurre, 150 grammes de farine tamisée.
Procédé : Réunir dans une casserole l'eau, le sel, le beurre et faire bouillir. Ajouter la farine hors du feu ; dessécher ensuite à feu vif en travaillant l'appareil avec une cuiller en bois comme pour une Pâte à Chou, et faire refroidir en procédant comme pour la Panade au pain.

Panade à la frangipane.
(Spéciale aux farces de volaille et poisson.)
Proportions : 125 grammes de farine, 4 jaunes d'œufs, 90 grammes de beurre fondu, une

pincée de sel, une pincée de poivre, soupçon de muscade râpée, 2 décilitres et demi de lait.

Procédé : Travailler dans une casserole la farine et les jaunes d'œufs ; ajouter le beurre fondu, sel, poivre et muscade; délayer petit à petit avec le lait bouillant.
Faire prendre sur le feu comme une frangipane ordinaire et la cuire
5 à 6 minutes en la travaillant au fouet à blancs d'œufs. Lorsqu'elle est épaissie, l'étaler sur un plat et faire refroidir.

FARCES
PRÉPARATION DES QUENELLES

Elles se moulent à la cuiller ou se dressent à la poche, de forme variable, se couchent sur plat beurré, recouvertes, avec précaution, de bouillon blanc bouillant ou simplement de l'eau salée bouillante. Couvrir la casserole, laisser pocher les quenelles 10 à 12 minutes sur le coin du feu. Surtout ne pas laisser bouillir le bouillon ou l'eau; la quenelle doit pocher sans la moindre ébullition.

En suivant attentivement cette méthode on obtiendra une quenelle ferme et légère en même temps.

On pourra aussi mouler les quenelles dans des petits moules à quenelles beurrés, mis dans un plat à sauter et recouverts d'eau salée. Pocher les quenelles, casserole couverte, l'eau de pochage ne doit surtout pas bouillir. Cette dernière méthode est pratique ; dès que la quenelle est pochée elle se détache du moule et monte à la surface.

FARCE FINE DE VOLAILLE A LA CRÈME
(Pour quenelles à Potages, Mousses, Mousselines.)

Proportions : 500 grammes de chair de jeune poule bien dénervée, 2 blancs d'œufs, 6 à 7 décilitres de crème épaisse et très fraîche,
10 grammes de sel, une toute petite prise de poivre blanc.

Procédé : Piler finement la chair avec l'assaisonnement, ajouter les blancs d'œufs petit à petit et passer au tamis fin. Recueillir la farce dans une sauteuse bien étamée ; lisser la farce à la spatule et la tenir sur glace pendant au moins 1 heure. Ensuite, la relâcher progressivement avec la crème, en la travaillant avec précaution, et sans retirer la sauteuse de la glace.

NOTA. — Par la même façon d'opérer, on peut préparer la farce fine à la crème avec la chair de perdreau, de faisan, de grouse, de lièvre, de lapereau, de canard, et même avec du filet de veau et du bœuf.

FARCE A LA PANADE ET AU BEURRE
(Pour quenelles ordinaires.)

Proportions : 500 grammes de chair de veau bien dénervée prise dans le filet ou dans la noix, 250 grammes de panade à la farine, 6 grammes de sel, 2 grammes de poivre, un soupçon de muscade, 250 grammes de beurre, 2 œufs entiers et 4 jaunes.

Procédé : Détailler la chair en dés et la piler avec l'assaisonnement. Relever cette chair pilée, puis piler la panade; y ajouter le beurre, remettre le veau et travailler vigoureusement au pilon pour assurer l'unification de l'ensemble. Additionner ensuite à la farce les œufs et les jaunes, en les lui incorporant par un à la fois ; passer au tamis, recueillir la farce dans une terrine et la travailler avec la spatule pour la rendre lisse.

FARCE DE VOLAILLE A LA PANADE ET A LA CRÈME

Proportions : 500 grammes de chair de jeune poule bien dénervée, 200 grammes de panade à la frangipane, 3 blancs d'œufs, 8 grammes de sel, une pincée de poivre blanc, un soupçon de muscade, 6 à 7 décilitres de crème très fraîche.

Procédé : Piler la chair de la poule en additionnant les blancs d'œufs un par un à la fois. Ajouter la panade et travailler vigoureusement au pilon pour assurer l'unification des deux éléments. Passer au tamis fin ; recueillir la farce dans une casserole, dite « Sauteuse » bien étamée, la lisser à la spatule et la tenir sur place pendant trois quarts d'heure. La relâcher alors petit à petit avec la crème en procédant comme il est dit pour la farce mousseline.

Four Gibiers et Poissons, procéder de même.

NOTA. — Quel que soit le genre de farce en traitement, on doit toujours en faire l'essai et en pocher une petite partie, avant de procéder à la préparation des quenelles.

Farce de perdreau à la panade.

Proportions : 250 grammes de chair crue de perdreau, 200 grammes de panade, 200 grammes de beurre, 5 jaunes d'œufs, sel, poivre, mus- cade.

Pour la farce de faisan ou lapereau, mêmes proportions. Opérer comme l'une ou l'autre des formules précédentes.

Godiveau à la crème.

Proportions : 500 grammes de noix de veau bien dénervée, 500 gr. de graisse de rognon de bœuf, 2 œufs entiers et 2 jaunes, 3 décilitres de crème, 15 grammes de sel, 2 pincées de poivre et muscade râpée.

Procédé : Hacher séparément le veau et la graisse, les réunir ensuite dans le mortier et les piler jusqu'à ce que le mélange soit complet en ajoutant : l'assaisonnement, les œufs et les jaunes, un par un, en tra- vaillant fortement l'appareil.

Passer au tamis fin; étaler sur plaque, et laisser reposer sur glace jusqu'au lendemain.

Le lendemain, refroidir le mortier en passant de la glace dedans; piler de nouveau le godiveau, et lui incorporer la crème par petites parties.

Faire un essai avant de confectionner les quenelles, pour rectifier s'il y a lieu.

NOTA. — On peut remplacer la crème par même quantité d'eau glacée.

Les quenelles tirées du Godiveau servent pour garniture de Vol-au-Vent, de pâtés chauds à la Financière. Elles sont généralement roulées à la main, sur table farinée, de la grosseur d'un bouchon ordinaire et pochées à l'eau salée.

Farce à gratin pour pâtés chauds ordinaires.

Proportions, pour 560 grammes de farce: 125 grammes de lard gras
125 grammes de rouelle de veau, 125 grammes de foie de veau (ces trois éléments coupés en dés de la grosseur d'une petite noix) ; pelures de truffe, 3 jaunes d'œufs, 10 grammes de sel, une pincée de poivre, une demi-feuille de laurier, brindilles de thym, 2 échalotes hachées,
80 grammes de beurre, 1 décilitre de madère et 4 cuillerées de sauce demi-glace très réduite et froide.

Faire chauffer la moitié du beurre dans une casserole à sauter, y joindre le lard, le faire vivement revenir, puis lui ajouter le veau ; dès que celui-ci a atteint une couleur légèrement brune, ajouter le foie de veau, les pelures de truffe, le thym, le laurier, échalotes, sel et poivre; faire vivement saisir le foie; débarrasser le tout sur un plat; déglacer la casserole avec le madère.

Piler finement les viandes, ajouter le restant du beurre, les jaunes d'œufs, le déglaçage de la casserole et la sauce demi glace. Passer au tamis fin; recueillir la farce dans une terrine et la lisser à la spatule. **NOTA.** — Dans la préparation de cette farce, le foie de veau peut être remplacé par du foie de porc, des foies de volaille, des foies de canards, d'oies ou de dindes, dont on aura soigneusement retiré le fiel ainsi que les parties contaminées par celui-ci.

Farce à gratin pour pâtés de gibier.

Mêmes principes de préparation et proportions que la farce précédente, sauf que le veau pourra, suivant le cas, être remplacé par de la chair de lapin de garenne, de lièvre, de faisan, etc. On pourra mêler à cette farce, en dernier lieu, 60 grammes de pâté de foie gras truffé passé au tamis.

Farce de porc dite « chair à saucisses ».

Se compose en parties égales de chair maigre de porc et de lard gras assaisonnés de sel, poivre et épices.

On l'emploie pour les Pâtés et Terrines ordinaires et à de nombreuses préparations qui seront indiquées à leur place respective.

Farce veau et porc.

Proportions pour 1 kilo de farce : 250 grammes de rouelle de veau et 250 grammes de chair maigre de porc coupés en dés, 500 grammes de lard gras, 2 œufs entiers, 10 grammes de sel épicé.

Procédé : Hacher séparément veau, porc et lard. Réunir le tout dans un mortier, piler finement en ajoutant l'assaisonnement et les œufs et, en dernier lieu, 2 cuillerées de cognac. Passer au tamis.

Cette farce sert principalement pour les galantines, mais on l'emploie également pour les Pâtés et les Terrines.

Sel épicé, s'obtient en mélangeant 100 grammes de sel fin et bien sec, 20 grammes de poivre, 20 grammes d'épices. Tenir en boîte bien fermée et au sec.

Farce de volaille, veau et porc.

Proportions : 250 grammes de chair de volaille, 100 grammes de veau sans nerfs, 100 grammes de chair maigre de porc, 400 grammes de lard frais, 2 œufs entiers, 30 grammes de sel épicé, 1 décilitre de cognac. *Procédé :* Hacher séparément chair et lard, les rassembler ensuite dans le mortier avec l'assaisonnement; piler finement, ajouter les œufs un par un, le cognac en dernier lieu, et passer au tamis.

Farce de gibier, veau et porc.

Se prépare dans les mêmes proportions et en procédant de même.

GARNITURES

Je me bornerai à ne donner ici que les désignations des Garnitures que je crois les plus intéressantes et avec quelques modifications :

Garniture à l'Alsacienne (pour pièce de volaille, filet de bœuf, tournedos, filets de poulet, de perdreaux, de cailles, etc.).

Nouilles fraîches préparées « à l'Alsacienne », escalopes de foie gras sautées au beurre, truffes coupées en lamelles, enrobées de sauce demi-glace au madère.

Garniture andalouse (pour pièce de boucherie, filet de bœuf, veau, selle d'agneau, volaille).

Demi-poivrons rouges doux, de grosseur moyenne, grillés, farcis de riz à l'Espagnole. Demi-aubergines au gratin, sauce demi-glace tomatée.

Garniture arlésienne (pour grosses pièces et petites entrées).

Tomates farcies à la Provençale. Aubergines frites à l'huile. Riz pilaw au safran. Sauce tomate légère.

Garniture à la boulangère (pour mouton et agneau).

Oignons émincés et étuvés au beurre pendant 12 à 15 minutes, pommes de terre émincées ou coupées en quartiers.

Ces éléments réunis, assaisonnés de sel et de poivre, sont mis autour de la pièce après une demi-heure de cuisson de celle-ci et cuisent en même temps.

Un bon jus doit accompagner cette préparation bien bourgeoise.

Garniture à la bourgeoise.

Proportions pour 6 à 8 personnes : 500 grammes de carottes tournées et glacées; 300 grammes de petits oignons glacés, 125 grammes de lard de poitrine détaillé en dés, blanchi et rissolé au beurre.

Cette garniture s'ajoute autour de la pièce lorsque celle-ci est presque à point et achève sa cuisson dans le fonds de braisage.

Garniture à la Bourguignonne (pour pièce de bœuf braisée).

Proportions pour 6 à 8 personnes : 300 grammes de petits oignons glacés, 300 grammes de champignons frais coupés en quartiers et sautés au beurre, 125 grammes de lard de poitrine coupé en dés et rissolé. Ces éléments ajoutés autour de la pièce à la fin de la cuisson de celle-ci.

Le fonds de mouillement doit toujours être un bon vin rouge.

Garniture châtelaine (pour selle d'agneau, volaille).

Fonds d'artichauts grosseur moyenne, fraîchement cuits, garnis d'un salpicon composé de : langue écarlate, champignons, truffe, foie gras, le tout coupé en petits dés et enrobé de sauce Béchamel. Saupoudrer la surface de fromage râpé, arroser de beurre et faire légèrement gratiner.

Petites bouchées garnies de pointes d'asperges, pommes de terre, noisettes levées à la cuiller à légumes, cuites au beurre et roulées dans de la glace de viande.

Dressage. — Mettre la pièce sur un plat de grandeur voulue, l'en- tourer de fonds d'artichauts intercalés de bouchées garnies de pointes d'asperges. Pommes de terre servies à part.

Accompagnement. — Le fonds de braisage de la pièce; ajouter une sauce demi-glace légère.

Garniture chipolata (pour pièces de boucherie et volaille).

Proportions pour 6 à 8 personnes : 10 saucisses chipolata, 20 petits oignons glacés, 20 marrons cuits au consommé, 150 grammes de lard de poitrine en dés, blanchi et rissolé et facultativement une vingtaine de carottes tournées en olives et glacées.

Dresser la pièce sur un plat de grandeur voulue, l'entourer de la garniture ou la servir à part.

Servi en même temps une sauce demi-glace additionnée du fonds de cuisson de la pièce en traitement.

Garniture Choisy (pour grosses pièces de relevé et petites entrées). *Proportions pour 8 à 10 personnes :* 12 demi-laitues braisées, dressées à part dans un plat beurré, les saupoudrer de fromage râpé, les couvrir de sauce Moelle, à la tomate. Couvrir le plat pendant 5 à 6 minutes, avant de servir, et une vingtaine de pommes nouvelles cuites au beurre et roulées dans de la glace de viande.

Accompagnement. — Fonds de cuisson de l'élément en traitement, légèrement lié ou sauce demi-glace.

Garniture favorite (pour filets de poulet, noisettes d'agneau sautés).

Se compose d'escalopes de foie gras frais assaisonnées, passées à la farine et sautées au beurre. Lamelles de truffes et pointes d'asperges bien vertes.

Sauce d'accompagnement : Déglaçage de la casserole où on aura fait sauter filets ou noisettes avec quelques cuillerées de fonds blanc et addition de glace de viande et beurre frais.

NOTA. — Il est surtout important de conserver dans le déglaçage le beurre de cuisson, de l'élément en traitement. On a trop souvent l'habitude d'égoutter ce beurre avant le déglaçage; c'est là une grande erreur, car ce beurre ayant acquis un fin goût de noisette, mêlé à l'essence de l'objet en cuisson donnera la finesse et la délicatesse de la sauce.

Garniture financière (pour filet de bœuf et volaille).

18 quenelles de veau ou volaille moulées à la cuiller à dessert et pochées à l'eau salée, une quinzaine de petites têtes de champignons cuites au beurre et jus de citron; 12 crêtes et 12 rognons de coq, 75 gr. de truffe en lamelles, et une vingtaine d'olives dénoyautées. Le tout réuni dans une casserole et enrobé de sauce demi-glace au madère.

Ici, il est préférable de dresser la garniture à part, et servir la pièce simplement avec un peu de jus de cuisson de l'élément en traitement.

Garniture flamande (pour pièce de boucherie).

Se compose de : carottes et navets tournés en gousses d'ail, tombés au beurre et bouillon blanc ; choux braisés et mis en boules de la grosseur d'un œuf; lard de poitrine cuit avec les choux et détaillé en rectangles, et rondelles de cervelas cuit. Pommes de terre à l'anglaise servies à part.

Accompagnement. — Le fonds de cuisson de la pièce.

Garniture forestière (pour pièces de boucherie et volaille).

Se compose de : Cèpes sautés à la poêle, moitié huile et beurre et persillés. Pommes de terre coupées en petits carrés, cuites au beurre et arrosées de quelques cuillerées de glace de viande.

Accompagnement. — Truffes émincées, assaisonnées de sel, de poivre frais moulu, enrobées de sauce demi-glace additionnée du fonds de cuisson de la pièce, très réduite.

Garniture Godard (pour grosses pièces boucherie et volaille).

La Garniture Godard n'est autre que la « Garniture Financière » à laquelle on ajoute en supplément ris de veau braisés ou ris d'agneau.

Ces garnitures, comme bien d'autres, figurent rarement sur les menus d'aujourd'hui.

Garniture jardinière (pour pièces de boucherie).

Se compose de carottes, navets levés à la cuiller à légumes, ou à la colonne, cuits au consommé et beurre, et glacés ; petits pois, flageolets, et de haricots coupés en petits losanges avant leur cuisson ; ces trois légumes liés au beurre séparément, et au moment, petits bouquets de chou-fleur fraîchement cuits.

Dresser ces éléments autour de la pièce, en bouquets distincts, et en alternant les nuances; napper chaque bouquet de chou-fleur d'une cuillerée à café de sauce Hollandaise.

Accompagnement. — Jus un peu corsé.

Garniture macédoine, ou macédoine de légumes (pour pièces de boucherie).

Cette garniture comporte les mêmes éléments que la « Jardinière », mais ces éléments sont mélangés et liés ensemble, au beurre. Elle se dresse en légumier, et est servie à part, ou dans des fonds d'artichauts de grosseur moyenne et frais cuits. Dans ce dernier cas, on pourra entourer la pièce avec les fonds garnis.

Accompagnement. — Jus corsé, ou demi-glace légère.

Garniture ménagère (pour filet de bœuf poêlé).

Se compose de petits pois frais cuits à la française. Demi-laitues braisées. Pommes de terre Macaire ou pommes de terre au gratin.

Accompagnement. — Jus tiré du fonds de cuisson du Filet. Pommes de terre et petits pois servis à part.

Garniture Marie Louise (pour filet de bœuf, selle d'agneau, volailles).

Se compose de fonds d'artichauts frais cuits, de grosseur moyenne, garnis de purée de champignons, saupoudrer de fromage râpé, arroser de beurre et faire légèrement gratiner. Lames de truffes chauffées au beurre et glace de viande. Pointes d'asperges vertes liées au beurre. Placer une lame de truffe sur chaque fond d'artichaut. Servir les pointes d'asperges en légumier.

Accompagnement. — Jus lié tiré de la pièce.

Garniture marquise (pour volaille).

Se compose de gros macaroni cuit à l'eau salée, liés au beurre et parmesan additionné de lamelles de truffes. Queues d'écrevisses enrobées de sauce Béchamel réduite à la crème et finie au beurre d'Écrevisse. Dresser la garniture à part, en timbale en argent, et la volaille légèrement masquée de sauce Suprême.

Garniture piémontaise (pour pièces de boucherie et volaille).

Se compose de cèpes rissolés, dressés dans un plat à gratin ; les saupoudrer de fromage râpé, les couvrir de tomates pelées, épépinées, finement émincées, sautées à l'huile à la poêle. 10 à 12 minutes, assaisonnement sel et poivre, une petite pointe d' ail, persil haché. Couvrir le plat, tenir au chaud 5 à 6 minutes, avant de servir.

Servir en même temps un Rizotto à la Piémontaise.

Accompagnement : Jus de la pièce en traitement.

Garniture portugaise (pour pièces de boucherie et volaille).

Se compose de tomates farcies, courgettes émincées, sautées à l'huile, assaisonnement sel, poivre, une pointe d'ail, persil haché, riz Pilaw.

Le riz et les courgettes servis à part.

Accompagnement : Jus de la pièce, ou demi-glace légère additionnée du fonds de cuisson de la pièce.

Garniture provençale (pour pièces de boucherie, bœuf, mouton, agneau).

Se compose de tomates farcies à la Provençale, de cèpes ou champignons rissolés à l'huile, à la poêle, avec forte persillade.

Accompagnement : Sauce tomate à la Provençale et le jus de la pièce en traitement.

NOTA. — Facultativement, on peut servir en même temps des haricots verts frais cuits et des pommes de terre cuites à l'eau salée.

Garniture Renaissance (pour relevé de boucherie).

On ne doit faire usage de celte garniture qu'à l'époque de la renaissance des légumes : avril et mai.

Elle se compose de la série complète des primeurs, traitées chacune selon leur nature. Dresser en bouquets autour de la pièce en traitement.

Accompagnement : Le fonds de la cuisson de la pièce, légèrement lié.

Garniture Richelieu (pour pièces de boucherie).

Se compose de tomates farcies, champignons grillés, laitues braisées ; pommes de terre nouvelles, ou pommes de terre levées à la cuiller, cuites au beurre et roulées légèrement dans de la glace de viande.

Accompagnement ; Le fond de cuisson légèrement lié, ou sauce demi-glace.

NOTA. — Dans la « Garniture Richelieu », la tomate est de rigueur; elle est l'emblème du Chapeau Cardinal.

Garniture Rossini (pour pièces de boucherie et volaille).

Nouilles au parmesan à « l'Italienne »; escalopes de foie frais gras assaisonnées de sel et poivre, sautées au beurre, lamelles de truffe enrobées de fine sauce demi-glace au marsala.

Garniture sicilienne (pour volaille).

Se compose, pour une belle poularde, de 10 petits palets en semoule, comme il est dit pour les « Gnocchis à la Romaine », passés à la farine et colorés au beurre à la poêle, sur les deux faces;

10 petites escalopes taillées dans noix de ris de veau braisées.

Dresser les palets sur plat rond, sur chaque une escalope de ris de veau et sur l'escalope une lame de truffe; masquer complètement avec de la sauce Béchamel, saupoudrer légèrement de fromage râpé et faire gratiner. Garnir le centre du plat de petits pois frais cuits à l'anglaise.

La poularde, dans ce cas, est braisée, servie séparément, son fonds de cuis»son réduit et monté au beurre.

Garniture Talleyrand (pour volaille braisée et pour timbales diverses).

Se compose, pour une belle volaille, de 250 grammes de macaroni cuit à l'eau salée, égoutté, lié avec 150 grammes de beurre, 100 gr. de fromage râpé, moitié gruyère et parmesan; 100 grammes de truffe en julienne, ou en lamelles et 100 gr. de parfait de foie gras coupé en gros dés.
Cette garniture est servie à part en même temps que la pièce.

Accompagnement : Fonds de cuisson de la pièce réduit additionné d'un décilitre de sauce demi-glace légèrement tomatée.

Garniture toulousaine (pour volaille farcie au riz et foie gras, et pochée).

Se compose, pour une belle volaille, de 10 crêtes et une douzaine de rognons de coq, 200 grammes de champignons, 100 grammes de truffes, 100 grammes de ris d'agneau, le tout réuni dans une casserole avec quelques cuillerées de madère. Chauffer fortement et enrober la garniture de sauce Parisienne ou sauce Allemande. Saucer la volaille de la même sauce. Garniture servie à part.

NOTA. — Pour les légumes, mentionnés dans les garnitures précédentes, voir leurs apprêts, dans la série des « Légumes et Pâtes alimentaires ».

On doit tenir compte que les légumes sont, au point de vue de l'hygiène, l'accompagnement le plus sain des viandes en général.

En suivant la saison de chaque légume, on pourra varier les garni- tures à l'infini et en ne faisant usage que des légumes frais et secs.

Dans la vie privée, une pièce de viande quelconque ne devrait comporter qu'une seule garniture, exception : les pommes de terre.

POTAGES

CONSIDÉRATIONS SUR LES POTAGES EN GÉNÉRAL

Depuis les temps les plus lointains, la France a été le pays où le potage a toujours servi de prélude aux meilleurs repas.

C'est pourquoi leurs préparations exigent-elles la plus grande attention car, de l'impression bonne ou mauvaise qu'ils peuvent produire sur les convives, dépend en grande partie le succès du dîner.

Le potage doit toujours être servi bouillant ; c'est là un point des plus importants.

A ce sujet, je rappellerai une anecdote assez plaisante, qui ne manque pas de vérité et d'esprit d'à-propos :

« Monseigneur, disait un jour le Prince-Evêque de Passau au dernier Prince de Condé, j'ai ordonné que pendant tout le temps que vous me ferez l'honneur de passer chez moi, on y soigne beaucoup les potages, la nation française est une nation soupière... — Et bouillonnante », lui répondit le vieil émigré.

Les potages se divisent en deux classes : Les potages clairs et les potages liés. On les prépare au maigre et au gras. Dans ce dernier cas, les viandes indiquées sont premièrement : celles du bœuf, du mouton, du veau, du poulet ; puis viennent ensuite comme auxiliaires : le porc frais et salé, l'oie confite, le canard, le lièvre, le lapereau, le faisan, le perdreau, la caille, le pigeon.

C'est avec la viande de bœuf que l'on confectionne l'excellent pot-au-feu, nom bien français qui, sous sa simplicité, résume le dîner complet du soldat et des classes laborieuses. Il n'en fait pas moins les délices du riche et de l'artisan.

Le pot-au-feu est la base de la bourgeoise croûte-au-pot et de la généralité des soupes et potages gras. C'est avec les soins apportés à sa préparation que l'on obtient ces fins consommés.

Nous le voyons aujourd'hui trôner sur les tables les plus opulentes, sous la dénomination de « Petite Marmite ».

N'est-il pas aussi l'âme de la fameuse Poule-au-Pot du Roy Henri IV et de la Poule au Riz du Roi Louis-Philippe.

POT-AU-FEU

En France, le Pot-au-Feu est le symbole de la vie familiale. Pour obtenir ce mets dans des conditions irréprochables et ayant toutes les qualités requises, il est de haute importance que les viandes et légumes soient de toute première fraîcheur.

Les morceaux de bœuf que l'on doit choisir de préférence sont pris dans le paleron, le gîte-à-la-noix, la poitrine, le plat-de-côtes, la pointe de culotte.

Lorsque le bœuf doit être servi sur table, la pointe de culotte et le piano-de-côtes sont les deux parties qui conviennent le mieux.

Proportions pour 8 à 10 personnes : 1 kilo 500 de pointe de culotte. 600 grammes de plat-de-côtes, 250 grammes d'os cassés, 5 litres d'eau froide, 30 grammes de sel, 4 grains de poivre, 4 moyennes carottes, 2 navets, 2 poireaux, 1 panais, 1 oignon coloré au four et piqué de *2* clous de girofle, une laitue, un brin de céleri, un petit bouquet de cerfeuil, une feuille de laurier, une gousse d'ail, le tout réuni et ficelé; un petit demi-chou frisé passé 8 à 10 minutes à l'eau bouillante, rafraîchi et ficelé.

Le chou et l'ail, suivant les cas, peuvent être supprimés. Tous les légumes doivent être soigneusement épluchés et bien lavés.

Préparation. — Mettre la viande après l'avoir ficelée, les os, l'eau et le sel dans une marmite en terre ou à défaut en fonte. Poser la marmite sur le feu; au premier bouillon, écumer avec soin, ajouter la valeur d'un verre d'eau froide, laisser de nouveau bouillir et écumer une deuxième fois.

Aussitôt que l'ébullition est bien développée, retirer la marmite sur le coin du feu, la couvrir aux trois quarts avec son couvercle, laisser bouillir très lentement; après trois quarts d'heure d'ébullition, ajouter tous les légumes et aromates, et continuer la cuisson pendant 3 heures à 3 heures et demie.

Après ce temps écoulé, le bœuf doit se trouver au point voulu et avoir acquis le maximum de saveur.

On ne peut pas fixer très exactement le temps de cuisson des viandes, cela dépend beaucoup de leur qualité et de l'âge de la bête.

Au moment de servir, sortir avec précaution les viandes de la marmite, ensuite les légumes. Émincer une partie de ces légumes, les mettre dans une soupière en même temps que des petites tranches de pain séchées au four ou grillées.

Ranger le surplus des légumes autour du bœuf. Dégraisser le bouillon, le passer à la passoire fine, le verser dans la soupière. Ce bouillon n'en serait que meilleur en ajoutant aux viandes quelques abatis de poulet. On sert généralement comme accompagnement en plus des légumes soit des cornichons, pickles au vinaigre, moutarde, gros sel, ou bien encore soit une sauce tomate, sauce piquante, sauce raifort.

PETITE MARMITE

Même préparation que le Pot-au-Feu auquel on ajoute une jeune poule ou à défaut un bon poulet et quelques abatis de poulet.

Le chou, après l'avoir passé 8 à 10 minutes à l'eau bouillante et rafraîchi, est cuit à part à court mouillement dans du bouillon non dégraissé; les carottes, les navets sont taillés d'avance parés en forme et grosseur d'une gousse d'ail, et le poireau coupé de trois centimètres de longueur.

La servante ou le maître d'hôtel doivent servir le bouillon dans les assiettes avec légumes et poulet, ce dernier coupé en petits morceaux. On accompagne la Petite Marmite d'os à la moelle, de petites lamelles de pain taillées dans la flûte pour potage. Le bœuf coupé en petits carrés est servi avec le chou dans un plat creux à part, en même temps que l'assiette de potage est posée devant le convive.

Il est d'usage de passer en même temps du parmesan fraîchement râpé.

LA POULE-AU-POT DU ROI HENRI IV

Cette Poule-au-Pot n'était autre que le Pot-au-Feu auquel on ajoutait une jeune poule farcie, un morceau de lard fumé et du riz.

Composition de la farce : 125 grammes de lard maigre de poitrine finement haché, 100 grammes de mie de pain, le cœur et le foie de la poule; un soupçon d'ail, une pincée de persil et estragon hachés; 2 œufs frais; assaisonnement : sel, poivre, noix de muscade râpée. Réunir tous ces éléments dans une terrine, les mélanger intimement, en farcir la poule et la brider ensuite.

Au moment de servir, la poule est retirée de la marmite, débridée, dressée sur plat ovale et entourée de bœuf, du lard et d'une partie des légumes. Verser la soupe dans la soupière et la servir aussitôt.

Le Potage Henri IV ou Poule-au-Pot qu'on sert actuellement dans les restaurants n'est autre que la Petite Marmite, accompagnée de riz cuit au bouillon du pot et, à part, de manière que le client ait la faculté de pouvoir se servir de riz à sa volonté.

LA POULE AU RIZ DU ROI LOUIS-PHILIPPE

La Poule au Riz du Roi Louis-Philippe n'est, je crois, qu'une légende. Cette poule dont on a souvent parlé ne serait qu'une promesse du Roi, faite à son peuple, lui assurant que, désormais, tous les dimanches, ses fidèles pourraient joindre à leur humble Pot-au-Feu, une poule entourée d'un copieux plat de riz. Heureux ceux qui en furent les élus; l'histoire ne nous dit rien de précis à ce sujet.

La préparation de la Poule au Riz serait à peu près identique à la Poule-au-Pot de Henri IV, sauf qu'on devait doubler la quantité de riz pour obtenir une soupe plus épaisse.

LE POT-AU-FEU EN PROVENCE

Autrefois, en Provence, on préparait le Pot-au-Feu avec de la viande de mouton ; à l'époque le bœuf y était très rare, surtout dans la plupart des villages. La cause en était due à la difficulté de communication. Cette vieille coutume n'est pas disparue et beaucoup de personnes préfèrent encore la viande de mouton à la viande de bœuf, affaire de goût.

La viande de mouton, lorsqu'elle est de bonne qualité, absente de toute odeur de laine, fournit un bouillon exquis et délicat et la chair très agréable à manger. Les morceaux de mouton sont choisis dans l'épaule, dans le collet et dans la poitrine.

Ce Pot-au-feu est généralement réservé pour le repas familial du dimanche à midi.

En Voici la recette : Choisir un chou de moyenne grosseur, supprimer la première rangée de feuilles qui, généralement, sont trop dures; en détacher une douzaine des plus grosses qui serviront d'enveloppes. Les plonger 8 à 10 minutes dans de l'eau en ébullition pour les ramollir; les rafraîchir, les placer dans leur état naturel sur un filet à cet usage; celui-ci mis sur un linge blanc. Diviser en quatre le restant du chou, le plonger pendant 10 minutes dans de l'eau en ébullition, l'égoutter, le rafraîchir et le hacher.

Faire chauffer dans une casserole 4 cuillerées à soupe d'huile d'olive, ajouter 2 cuillerées d'oignon finement haché et 150 à 200 grammes de lard maigre de poitrine et haché, laisser étuver quelques minutes à petit feu, l'oignon ne doit pas roussir. Ajouter alors le chou, remuer avec une cuiller en bois. Laisser étuver quelques instants ; retirer la casserole hors du feu et compléter cette farce de 200 grammes de riz passé quelques secondes à l'eau bouillante et bien égoutté, une pincée de persil haché, une pointe d' ail, sel et poivre, 2 œufs bien battus et quelques cuillerées de fromage frais râpé. Amalgamer le tout intimement.

NOTA. — l'ail et le fromage sont facultatifs.

Mettre la farce sur le centre des feuilles disposées sur le filet, ramener ces feuilles à la position naturelle du chou. Serrer le filet de manière à conserver au chou sa forme pendant la cuisson.

On cuit la viande et le chou dans la même marmite ; on ajoute le chou après que le bouillon est écumé, le temps de cuisson est le même que pour la viande.

Au moment de servir, retirer avec précaution le chou de la marmite, le dresser sur un plat rond, retirer le filet. Les viandes sont dressées à part, entourées des autres légumes.

Le bouillon, une fois dégraissé, est passé à la passoire fine et versé dans la soupière où de jolies tranches de pain grillées attendent sa venue. La viande et le chou sont servis en même temps.

NOTA. — **A l'époque des petits pois on peut ajouter à la farce 200 grammes de petits pois bien tendres.**

CONSOMMÉ S POUR POTAGES CLAIRS

On donne le nom de consommé aux bouillons après leur clarification.

Aux bouillons destinés à être clarifiés, le chou doit être complètement supprimé.

Bien que, pour le repas familial, je ne sois pas partisan de la clarification, attendu que cela lui fait perdre l'arôme délicat du pot-au-feu, en voie: cependant la formule :

Pour obtenir 3 *litres de consommé :* hacher finement 800 grammes de viande de bœuf très fraîche et bien dégraissée; quelques abatis de poulet et, si possible, une ou deux carcasses, de poulet rôti. Réunir ces viandes dans une casserole de grandeur nécessaire, leur mêler intimement 2 ou 3 blancs d'œufs et un demi-verre d'eau froide, délayer petit à petit avec 4 litres de bouillon froid, ajouter un petit bouquet de cerfeuil et un petit bout de céleri.

Poser la casserole sur un feu modéré, remuer le liquide avec une spatule ou cuiller, sans discontinuer. Au premier bouillon, retirer la casserole sur le coin du feu, de façon que l'ébullition soit presque imperceptible. Après 35 à 40 minutes, passer le consommé à la serviette. Tenir au chaud au bain-marie.

Au moment de servir, additionner au consommé l'élément de garni- ture choisi, pâtes ou autre.

CONSOMMÉ DE GIBIER

En famille, le consommé de gibier est peu apprécié, mais au besoin on pourra ajouter aux viandes de la Petite Marmite une ou deux perdrix ou une poule faisane, l'une et l'autre à moitié rôties.

Si nécessaire, clarifier le bouillon selon la méthode ordinaire avec moitié viande maigre de bœuf et moitié chair de lièvre.

CONSOMMÉ RAPIDE

Dans un cas pressé : Hacher 1 kilo de viande de bœuf bien dégraissée et très fraîche et 3 abatis de poulet. Mettre ces viandes dans une casserole; ajouter le blanc d'un poireau, une carotte, un brin de céleri émincés; une laitue et un petit bouquet de cerfeuil. Mouiller de 4 litres d'eau froide en remuant avec une cuiller. Faire partir le liquide en ébullition, sans cesser de le remuer. Au premier bouillon, retirer la casserole sur le coin du feu ; ajouter 2 clous de girofle piqués dans un oignon, 30 grammes de sel, 5 à 6 grains de poivre; couvrir la casserole aux trois quarts, continuer très lentement l'ébullition pendant 50 minutes. Passer ensuite le consommé à la serviette, le dégraisser et, s'il est nécessaire, lui mêler quelques gouttes de caramel pour lu; donner une jolie couleur.

BOUILLON RAFRAICHISSANT

Mettre dans une petite marmite 800 grammes de maigre de veau,
2 litres d'eau, 3 grammes de sel. Au premier bouillon, écumer; retirer la marmite sur un feu modéré; ajouter une cuillerée de graines de concombre, cuire très doucement. Après 45 minutes d'ébullition, ajouter une laitue et cerfeuil; continuer l'ébullition pendant 20 minutes. Passer le bouillon à la serviette, ou à la passoire fine après l'avoir soigneusement dégraissé.

NOTA. — On pourra compléter ce bouillon par l'addition aux viandes de 2 cuillerées de riz ou d'orge perlé par litre de liquide, dans ce cas on augmente sensiblement le volume d'eau.

Autre bouillon rafraîchissant.

300 grammes de jarret de veau, les cuisses et les abatis d'un poulet moyen. Mettre le tout dans une petite marmite ou, à défaut, dans une casserole. Mouiller de 2 litres d'eau. Faire partir en ébullition; au premier bouillon écumer soigneusement ; retirer la marmite sur le coin du feu; saler très légèrement; ajouter 4 à 5 cuillerées d'orge perlé, une laitue, une carotte moyenne, un oignon, quelques semences de courges écrasées, un bouquet de cerfeuil. Donner une heure et demie d'ébullition à petit feu. Passer à la passoire fine.

Bouillon d'herbes.

Mettre dans une casserole un oignon moyen, un poireau émincé,
4 cuillerées d'orge perlé, un petit bouquet de cerfeuil, une laitue, cresson, oseille, pourpier (50 *grammes de chaque),* toutes ces herbes émincées; mouiller d'un litre et demi d'eau j 4 grammes de sel. Donner
30 minutes d'ébullition.

Eau de riz.

Laver soigneusement 125 grammes de riz, le mettre dans une casserole, le mouiller de 2 litres d'eau. Donner 30 minutes d'ébullition, passer à la passoire fine dans un pot dans lequel on aura mis quelques tranches de citron ou d'orange et quelques morceaux de sucre.

Eau d'orge.

Se prépare de même que l'eau de riz, simplement donner 60 minutes d'ébullition.

Eau de réglisse et chicorée sauvage.

60 grammes de racine de réglisse, une poignée de feuilles de chicorée sauvage. Mettre le tout dans une casserole, donner 30 minutes d'ébullition. Passer dans un pot dans lequel on aura mis quelques tranches de citron.

BEEF-TEA (OU SAUCE DE VIANDE DE BŒUF) ET GELÉE DE VIANDE POUR MALADES

Pour obtenir une tasse à thé de suc de viande : 500 grammes de viande de bœuf très fraîche, prise dans une partie de la cuisse et complètement dégraissée. La hacher finement, puis la mettre dans une terrine et lui faire absorber petit à petit 3 à 4 cuillerées d'eau froide. Ajouter un grain de sel. Mettre le tout dans un ustensile à cet usage, fermant hermétiquement, qu'on trouve chez tous les marchands d'articles de cuisine *(soit en faïence ou en verre)* ; placer cet ustensile dans une casserole haute, couvrir largement d'eau froide et faire prendre l'ébullition. Laisser bouillir tout doucement pendant 3 heures en ayant soin de remettre un peu d'eau bouillante de temps en temps pour compenser la perte produite par l'évaporation. Retirer ensuite la casserole du feu et, lorsque l'eau n'est plus que tiède, sortir l'ustensile. Passer le contenu à la serviette.

Pour la gelée de viande.

Procéder de même en ajoutant à la viande de bœuf 100 grammes de chair de jarret de veau hachée et 6)0 grammes de chair de pied de veau coupée en grosse julienne, passée quelques minutes à l'eau bouillante et rafraîchie. Lorsque la gelée est passée à la serviette, la verser dans de toutes petites tasses.

NOTA. — Pour la gelée mélanger aux viandes 6 à 8 cuillerées d'eau au lieu de quatre.

On pourra compléter le Beef-Tea et la Gelée en additionnant aux viandes mentionnées la chair d'une ou deux cuisses de poulet.

PATES DIVERSES POUR POTAGES CLAIRS
(Pâtes dites « d'Italie »)

Proportions : Ces pâtes s'emploient à raison de 60 grammes par litre de consommé ou de bouillon de Pot-au-Feu. Le temps de cuisson demande 10 à 12 minutes suivant la qualité des pâtes.
Mêmes conditions pour le Vermicelle fin :

NOTA. — Il est toujours bon de jeter les pâtes dans de l'eau bouillante salée pendant 2 secondes avant de les cuire dans le bouillon.

La plupart des pâtes pour potages peuvent très bien être dosées à la cuiller à soupe dont le contenu représente 20 grammes.

Perles du japon.

S'emploient à raison de 70 grammes par litre de consommé. *Temps de cuisson :* 20 à 25 minutes.

Le salep, le sagou, le tapioca.

S'emploient à raison de 65 à 70 grammes par litre de consommé.

Temps de cuisson : 15 à 18 minutes.

Le riz.

S'emploie à raison de 45 à 50 grammes par litre de consommé. *Temps de cuisson :* 20 à 25 minutes.

NOTA. — Le riz doit être mis dans une casserole, le recouvrir d'eau, donner 2 minutes d'ébullition; bien l'égoutter avant de le mettre dans le bouillon, pour finir de le cuire.

Lorsque le riz doit servir de garniture dans un consommé, on doit le cuire dans du bouillon ordinaire assez abondant et bien l'égoutter avant de le mêler au consommé.

Semoule.

S'emploie à raison de 3 cuillerées à soupe de semoule par litre de consommé. *Temps de cuisson :* 18 à 20 minutes.

ROYALES DIVERSES POUR CONSOMMÉS

Royale ordinaire pour consommé

Battre dans une terrine, comme pour une omelette, 1 œuf entier et

3 jaunes; y ajouter, petit à petit, 2 décilitres de consommé ou bouillon, bouillant ; passer à la passoire fine ou à la mousseline ; enlever la mousse produite et verser en petits moules à darioles et beurrés. Temps de pochage : 12 à 15 minutes au bain-marie, casserole couverte. L'eau du bain doit être bouillante mais ne doit pas bouillir.

Aussitôt la royale pochée, sortir les moules de la casserole, les tenir au frais et ne la détailler que lorsqu'elle est complètement froide. La détailler en rondelles ou en cubes et les mettre dans une casserole contenant assez de consommé pour que la royale se trouve couverte, tenir au chaud; l'ajouter au potage au moment de servir.

PROFITEROLES POUR POTAGES

Les profiteroles se couchent sur plaques de la grosseur d'une petite noisette, et se cuisent comme les petits choux à la crème.

Pâte à chou ordinaire.

Réunir dans une casserole : 1 demi-litre d'eau, 100 grammes de beurre, 5 grammes de sel. Faire bouillir et ajouter, hors du feu,

300 grammes de farine tamisée. Mélanger intimement avec une cuiller en bois, remettre la casserole sur le feu pour dessécher la pâte toujours en la travaillant avec une cuiller, puis lui additionner, hors du feu, 6 œufs petit à petit.

Royale à la crème.

Battre en omelette 1 œuf entier et 3 jaunes, les délayer avec 2 déci- litres de crème, assaisonner d'une pincée de sel, d'un soupçon de mus- cade râpée et passer à la mousseline. Pocher au bain-marie comme il est expliqué pour la Royale ordinaire.

Royale de crème de riz.

Délayer 100 grammes de crème de riz avec 4 à 5 cuillerées de lait. Ajouter une pincée de sel fin, faire la liaison avec 4 jaunes d'œufs, passer à la mousseline et pocher comme il est expliqué ci-dessus.

Royale de tomate.

Ajouter, à un décilitre de purée de tomate bien assaisonnée, 4 cuillerées de crème très fraîche, une prise de sucre ; faire la liaison avec 1 œuf entier et 3 jaunes, mettre en moules à darioles et pocher au bain-marie.

Royale de volaille.

Piler 60 grammes de blanc de volaille cuite, y ajouter 2 cuillerées de sauce Béchamel ; 2 cuillerées de crème très fraîche et une pointe de muscade. Faire la liaison avec 1 petit œuf et 2 jaunes, passer l'appareil au tamis fin. Pocher suivant les indications précédentes.

On pourra également faire de la Royale à base de faisan, perdreau, lièvre, lapereau, en procédant comme la Royale à la Volaille, sauf que la Béchamel est remplacée par 4 cuillerées de sauce demi-glace très réduite. Pocher de même en petits moules.

NOTA. — Ces Royales peuvent, au besoin, servir de mets légers pour enfants et malades. Dans ce cas, on sert ces petites délicatesses, sans être détaillées, légèrement saucées d'une petite sauce brune ou blonde, accompagnées d'une purée de légumes frais : petits pois, pointes d'asperges, chicorée, haricots verts, etc.

CONSOMMÉS ET POTAGES CLAIRS

Consommé aux ailerons de volaille.

Consommé de la Petite Marmite dans laquelle on aura cuit les ailerons, ceux-ci désossés d'avance et farcis d'un fin hachis de poulet. Coudre l'orifice des ailerons.

Pour servir, sortir les ailerons de la marmite, retirer le fil ; déposer les ailerons dans la soupière, ajouter 2 cuillerées de riz cuit au con- sommé, par aileron.

Passer le consommé à la serviette et le verser bouillant dans la soupière.

NOTA. — Pour un grand service, on cuit les ailerons à part, soit braisés ou cuits simplement dans du bouillon.

On pourra compléter la garniture en ajoutant quelques cuillerées de petits pois cuits à l'anglaise et de petites boules de carotte (grosseur des petits pois) levées à la cuiller à légumes et cuites dans du bouillon.

Consommé à l'ancienne.

Consommé à la Petite Marmite.

Garniture : Tailler dans des flûtes à potage le nombre de croûtes nécessaires ; les ranger en couronne dans un plat rond un peu profond ; garnir le centre des légumes de la Marmite. Arroser légumes et pain avec du consommé de la marmite un peu gras, faire mitonner 6 à 8 minutes et légèrement gratiner.

Servir le consommé et les croûtes à part.

Consommé aurore.

Tapioca léger au consommé de la Petite Marmite, additionné d'un quart de son volume de purée de tomate cuite pour potage et passé à la mousseline.

Garniture : Jaunes d'œufs durs passés au tamis, parsemés sur le con- sommé au moment de le servir.

Consommé dit à « la bonne femme ».

Proportions pour 6 personnes : Choisir 2 cous de mouton, les désosser; ficeler la viande, la mettre avec les os dans une marmite de grandeur voulue ou dans une casserole, mouiller de 3 litres d'eau. Faire écumer, ajouter 200 grammes d'orge perlé bien lavé et 20 grammes de sel. Conduire la cuisson lentement comme le pot-au-feu. A moitié cuisson, lui ajouter carotte, blanc de céleri, oignon (en tout 250 grammes) taillés en petits carrés, un bouquet composé d'une feuille de laurier et branches de persil.

Au moment de servir, sortir les os et viandes de la marmite ; détailler la viande en petits carrés, les mettre dans la soupière et verser dessus le contenu de la marmite, après avoir retiré le bouquet. Une pincée de poivre frais moulu complétera la saveur de ce potage.

Consommé brunoise.

Proportions de légumes pour 2 litres de consommé : 300 grammes de rouge de carotte, 200 grammes de navet, 3 moyens blancs de poireaux, une petite branche de blanc de céleri, un petit oignon.

Détailler ces légumes en dés de 3 millimètres de côté ; les mettre dans une casserole dans laquelle on aura fait fondre 50 grammes de beurre ; assaisonner d'une pincée de sel et une cuillerée à café de sucre en poudre. Couvrir la casserole; laisser étuver doucement les légumes et dès qu'ils ont rendu leur humidité, les mouiller d'un demi-litre de bouillon et finir de cuire à petit feu. Au moment de servir, ajouter la Brunoise au consommé, une pincée de feuilles de cerfeuil et facultative- ment quelques cuillerées de petits pois frais, cuits à l'anglaise.

Consommé brunoise au riz.

Ajouter au moment de servir 4 cuillerées de riz cuit au consommé par litre de potage.

On pourra remplacer le riz par de l'orge perlé cuit, par des perles du Japon, cuites au consommé.

Le Consommé Brunoise pourra aussi être lié aux jaunes d'œufs et crème, ou avec un tiers de son volume de purée de légumes secs; haricots, pois cassés, lentilles, ou bien encore de crème ou velouté de volaille.

Consommé Carmen.

Proportions pour 5 à 6 personnes : Préparer une Petite Marmite avec une jeune poulette ; conduire la cuisson à petit feu. D'autre part, une demi-heure avant de servir, cuire 100 grammes de riz de la façon suivante : Faire légèrement blondir au beurre une cuillerée d'oignon finement haché, y mêler le riz, le remuer avec une cuiller pendant quelques secondes, lui ajouter 4 cuillerées de purée de tomate et un poivron rouge doux grillé débarrassé de sa pelure et coupé en dés; mouiller avec 2 décilitres et demi de consommé. Couvrir la casserole, donner 20 minutes de cuisson.

Réunir dans la soupière : le blanc de la poulette taillé en petits carrés et le riz.

Passer le consommé à la serviette et le verser bouillant dans la soupière.

Consommé Cendrillon.

Proportions pour 6 personnes : 2 litres de Consommé de volaille Madrilène.

Garniture : 50 grammes de truffe cuite au vieux vin de Frontignan détaillée en julienne, 6 cuillerées de riz cuit au consommé, 12 rognons de coq pochés au consommé et débarrassés de la petite peau.

Consommé Chasseur.

Proportions pour 6 personnes : 2 litres de consommé de la Petite Marmite dans laquelle on aura ajouté une perdrix ou une poule faisane. Réunir dans la soupière la chair de la poitrine de l'une ou l'autre des deux volatiles taillés en julienne, 3 cuillerées de blanc de céleri en julienne et 6 cuillerées d'orge perlé cuits au consommé. Verser le consommé bouillant dans la soupière.

Consommé Colbert.

Se compose de consommé clarifié ou simplement du consommé de la Petite Marmite passé à la serviette, 1 œuf frais poché par personne et une garniture de légumes printaniers taillés en petits carrés : carottes, navets, blanc de céleri, cuits au consommé, petits pois frais cuits à l'eau salée à l'anglaise, quelques feuilles de cerfeuil.

Consommé croûte-au-pot.
Consommé de la Petite Marmite.

Légumes de la marmite : Carottes, navets, poireaux, parés dressés à part dans un légumier. Ranger sur les légumes des croûtes de flûte à Potage, sans mie, arrosées de graisse de la marmite.

Consommé ans diablotins.
Consommé de la Petite Marmite.

Garniture : Rondelles de flûte à potage de 6 millimètres d'épaisseur masquées en petits dômes d'un appareil composé de sauce Béchamel très réduite, de fromage râpé et une pointe de poivre rouge. Faire légèrement gratiner les Diablotins, les servir à part sur un papier dentelle.

On pourra compléter le consommé de petites rondelles de moelle très fraîche, pochée dans du bouillon et une pincée de pluches de cerfeuil.

Consommé dominicaine.
Consommé de la Petite Marmite aux pâtes d'Italie et petits pois frais cuits à l'eau salée. Fromage râpé servi à part.

Ce consommé peut être hé aux jaunes d'œufs, ou diverses purées de légumes frais ou secs ; de purées et veloutés de volaille ou gibier.

Consommé à l'écossaise.
Préparer un Pot-au-Feu avec cous de mouton au lieu de bœuf. Dès que la viande est cuite, la désosser, couper la chair en petits morceaux de la grosseur d'une noisette, les mettre dans une casserole avec 4 cuillerées d'orge perlé bien cuit, cuillerées de brunoise de légumes préparée et cuite comme il est indiqué au Consommé Brunoise, par litre de bouillon, couvrir de bouillon, tenir au chaud.

Au moment de servir, verser viandes et légumes dans la soupière et ajouter le bouillon nécessaire.

Consommé Flammarion.
Consommé aux petites pâtes d'Italie forme étoile et petits pois frais cuits à l'anglaise, mis dans le consommé sans les rafraîchir.
Servir en même temps du fromage fraîchement râpé.

Consommé Francillon.
Consommé de la Petite Marmite passé à la serviette.

Garnitures : Petites demi-laitues braisées, dressées dans un plat creux sur lesquelles on met, sur chacune, une belle rondelle de moelle légèrement pochée dans du bouillon ; saupoudrer de fromage fraîchement râpé ; recouvrir la surface de quelques cuillerées de coulis de tomate additionné d'un tiers de son volume de glace de viande.

Servir le consommé et les laitues séparément et de minces rondelles de flûte à potage séchées au four.

La personne chargée de servir le potage devra mettre une laitue dans chaque assiette, de 3 à 4 rondelles de pain et les couvrir aussitôt de consommé bouillant.
A volonté on pourra farcir les laitues au riz.

Consommé Hélène.
Consommé de poulet au suc de tomate.

Garniture: Royale ordinaire pochée en moules à darioles et détaillée en rondelles, petites profiteroles au parmesan.

Consommé Isabella.

Fin consommé de volaille.

Garniture : Quenelles de volaille à la crème, moulées à la cuiller à café; petits pois à l'anglaise; soupçon de fine julienne de truffe,

Consommé Jeannette.

Consommé de la Petite Marmite.

Garniture: Petits œufs pochés, petits pois cuits à l'anglaise, pâtes d'Italie.

Consommé Julienne.

Consommé ordinaire.

Proportions des légumes pour 2 litres de potage : Rouge de carotte (125 grammes), navets (100 grammes), le blanc d'un petit poireau, un demi-oignon moyen, un brin de céleri, un petit quartier de chou (70 gr.). *Traitement:* Pour l'unité de cuisson, les légumes doivent être taillés aussi régulièrement que possible. Détailler en julienne : carotte, navet, poireau, céleri et émincer finement l'oignon ; assaisonner ces légumes d'une pincée de sel fin et d'une pincée de sucre en poudre. Faire fondre 2 cuillerées de beurre dans une casserole, y joindre les légumes, couvrir la casserole et les faire étuver sur feu doux en les remuant de temps à autre; dès que le beurre apparaît clair, mouiller d'un demi-litre de consommé. Ajouter le chou taillé en julienne et cuit 10 minutes à l'eau bouillante ; finir de cuire doucement. Compléter au moment de servir avec I litre et demi de consommé, une cuillerée de chiffonnade d'oseille; laitue, cerfeuil.

Consommé Lorette.

Consommé de la Petite Marmite.

Garniture: Royale à la purée de perdreau, petite julienne de truffe et champignons crus chauffés quelques secondes dans un petit verre de Frontignan.

Consommé Madrilène.

Consommé de volaille auquel on ajoute à la clarification, par livre de viande, 3 à 4 tomates bien mûres, lavées, non pelées et hachées. Il est important de faire usage des pelures en raison que ce sont celles-ci qui donnent au consommé ce joli ton rosé. Se sert chaud et froid, et en tasse, de préférence.

Servi chaud, on l'accompagne de paillettes au parmesan et légère- ment pimentées. Servi froid, légèrement pris en gelée, est l'un des consommés les plus agréables pendant les grandes chaleurs.

Consommé Mireille.

Consommé de la Petite Marmite lié de 2 ou 3 jaunes d'œufs très hais et 2 cuillerées de crème excessivement fraîche par litre de consommé et une légère décoction de feuilles de safran.

Petites rondelles de pain taillées dans de la flûte à potage et séchée3 au four. Servir en même temps fromage frais râpé.

NOTA. — On pourra préparer ce potage dans les mêmes conditions et remplacer le pain par du fin vermicelle de Valence cuit au consommé.

Consommé Nasa. Bouillon du Pot-au-Feu.

Disposer dans la soupière de fines rondelles de flûte à potages séchées au four, par lits, en les alternant de gruyère et parmesan râpés. Sur le dernier lit, ranger des petits œufs pochés et couvrir avec le bouillon bouillant.

On pourra, à volonté, ajouter au consommé quelques cuillerées de purée de tomate bien cuite.

NOTA. — Lorsque le nombre des œufs est supérieur à 4, il est préférable de les servir à part.

Consommé ou potage à la queue de bœuf (à ma façon).

1 kilo de queue de bœuf tronçonnée en 8 morceaux, 600 grammes de jarret de veau désossé dont la chair est détaillée en morceaux de la grosseur d'une noix et les os brisés; un pied de veau désossé et passé quelques minutes à l'eau bouillante. Mettre ces viandes dans une marmite en terre, y joindre 150 grammes d'oignon et autant de carottes hachés. Mouiller d'un quart de bouteille de vin de Frontignan sec et même quantité d'eau. Couvrir la marmite, la poser sur un feu doux, laisser réduire le liquide au quart de son volume, remouiller encore avec un demi-litre d'eau, laisser réduire presque à fond. Compléter alors le mouillement de 3 litres et demi d'eau chaude, 2 décilitres de purée de tomate, un bouquet composé de branches de persil, une branche de céleri, une gousse d'ail et une feuille de laurier, 20 grammes de sel et quelques grains de poivre écrasés. Faire partir en ébullition, couvrir la marmite et cuire à très petit feu 4 heures environ.

Retirer les tronçons de queue de la marmite, les parer et les mettre dans la soupière ; y joindre le pied de veau détaillé en petits carrés, tenir au chaud. Retirer les os de veau et le bouquet; passer le fond de cuisson, veau et légumes, avec pression à la passoire fine ou tamis, dans une casserole ; tenir quelques instants sur le coin du feu le temps nécessaire pour que la graisse monte à la surface. Dégraisser le potage, le chauffer fortement et le verser dans la soupière où l'attendent queue de bœuf et pieds de veau.

On pourra, à volonté, joindre à ce potage quelques cuillerées d'orge cuite au bouillon.

Consommé printanier

Consommé de volaille.

Garniture: Carottes et navets nouveaux en petits bâtonnets d'un centimètre et demi de longueur, levés à la colonne de trois millimètres de diamètre et cuits au consommé; petits pois frais cuits à l'anglaise, haricots verts frais coupés en très fins losanges et ensuite cuits à l'anglaise, laitues braisées coupées en petits carrés, feuilles de cerfeuil.

Réunir le tout dans la soupière et verser dessus le consommé très bouillant.

NOTA. — Comme variation, le Consommé Printanier peut comporter un supplément de garniture: Quenelles de volaille; Royales diverses, œufs pochés. Dans ce cas, on doit mentionner l'élément choisi et dire

« Printanier aux Quenelles », « Printanier à la Royale ».

Autrefois, lorsque le Printanier comportait des quenelles de volaille, on le dénommait « Printanier Impératrice ».

Le consommé peut, aussi, être lié aux jaunes d'œufs et crème ou avec du velouté de volaille à la crème par parties égales de consommé et de velouté, de purée de haricots blancs, de purée de pois, etc.

Consommé aux quenelles de volaille et moelle.

Consommé de la Petite Marmite.

Garniture: Quenelles de volaille à la crème pochées au bouillon; dés de moelle très fraîche pochés au bouillon; quelques petites feuilles de cerfeuil sur le consommé.

NOTA. — Pour variation on pourra remplacer les quenelles par de la Royale à la purée de volaille pochée dans des moules à darioles et détaillée en rondelles.

On pourra aussi compléter la garniture, soit : par des pointes d'asperges, des petits pois cuits à l'eau salée.

Consommé Renaissance.

Consommé de volaille aux légumes nouveaux.

Garniture pour 2 litres Je consommé: 125 grammes de carotte, 100 grammes de navets levés à la cuiller à légume, cuits au consommé; Les rognons de coq pochés au consommé et dépouillés de leur pelure; 2 jaunes d'œufs durs passés au tamis et feuilles de cerfeuil.

Réunir le tout dans la soupière, verser dessus le consommé bouillant.

Les rognons de coq pourraient être remplacés par des quenelles de volaille à la crème, de la forme des rognons.

Consommé favori de Sarah Bernhardt.

Proportions pour 6 personnes : 300 grammes de chair de jarret de veau détaillée en morceaux de la grosseur d'une noix.

Foncer une casserole de quelques morceaux de couenne de lard passées 10 minutes à l'eau bouillante, les rafraîchir; une petite carotte et un moyen oignon émincé, puis les morceaux de veau et 2 cuillerées de beurre fondu. Mettre la casserole sur le feu, mouiller d'un quart de litre de consommé et faire réduire de deux tiers à petit feu ; mouiller à nouveau d'un quart de litre de consommé, ajouter un petit bouquet, branches de persil, demi-feuille de laurier et brindilles de thym, couvrir la casserole, la mettre dans le four à chaleur modérée, continuer la cuisson en opérant comme pour des ris de veau braisés.

Les viandes doivent être très cuites de façon à pouvoir les réduire en purée.

Retirer le bouquet, passer le fond de braisage dans une petite casserole, la tenir au chaud.

Piler le veau et les légumes, passer au tamis fin ; mette la purée qui en résulte dans une casserole, lui mêler par parties égales du velouté de tomates légèrement salé et le fonds de cuisson; tenir au chaud.

Servir à part, et en même temps, du vermicelle très fin poché au consommé, puis égoutté, lié au beurre et parmesan râpé.

Consommé Solange.

Consommé de la Petite Marmite.

Garniture : Orge perlé cuit au consommé, laitues braisées coupées en petits carrés, julienne de blanc de poulet cuit dans la marmite. Réunir le tout dans la soupière et verser dessus le consommé bouillant.

Consommé à la Talleyrand.

Consommé de la Petite Marmite, dans laquelle on aura ajouté un faisan, rôti à moitié.

Garniture : Quenelles de chair de faisan à la crème, moulées à la cuiller à dessert (2 pièces par personne) ; une fine julienne de truffe étuvée au vin de Frontignan.

Réunir les quenelles et truffe dans la soupière, verser dessus le consommé bouillant. Servir en même temps des paillettes au Parmesan.

Consommé Wladimir.

Consommé de volaille servi très chaud. Garniture à part : Quenelles au fromage ainsi préparées; 125 grammes de fromage blanc bien frais travaillé à la cuiller dans une terrine ; ajouter une pincée de sel fin,

125 grammes de beurre à peine fondu, 2 jaunes d'œufs, 125 grammes de farine, 2 cuillerées de crème fraîche, le tout intimement mélangé; ajouter 2 blancs d'œufs en neige ferme. Mouler les quenelles à la cuiller à dessert, les pocher délicatement sans bouillir, les égoutter ; les ranger dans une timbale d'argent, les saupoudrer de parmesan râpé, les arroser de beurre fondu et les passer au four quelques minutes.

On pourra faire 'e même potage en remplaçant les quenelles au fromage par des quenelles de volaille à la crème.

LES POTAGES LIÉS

Les œufs, la crème, le beurre sont les meilleurs facteurs de liaison des potages clairs, unis ou séparés.

Les veloutés sont à la base de farine de froment, de crème d'orge, de crème de riz, de crème d'avoine, fécule de maïs, panades; on les lie facultativement soit avec œufs, beurre et crème, ou simplement avec de la crème très fraîche.

Les p>otages aux purées de légumes secs : Purée de pois, de lentilles, de haricots blancs, de pommes de terre, apportant avec eux l'élément de liaison sont mis au point, au moment de les servir, par l'addition de
50 grammes de beurre frais ou par un décilitre de crème fraîche par litre de potage.

C'est avec les purées de légumes secs que l'on prépare les soupes économiques.

L'addition aux légumes secs d'une partie de légumes frais : laitue, poireau, carotte, cerfeuil, céleri, complète leur valeur hygiénique et rend ces soupes plus rafraîchissantes. Facultativement on pourra leur ajouter un décilitre de crème fraîche.

La purée de carotte, le coulis de tomate, additionnés d'un tiers de leur volume, de potage au tapioca en complète la saveur et le velouté.

PURÉES, CRÈMES ET VELOUTÉS
(Proportions établies pour 5 à 6 personnes.)

Bisque ou coulis d'écrevisses.

Proportions pour 6 personnes : Choisir 20 à 25 écrevisses de grosseur moyenne et bien vivantes.

Préparer une mirepoix composée de : 40 grammes de carotte, 40 gr. d'oignon, taillés en petits carrés, une demi-feuille de laurier, un fragment de thym et quelques branches de persil ciselées, 2 cuillerées de cognac et 1 décilitre et demi de vin blanc.

Faire revenir au beurre la mirepoix; y ajouter les écrevisses lavées et châtrées, opération qui se fait en tordant légèrement l'écaillé du milieu de la queue pour en retirer le boyau intestinal qui, généralement, est amer. Sauter les écrevisses quelques minutes dans la mirepoix, les assaisonner de sel et poivre frais moulu; les arroser avec le cognac, le vin blanc et laisser réduire. Mouiller ensuite de 2 décilitres de bouillon et donner 10 minutes de cuisson. Retirer les écrevisses de la cuisson, les décortiquer et réserver les queues et 6 à 8 coffres. Piler finement le reste avec 50 grammes de beurre.

Mouiller la mirepoix restée dans la casserole d'un litre et demi de bouillon blanc, mettre en ébullition et le lier avec 150 grammes de crème de riz délayée avec quelques cuillerées de bouillon froid ; laisser bouillir doucement 12 à 15 minutes environ et ajouter les carapaces pelées et une petite pointe de poivre rouge. Donner une minute d'ébullition ; passer le potage à la passoire fine (dite « Chinois ») dans un bain-marie et tenir au chaud. Mettre quelques parcelles de beurre sur la surface du potage pour éviter la peau qui pourrait s'y former.

Incorporer au potage, au moment de le servir, 100 grammes de beurre très frais.

Garniture : Les queues d'écrevisses, mises en réserve et divisées en deux sur la longueur et les coques, farcies d'une petite farce fine de poisson et pochées à l'eau bouillante et salée.

On peut donner à ce potage la dénomination de Crème; dans ce cas, on remplace le beurre par de la crème très fraîche; et les coques d'écrevisses remplacées par des petites quenelles à potage.

On pourra aussi lui donner le nom de Velouté d'Écrevisses en liant le potage, au moment de le servir, de 2 jaunes d'œufs étendus d'un déci- litre et demi de crème très fraîche et bouillante, par litre de potage.

Aux crèmes et veloutés, on pourra remplacer les quenelles par quelques cuillerées de riz ou perles du japon cuits au consommé.

Bisque de crabes.

Procéder comme pour le « Potage », « Bisque d'Écrevisses », en remplaçant les écrevisses par des petits crabes, qu'il est bon de faire dégorger préalablement pendant une ou deux heures à l'eau fraîche.

Bisque de crevettes roses.

Choisir une livre et demie de petites crevettes roses bien vivantes et procéder de même que pour les écrevisses.

NOTA. — Pour la liaison du potage, on pourra remplacer la crème de riz par 300 grammes de riz cuit au consommé non coloré, mouillé de quatre fois son volume ; dans ce cas, le riz doit être très cuit, ce qui demande 35 à 40 minutes.

Bisque de homard.

Remplacer les écrevisses par 6 à 700 grammes de petits homards vivants. Les tronçonner, les cuire en mirepoix, et opérer comme pour la Bisque d'Écrevisses.

Comme garniture : quelques cuillerées de chair de homard réservée et coupée en dés.

Bisque de langoustines.

Se prépare identiquement comme la « Bisque d'Écrevisses ».

Purée de céleri.

Émincer et cuire quelques minutes à l'eau bouillante 500 grammes de céleri-rave; l'égoutter, le mettre dans une casserole avec une forte cuillerée de beurre. Couvrir la casserole et laisser étuver 8 à 10 minutes sur feu doux. Mouiller d'un litre de bouillon ou, à défaut, remplacer le bouillon par de l'eau bouillante; dans ce dernier cas, ajouter 8 à
10 grammes de sel. Joindre au céleri 200 grammes de pommes de terre émincées. Couvrir la casserole et cuire doucement. Passer au tamis (in ou à l'étamine. Mettre la purée au point de consistance avec du lait bouillant et, pour finir, lui incorporer 2 cuillerées de beurre fin ou l'équivalent de crème très fraîche.

Garniture : Croûtons frits au beurre, à volonté quelques feuilles de cerfeuil ciselées.

NOTA. — Pour les purées de chou-fleur, de navet, de topinambour, on procédera de la même façon.

Purée Crécy.

Émincer 5 à 6 carottes pesant 5 à 600 grammes, les mettre dans une casserole dans laquelle on aura fait chauffer 2 cuillerées de beurre, leur joindre un oignon émincé ; les assaisonner d'une pincée de sel et d'une petite pincée de sucre en poudre. Les faire étuver quelques instants. Mouiller d'un litre de bouillon; ajouter 125 grammes de riz soigneusement lavé et cuire doucement. Passer au tamis fin ; mettre la purée au point de consistance avec du bouillon bouillant et pour ter- miner, lui incorporer 2 cuillerées de beurre fin.

Garniture : Petits croûtons frits au beurre.

Le Potage Velours se compose de deux tiers de Purée Crécy et un tiers de consommé au tapioca.

NOTA. — La Purée se transforme en Crème Crécy en lui incorporant, au moment de servir, 2 décilitres de crème bouillante par litre de purée.

On pourra, à volonté, remplacer les croûtons par quelques cuillerées de riz ou perles du Japon cuits au consommé.

Purée de gibier.

Rôtir à moitié 2 perdrix ou une poule faisane ; finir de cuire avec 250 grammes de lentilles, mouiller à l'eau ou au bouillon; un petit bouquet composé de branches de persil, une demi-feuille de laurier et un brin de thym ; un oignon moyen piqué d'un clou de girofle ; assaisonne- ment sel et poivre.

Après cuisson, le ou les gibiers sont désossés et les chairs pilées avec les lentilles bien égouttées; remettre la purée dans la casserole, la délayer avec la cuisson, puis passer au tamis fin ; remettre à nouveau la purée qui en résulte dans une casserole, la mettre au point de consistance avec du consommé bouillant et pour terminer, lui incorporer 75 à 100 grammes de beurre par litre de potage.

Garniture : A volonté, soit des petits croûtons frits au beurre, riz ou orge perlé cuits au consommé.

La purée de gibier prend le nom de crème en y incorporant 2 décilitres de crème bouillante au moment de servir.

On peut ajouter comme garniture à ces crèmes, soit : des petites quenelles de gibier, une fine julienne composée de champignons de truffes et l'élément employé, soit perdrix ou faisan.

Purée Parmentier.

Faire étuver au beurre, sans roussir, 2 blancs de poireau émincés; ajouter 600 grammes de pommes de terre de Hollande coupées en quartiers, mouiller d'un litre et demi de bouillon, à défaut de bouillon le remplacer par de l'eau bouillante et cuire vivement. Aussitôt les pommes cuites, les broyer avec un fouet à blancs d' œufs; passer à l'étamine ou à la passoire fine. Remettre la purée dans la casserole, faire chauffer, et la mettre au point de consistance avec du bouillon ou du lait bouillant, puis au moment de servir, lui incorporer 1 décilitre et demi de crème et quelques parcelles de beurre frais.

Garniture : Petits croûtons frits au beurre.

La Purée Parmentier peut servir de base à d'autres combinaisons. En ménage, on peut remplacer les croûtons par quelques cuillerées de pâtes d'Italie ou vermicelle fin, cuits à part; additionnée d'un tiers de purée de tomate, elle constitue un excellent potage.

Purée de pois frais.

On procède de deux façons :

1° Cuire vivement à l'anglaise 1 litre de pois bien frais; les égoutter, les piler, les passer au tamis fin ou à l'étamine. Remettre la purée dans une casserole et la mettre au point de consistance avec du bouillon blanc. Ainsi traitée, la purée est d'une jolie teinte.

2° Cuire à l'étuvée un litre de pois frais avec 75 grammes de beurre, line petite laitue ciselée, une pincée de sucre, 2 petite oignons nouveaux,
6 grammes de sel et 2 décilitres d'eau. Les piler, les passer au tamis fin; remettre la purée dans une casserole, la mettre au point de consistance avec du bouillon ordinaire. Cette purée est de teinte moins vive que la précédente, mais d'une saveur plus délicate.

Pour l'une et l'autre de ces purées, la mise au point finale se fait avec 60 grammes de beurre frais par litre.

Garniture : Petits pois cuits à l'anglaise et pluches de cerfeuil.

Ces purées prennent le nom de Crème de Petits Pois en incorporant au dernier moment 1 décilitre et demi de crème très fraîche.

En Angleterre, on remplace le cerfeuil par de la menthe fraîche finement hachée.

Purée de potiron à la bourgeoise.

Cuire 500 grammes de potiron épluché et coupé en morceaux avec trois quarts de litre d'eau, 10 grammes de sel et 20 grammes de sucre. Passer au tamis fin ; mettre au point de consistance avec du lait bouillant. Faire pocher dans la purée 75 grammes de vermicelle ou même poids de pâtes d'Italie. ‑ Finir le potage avec 50 grammes de beurre frais ou 1 décilitre de crème fraîche.

Purée de potiron à la ménagère.

Ajouter, à la Purée de Potiron indiquée ci-dessus, un tiers de purée de haricots blancs.

En famille, la ménagère fait ce potage lorsqu'il reste des haricots du dîner de la veille; c'est une façon de les employer et d'obtenir un excellent potage.

Purée de potiron au riz.

Préparer une Purée de Potiron comme il est indiqué à la Bourgeoise ; remplacer le vermicelle par du riz cuit au bouillon.

On prépare également un excellent potage en ajoutant au potiron, par parties égales, de la purée de pommes de terre.

Purée portugaise.

Faire légèrement rissoler au beurre une mirepoix composée de : 50 gr. de lard maigre coupé en dés ; un oignon moyen ; une carotte moyenne coupée en dés; une demi-feuille de laurier, un brin de thym, queues de persil. Ajouter 600 grammes de tomates épépinées et hachées, une pointe d'ail. Cuire doucement. Passer à la passoire fine; remettre la purée dans la casserole, ajouter 250 grammes de riz bien lavé, mouiller d'un litre et demi de bouillon, donner 20 à 25 minutes de cuisson à petit feu.

Purée ou coulis de poulet à la reine.

Choisir un poulet un peu gras du poids de 1 kilo 250 grammes environ; le nettoyer et le cuire dans 1 litre et demi de bouillon blanc. Lorsque le poulet est cuit, le sortir de la cuisson, le désosser, mettre en réserve quelques morceaux de blanc pour les croûtons de garniture. Piler le reste du poulet, lui ajouter 250 grammes de riz cuit, une partie du bouillon de cuisson du poulet; bien broyer le tout.

Passer au tamis ou à l'étamine, mettre la purée qui en résulte dans une casserole ; la mettre au point de consistance avec le restant de la cuisson du poulet, faire chauffer jusqu'à ébullition.

Compléter au dernier moment, avec une liaison de 3 jaunes d'œufs délayés avec 1 décilitre et demi de crème et pour terminer incorporer au coulis 100 grammes de beurre fin.

Garniture : Les morceaux de blanc de poulet mis en réserve détaillés en petits dés.

NOTA. — On pourra remplacer le riz cru par de la crème de riz délayée avec du bouillon ou de l'eau à raison de 3 cuillerées à soupe de crème de riz par litre de liquide.

Potage Bagration.

Cuire un poulet comme pour le Coulis à la Reine en joignant au poulet 500 grammes de noix de veau coupée en morceaux. Ajouter aux jaunes d'œufs de liaison 3 cuillerées de parmesan frais râpé.

Garniture : Petits bâtonnets de macaroni d'un centimètre et demi de longueur cuits dans du bouillon ordinaire.

Potage Saint-Germain.

Ce potage n'est autre que la Purée de pois frais, telle qu'elle est indiquée plus haut.

LES CRÈMES
(Proportions établies pour 4 à 5 personnes.)

Les farines d'orge, de riz, d'avoine, présentées sous le nom de Crèmes sont toutes indiquées pour la préparation de ces potages; leur emploi en facilite l'usage à toutes les ménagères.

Pour obtenir une crème d'asperges.

Couper en pointes 3 à 400 grammes de petites asperges vertes; les cuire à l'eau bouillante salée; les égoutter; en réserver le quart comme garniture 'au potage ; mettre le restant dans une casserole avec une cuillerée de beurre, les sauter quelques secondes et les ajouter à 1 litre et demi de crème de riz préparée d'avance; passer au tamis, tenir au chaud. Au moment de servir, compléter le potage avec 1 décilitre de crème très fraîche. Chauffer fortement sans bouillir.

Garniture : Pointes d'asperges tenues en réserve.

Pour obtenir une crème de céleri.

Cuire à l'eau salée 300 grammes de céleri-rave, l'égoutter, le mettre dans une casserole avec 2 cuillerées de beurre; couvrir la casserole pour étuver le céleri pendant 8 à 10 minutes; lui ajouter un petit assaisonnement de sel, poivre frais moulu et une pincée de sucre; passer au tamis fin et ajouter la purée qui en résulte à 1 litre de crème de riz préparée d'avance.

Garniture : Petits croûtons frits au beurre, quelques cuillerées de riz cuit à l'eau et beurre, perles du Japon.

Pour obtenir une crème de champignons.

Laver vivement 250 grammes de champignons de couche, aussi frais et blancs que possible, les éplucher, les passer rapidement à travers un tamis métallique, les ajouter aussitôt à 1 litre et demi de crème de riz préparée d'avance; faire bouillir quelques minutes, passer au tamis fin et tenir au chaud. Au moment de servir, compléter le potage avec addition de 2 décilitres de crème très fraîche.

Garniture : Croûtons frits au beurre; julienne de champignons étuvés au beurre, julienne de truffes; pâtes d'Italie pochées au consommé blanc, etc.

Crème écossaise.

Préparer une crème au curry en remplaçant la crème de riz par de la crème d'orge.

Garniture : Fine brunoise de légumes cuits au beurre et bouillon.

Pour obtenir une crème d'écrevisses

Voir « Bisque et Coulis d'Écrevisse ».

Pour obtenir une crème au curry.

Préparer 1 litre de crème de riz d'après la méthode indiquée. Faire chauffer dans du beurre une cuillerée à café de curry en poudre pendant quelques secondes, lui ajouter 5 à 6 cuillerées de crème fraîche, donner un bouillon et passer à la passoire fine dans la crème de riz. Chauffer fortement avant de servir et compléter le potage avec 2 décilitres de crème fraîche.

Garniture : Riz cuit à l'indienne, vermicelle fin, pâtes d'Italie, etc.

Crème de laitue.

Faire cuire à l'eau bouillante 300 grammes de feuilles vertes de laitues, les égoutter, les hacher, les mettre dans une casserole avec 2 cuillerées de beurre ; les étuver quelques instants ; ajouter les laitues à I litre de crème de riz préparée d'avance; laisser cuire 12 à 15 minutes à petit feu; passer au tamis fin ou à la passoire fine. Chauffer fortement au moment de servir et, en dernier lieu, compléter le potage de quelques cuillerées de crème très fraîche.

Garniture ; Perles du Japon, tapioca, quenelles de volaille, Royale ordinaire.

Pour obtenir une crème au paprika rose.

Cette crème se prépare identiquement comme la crème au curry ; le curry est simplement remplacé par du paprika rose en poudre ; la garni- ture est la même.

NOTA. — Il est très difficile de donner exactement la quantité de ces deux poudres à cause de la quantité plus ou moins grande de poivre rouge qu'elles contiennent. Ne faire usage de ces poudres qu'à la condition qu'elles soient douces, surtout le paprika.

Ces deux potages sont excellents s'ils sont traités avec précautions.

Crème de riz.

Faire bouillir 1 litre et demi de lait, lui ajouter un petit oignon moyen piqué d'un ou deux clous de girofle, quelques grains de poivre, 12 gr. de sel, un bouquet composé de : 2 branches de persil, une demi-feuille de laurier, un brin de thym, 4 cuillerées à soupe de crème de riz dé- layées avec un peu de lait froid et versé dans le lait en ébullition en remuant avec une cuiller ou un petit fouet de manière à obtenir une liaison parfaite. Retirer la casserole sur le coin du feu; donner très doucement 18 à 20 minutes de cuisson; puis retirer le bouquet et l'oignon ; passer la crème à la passoire fine (dite « Chinois ») dans une casserole. Chauffer fortement jusqu'à ébullition et lui incorporer un décilitre de crème très fraîche.

Garniture : Petits croûtons de pain de mie frits au beurre. Les crèmes d'orge, crèmes d'avoine se préparent de même et toutes peuvent servir de base et de liaison aux diverses crèmes de volaille, de gibier, de légumes, etc. Exemple :

Crème de topinambours.

Se prépare exactement comme la Purée de Céleri-Rave.

Pour obtenir une crème de volaille.

Piler 300 grammes de chair de volaille bouillie, lui additionner 1 décilitre de cuisson de la volaille et quelques cuillerées de crème de riz prise sur 1 litre de crème préparée d'avance ; passer au tamis fin et joindre la purée au lestant du litre de crème. Chauffer fortement avant de servir et, au dernier moment, lui mêler encore quelques cuillerées de crème fraîche.

Crème de volaille.

Procéder tel qu'il est indiqué pour le Coulis de Volaille, et remplacer la liaison aux jaunes d' œufs et beurre par 2 décilitres de crème très fraîche par litre de potage.

Garniture : Pointes d'asperges, petits pois cuits à l'anglaise, bru- noise de légumes, julienne de truffes, blanc de poulet coupé en petits carrés, champignons, quenelles, etc. Dans ce cas, on doit annoncer l'élément ajouté à la crème. Exemple :

Crème de volaille aux pointes d'asperges; Crème de Volaille aux petits pois; Crème de Volaille aux quenelles.

Les perles du Japon, les petites pâtes d'Italie, sont aussi d'excellentes garnitures pour les crèmes de volaille.

VELOUTÉS

(Proportions établies pour 5 à 6 personnes.)

NOTA. — **Les veloutés**, en général, comportent une liaison de 2 à 3 jaunes d'œufs et 60 grammes de beurre très frais. Facultativement, on pourra délayer les jaunes d'œufs avec quelques cuillerées de crème ou de lait bouillant.

Pour obtenir du velouté pour 5 à 6 personnes. — Préparer un Pot- au-Feu avec abatis d'un poulet, 800 grammes de jarret de veau, 800 gr. de maigre de bœuf. Le bouillon étant prêt, faire chauffer dans une casserole 125 grammes de beurre, ajouter 125 grammes de bonne farine. Cuire la farine 5 à 6 minutes à feu très doux, en remuant avec une cuiller en bois de manière à obtenir un roux blond. Délayer avec 1 litre et demi de bouillon préparé, en se servant d'un petit fouet à battre les blancs d'œufs, de façon à obtenir une liaison sans grumeaux. Faire partir en ébullition, retirer la casserole sur le coin du feu, donner 25 à 30 minutes d'ébullition à très petit feu.

Passer alors le velouté au chinois dans une casserole, mettre quelques parcelles de beurre à la surface pour éviter la formation de petites peaux; tenir au chaud. Au moment de servir le potage, délayer 2 jaunes d'œufs étendus de quelques cuillerées de crème et 3 cuillerées de velouté; verser dans le potage en remuant avec une cuiller ou un fouet. Chauffer fortement sans faire bouillir; compléter avec 75 grammes de beurre frais ; passer à nouveau au chinois. Servir aussi chaud que possible.

La garniture des veloutés est assez variable, elle comporte les petits croûtons frits au beurre, du riz, de l'orge perlé, des perles du japon, du tapioca, cuits au consommé ; des petits dés de blancs de poulet, quenelles de volaille, pointes d'asperges, julienne de truffe, de champi- gnons, etc.

Pour les veloutés de volaille, ajouter au Pot-au-Feu une jeune poulette et procéder de même que le précédent velouté.

Autre méthode pour préparer un excellent « Velouté » sans *avoir recours au bouillon.* — Faire fondre 60 grammes de beurre dans une casserole, ajouter un oignon moyen émincé et 600 grammes de veau détaillé en morceaux de la grosseur d'une petite noix. Laisser étuver 10 à 12 minutes à feu modéré. Ajouter un bouquet garni composé d'une demi-feuille de laurier, brindille de thym, branches de persil. Mouiller d'un litre et demi d'eau chaude, faire partir en ébullition et ajouter dans le liquide bouillant 4 cuillerées à soupe de crème d'orge ou crème de riz, ou encore farine de froment, délayées dans un peu d'eau froide. Cuire lentement pendant 40 à 50 minutes. Passer au chinois avec pression. Tenir au bain-marie.
Terminer au moment de servir, comme à la première formule.

Pour obtenir le Velouté ordinaire. — Faire bouillir 1 litre et quart de bouillon blanc. Délayer avec quelques cuillerées d'eau froide soit 4 cuillerées à soupe de farine d'orge, de riz, de maïs, d'avoine; verser dans le bouillon en ébullition, en remuant avec un petit fouet à blancs d'œufs de manière à obtenir une liaison parfaite. Retirer la casserole sur le coin du feu; donner 20 à 25 minutes d'ébullition à feu modéré. Passer alors le velouté au chinois dans une casserole, mettre sur le dessus quelques petites parcelles de beurre. Tenir au chaud au bain-marie.

Au moment de servir, compléter le potage comme il est indiqué aux formules précédentes, avec liaison de 2 ou 3 jaunes d'œufs et 60 gr. de beurre. Servir très chaud.

Velouté au curry et au paprika.

Procéder comme il est indiqué pour les Crèmes de ces noms, en rem- plaçant le lait par du bouillon.

Terminer, au dernier moment, avec liaison de 2 jaunes d'œufs délayés avec 1 décilitre de crème.

Dans le velouté au Curry et Paprika, la crème est indispensable; dans ce cas, on supprime le beurre.

Garniture : Le riz ou l'orge perlé, cuits dans du bouillon, sont tout indiqués.

Velouté de tomate.

Mélanger par parties égales du velouté à la crème de riz et purée de tomate. Compléter, au dernier moment, en lui additionnant 75 grammes de beurre très fin et facultativement, quelques cuillerées de crème fraîche.
Au Velouté de Tomate, la liaison aux jaunes d'œufs n'est pas utile.

Garniture : Riz, orge perlé, tapioca, perles du Japon, pâtes d'Italie, vermicelle, conviennent au velouté de tomate.

Indiquer sur le Menu l'élément de garniture choisi.

Exemple : Écrire Velouté de Tomate au Riz, à l'Orge, aux pâtes d'Italie, etc.

Velouté de poisson au curry.

Choisir 4 à 5 petits merlans très frais, pesant ensemble 500 grammes environ ; les nettoyer soigneusement, les détailler en tranches minces.

D'autre part, faire chauffer dans une casserole 50 grammes de beurre avec 4 à 5 fortes cuillerées d'oignon haché; laisser étuver quelques instants sans roussir ; saupoudrer de 2 cuillerées à café de poudre de curry ; ajouter le poisson, un bouquet garni composé de persil, une feuille de laurier et brin de thym. Mouiller d'un litre et demi d'eau chaude ; 16 gr. de sel, quelques grains de poivre écrasés et une pincée de safran.

Faire partir en ébullition, cuire à grand feu environ 10 minutes. Ajouter alors trois quarts de litre de velouté à la crème de riz; donner 2 bouillons.

Passer au chinois ou au tamis de crin, chauffer fortement sans ébullition; ajouter quelques parcelles de beurre frais.

Garniture : Riz poché, vermicelle ou petites lamelles de flûte à potage séchées au four.

NOTA. — On emploie peu, pour les potages, les veloutés à base de poisson, à cause du goût quelquefois trop prononcé. Cependant, si on a le soin de choisir certains poissons tels : le merlan, la blanchaille, le mulet, et d'en proportionner la quantité nécessaire pour 1 litre d'eau, on obtiendra d'excellent potage pour les jours maigres.

Exemple (pour I litre de court-bouillon) : Choisir de préférence un merlan de 200 grammes environ, le nettoyer, le couper en morceaux et les mettre dans une casserole avec un oignon et une carotte émincée, une feuille de laurier, persil en branches, brin de thym, quelques grains de poivre écrasés, 10 grammes de sel. Mouiller d'un litre un quart d'eau chaude, ajouter une cuillerée de beurre. Faire bouillir vivement 8 à 10 minutes. Ajouter alors au liquide en ébullition 3 à 4 cuillerées de crème de riz délayée avec un peu d'eau froide. Continuer l'ébullition encore 20 minutes et passer à la passoire fine.

Compléter avec liaison aux jaunes d'œufs et beurre, beurre de homard, paprika doux, curry, etc.

Garniture : Petites crevettes roses, huîtres pochées, riz.

La sole, par son goût fort, ni doit pas être employée dans les courts- bouillons destinés aux potages.

POTAGESLIÉSSPÉCIAUX POTÉES, SOUPES ET POTAGES AUX LÉGUMES, GARBURES

(Préparation pour 10 personnes environ.)

Soupe à l'albigeoise.

Marquer une marmite avec gîte de bœuf, un jarret de veau, une tranche et une crosse de jambon cru, saucisson sec et confit d'oie. Mouiller à l'eau froide, assaisonner en raison de la salaison du jambon et mettre en ébullition.

Ajouter une garniture de carotte, navet, poireau, chou, émincés en paysanne, et des féverolles en quantité double des autres légumes. Laisser cuire très doucement comme une Potée quelconque et servir de même. Le bouillon et les légumes sont versés dans la soupière sur des tranches de pain de ménage et du confit d'oie émincé.

Soupe à l'auvergnate.

Préparer une Potée avec tête de porc salée mouillée à l'eau froide; garniture de carotte, navet, poireau, pommes de terre, émincés et le cœur d'un chou moyen ciselé. Ajouter 1 décilitre et demi de lentilles bien triées et laisser cuire doucement.

Verser bouillon et légumes dans la soupière sur de minces lames de pain bis et un peu de la chair de la tête de porc coupée en gros dés.

NOTA. — Ces soupes ou potées diffèrent peu d'un pays à un autre, elles sont toutes basées sur le même principe; de fait, ce n'est qu'un genre de Pot-au-Feu un peu rustique.

Dans certaines contrées, on ajoute des haricots, dans d'autres des fèves, des lentilles ou des pois.

Soupe à la bonne femme.

Proportions pour 5 à 6 personnes : Émincer et passer au beurre le blanc de 3 à 4 poireaux; mouiller avec 1 litre trois quarts d'eau chaude; ajouter 400 grammes de pommes de terre émincées en liards, 15 grammes de sel et cuire à feu moyen.

Au moment de servir, ajouter à la soupe 75 grammes de beurre frais et la verser dans la soupière dans laquelle on aura mis des rondelles de flûte à potage séchées au four.

Soupe dauphinoise.

Proportions pour 5 à 6 personnes : Émincer 150 grammes de navets ou raves, autant de potiron et autant de pommes de terre. Mettre ces légumes dans une casserole avec 2 fortes cuillerées de beurre, couvrir la casserole, faire étuver les légumes quelques instants. Mouiller d'un litre d'eau et un demi-litre de lait bouillants; 15 grammes de sel. Couvrir la casserole et conduire la cuisson à feu modéré. Ajouter à la soupe, 20 minutes avant la cuisson complète, 75 grammes de vermicelle moyen. Compléter d'une pincée de cerfeuil en servant.

Garbure à la béarnaise.

Préparer une potée avec : lard de poitrine, confit d'oie, navets; pommes de terre, un quartier de cœur de chou pommé, haricots blancs secs ou frais. Mouiller à l'eau, saler modérément, cuire doucement pendant 2 heures et demie à 3 heures.

Dresser les légumes dans une cocotte en les alternant de petits morceaux de lard et de confit d'oie; couvrir la surface de rondelles de flûte à potage, saupoudrer de fromage râpé et faire gratiner; arroser de quelques cuillerées de bouillon de cuisson un peu gras, et faire mitonner doucement pendant un quart d'heure.

Verser le bouillon de la potée dans la soupière, et envoyer en même temps la cocotte de légumes.

Garbure à l'oignon.

Faire blondir légèrement au beurre 250 grammes d'oignon finement émincé, le saupoudrer d'une forte cuillerée de farine, compléter quelque peu sa coloration en cuisant la farine jusqu'à obtention d'un roux brun clair. Mouiller de 2 litres de bouillon et laisser cuire 10 à 12 minutes. Passer le potage, le tenir au chaud; égoutter l'oignon à fond; le lier avec un peu de sauce Béchamel serrée ; passer au tamis et en masquer des rondelles de flûte à potage séchées au four; saupoudrer de fromage râpé; les faire gratiner puis les ranger dans un plat creux, les arroser d'un peu de bouillon du potage et de quelques cuillerées de beurre fondu et les faire mitonner.

Dans ce cas, le potage est servi dans la soupière et les croûtes en même temps et à part.

NOTA. — Dans les restaurants, la Garbure à l'Oignon ou Soupe à l'Oignon se gratine aussi dans la soupière; dans ce cas, on répartit la surface des rondelles de flûte avec l'oignon passé ou non, selon le goût du client, on saupoudre de fromage râpé, on arrose de beurre fondu et on fait gratiner vivement.

Par le même procédé, toutes les purées de légumes, de champignons, peuvent devenir un élément de garbure.

Soupe paysanne.

Cette soupe est excellente, surtout lorsqu'elle est préparée avec des légumes nouveaux; on la sert dans les restaurants en mai, juin, juillet. *Préparation et proportions pour 8 à 10 personnes*: 300 grammes de carotte, 200 grammes de navet, 2 blancs de poireaux, une petite branche de céleri. Tous les légumes finement émincés sont mis dans une casserole avec 100 grammes de beurre et doucement étuvés, casserole couverte, puis mouillés avec 2 litres de bouillon blanc et les cuire à petit feu.

Au moment de servir, on complète le potage en lui additionnant un tiers de son volume de Potage Saint-Germain aux petits pois frais. On sert en même temps des rondelles de flûte à potage séchées au four.

Potage Thourin.

Ce potage n'est autre qu'une soupe à l'oignon mouillée entièrement au lait et liée, au dernier moment, avec 2 ou 3 jaunes d'œufs par litre de potage, délayés avec 1 décilitre de crème très fraîche et quelques parcelles de beurre. Servir en même temps des rondelles de pain séchées au four et fromage râpé.

NOTA. — Ce potage se sert avec oignon ou sans oignon.

Soupe provençale, dite « Aïgo bouido » (soupe à l'eau bouillie), Mettre 2 litres d'eau à bouillir dans une casserole, pendant un quart d'heure avec : 2 décilitres d'huile d'olive, 16 grammes de sel, une pincée de poivre, 8 gousses d'ail, une feuille de laurier, brin de thym, de sauge et feuilles de persil.

Passer le potage à la passoire et le verser sur des tranches de pain disposées dans la soupière et saupoudrées de persil haché.

NOTA. — On ajoute quelquefois à ce potage des œufs pochés qu'on dispose sur des tranches de pain.

SÉRIE DES POTAGES ET SOUPES ÉTRANGÈRES

Potage coky-lecky.

Cuire un poulet bien en chair dans 2 litres de fonds de veau (ou bouillon) bien limpide.

Préparer une fine julienne avec les blancs de 4 à 5 poireaux; l'étuver au beurre et finir de la cuire avec un demi-litre de bouillon de poulet.

Pour servir : Tirer à clair le bouillon de cuisson, y ajouter les chairs de poulet finement escalopées et la julienne de poireaux.

NOTA. — Facultativement, servir une complote de pruneaux en même temps.

Ce potage est très estimé en Angleterre, on le sert surtout dans les repas de chasse.

Potage Minestra (soupe italienne).

Hacher finement 60 grammes de lard de poitrine frais et y ajouter

40 grammes de lard râpé. Chauffer ce lard dans une casserole, assai- sonner de 16 grammes de sel, ajouter une moyenne carotte, un navet, une branche de céleri et 2 pommes de terre moyennes, émincées en paysanne: 100 grammes de cœur de chou taillé en julienne, 2 ou 3 tomates pelées, épépinées et hachées.

Après 30 minutes d'ébullition, ajouter encore 2 décilitres de petits pois frais, une poignée de haricots verts cassés en petits morceaux et 100 grammes de riz ou de spaghetti fragmentés. A partir de ce moment, laisser cuire encore 35 à 40 minutes assez doucement. Ajouter, au der- nier moment, une gousse d'ail écrasée, une pincée de basilic et une pincée de cerfeuil hachés.

NOTA. — En principe, la Minestra comporte tous les légumes frais de la saison.

Potage mock-turtle, ou « Fausse Tortue » (cuisine anglaise).

(Voir «Potage Windsor».)

Se prépare de même en remplaçant simplement les pieds de veau par de la tête de veau.

Potage mulligatawny (cuisine anglaise).

Découper un poulet moyen comme fricassée. Faire légèrement blondir un gros oignon émincé ou haché ; y mêler les morceaux de poulet et une ou deux cuillerées à café de curry en poudre, laisser étuver 8 à 10 minutes. Mouiller avec 2 litres de bouillon, ajouter un bouquet de persil et céleri. Mettre en ébullition, et verser dans le liquide bouillant une cuillerée à soupe de crème de riz délayée avec un peu de bouillon froid. Donner 35 à 40 minutes de cuisson. Retirer les morceaux de poulet de la cuisson, les parer, les tenir au chaud avec un peu de bouillon. Passer le potage au tamis fin, remettre la purée qui en résulte dans la casserole, chauffer fortement et compléter le potage avec 1 décilitre et demi de crème très fraîche.

Mettre les morceaux de poulet dans la soupière et verser dessus le potage bouillant.

Servir en même temps du riz Patna cuit à l'indienne. Ce potage se prépare aussi avec un jeune lapereau en remplaçant simplement le poulet par le lapereau.

Potage stschy (potage russe).

Ce potage n'est autre qu'un potage à la choucroute, mais très recommandable que nos ménagères devraient adopter.

Faire blondir au beurre 4 cuillerées d'oignon finement haché, saupoudrer d'une forte cuillerée à soupe de farine, cuire celle-ci un instant, ajouter 200 grammes de choucroute lavée à l'eau chaude; bien la presser pour en extraire complètement l'eau et la hacher grossièrement; mouiller de 2 litres de bouillon blanc simple et faire partir en ébullition. Ajouter alors un morceau de poitrine de bœuf d'environ 3 à 400 gr., que l'on aura blanchi pendant 5 à 6 minutes et rafraîchi ensuite, un bouquet de persil et une demi-feuille de laurier ; une pincée de poivre frais moulu. Cuire doucement pendant 2 heures et demie à 3 heures.

Au moment de servir, retirer le morceau de poitrine de la cuisson, la détailler en gros dés, mettre ceux-ci dans la soupière et verser dessus le potage après l'avoir dégraissé; retirer le bouquet de persil et le laurier.

Servir en même temps une saucière de crème légèrement aigre.

NOTA. — A défaut de choucroute, on peut la remplacer par un cœur de chou de grosseur moyenne ciselé et passé 5 à 6 minutes à l'eau bouillante et rafraîchi.

Potage à la tortue.

Le Potage à la Tortue est peu apprécié en France; il est rare de le voir figurer dans les Menus.

On trouve ce potage conservé en flacons, préparé dans d'excellentes conditions en Angleterre où le Potage à la Tortue est couramment servi.

On préfère généralement l'acheter tout prêt, soit frais ou conservé, dans les Maisons qui en ont la spécialité et qui le préparent avec tous les soins voulus et le livrent même chaud aux heures fixées.

(Voir au besoin pour plus amples détails et les diverses manières de préparer le Potage Tortue clair ou lié, le « Guide Culinaire Escoffier M.)

PURÉES DE LÉGUMES SECS

Purée de lentilles.

Trier soigneusement 500 grammes de lentilles de l'année, les mettre dans une casserole, les mouiller d'un litre et demi d'eau froide. Mettre la casserole sur le coin du feu de façon que l'ébullition se prononce lentement. Ajouter une petite mirepoix composée de : 50 grammes de lard maigre, une demi-carotte moyenne, un oignon moyen détaillés en dés, quelques branches de persil ciselées et une demi-feuille de laurier; faire légèrement roussir au beurre; ajouter 8 grammes de sel. Couvrir la casserole et faire cuire à petit feu.

Égoutter les lentilles, les piler, les passer au tamis fin ; remettre la purée dans la casserole, la mettre au point de consistance avec la cuisson des lentilles et consommé ; compléter le p>otage en lui incorporant au dernier moment 60 à 75 grammes de beurre frais.

Garniture : Croûtons frits au beurre.

On pourra varier la garniture soit par quelques cuillerées de riz, pâtes d'Italie, vermicelle, brunoise de légumes, tous ces éléments cuits séparément dans du bouillon ordinaire.

Purée de haricots blancs.

Faire tremper à l'eau tiède, pendant quelques heures, un demi-litre de haricots blancs de l'année; les égoutter, les mettre dans la casserole, les mouiller d'un litre et demi d'eau tiède; mettre la casserole sur le coin du feu de manière que l'ébullition se prononce lentement; ajouter une carotte moyenne divisée en 2 ou 3 morceaux, un oignon moyen piqué de 2 clous de girofle, un petit bouquet composé de blanches de persil et une demi-feuille de laurier. Couvrir la casserole, conduire la cuisson à petit feu, ajouter 8 grammes de sel à moitié cuisson. Aussitôt les haricots cuits, les égoutter ; tenir la cuisson en réserve ; broyer les haricots au mortier; ajouter la cuisson mise en réserve et passer au tamis fin.

Mettre au point de consistance, si nécessaire, avec du consommé bouillant. Compléter au dernier moment avec addition de 100 grammes de beurre fin ou 1 décilitre et demi de crème fraîche.

La purée de haricots blancs additionnée d'un tiers de purée de tomates constitue un potage exquis.

Garniture : Les pâtes d'Italie, le vermicelle, pochés au bouillon conviennent très bien.

Purée de pois cassés.

Cuire un demi-litre de pois cassés avec 1 litre et quart d'eau, 10 gr. de sel, une petite mirepoix comme il est dit pour la purée de lentilles, et le vert de 2 poireaux. Couvrir la casserole, cuire doucement, passer au tamis fin, remettre la purée dans la casserole, mettre au point de consistance avec du consommé bouillant et quelques cuillerées de beurre fin.

Garniture : Petits croûtons taillés dans du pain de mie et frits au beurre.

L'addition à la purée de pois d'un tiers de purée de tomate constitue un excellent potage.

La purée de pois comporte également comme garniture, du riz, du tapioca, des pâtes d'Italie, du vermicelle cuits au bouillon.

Potage ambassadeur.

Potage croûte-au-pot auquel on ajoute un tiers de purée de pois par litre de potage.

Potage Derby.

Préparer, pour 5 à 6 personnes, 2 litres de purée de tomate légère et beurrée. D'autre part, on aura fait braiser 600 grammes de queue de bœuf divisée en tronçons. Aussitôt cuite, détacher la chair des os, la détailler en petits morceaux de la grosseur d'une noisette, les mettre dans une petite casserole avec leur fonds de cuisson dégraissé et passé à la passoire fine. Tenir au chaud. Pendant ce temps, on aura cuit dans du bouillon 100 grammes de riz.

Au moment de servir, mettre les petits morceaux de queue et le riz dans la soupière et y verser la purée de tomate bouillante.

Potage Faubonne.

Mélanger à 1 litre de purée de haricots blancs, mise au point voulu, un demi-litre de julienne au consommé.

Potage Fémina.

Préparer 1 litre de purée de volaille, liée de 3 jaunes d'œufs et 1 décilitre de crème.

Au moment de servir, ajouter à la purée une garniture printanière, composée de légumes nouveaux cuits au consommé.

Potage Germiny.

Faire fondre au beurre 200 grammes de feuilles d'oseille très fraîches et ciselées; les passer au tamis fin et mouiller d'un litre de consommé de volaille.

Au moment de servir, ajouter une liaison de 6 jaunes d'œufs délayés avec I décilitre et demi de crème très fraîche ; faire prendre sur le feu comme une crème anglaise et, quand la liaison est assurée, compléter le potage, hors du feu, avec 75 grammes de beurre fin. Éviter de laisser bouillir pendant la liaison. Servir, en même temps, de minces rondelles de pain taillées dans une flûte à potage et séchées au four.

Potage Georgette.

Préparation identique du « Potage Germiny », mais l'oseille est remplacée par une purée d'asperges.

Garniture : Quenelles de volaille.

Invalid-soupe.

Piler finement 250 grammes de blanc de poulet cuit au bouillon. Relâcher la purée avec 2 décilitres et demi de lait bouilli et passer au tamis fin. Mettre la purée qui en résulte dans une casserole soigneuse- ment nettoyée, ajouter 4 décilitres de lait bouillant. Compléter avec une liaison de 3 à 4 jaunes d'œufs et 1 décilitre de vieux vin de Frontignan.

Potage Jubilé.

Potage Saint-Germain aux quenelles de volaille.

Potage champenois.

Potage Julienne additionné par parties égales de Potage Parmentier.

Potage Lamballe.

Ajouter à 1 litre de purée de pois toute préparée un demi-litre de consommé tapioca un peu épais.

Potage Madelon.

Crème de tomate au vermicelle.

Potage Colette.

Velouté au paprika rose et doux. Compléter par quelques cuillerées de riz cuit au bouillon.

Potage Delisia.

Crème de homard au tapioca.

Potage Réjane.

Cuire dans 2 litres de bouillon une petite poulette.

D'autre part, prendre le blanc de 2 poireaux, les fendre en deux sur la longueur et les ciseler finement; les jeter dans de l'eau en ébullition pendant une minute, les égoutter, les mettre dans une casserole avec

50 grammes de beurre fin, les laisser étuver pendant quelques minutes à feu doux et sans roussir, y joindre 200 grammes de pommes de terre levées en bâtonnets à l'emporte-pièce du diamètre d'une pièce de

50 centimes et détaillés ensuite en minces rondelles. Mouiller avec la cuisson du poulet. Sitôt les légumes cuits, retirer la casserole sur le coin du feu ; ajouter au potage le blanc de la poulette taillé en fine julienne et quelques parcelles de beurre frais.

Servir en même temps des minces rondelles de pain taillées dans une flûte à potage et séchées au four.

NOTA. — Les cuisses des poulettes trouveront leur emploi dans de multiples préparations.

Potage de santé.

Ajouter à 1 litre et demi de Potage Parmentier, 60 grammes de feuilles d'oseille ciselées et fondues au beurre. Compléter au moment de servir en incorporant au potage 60 grammes de beurre très frais et une pincée de cerfeuil effeuillé.

Rondelles de pain séchées au four en même temps.

Servir en même temps des rondelles de pain taillées très minces dans une flûte à potage et séchées au four.

Potage Windsor.

Proportions pour 6 à 8 personnes : Choisir 2 pieds de veau bien frais, les désosser, les mettre dans une casserole, les couvrir d'eau froide, mettre la casserole sur le feu; au premier bouillon, retirer les pieds et les jeter dans de l'eau froide pour les rafraîchir.

Tailler en dés 125 grammes d'oignon, 125 grammes de carotte ; quelques branches de persil ciselées, une feuille de laurier, brindilles de thym. Faire chauffer 75 grammes de beurre dans une casserole, y joindre les légumes, les faire légèrement rissoler, ajouter les pieds de veau et 500 grammes de chair de jarret de veau détaillée de la grosseur d'une noix. Couvrir la casserole, laisser étuver quelques instants; mouiller d'un quart de litre de vin blanc, le laisser réduire complètement. Ajouter alors 2 litres de consommé et 1 décilitre et demi de purée de tomate. Couvrir la casserole aux trois quarts, conduire l'ébullition à petit feu. Aussitôt les pieds de veau cuits, les retirer du caisson, les détailler en petits carrés de 2 centimètres, les tenir au chaud avec un peu de leur

Cuisson.

Délayer avec un peu de bouillon froid 4 cuillerées de crème de riz et la verser dans le potage; donner 15 à 20 minutes d'ébullition lente.

Passer le potage à la passoire fine avec pression, le remettre dans la "casserole avec les morceaux de pieds tenus au chaud.

Au moment de servir, dégraisser le potage, le compléter d'un déci- litre de madère dont on aura, facultativement, fait infuser une pincée d'herbes à Potage Tortue, et ajouter une prise de poivre frais moulu, et une pointe de poivre rouge.

Garniture : Petites quenelles à volonté.

NOTA. — On pourra varier ce potage en ajoutant aux légumes, après rissolage, 2 cuillerées à café de poudre de curry ; dans ce cas, on sup- prime les quenelles, on les remplace par quelques cuillerées de riz cuit à l'indienne et on sert en même temps une saucière de crème fraîche.

On pourra également faire ce potage dans les mêmes conditions, en remplaçant les pieds de veau par de la tête de veau.

HORS-D'ŒUVRE

Les Hors-d'œuvre, dans un dîner, sont un non-sens ; et l'on devrait même, quand ils sont figurés par des huîtres, les admettre seulement aux repas qui ne comportent pas de Potages.

Ces hors-d'œuvre qui comprennent des poissons divers, à l'huile ou fumés, ou des salades fortement condimentés, laissent au palais du convive une impression savorique néfaste ; ils lui font trouver fade et insipide le Potage qui les suit, s'il n'est pas servi absolument brûlant. On conçoit dès lors l'obligation de servir très chaud.

HORS-D'ŒUVRE CHAUDS ET HORS-D'ŒUVRE FROIDS

Les hors-d'œuvre chauds qui, autrefois, avaient leur place marquée dans tous les menus de dîners, avant ou après les potages, sont aujourd'hui presque totalement délaissés.

Leur disparition est due, en principe, à l'apparition sur les tables des grands restaurants à la mode de divers produits importés de l'étranger, tel le Caviar de Russie.

Le Caviar frais est, certainement, le hors-d'œuvre le plus fin et le plus luxueux, pourvu qu'il soit réellement frais et de qualité parfaite. Mais, beaucoup de gens ne l'apprécient pas à sa juste valeur.

Le saumon fumé, lorsqu'il est préparé avec du saumon fraîchement péché, mérite d'être classé parmi les hors-d'œuvre délicats. Les œufs de pluvier ; les jolies crevettes roses ; certaines qualités d'huîtres absolument pures, exemptes de tous microbes, saines, fraîches et savoureuses, ce sont là d'agréables avant-propos qui, au lieu de nuire au dîner, apportent plutôt une note riche à la composition des Menus. Mais, il est de toute importance que ces hors-d'œuvre soient accompagnés d'exquis vins blancs, pour préparer le palais des convives à la venue des potages.

Malheureusement, depuis quelques années, on a par trop abusé des hors-d'œuvre froids pour le dîner, et, de cela, il résulte qu'un grand nombre de préparations grossières, lourdes, fortement condimentées sont entrées en lice et c'est contre cet abus que nous devons protester pour le bon renom de la Cuisine et du bon goût français, car, incontestablement, ces produits trop épicés, précédant les potages, nuisent à la saveur de ceux-ci.

Mais, si les hors-d'œuvre froids ne sont pas toujours en harmonie avec les dîners, ils deviennent indispensables pour les déjeuners ; leurs combinaisons variées et infinies, mises en valeur par un dressage élégant, ne peut qu'aiguiser l'appétit et impressionner favorablement les convives.

Les hors-d'œuvre chauds ont ceci de particulier, c'est qu'en certaines circonstances ils peuvent être servis en guise de petites entrées et compléter ainsi économiquement un menu qui pourrait paraître un peu léger. On les sert quelquefois dans les déjeuners après les hors- d'œuvre froids.

HORS-D'ŒUVRE FROIDS

Anchois aux poivrons.

Faire griller 2 gros poivrons rouges; les dépouiller de leur fine pelure, les diviser en deux, les débarrasser de leurs semences, les couper en grosse julienne; assaisonner de sel, de poivre, une cuillerée de vinaigre, 2 cuillerées d'huile d'olive, persil haché. Dresser sur un ravier; entourer les poivrons de filets d'anchois roulés sur eux-mêmes ; entourer ceux-ci d'un cordon de jaunes d'œufs durs hachés et persil haché.

On dresse les filets d'anchois de la même façon en remplaçant les poivrons par de la pomme de terre cuite comme pour la purée, bien desséchée, passée au tamis de fer de façon à former des petits vermicelles qu'on arrose d'une légère vinaigrette après les avoir dressés.

Anguille au vin blanc et paprika.

1 kilo 500 d'anguilles moyennes dépouillées, détaillées en tronçons de 5 centimètres de long. Les ranger dans une casserole plate avec : 2 oignons émincés; un bouquet garni composé d'une

feuille de laurier, branches de persil, brindilles de thym; 2 gousses d' ail, 10 grammes de se! et pincée de poivre fraîchement moulu ; une forte cuillerée à soupe de paprika doux. Mouiller d'un litre de vin blanc ; le poisson doit être juste submergé par le liquide. Couvrir la casserole; faire partir en ébullition. Durée de cuisson : 20 à 25 minutes suivant la grosseur du poisson.

NOTA. — Facultativement, on peut ajouter à la cuisson 3 décilitres de gelée de pied de veau.

La cuisson étant à point, ranger les tronçons d'anguille dans une terrine; les recouvrir de leur fonds de cuisson après l'avoir passé à la passoire fine.

Tenir sur glace et servir en petits raviers.

On prépare absolument de la même façon l'Anguille au Curry en remplaçant le paprika par du curry en poudre.

Anguille à la Provençale.

I kilo 500 d'anguille dépouillée et tronçonnée comme les précédentes recettes. Paire chauffer 4 cuillerées d'huile d'olive dans une casserole, ajouter 2 cuillerées d'oignon haché; dès que celui-ci commence à roussir légèrement, y joindre les tronçons d'anguille, une pincée de sel et pincée de poivre, 2 décilitres de vin blanc, puis 6 tomates pelées et finement hachées, une cuillerée de persil haché et le tiers d'une gousse d'ail écrasée, une feuille de laurier. Couvrir la casserole, cuire à feu moyen 20 à 25 minutes.

Cette préparation peut au besoin être agrémentée de poivrons doux grillés débarrassés de leurs semences et coupés en julienne.

La cuisson étant complète et l'assaisonnement mis au point, ranger les morceaux d'anguille dans une terrine avec la cuisson. Laisser refroidir.

NOTA. — On peut également ajouter aux tronçons d'anguille, un peu avant leur cuisson définitive, une pincée de safran en poudre ou, à défaut, quelques feuilles de safran.

Artichauts à la Grecque.,

Choisir de préférence de très petits artichauts de la grosseur d'une toute petite noix ; les parer et écourter les feuilles, les mettre aussitôt dans une marinade bouillante ainsi composée : Pour 3 à 4 douzaines d'artichauts : un litre et quart d'eau, 2 décilitres d'huile d'olive,
12 grammes de sel et le jus de 3 citrons, quelques grains de poivre et grains de coriandre, un bouquet de branches de persil, fenouil, céleri, thym et une feuille de laurier.

La cuisson étant complète, débarrasser les artichauts dans une terrine et laisser refroidir dans leur cuisson.

Si les artichauts étaient de la grosseur d'un œuf il faudrait, après les avoir parés, les diviser en quartiers. La condition première est que les artichauts gros ou petits soient tendres car, autant que possible, il faut éviter de faire blanchir les artichauts avant de les mettre dans la marinade.

Ce passage de l'artichaut dans de l'eau bouillante, dont le but est de faciliter la cuisson, est plutôt nuisible car, par ce système, tout le suc de l'artichaut se perd dans l'eau.

Les petits oignons nouveaux se préparent de même que les artichauts sans avoir recours au passage à l'eau bouillante. Lorsque ceux-ci sont vieux, ils nécessitent alors 8 à 10 minutes d'ébullition dans de l'eau salée avant de les mettre dans la marinade.

Les pieds de céleri, de fenouil divisés en quartiers; les poireaux coupés de 6 centimètres de longueur, les trognons de chicorée et d'escaroles bien nettoyés se préparent de même à la Grecque, mais ils doivent tous subir également 8 à 10 minutes d'ébullition à l'eau salée avant de les mettre dans la marinade. Finir de cuire comme les artichauts. La moelle ou partie tendre, contenue dans la tige des gros artichauts, dans les pieds *et* trognons des choux, des choux-fleurs, des romaines, etc., peut, quand elle a été débarrassée des parties ligneuses qui l'enveloppent, être aussi préparée à la Grecque et relevée au besoin par une addition de moutarde anglaise.

Barquettes diverses.
Croustades ovales à bords dentelés qui se garnissent diversement. Les Barquettes tiennent une large place dans la série des Hors-d'Œuvre froids et représentent, avec les Tartelettes qui se préparent exactement de même, sauf la différence de forme, le genre classé sous le nom de frivolités.

Pâte pour tartelettes et barquettes.
Tamiser sur le marbre 500 grammes de farine; former une fontaine et placer au centre 250 grammes de beurre, 2 jaunes d'œufs, 12 gr. de sel, une pincée de sucre; ajouter un verre d' eau. Mélanger le tout, puis fraiser la pâte en la faisant passer sous la paume des mains et la poussant devant soi; renouveler l'opération; rassembler la pâte en forme de boule, la couvrir d'un linge et la laisser reposer au moins 2 heures. Avec cette pâte, foncer barquettes ou tartelettes, les garnir, pour les cuire, soit de noyaux de cerises, de petits haricots, etc. Cuire comme de coutume. Retirer les noyaux ou autres et laisser refroidir.

MOUSSES SPÉCIALES POUR BARQUETTES ET TARTELETTES

Mousse de foie gras.
Passer au tamis fin 500 grammes de pâté de foie gras truffé ; mettre la purée qui en résulte dans une terrine, lui incorporer 150 à 200 gr. de beurre très fin et à demi fondu en le travaillant vivement avec une cuiller en bois de façon à obtenir un appareil mousseux, puis lui mêler petit à petit 2 décilitres de crème excessivement fraîche, demi fouettée. Garnir aussitôt les Barquettes.
NOTA. — « Très important » : Cette composition ne doit jamais être faite sur la glace.

11 en est de même pour toutes les mousses ayant le beurre comme élément solide.

Les appareils avec gelée ne sont pas recommandables pour Barquettes et Tartelettes.

En prenant pour base la « Mousse de foie gras », on pourra mêler à celle-ci, avant l'addition de la crème, soit par parties égales ou par tiers : une purée de volaille, de perdreau, de faisan, de bécasse, de grives; de jambon, de langue, etc.

NOTA. — ((Important » : Les mousses dans lesquelles rentre de la crème doivent être servies quelques heures après leur préparation.

Si les mousses doivent figurer dans une exposition, il est préférable de supprimer la crème.

PRÉPARATION DES PURÉES

Purée de volaille.
Proportions : Pour 500 grammes de foie gras, 200 grammes de blanc de poulet, finement pilé, lui incorporer 4 à 5 cuillerées de velouté de volaille ou, à défaut, même quantité de sauce Béchamel et passer au tamis fin. Mêler la purée qui en résulte à la mousse de foie gras.

Purées de jambon et de langue.
Identiquement préparées comme la purée de volaille, en remplaçant simplement le blanc de poulet par même quantité de jambon ou de langue.

Purée de perdreaux.
Piler finement la chair de deux perdreaux rôtis. Hacher les carcasses, débris et foies ; les

mettre dans une casserole avec un verre de vin blanc, une échalote émincée, une pincée d'épices, une pincée de poivre noir, frais moulu, une demi-feuille de laurier. Faire réduire le vin de deux tiers ; ajouter 2 décilitres de sauce demi-glace un peu corsée en glace de viande. Donner quelques minutes d'ébullition; passer à la passoire avec pression, mêler aussitôt à la chair des perdreaux. Passer au tamis fin et incorporer la purée qui en résulte à la mousse de foie gras.

La purée de faisan, de bécasse, de grives, de canetons rouennais, se prépare de même.

Mousse de foies de volaille.

Retirer, avec soin de ne pas les crever, le fiel d'une quinzaine de beaux foies de volaille. Assaisonner les foies de sel, de poivre et épices, quelques feuilles de persil concassées et une échalote hachée. Faire fortement chauffer dans un plat à sauter 60 grammes de beurre et 60 gr. de lard gras, haché ; jeter les foies dans cette graisse bouillante, les sauter vivement pendant 5 à 6 minutes ; retirer la casserole hors du feu. Piler les foies, les passer au tamis fin; mettre la purée qui en résulte dans une terrine et lui incorporer 125 à 150 grammes de beurre demi-fondu en travaillant la purée avec une cuiller en bois, puis lui mêler intimement 1 décilitre de crème fraîche, légèrement fouettée. Ces mousses non seulement peuvent être servies comme hors-d'œuvre en Barquettes et Tartelettes, mais aussi comme entrées froides. Dans ce cas, on chemise de bonne gelée un moule à charlotte ; on remplit le vide avec une des mousses choisies. Les tenir sur glace jusqu'au mo- ment de servir et les démouler sur plat rond.

NOTA. — Les barquettes et tartelettes, après les avoir garnies de mousse, sont décorées à volonté d'une très légère couche de gelée suivant le genre de décor; masquer la surface.

Mousse d'œufs.

Prendre le jaune de 10 œufs frais, cuits 8 minutes; les passer au tamis fin; les mettre dans une terrine, lui incorporer petit à petit, en les travaillant avec une cuiller en bois, 150 à 200 grammes de beurre demi fondu, puis 1 décilitre de crème très fraîche. On peut varier le goût de cette mousse par l'addition de beurre d'Anchois, de saumon fumé, etc.

NOTA. — Les beurres composés pour hors-d'œuvre ne sont tout simplement que des beurres mousseux à essences différentes.

Betteraves pour hors-d'œuvre et salades.

On cuit les betteraves, sous la cendre ou à la vapeur ou simplement à l'eau.

On détaille la betterave en julienne ou bien on l'émince ou bien encore en petits carrés, et on l'assaisonne de sel, de poivre, filet de vinaigre et huile d'olive, persil et cerfeuil hachés. On peut agrémenter cet assaisonnement d'une cuillerée de moutarde anglaise, ou ce qui est mieux de quelques cuillerées de raifort râpé. On y mêle aussi de l'oignon cuit au four et coupé en petits dés.

Betterave en salade à la crème.

La détailler en julienne; la mélanger dans un assaisonnement com- posé de : moutarde anglaise, de crème épaisse et fraîche, relevé d'un jus de citron et complété avec sel et poivre dans les proportions convenables.

Betterave à la Provençale.

300 grammes de betterave cuite au four, détaillée en petits dés et mélangée dans la sauce suivante : 2 moyens oignons blancs cuits au four; les écraser et les passer au tamis fin. Mettre cette purée dans un bol, y ajouter une cuillerée à dessert de purée d'anchois, une cuillerée à café de moutarde anglaise, une forte cuillerée de vinaigre, 3 cuillerées d'huile d'olive, une pincée de poivre fraîchement moulu et du sel. Tenir compte du sel apporté par la purée d'anchois. Battre

la sauce à l'aide d'une fourchette.

Canapés.

Les Canapés, ou Toasts, se font en pain de mie; leur épaisseur ne doit pai dépasser un demi-centimètre. Ils sont frits au beurre clarifié, ou grillés, mais grillés le plus souvent et, dans ce cas, les beurrer légèrement pendant qu'ils sont chauds, afin de les conserver moelleux.

La garniture qui convient le mieux aux Canapés est le beurre frais additionné d'une purée, ou d'un hachis très fin de viande, de volaille, foie gras, poisson, fromage, filets d'anchois ou de harengs, caviar, crevettes, homard, écrevisses, œufs durs, etc.

Canapé d'Anchois.

Légèrement masqués de beurre d'Anchois, et garnis de queues de crevettes roses divisées en deux sur la longueur.

Opérer de la même façon pour les différents canapés.

Caviar.

Se sert en pot spécial, entouré de glace, et s'accompagne soit de *blinis* ou de minces tartines de pain de seigle beurrées. Parfois on l'accompagne d'oignon haché et de citron, méthode à déconseiller, car le caviar frais, dont la saveur est parfaite, n'a besoin d'aucun autre condiment.

A défaut de caviar frais, on emploie aussi pour la préparation des hors-d'œuvre, le caviar pressé et salé qui, s'il n'a pas la finesse du caviar frais, trouve cependant des amateurs.

Céleri-rave.

Cuit ou cru, se détaille en julienne et s'assaisonne avec une sauce vinaigrette à la moutarde.

Cèpes marines.

Les choisir très frais et parmi les plus petits. Les tremper quelques secondes dans l'eau bouillante, les égoutter, les éponger, les faire sauter à l'huile dans la poêle, les assaisonner de sel et poivre; les mettre ensuite dans une terrine et les couvrir de la marinade suivante, versée dessus bouillante et passée à la passoire. (*Proportions pour Ide cèpes)* : un quart de litre de bon vinaigre et un quart de litre de vin blanc, 1 décilitre et demi d'huile; 2 gousses d'ail broyées; brindilles de thym, 2 feuilles de laurier; quelques grains de poivre et grains de coriandre; brin de fenouil et branches de persil. Faire bouillir 10 minutes avant de verser sur les cèpes. Laisser macérer pendant une dizaine de jours et servir avec marinade.

Cerises en surprises.

Avec du bon foie gras truffé réduit en purée, former des petites boules de la grosseur d'une cerise moyenne; les tremper dans de la sauce chaud-froid au paprika rose et doux, les déposer sur une petite grille; dès que la sauce est raffermie, les napper de gelée mi-prise. Tenir au rafraîchissoir. On peut former des "bouquets de cerises en leur ajoutant des queues de cerises naturelles; mais, comme les fraîches font généralement défaut, on prend des sèches qu'on fait tremper une demi-heure dans de l'eau tiède, égoutter et éponger sur un linge et passer dans du beurre de couleur légèrement verte.

Avec les cerises en surprises dressées dans des petites croûtes à tartelettes dont on aura garni les fonds d'une légère couche soit de mousse de foie gras, de volaille ou de gibier, on aura l'illusion des tartelettes de cerises véritables.

On peut aussi, avec de la pâte à foncer, faire de tous petits paniers que l'on garnit de cerises intercalées de petites feuilles en beurre légèrement vert poussées au cornet.

Cerises au vinaigre.

La « Griotte » de préférence. Les choisir à peine mûres, les préparer comme les cerises à l'eau-de-vie, les mettre en bocaux avec, par kilo de cerises ; 4 clous de girofle, un petit morceau de cannelle, muscade râpée, 2 petites branches d'estragon. Couvrir de vinaigre, bouilli avec 200 grammes de cassonade blonde par litre, et complètement refroidi. Laisser macérer 15 à 20 jours, et servir avec marinade.

Cerneaux au verjus.

Cet hors-d'œuvre peut se faire depuis les premiers jours d'août, c'est- à-dire quand l'amande de la noix est complètement formée, jusqu'au
15 septembre.

Ouvrir les noix, sortir les cerneaux sans les briser, enlever la pellicule jaune qui couvre les lobes, et jeter ceux-ci au fur et à mesure dans l'eau fraîche. Les dresser sur raviers juste au moment de les servir; les arroser de verjus reposé et décanté, et semer dessus un peu de gros sel.

Cervelle ravigote.

Cervelles de Veau, de Mouton ou d' Agneau bien dégorgées, pochées au court-bouillon, refroidies et détaillées en escalopes. Parer celles-ci et dresser sur ravier. Couvrir avec une sauce ravigote à la moutarde et œufs hachés, additionnée des parures des escalopes passées au tamis.

Champignons de couche au vin blanc.

Choisir 500 grammes de petits champignons (dits boutons), les laver soigneusement, les sécher sur un linge ; les jeter dans une casserole dans laquelle on aura fait chauffer 4 à 5 cuillerées d'huile d' olive; les assai- sonner de sel, poivre, une cuillerée d'oignon et persil finement hachés, le jus de 2 citrons et 1 décilitre et demi de vin blanc. Couvrir la casserole, donner 3 minutes de cuisson à grand feu. Laisser refroidir et servir sur ravier avec leur cuisson.

Pour varier, on pourra ajouter à la cuisson une cuillerée de moutarde anglaise.

Champignons de couche à la tomate.

Les choisir petits comme les précédents; les laver et les éponger sur un linge. Faire chauffer 4 à 5 cuillerées d'huile d'olive dans une casserole avec une cuillerée d'oignon finement haché; aussitôt que l'oignon commence à blondir, y joindre les champignons; les sauter une minute ou deux, les assaisonner de sel et poivre, une toute petite pointe d'ail et persil haché, 3 à 4 cuillerées de bon vinaigre, 1 décilitre de vin blanc, puis 8 cuillerées de purée de tomate. Couvrir la casserole, cuire vivement pendant quelques minutes. Laisser refroidir et servir en raviers.

NOTA. — Dans les hors-d'œuvre, la tomate joue un grand rôle, on peut varier la façon de la cuire et de la présenter d'une foule de manières.

Choux-fleurs à la Grecque.

Les diviser en tous petits bouquets; les cuire à l'eau salée 4 à 5 minutes ; les égoutter et finir de les cuire en procédant comme pour les artichauts. Les servir de même.

Choux rouges.

Les ciseler en fine julienne et les faire mariner avec un peu de bon vinaigre pendant quelques heures. Les égoutter, les assaisonner comme une salade ordinaire avec moutarde ou sans moutarde. On y mêle quelquefois des pommes de reinette pelées et émincées.

Choux verts en paupiettes.

Choisir les feuilles les plus tendres, les cuire à l'eau salée, les rafraîchir, les égoutter, les détailler en petits rectangles, les étaler sut une serviette pour en extraire l'humidité. Garnir ces rectangles d'une salade de riz aux anchois et jaunes d' œufs hachés et assaisonnés de haut goût

; les rouler en paupiettes ; les dresser sur raviers, entourées d'olives noires, et les arroser légèrement d'huile.

Concombres.

Peler les concombres; les fendre dans la longueur, les épépiner et les émincer finement. Les saupoudrer de sel fin et les laisser dégorge:
25 minutes. Les égoutter fortement; les assaisonner de poivre, huile, vinaigre, cerfeuil haché.

Ainsi préparé, le concombre, en Angleterre, sert d'accompagnement au saumon bouilli, soit chaud ou froid ; mais on peut en composer des salades diverses, soit en y mêlant des tomates pelées, épépinées et coupées minces; de l'oignon haché, des filets d'anchois, du thon mariné, du saumon bouilli, du homard coupé en petits dés, des truffes en lamelles, du blanc de volaille émincé, des œufs durs, du riz cuit à l'eau salée, etc.

Crèmes pour hors-d'œuvre.

Avec le saumon fumé, le thon mariné, la volaille pochée, filets de gibier, œufs durs, etc., on prépare des crèmes exquises pour hors- d'œuvre. *Préparation :* Peler finement 125 grammes de l'un ou de l'autre des éléments indiqués avec 60 grammes de beurre frais, en y ajoutant petit à petit 3 à 4 cuillerées de crème très fraîche. Passer au tamis fin. Assaisonner selon la nature de l'élément employé.

Ces crèmes peuvent être moulées dans des petits moules à dariole ou en garnir soit de mignonnes barquettes, des petits éclairs en pâte à chou sans sucre.

Eperlans marinés.

Faire frire à l'huile 24 éperlans; les ranger dans une terrine, les assaisonner de sel et poivre fraîchement moulu ; les arroser de 6 cuillerées d'huile d'olive. Faire bouillir 8 à 10 minutes, 1 décilitre de bon vinaigre de vin blanc, coupé avec le même volume d'eau, additionné d'une feuille de laurier, branches de persil, brindilles de thym et un moyen oignon émincé. Verser bouillant sur les éperlans. Les laisser mariner 24 heures puis les servir avec la marinade.

Fenouils (Pieds de).

Selon grosseur, les pieds de fenouil sont divisés en 4 ou 6 parties et préparés absolument comme les « Artichauts à la Grecque ».

Figues.

Elles ne se servent comme hors-d'œuvre qu'à l'époque de leur maturité. Elles se dressent sur feuilles de vigne, avec de la glace pilée autour. On sert en même temps du jambon cru coupé très mince.

En Italie, on accompagne les figues de « Boutargue ». Œufs de mulet desséchés détaillés en fines lamelles, arrosées d'huile d'olive.

Frivolités.

Ce mot désigne sur les menus l'ensemble des petites préparations pour hors-d'œuvre, dont les barquettes, les tartelettes, les cerises en surprise au foie gras, les petites pommes d'api, sont les types gracieux et légers.

Fruits de mer.

Sous ce nom générique sont désignés tous les genres de coquillages marins, à l'exception des huîtres.

Harengs à la Dieppoise.

Choisir des harengs bien frais, les nettoyer, les ranger dans un sautoir, les couvrir d'une marinade bouillante, préparée à l'avance. Cette marinade se compose de : deux tiers de vin blanc, un tiers de vinaigre. minces rondelles de carottes dentelées, rondelles d'oignons, thym, laurier, queues de persil et échalotes émincées.

Pocher les harengs, à petit feu, pendant 12 minutes environ et les laisser refroidir dans la marinade.

Se servent très froids avec accompagnement de marinade, rondelles de carottes et oignons, fines lamelles de citron cannelées.

Filets de harengs.

Filets de harengs saurs dépouillés, dessalés au lait s'il y a lieu. Les dresser en raviers et les arroser d'huile d'olive.

Harengs à la Livonienne.

Choisir de beaux harengs fumés, lever les filets et réserver les têtes et les queues.

Retirer la peau des filets, les parer, les couper en dés; y ajouter même quantité de pommes de terre cuites et "de pommes de reinette coupées en petits dés; condimenter de persil; cerfeuil, estragon et fenouil hachés ; assaisonner d'huile et de vinaigre. Dresser cette salade en forme de harengs. Rapporter tête et queue sur chaque hareng imité.

Harengs Lucas.

Harengs fumés, trempés à l'eau tiède, dépouillés et dessalés dans le lait. Tailler ces filets en lanières, les dresser en raviers, les recouvrir d'une sauce composée de : jaunes d'œufs durs, moutarde, huile, vinaigre, échalote, cerfeuil et cornichons hachés.

Harengs roulés.

Harengs blancs salés et laités. Lever les filets, les mettre à dessaler dans du lait, les égoutter. Couvrir le côté intérieur des filets de moutarde mélangée d'oignon finement haché et rouler ces filets en paupiettes qui seront maintenues par un tour de fil. Les ranger dans une terrine avec les laitances et les couvrir de vinaigre bouilli avec bouquet garni, oignon, gros poivre, clou de girofle, puis passé à la passoire. Après refroidissement du vinaigre, passer les laitances au tamis, délayer la purée qui en résulte avec le vinaigre et 5 à 6 cuillerées d'huile par demi-litre de vinaigre. Verser cette sauce sur les paupiettes et laisser mariner deux ou trois joins. Dresser en raviers.

Huîtres.

Les huîtres sont le hors-d'œuvre par excellence, elles peuvent figurer aussi bien au dîner qu'au déjeuner. On doit les servir très froides et surtout proprement ouvertes. Des tartines de pain noir coupées très minces et beurrées, une sauce composée de vinaigre, poivre mignonnette et échalote hachée, des demi-citrons sont envoyés en même temps.

— Ne jamais laver les huîtres après les avoir ouvertes.

Huîtres cocktails.

Préparer un petit verre à cocktail par personne, à défaut un verre à madère. Garnir chaque verre avec 6 huîtres fraîchement ouvertes. Ajouter 2 ou 3 gouttes de Tabasco sauce, une cuillerée de tomate Ketchup, quelques gouttes de Worcester sauce et un filet de jus de citron. Servir très froid.

NOTA. — Les sauces ci-dessus mentionnées sont des produits en bouteille qu'on trouve dans le commerce. Le Tabasco Sauce est le jus d'une variété de petits piments rouges très fortement pimentés, dénommés Tabasco.

Huîtres marinées.

Huîtres fraîchement ouvertes, pochées une minute dans un petit court-bouillon au vin blanc et aromates. Refroidies dans leur cuisson et servies en raviers avec une légère sauce ravigote additionnée de quelques cuillerées du court-bouillon.

Maquereaux marinés.

Choisir les plus petits, traités par la marinade exactement comme les « Harengs à la Dieppoise ».

Melon cantaloup.

Il doit être choisi mûr à point et bien parfumé. On le sert sur des feuilles vertes avec de la glace pilée autour.

Melon cocktail.

Couper en dés de 2 centimètres carrés la chair d'un melon mûr à point. Mettre ce melon dans une timbale ; le saupoudrer de sucre et le tenir sur glace. Au moment de servir, l'arroser de Kirsch, de Maraschmo, de Porto, ou de fine Champagne suivant le goût.

Le dresser ensuite dans de petites coupes en verre comme les Coupes aux fruits ordinaires.

NOTA. — Pendant les grandes chaleurs, on ajoute comme supplément au melon une cuillerée de glace à l'orange.

Melon frappé au porto.

Choisir un melon cantaloup, mûr à point. Le cerner autour de la queue de façon à pouvoir enlever un morceau de 8 à 10 centimètres de diamètre. Au moyen d'une cuiller en argent, retirer les graines et les filaments; puis, détacher en larges coquilles, la chair avec la cuiller; les saupoudrer de sucre, les arroser de porto et rapporter sur l'ouverture le morceau enlevé. Le tenir pendant 2 heures dans un rafraîchis-soir sanglé de glace pilée. Le dresser entouré de glace et le servir à la cuiller sur des assiettes très froides.

NOTA. — On peut, suivant goût, remplacer le Porto par de la fine Champagne ou même du curaçao. On peut également en le dressant lui ajouter quelques cuillerées de glace à l'orange.

Melons (Petits, confits au vinaigre).

Ce sont les petits sujets en voie de formation, pris peu de temps après la défloraison.

Ces melons sont d'abord dégorgés au sel pendant 10 heures, lavés ensuite avec du vinaigre coupé d'un tiers d'eau, mis en bocaux avec quelques petits oignons, estragon, quelques petits piments, et couverts de vinaigre froid ou chaud, en tous les cas après l'avoir fait bouillir avec 100 grammes de sucre par litre de vinaigre. Peuvent être mangés au bout de 10 à 12 jours.

Moelle de végétaux divers.

La moelle, ou partie tendre, contenue dans la tige de gros artichauts, dans les pieds et trognons des choux, des choux-fleurs, des romaines, etc., peut, quand elle a été débarrassée des parties ligneuses qui l'enveloppent, fournir un excellent hors-d'œuvre. Elle peut être traitée selon la formule des « Artichauts à la Grecque » et en varier l'assaisonnement.

Les trognons d'escaroles, de chicorées, bien nettoyés, se préparent de même.

Moules.

Les cuire comme de coutume, ensuite les débarrasser des coquilles. Les servir en raviers avec une sauce ravigote à la moutarde additionnée d'une partie de leur cuisson. On pourra également, en ajoutant à la cuisson, préalablement décantée, un peu de safran et en donnant quelques minutes de réduction à plein feu, obtenir un court-bouillon délicieux. Le verser bouillant sur les moules débarrassées des coquilles ou simplement d'une seule coquille. Servir froides en raviers.

Museau et Palais de Bœuf.

Après les avoir blanchis, rafraîchis et grattés, les cuire dans un blanc léger aromatisé de laurier, thym, branches de persil, gros poivre, et laisser refroidir. Pour les servir : les émincer finement, les saucer d'une ravigote composée d'oignon et persil hachés, moutarde, huile et vinaigre

Œufs farcis.

Les œufs pour hors-d'œuvre se façonnent, après cuisson, de di- verses manières, mais généralement ils sont séparés en deux sur la longueur. On retire le jaune, or. le passe au tamis fin et, mis ensuite dans une terrine, on y incorpore, en le travaillant avec une cuiller en bais, à peu près le même volume de beurre fin. Assaisonnement sel et poivre. Remplacer avec cette préparation le vide fait par les jaunes d'œufs en faisant usage d'une poche, à défaut, se servir d'une petite cuiller et, avec un couteau, égaliser la surface. Les dresser sur raviers et les masquer légèrement de mayonnaise.

NOTA. — Pour variation, on peut ajouter aux jaunes d'œufs du beurre d'anchois, beurre de saumon fumé, de thon, de sardines, etc.

Le talent et la fantaisie sont ici tout-puissants, et la moindre idée peut suppléer à la nomenclature la plus longue.

Œufs de Pluvier et Vanneau.

Les cuire 8 minutes à l'eau bouillante et les rafraîchir; enlever avec la pointe d'un couteau une toute petite partie de la coquille du côté pointu de l'œuf, précaution pour s'assurer que l'œuf est en bonne condition pour pouvoir être servi, et dans ce cas, le blanc doit être légèrement transparent.

En Angleterre, où les œufs de pluvier sont très en faveur, on les dresse généralement dans des nids faits de mousse verte. Cette méthode manque un peu d'élégance et surtout de fraîcheur, un lit de petit cresson tout frais coupé et délicatement préparé serait mieux dans la note.

Oignons à l'Orientale.

Proportions : 1 kilo de petits oignons épluchés, deux tiers d'un litre d'eau, un tiers de litre de vinaigre, 4 cuillerées d'huile d'olive, 6 cuillerées de purée de tomate, 125 grammes de sucre, 150 grammes de raisin de Smyrne (Sultans), une cuillerée à café de sel. une pointe de poivre rouge ; bouquet composé d'une feuille de laurier, brindilles de thym, branches de persil.

Réunir le tout dans une casserole, la couvrir, la mettre sur un feu pas trop vif. Donner 40 à 50 minutes de cuisson. A ce point, les oignons doivent être cuits et la cuisson réduite de deux tiers pour que oignons et raisins se trouvent enrobés de sauce. Cette sauce ne doit être ni trop épaisse, ni trop légère, mais doit avoir l'aspect d'une sauce tomate ordinaire plus foncée.

Olives.

Les olives vertes de toutes provenances conviennent pour Hors- d'Œuvre, et se servent telles qu'elles sont retirées de la saumure.

Olives farcies.

Les choisir très grosses, les dénoyauter à la machine. Les garnir à volonté d'un beurre quelconque comme : Beurre de thon, d'anchois, de saumon fumé, de sardines, etc.

Olives noires.

On trouve ces olives dans le commerce et on les sert en raviers arrosées légèrement d'huile et d'un peu de poivre fraîchement moulu. On leur mélange quelquefois des filets d'anchois.

Poivrons rouges (doux).

Les faire griller à feu doux et retirer la peau soulevée par la chaleur. Les couper en deux dans la longueur, en retirer les graines, puis les détailler en julienne, les assaisonner à l'huile et au vinaigre, sel et poivre fraîchement moulu. Dresser sur raviers.

NOTA. — On peut joindre aux poivrons, comme variation, des filets d'anchois, des olives noires, des tomates sautées provençale.

Poireaux à la Grecque.

Couper les blancs en tronçons de 8 centimètres de longueur; les cuire
8 à 10 minutes à l'eau bouillante et salée, et compléter leur cuisson dans une marinade

semblable à celle des « Artichauts à la Grecque ».

Poitrines d'Oie fumées.

Se détaillent en escalopes aussi fines que possible. Dresser entourées de persil en branches.

Pommes d'Api en surprises.

Procéder de même que pour les cerises en donnant au foie gras la forme d'une toute petite pomme d' api. Les tremper dans de la sauce chaud-froid blonde; dès que la sauce est raffermie avec du paprika rose doux, donner la teinte rosée sur un des côtés de la pomme. Les napper de gelée.

Pour donner l'illusion complète du fruit, piquer sur chaque pomme une toute petite tige avec une feuille.

Le dressage des pommes d'api se fait dans de jolis raviers de forme carrée sur un fonds de gelée.

Poutargue de Mulet.

Œufs de mulet desséchés très appréciés des Italiens. On détaille la poutargue en tranches aussi minces que possible et on l'arrose d'huile d'olive et de jus de citron. On l'accompagne en saison de figues fraîches.

Les propriétés nutritives de la poutargue sont à peu près identiques à celles du caviar,

Radis roses.

Ils doivent être très frais et fermes, leur apprêt est trop connu pour le mentionner, mais on les utilise fréquemment à cause de leur jolie couleur pour le décor des hors-d'œuvre.

Radis noirs.

Les peler, les émincer finement et les saupoudrer de sel fin. Laisser dégorger pendant 20 minutes; puis, les égoutter et les assaisonner avec poivre, huile et vinaigre.

Rougets à l'Orientale.

Les choisir parmi les plus petits; les ranger dans un plat à sauter, les assaisonner de sel et poivre, les arroser légèrement d'huile, les couvrir de vin blanc; ajouter tomates pelées et hachées, persil, fenouil, thym, laurier, pointe d'ail et safran. Faire partir en ébullition, donner 8 à 10 minutes de cuisson suivant la grosseur du poisson.

Royans.

Ce poisson, de la même famille que la sardine à l'état frais, se mange grillé, accompagné de beurre fin et citron.

Salades.

La composition des salades usitées comme hors-d'œuvre est sujette à toutes les variations d'idées de la personne chargée de ce travail. Le nombre des combinaisons qu'elles peuvent fournir est considérable ; tous les produits usités en Cuisine y peuvent trouver un utile emploi. A la variété de ces salades s'ajoute maintenant celles dont le Riz est l'élément principal. Ce riz est généralement cuit à l'eau salée pendant 16 à 18 minutes au maximum, rafraîchi ensuite et bien égoutté.

Salade Bergerette.

Riz en grains, œufs durs émincés, ciboulette hachée.

Assaisonnement : Crème fouettée de sel et de poivre. Mélanger délicatement. (Admet une condimentation supplémentaire de raifort râpé ou de moutarde.)

Salade Brésilienne.

En parties égales : Riz en grain et ananas frais coupé en dés.

Assaisonnement : Crème fraîche, jus de citron et sel.

Salade Catalane.

Riz en grains; oignons blancs d'Espagne cuits au four et coupés en dés; poivrons rouges grillés, pelés et taillés en carrés; filets d'anchois.

Assaisonnement : Vinaigrette ordinaire.

Salade Italienne.

Couleurs italiennes : Riz en grains, petits pois cuits à grande eau salée, égouttée et rafraîchis; rouge de carotte coupé en petits carrés et cuit à l'eau salée.

Assaisonnement : Vinaigrette.

Salade des Midinettes.

En parties égales : Riz en grains et petits pois bien verts.

Assaisonnement : Vinaigrette additionnée d'estragon et cerfeuil hachés.

Salade Monégasque.

Riz en grains; nonnats pochés à l'eau salée; tomates pelées, coupées en petits carrés; poivre, sel, fines herbes, huile et vinaigre.

Les Nonnats seuls constituent un excellent hors-d'œuvre que peu de gens connaissent. Simplement assaisonnés d'huile d'olive vierge, filet de vinaigre, de vin blanc ou de jus de citron, et fines herbes.

Salade Niçoise.

1 hon à l'huile, chair de tomate, filets d'anchois coupés en dés.

Assaisonnement : Vinaigrette avec estragon, cerfeuil et ciboulette hachés, avec moutarde ou non.

Salade Otero.

Poivrons doux grillés, débarrassés de leurs pelures et taillés en julienne; tomates pelées, divisées en quartiers; filets d'anchois; oignon blanc d'Espagne cuit au four et coupé en dés.

Assaisonnement : Vinaigrette relevée à la moutarde.

Salade de bœuf Parisienne.

Bœuf bouilli froid coupé très mince et pommes de terre bouillies et émincées.

Assaisonnement : Vinaigrette relevée.

NOTA. — On peut joindre à cette salade des haricots verts, des tomates, des œufs durs, du cresson, etc.

Salade de paysan provençal.

Tomates en quartiers, oignon haché, concombres émincés, filets d'anchois.

Assaisonnement : Vinaigre, huile d'olives, sel et poivre.

Salade de **pieds de Mouton et de pieds de Veau.**

Les cuire comme d'habitude, les désosser, les détailler en filets pendant qu'ils sont encore tièdes et les assaisonner d'une vinaigrette à la moutarde.

Salade **Réjane.**

Riz en grains; concombre émincé, cuit quelques minutes à l'eau salée et bien égoutté; julienne de blanc de poulet et truffes.

Assaisonnement : Vinaigrette aux fines herbes.

Tartelettes de Thon.

Petites croustades dont le fond est garni d'un fin hachis de thon lié à la mayonnaise. Finir de remplir le vide avec des œufs durs hachés et quadriller la surface avec des filets d'anchois; petits points de persil haché sur le centre.

Tomates à **la Génoise.**

Choisir des tomates moyennes, un peu fermes, les détailler en rondelles, et après les avoir épépinées, les dresser sur ravier en alternant les rondelles de tomates, de minces lamelles de thon mariné. Entourer d'une bordure de pommes de terre cuites à l'eau, coupées minces de la grandeur d'une pièce d'un franc et arroser le tout d'une vinaigrette aux anchois.

Tomates fantaisies.

Tomates moyennes un peu fermes, pelées, vidées, bien égouttées, assaisonnées et remplies d'un beurre aux jaunes d'œufs. Dès que le beurre est raffermi, diviser chaque tomate en six parties, les ouvrir sans les détacher complètement, les dresser sur le centre de cinq feuilles de laitue rangées en rosace sur une soucoupe, ce qui donnera l'aspect d'une fleur ouverte d'un très joli effet.

Par le même procédé, on peut garnir les tomates de toutes sortes de petites salades de légumes, poisson, volaille, liées à la mayonnaise, dans ce cas, les tomates ne sont pas divisées et doivent être plus petites. Toujours par la même façon de dressage, on remplace les tomates par de jolies mandarines auxquelles on réservera la tige avec deux feuilles; mais ici les mandarines sont garnies d'une salade de fruits à la crème.

Tomate sauce pour hors-d'œuvre.

Choisir des tomates mûres, les peler, les diviser en deux parties, extraire les semences, les hacher, les mettre dans une casserole avec
6 cuillerées d'huile d'olive pour I kilo de tomates, sel et poivre, une cuillerée à dessert de persil haché avec le quart d'une gousse d'ail. Couvrir la casserole, donner 30 minutes de cuisson lente. Mettre en réserve dans une terrine.

Deuxième méthode. — Préparer les tomates comme les précédentes. Mettre 6 cuillerées d'huile dans une casserole avec 2 cuillerées d'oignon finement haché; dès que l'oignon commence à prendre une jolie couleur blonde, ajouter 2 décilitres de bon vinaigre; le laisser évaporer en partie; y joindre les tomates, le sel, le poivre et le persil avec ail. Couvrir la casserole. Donner 30 minutes de cuisson.

NOTA. — On peut remplacer les tomates fraîches par des tomates concassées, en conserve.

Dans l'une et l'autre méthode de préparation, on peut ajouter quelques cuillerées de tomate en purée.

Truites Tyroliennes.

Choisir de toutes petites truites de rivière d'égale grosseur, les nettoyer, les passer dans de la farine, les frire à l'huile d'olive, les saler, les ranger dans une terrine et les recouvrir de la sauce n° 2. Laisser mariner 24 heures et dresser sur petits plats carrés creux en porcelaine ou en faïence.

NOTA. — On peut préparer diverses sortes de poisson par le même procédé; l'anguille, le maquereau, taillés en tronçons ou en filets, sont l'un et l'autre très appréciés.

Les sardines à l'huile auxquelles on retire les écailles rangées dans un plat creux, recouvertes de l'une ou l'autre des deux sauces, laissées
24 heures en marinade, sont bien supérieures aux sardines conservées à la tomate.

Je n'ai pas cru intéressant de citer ici les divers hors-d'œuvre que l'on trouve généralement dans toutes les maisons de produits alimentaires, tels : les jambons cuits et crus, langues fumées, bœuf, saucissons, le salami, les poissons conservés, sardines, harengs, saumon, siguis fumés, et une foule d'autres produits du ressort de la charcuterie, tels : les rillettes de Tours, les rillons de Blois, les saucissons de foie gras, de faisan, de poulet, etc.

ŒUFS

Diverses méthodes de les cuire, à la coque, sur le plat, à la poêle, frits, pochés, mollets, moulés, en cocotte, durs, brouillés, en omelettes. Condition essentielle : les œufs doivent être de première fraîcheur.

Œufs sur le plat.

Proportions : 2 œufs. Faire chauffer sur un plat à cet usage, en faïence de préférence, 2 cuillerées à café de beurre frais; y glisser délicatement les œufs ; piquer et soulever légèrement le blanc avec les pointes d'une fourchette pour activer la cuisson et éviter que l'œuf attache au plat. On ne doit les saler qu'après cuisson.

Œufs à la poêle.

Proportions : 2 œufs. Faire chauffer dans la poêle 2 cuillerées à café de beurre frais; dès qu'il commence à brunir, y glisser les œufs; piquer et soulever légèrement le blanc avec les pointes d'une fourchette. Saler après cuisson.

Œufs à l'Américaine.

Cuire 2 œufs à la poêle; les faire glisser sur une assiette chaude et les garnir de 2 tranches de bacon grillé et une tomate grillée.

Œufs à l'Anglaise.

Cuire les œufs à la poêle et les couper à l'emporte-pièce rond uni. Dresser chaque œuf sur un toast de même dimension, en pain de mie et grillé. Servir à part : un jus de veau lié. Ce dernier à volonté.

Œufs au bacon.

Faire rissoler au beurre et à la poêle 2 tranches minces de bacon, les disposer dans le plat avec une partie de leur graisse. Casser 2 œufs dessus et les cuire au four.

Œufs Bercy.

Cuire les œufs sur le plat. Disposer entre les jaunes une petite saucisse grillée; entourer les œufs d'un cordon de sauce tomate.

Œufs au beurre noir.

Proportions : 2 œufs. Les cuire dans 20 grammes de beurre chauffé à la poêle et presque noir ; les assaisonner, les faire glisser sur le plat et les arroser d'un filet de vinaigre chauffé dans la poêle.

Œufs Chasseur.

Œufs cuits sur le plat, garnis de foies de volaille sautés au beurre sauce Chasseur.

Œufs Cluny.

Même préparation que les œufs Bercy, sauf que la saucisse est remplacée par une croquette de volaille.

Œufs à la Diable.

Cuire les œufs dans une poêle contenant du beurre légèrement brun, les saler, les faire glisser sur le plat. Semer sur la surface de la mie de pain, frite au beurre, additionnée d'une pincée de moutarde en poudre et, pour finir, les arroser d'une petite cuillerée de vinaigre chauffé dans la poêle.

Œufs Jeanne Granier.

Garnir le fond d'un plat beurré d'une cuillerée de pointes d'asperges à la crème et quelques fines lamelles de truffes. Casser les œufs dessus et les cuire au four. Disposer entre chaque jaune une cuillerée de pointes d'asperges et une lame de truffe.

Œufs Isalins.

Œufs cuits sur le plat, entourés de petites tomates évidées, cuites à l'huile d'olive et à la poêle et garnies de foie de volaille coupé en petits dés et sauté aux fines herbes.

Œufs Meyerber.

Cuire les œufs sur le plat. Après cuisson, placer entre les jaunes un rognon d'agneau ou de mouton grillé. Entourer d'un cordon de sauce Périgueux.

Œufs Mistral.

Proportions : 4 œufs. Frotter légèrement d'ail le fond d'un plat à œuf, le couvrir d'une couche de lamelles de truffes fraîches, soigneusement pelées; les assaisonner de sel, de poivre fraîchement moulu; les arroser d'une cuillerée d'huile d'olive et une cuillerée de glace ce viande fondue. Casser avec précaution les œufs sur les truffes. Mettre le plat dans un plat creux, en métal, contenant un demi-centimètre d'eau bouillante : Couvrir complètement. La vapeur qui se dégage par l'ébullition de l'eau cuira parfaitement les œufs.

Œufs Mireille.

Proportions ; 4 œufs. Beurrer le fond d'un plat à œuf; le couvrir d'une couche de lamelles de truffes fraîches, soigneusement pelées; les assaisonner de sel et de poivre ; les arroser d'une cuillerée de glace de viande fondue et 4 cuillerées de crème fraîche bouillante. Casser avec précaution les œufs sur les truffes et les cuire par la vapeur comme les œufs Mistral.

NOTA. — Les œufs sur le plat peuvent indifféremment être garnis de divers éléments choisis au goût de la. personne.

Œufs au parmesan.

Beurrer un plat à œufs. Couvrir le fond avec de la crème fraîche. Casser les œufs dans le plat, les saupoudrer de parmesan râpé et arroser la surface de beurre fondu. Cuire au four.

Œufs à la Portugaise.

Proportions : 4 œufs. Choisir 2 tomates bien mûres, les peler, retirer les pépins et les hacher, les cuire 10 minutes environ avec une cuillerée d'huile. Assaisonnement : sel, poivre, persil haché et une pointe d'ail. Étaler alors la tomate au fond d'un plat à œufs. Casser délicatement les œufs sur la tomate. Cuire au four.

Œufs Provençale.

Proportions : 4 œufs. Choisir 2 ou 3 tomates mûres, les diviser en deux parties, retirer les pépins. Faire chauffer dans la poêle une cuillerée d'huile d'olive, ajouter les tomates, le côté intérieur doit baigner dans l'huile; les cuire quelques minutes, les retourner, les assaisonner de sel et poivre, les saupoudrer de mie de pain fraîche et persil haché additionné d'une pointe d' ail. Finir de cuire les tomates, les glisser sur un plat à œuf. Casser délicatement les œufs sur les tomates. Cuire au four.

ŒUFSFRITS

Œufs frits.

En Amérique comme en Angleterre, l'œuf frit à la Française est peu connu. Ce qu'ils appellent œufs frits sont simplement des œufs à la poêle.

Œufs frits Cavour.

Presser et évider de belles demi-tomates moyennes, les cuire à l'huile et à la poêle. Les ranger ensuite sur le plat de service, les garnir de rizot à la Piémontaise et poser sur chaque demi-tomate un œuf frit.

Servir à part une saucière de jus de veau légèrement tomaté.

Œufs frits à la Française.

Chauffer 1 décilitre d'huile dans une petite poêle jusqu'à ce qu'elle fume. Casser un œuf sur une assiette, le saler et le faire glisser dans l'huile. Pencher la poêle sur le devant et. avec une cuiller de bois, ramener vivement sur le jaune les parties de blanc qui, solidifiées par le contact de l'huile brûlante, doivent l'enfermer complètement. Égout- ter l'œuf sur un linge et continuer l'opération.

NOTA. — On ne peut faire qu'un œuf à la fois.

Les œufs frits se servent généralement sur serviette avec sauce ou garniture à part. Ils servent eux-mêmes de garniture à divers plats de poisson et volaille.

Les sauces suivantes : Tomate, Curry, Paprika, Bordelaise, Béarnaise, les épinards, le riz apprêté de différentes façons, accompagnent très bien les œufs frits.

Œufs frits à la Serbe.

Dresser dans une timbale un riz en pilaw additionné d'aubergines coupées en gros dés et sautées à l'huile. Ranger les œufs sur le riz, en les intercalant de petites tranches de jambon grillé.

Servir à part une sauce Paprika.

ŒUFS POCHÉS ET MOLLETS

Œufs pochés.

Tenir prête dans un plat à sauter de l'eau bouillante additionnée de 10 grammes de sel et d'une cuillerée de vinaigre par litre. Casser les œufs dans l'eau, à l'endroit où se produit l'ébullition. Les laisser pocher 2 ou 3 minutes sans bouillir; les sortir avec une écumoire, les plonger dans l'eau froide; parer les bavures des œufs et les tenir dans l'eau tiède salée ou dans du bouillon ordinaire.

Œufs mollets.

Plonger les œufs à l'eau bouillante; les cuire 6 minutes. Les rafraîchir, les débarrasser de sa coquille et les tenir au chaud dans de l'eau tiède salée.

Toutes les préparations d'œufs pochés s'appliquent aux œufs mollets.

Œufs pochés à l'aurore.

Les dresser sur croûtons frits au beurre à la dernière minute. Les saucer sauce Aurore.

Œufs Bénédictine.

Œufs pochés dressés sur un lit de brandade de Morue truffée. Napper les œufs de sauce Crème.

Œufs pochés Bourguignonne.

Proportions : 4 œufs. Faire bouillir 5 à 6 minutes un quart de litre de vin rouge avec bouquet garni composé d'une demi-feuille de laurier, queues de persil, brindilles de thym, le quart d'une gousse d'ail et 2 rondelles d'oignon. Passer le vin à la passoire fine, le remettre dans la casserole et pocher les œufs ; les égoutter, les dresser sur croûtons frits au beurre. Faire vivement réduire le vin de moitié, le lier, hors du feu, avec une cuillerée de beurre additionné d'une petite demi-cuillerée de farine. Saucer légèrement les œufs.

Œufs pochés Cardinal.

Garnir des croûtes de tartelettes fraîchement cuites avec de la chair de homard coupée en petits dés, additionnée d'un quart de son volume de truffe coupée également en dés et liée avec de la sauce Béchamel au beurre de homard. Disposer un œuf dans chaque tartelette et les napper de la même sauce.

Œufs Châtelaine.

Œufs pochés ou mollets, dressés sur une fine purée de marrons et nappés légèrement de très bon jus de veau réduit et beurré.

Œufs Colette.

Œufs pochés ou mollets, dressés sur un lit de pointes d'asperges liées à la crème; nappés de glace de viande légère et beurrée.

Œufs aux crevettes roses à la Danoise.

Œufs pochés, dressés en timbale à légumes, recouverts de sauce Béchamel à la crème dans laquelle on aura mêlé copieusement des queues de crevettes roses, fraîchement cuites. Fleurons en pâte feuilletée autour des œufs.

NOTA. — Les petites crevettes roses sont en abondance sur les côtes danoises.

Œufs pochés Florentine.

Proportions : 6 à 8 œufs très frais, 250 grammes d'épinards bien tendres. Pocher les œufs. Cuire les épinards à grande eau salée, les égoutter avec pression, les hacher grossièrement et les étuver au beurre pour en extraire toute l'humidité. Dresser les épinards dans le fond d'un plat, égaliser la surface. Ranger les œufs sur les épinards, les masquer de sauce Béchamel à la crème, les saupoudrer de fromage râpé et les arroser de beurre fondu. Faire légèrement gratiner.

»

Œufs pochés Grand-Buc.

Dresser les œufs sur croûtons fraîchement frits au beurre ; les ranger, en rond, sur un plat de service. Placer une belle lamelle de truffe sur chaque œuf et une ou deux queues d'écrevisses entre chaque œuf. Masquer les œufs de sauce Béchamel à la crème, les saupoudrer de fromage frais râpé, les arroser de beurre fondu et les faire légèrement gratiner à la salamandre.

Garnir le centre du plat de pointes d'asperges bien vertes et liées au beurre.

Œufs pochés Maintenon.

Les dresser sur petits palais en semoule cuite pour Gnoki et frits au beurre. *(Voir appareil Gnoki à la Romaine.)* Les napper de sauce Soubise à laquelle on aura additionné une petite julienne de : blanc de poulet, truffe et champignons. Les saupoudrer de fromage frais râpé, les arroser de beurre fondu et les faire gratiner vivement soit à la salamandre ou dans le four.

Œufs pochés Manon.

Proportions : 6 à 8 œufs. Faire légèrement blondir à l'huile d'olive
2 cuillerées d'oignon et le blanc d'un poireau, hachés. Ajouter une cuillerée à dessert de poudre de Curry, 2 moyennes tomates émincées, le tiers d'une gousse d'ail, un petit bouquet composé de : branches de persil, une feuille de laurier, brindille de thym. Couvrir la casserole. Donner 8 à 10 minutes de cuisson et mouiller alors d'un litre d'eau bouillante. Assaisonnement : 8 à 10 grammes de sel, quelques grains de poivre écrasés. Faire bouillir quelques minutes et joindre au liquide
500 grammes de petits poissons blancs de mer et très frais, quelques feuilles de safran. Continuer l'ébullition, à feu vif, 10 à 12 minutes. Passer ce court-bouillon avec pression à la passoire, dans une casserole propre et le tenir au chaud.

Dresser les œufs sur des croûtons en pain blanc de table et frits à l'huile au dernier moment; les ranger sur un plat creux et les arroser copieusement du court-bouillon préparé.

Œufs pochés à la Mornay ou gratin.

Beurrer un plat à gratin, couvrir le fond d'une couche légère de Béchamel; ranger les œufs sur la sauce, les saupoudrer de fromage frais râpé; les masquer de sauce Béchamel, saupoudrer la surface

85

de fromage, arroser de beurre fondu. Faire vivement gratiner.

Œufs pochés à la moelle.

Ranger les œufs dans un plat creux et beurré ; les masquer d'une sauce demi-glace tomatée et belles rondelles de moelle de bœuf, pochées dans du bouillon.
Servir en même temps des toasts de pain grillé très chauds.

Œufs pochés Niçoise.

Ranger les œufs dans un plat creux beurré, parsemé de parmesan râpé très frais et de quelques cuillerées de sauce demi-glace tomatée. Saupoudrer les œufs de fromage de parmesan, ajouter quelques petites parcelles de beurre frais et les masquer de sauce demi-glace tomatée très réduite. Couvrir les œufs, les tenir au chaud 2 ou 3 minutes avant de servir.

Œufs pochés à la d'Orléans.

Garnir des croûtes de tartelettes de blanc de volaille coupé en petits carrés et lié de quelques cuillerées de sauce Suprême, puis les ranger sur un plat de service. Dresser un œuf sur chaque tartelette, les napper de sauce Suprême et poser, sur chaque œuf, une belle lame de truffe trempée dans la glace de viande. Servir aussi chaud que possible.

Œufs pochés à la Reine.

Ranger les œufs sur un lit de macaroni, coupé très court, additionné d'une petite julienne de truffe, lié au beurre, parmesan râpé et crème. Masquer les œufs de sauce Béchamel, les saupoudrer de parmesan; les arroser de beurre fondu et faire vivement gratiner.

Œufs Stanley.

Œufs mollets. Les dresser sur un plat creux, les masquer d'une purée Soubise à la crème, additionnée d'une cuillerée de poudre de curry par demi-litre de purée. Facultativement, on pourra ajouter à la purée une petite julienne de truffe.
Servir en même temps du riz cuit à l'Indienne.

Œufs à la Villeroy.

Œufs pochés : éponger soigneusement les œufs, les enrober de sauce Villeroy et les laisser refroidir. Les passer avec précaution à la farine, ensuite à l'œuf battu, puis à la mie de pain fraîchement préparée et fine. Quelques instants avant de les servir, les plonger à la friture bien chaude, le temps nécessaire pour leur donner une jolie couleur dorée; les égoutter et les dresser sur serviette.
Servir à part une saucière de sauce tomate.

NOTA. — On peut préparer ce genre d'œufs frits, en supprimant l'enrobage de sauce Villeroy, en passant tout simplement l'œuf poché à la farine, ensuite dans l'œuf battu, puis à la mie de pain et plongé à la friture très chaude quelques minutes avant de les servir.

Les sauces, les purées, les hachis, les légumes suivants : Sauce au Curry, Sauce au Paprika doux et rose, Sauce Suprême aux Truffes, la Purée Soubise, Purée de Champignons à la Crème, les Purées et Hachis de Gibier, de Volaille, Hachis d'agneau, les Épinards, l'Oseille, la Chicorée, les Pointes d'Asperges, conviennent très bien comme accompagnement à ces œufs frits et, en général, aux œufs pochés ou mollets.

ŒUFS COCOTTE

Ces œufs représentent un genre d'œuf poché spécial. Le type fondamental de cette préparation est l'œuf cocotte à la crème ; mais, depuis un certain nombre d'années, comme sujet de variation, on a rem- placé la crème par diverses sauces : Vin rouge, jus lié, Purées de volaille et gibier, Pointes d'Asperges, etc.

On sert ces petites cocottes sur serviette ou sur papier dentelle.

Œufs cocotte à la crème.

Chauffer les cocottes, mettre dans chacune la grosseur d'une noisette de beurre et un œuf très frais, une toute petite pincée de sel et une cuillerée de crème bouillante. Faire pocher au bain-marie, casserole couverte, de façon que la vapeur se dégageant de l'eau cuise uniformément le dessus des œufs et donne l'impression d'un miroir.

Œufs cocotte Mireille.

Chauffer les cocottes. Mettre dans chacune la grosseur d'une noisette de beurre, 2 cuillerées à café de glace de viande fondue, une cuillerée à café de truffe soigneusement pelée et hachée, un œuf très frais, une toute petite pincée de sel et une cuillerée à potage de crème bouillante. Faire pocher au bain-marie.

Œufs cocotte Rachel.

Même préparation que les œufs Mireille. Les œufs étant pochés, mettre sur le centre des petites cocottes une cuillerée à dessert de pointes d'asperges au beurre.

Œufs cocotte Rosemonde.

Beurrer les cocottes, mettre dans chacune une cuillerée à dessert de sauce Béchamel à la crème et sur celle-ci un œuf frais du jour, sur l'œuf une petite prise de sel mélangée avec une cuillerée à café de parmesan râpé. Couvrir avec de la sauce Béchamel, saupoudrer de fromage râpé, arroser de beurre fondu, mettre les cocottes dans une plaque contenant un peu d'eau bouillante. Cuire au four à découvert 4 minutes.

NOTA. — Pendant la saison des truffes, on peut ajouter à la Béchamel quelques cuillerées de truffes hachées.

Œuf cocotte à la tomate.

Proportions : 6 à 8 œufs. Choisir 3 ou 4 tomates bien mûres, les peler, en extraire les pépins, les hacher et les mettre dans une casserole dans laquelle on aura fait chauffer une cuillerée de beurre ou une cuillerée d'huile d'olive. Assaisonner la tomate de sel et de poivre une pincée de persil haché et, facultativement, une minuscule pointe d'ail. Couvrir la casserole et donner à petit feu, 12 à 15 minutes de cuisson.

Garnir chaque cocotte d'une cuillerée à potage de tomate. Ajouter un œuf très frais, une toute petite pincée de sel et de poivre. Faire pocher au bain-marie.

Les œufs étant pochés, on pourra à volonté les arroser d'un peu de glace de viande fondue.

ŒUFS MOULÉS

Ces œufs se font en moules de formes diverses, de grandeur pouvant aisément contenir un œuf; beurrés, décorés selon la nature de l'apprêt; les œufs y sont cassés directement ou mis sous forme d'appareil et pochés au bain-marie.

Généralement on démoule ces œufs sur des croûtons frits au beurre, mais cette méthode n'est nullement exclusive et l'on peut les démouler directement sur le plat de service.

On pourrait au besoin remplacer le croûton de pain par des palais en semoule cuite pour gnoki, taillés de grandeur voulue, passés à la farine et frits au beurre.

Œufs moulés Cécilia.

Beurrer grassement des petits moules à baba, les décorer de motifs de truffe; tapisser les parois d'une fine farce de volaille à la crème; casser un œuf dans chaque moule et les pocher au bain-marie, casserole couverte, en évitant de faire bouillir l'eau.

Démouler les œufs sur rondelettes en pâte feuilletée, les saucer de sauce Suprême additionnée de quelques cuillerées de glace de viande fondue.

Comme variation on pourra préparer ces œufs en leur donnant une autre dénomination plus ou moins fantaisiste en remplaçant la farce de volaille par de la farce de poisson ou de différents gibiers, et les saucer de sauce soit au curry, au paprika doux et rose, de sauce au vin rouge, tomate, glace de viande légère et beurrée, etc.

Œufs moulés Polignac.

Beurrer grassement des moules à baba; décorer le fond d'une belle lame de truffe ; casser un œuf très frais dans chacun ; les saler légèrement et les pocher au bain-marie, casserole couverte. Les démouler sur plat de service ; les ranger en cercle ; les napper de sauce Chateaubriand. (Voir cette sauce.)

Comme variation et sous une autre dénomination en rapport avec la sauce ou garniture devant accompagner ce genre d'œuf, exemple : Œufs moulés sauce Crevettes, au chambertin, Sauce Matelote, Chasseur, etc.

ŒUFS A LA COQUE

Inutile de m'étendre sur la préparation des œufs à la coque, chacun doit savoir que la première des conditions est que l'œuf doit être, autant qu'il est possible, pondu du matin. Le temps de cuisson à l'eau bouillante varie suivant le goût du consommateur; les uns exigent une minute, d'autres 2 et 3 minutes, et certains 4 minutes.

Pour obtenir les œufs d'un goût parfait, les poules doivent être nourries soit avec du riz, de l'avoine, de l'orge, du maïs. On ne doit pas oublier que la nature de l'aliment absorbé par la poule influe sur l'œuf et lui donne un goût plus ou moins agréable.

J'ai fait à ce sujet plusieurs expériences; trois œufs à la coque m'ont donné chacun un goût différent ; la cause en est que les poules qui les ont pondus étaient laissées en liberté et se nourrissaient d'aliments différents.

Certains éleveurs de volaille, ne calculant qu'un large rapport, alimentent les poules pondeuses avec de la poudre de poisson ou de mauvaises viandes. Ces procédés peuvent avoir un avantage financier, mais sont nuisibles à la finesse de l'œuf. Au prix de 90 centimes et 1 franc, que les œufs, dits du jour, sont vendus aujourd'hui, je crois que la nourriture des poules pourrait être mieux surveillée et surtout mieux soignée.

ŒUFS BROUILLÉS

Cette préparation est incontestablement un mets très délicat, à condition toutefois d' y apporter tous les soins voulus.

Les œufs brouillés doivent être crémeux et moelleux. Les œufs brouillés se servent généralement en timbale ou en légumier en argent ou en faïence et quelquefois dans des petites croustades à tartelettes. Autrefois il était d'usage d'entourer les œufs brouillés de petits croûtons taillés un peu épais, frits au beurre au moment ou avec de petits losanges en pâte feuilletée et fraîchement cuits.

Aujourd'hui, vu la rapidité qu'exige le service moderne, ces petits détails sont à peu près négligés et c'est fort regrettable.

Dans l'ancienne Cuisine, les œufs brouillés se faisaient au bain-marie; il y avait plus de sûreté d'obtenir une cuisson parfaite, mais l'opération était un peu plus longue.

Avec un peu de soin on peut obtenir les mêmes résultats en cuisant les œufs à feu direct, mais assez doux, de façon que la cuisson se fasse sans violence pour arriver à atteindre cette homogénéité parfaite des molécules qui rend les œufs moelleux.

La vraie méthode pour apprêter les œufs brouillés : Choisir une casserole à fond épais, dite « sauteuse ». *Proportions :* Faire fondre, sans chauffer, 60 grammes de beurre dans la casserole ; ajouter 6 à 3 œufs très frais battus, sel et poivre ; cuire les œufs à feu modéré en les tournant continuellement avec une cuiller en bois et en appuyant sur le fond de la casserole jusqu'au moment où les œufs commencent à se lier et à prendre corps. Leur incorporer alors 50 grammes de beurre frais, sans cesser de les remuer avec la cuiller.

Je ne suis pas d'avis d'ajouter de la crème aux œufs brouillés.

Les œufs brouillés comportent une adaptation de nombreux éléments, tels : les pointes d'asperges, la truffe noire et blanche, le fromage, la tomate, morilles, champignons, rognons de veau, d'agneau sautés, rognons de coq rissolés au beurre, queues d'écrevisses, etc.

Œufs brouillés Catherinettes.

Œufs brouillés, préparés et finis selon la méthode indiquée, additionnée de 2 cuillerées de fromage râpé, une petite julienne de truffe; les dresser dans un légumier; les entourer de croûtons frits au beurre et sur le centre, des rognons de coq très frais, légèrement rissolés au beurre et roulés dans quelques cuillerées de glace de viande.

Œufs brouillés Georgette.

Œufs préparés et finis selon la méthode indiquée, additionnés de
2 cuillerées de parmesan râpé, lamelles de truffes et queues d'écrevisses. Dresser en légumier, arroser la surface de quelques cuillerées de glace de viande fondue.
Croûtons en pain de mie, frits au beurre autour.

Œufs brouillés Grand'Mère.

Œufs brouillés préparés et finis selon la méthode indiquée, auxquels on ajoute quelques cuillerées de croûtons coupés en tous petits carrés et frits au beurre et petits dés de jambon cuit légèrement rissolés au beurre.

Œufs brouillés aux Morilles.

Œufs préparés et finis selon la méthode indiquée. Les dresser en légumier, garnir le centre d'un bouquet de morilles à la crème, les arroser de quelques cuillerées de glace de viande fondue.

NOTA. — On pourra, selon le goût, ajouter aux morilles quelques fines lamelles de truffe et donner la dénomination « Œufs brouillés Périgourdine ».

Œufs brouillés Madelon.

Préparer et finir les œufs d'après la formule originale; leur mêler
1   ou 3 cuillerées de fromage râpé; les dresser en légumier; garnir le centre de 3 à 4 rognons d'agneau de lait divisés en deux sur la longueur et sautés au beurre, liés d'une cuillerée de glace de viande fondue, 2 cuillerées de purée de tomate et une cuillerée de beurre fin. Croûtons facultatifs.

NOTA. — On pourra mêler aux œufs quelques fines lamelles de truffe et, dans ce cas, les dénommer « Œufs Bergère ».

Œufs brouillés aux pointes d'asperges.

Préparer et finir les œufs d'après la formule originale, y mêler 2 ou 3 cuillerées de pointes d'asperges étuvées au beurre. Dresser en légumier et garnir le centre d'un bouquet de pointes choisies.

Couronne de petits croissants en feuilletage ou croûtons frits au beurre.

Œufs brouillés Rachel.

Préparer et finir les œufs d'après la formule originale; y mêler une fine julienne de truffe. Dresser en légumier. Garnir le centre d'un fort bouquet de pointes d'asperges; entourer le bouquet de belles lames de truffe légèrement chauffée dans une cuillerée de glace de viande fondue.

Losanges en feuilletage ou croûtons frits au beurre.

Œufs brouillés tomates.

Préparer et finir les œufs selon la formule ; leur mêler 2 ou 3 tomates que l'on aura d'avance pelées, débarrassées des pépins, hachées et sautées au beurre.

Dresser en légumier et, facultativement, arroser la surface d'une forte cuillerée de glace de viande fondue et beurrée.

Œufs brouillés aux truffes.

Préparer et finir les œufs selon la formule originale ; y mêler un émincé de truffes fraîches légèrement chauffées au beurre. Dresser en légumier. Ranger en couronne de belles lames de truffes enrobées de glace de viande additionnée d'un volume égal de beurre.

Des croûtons frits au beurre et losanges en pâte feuilletée conviennent à ces œufs.

Œufs brouillés Véronique.

Préparer et finir les œufs d'après la formule originale ; leur additionner 2 ou 3 cuillerées de fromage fraîchement râpé. Dresser en légumier, couvrir la surface de nouilles fraîches sautées au beurre et à cru. **NOTA**. — Les nouilles fraîches sautées à cru au beurre prennent un goût de noisette très agréable ; elles remplacent avantageusement les croûtons.

Œufs brouillés Victor-Emmanuel.

Préparer les œufs selon la formule originale ; leur additionner 3 à 3 cuillerées de parmesan fraîchement râpé, les dresser en légumier, chauffé d'avance; couvrir la surface de fines lamelles de truffe blanche du Piémont, les assaisonner de sel et de poivre frais moulu, les arroser de quelques cuillerées de glace de viande fondue. Couvrir le légumier les œufs étant très chauds, la chaleur qui s'en dégage suffit à la cuisson de la truffe.

ŒUFS DURS

Généralement on porte peu d'attention à la cuisson des œufs durs. Cependant il y a un temps déterminé très essentiel à observer. Une cuisson trop prolongée donne à l'œuf un goût désagréable et le rend coriace.

La durée de cuisson d'un œuf dans l'eau à ébullition continue est de 7 à 8 minutes suivant la grosseur de l'œuf. Aussitôt cuits, les plonger dans de l'eau froide pour pouvoir, sans les abîmer, les débarrasser plus facilement de la coquille.

Les œufs durs tiennent une large place dans les hors-d'œuvre et salades.

On prépare avec les œufs durs des côtelettes très appréciées et d'un précieux secours pour la composition des menus les jours maigres.

Les côtelettes d'œufs comportent toutes les fines garnitures adoptées aux côtelettes, noisettes d'agneau, filets et suprêmes de volaille, perdreau, faisan, etc.

On apprête encore les œufs durs de diverses façons : à la Béchamel, à la Poulette, à la Tripe. On les sert également sur une purée d'oseille, sur de la chicorée, sur des épinards, etc.

Côtelette d'Œufs.

Cuits durs. Couper en dés le blanc et le jaune de 6 œufs; leur mêler 2 cuillerées de truffe, soigneusement pelée, coupée en tout petits dés ou émincée. Lier les œufs et truffe avec 8 à 10 cuillerées de fine béchamel réduite à la crème et finie avec une liaison de 3 jaunes d'œufs. Verser cet appareil sur un plat, égaliser la surface. L'appareil étant froid, le diviser en parties de la grosseur d'un œuf, et les façonner en forme de petites côtelettes. Les passer légèrement à la farine, ensuite dans de l'œuf battu, puis dans la mie de pain fraîchement faite.
Les faire dorer des deux côtés à la poêle dans du beurre clarifié. Servir à part une sauce ou une garniture **à** volonté.

Cromesquis d'Œufs.

Même apprêt que les côtelettes. L'appareil étant froid, le diviser en boules de la grosseur d'un petit œuf, les aplatir légèrement. Quelques instants avant de les servir, les tremper dans une pâte à frire légère et les plonger dans la friture bien chaude. Les égoutter, les dresser sur serviette entourés de persil frit.
Servir à part une sauce tomate.

Œufs à la tripe.

Œufs durs coupés en rondelles enrobés de sauce Béchamel à la crème dans laquelle on aura additionné par demi-litre de sauce une cuillerée d'oignon très légèrement blondi au beurre. Dresser en légumier.

Œufs durs farcis.

Diviser les œufs en deux parties sur la longueur; retirer les jaunes, les passer au tamis fin; mettre la purée qui en résulte dans une petite terrine; leur additionner une cuillerée de Béchamel pour 3 jaunes, une pincée de persil haché, une cuillerée à café d'essence d'anchois, sel, poivre, muscade râpée, une cuillerée à café de ciboulettes finement hachées et étuvées au beurre. Garnir en dôme le vide des demi-blancs d'œufs, les masquer de sauce Béchamel, les saupoudrer de fromage râpé, les arroser de beurre fondu et les faire gratiner. Les dresser sur plat de service. Envoyer en même temps et à volonté une sauce tomate ou des épinards, de la chicorée, de l'oseille, etc.

Vol-au-Vent d'Œufs.

Proportions : 6 à 8 œufs durs coupés en quartiers, additionnés d'un quart de leur volume de lamelles de truffes et enrobés d'une fine sauce Béchamel à laquelle on aura incorporé 75 à 100 grammes de beurre fin par demi-litre de sauce.

Dresser les œufs dans une croûte de Vol-au-Vent de grandeur voulue et fraîchement cuite.

NOTA. — On peut, si on le désire, joindre aux œufs des queue d'écrevisses et finir la sauce au beurre d'écrevisses.

Pour les Vol-au-Vent d'œufs, les œufs de pigeons ou de petites poules, ainsi que les œufs de pluviers n'ayant pas besoin d'être coupés, sont mieux désignés pour cet usage.

L'OMELETTE

Faire une omelette est chose simple, mais pour bien la réussir il faut un peu de pratique et certains détails à observer.

Pour que l'omelette soit parfaite, les œufs doivent être bien battus pour obtenir l'homogénéité indispensable. Ne verser les œufs dans la poêle qu'au moment où le beurre commence à prendre une légère couleur brune; les œufs saisis par le beurre brûlant donneront à l'omelette toute la légèreté requise, en lui communiquant ce fin goût de noisette, secret de sa délicatesse et, de même, cette jolie couleur dorée qui la rend si appétissante.

Proportions : On compte généralement 2 œufs par personne, 4 œufs pour deux, et 5 œufs pour trois.

Pour obtenir une bonne omelette, le nombre d'œufs devrait être limité à 8 ou à 10 au maximum.

Pour ne pas répéter chaque fois le nombre d'œufs dans les recettes qui vont suivre, nous adopterons comme base l'omelette de 5 œufs, dont l'assaisonnement comporte une pincée de sel, et, facultatif, une prise de poivre; pour son apprêt, une forte cuillerée de beurre, soit 25 à 30 grammes.

Omelette simple.

Dès que les œufs sont versés dans le beurre bouillant, agiter la poêle en lui faisant faire un mouvement de va-et-vient de manière que la cuisson des œufs soit régulière, ou de remuer vivement les œufs avec une fourchette; pencher la poêle du côté opposé à la queue et, à l'aide de la fourchette, donner à l'omelette une forme arrondie et longue.

Dresser l'omelette sur un plat long, légèrement chauffé, sans la déformer.

NOTA. — L'omelette doit être crémeuse à l'intérieur, unie et dorée à l'extérieur.

Omelette aux artichauts.

Diviser en quartiers un moyen fond d'artichaut, les émincer finement et les cuire vivement au beurre, les mêler aux œufs et faire l'omelette suivant la méthode indiquée.

Comme variante on pourra mêler à l'artichaut de toutes petites rondelles de pommes de terre, taillées très minces et cuites avec les artichauts; on peut aussi y joindre quelques fines lamelles de truffes, etc.

Omelette aux champignons.

6 moyens champignons bien frais; les éplucher et les émincer, les sauter vivement au beurre; les assaisonner de sel, de poivre, de persil haché; les mêler aux œufs et confectionner l'omelette.

Comme variante on pourra joindre aux champignons soit une pincée de ciboulette hachée ou 2 cuillerées de tomates sautées à la Provençale.

Omelette aux cèpes.

Même opération que l'omelette aux champignons, sauf que le cèpe est généralement de conserve.

Omelette aux épinards.

Épinards cuits à grande eau salée ; les égoutter, les presser fortement pour en extraire l'eau, les hacher grossièrement, les faire étuver au beurre pour finir d'évaporer toute l'humidité; assaisonnement sel et poivre; les mêler aux œufs et confectionner l'omelette dans une poêle dont le fond aura été légèrement frotté d'ail avant d ' y mettre le beurre.

Omelette à l'Espagnole.

Ajouter aux œufs une cuillerée d'oignon finement émincé cuit au beurre légèrement brun et 2 cuillerées de tomates sautées au beurre et assaisonnées de sel, poivre et persil haché.
Faire l'omelette en forme de crêpe.

Omelette aux fines herbes.

Ajouter aux œufs une cuillerée de fines herbes composées de persil, ciboulette, cerfeuil et estragon hachés

Omelette aux foies de Volaille.

2 beaux foies de volaille coupés en dés; les faire sauter au beurre, les assaisonner de sel et

poivre, persil haché, arrosés de 2 cuillerées de demi-glace au vin blanc.

Faire l'omelette, la fendre sur le milieu et garnir l'intérieur avec les foies.

Omelette au fromage.

Mêler aux œufs 2 fortes cuillerées de fromage, gruyère et parmesan râpés et, facultatif, une cuillerée de crème fraîche. Cuire l'omelette comme à l'ordinaire.

Omelette grand'mère.

Ajouter aux œufs 3 cuillerées de croûtons en pain de mie, taillés en petits dés, sautés au beurre au dernier moment, et une pincée de persil haché. Faire l'omelette aussitôt.

Omelette au jambon.

Pour l'omelette au jambon, on peut employer du jambon cuit ou cru taillé soit en petits dés, finement émincé ou haché très fin; l'un ou l'autre est mis dans le beurre bouillant avant de mettre les œufs. Faire l'omelette comme d'habitude.

Comme variation, on peut ajouter soit des pommes de terre coupées en minces rondelles et cuites au beurre, champignons émincés et sautés au beurre, aubergines frites à l'huile, persil et ciboulette hachés, etc.

Omelette au lard.

50 à 60 grammes de petit salé; le couper en petits dés ou l'émincer. Faire revenir une minute dans le beurre et y joindre les œufs. Faire l'omelette aussitôt.

Autre méthode à recommander : Faire une omelette simple ou aux fines herbes, mettre sur le dessus 4 à 5 belles tranches de bacon grillé très chaud.

Omelette à la moelle.

Faire une omelette simple, la fendre en partie sur la longueur, garnir l'intérieur de gros dés de moelle pochés quelques minutes à l'eau salée, égouttés et roulés dans de la glace de viande. Garnir le dessus de l'omelette de belles rondelles de moelle également pochées; les saupoudrer de persil haché et les arroser de glace de viande légère.

Omelette aux morilles.

Laver soigneusement une dizaine de morilles, les fendre en deux pour éviter toute impureté qui pourrait se trouver à l'intérieur. Les faire vivement sauter au beurre pour évaporer une bonne partie de leur humidité ; les arroser de 2 cuillerées de glace de viande fondue et 3 cuillerées de crème. Assaisonnement sel et poivre. Agiter la casserole de manière que la crème et la glace de viande se trouvent intime- ment liées. Faire l'omelette suivant la méthode ordinaire; la fendre en partie sur la longueur et garnir l'intérieur avec les morilles.

Omelette mousseline.

Mettre 3 jaunes et 2 œufs entiers dans une terrine avec une pincée de sel et 2 cuillerées de crème épaisse ; les battre comme il est indiqué pour l'omelette simple. Ajouter les 3 blancs d'œufs montés en neige très ferme ; verser cette préparation dans une poêle contenant 50 gr. de beurre bien chaud. Sauter l'omelette à petits coups et très vivement pour ramener les bords sur le centre. Cette omelette peut se servir roulée ou plate.

Comme variation on pourra lui mêler des lamelles de truffe, du fromage râpé, des pointes d'asperges, etc.

Omelette Nantua.

Préparer une omelette simple; garnir le centre, après l'avoir fendue en partie sur la longueur, avec 15 à 18 queues d'écrevisses roulées dans de la glace de viande fondue et liées avec 3 à 4 cuillerées de Béchamel à la crème, ou simplement de la crème épaisse.

Comme variation on pourra remplacer les queues d'écrevisses par des crevettes ou bien encore avec du homard taillé en petits dés.

Omelette aux Nonnats.

Ajouter aux œufs, juste au moment de les verser dans la poêle, 3 cuillerées de nonnats sautés au beurre clarifié et faire l'omelette comme d'habitude.

On peut également faire cette omelette en remplaçant le nonnat sauté au beurre par du nonnat cuit une minute dans de l'eau salée et bien égouttée avant de le mêler aux œufs.

Omelette à l'oseille.

Mêler aux œufs battus 2 ou 3 cuillerées d'oseille ciselée, fondue au beurre. Faire l'omelette aussitôt.

Omelette à l'oignon à la Lyonnaise.

Mêler aux œufs battus 2 cuillerées d'oignon finement émincé et cuit au beurre, à la poêle, légèrement coloré. Cuire l'omelette aussitôt.
Facultativement, lui donner une forme plate ou roulée.

Omelette Parmentier.

Ajouter aux œufs battus une pincée de persil haché et, au moment de verser ceux-ci dans la poêle, leur additionner 4 à 5 cuillerées de pommes de terre taillées en petits dés et cuites au beurre clarifié, à feu modéré; elles doivent rester moelleuses, et à peine colorées. Faire l'omelette comme d'habitude.

Omelette Provençale.

Frotter légèrement le fond de la poêle avec une gousse d'ail, puis mettre dans celle-ci 2 cuillerées d'huile d'olive et la chauffer jusqu'à, ce qu'elle fume. Jeter dedans 2 tomates moyennes, pelées, épépinées, coupées en gros dés ou émincées, additionnées d'une pincée de persil haché. Les cuire quelques minutes et les joindre aux œufs. Faire l'omelette comme d'habitude.

Omelette aux rognons.

Préparer une omelette simple; la fendre en partie sur la longueur; garnir l'intérieur de 2 ou 3 cuillerées de rognons de veau ou de mouton coupés en dés, assaisonnés de sel et de poivre, sautés vivement au beurre et liés, hors du feu, de quelques cuillerées de demi-glace bouillante et petites parcelles de beurre.

Omelette Rossini.

Préparer une omelette aux truffes et dresser sur le dessus de petites escalopes de foie gras frais, passées à la farine et sautées au beurre.

Entourer l'omelette de quelques cuillerées de demi-glace additionnée d'une cuillerée de beurre fin.

Omelette au thon.

Ajouter aux œufs 4 cuillerées de thon coupé en dés, une pincée de persil haché. Faire l'omelette comme à l'ordinaire et servir à part une petite saucière de beurre d'anchois fondu.

Omelette aux truffes.

Ajouter aux œufs 2 ou 3 cuillerées de truffe coupée en fines lamelles, assaisonnées de sel et de poivre frais moulu. Faire l'omelette et ranger sur le dessus quelques grosses lames de truffe chauffées dans de la glace de viande légèrement beurrée.

Omelette aux pointes d'asperges.

Ajouter aux œufs 3 cuillerées de {jointes d'asperges cuites à l'eau salée, égouttées et étuvées quelques minutes au beurre. Faire l'omelette comme à l'ordinaire; fendre légèrement le milieu et garnir d'un joli bouquet de pointes d'asperges.

Comme variation on pourra mêler aux pointes quelques fines lamelles de truffe.

Omelette à la Ménagère.

Choisir de préférence du gros macaroni que l'on trouve tout coupé chez tous les marchands de pâtes, de différentes formes et dénominations diverses telles que : coquillettes, sifflets, etc.

Faire cuire 150 grammes de l'une ou l'autre de ces pâtes à l'eau salée ; les tenir un peu fermes et, aussitôt cuites, les égoutter et les laisser refroidir.

Faire chauffer dans une poêle assez large 4 cuillerées de beurre ou de bon saindoux; ajouter le macaroni, le faire rissoler de belle couleur dorée et verser dessus 5 à 6 œufs bien battus, assaisonnés de sel et de poivre. Avec une fourchette, les mélanger au macaroni.

Four retourner l'omelette, renverser la poêle sur un plat qui la recevra pour la glisser de nouveau dans la poêle le temps nécessaire pour colorer ce côté. Glisser l'omelette sur un grand plat rond.

Passant en revue toutes les recettes ci-dessus, voici celle que je préfère :

Omelette crêpe.

Battre fortement 2 œufs avec une petite cuillerée de crème et une pincée de sel.

Faire chauffer dans la poêle une demi-cuillerée de beurre (10 à 12 grammes); dès qu'il devient couleur noisette, y joindre les œufs; agiter vivement la poêle et faire sauter l'omelette comme une crêpe une seconde pour colorer le côté retourné ; la glisser de suite sur une assiette chaude et mettre dessus 2 tranches de Bacon, sortant tout croustillant du gril. Doit être servie aussitôt et mangée aussi chaude que possible.

ŒUFS FROIDS

Les œufs froids se divisent en trois catégories : pochés, mollets et durs.

Le dressage demande des soins minutieux, il s'agit d'avoir de l'imagination et du goût, être sobre dans la décoration, mais correct. Dans ma longue expérience j'ai reconnu que le plat creux en argent ou en porcelaine de forme carrée se prête le mieux pour le dressage des œufs à la gelée. Ce modèle de plat peut parfaitement être incrusté dans un bloc de glace en neige, ce qui permet de conserver à la gelée toute la finesse et la fraîcheur voulue pour qu'elle soit parfaite.

Type fondamental d'œufs pochés ou mollets à la gelée.

Œufs pochés froids, bien épongés et parés, enrobés de sauce chaud-froid blanche, et décorés chacun d'une belle lame de truffe, posée au milieu. Mettre dans un plat carré, entouré de glace, un demi-centimètre de line gelée de volaille ; dès qu'elle aura pris consistance, ranger les neufs sur la gelée et les recouvrir entièrement de la même gelée et lui laisser prendre corps.

Mettre le plat carré sur un plat long sur lequel on aura posé une, serviette pliée en quatre, l'entourer de glace pilée en neige. Si le plat contenant les œufs est incrusté dans un bloc de glace, mettre celui-ci sur le plat avec serviette simplement.

On peut varier la préparation des œufs froids de nombreuses façons- les diverses sauces, les éléments de garniture apportent une note différente.

Ainsi, la sauce chaud-froid blanche pourra être additionnée de paprika rose et doux, de purée de tomate très réduite et aussi rouge que passible, de beurre d'écrevisses.

Les éléments de décor : Truffe, feuilles de cerfeuil, feuilles d'estragon, poivrons rouges d'Espagne, crevettes roses, sont indiqués peur cet usage.

L'enrobage des œufs d'une sauce quelconque n'est pas de rigueur, on peut les dresser dans la gelée, simplement pochés; on dresse aussi les œufs pochés sur diverses mousses, de tomate, d'écrevisses, de jam- bon, de langue, de foie gras, de volaille, au paprika, au chambertin, etc. ; mais toujours recouverts de gelée.

Dans ce cas, écrire sur le Menu, par exemple : Mousse de tomate aux œufs pochés ou Mollets, c'est-à-dire mettre le mot « Mousse » avant l'élément choisi. (Voir Mousses.)

Lorsque la garniture appliquée aux œufs se complète de plusieurs éléments, on est obligé de désigner le mets par un nom plus ou moins fantaisiste mais, autant que possible, se rapprochant de la vérité, soit par l'élément principal, soit par une garniture ou un décor approprié à sa dénomination.

Œufs à l'Alsacienne.

Œufs pochés enrobés de sauce chaud-froid au paprika, décorés à volonté, dressés sur une mousse de foie gras, les œufs intercalés d'une julienne de truffe et blanc de poulet.

Œufs à l'Andalouse.

Œufs pochés enrobés de sauce chaud-froid blanche, additionnée d'une légère décoction de feuilles de safran pour obtenir une couleur jaune. Remplir moitié hauteur d'un plat tenu sur glace, de mousse de volaille au paprika rose et doux ; arrivée à son point de consistance, ranger les œufs sur ce lit de mousse, les intercaler d'une fine julienne de truffe et les recouvrir complètement de gelée.

Œufs à la d'Aumale.

Même préparation que les œufs à l'Andalouse, sauf que la mousse au paprika est remplacée par une mousse à la tomate et les œufs inter- calés d'une fine julienne de jambon.

Œufs pochés ou mollets à la gelée.

Les dresser, après les avoir soigneusement épongés et parés, sur une mince couche de gelée, les décorer à volonté et les recouvrir de gelée.

Four en varier la présentation et le goût, on pourra, avant d'ajouter la gelée, intercaler les œufs soit de jambon, de langue, de blanc de poulet, de truffe, de faisan, de perdreau, coupés en fine julienne; des pointes d'asperges, des petits pois, etc.

Facultativement, on pourra accompagner les œufs d'une salade Russe, salade de légumes, salade Rachel, ou une salade simple. Servir en même temps une saucière de mayonnaise.

Œufs de pluvier et de vanneau.

Ces deux oiseaux à peu près de la même grosseur, bien que différents par le plumage, ont des œufs qui se ressemblent, d'une couleur vert clair tachetée de points noirs. A la cuisson, la partie albumineuse prend l'aspect de gélatine assez claire, indice que l'œuf est frais.

Presque toutes les préparations ordinaires des œufs leur sont applicables, mais on ne les sert rarement que durs, chauds ou froids.

Pour les cuire durs, on compte 8 minutes de cuisson à partir de l'instant où, étant plongés dans l'eau, celle-ci reprend l'ébullition.

On doit s'assurer de leur fraîcheur avant de les cuire, en les plongeant dans de l'eau froide. Tout œuf qui surnage est de fraîcheur douteuse et doit être écarté.

Œufs Richelieu.

Œufs pochés enrobés de sauce chaud-froid crème, une lame de truffe sur chaque œuf, dressés sur une mousse d'écrevisses, intercalés de queues d'écrevisses et bouquets de pointes d'asperges. Recouvrir les œufs de gelée.

Œufs Rigolette.

Œufs pochés enrobés de sauce chaud-froid à la purée de tomate, dressés sur un lit de mousse de volaille, intercalés de rognons de coq pochés au consommé blanc; bouquets de pointes d'asperges sur le centre du plat. Recouvrir de gelée.

Mousse de foie gras.

Proportions pour 6 à 8 personnes : 5 à 600 grammes de parfait de foie gras, le passer au tamis fin ; mettre la purée qui en résulte dans une terrine, lui incorporer, en la travaillant avec une cuiller de bois, 125 grammes de beurre très fin à peine fondu et ensuite le même poids de crème très fraîche.

POISSONS

POISSONS D'EAU DOUCE

Soupe de poissons « mode provençale ».

*Proportions pour 6 personnes :*1 kilo 500 poissons carpes, perches tanches, les nettoyer soigneusement, les détailler en tronçons.

Réunir dans une casserole : 2 oignons, 2 blancs de poireaux hachés:

2 ou 3 tomates pelées, épépinées et hachées; 2 gousses d'ail broyées une forte pincée de persil concassé ; une feuille de laurier ; un bout de céleri, et les tronçons de poissons. Mouiller avec de l'eau en quantité voulue pour que les poissons en soient couverts; assaisonner de

8 grammes de sel et d'une pincée de poivre par litre de mouillement, puis une pincée de safran; faire partir en ébullition, cuire à grand feu pendant 15 minutes.

Verser le bouillon de la soupe sur des tranches de pain blanc dis- posées dans une soupière ; dresser les poissons sur un plat avec un peu de court-bouillon. On mange d'abord la soupe, ensuite le poisson quelquefois accompagné d'une saucière d' Aïoli ou Beurre de Provence.

NOTA. — On peut, à volonté, supprimer le safran.

Soupe de perches à la ménagère.

*Proportions pour 6 personnes :*1 kilo 500 de perches, de 200 à

250 grammes chacune ; les nettoyer soigneusement, lever les filets, les tenir au frais.

Avec les têtes, les arêtes et 2 litres d'eau, préparer un court- bouillon aromatisé d'un oignon émincé, d'une feuille de laurier.

2 gousses d' ail, branches de persil, 16 grammes de sel, quelques grains de poivre **écrasés.** Donner 20 minutes d'ébullition. Passer le bouillon à la passoire fine.

D'autre part, émincer finement le blanc de 2 poireaux; le mettre dans une casserole avec 4 cuillerées d'huile d'olive, 5 à 6 tomates pelées, épépinées et hachées ; cuire poireaux et tomates quelques instants et mouiller avec le court-bouillon préparé. Faire partir en ébullition et ajouter 300 grammes de riz et une prise de safran. Donner 25 à 30 minutes de cuisson.

Ce potage doit être un peu épais et le riz assez cuit.

NOTA. — On pourra remplacer le riz par du gros vermicelle, du petit macaroni, des pommes de terre, ou tout simplement verser le bouillon sur des tranches de pain rangées dans la soupière.

On peut également préparer ce genre de soupe soit avec de la lotte, petites carpes, tanches, brochet, etc.

Emploi des filets de perche et autres poissons indiqués.

Les saler légèrement, les passer dans la farine et les cuire à la poêle à l'huile ou au beurre à la meunière ou, après les avoir passés à la farine, les tremper dans de l'œuf battu; ensuite dans la mie de pain et les cuire à la poêle au beurre ou à l'huile.

Servir en même temps une sauce tomate.

ALOSE
Alose grillée.

Pour être servie entière : choisir de préférence l'alose de 5 à 600 grammes; la ciseler finement, l'assaisonner de sel, de poivre et la mettre à mariner pendant quelques instants avec huile, jus de citron, queues de persil, fragment de thym et de laurier. Faire griller à feu doux, en l'arrosant de temps à autre d'huile ou de beurre fondu.

Accompagnement : Beurre Maître-d'Hôtel, Beurre d'Anchois, Béarnaise.

On sert souvent avec l'alose grillée, de l'oseille fondue au beurre, liée avec jaunes d'œufs étendus de crème, assaisonnement sel et poivre. Lorsque l'alose est un peu grosse et que l'on tient à la servir entière, on peut la cuire au four ; dans ce cas on la met sur un plat, on la saupoudre légèrement de chapelure et on l'arrose d'huile de temps à autre.

Pour être servie en tranches : la détailler en tranches d'environ un centimètre et demi d'épaisseur; les assaisonner de sel et poivre, les mariner comme ci-dessus pendant quelques instants et les faire griller.

ANGUILLES

On accommode l'anguille de plusieurs façons : Frite, en Matelote, à la Meunière, à la Poulette, à la Provençale, etc.

La première des conditions est qu'elle soit pêchée dans des eaux courantes ou, tout au moins, dans des eaux renouvelables pour que l'anguille n'ait pas un goût de vase.

Anguille frite.

Choisir des petites anguilles; les tronçonner, les assaisonner, les passer à la farine, les frire à l'huile.

Matelote.

Choisir des anguilles de grosseur moyenne, les nettoyer, les dépouiller de leur peau et les tronçonner; ranger les morceaux dans une casserole plus large que haute avec : *(pour 1 kilo de poisson) :* 2 oignons émincés, un bouquet composé de branches de persil, une feuille de laurier, brindilles de thym; 2 ou 3 gousses d'ail, quelques grains de poivre, 8 à 10 grammes de sel. Mouiller d'un litre et quart de vin rouge; faire partir en ébullition, ajouter un décilitre de cognac, flamber et terminer la cuisson à couvert.

Dresser les morceaux d'anguille dans un plat creux, les garnir de champignons rissolés au beurre et petits oignons glacés; tenir au chaud. Lier la cuisson avec 75 à 100 grammes de beurre auquel on aura incorporé intimement 60 grammes de farine. Mettre l'assaisonnement à point; passer la sauce au chinois sur les tronçons d'anguille.
Garnir de croûtons frits au beurre.

NOTA. — Selon son goût, on peut mouiller le poisson avec du vin blanc et terminer la matelote de même qu'au vin rouge.

Anguille meunière.

Choisir des anguilles de moyenne grosseur; les tronçonner, les assai- sonner, les rouler dans la farine et les cuire au beurre à la poêle. Les dresser sur plat de service, les arroser de jus de citron et les saupoudrer de persil haché. Ajouter quelques parcelles de beurre au beurre de cuisson, faire chauffer; dès que le beurre commence à faire mousse, le verser bouillant sur les morceaux d'anguille.

NOTA. — Pour varier, on peut mêler aux anguilles, après cuisson, des cèpes rissolés au beurre.

Anguille à la poulette.

Les dépouiller de leur peau, les tronçonner; mettre les morceaux dans une casserole, les couvrir d'eau froide et leur donner quelques secondes d'ébullition ; les égoutter, les rafraîchir.

Four 1 kilo d'anguilles, faire chauffer 75 grammes de beurre, lui mêler 60 grammes de farine ; laisser cuire quelques minutes doucement sans roussir. Ajouter les morceaux d'anguille, remuer avec une cuiller de manière que chaque morceau se trouve saisi par la chaleur du roux. Mouiller avec un quart de litre de vin blanc et trois quarts de litre d'eau; ajouter une douzaine de petits oignons; un bouquet garni : branches de persil, feuille de laurier, brindilles de thym; 8 grammes de sel, pincée de poivre. Mettre en ébullition, donner 25 à 30 minutes de cuisson à petit feu.

Dresser les morceaux d'anguille dans un plat creux avec les petits oignons et quelques champignons sautés au beurre. Lier la sauce avec
3 jaunes d'œufs étendus de quelques cuillerées de crème.

Passer au chinois sur les morceaux d'anguille, saupoudrer légère- ment de persil haché.

On peut toujours accompagner « l'anguille à la Poulette » de pommes de terre nature.

Anguille à la Provençale.

Tronçonner l'anguille comme pour « Poulette » ; les passer quelques secondes à l'eau bouillante, les égoutter, les rafraîchir, les éponger, les assaisonner de sel et poivre et les rouler dans la farine.

Faire chauffer, pour 1 kilo à 1 kilo 500 de poisson, 4 à 5 fortes cuillerées d'huile d'olive dans une casserole ou poêlon en terre ; lui mêler 4 cuillerées d'oignon haché; dès que l'oignon commence à blondir, ajouter les morceaux d'anguille, les laisser revenir quelques instants avec l'oignon; mouiller avec un quart de litre de vin blanc, laisser réduire de moitié, puis ajouter une livre et demie de tomates bien mûres, pelées, épépinées et hachées, assaisonnement sel et poivre, une forte pincée de persil haché avec une pointe d'ail. Couvrir la casserole et donner 25 à 30 minutes de cuisson à petit feu.

Dans un ménage, on pourra ajouter à ce ragoût, en même temps que la tomate, des pommes de terre en morceaux, ce qui constitue un excellent plat de déjeuner.

L'anguille moyenne, tronçonnée, cuite dans un très court-bouillon au vin blanc bien aromatisé, refroidie dans sa cuisson, fournit un excellent hors-d'œuvre.

Anguille tartare.

Tronçonnée, cuite dans un court-bouillon au vin blanc ; les morceaux étant refroidis, les éponger, les rouler dans la farine, puis les tremper dans de l'œuf battu, ensuite les couvrir de chapelure ou de mie de pain et les frire.
Servir en même temps une sauce Tartare.

Pendant la saison des petits pois, on peut faire d'excellents ragoûts d'anguille avec petits pois seuls ou avec moitié petits pois et moitié pommes nouvelles :

Choisir de préférence des petites anguilles, les détailler en tronçons, les assaisonner de sel et poivre, les rouler dans la farine. Faire chauffer quelques cuillerées de beurre dans une casserole, ajouter les tronçons d'anguille, les laisser revenir quelques instants, puis y mêler une douzaine de petits oignons et les petits pois ; mouiller avec de l'eau chaude juste pour couvrir légumes et poisson ; aromatiser le ragoût, avec bouquet garni; assaisonnement sel et poivre. Couvrir la casserole, donner 30 à 35 minutes de cuisson à feu moyen.

NOTA. — On pourra remplacer les petits pois par des fèves de Marais.

BARBEAU ET BARBILLON
Avis. — Ne jamais faire usage des œufs de ce poisson.
Barbeau au court-bouillon à la ménagère.

Le cuire dans un court-bouillon au vin blanc, aromatisé d'oignon émincé, persil en branches, petite branche de céleri, thym, laurier, gousses d'ail, sel et poivre en grains.

On le sert accompagné de sauce Blanche aux Câpres, et de pommes de terre à l'Anglaise.

Le barbeau cuit dans le court-bouillon et refroidi, accompagné de sauce vinaigrette ou d'une sauce Mayonnaise, constitue un excellent plat de déjeuner.

On pourra même servir en même temps une salade de pommes de terre.

Le court-bouillon ayant servi à la cuisson du poisson servira à pré- parer une excellente soupe pour le repas suivant.

Exemple : Pour 2 litres de court-bouillon passé à la passoire, faire légèrement blondir au beurre un moyen oignon et le blanc d'un poireau; ajouter quelques tomates pelées, épépinées, et hachées, cuire la tomate 8 à 10 minutes, mouiller avec le court-bouillon. Laisser bouillir 12 à 15 minutes et verser dans la soupière dans laquelle on aura rangé des tranches de pain. A ce potage on peut ajouter, facultativement, une pincée de safran. On pourra remplacer le pain par du gros vermicelle cuit dans le potage; ici l'addition d'un peu de safran est presque obligatoire. Du fromage râpé servi en même temps complétera délicieusement cette soupe.

NOTA. — Ne jamais ajouter de vinaigre aux courts-bouillons de poisson, destinés à préparer potages, soupes ou riz pilaw.

Barbillon.

On appelle ainsi le petit Barbeau dont le poids varie entre 500 et 800 grammes. 11 est le plus souvent un élément des Matelotes qui com- portent plusieurs poissons.

Pour Matelote, procéder comme il est indiqué pour la « Matelote d'Anguille ».

Barbillon grillé.

Le ciseler finement, l'assaisonner, l'arroser d'huile et faire griller doucement.

Comme accompagnement : Beurre Maître-d'Hôtel, Beurre d ' Anchois, Sauce Mayonnaise, etc., conviennent au « Barbillon Grillé ».

Barbillon à la meunière.

Doit être choisi parmi les plus petits. Le ciseler, l'assaisonner de sel et poivre, le passer à la farine, le cuire au beurre à la poêle. Dresser sur plat, l'arroser de jus de citron ; ajouter quelques parcelles de beurre frais au beurre de cuisson; chauffer fortement et dès que le beurre commence à mousser le verser sur le poisson.

Barbillon au four.

Le choisir d'une grosseur moyenne. Après l'avoir ciselé, l'assaisonner, le mettre sur un plat à rôtir, l'arroser d'huile ou de beurre et le cuire au four.

Le servir accompagné d'une sauce à volonté, comme pour le Barbeau Grillé.

Mais, ce qui est excellent et avantageux pour une famille nombreuse, c'est, en mettant le poisson au four, de l'entourer de pommes de terre taillées en petits dés et de quelques cuillerées d'oignon haché. Compléter l'assaisonnement. Arroser le poisson et pommes de terre, de temps à autre, pendant la cuisson de beurre fondu ou d'huile.

En sortant le poisson du four le saupoudrer de persil haché.

Barbillon à la bonne-femme.

Choisir un barbillon de 7 à 800 grammes; le ciseler, le coucher sur un plat à gratin grassement beurré, l'assaisonner de sel et poivre, le saupoudrer de persil grossièrement haché et 2 échalotes hachées, le couvrir de champignons émincés et de quelques cuillerées de mie de pain ou chapelure. Mouiller d'un verre de vin blanc et le jus d'un demi-citron. Cuire doucement au four en l'arrosant souvent avec sa cuisson.

B R È M E

La brème est un poisson un peu commun qui peut s'utiliser en mate- lote. Les grosses brèmes se font généralement griller ou cuire au four.

B R O C H E T

On doit, autant que possible, faire choix de pièces pesant 2 à 3 kilos. Mais ne jamais faire usage des œufs de brochet.

Le brochet se prépare de nombreuses manières. Je ne donnerai ici que les formules les plus simples.

Brochet au vin rouge.

Choisir de préférence un petit brochet ; le mettre dans la poissonnière ; juste de grandeur voulue ; la garnir des aromates suivants : un oignon émincé, branches de persil, thym, laurier, un bout de céleri et

2 gousses d' ail, quelques grains de poivre. Mouiller de vin rouge, assez pour couvrir le poisson ; saler à raison de 8 grammes de sel par litre de mouillement; cuire doucement.

Dans « *l'Ancienne Cuisine* », on donnait le nom de « *Poisson au Bleu* » aux divers poissons cuits dans un court-bouillon au vin rouge. Il était accompagné soit de beurre fondu, ou d'une partie de la cuis- son, liée avec 75 ou 100 grammes de beurre additionné de 60 grammes de farine, complétée d'une cuillerée de beurre d'Anchois par litre de cuisson du poisson.

Pilaw de brochet.

Choisir un brochet du poids de 1 kilo à 1 kilo 500. Levers les filets, les parer, les détailler en morceaux carrés de la grosseur d'une noix; les assaisonner de sel et de poivre et les rouler dans la farine.

Avec la tête, l'arête, les parures et environ trois quarts de litre d'eau, préparer un court-bouillon aromatisé de : branches de persil, une petite feuille de laurier, brindilles de thym et un oignon émincé;

6 grammes de sel, quelques grains de poivre écrasés. Donner 15 minutes d'ébullition et ensuite, passer le bouillon à la passoire fine.

Riz pilaw.

Faire légèrement blondir une cuillerée d'oignon, fin hachée, dans 60 grammes de beurre, ajouter 250 grammes de riz, le remuer avec une cuiller pendant quelques secondes, de façon que le riz se trouve imprégné de beurre. Mouiller avec les deux tiers du court-bouillon obtenu. Couvrir la casserole, donner 18 minutes de cuisson, si possible dans le four.

Pendant la cuisson du riz, faire sauter à la poêle les morceaux du brochet et les mêler ensuite au riz. Dresser dans plat d'entrée. Servir en même temps soit une sauce tomate, ou dans une sauce au curry, ou paprika, etc.

Brochet au court-bouillon.

Cuire le brochet dans un court-bouillon au vin blanc ou simplement de l'eau, aromatisé de : oignon, carotte, branches de persil, feuille de laurier, thym, ail ; sel, poivre en grains. Ne pas user de vinaigre dans le court-bouillon, de manière à pouvoir l'employer ensuite comme soupe.

Le brochet cuit au court-bouillon se mange chaud ou froid. *Chaud avec sauces :* Câpres, au Vin rouge, Hollandaise. *Froid avec sauces :* Mayonnaise, Ravigote, verte.

On fait à Lyon, avec la chair de gros brochets, d'exquises quenelles très appréciées.

C A R P E

Carpe au vin rouge.

Proportions pour 6 à 8 personnes : Choisir une carpe, de l'espèce sans écailles, et la cuire comme il est indiqué pour le brochet au vin rouge et à court-mouillement.

Faire un petit roux avec 60 à 75 grammes de beurre et même poids de farine ; laisser cuire la farine quelques instants ; retirer la casserole hors du feu et délayer le roux, petit à petit, avec le fonds de cuisson de la carpe pour obtenir une sauce ni trop épaisse, ni trop liquide. Donner 15 à

20 minutes d'ébullition lente. Passer la sauce à la passoire fine dans une autre casserole et lui incorporer 75 grammes de beurre frais et 2 cuillerées à café d'essence d'anchois.

Dresser la carpe sur le plat de service, l'entourer de petits oignons glacés, de cèpes ou champignons sautés au beurre et la masquer avec une partie de la sauce. Servir le restant de la sauce dans une saucière.

NOTA. — On pourra remplacer les cèpes par toute autre espèce de champignons comestibles.

La carpe cuite au court-bouillon, soit au vin rouge ou au vin blanc, se mange aussi bien chaude que froide.

La carpe dite « saumonée », cuite dans un court-bouillon au vin blanc est, sans contredit, un mets de déjeuner digne de figurer sur les meilleures tables, accompagnée d'une sauce Ravigote un peu relevée, ou d'une sauce au Raifort à la Crème.

Les courts-bouillons qui pourraient rester de ces cuissons, pourront être employés à la cuisson d'autres poissons et autres Matelotes diverses.

Matelote de carpe.

Four la Matelote, il est préférable de prendre les plus petites. Procéder de même que la « Matelote d'Anguille ».

Filets de carpe à l'Anglaise.

Lever les filets de carpes moyennes; les dépouiller, les parer, les assaisonner de sel et poivre, les passer à la farine, les tremper dans de l'œuf battu, puis dans de la chapelure ou mie de pain. Les cuire à l'huile ou au beurre dans la poêle.
Servir en même temps du beurre Maître-d'Hôtel.

LAITANCEDECARPE

La Laitance de Carpe est un mets très recherché.

On accommode les laitances de plusieurs façons : les pocher quelques minutes à l'eau salée, les égoutter, les éponger, les assaisonner de sel et poivre, les passer à la farine et les cuire au beurre dans la poêle. Les dresser sur plat de service bien chaud, les arroser d'un petit jus de citron et parsemer de persil haché.

On peut également, après avoir passé les laitances à la farine, les tremper dans l'œuf battu, puis dans la mie de pain et les faire colorer au beurre dans la poêle.

Ainsi préparées on peut les accompagner de beurre Maître-d'Hôtel, de sauce Béchamel à laquelle on aura ajouté des œufs durs émincés.

Laitances de carpes à la florentine.

Pocher les laitances à l'eau salée, les égoutter, les éponger et les cuire quelques minutes au beurre, dans la poêle. Les dresser sur un lit d'épinards qu'on aura fait blanchir, bien égouttés, pressés et grossière- ment hachés, puis revenus au beurre dans une casserole pour en extraire toute humidité. Les masquer de sauce Béchamel, saupoudrer la surface de fromage râpé, arroser de beurre fondu et faire légèrement gratiner à la salamandre ou au four.

Laitances périgourdines.

Préparer les laitances comme les précédentes ; les pocher, les égoutter, les éponger, les cuire quelques minutes au beurre ; les dresser sur un plat sur lequel on aura mis une légère couche de sauce Béchamel. Couvrir les laitances de lamelles de truffes; masquer de sauce Béchamel, saupoudrer la surface de fromage râpé, arroser de beurre fondu et faire légèrement gratiner à la salamandre ou au four.

Laitances de carpes Joinville.

Les préparer telles « à la Périgourdine » en ajoutant à la truffe des queues d'écrevisses divisées en deux sur la longueur.

On pourra remplacer les écrevisses par des crevettes roses.

LOTIE

Poisson de la taille d'un à trois pieds, la lotte vit dans l'eau douce et salée, sa chair est blanche, de saveur assez agréable ; son foie volumineux passe pour un aliment délicat ; ses œufs, comme ceux du brochet et du barbeau, déterminant des nausées, on doit donc s'abstenir d'en faire usage.

Le foie de la lotte se traite absolument comme la Laitance de Carpe.

La chair de la lotte, bien qu'un peu commune, mérite d'être prise en considération. Détaillée en escalopes assaisonnées de sel et poivre, passées à la farine, cuites au beurre à la poêle, à la Meunière, à la Dugléré, à la Provençale, elles sont des préparations appréciables aussi bien au point de vue économique que gourmand.

Lotte à la Dugléré.

Lever les filets, les détailler en escalopes, les assaisonner de sel et poivre, les passer à la farine, les disposer l'une à côté de l'autre dans un plat à sauter beurré. Pour une livre de poisson, ajouter une forte cuillerée d'oignon finement haché, 3 à 4 tomates pelées, épépinées et hachées, une pincée de persil concassé, sel, poivre, et quelques cuillerées de vin blanc. Faire cuire vivement et dresser les escalopes sur plat de service.

Compléter la sauce en y incorporant 50 grammes de beurre fin et un petit jus de citron et la verser sur les escalopes.

Lotte à la Provençale.

Détailler la lotte en escalopes comme pour Dugléré ; les assaisonner de sel et poivre, les passer à la farine, les disposer l'une à côté de l'autre dans un plat à sauter. Ajouter pour une livre de poisson, 2 cuillerées d'oignon finement haché, 4 à 5 tomates pelées, épépinées et hachées, persil concassé, une pincée de safran et une pointe d'ail. Arroser le tout de 4 à 5 cuillerées d'huile d'olive, d'un verre de vin blanc et un verre d'eau. Couvrir le plat à sauter, donner 15 à 18 minutes de cuisson à feu assez vif.

Dresser les escalopes sur des tranches de pain grillées et les couvrir avec la sauce.

On accompagne aussi les escalopes de Lotte à la Provençale de riz pilaw; dans ce cas, on supprime le pain grillé.

Lotte à la meunière.

La détailler en escalopes; les assaisonner de sel et poivre, les passer à la farine et les cuire au beurre à la poêle.

Dresser sur plat de service ; les arroser de quelques filets de jus de citron. Ajouter quelques parcelles de beurre au beurre de cuisson; faire fortement chauffer et verser sur les escalopes.

NOTA. — Les escalopes à la Meunière peuvent être accompagnées de pommes sautées, pommes purée, pommes nature, d'épinards, d'oseille, etc.

Il en est de même pour tous les poissons dits « A la Meunière ». La chair de la lotte étant un peu ferme, se prête à la combinaison d'excellents ragoûts avec petits pois, fèves de Marais, pommes de terre, aubergines, courgettes, etc.

NOTA. — La lotte de mer est supérieure à la lotte d'eau douce.

PERCHE

Les petites perches se font généralement frire.

Les moyennes se traitent à la Meunière, ou constituent un élément de Matelotes panachées.

Les grosses se cuisent au court-bouillon ou au four.

SAUMON

Les pièces de saumon entières sont généralement traitées par le court-bouillon au vinaigre, mouillées à froid, aromatisées d'un oignon, carotte émincée; persil en branches, laurier, thym, 12 grammes de sel par litre d'eau, poivre en grains. Couvrir la pièce d'une serviette et la porter doucement à l'ébullition. La cuisson se termine à très petit feu. L'accompagnement du saumon au court-bouillon comporte générale- ment les sauces suivantes : Câpres, Crevette, Genevoise, Hollandaise, Homard, aux Huîtres, Mousseline, Nantua, Ravigote et Vénitienne.

DARNES DE SAUMON

On entend, par Darnes, un morceau de la grosseur variable pris sur le milieu de la pièce.

On cuit la ou les Darnes au court-bouillon, comme il est expliqué pour le saumon entier et elles comportent les mêmes sauces d'accompagnement.

Cependant, après expérience, on peut avantageusement supprimer le vinaigre dans le court-bouillon pour Darnes.

Coquilles de saumon.

Ces coquilles se font généralement avec de la chair de saumon cuite, soigneusement débarrassée des arêtes, et enrobée de sauce Béchamel, puis mise en coquilles; saupoudrer de fromage râpé, arroser de beurre fondu et faire gratiner.

NOTA. — On peut mêler au saumon lamelles de truffe, champignons émincés et, suivant le cas, œufs durs émincés.

Côtelettes de saumon.

Composition de l'appareil : 300 grammes de chair de saumon cuite,
100 grammes de champignons, 30 grammes de truffe, le tout détaillé en très petits dés, enrobé de 3 à 4 décilitres de sauce Béchamel réduite et liée de 2 jaunes d'œufs.

Étaler l'appareil sur plaque pour faire refroidir, diviser ensuite en parties du poids de 75 grammes environ ; façonner en forme de côte- lettes; tremper dans l'œuf battu, puis les passer dans de la mie de pain fraîchement préparée. A défaut de mie de pain, ce qui n'est pas toujours facile dans un petit ménage, la remplacer par de la chapelure ; Frire les côtelettes au dernier moment.

Dresser sur serviette avec persil frit.

On peut accommoder les côtelettes de sauce Béchamel au curry.

Côtelettes de saumon Pojarski.

300 grammes de chair de saumon cru débarrassée des arêtes; la hacher grossièrement au couteau, puis lui ajouter 60 grammes de beurre frais et 60 grammes de mie de pain humectée de crème. Hacher encore le tout ensemble jusqu'à ce que la composition soit fine et homogène; assaisonner de sel et poivre.

Diviser le tout en 5 ou 6 parties égales et les façonner en forme de côtelette, sur la planche farinée. Les cuire au dernier moment, au beurre clarifié, en les colorant des deux côtés. Dresser en couronne sur le plat de service.

Garnitures : Queues d'écrevisses, de crevettes; huîtres, truffes, champignons, cèpes, concombres, riz au curry, au paprika, conviennent à ces côtelettes.

Les éléments de garniture indiqués sont enrobés soit de sauce Béchamel à la Crème ou de sauce Normande.

Darne de saumon Chambord.

Marquer la darne en cuisson avec mirepoix passée au beurre, légèrement rissolée, composée d'oignons, carottes taillées en dés; persil en branches, une feuille de laurier, brindilles de thym;

mouiller à hauteur du poisson avec bon vin rouge ; assaisonnement 8 grammes de sel et quelques grains de poivre par litre de liquide ; faire prendre l'ébullition et laisser pocher doucement sur le coin du feu, casserole couverte.

Dresser la Darne sur un plat de service ovale et l'entourer de la garniture suivante : Quenelles en farce de poisson, moulées à la cuiller à soupe, têtes de champignons, laitances de carpe assaisonnées, farinées et sautées au beurre; truffes coupées en quartiers, écrevisses, croûtons frits au beurre.

Sauce Genevoise tirée du fonds de cuisson du saumon. (Voir « Sauce Genevoise » .)

Darne Daumont.

Marquer la Dame comme il est expliqué pour la « Darne Chambord » en remplaçant le vin rouge par du vin blanc et procéder de même pour la cuisson.

Égoutter la darne, la dresser sur plat ovale, l'entourer de quenelles de poisson, têtes de champignons, lamelles de truffes, bouchées garnies de queues d'écrevisses, laitances pochées au beurre.

Sauce Normande.

Darne de saumon Régence.

Marquer la Darne comme il est dit pour la « Darne Daumont » et la cuire de même à petit feu. L'égoutter, la dresser sur plat ovale; la garnir de quenelles de poisson, de laitances pochées ail beurre, de lamelles de truffe, bouquets d'écrevisses, petits pâtés aux huîtres. Sauce Normande. (Voir « Sauce Normande » .)

Darne de saumon Royale.

Marquer et cuire la darne comme pour « Régence ». La dresser sur plat ovale, l'entourer de quenelles de poisson Mousseline, de têtes de champignons, lamelles de truffe ; pommes de terre levées à la cuiller ronde et cuites à l'anglaise. Sauce Normande.

Saumon grillé.

Tailler des darnes sur un saumon de grosseur moyenne, autant que possible, et d'épaisseur de deux centimètres à deux centimètres et demi. Assaisonner de sel, les arroser d'huile, faire griller à feu modéré. *Accompagnement:* Beurre Maître-d'Hôtel, beurre d'Anchois, sauce Béarnaise.

Saumon à la meunière.

Détailler le saumon en tranches pas trop épaisses, assaisonner de sel, les passer à la farine et les cuire à la poêle au beurre. Retirer la poêle hors du feu. Dresser sur plat de service, arroser de quelques filets de jus de citron. Ajouter une cuillerée de beurre frais au beurre de cuis- son, faire chauffer; dès que le beurre devient mousseux, verser sur le saumon.

SAUMON FROID

Autant qu'il est possible, le saumon, destiné à être servi froid, est cuit en entier, ou en gros tronçons ou darnes, et refroidi dans le court- bouillon. Les tranches qui sont cuites séparément ont la chair toujours plus sèche que celle du saumon cuit en entier ou en tronçons.

Pour le dressage du saumon froid, on peut enlever la peau pour mettre la chair à nu et la décorer plus aisément, mais le vrai gourmet préférera toujours qu'il lui soit présenté couvert de sa robe argentée.

De toute façon, le décor d'une pièce de saumon froid doit être sobre; surtout ne jamais faire usage de beurre ramolli, coloré ou non, exécuté à la poche munie d'une douille cannelée. Le beurre de Montpellier est le seul qui convienne au saumon froid.

On peut accompagner le saumon froid de toutes sauces froides, ainsi que de salades de légumes.

TRUITE DE RIVIÈRE

Truite au bleu.

Pour cette préparation, il est nécessaire d'avoir des truites vivantes. Tenir prêt, dans une casserole plus large que haute, de l'eau bouillante salée et vinaigrée.

Environ 10 minutes avant l'instant de servir, sortir les truites de l'eau, les étourdir par un coup sur la tête, les vider et les nettoyer rapidement; les déposer sur un plat, les arroser de vinaigre, puis les glisser dans l'eau bouillante où elles se recroquevillent immédiatement, et leur chair se brise.

Il suffit de quelques minutes pour cuire des truites du poids moyen de 150 à 200 grammes.

Les égoutter et les dresser sur serviette avec persil autour. Pommes de terre nature à part.

Accompagnement : Beurre fondu ou sauce Hollandaise.

Truite à la meunière.

Après les avoir nettoyées, les ciseler légèrement, les saler, les rouler dans la farine, les cuire au beurre à la poêle, les retourner en temps voulu de manière à les obtenir de jolie couleur et de cuisson uniforme.

Les dresser sur plat de service, les arroser d'un petit jus de citron et les saupoudrer de persil haché.

Ajouter quelques parcelles de beurre frais au beurre de cuisson, faire chauffer et dès que le beurre devient mousseux le verser sur les truites.

On .cuit également les Truites de Rivière dans un court-bouillon très court au vin rouge ou au vin blanc, qu'on peut manger chaudes ou froides.

Truite de rivière au vin rouge.

Après les avoir nettoyées, les disposer dans un plat à poisson beurré et couvert de minces rondelles d'oignon et carotte, quelques branches de persil et une feuille de laurier; les assaisonner de sel et poivre frais moulu. Mouiller avec du bon vin rouge juste à hauteur des poissons. Couvrir le plat; cuire les truites au four en les arrosant de temps à autre de leur cuisson.

Dresser les truites sur le plat de service ; réduire la cuisson d'un tiers; lier la sauce avec quelques parcelles de beurre dans lequel on aura incorporé partie égale de farine.

Passer la sauce à la passoire fine dans une autre casserole, la compléter de 75 grammes de beurre fin et à volonté, de quelques gouttes d'essence d'Anchois.

Les Truites de Rivière au Vin rouge peuvent être dressées sur des tranches de pain grillées.

Truite de rivière à la bonne-femme.

Choisir des truites du poids de 150 à 200 grammes chaque. Les nettoyer, les assaisonner de sel et poivre, les ranger dans un plat à poisson.

D'autre part, pour 6 truites, taille en julienne 2 moyens oignons,
2 moyennes carottes et un pied de céleri. Mettre ces légumes dans une casserole avec 60 grammes de beurre et un verre d'eau. Couvrir la casserole, faire étuver les légumes à petit feu pendant 20 à 25 minutes et les verser sur les truites. Mouiller à hauteur du poisson avec moitié vin blanc sec et moitié eau ; ajouter une feuille de laurier et une forte pincée de persil concassé. Couvrir le plat et cuire les truites au four en les arrosant de temps à autre de leur cuisson.

Dresser les truites sur le plat de service ; réduire la cuisson d'un tiers et la lier avec 80 grammes de beurre dans lequel on aura incorporé une petite cuillerée de farine. Verser la sauce sur les truites. Servir en même temps des pommes de terre nature.

NOTA. — Les petites carpes, la perche, la tanche, la lotte détaillée, se préparent de même à la Paysanne; ce sont d'excellents plats de déjeuner qu'on ne saurait trop recommander.

Avec le court-bouillon de poisson tiré d'arêtes et parures de poisson, ou provenant d'une pièce entière d'un gros poisson, à la condition que le court-bouillon ne soit pas additionné de vinaigre, on peut en préparer d'excellentes soupes et pilaw.

Exemple : Soupe aux légumes à la Paysanne. — Pour 2 litres de court-bouillon de carpe, perche, brochet, etc. : Réunir dans une casserole un poireau, un oignon, 200 grammes de carottes, 600 grammes de pommes de terre, une petite branche de céleri, le tout émincé fine- ment et 60 grammes de beurre. Mouiller ces légumes avec le court- bouillon, donner 30 à 35 minutes d'ébullition à feu vif. Verser dans la soupière dans laquelle on aura disposé des tranches de pain grillées. Fanai les garnitures qui lui conviennent le mieux, on peut citer ; les petites tomates, pelées, vidées et garnies d'une petite salade de légumes, crevettes, etc. Les œufs durs farcis, des barquettes garnies de purée de thon, de sardines, d'anchois, petits aspics de crevettes, d'écrevisses; des petits cœurs de laitues, etc.

Mousse de Saumon et mousselines à la crème.

Les Mousses et Mousselines comportent la même farce de base ; les Mousses se font en moules à douilles et les Mousselines, qui représentent un élément de détail, se moulent à la cuiller à potage.

Préparation de la farce. — *Proportions pour 6 personnes :* 300 gr. de chair de saumon frais (non congelé); la piler finement, l'assaisonner de sel et poivre blanc et lui mêler intimement 2 blancs d'œufs, puis passer au tamis fin.

Recueillir la farce dans une casserole à sauter, évasée ; la tenir sur glace pendant au moins une heure.

Ensuite, en conservant toujours la casserole sur glace, faire absorber à la farce, petit à petit, 3 décilitres de crème très fraîche, en procédant avec une spatule en bois. Laisser reposer la farce sur glace un peu de temps avant de l'employer.

Moulage de la mousse.

Beurrer l'intérieur d'un moule à cylindre, de grandeur voulue; garnir les parois de quelques belles lamelles de truffe ; remplir le moule un peu plus des trois quarts; mettre le moule au bain-marie à l'eau bouillante, à peu près à demi-hauteur du moule. Couvrir la casserole, laisser pocher la Mousse en tenant l'eau à 95 degrés de chaleur; ne pas laisser bouillir. Le temps de pochage peut varier entre 30 et 35 minutes pour un moule de la contenance d'un litre.

Les Mousselines se moulent à la cuiller à potage, comme de grosses quenelles ovales. On les dépose au fur et à mesure dans un plat à sauter beurré, on les couvre d'eau bouillante salée, en ayant soin de verser l'eau à la passoire pointue de façon à ne pas détériorer les Mousselines; puis on couvre te plat à sauter et on compte environ 12 à 15 minutes de pochage en maintenant l'eau en simple frémissement; éviter l'ébullition.

Ces Mousses doivent être très légères et cependant fermes.

On peut également mouler les mousselines dans des moules à darioles et les pocher au bain-marie.

POISSONSDEMER
WHITEBAITS, BLANCHAILLES ET NONNATS

Le Whitebait de la Tamise a une analogie avec la Blanchaille de la Méditerranée.

Les Whitebaits sont très appréciés en Angleterre. On les sert frits à titre de second poisson dans les grands dîners.

Les Whitebaits sont roulés d'abord dans une grande quantité de farine, mis ensuite sur un tamis spécial ou un panier à friture que l'on secoue pour faire tomber l'excédent de farine.

On les plonge alors dans la friture fumante au saindoux et par petites quantités à la fois. Il leur suffit d'être immergés une minute dans la friture fumante pour qu'ils en sortent croustillants.

Les égoutter aussitôt sur un linge, les assaisonner de sel fin mélangé de poivre de Cayenne et les dresser sur serviette avec du persil frit.

La Blanchaille se traite de même, sauf que les Whitebaits sont frits au saindoux et la Blanchaille à l'huile d'olive.

Les Nonnats ne sont pas aussi fragiles que les Whitebaits et la Blanchaille. On les fait sauter au beurre ou à l'huile et servis tels, ou joints à une omelette. On les prépare en salade après avoir été pochés une ou deux minutes au court-bouillon et refroidis.

Nonnats aux épinards à la Niçoise.

Dans un plat à sauter contenant 4 à 5 cuillerées d'huile d'olive fumante; mettre 500 grammes d'épinards blanchis et grossièrement hachés; les dessécher à feu vif, puis les verser dans une terrine et y mélanger : 200 grammes de nonnats pochés au court-bouillon pendant une minute; 2 œufs entiers battus, sel et poivre. Déposer le tout dans un plat à gratin, égaliser la surface, saupoudrer de mie de pain, arroser d'huile d'olive et gratiner au four 20 minutes environ.

Bouillabaisse à la marseillaise (recette de mon ami Caillat).

Proportions pour 10 personnes : 2 kilos 500 de poissons.

Nomenclature des poissons usuels de la Bouillabaisse : Rascasse, Chapon, Saint-Pierre, Merlan de Palangre, Ficlas, Boudreuil, Rouquiers, Rougets, Langoustes ou Langoustines. *Traitement :* Couper les gros poissons en tronçons et laisser les petits entiers.

Réunir en casserole : 125 grammes d'oignon et 50 grammes de blanc de poireau hachés, 2 grosses tomates pelées, pressées, épépinées et concassées, 2 gousses d'ail broyées; 2 fortes pincées de persil con- cassé, une forte pincée de safran, un décilitre d'huile vierge, une feuille de laurier, une brindille de sarriette, une pincée de sommités de fenouil et les poissons à chair ferme.

Les poissons à chair tendre, comme le Rouget et le Merlan, doivent être réservés, et ajoutés à la Bouillabaisse quand elle a déjà 7 à 8 minutes d'ébullition.

Mouiller avec de l'eau, en quantité voulue pour que le poisson en soit juste couvert ; assaisonner de 8 grammes de sel et d'un gramme de poivre par litre de mouillement; faire partir en ébullition et cuire à grand feu 15 minutes.

Verser le bouillon de la Bouillabaisse sur des tranches de pain dis- posées dans un plat creux ; dresser les poissons sur un autre plat.

NOTA. — Le meilleur pain pour faire les tranches est celui que l'on nomme « Marette » à Marseille, mais il faut l'employer frais.

On ne fait jamais griller, ni frire, les tranches de pain pour la Bouillabaisse marseillaise.

L'emploi de poissons blancs, tels que le Merlan, est indispensable pour assurer la liaison de la Bouillabaisse.

Loin de la Riviera Française, n'ayant pas toujours à sa disposition tous les poissons indiqués ci-dessus, on peut, dans ce cas, y suppléer par divers autres poissons, tels : le Grondin, la Vive, le Congre, le Cabillaud, la Sole et même les Moules, ce que l'on fait généralement à Paris.

Bouillabaisse de morue.

Proportions pour 8 à 10 personnes : 1 kilo 200 de morue un peu épaisse, blanche et bien dessalée.

Traitement : Faire revenir légèrement, sans roussir, dans un déci- litre et demi d'huile d'olive, 4 cuillerées d'oignon, 2 cuillerées de poireau et une petite gousse d'ail hachés. Mouiller de 2 litres d'eau, assaisonner d'une pincée de poivre et sel dans le cas où la morue n'apporterait pas le sel nécessaire, une pincée de safran, un bouquet de persil, laurier et thym. Faire partir en ébullition. Ajouter dans le court-bouillon 5 à 6 pommes de terre de Hollande coupées en rondelles assez épaisses et laisser cuire pendant 12 à 15 minutes.

Ajouter alors la morue coupée en carrés de 5 à 6 centimètres, bien parés, et 4 cuillerées d'huile. Continuer la cuisson à feu vif jusqu'à ce que morue et pommes de terre soient bien à point.

Quelques secondes avant la fin de la cuisson, jeter dans le court- bouillon deux pincées de persil grossièrement haché.

Dresser en plat creux ; servir en même temps des tranches de pain grillées, frottées d'ail et imbibées de court-bouillon.

ANCHOIS

Les Anchois salés sont généralement employés comme hors-d'œuvre, ou à titre de condiment dans diverses préparations. Ils constituent cependant, à l'état frais, une excellente friture.

BAR OU LOUP DE MER

Les gros Bars se pochent à l'eau salée et s'accompagnent des di- verses sauces qui conviennent au saumon, à la truite et au turbot.

Les petits et les moyens sont traités à la Meunière et grillés. On peut également, après les avoir ciselés, les mettre sur un plat, les assaisonner de sel et de poivre, les arroser d'huile, les saupoudrer de chapelure et les cuire au four. Cette dernière recette convenant aux gros et petits.

Comme accompagnement : Maître-d'Hôtel, Béarnaise, Rémoulade, Beurre d'Anchois, etc.

BLOATERS

Les Bloaters, sorte de harengs fumés, constituent un élément pour le petit déjeuner du matin. On les fait simplement griller.

CABILLAUD OU MORUE FRAICHE

Le Cabillaud se cuit à l'eau et toutes les sauces qui conviennent au turbot lui sont applicables. Cabillaud bouilli.

Le Cabillaud bouilli se prépare, soit entier, soit en tronçons ou en darnes. Il est accompagné de pommes de terre farineuses, cuites à l anglaise, au dernier moment.

On sert, en même temps, soit une sauce hollandaise, ou, de préférence, du beurre fondu additionné de quelques cuillerées d'œufs durs hachés et persil.
Cabillaud grillé.

Le détailler en tranches de 3 centimètres d'épaisseur; les assaisonner; les saupoudrer de farine; les arroser de beurre fondu ou d'huile et les faire griller à feu modéré.

Servir en même temps un beurre Maître-d'Hôtel, sauce Béarnaise, ou beurre d'Anchois.
Cabillaud frit.

Le détailler en tranches de 2 centimètres d'épaisseur; les assaisonner, les passer à la farine et les faire frire.

Dresser sur serviette avec persil frit et citron. Servir en même temps une sauce tomate ou sauce tartare.
Cabillaud à la Provençale.

Proportions pour 6 personnes : Détailler en 3 tranches de 2 centimètres d'épaisseur, un morceau de cabillaud, de 7 à 800 grammes. Diviser chaque tranche en deux parties; retirer les arêtes. Faire chauffer, dans une casserole plate, 3 à 4 cuillerées d'huile d'olive avec 2 cuillerées d'oignon haché. Assaisonner les morceaux de cabillaud de sel et de poivre ; les passer dans la farine, les ranger dans la casserole l'un à côté de l'autre, les laisser quelques secondes sur le feu; puis, les retourner et ajouter 4 à 5 tomates moyennes, pelées, épépinées, et hachées, persil ciselé, une pointe d'ail, une feuille de laurier et un verre de vin blanc. Couvrir la casserole et donner 12 à 15 minutes de cuisson.

Servir en même temps un légumier de pommes de terre nature fraîchement cuites.

Cabillaud à la Portugaise.

Proportions pour 6 personnes : Même poids de poisson détaillé de même. Faire chauffer dans une casserole plate, 3 à 4 cuillerées d'huile avec 2 cuillerées d'oignon haché, 2 ou 3 poivrons, y joindre les morceaux de cabillaud, les assaisonner de sel et poivre. Ajouter 5 à 6 to- mates pelées, épépinées et hachées, persil haché et une feuille de laurier. Couvrir la casserole, donner 12 à 15 minutes de cuisson.

Servir en même temps du riz cuit à la Créole.

Carrelet eu plie.

Ce poisson peut subir certaines préparations ; mais à cause de sa chair molle et sans consistance, la meilleure façon de le préparer est d'enlever les filets; les saler légèrement, les passer dans la farine, puis dans l'œuf battu et ensuite dans de la mie de pain fraîchement pré- parée. Les cuire au beurre et les servir avec du beurre Maître-d'Hôtel simple ou additionné de quelques cuillerées de glace de viande fondue.

COLIN

On peut appliquer au colin toutes les préparations indiquées au cabillaud.

Pilaw de colin.

Proportions pour 4 à 5 personnes : Détailler en petits carrés de 2 centimètres environ, 600 grammes de chair de colin; les assaisonner de sel et de poivre ; les rouler dans la farine ; les cuire au beurre dans la poêle et les mélanger à du riz préparé de la façon suivante : hacher les parures et arêtes du colin ; les mettre dans une casserole avec un oignon émincé, branches de laurier, quelques grains de poivre, 6 à 7 décilitres d'eau et 6 grammes de sel. Faire bouillir 12 à 15 minutes, passer ce bouillon à la passoire fine.

D'autre part, faire chauffer dans une casserole 2 cuillerées de beurre avec une cuillerée d'oignon haché; dès que l'oignon commence à roussir, lui mêler 250 grammes de riz soigneusement lavé, le mouiller avec le court-bouillon préparé. Couvrir la casserole et donner 18 minutes de cuisson. Mélanger le colin au riz, le dresser dans un légumier ou timbale. Servir comme accompagnement, soit une saucière de sauce tomate, sauce curry ou sauce paprika.

CONGRE OU ANGUILLE DE MER

On peut l'apprêter cuit au court-bouillon avec accompagnement d'une sauce aux câpres, et pommes de terre nature, ou frit accompagné d'une sauce tomate ou tartare.

DORADE

La meilleure est celle qui porte autour des yeux un bourrelet jaune. La véritable façon de cuire la

Dorade est de la faire griller, ou de la rôtir au four, arrosée d'huile et saupoudrée de chapelure.

Servir en même temps : soit une sauce Béarnaise, de beurre à l$_a$ Maître-d'Hôtel, beurre d'Anchois, ou bien une sauce tomate à l$_a$ Provençale.

ÉPERLANS

Les éperlans ne se prêtent qu'à un nombre très limité de préparations. On les sert surtout frits et dressés sur serviette.

Eperlans à l'Anglaise.
(Voir « Merlan à l'Anglaise».)
Eperlans à la meunière.

Les nettoyer, les saler, les passer à la farine, les cuire au beurre dans la poêle. Les dresser sur plat très chaud, les arroser d'un jus de citron. Ajouter quelques parcelles de beurre au beurre de cuisson; faire fortement chauffer et verser sur les éperlans.

HADDOK

Le Haddok n'est qu'un petit Églefin décapité ouvert par le dos et fumé.

La meilleure façon de le préparer est de le diviser en deux sur la longueur, enlever complètement la peau et les arêtes. Mettre les deux filets dans un plat avec une demi-cuillerée de beurre et 3 à 4 cuillerées de lait bouillant. Couvrir le plat, donner 4 à 5 minutes de cuisson et servir tel que.

On sert, en même temps, une saucière de beurre fondu nature ou additionné d'un œuf dur haché. Facultativement, un légumier de pommes de terre nature, cuites au dernier moment.

HARENGS

Le Hareng se fait généralement griller, accompagné d'un beurre à la Maître-d'Hôtel additionné, quelquefois, de moutarde.
On les sert également grillés accompagnés de sauce Moutarde.

Harengs farcis.

Choisir des harengs laités, les nettoyer, les ouvrir par le dos pour retirer l'arête. Sortir les laitances, les déposer sur une assiette, les assaisonner de sel et de poivre, assaisonner également l'intérieur des harengs.

Remettre une laitance dans chaque hareng et deux cuillerées de mie de pain humectée de lait, additionnée : d'une échalote, champi- gnons et persil hachés, muscade râpée, légèrement revenus au beurre. Remettre les harengs en forme, les ranger dans un plat à gratin, les arroser de beurre fondu, les saupoudrer de chapelure et les cuire au four. Les saupoudrer de persil et les arroser de jus de citron.

Facultativement on pourra les accompagner d'une saucière de sauce tomate.

Filets de harengs à l'Anglaise.

Nettoyer soigneusement les harengs, lever les filets, les assaisonner de sel et de poivre, les passer dans la farine, puis dans de l'œuf battu et ensuite dans la mie de pain. Mettre les laitances sur un plat beurré, les assaisonner de se! et poivre. Cuire les filets de harengs au beurre, dans la poêle. Cuire en même temps les laitances. Dresser les harengs sur un plat bien chaud, les masquer de beurre Maître-d'Hôtel et mettre par-dessus les laitances.

MAQUEREAU
Maquereau à l'Anglaise.
Détailler le maquereau en tronçons et le pocher dans un court-bouillon additionné de sommités

de fenouil.

Servir en même temps une purée de groseilles vertes.

Maquereau grillé.

Couper le bout du museau ; ouvrir le maquereau par le dos en sectionnant l'arête en deux endroits, sans séparer les deux moitiés. Mettre la laitance à part, sur un plat beurré. Assaisonner le maquereau, l'arroser de beurre fondu et faire griller doucement. Assaisonner les lai- tances, les cuire au dernier moment.

Dresser sur un plat chaud. Mettre sur le centre du poisson une cuillerée de beurre Maître-d'Hôtel et la laitance. Reformer le maquereau en rapprochant les deux filets.

Filets de maquereau aux moules.

Lever les filets de 3 maquereaux moyens, les assaisonner de sel et de poivre, les passer dans la farine, les ranger sur un plat à gratin grassement beurré. Saupoudrer de persil haché.

Mettre dans une casserole 1 litre et demi de moules bien fraîches et bien nettoyées, un oignon émincé, branches de persil, un demi-verre d'eau, une pincée de poivre frais moulu.

Couvrir la casserole, la mettre sur le feu ; dès que les moules sont ouvertes, retirer la casserole du feu. Avec une partie du bouillon des moules, bien décanté, mouiller les filets de maquereau. Couvrir le plat et les cuire vivement.

D'autre part, retirer les moules des coquilles et les joindre aux maquereaux.

La cuisson doit se trouver assez réduite pour qu'elle se trouve légèrement liée.

Maquereau à la Provençale.

Détailler 2 maquereaux moyens en tronçons. Assaisonner de sel et poivre, les passer dans la farine.

Faire chauffer 3 cuillerées d'huile d'olive dans une casserole plate ou dans un poêlon en terre, y joindre 2 cuillerées d'oignon haché. Dès que l'oignon commence à blondir, y mêler les tronçons d'un maquereau, les retourner avec une cuiller de façon que la chair se trouve saisie de toute part. Mouiller d'un verre de vin blanc. Ajouter 5 à 6 tomates pelées, débarrassées de leurs semences, et hachées, pincée de persil, pointe d'ail. Donner 15 à 18 minutes de cuisson à petit feu. Facultativement, on peut ajouter une pincée de safran.

Servir en même temps un plat de riz pilaw.

Maquereau frit.

Détailler en tronçons; les saler, les passer dans la farine et les faire frire à grande friture.

Servir en même temps une sauce tomate ou une sauce tartare.

MERLAN

Le Merlan est un des poissons les plus délicats. Sa chair est saine, tendre, légère sans viscosité.

On prescrit le merlan aux convalescents. Dans ce cas, on le fait griller ou bouillir, et on sert en même temps quelques cuillerées de beurre fondu très frais.

Merlans à l'Anglaise.

Les ouvrir par le dos de la tête à la queue, pour extraire l'arête. Assaisonner les filets, les fariner légèrement, les passer dans l'œuf battu, puis dans la mie de pain très fine, et les cuire au beurre clarifié. Dresser sur plat long bien chaud, et les couvrir de beurre à la
Maître-d'Hôtel légèrement ramolli.

Merlans Bercy.

Fendre 4 merlans moyens bien frais, les nettoyer, les ouvrir du côté du dos le long de l'arête pour en faciliter la cuisson; les coucher sur un plat beurré dans lequel on aura semé, par merlan, une cuillerée à café d'échalote finement hachée; mouiller d'un demi-verre de vin blanc et autant d'eau; assaisonnement sel et poivre et le jus d'un citron. Ajouter quelques parcelles de beurre et cuire au four en arrosant fréquemment les merlans avec leur cuisson.

La réduction presque complète du mouillement doit correspondre avec la cuisson des merlans. En sortant les merlans du four, les saupoudrer de persil haché.

Merlans Colbert.

Fendre les merlans sur le dos et retirer l'arête. Les saler légèrement, les tremper dans le lait, les rouler dans la farine, les passer dans l'œuf, battu, puis dans la mie de pain et les faire frire au dernier moment.

Dresser sur un plat long très chaud ; garnir la fente du dos de beurre à la Maître-d'Hôtel.

Merlans Diable.

Même préparation et cuisson que les « Merlans à l'Anglaise », sauf que le Beurre à la Maître-d'Hôtel est additionné d'une demi-cuillerée de glace de viande fondue, par merlan, et relevé d'une pointe de poivre rouge.

Merlans Dieppoise.

Fendre 4 merlans sur le dos le long de l'arête; les cuire à court mouillement avec un demi-verre de vin blanc, cuisson de champignons, cuisson de moules.

Les dresser sur plat long très chaud, les garnir de moules, de petits champignons, frais cuits. Masquer poisson et garniture de sauce vin blanc additionnée du fonds de cuisson passé à la passoire fine et très réduit.

NOTA. — Pour les Merlans Dieppoise, on peut en simplifier la préparation en cuisant d'abord les moules, avec leur cuisson bien décantée cuire les merlans sur un plat grassement beurré. Les arroser souvent pendant la cuisson. La réduction de la cuisson presque complète doit correspondre à la cuisson des merlans; les garnir avec les moules sorties de leurs coquilles.

Merlans aux fines herbes.

Fendre 4 moyens merlans sur le dos, le long de l'arête ; retirer l'arête, assaisonner la chair. Les passer dans la farine; les ranger tout ouverts sur le plat de service grassement beurré ; les mouiller d'un demi-verre de vin blanc et autant d'eau chaude. Ajouter le jus d'un petit citron, couvrir le plat et cuire au four 8 à 10 minutes. A ce point la cuisson doit se trouver presque complètement réduite. Ajouter quelques parcelles de beurre et une pincée de persil haché. Servir aussitôt.

Merlans au gratin (à la ménagère).

Fendre 4 merlans moyens sur le dos, le long de l'arête. Les rouler dans la farine, les ranger sur un plat à gratin beurré, les assaisonner de sel et poivre, les saupoudrer de persil haché et les arroser d'un jus de citron.

Les couvrir de la sauce suivante :

Faire chauffer 2 cuillerées de beurre dans une casserole avec 2 échalotes hachées ; y mêler aussitôt 100 grammes de champignons finement hachés ; les laisser quelques instants sur le feu en les remuant avec une cuiller. Assaisonner de sel et poivre. Mouiller d'un verre de vin blanc, laisser bouillir 5 à 6 minutes et ajouter 4 cuillerées de mie de pain fraîche et 4 à 5 cuillerées de sauce tomate.

Couvrir les merlans, saupoudrer la surface de chapelure, arroser de beurre fondu. Cuire 10 à 12 minutes au four, à chaleur modérée.

En sortant les merlans du four, les saupoudrer légèrement de persil haché.

Merlans sur le plat.

Fendre 4 merlans de grosseur moyenne sur le dos. Retirer l'arête, couper les têtes, puis les hacher ensemble et les mettre dans une casserole avec un oignon émincé, branches de persil, une demi-feuille de laurier et quelques grains de poivre. Mouiller d'un quart de litre d'eau et faire bouillir 12 à 15 minutes. Passer ce court-bouillon à la passoire fine et le tenir au chaud.

Saupoudrer les merlans de farine, les ranger tout ouverts, sur un plat de service grassement beurré, les assaisonner légèrement de sel et de poivre, les arroser de quelques cuillerées de vin blanc, d'un jus de citron, et du court-bouillon préparé.

Cuire au four, en arrosant souvent, jusqu'à ce que la cuisson des merlans étant parvenue, par réduction, à l'état de sirop, napper les merlans. Servir aussitôt.

Mousse de merlan.

5.00 grammes de chair de merlan bien parée ; 2 blancs d'œufs, un demi-litre de crème épaisse et très fraîche ; 8 grammes de sel et un soupçon de poivre blanc.

Piler finement la chair de merlan avec l'assaisonnement; ajouter les blancs petit à petit et passer ensuite au tamis fin.

Recueillir la farce dans une casserole évasée et fraîchement étamée, ou dans une terrine, forme calotte. La tenir sur glace pendant une demi-heure; puis relâcher la farce, progressivement, avec la crème en la travaillant, avec précaution, à l'aide d'une spatule en bois, et sans retirer la casserole ou terrine de sur la glace.

A ce point, la farce doit être ferme et légère.

Beurrer un moule à douilles de grandeur voulue ; appliquer sur les parois quelques belles lamelles de truffe ; remplir le moule avec la farce préparée, le mettre dans une casserole avec de l'eau bouillante à moitié hauteur du moule; couvrir la casserole, la tenir sur le coin du feu, mais de manière que l'eau ne puisse pas bouillir. Temps de cuisson : 25 à 30 minutes.

Dresser sur plat rond, saucer la mousse à volonté, soit : de sauce vin blanc, sauce au Curry, sauce Américaine, sauce Paprika.

Merlan Richelieu.

Préparer les merlans comme ceux « à l'Anglaise » et les compléter par une rangée de lames de truffe disposées sur le beurre à la Maître- d'Hôtel; les arroser d'une cuillerée de glace de viande.

Vol-au-vent de quenelles de merlan cardinal.

Garniture : Quenelles de merlan à la crème, moulées à la cuiller à dessert et pochées au dernier moment; partie égale de queues d'écrevisses ou à défaut soit des escalopes de homard ou de langouste, lames de truffe.

Lier le tout d'une sauce Béchamel finie au beurre d'écrevisses.

Dresser dans une croûte de Vol-au-Vent; ranger sur la surface quelques belles lames de truffe.

MORUE

Avant de pouvoir l'employer, la Morue doit tremper au moins
24 heures, si possible dans l'eau courante, dans le cas contraire, la mettre dans un récipient assez grand de façon qu'elle soit largement submergée et en renouveler l'eau souvent.

Proportions : 1 kilo de morue pour 6 à 7 personnes.

Morue à l'Anglaise.

Détailler la morue en morceaux carrés de 150 à 200 grammes ; les mettre dans une casserole, les recouvrir d'eau froide. Mettre la casserole sur le feu; au premier bouillon, retirer la casserole et la main- tenir un bon quart d'heure sur un feu doux de manière que la morue puisse pocher sans bouillir. L'égoutter, la dresser avec persil et servir en même temps des pommes de terre ou des panais anglais cuits à l'eau salée, et du beurre fondu additionné d'œufs durs hachés ou une sauce crème aux œufs durs.

Morue à la bénédictine.

La morue étant pochée, l'égoutter; l'effeuiller en supprimant peaux et arêtes ; la piler ; y mêler intimement 500 grammes de pommes de terre cuites comme pour purée, bien égouttées. Faire absorber à la pâte un décilitre et demi d'huile d'olive et le quart d'un litre de lait bouillant, en ajoutant ces deux éléments petit à petit.

Lorsqu'elle est terminée, cette composition doit être plutôt moelleuse que ferme. La dresser dans un plat à gratin légèrement huilé; lisser la surface, la saupoudrer de chapelure, l'arroser de quelques filets d'huile et faire colorer au four.

Morue au beurre noir.

Détailler la morue en morceaux carrés du poids de 150 à 200 gr.; la pocher, l'égoutter et la dépouiller, la dresser sur le plat de service; saupoudrer de persil grossièrement haché ; arroser de jus de citron et la couvrir avec du beurre noir, ou simplement cuit à la noisette, à rai- son de 150 grammes de beurre pour un kilo de morue.

Morue à la Béchamel.

Morue pochée, bien égouttée et effeuillée, puis enrobée dans une sauce Béchamel additionnée de quelques cuillerées de crème et beurre fin.

Dresser en timbale et servir en même temps des pommes de terre nature.

NOTA. — On pourra, à volonté, mêler à la Morue à la Béchamel des œufs durs émincés.

Morue frite.

Détailler la morue en morceaux carrés; les faire pocher 8 à 10 minutes; les égoutter, les passer ensuite dans la farine, puis finir de les cuire à la poêle avec quelques cuillerées d'huile et du beurre; les retourner en temps voulu pour les obtenir dorés des deux côtés.

Facultativement, on pourra frotter légèrement d' ail le fond de la poêle.

Ranger les morceaux de morue sur le plat de service, les arroser d'un filet de vinaigre, les saupoudrer de persil haché, ajouter 2 cuillerées de beurre dans la poêle où ils sont cuits ; aussitôt que le beurre commence à prendre une couleur brune, le verser sur la morue.

Morue à la Lyonnaise.

Émincer 2 moyens oignons, les faire sauter au beurre ; dès que les oignons commencent à prendre une légère couleur blonde, leur ajouter la morue fraîchement pochée et effeuillée; une pincée de poivre, per- sil haché. Sauter le tout ensemble pendant quelques minutes; pour finir, ajouter une ou deux cuillerées de vinaigre et dresser en timbale ou plat creux.

NOTA. — On peut mêler à la morue un tiers de son volume de pommes de terre de moyenne grosseur, émincées et sautées au beurre.

Morue à la Provençale.

Pour I kilo de morue pochée et effeuillée : faire chauffer 4 à 5 cuillerées d'huile d'olive dans la poêle, ajouter un oignon finement haché ; dès qu'il commence à blondir, y joindre 5 à 6 tomates pelées, épépinées et hachées grossièrement, puis une pointe d' ail, poivre fraîchement moulu et la morue effeuillée, 125 grammes d'olives noires, et facultativement 2 gros poivrons rouges et doux, grillés et coupés en grosses lanières. Laisser mijoter 18 à 20 minutes et servir.

NOTA. — Facultativement, on pourra servir en même temps un plat de riz cuit à la créole ou des pommes de terre nature.

Brandade de morue.

Couper I kilo de morue en gros carrés; la pocher seulement 8 à 10 minutes, comptées de l'instant où l'ébullition se prononce, pour l'obtenir à peine cuite. L'égoutter aussitôt dans la passoire et l'effeuiller après avoir retiré peaux et arêtes.

Chauffer dans une casserole à sauter 2 décilitres et demi d'huile d'olive; lorsqu'elle est fumante, jeter dedans la morue. A l'aide d'une spatule de bois, la travailler vigoureusement sur le feu jusqu'à ce qu'elle soit en pâte assez fine.

Retirer la casserole sur le coin du fourneau et faire absorber à la pâte un demi-litre d'huile environ, ajoutée en petits filets, sans cesser de remuer fortement avec la spatule. De temps à autre, rompre le corps de la pâte avec 2 ou 3 cuillerées de lait bouillant et, ce, jusqu'à ce que 2 décilitres de lait aient été absorbés. Ajouter une pointe d'ail. Lorsque la brandade est terminée, elle doit avoir la consistance et la blancheur d'une purée de pommes de terre.

Dresser la brandade dans une timbale ou un légumier, l'entourer de petits croûtons taillés en triangles et frits à l'huile au dernier moment.

Brandade de morue truffée.
La brandade étant terminée, lui incorporer, pour 1 kilo de morue,
150 à 200 grammes de truffes crues hachées ou émincées.

Dresser en légumier, et décorer la surface de lamelles de truffes, couvrir aussitôt.

NOTA. — On peut dresser la brandade de morue dans des Croûtes de Vol-au-Vent.

Morue aux épinards à la **Florentine.**
Jeter dans une casserole à sauter contenant 4 à 5 cuillerées de beurre très chaud, 500 grammes d'épinards cuits et grossièrement hachés; les assaisonner de sel, de poivre et muscade râpée. Dès que l'humidité est évaporée, verser les épinards dans un plat à gratin, égaliser la surface et ranger sur les épinards la morue pochée et effeuillée ; la masquer de sauce Béchamel. Saupoudrer de fromage râpé, arroser de beurre fondu et faire gratiner au four ou à la salamandre.

MUSTÈLE
La Mustèle est un poisson de la Méditerranée dont la chair est très délicate; il doit être consommé sur les lieux de pêche, car il ne sup- porte pas le transport.

On apprête la mustèle de préférence : à la Meunière, à l'Anglaise, et à la Richelieu tel que le Merlan.

MULET OU LOUBINE
(Mêmes préparations que le Bar.)

RAIE AU BEURRE NOIR
Parmi les différentes espèces de raies, celle dite « Raie bouclée » est la meilleure.

En Angleterre, en Belgique et en Hollande, la Raie est mise en vente toute dépouillée et nettoyée, et il n'y a plus qu'à procéder à sa cuisson.

Si elle n'est pas nettoyée, la brosser, la laver, et la détailler. La cuire à l'eau salée à raison de 12 grammes de sel par litre d'eau et acidulée d'un décilitre et demi de vinaigre.

Aussitôt cuite, l'égoutter, enlever la peau et dresser la raie sur le plat de service ; la couvrir de beurre noir dans lequel on ajoute une pincée de persil grossièrement haché.

Faire chauffer 2 ou 3 cuillerées de bon vinaigre dans la poêle ayant servi à préparer le beurre noir et le verser sur la raie.

On peut cuire les petits raitons à la Meunière, sans être soumis à la cuisson préliminaire dans l'eau.

Foie de raie à l'Anglaise.
Pocher le foie dans un court-bouillon simple, le détailler en esca- lopes, le passer dans la farine, ensuite dans l'œuf battu, puis dans la mie de pain fraîchement préparée. Cuire les escalopes au beurre. Les dresser sur plat rond et envoyer en même temps, soit : une purée de pommes de terre, une sauce tomate, sauce béarnaise, etc.

ROUGET

Le Rouget étant dépourvu de fiel, beaucoup de personnes se contentent d'en retirer les ouïes, sans le vider. Certains gourmets le cuisent sans l'écailler, mais cette méthode n'est pas pratique.

La chair du Rouget a une saveur toute particulière et elle a l'avantage d'être légère et de facile digestion. Les plus recherchés sont les Rougets de roche de la Méditerranée.

Pour obtenir toute la saveur et la délicatesse du Rouget, il est préférable de le faire griller ou de le cuire au beurre ou à l'huile d'olive, dans la poêle ou sur un plat allant au four.

Le beurre à la Maître-d'Hôtel convient très bien au Rouget grillé.

Rougets à la Bordelaise.

Choisir autant que possible des rougets du poids de 150 à 200 gr pièce, poids convenant pour une personne, les écailler, les ciseler légèrement sur les deux côtés ou tout simplement leur faire une incision sur le dos le long de l'arête. Les assaisonner de sel et de poivre, les arroser d'huile et les faire griller. Les dresser sur un plat très chaud, les entourer de persil en branches.

Servir en même temps une sauce Bordelaise. (Voir « Sauce Bordelaise ».)

Rougets en caisse.

Griller les rougets, de grosseur égale autant que possible, ou les cuire à l'huile ou au beurre.

Huiler des caisses en papier, spéciales et de grandeur en rapport de la grosseur des rougets.

Placer un rouget dans chaque caisse et les saucer de sauce Italienne un peu relevée; saupoudrer la surface de persil haché et servir très chaud.

Rougets au gratin.

Ranger les rougets sur un plat beurré, les entourer de lames de cham-pignons crus, les arroser de quelques cuillerées de vin blanc, les assai-sonner très légèrement de sel et poivre et les masquer entièrement de sauce Duxelle. Saupoudrer de chapelure, arroser de beurre fondu et mettre au four de chaleur modérée. Temps de cuisson : 10 à 12 minutes suivant grosseur.

En sortant les rougets du four, exprimer quelques gouttes de jus de citron sur la surface et saupoudrer légèrement de persil haché.

Rougets à la Nantaise.

Ciseler les rougets, les assaisonner de sel et de poivre, les arroser d'huile et les faire griller. D'autre part, pour 5 ou 6 rougets de 150 à 200 grammes pièce, mettre 5 à 6 cuillerées de vin blanc dans une casserole avec 2 échalotes finement hachées, une demi-cuillerée de beurre et une pincée de poivre frais moulu. Faire réduire vivement le vin blanc au tiers de son volume, ajouter 4 cuillerées de glace de viande dissoute, et lui incorporer intimement 100 grammes de beurre par petites parties et les foies des rougets écrasés avec un peu de beurre. Pour finir, quelques gouttes de jus de citron et une pincée de persil haché.

Dresser les rougets grillés sur un plat bien chaud et les saucer avec la sauce préparée.

Rougets à la Provençale.

Faire griller ou cuire les rougets â la poêle, les dresser sur un plat bien chaud, les couvrir de la sauce suivante : Pour 5 à 6 rougets : peler 4 à 5 tomates moyennes ; les épépiner, les hacher et les mettre dans une casserole avec 3 cuillerées d'huile d'olive; les assaisonner de sel et poivre, ajouter une toute petite pointe d'ail et une pincée de persil haché. Donner à cette saucée 15 à 20 minutes de cuisson à petit feu.

NOTA. — Facultativement, on peut ajouter à la tomate une petite pincée de safran ou une décoction de feuilles de safran. Dans ce cas, on pourra dresser les rougets sur des croûtes de pain à Bouillabaisse.

Rouget à la façon d'un gourmet provençal.

Choisir autant de beaux rougets de 200 à 250 grammes qu'il y aura de convives, les assaisonner de sel et de poivre frais moulu, les arroser d'huile d'olive et les mettre à griller.

D'autre part, pour 4 rougets, choisir 2 ou 3 belles truffes, les peler soigneusement, les couper en lamelles, les assaisonner de sel et poivre, les mettre dans une petite casserole avec une demi-cuillerée de beurre frais et 4 à 5 cuillerées de fine glace de viande. Couvrir la casserole, la tenir au chaud sans bouillir.

Les rougets étant cuits, les dresser sur un plat en faïence bien chaud dont le fond aura été légèrement frotté d'ail, les couvrir copieusement d'un beurre Maitre-d'Hôtel relevé d'un soupçon de poivre de Cayenne et étaler les lamelles de truffes sur le beurre.

Clocher le plat et servir aussitôt.

Aux amateurs de bonnes choses, je recommande ce mets.

JOHN-DORY OU SAINT-PIERRE

Ce poisson d'aspect peuagréable, possède une chair très délicate; cependant peu recherché en France, il est, par contre, très apprécié des Anglais.

Les différentes façons de préparer le Turbotin, la Barbue, les filets de Sole, peuvent être appliquées aux filets de la Dorée ou Saint- Pierre.

En Angleterre, on le cuit tout simplement à l'eau salée. Dressé entouré de persil, pommes de terre nature et beurre fondu à part.

SARDINES ET ROYANS

Les Sardines et Royans frais sont susceptibles de recevoir de multiples préparations. Mon ami Caillat a consacré à ces poissons, 150 recettes excellentes que je recommande à mes lecteurs. Voici le titre de l'ouvrage : *150 manières d'accommoder les Sardines.*

La méthode la plus simple de cuire les sardines et d'apprécier toute la délicatesse de leur chair, est de les faire griller ou de les cuire à la poêle soit à l'huile ou au beurre. Le beurre à la Maître-d'Hôtel est l'accompagnement qui convient le mieux à la Sardine grillée.

Sardines aux épinards à la Provençale.

Proportions pour 6 personnes : 1 kilo de sardines bien fraîches ; les laver soigneusement, couper les têtes, les ouvrir du côté du ventre et retirer l'arête. Les assaisonner de sel et de poivre, les farcir très légèrement avec un peu de mie de pain humectée d'un peu d'eau, assaisonnement : pincée de poivre, essence d'anchois et fines herbes; reformer les sardines.

D'autre part, laver soigneusement à grande eau 1 kilo 200 d'épinards; les ciseler finement, les mettre dans une casserole dans laquelle on aura fait chauffer 4 cuillerées d'huile d'olive avec une pointe d'ail. Laisser cuire les épinards jusqu'à évaporation complète de leur eau, les assaisonner de sel et de poivre. Ajouter 2 œufs bien battus, les mélanger vivement aux épinards et les verser dans un plat à gratin. Ranger les sardines sur les épinards, les saupoudrer de chapelure mélangée avec fromage râpé, les arroser de quelques gouttes d'huile et les mettre à gratiner dans le four.

NOTA. — Si les épinards n'étaient pas tout à fait tendres, il faudrait les cuire à l'eau salée avant de les mettre dans l'huile.

SOLES ET FILETS DE SOLES
Sole.

Enlever la peau noire et écailler la peau blanche, couper la tête en biais; parer au ras des filets les soles destinées à être saucées; les laver soigneusement.

Pour faciliter la cuisson de la sole, avoir soin de détacher légèrement, avec la pointe du couteau, les filets d'après l'arête, du côté où se trouvait la peau noire. Pour 2 personnes on choisit de préférence une sole de 300 grammes environ.

Sole arlésienne.

Semer au fond d'un plat beurré une cuillerée à dessert d'oignon finement haché, une pincée de persil. Coucher la sole dessus, ajouter

3 cuillerées de vin blanc, quelques cuillerées d'eau et le jus d'un demi-citron, 2 tomates pelées, épépinées et hachées. Assaisonnement sel et poivre. Couvrir le plat et donner 12 à 15 minutes de cuisson.

Dresser la sole sur le plat de service, incorporer intimement une cuillerée de beurre à sa cuisson et la verser sur la sole. Garnir les deux bouts du plat de rondelles d'aubergines passées à la farine et frites ensuite à l'huile d'olive.

Sole à la Bonne-Femme.

Semer au fond d'un plat beurré une échalote hachée, une pincée de persil, 50 grammes de champignons frais émincés. Coucher la sole dessus. Ajouter 4 cuillerées de vin blanc, autant d'eau chaude, sel et poivre et le jus d'un demi-citron. Couvrir le plat après 5 minutes de cuisson. Ajouter une cuillerée de beurre dans lequel on aura incorporé une cuillerée à café de farine. Continuer la cuisson 10 à 12 minutes. Dresser la sole sur un plat de service ; mêler intimement 50 grammes de beurre à la sauce ; en masquer la sole et faire glacer au four ou à la Salamandre.

NOTA. — Dans les grands restaurants à la carte, où les poissons « à la Bonne-Femme » sont très demandés, on procède ainsi :

La mise en place du poissonnier comporte :

1° Une réserve de champignons émincés à cru, étuvés au beurre avec échalote hachée ; une pincée de fines herbes, sel et poivre, jus de citron.

2e Une sauce poisson liée aux jaunes d'œufs et montée au beurre. De la sorte le poissonnier n'a qu'à cuire le poisson demandé. Mélanger la quantité nécessaire de champignons et sauce ; napper le poisson et le glacer à la salamandre.

Sole au Chambertin.

Même préparation que la « Sole à la Bonne-Femme », sauf que la sole est cuite au vin rouge sans addition d'eau.

La méthode de préparation de la « Sole Bonne-Femme » et de la « Sole au Chambertin » s'applique également au Turbotin, à la Barbue, au Merlan, etc.

Tout particulièrement la sauce Bonne-Femme sert, dans plusieurs grands restaurants parisiens, de base à diverses préparations de Sole et Turbotin auxquels on donne le nom de Sole, Turbotin et même Bar- bue « Maison ».

Chez les uns on ajoute simplement à la sauce de la tomate pelée, hachée, et cuite au beurre, chez le voisin on ajoute en plus de la tomate, une julienne de truffes; d'autres compléteront la sauce par l'addition d'une chiffonnade de laitue et oseille étuvée au beurre, etc.

Avec un peu d'idée on peut certainement apporter beaucoup de variation dans la préparation des mets.

Sole Colbert.

Du côté où adhérait la peau noire, faire avec la pointe d'un couteau une incision le long de l'arête, à partir d'un centimètre de la tête à deux centimètres de la queue; détacher les filets jusqu'aux petites arêtes; rompre l'arête principale en deux ou trois endroits pour pouvoir l'enlever facilement quand la sole est cuite.

Tremper la sole dans le lait, la passer à la farine, puis dans de l'œuf battu, ensuite dans de la mie de pain et rouler légèrement sur eux-mêmes les filets détachés, pour bien dégager l'arête.

Faire frire ; enlever l'arête, emplir la cavité de « Beurre à la Maître-d'Hôtel » et dresser la sole sur un plat très chaud.

Sole Dugléré.

Choisir de préférence une sole de 350 à 400 grammes ; la nettoyer proprement, retirer la peau noire. Diviser la sole en 4 parties transversales, les mettre dans une casserole plate avec une cuillerée de beurre, une petite cuillerée d'oignon finement haché, 2 tomates pelées, épépinées et hachées, une pincée de persil ciselé, sel, poivre, et quelques cuillerées de vin blanc. Donner 10 à 12 minutes de cuisson.

Dresser les morceaux de sole dans un plat de préférence en faïence. Ajouter à la sauce une cuillerée de beurre dans lequel on aura mélangé une petite cuillerée à café de farine et quelques gouttes de jus de citron. Couvrir les morceaux de sole avec cette sauce.

Sole à la Florentine.

Cuire la sole sur le plat avec une cuillerée de beurre, 4 cuillerées de vin blanc et autant d'eau, assaisonnement sel et poivre.

Étaler dans le fond d'un plat de service une couche d'épinards cuits à l'eau bouillante, grossièrement hachés et étuvés au beurre. Dès que la sole est cuite, détacher complètement les filets de l'arête, les ranger sur les épinards de manière à reconstituer la forme de la sole; la couvrir de sauce Béchamel dans laquelle on aura ajouté la cuisson de la sole, saupoudrer de fromage râpé, arroser légèrement de beurre et faire glacer au four ou à la salamandre.

Sole au gratin.

Sole de 300 grammes. Nettoyer et enlever la peau noire. Détacher légèrement les filets le long de l'arête. Coucher la sole, le côté des filets détachés, sur un plat beurré, l'assaisonner de sel et poivre; l'arroser de quelques cuillerées de vin blanc, l'entourer de quelques cham- pignons frais • émincés ; couvrir de sauce gratin, saupoudrer de chapelure, arroser de beurre fondu et mettre à gratiner au four à chaleur douce.

En sortant la sole du four, exprimer dessus quelques gouttes de jus de citron et saupoudrer d'une pincée de persil haché.

NOTA.— La sauce gratin pour une sole de 3 à 400 grammes est composée d'une forte cuillerée de Duxelles, additionnée de 6 à 8 cuillerées de sauce demi-glace légèrement tomatée.

Sole grillée.

Nettoyer la sole, retirer la peau noire, racler la peau du côté blanc. Ciseler légèrement les deux côtés de la sole, l'assaisonner, l'arroser d'huile d'olive et la faire griller à feu modéré.

Dresser la sole sur un plat bien chaud, l'entourer de persil en branches. Envoyer en même temps un citron divisé en 2 ou 3 parties suivant grosseur.

La sauce Béarnaise, le beurre Maître-d'Hôtel, la sauce Diable, la sauce Tartare, accompagnent très bien les poissons grillés.

Sole Lutetia.

Choisir une sole de 300 grammes; la nettoyer soigneusement, la coucher sur un plat en faïence grassement beurré, l'assaisonner modérément de sel et poivre; ajouter 3 cuillerées d'eau chaude. Cuire la sole au four 10 à 12 minutes à chaleur douce, l'arroser de temps à autre avec son beurre, pendant la cuisson. Aussitôt la sole cuite, la garnir d'une fine julienne de truffes et champignons liée à la crème et glace de viande.
Servir dans le plat même de cuisson.

Sole ménagère.

Cuire la sole au vin rouge avec un oignon émincé, une demi-feuille de laurier, quelques branches de persil, 6 à 8 grains de poivre et sel. Dresser la sole sur plat de service. Passer la cuisson à la passoire fine, la faire réduire à point et la lier avec une forte cuillerée de beurre dans lequel on aura incorporé une ou deux cuillerées à café de farine ;

Rectifier l'assaisonnement et napper la sole.

Facultativement, on peut garnir la sole d'oignons glacés, de cèpes rissolés au beurre et persillés.

Sole à la meunière.

La sole étant soigneusement nettoyée et lavée, la saler légèrement, la passer dans du lait, puis dans de la farine et la cuire à la poêle, dans du beurre. La retourner en temps voulu de façon à obtenir une cuisson égale.

Dresser la sole sur un plat de service très chaud, l'arroser d'un jus de citron, semer sur la surface une pincée de persil.

Ajouter au beurre de cuisson de la sole une cuillerée de beurre, faire chauffer vivement; dès que le beurre commence à mousser, le verser sur la sole. Servir aussitôt.

On peut, à volonté, garnir les soles préparées « A la Meunière » soit : de rondelles d'aubergines, de courgettes frites, de champignons, de cèpes émincés sautés au beurre et persillés, de morilles, de tomates à la Provençale, de groseilles rouges, etc.

Dans ce cas, on écrira sur le Menu « Sole Meunière aux Aubergines », aux « Courgettes », etc.

Sole Mornay.

Cuire la sole avec une cuillerée de beurre et quelques cuillerées d'eau, la saler modérément. Dès que la sole est cuite, faire réduire la cuisson et lui ajouter 6 à 8 cuillerées de sauce Béchamel.

Masquer légèrement avec la Béchamel le fond du plat de service; dresser dessus la sole ; la couvrir de la même sauce ; saupoudrer la surface de gruyère et parmesan râpés, arroser légèrement de beurre fondu et faire glacer à la salamandre ou au four.

Sole Murât.

Faire sauter au beurre et séparément : une moyenne pomme de terre de Hollande et 2 petits fonds d'artichauts crus, coupés en très petits dés. Après cuisson, mélanger les deux éléments.

Cuire une sole de 300 à 350 grammes à la « Meunière », la dresser sur le plat et l'entourer avec la garniture de pommes de terre et artichauts.

Facultativement, on pourra ajouter à la garniture quelques tranches de tomates assaisonnées de sel et poivre, puis passées dans la farine et sautées à l'huile très chaude.

Ajouter sur la sole quelques filets de glace de viande, le jus d'un demi-citron et une pincée de persil haché. Arroser le tout avec le beurre de cuisson de la sole auquel on aura ajouté quelques parcelles de beurre frais. Servir très chaud.

Sole à la Normande.

Proportions pour 2 personnes : Choisir une sole du poids de 300 à 350 grammes. Enlever la peau noire et écailler la peau blanche; cou- per la tête; détacher légèrement les filets d'après l'arête, du côté même où se trouvait la p>eau noire. Coucher la sole dans un plat ovale de grandeur voulue et dans lequel on aura mis quelques rondelles d'oignon, branches de persil, une demi-feuille de laurier et le jus d'un demi-citron; assaisonnement sel et poivre. Mouiller la sole d'un demi-verre de vin blanc et un verre d ' e a u ; ajouter quelques petites parcelles de beurre. Couvrir le plat, donner 12 à 15 minutes de cuisson à feu modéré; arroser la sole de temps à autre de sa cuisson.

D'autre part, on aura fait cuire 20 moules très fraîches avec oignon émincé, branches de persil et poivre mignonnette, fait pocher 4 huîtres, 4 petits champignons sautés au beurre, 4 goujons panés à la mie de pain et frits au moment, 4 croûtons en pain de mie taillés en losanges el frits au beurre, 2 écrevisses cuites au court-bouillon.

Passer la cuisson de la sole et la cuisson des moules dans une casserole, mettre en ébullition, laisser réduire vivement pour obtenir un décilitre et demi de court-bouillon ; lui ajouter alors une cuillerée à dessert de beurre dans lequel on aura incorporé la même quantité de farine. Laisser bouillir quelques minutes, retirer la casserole du feu et lier la sauce avec 2 jaunes d' œufs étendus de 2 cuillerées de crème fraîche. Passer la sauce à la passoire fine dans une petite casserole, lui incorporer pour finir une forte cuillerée de beurre fin; tenir au chaud.

Dresser la sole sur un plat ovale, l'entourer avec les moules retirées de leurs coquilles, les huîtres et les champignons, le tout très chaud ; masquer la sole et la garniture de la sauce préparée.

Compléter la garniture avec les écrevisses, les croûtons et les goujons.

Sole sur le plat.

Choisir une sole bien fraîche de 300 à 350 grammes; retirer la peau noire, écailler la blanche, la laver soigneusement et couper la tête. Détacher légèrement les filets d'après l'arête, du côté où la peau a été retirée, l'assaisonner de sel et poivre. Coucher la sole sur un plat fortement beurré. Mouiller d'un demi-verre de vin blanc et un demi- verre d'eau, le jus d'un demi-citron.

Cuire au four, en arrosant souvent, jusqu'à ce que la cuisson de la sole, étant parvenue, par réduction, à l'état de sirop, nappe la sole d'une couche translucide et légèrement glacée.

NOTA. — Dans les préparations de sole ou filets de sole où le vin blanc entre dans la composition, le jus de citron est indispensable, sinon, le vin prend une couleur grise peu agréable.

Sole sur le plat aux moules.

Cuire premièrement les moules, les retirer de la coquille, les tenir au chaud avec un peu de cuisson.

Apprêter une sole comme la précédente, la coucher sur un plat beurré, l'assaisonner de sel et poivre, la mouiller avec un demi-verre de vin blanc, quelques cuillerées d'eau, la cuisson des moules et le jus d'un demi-citron ; une échalote finement hachée. Cuire la sole au four en l'arrosant souvent de sa cuisson. Lorsque la sole est arrivée au degré de cuisson voulu, l'entourer avec les moules; les saupoudrer de persil haché et une cuillerée de mie de pain fraîche. Laisser le plat encore 2 minutes au four et servir.

Sole Richelieu.

Choisir une sole de 350 à 400 grammes, l'ébarber, supprimer la tête, écailler le côté blanc de la sole; retirer la peau noire; sur ce côté détacher en partie les filets d'après l'arête.

Tremper la sole dans le lait, la passer dans la farine, ensuite dans de l'œuf battu, puis dans la mie de pain fraîche; la cuire au beurre clarifié. Dresser la sole, retirer l'arête, garnir le vide de beurre Maître- d'Hôtel et, sur ce beurre, disposer une rangée de belles lames de truffe enrobées de glace de viande.

Sole au court-bouillon à la Russe.

Réunir dans une petite casserole : 8 rondelles de carottes nouvelles taillées très minces ; un petit oignon coupé en rouelles très fines; 25 gr. de beurre; quelques feuilles de persil. Couvrir la casserole, faire étuver les légumes quelques instants sur un feu doux ; ajouter un décilitre d'eau et les cuire. Verser cette préparation dans un plat creux en faïence; y coucher, après l'avoir soigneusement nettoyée, une sole de 300 à 350 grammes ; la pocher sur le coin du fourneau en l'arrosant souvent avec la cuisson qui doit se trouver réduite de moitié et à laquelle on ajoute, au dernier moment, un filet de jus de citron et une forte cuillerée de beurre frais.

Servir dans le plat même de cuisson.

Sole Saint-Germain.

Assaisonner la sole, la tremper dans du beurre fondu, la paner avec de la mie de pain fine et fraîchement faite. Appuyer cette mie avec la lame d'un couteau pour assurer sa cohésion avec le beurre ; arroser de beurre fondu et faire griller doucement.

Dresser sur un plat chaud ; entourer la sole de petites pommes de terre levées à la cuiller à légumes et cuites au beurre.

Servir à part une sauce Béarnaise.

Sole au vin blanc chez soi.

Sole de 300 grammes soigneusement nettoyée ; la coucher sur un plat creux dont le fond aura été garni de quelques rouelles d'oignon et quelques branches de persil. Assaisonner la sole de sel et de poivre, la mouiller d'un demi-décilitre de vin blanc et un décilitre d'eau chaude; ajouter une cuillerée de beurre frais et le jus d'un citron; la pocher doucement, à couvert.

Dresser la sole sur un plat et le tenir au chaud. Ajouter alors à la cuisson une cuillerée de beurre fin additionné d'une forte cuillerée à café de farine; faire bouillir quelques minutes. Retirer le plat hors du feu, lier la sauce avec 2 jaunes d'œufs étendus d'une cuillerée de la sauce; passer à la passoire fine et verser sur la sole.

NOTA. — La sole ainsi préparée pourra être garnie de moules, d'huîtres, de champignons, de laitances, etc.

Sole aux fines herbes.

Ajouter simplement du persil haché à la Sauce au Vin blanc.

Sole au vin rouge.

Procéder comme pour la sole sur le plat en additionnant le vin de mouillement d'une cuillerée à café de glace de viande.

FILETS DE SOLE

Selon le genre de leur préparation, les filets de sole sont laissés dans leur état naturel, c'est-à-dire en longueur, ou bien pliés. On les prépare aussi en paupiettes.

Facultativement, on enlève la pellicule nerveuse, qui reste adhérente à la chair après enlèvement de la peau, et qui est une cause de la rétraction des filets pendant leur pochage; mais généralement, on se contente de ciseler légèrement ce côté du filet de sole. Ne jamais aplatir fortement un filet de sole, on doit simplement glisser la lame du couteau sur le filet de sole en donnant un peu de pression.

Le pochage des filets de sole doit se faire à très court mouillement, à couvert et sans ébullition. L'ébullition durcit et, de plus, est cause de rétraction.

Le mot « pocher » veut dire cuire à ébullition très lente.

Lorsque l'on a à traiter chez soi les filets de sole, on prépare un court-bouillon avec les arêtes et les parures des filets. Ces arêtes sont hachées, mises dans une casserole avec un oignon émincé, 2 branches de persil, une feuille de laurier, quelques grains de poivre et une pincée de sel. Mouiller de 4 décilitres et demi d'eau, 1 décilitre de vin blanc et le jus d'un citron.

(Ces proportions sont indiquées pour les arêtes de 3 soles de 300 à 350 grammes.)

Faire bouillir 12 à 15 minutes, passer ensuite le court-bouillon à la passoire fine.

Ce court-bouillon ou fumet de poisson servira pour cuire les filets de sole et préparer, au besoin, une sauce blanche pouvant servir pour la Sole à la Normande, au Vin blanc, aux Fines Herbes, Dieppoise, Bonne-Femme, etc.

Sauce : Pour 2 décilitres et demi de court-bouillon : faire chauffer dans une casserole une cuillerée à soupe de beurre et lui mêler à peu près le même volume de farine ; cuire la farine quelques secondes, sans roussir ; la délayer petit à petit avec le fumet de poisson en re- muant avec une cuiller de bois ou un petit fouet à blancs d'œufs. Laisser bouillir à petit feu 12 à 15 minutes; passer la sauce à la passoire fine dans une casserole, la lier au dernier moment avec un ou deux jaunes d'œufs étendus d'une cuillerée de crème fraîche et ajouter pour finir une forte cuillerée de beurre. Tenir au chaud, sans bouillir.

NOTA. — La crème n'est pas indispensable dans la liaison, on pourra la remplacer par 2 cuillerées de sauce.

Autre procédé de préparer la sauce : Faire bouillir 2 décilitres et demi de court-bouillon et lui ajouter une forte cuillerée à soupe de beurre dans lequel on aura incorporé à peu près le même volume de farine; continuer l'ébullition 8 à 10 minutes à petit feu. Passer la sauce à la passoire fine et la lier avec un ou deux jaunes d'œufs, comme la formule précédente.

Filets de sole à l'Américaine.

Plier les filets ; les assaisonner légèrement de sel et de poivre, les ranger dans une casserole plate, les arroser de 4 à 5 cuillerées de court- bouillon et ajouter une cuillerée de beurre ; couvrir la casserole, faire pocher 10 à 12 minutes et les dresser en turban.

Garnir le milieu d'escalopes de homard préparé à l'Américaine; napper les filets et garnitures avec la sauce du homard.

Filets de sole à l'Anglaise.

Saler légèrement les filets, les passer dans la farine, ensuite dans de l'œuf battu, puis dans de la mie de pain fine fraîchement préparée et les cuire au beurre.
Dresser sur plat chaud, les couvrir de beurre à la Maître-d'Hôtel.

Filets de sole Antonelli.

Tailler les filets de sole en lanières ; les saler légèrement, les passer dans la farine et les faire sauter au beurre, dans la poêle.

D'autre part, on aura préparé un Rizotto aux truffes du Piémont. Dresser le Rizotto dans un plat creux et, sur le milieu, dresser les filets de sole. A défaut de truffes blanches du Piémont, on pourra les rem- placer par des truffes noires du Périgord.
C'est un excellent plat de déjeuner.

Filets de sole belle meunière.

Filets de sole cuits à la Meunière. Les dresser sur un lit de champignons émincés et sautés au beurre ; les entourer de petites tomates à la Provençale. Arroser les filets de sole de leur beurre de cuisson.

Filets de sole caprice.

Tremper les filets dans du beurre fondu, les passer ensuite dans de la mie de pain fine et fraîchement préparée. Appuyer cette mie avec la lame d'un couteau pour la rendre plus adhérente. Arroser les filets de beurre fondu et faire griller doucement.
Sur chaque filet grillé, dresser une demi-banane cuite au beurre. Servir en même temps une sauce tomate aigre-douce.

Filets de sole cardinal.

Masquer les filets de farce de merlan, les plier et les pocher au beurre et quelques cuillerées de court-bouillon préparé avec les arêtes de sole. Dresser sur petits croûtons, en pain de mie frits au beurre; placer sur chaque filet une escalope de queue de homard. Masquer de sauce Béchamel au beurre de homard. (Voir « Sauce Cardinal ».)

Filets de sole à la Catalane.

Rouler les filets en paupiettes et les pocher au fumet de poisson et une cuillerée de beurre et le jus d'un demi-citron. Les dresser chacun sur une demi-tomate débarrassée des graines, assaisonnée de sel et poivre et cuite à la façon Provençale.

Ranger les filets en couronne sur le plat de service, les napper avec le fumet réduit additionné, pour 4 pièces de filets de sole, d'une cuillerée de glace de viande, 2 cuillerées de sauce tomate et une cuillerée de beurre fin.

Servir en même temps un riz pilaw aux poivrons rouges grillés, débarrassés de leur pelure et coupés en julienne.

Filets de sole châtelaine.

Proportions pour 6 personnes : Choisir 2 soles très fraîches, du poids de 300 grammes environ chaque ; enlever les deux peaux ; lever les filets, les plier en deux ; les aplatir légèrement, les ranger dans un plat. à sauter grassement beurré; les assaisonner de sel et poivre; les mouiller de 5 à 6 cuillerées d'eau chaude, ajouter le jus d'un demi-citron·, et un petit bouquet de persil. Couvrir la casserole, donner 10 à 12 minutes de cuisson, à feu très modéré.

D'autre part, on aura préparé d'avance, avec 4 décilitres de lait une sauce Béchamel, et d'autre part encore, fait cuire 250 **grammes** de macaroni à l'eau salée; l'égoutter aussitôt cuit, lui mêler intime- ment 2 cuillerées de beurre fin, 4 cuillerées de fromage râpé (gruyère et parmesan), une belle truffe des garigues vauclusiennes, soigneuse, ment pelée et taillée en julienne, une petite pincée de poivre frais moulu et 3 à 4 cuillerées de sauce Béchamel. Verser le tout dans un plat long en faïence, un peu creux. Ranger les filets de sole sut le macaroni, les masquer de sauce Béchamel dans laquelle on aura incorporé la cuisson des filets de sole. Saupoudrer la surface de fromage râpé, l'arroser de beurre fondu et faire légèrement gratiner.

NOTA. — On prépare de même : les filets de barbues, les iles de turbotins, de cabillaud, de saumon, etc., détaillés en escalopes.

Filets de sole Chauchat.

Plier les filets et les pocher au beurre et quelques cuillerées de fume! de poisson et petit jus de citron. Masquer le fond d'un plat long de sauce Mornay, dresser les filets en turban, les entourer de rondelles de pommes de terre coupées sur des pommes fraîchement cuites à l'eau salée. Napper filets et garnitures de sauce Mornay et faire glacer.

Filets de sole Clarence.

Plier les filets, les pocher au beurre et fumet de poisson, les dresse: en couronne dans un plat creux ; tenir au chaud.

On aura préparé à l'avance un homard à l'Américaine additionné de 2 cuillerées à café de poudre de Curry. Sortir la chair des carapaces du homard, les escaloper, les remettre dans la sauce, faire chauffer vivement et verser sur les filets de sole. Servir en même temps du riz pilaw.

Filets de sole Dieppoise.

Coucher les filets d'une sole de 300 à 350 grammes sur un plat long beurré, les assaisonner de sel et poivre, les arroser de 2 cuillerées as court-bouillon et 2 cuillerées de cuisson de moules. Couvrir le plat, donner 10 à 12 minutes de cuisson en arrosant les filets de leur cuisson. Dresser les filets sur le plat de service, les entourer de moules fraîche- ment cuites et crevettes grises, les napper de sauce Normande.

Dans un ménage, il est plus simple de cuire les filets dans un plat en faïence et de les servir dans le plat même.

Dans ce cas, la cuisson des filets de sole est liée, pour une sole, d'une cuillerée à dessert de beurre additionné de même quantité de farine.

Filets de sole Doria.

Préparer et cuire les filets « A la Meunière »; les dresser et les garnir de concombres tournés en olives, passés 3 à 4 minutes à l'eau bouillante salée, égouttés et cuits au beurre.

Filets de sole en épigrammes.

Masquer sur un côté les filets de farce de poisson; les plier et les pocher au court-bouillon; les refroidir. Ensuite les paner à l'Anglaise et leur faire prendre couleur dorée dans du beurre clarifié, à la poêle ou plat à sauter, toutes les garnitures de filets de sole conviennent aux épigrammes.

Filets de sole à la Florentine.

Pocher les filets en longueur avec quelques cuillerées de court-bouillon et beurre. Les dresser sur un lit d'épinards cuits à l'eau salée, égouttés et grossièrement hachés, puis étuvés au beurre de façon que toute humidité soit évaporée. Napper de sauce Béchamel, saupoudrer de fromage râpé, arroser de beurre et faire légèrement gratiner.

Filets de sole grand-duc.

Plier les filets et les pocher au court-bouillon et beurre. Les dresser en couronne, la pointe tournée vers le milieu du plat; disposer sur chaque filet 2 queues d'écrevisses et une belle lame de truffe. Napper de sauce Béchamel, saupoudrer de fromage frais râpé, arroser de beurre fondu et faire légèrement gratiner.

En sortant les filets du four, dresser au milieu un bouquet de pointes d'asperges liées au beurre.

Filets de sole au gratin à la bonne-femme.

Lever les filets d'une sole de 400 grammes ou de 2 soles de 200 gr. chacune ; les assaisonner de sel et poivre ; les passer dans la farine et les coucher an longueur dans un plat à gratin beurré, les saupoudrer d'une pincée de persil et une échalote hachée; les arroser de 3 à 4 cuillerées de court-bouillon.

D'autre part, hacher finement 50 grammes de champignons frais. Faire chauffer dans une casserole une cuillerée d'huile d'olive, y mêler les champignons, laisser évaporer l'humidité, les assaisonner de sel et poivre, 3 cuillerées de sauce tomate et verser le tout sur les filets. Parsemer sur la surface une cuillerée de chapelure et quelques petites parcelles de beurre. Faire cuire et gratiner au four. En sortant le plat du four, ajouter un filet de jus de citron et une pincée de persil.

Filets de sole au curry.

Plier les filets d'une sole de 400 grammes, les assaisonner de sel et de poivre, les pocher au beurre avec 2 cuillerées de court-bouillon, les dresser, les masquer de la sauce suivante : Faire légèrement blond: au beurre une petite cuillerée d'oignon haché, lui mêler une cuillerée à café de bon curry; puis la sauce blanche qu'on aura, comme il est indiqué, préparée avec le court-bouillon tiré des arêtes.

Servir en même temps du riz cuit à l'Indienne.

Filets de sole Joinville.

Plier les filets, les assaisonner de sel et poivre et les pocher au court-bouillon et beurre. Piquer une petite pince d'écrevisse à la pointe de chaque filet. Les dresser sur petits croûtons en pain de mie, taillés en forme de cœur et frits au beurre. Placer sur chaque filet une belle lame de truffe et une queue d'écrevisse. Masquer les filets de sauce Normande au beurre d'Écrevisses. Servir en même temps une saucière de la même sauce dans laquelle on aura ajouté une douzaine de crevettes roses et une cuillerée de truffes coupées en petits dés.

Filets de sole Marguery.

Coucher les filets en longueur d'une sole de 400 grammes sur un plat beurré; les assaisonner de sel et poivre, les arroser de 2 cuillerées de court-bouillon. Couvrir le plat, cuire les filets 8 à 10 minutes, les garnir de moules fraîchement cuites et de crevettes grises. Masquer le tout de sauce Vin blanc et faire glacer à la Salamandre.

Filets de sole mignonnette à la ménagère.

Détailler les filets de sole en lanières ; les assaisonner de sel et de poivre, les rouler dans la farine et les sauter au beurre.

D'autre part, faire sauter au beurre un même volume de nouilles fraîches et crues. Mélanger les filets et nouilles, les dresser dans un plat creux.

Servir en même temps une saucière de sauce tomate.

Filets de sole Murât.

Couper en dés une pomme de terre moyenne et 2 fonds d'artichaut» les assaisonner de sel et de poivre et les sauter au beurre séparément Détailler les filets d'une sole de 400 grammes en grosse julienne o lanières, les assaisonner de sel et poivre et les sauter au beurre. Mé- langer filets de sole, pomme de terre et artichauts ; les dresser en timbale. Ajouter 6 tranches un peu épaisses de tomates assaisonnées et sautées à l'huile très chaude, une pincée de persil concassé, 2 cuillerées de glace de viande fondue et légère, le jus d'un demi-citron et arroser de 2 cuillerées de beurre noisette.

Filets de sole Newburg.

Avec un homard cuit de 5 à 600 grammes, préparer un « homard **à** la Newburg » selon la formule (voir « Homard »), en ayant soin de diviser la queue du homard, en autant d'escalopes qu'il y a de filets de sole; tenir au chaud.

Tailler en dés ce qui reste de chair de homard et les ajouter à la sauce.

Plier et pocher au beurre et fumet de poisson, les filets d'une sole de 400 grammes. Les dresser en timbale en argent évasée et de forme basse ou, à défaut, dans un légumier. Mettre sur chaque filet une escalope de homard. Napper avec la sauce « Newburg » additionnée de chair en dés.

Filets de sole à la Normande (mode de la fermière).

Coucher les filets de sole de 400 grammes dans un plat en faïence fortement beurré, les assaisonner de sel et poivre, les arroser de 2 ou 3 cuillerées de cidre et de quelques gouttes de jus de citron ; couvrir le plat et donner 8 à 10 minutes de cuisson. Ajouter alors 5 à 6 cuillerées de crème fraîche. Continuer la cuisson quelques minutes en arrosant continuellement les filets avec la crème.

Servir en même temps des pommes de terre sautées, un peu rissolées au beurre.

Filets de sole Otero.

Cuire au four, à l'avance, autant de belles pommes de terre de Hollande qu'il y a de filets. Aussitôt cuites, lever dessus un morceau d'écorce de la longueur de la pomme de terre et les vider pour en faire un genre de caisse. Plier les filets et les pocher au beurre et quelques cuillerées de fumet de poisson. Garnir le fond de chaque caisse pré- parée, d'une cuillerée de petites crevettes roses, liées à la sauce Béchamel. Mettre un filet poché sur cette garniture; les couvrir de sauce Béchamel à la crème de manière que la caisse soit bien remplie ; saupoudrer de fromage râpé, arroser légèrement de beurre fondu et faire glacer vivement à la Salamandre ou au four.

NOTA.— On pourra remplacer les filets de sole pliées par des filets en paupiettes.

Dresser les pommes de terre sur serviette.

Filets de sole à l'Orientale.

Préparer les filets comme ceux « A la Newburg », mais en condimentant au curry la sauce du homard.

Dresser les filets, les saucer et servir en même temps du riz cuit à l'Indienne.

Filets de sole Orly.

Les filets de sole se font généralement à cru, mais, après divers essais, il est préférable, lorsque les filets doivent être trempés dans de la pâte à frire, de les pocher au beurre avec très peu de fumet de poisson. Assaisonner de sel et poivre et quelques gouttes de jus de citron. Les filets étant cuits, les laisser refroidir quelques instants, les tremper ensuite dans la pâte à frire et les frire au dernier moment.

Dresser sur serviette avec persil frit.

Servir, à part, une saucière de sauce Tomate.

Filets de sole en paupiettes.

Les filets pour paupiettes doivent être bien parés, aplatis légère- ment, pour éviter toute rétraction pendant la cuisson. Ils sont ensuite masqués de farce, truffée ou non, roulés sur eux-mêmes en forme de bouchon.

Pour éviter leur déformation à la cuisson, les mettre à pocher dans une casserole de grandeur voulue, en les serrant l'une contre l'autre ; les mouiller à hauteur de court-bouillon.

On peut également les pocher en les roulant dans une bande de papier; mais le défaut consiste en ce que l'on n'est jamais sûr de la qualité du papier dont certains dégagent à la chaleur une odeur désagréable qui se communique au poisson.

Toutes les garnitures des filets de sole peuvent convenir aux paupiettes.

Filets de sole à la paysanne.

Pour les filets d'une sole de 350 à 400 grammes, émincer 2 petites; carottes et 2 oignons nouveaux, un brin de céleri et une pincée de persil concassé. Assaisonner ces légumes d'une pincée de sel et pincée de sucre ; les étuver lentement au beurre dans une petite casserole, mouiller de quelques cuillerées d'eau chaude; ajouter 2 cuillerées de petits pois frais et finir de cuire à petit feu.

Assaisonner les filets de sole de sel et poivre ; les plier, les ranger dans le fond d'un plat en terre beurré, les couvrir avec les légumes; et leur cuisson et les cuire. Ajouter pour finir quelques parcelles de beurre et servir dans le plat même.

Filets de sole en pilaw.

Escaloper les filets, les assaisonner, les sauter au beurre et les mêler à un riz pilaw selon la formule ordinaire. (Voir « Série des Pâtes » .) Servir en même temps une saucière de tomate ou de sauce curry.

NOTA.— A l'époque des aubergines, on pourra mêler au riz une petite aubergine coupée en dés et sautée au beurre, et même quelques cuillerées de petits pois frais cuits à l'Anglaise.

Filets de sole Polignac.

Plier les filets de sole, les pocher au beurre et quelques cuillerées de court-bouillon.

D'autre part, tailler en julienne 4 à 5 champignons frais ; les mettre dans une petite casserole avec une demi-cuillerée de beurre et quelques gouttes de jus de citron ; les faire étuver une ou deux minutes et ajouter la cuisson des filets. Faire r é d u i r e ; y mêler alors quelques lamelles de truite taillées en julienne et 5 à 6 cuillerées de sauce vin blanc.

Dresser les filets sur un plat très chaud, les napper avec la sauce et les glacer vivement à la Salamandre.

Filets de sole Provençale.

Pour les filets d'une sole de 300 à 400 grammes : Faire légèrement blondir une cuillerée d'oignon finement haché; lui ajouter 2 belles tomates mûres à point pelées, débarrassées des semences et hachées; assaisonnement : sel, poivre, une pointe d'ail écrasé, une pincée de persil haché. Cuire doucement 15 minutes environ. Coucher en longueur les filets de sole sur un plat en terre, légèrement huilé, les assai- sonner de sel et poivre, les mouiller de 3 à 4 cuillerées de vin blanc, les couvrir avec la tomate préparée ; mettre le plat au four à chaleur modérée; donner 10 à 12 minutes de cuisson. En sortant le plat du four, parsemer une pincée de persil haché sur le poisson. Servir aussitôt.

NOTA. — Facultativement, on pourra ajouter quelques olives noires.

Pour les personnes qui n'aimeraient pas l'huile, on peut la remplacer par du beurre.

On prépare les « Filets de Sole Portugaise » de la même façon que la Provençale. On ajoute, dans ce cas, à la tomate, un gros poivron rouge et doux que l'on fait griller, débarrassé de sa pelure et taillé en julienne.

Filets de sole Rachel.

Plier les filets d'une sole de 400 grammes, les pocher au beurre, arroser de quelques cuillerées de fumet de poisson ; les dresser sur plat ovale bien chaud. Mettre sur chaque filet une grosse lamelle de truffe • napper les filets de sauce vin blanc et ranger aux deux bouts du plat de petites bouchées garnies de pointes d'asperges bien vertes liées au beurre.

Facultativement, on peut dresser les filets sur croûtons en pain de mie, frits au beurre à la dernière minute.

Filets de sole Saint-Germain.

Assaisonner les filets, les tremper dans du beurre fondu, les passer dans de la mie de pain fine et fraîche ; appuyer celle-ci avec la lame du couteau, arroser de beurre et faire griller à feu doux.

Dresser les filets sur plat très chaud, les entourer de toutes petites pommes de terre noisettes cuites au beurre et roulées dans 2 cuillerées de glace de viande légère.

Servir en même temps une saucière de Béarnaise un peu relevée.

Filets de sole Véronique.

Plier les filets, les assaisonner de sel et poivre, les pocher au beurre et 2 cuillerées de fumet de poisson, les dresser sur plat chaud, les garnir de grains de raisins Muscat frais, pelés et débarrassés des pépins ; les saucer vin blanc et faire glacer vivement à la salamandre.

Filets de sole Victoria.

Filer les filets et les pocher au fumet de poisson. Les ranger sur un plat long beurré, les garnir de 2 fortes cuillerées de homard et truffe coupés en petits dés ; napper le tout de sauce Béchamel finie au beurre d'écrevisses. Saupoudrer la surface de fromage râpé, arroser légère- ment de beurre et faire gratiner modérément.

Filets de sole Walewska.

Pocher les filets dans leur longueur, les coucher sur un plat beurré, les arroser de 3 à 4 cuillerées de fumet de poisson, les assaisonner de sel et poivre, couvrir le plat et donner 8 à 10 minutes de cuisson.

Dresser sur plat long. Entourer les filets de 4 langoustines divisées en deux dans la longueur et 8 belles lames de truffe crue, assaisonnée; de sel et poivre. Napper d'une fine sauce Mornay, saupoudrer la su- face de fromage râpé, arroser de beurre et faire glacer vivement à salamandre.

NOTA. — A défaut de petites langoustines, on pourra les remplacer par 6 à 8 queues d'écrevisses.

Timbales de filets de sole Grimaldi.

1° Préparer une croûte à timbale, plutôt large que haute, et décor; à volonté;

2° Cuire 36 belles écrevisses dans une mirepoix au vin blanc. Retirer les queues, les diviser en deux sur la longueur et les tenir au chaud avec lamelles de truffes dans une cuillerée de beurre;

3° Piler finement les carapaces des écrevisses, leur mêler intimement 200 grammes de beurre. Mettre dans une petite casserole, puis mettre celle-ci au bain-marie ; dès que le beurre est fondu, le passer à la passoire fine dans une terrine contenant quelques morceaux de glace et un peu d' eau; dès que le beurre est figé, le retirer et le déposer sur une assiette ;

4° Couper en fragments 150 grammes de macaroni, les cuire à l'eau salée en le tenant un peu

ferme ; aussitôt cuit, l'égoutter, le remettre dans la casserole, le lier avec 2 cuillerées de beurre frais, parmesan râpé et quelques cuillerées de Béchamel à la crème et lui mêler
100 grammes de truffes coupées en fines lamelles; tenir au chaud; 5° Masquer de farce de poisson truffée 12 filets de sole, les rouler
En paupiettes et les pocher au fumet de poisson.

Ajouter aux queues d'écrevisses et lamelles de truffes 3 décilitres environ de sauce Béchamel à la crème ; faire chauffer et lui incorporer le beurre d'écrevisses. Mettre l'assaisonnement au point.

Dressage : Garnir la timbale à demi-hauteur de macaroni ; ranger les paupiettes sur le macaroni, les couvrir avec la garniture de lamelles de truffe et queues d'écrevisses. Fermer la timbale avec son couvercle et la dresser sur serviette.

Timbale de filets de sole Richelieu.

Même préparation que la « Timbale Grimaldi », sauf que le macaroni est remplacé par des raviolis aux épinards.

FILETS DE SOLE FROIDS

Plier les filets de sole et les pocher au beurre et quelques gouttes de jus de citron. Les faire refroidir et les enrober de sauce chaud-froid blonde, très légère.

Décorer chaque filet à volonté : feuilles d'estragon, rouge de to- mate, truffe, œufs durs, filets d'anchois, se prêtent à ce décor.

Incruster dans un bloc de glace un plat carré ; couler au fond du plat une légère couche de gelée ; ranger avec symétrie les filets sur la gelée ; garnir les intervalles soit d'une fine macédoine de légume, soit des pointes d'asperges bien vertes, soit des crevettes roses ou des queues d'écrevisses, etc.

Recouvrir complètement de gelée les filets et la garniture. Cette méthode de dressage simplifie beaucoup le service, permet d'obtenir une gelée supérieure à tous points de vue et la présentation du mets plus flatteur.

Filets de sole sur mousse de tomate.

Préparer, pocher et décorer les filets comme les précédents. Incruster le plat dans un bloc de glace, le remplir à moitié de hauteur de mousse de tomate, ranger les filets de sole sur la mousse et recouvrir les filets de gelée. (Voir « Mousse de tomate », page 546, série des Mousses.)

NOTA. — On pourra, suivant les goûts, remplacer la mousse de tomate par de la mousse d'écrevisses, mousse au Curry, au Paprika doux et rose, au Chambertin, etc.

Paupiettes de sole à la gelée.

Garnir un côté des filets de farce de poisson truffée ; les rouler sur eux-mêmes en forme de bouchon ; les pocher dans un bon fumet de poisson et les laisser refroidir dans la cuisson. Lorsqu'elles sont froides, les égoutter, les éponger, les parer sur les bouts et les couper transversalement chacune en 4 rondelles.

Dressage : Procéder de même, soit en gelée ou sur mousse comme il est indiqué aux formules précédentes.

STOCKFISH OU MORUE DE NORVÈGE SÉCHÉE

Mode niçoise.

Le frapper fortement avec une massue en bois, le couper en 3 tronçons à l'aide d'une scie, et le faire tremper à eau courante 3 à 4 jours.

La veille de sa préparation, mettre à tremper également à l'eau courante 100 à 125 grammes de boyaux du dit poisson.

Proportions pour 8 à 10 personnes: 1.250 grammes de stockfish et 125 grammes de boyaux ; 2 kilos de tomates mûres à point, pelées épépinées et hachées ; 1 kilo 200 de petites pommes nouvelles ; 200 gr. d'olives noires ; une gousse d'ail écrasée ; un gros oignon et un poireau émincés; 3 décilitres d'huile d'olive; un bon bouquet garni com-posé de branches de persil, thym, laurier, fenouil, basilic.

Opération. — Enlever la peau et les arêtes du stockfish; l'effeuiller.

Mettre l'huile dans un poêlon en terre ou dans une casserole de grandeur voulue avec l'oignon et le poireau, et les rissoler légèrement en les remuant avec une cuiller en bois ; ajouter le bouquet et la gousse d'ail, ensuite les tomates hachées, le stockfish, les boyaux; assaisonnement sel et poivre. Cuire doucement environ I heure trois quarts. Les tomates doivent être en abondance pour ne pas être obligé d'ajouter de l'eau. Une demi-heure avant la fin de la cuisson, ajouter les pommes de terre et les olives. Continuer la cuisson à petit feu.

NOTA. — Dans le cas où le jus de la tomate ne couvrirait pas les pommes de terre, ajouter un peu d'eau chaude.

A défaut de tomates fraîches, on pourra les remplacer par de la tomate en conserve sous le nom de tomate concassée.

THON FRAIS

Le thon se divise en rouelles et on le cuit sur fonds d'aromates comme des fricandeaux, et les mêmes garnitures lui conviennent, tels : les épinards, l'oseille, la tomate, les carottes, les navets, les petits pois.

TURBOT

On distingue la fraîcheur et la qualité du Turbot au brillant de l'œil, à la peau blanche et fine et à l'épaisseur des filets.

Les grosses pièces de Turbot se prêtent au court-bouillon et se dressent sur serviettes et entourées de persil en branches.

Cuisson : Après avoir vidé et nettoyé le Turbot, faire une incision le long de l'arête du côté du dos pour détacher légèrement les filets; le mettre à dégorger à l'eau froide et salée pendant une heure et de- mie environ. Le placer ensuite dans la turbotière sur la grille, et le couvrir d'eau froide; saler à raison de 10 grammes de sel par litre d'eau; un décilitre de lait et une tranche de citron pelée et épépinée. Mettre la turbotière sur le feu et porter doucement à l'ébullition. Lorsque celle-ci se manifeste, retirer la turbotière sur le coin du fourneau et tenir le liquide à ébullition à peine perceptible, pour assurer une cuisson parfaite.

De l'instant où l'ébullition se développe, le temps de pochage se règle à raison de 12 à 15 minutes par kilo de turbot.

TURBOT POUR SERVICE DE DÉTAIL

Après avoir sectionné la pièce dans la longueur en suivant l'épine dorsale, les parties sont détaillées selon le genre de service ; soit en tronçons ou escalopes.

Le traitement par le court-bouillon est le même que les pièces entières.

Accompagnement du Turbot bouilli entier ou détaillé : Invariablement, Pommes de terre à l'Anglaise cuites au dernier moment.

Sauces : Hollandaise, Câpres, Homard, Crevettes, Nantua, Vénitienne, etc.

Cadgery de turbot.

Préparer 500 grammes de turbot frais cuit, débarrassé de toutes peaux et arêtes et effeuillé; 250 grammes de riz cru cuit en pilaw et lié de quelques cuillerées de sauce Béchamel au curry ; 5 à 6 œufs durs coupés en dés.

Dresser en timbale en alternant les éléments et couvrir de la même sauce Béchamel au curry.

NOTA. — Le Cadgery se prépare également à sec, c'est-à-dire sans addition de sauce Béchamel dans le riz, mais on mêle au riz un tiers de son volume de petits pois frais cuits à l'Anglaise. Une saucière de sauce Béchamel au curry est servie en même temps.

Turbot crème gratin.

Dresser, sur un plat ovale beurré, une bordure en appareil à pommes Duchesse, épaisse d'un bon centimètre et demi à la base, amincie du haut, et de 3 centimètres de hauteur environ. Les dimensions de la bordure sont naturellement proportionnées au nombre des convives.

Napper le fond du plat de sauce Béchamel, au milieu de la bordure; garnir celle-ci, aux deux tiers, de turbot cuit, escalopé, chaud et bien égoutté. Recouvrir de sauce Béchamel ; saupoudrer la surface de fromage frais râpé ; arroser de beurre fondu ; dorer le tour de la bordure et mettre à four de chaleur moyenne pour assurer en même temps la formation du gratin et la coloration de la bordure.

Dans un ménage, pour plus de facilité, on pourra remplacer !a bordure en pommes Duchesse par des pommes de terre cuites à l'eau et coupées en rondelles ; former la bordure en rangeant ces rondelles à cheval l'une contre l'autre.

Coquilles de turbot au gratin.

Napper de sauce Béchamel le fond de coquilles Saint-Jacques ou de coquilles en argent. Disposer dessus quelques escalopes de turbot, chaudes ; recouvrir de sauce Béchamel; saupoudrer de fromage râpé; arroser de beurre fondu et faire gratiner vivement.

Turbot Richelieu

Choisir un turbot de 3 à 4 kilos; le pocher dans un court-bouillon au vin blanc.

Dresser sur un plat en argent de grandeur proportionnée. Passer légèrement sur la pièce du beurre fondu. Disposer sur le milieu un beau homard cuit dans un court-bouillon et duquel on aura, adroitement, retiré la chair sans la déformer.

Accompagnement : La chair du homard escalopée, têtes de champignons, lamelles de truffes, le tout réuni dans une casserole et enrobé de sauce Normande finie au beurre d'écrevisses.

2° Une timbale de pommes de terre levées à la cuiller ronde cuites à l'eau salée, égouttées et arrosées de beurre fondu.

Turbot froid.

Il est essentiel que le turbot destiné à être servi froid soit à peine refroidi. La nature gélatineuse de la chair explique l'importance de cette recommandation.

Lorsqu'il est servi refroidi juste à point, accompagné avec une des sauces froides qui conviennent au poisson, le turbot peut rivaliser de finesse avec le saumon ou la truite servis de cette façon.

TURBOTINS

Les turbotins peuvent être classés parmi les poissons les plus fins et ceux dont le service est le plus facile.

Leur grosseur très variable permet de les servir aussi bien pour 3 ou 4 personnes que pour 10 ou 12; en plus, ils sont toujours tendres, blancs, et ils se prêtent à de nombreuses préparations culinaires.

Ils peuvent se servir bouillis, comme le Turbot; grillés, à la meunière; au gratin; pochés au court-bouillon ou vin blanc.

Généralement on sert les Turbotins entiers et saucés; mais on peut aussi, dans certains cas, enlever les filets, qui sont pochés au beurre et quelques cuillerées de fumet de poisson.

NOTA. — Quelle que soit la façon de traiter le turbotin, qu'il soit bouilli, poché ou grillé, on doit l'inciser sur le dos et détacher légèrement les filets d'après l'arête, ce qui a pour but d'en faciliter la cuisson et d'éviter sa déformation.

Turbotin à l'amiral.

Le pocher au court-bouillon au vin blanc.

Dressage et Garniture : Le turbotin étant égoutté et dressé sur un plat en argent de grandeur voulue, le côté noir sur le plat, le saucer légèrement de sauce Normande au beurre d'Écrevisses, et l'entourer de petites bouchées de queues d'écrevisses, d'huîtres à la Villeroy laitances de carpes, lamelles de truffes.

Servir en même temps une saucière de sauce Normande au beurre d'Écrevisses et une timbale de pommes de terre levées à la cuiller ronde, cuites à l'Anglaise et légèrement arrosées de beurre.

Turbotin bonne-femme.

Pour 6 personnes, choisir un turbotin bien frais du poids de 1 kilo environ. Couper les nageoires qui l'entourent et détacher les filets sur le côté du dos, comme il est indiqué. Le coucher dans un plat à pois- son, largement beurré, le côté blanc sur le beurre. Assaisonnement sel et poivre. Mouiller de 2 décilitres de vin blanc, jus de citron et 1 décilitre de fumet de poisson; à défaut de fumet, le remplacer par de l'eau, mais, dans ce cas, ajouter à la cuisson du turbotin quelques queues de persil et rondelles d'oignon.

Cuire le turbotin à l'entrée du four en l'arrosant souvent avec sa cuisson.

D'autre part, on aura émincé 125 grammes de champignons frais, étuvés au beurre avec une échalote finement hachée, additionnés de fines herbes, sel et poivre, jus de citron.

Le turbotin étant cuit, le dresser sur le plat de service, le côté noir sur le plat; le couvrir et tenir au chaud.

Passer la cuisson dans une casserole, faire bouillir et la lier avec une cuillerée à dessert de farine délayée avec 2 cuillerées d'eau froide; continuer l'ébullition quelques minutes sur le coin du feu. Retirer la casserole du feu, incorporer à la sauce une liaison de 2 jaunes d'œufs étendus d'une cuillerée d'eau et 60 grammes de beurre divisé en petites parties et, pour finir, mêler à la sauce les champignons étuvés; en couvrir le turbot et le glacer à la salamandre.

NOTA. — En ajoutant aux champignons 2 tomates bien mûres pelées et épépinées, hachées et cuites au beurre, assaisonnées de sel et poivre, le turbotin prend le nom « d'Antin ».

D'autres ajoutent en supplément une cuillerée de truffe taillée en julienne et donnent le nom de leur maison; d'autres encore ajoutent en surplus quelques feuilles de laitue ciselées et étuvées au beurre, etc. (Tout ceci n'est qu'affaire de goût et de variation.)

Turbotin Dugléré.

Partager le poisson dans le sens de la longueur ; diviser en 5 à 6 morceaux.

Préparer 4 à 5 tomates pelées, épépinées et hachées ; 100 grammes d'oignon et 2 échalotes hachés; une pointe d'ail écrasée; une pincée de persil grossièrement haché et une feuille de laurier.

Étaler ces c o n d i m e n t s dans le fond d'un plat à poisson fortement beurré, mouiller de 2 décilitres de vin blanc et 1 décilitre d' eau; le jus d'un citron; assaisonnement sel et poivre. Couvrir le plat et donner 15 à 20 minutes de cuisson, sans précipitation.

Dresser sur le plat de service, en reconstituant la forme du turbotin. Ajouter à la cuisson une cuillerée à dessert de farine délayée d'une cuillerée d'eau; faire bouillir quelques minutes et incorporer à la sauce 2 cuillerées de beurre. Verser sur le poisson.

NOTA. — On pourra supprimer la liaison avec la farine et dans ce cas augmenter la quantité de beurre.

Turbotin fermière.

Mêmes formule et opération que le « Turbotin Bonne-Femme », sauf que le vin blanc est remplacé par du vin rouge et en double quantité, c'est-à-dire 4 décilitres de vin rouge à la place de 2 décilitres de vin blanc. L'eau ou fumet de poisson sont supprimés, mais on doit ajouter à la cuisson une feuille de laurier, branches de persil et rondelles d'oignon.

Turbotin à la mode de Hollande.

Pocher le turbotin à l'eau salée, l'égoutter, le dresser sur le plat de service ; disposer dessus un beau homard fraîchement cuit au court- bouillon dont la carapace aura été ouverte avec des ciseaux pour extraire les chairs de la queue, lesquelles, après avoir été rapidement escalopées, sont remises en place.

Servir en même temps : Une timbale de pommes de terre à l'An- glaise, fraîchement cuites et farineuses; 2° Une saucière de beurre fondu additionné d'œufs durs finement hachés et une pincée de persil haché, assaisonnement : sel et poivre fraîchement moulu.

Turbotin Régence.

Pour 8 à 10 personnes : choisir un turbotin de 1 kilo 500 environ; le pocher au vin blanc, fumet de poisson et beurre.

Dresser sur le plat de service. Garnir de 12 quenelles de merlan, moulées à la cuiller, 18 huîtres ébarbées et pochées, 12 têtes de cham- pignons très blancs, 12 belles lames de truffe, 10 barquettes de laitances et queues d'écrevisses.

Masquer légèrement le turbotin de sauce Normande et servir à part une saucière de la même sauce.

Turbotin (escalopes de).

Détailler, dans les filets d'un petit turbotin, une douzaine de petites escalopes du poids de 60 à 70 grammes environ. Les ranger dans DI) petit plat à sauter grassement beurré; les assaisonner de sel et poivre les arroser de quelques cuillerées de cuisson de champignons. Coup- le plat et cuire les escalopes à feu doux ; leur ajouter alors une douzaine de belles lamelles de truffes, 36 queues d'écrevisses, et enrober ce fin ragoût de sauce Béchamel à la crème.

D'autre part, on aura préparé sur un plat ovale de grandeur voulue une légère bordure en pomme Duchesse, dorée au jaune d'oeuf et passée quelques minutes au four, pour lui faire prendre couleur.

Garnir le vide de la bordure avec les escalopes; saupoudrer la sur-face de fromage râpé; arroser de beurre et faire légèrement gratiner. Recouvrir le tout d'un appareil à soufflé au parmesan un peu ferme et cuire vivement au four.

VIVE

La Vive est un poisson de qualité inférieure dont l'emploi est sur- tout indiqué pour la

Bouillabaisse. Néanmoins, elle peut être frite ou traitée « à la Meunière », et recevoir en grande partie des apprêts du Merlan.

SÉRIE DE COQUILLAGES, CRUSTACÉS, MOLLUSQUES, GRENOUILLES ET TORTUES

Crabe à l'Anglaise.

Le cuire à l'eau salée et laisser refroidir. Retirer ensuite les chairs des pattes et des pinces; détacher le plastron de la carapace; extraire les chairs de l'intérieur et mettre les parties crémeuses dans une terrine. A cette sorte de purée, ajouter 2 cuillerées à café de moutarde anglaise et une pointe de Cayenne ; la monter avec huile et vinaigre comme une sauce mayonnaise et y mélanger la totalité des chairs retirées, bien effilées à la fourchette.

Avec cet appareil, emplir la coquille concave ; la dresser sur serviette pliée, en la soutenant avec les pinces placées de chaque côté; lisser la surface en dôme et décorer à volonté avec persil, jaune et blanc d'œufs durs, hachés, filets d'anchois, etc.

NOTA. — On pourra, à volonté, ajouter à l'appareil une ou deux cuillerées de mayonnaise et un ou deux œufs durs coupés en petits dés.

COQUILLAGES, CRUSTACÉS, ETC.

CREVETTES

Indépendamment de leur emploi en Hors-d'Œuvre et Garniture, les **Crevettes se traitent de différentes** façons parmi lesquelles nous **indiquerons seulement celles-ci :**

Coquilles de crevettes.

Border les coquilles d'un petit cordon fait en appareil de pommes Duchesse. Le garnir en dôme de queues de crevettes liées à la sauce Béchamel; saupoudrer de fromage râpé, arroser de beurre et faire gratiner à la salamandre ou au four.

NOTA. — On pourra, à volonté, mêler aux queues de crevettes une julienne de truffe.

Crevettes au curry.

Faire légèrement blondir 3 cuillerées d'oignon finement haché avec 50 grammes de beurre, lui mêler 2 cuillerées à café de bon curry en poudre. Ajouter 500 grammes de queues de crevettes fraîchement cuites et soigneusement épluchées ; les lier avec 3 décilitres de sauce Béchamel ou de sauce Normande et dresser en timbale ou casserole de porcelaine.

Servir à part : du riz à l'Indienne.

Crevettes au paprika rose.

Même préparation que les Crevettes au curry, sauf que le curry est remplacé par une forte cuillerée à dessert de paprika rose et surtout doux.

Servir en même temps du riz en pilaw.

Crevettes frites.

Choisir des toutes petites crevettes grises, venant d'être pêchées; les rouler dans la farine sans être épluchées et les frire à l'huile. Les égoutter, les assaisonner de sel mêlé d'une pointe de Cayenne et les dresser sur serviette.

Mousse froide de crevettes.

Proportions : 500 grammes de crevettes pour une Mousse de 6 à 8 personnes.

Pour que ce mets soit parfait, on doit, pour cela, disposer de belles crevettes roses et crues. Les cuire comme pour bisque dans une mire- poix au vin blanc et cognac; les décortiquer et mettre les queues en réserve.

Piler les débris avec 60 grammes de beurre frais.

Ajouter à la cuisson des crevettes 2 décilitres de velouté; faite bouillir quelques minutes et lui mêler les débris pilés. Donner quelques secondes d'ébullition et passer au tamis fin. Mettre la purée qui en résulte dans une terrine tenue sur glace; lui incorporer intimement en procédant avec un fouet à blancs d'œufs, 2 décilitres de bonne gelée Dès que l'appareil commence à prendre corps, lui mêler 2 décilitres de crème très fraîche, à moitié fouettée, et verser aussitôt dans un plat creux en argent, porcelaine ou cristal, incrusté dans la glace. Les queues de crevettes sont disposées dessus et recouvertes de gelée.

ÉCREVISSES

Quel que soit leur apprêt, les écrevisses doivent toujours être bien lavées et débarrassées de l'intestin dont l'extrémité se trouve sous le milieu de la queue, ce qui se fait en le saisissant avec la pointe d'un petit couteau et en le retirant doucement pour ne pas le briser.

Cette opération ne doit être faite qu'au moment de mettre les écrevisses en cuisson.

Écrevisses à la Bordelaise.

Proportions : 24 grosses écrevisses.

Préparer une mirepoix très fine avec 50 grammes de rouge de carotte.

50 grammes d'oignon, quelques feuilles de persil, une demi-feuille de laurier, brindilles de thym, et 50 grammes de jambon cru bien dégraissé. Mettre ces éléments dans une petite casserole avec 2 fortes cuillerées de beurre, et les étuver doucement jusqu'à cuisson complète. Mettre les écrevisses dans une casserole avec la mirepoix; les assai- sonner de sel, poivre et une pointe de poivre de Cayenne; les faire sauter à plein feu pendant 2 minutes. Les arroser de 2 petits verres de fine champagne et un grand verre de vin blanc. Les cuire à couvert pendant 10 minutes.

Dresser les écrevisses dans une timbale ; ajouter à la sauce 3 cuillerées de glace de viande et 125 grammes de beurre fin divisé en petit' parties, en procédant avec un petit fouet à blancs d'œufs, une pincée de persil et verser la sauce sur les écrevisses.

Écrevisses en buisson.

Les cuire dans un court-bouillon préparé comme celui des « Écrevisses à la Nage ».

Ces écrevisses s'accrochent par la queue après les pointes des gradins de l'ustensile spécial à cet usage et on les garnit de persil en branches.

Coquilles d'écrevisses cardinal.

Saucer le fond des coquilles de sauce Béchamel au beurre d'Écrevisses; les garnir chacune de 6 queues d'écrevisses et de petites lamelles de truffe et les masquer de la même sauce Béchamel déjà indiquée; les saupoudrer de fromage râpé, arroser de beurre fondu, faire légèrement gratiner.

Écrevisses à la nage.

Marquer un court-bouillon avec : 50 grammes de carotte, 50 gr. d'oignon, coupés en minces rondelles ; 3 échalotes finement émincées ; quelques branches de persil, une feuille de laurier, brindilles de thym pulvérisé, 3 décilitres de vin blanc, 2 décilitres d'eau, 10 grammes de sel, poivre en grains et pointe de poivre de Cayenne.

Préparer le court-bouillon un peu à l'avance pour que les légumes soient bien cuits.

Dans ce court-bouillon bouillant, plonger les écrevisses; les cuire à couvert 10 minutes. Dresser les écrevisses en timbale avec le court- bouillon et sa garniture.

Soufflé d'écrevisses à la Florentine.

Préparer un appareil de Soufflé au Parmesan additionné d'une cuillerée à dessert de beurre d'écrevisse par demi-litre d'appareil.

Dresser en timbale à soufflé beurré, par couche, en alternant chaque couche d'appareil de lamelles de truffe et de queues d'écrevisses.

Cuire comme un soufflé ordinaire.

Soufflé d'écrevisses Léopold de Rothschild.

Même procédé de préparation que « A la Florentine » en ajoutant quelques cuillerées de pointes d'asperges fraîchement cuites et non rafraîchies, lames de truffe et queues d'écrevisses.

Soufflé d'écrevisses à la Piémontaise.

Procéder comme celui « A la Florentine » en remplaçant les truffes noires par des truffes blanches et crues du Piémont, détaillées en copeaux.

Timbales de queues d'écrevisses.

Proportions pour 8 personnes : 250 grammes de gros macaroni, cuit à point, lié de 2 cuillerées de beurre, 4 cuillerées de parmesan frais râpé , 3 cuillerées de Béchamel à la crème; 100 grammes de truffes soigneusement pelées coupées en lamelles ; 50 écrevisses cuites au beurre ; 2 petits verres de cognac et un verre de vin blanc. Les sauter 10 à 12 minutes sur un bon feu; les décortiquer ensuite; mettre les queues dans une casserole avec les lamelles de truffes ; ajouter une pincée de sel, de poivre et une pointe de Cayenne. Enrober ce (un ragoût de Béchamel à la crème finie au beurre d'Écrevisse, préparé avec les carapaces des écrevisses.

Garnir la timbale aux deux tiers de sa hauteur avec le macaroni et sur le macaroni, le ragoût de queues d'écrevisses et truffes. Recouvrir avec le restant de macaroni et terminer avec quelques belles lames de truffe intercalées de quelques queues d'écrevisses. Le tout doit être très chaud.

Vol-au-vent de queues d'écrevisses.

Cuire 60 écrevisses au beurre, cognac et vin blanc comme il est dit dans la précédente recette. Les décortiquer et mettre les queues dans une casserole avec 120 grammes de truffes soigneusement pelées, coupées en lamelles et une forte cuillerée de beurre, une prise de sel et poivre, tenir au chaud.

D'autre part, préparer une douzaine et demie de quenelles de sole à la crème moulées dans une cuiller à dessert, puis une sauce Béchamel à la crème finie au beurre d'écrevisses.

Dresser la croûte de Vol-au-Vent sur le plat de service ; couvrir le fond avec quelques cuillerées de sauce Béchamel, puis y déposer les quenelles, les queues d'écrevisses et les lamelles de truffe.

NOTA. — On pourra remplacer les quenelles par de petits œufs de poule et même des œufs de pigeon.

Mousse d'écrevisses.

Proportions pour 6 à 8 personnes : Cuire comme pour bisque, dans une mirepoix, cognac et vin blanc, 40 écrevisses moyennes. Aussitôt cuites, les sortir de la casserole, les décortiquer, mettre les queues en réserve.

Ajouter à la cuisson des écrevisses 2 décilitres de velouté de *volaille;* tenir la casserole sur le coin du feu.

Piler finement les carapaces des écrevisses avec 75 grammes de beurre fin et les joindre au velouté ; faire bouillir 2 minutes et passer à l'étamine. Déposer la purée qui en résulte dans une casserole bien propre et la tenir sur glace ; incorporer à la purée 1 décilitre et demi de bonne gelée; la remuer avec un fouet. Dès que l'appareil commence à prendre consistance, lui mêler intimement 2 décilitres et demi de crème très fraîche à moitié fouettée. Verser aussitôt dans un plat carré en argent ou, à défaut, en porcelaine, dans lequel on aura couvert le fond du plat d'une mince couche de gelée. Tenir le plat incrusté dans de la glace. Dès que la mousse commence à prendre consistance, ranger dessus, avec un peu de symétrie, les queues d'écrevisses tenues en réserve, les décorer de quelques feuilles de cerfeuil ou d'estragon; les recouvrir complètement de gelée.

Dresser la mousse, le plat incrusté dans un bloc de glace ou entouré de glace en neige sur un plat long muni d'une serviette.

HOMARD

Homard Américaine.

Condition première : Avoir le homard vivant.

Fendre le homard dans la longueur ; retirer la poche qui se trouve à hauteur de la tête qui contient généralement du gravier.

Mettre de côté, sur une assiette, la partie crémeuse, un peu verdâtre qui se trouve à côté de cette poche, lui mêler intimement une cuillerée de beurre en l'écrasant avec une fourchette; détacher les pattes; briser les pinces pour faciliter l'extraction de la chair après cuisson. Tronçonner chaque demi-homard en 3 ou morceaux, les assaisonner de sel et de poivre.

Pour un homard d'un kilo environ : chauffer fortement dans une casserole à sauter 4 cuillerées d'huile d'olive et 2 cuillerées de beurre; jeter les morceaux de homard dedans; les sauter jusqu'à ce que les chairs soient bien saisies et que la carapace ait pris une couleur rouge vif. Arroser de 4 à 5 cuillerées de cognac et 1 décilitre et demi de vin blanc sec; ajouter 2 échalotes hachées, 6 belles tomates pelées, épépinées et finement hachées, une petite pointe d'ail, une pincée de persil ciselé, une légère pointe de poivre de Cayenne et 4 à 5 cuillerées de glace de viande fondue et autant de demi-glace.

Couvrir la casserole et donner 18 à 20 minutes de cuisson à bon feu. Dresser les morceaux de homard dans un plat creux ; incorporer à la cuisson, en se servant d'un petit fouet à blanc d'oeuf la partie crémeuse mise en réserve ; cuire quelques secondes et compléter, hors du feu, avec 100 grammes de beurre divisé par petites parcelles et le jus d'un demi-citron ; verser sur les morceaux de homard et saupoudrer d'une pincée de persil haché.

NOTA. — Le côté de la carapace des morceaux de homard doit reposer sur le plat, de manière que les chairs du homard se trouvent couvertes de sauce.

Servir en même temps du riz cuit en pilaw.

Homard à l'Américaine sans carapace.

Préparer le homard d'après la recette précédente. Prendre -simplement les chairs des tronçons et des pinces, les dresser en timbale et les couvrir avec la sauce.

NOTA. — Dans cette dernière méthode, qui est celle du service anglais, les morceaux du coffre ne sont pas servis. On les utilise généralement pour la préparation du Beurre rouge. On peut même en pré- parer d'excellents potages.

Homard à la Bordelaise.

Le homard à la Bordelaise est peu demandé. On le prépare de différentes manières, mais, à mon avis, le mieux est de le préparer tel qu'il est indiqué pour l'Américaine, en remplaçant simplement le vin blanc par du vin de Bordeaux rouge. Ajouter en même temps que le vin 4 à 5 cuillerées de champignons frais finement hachés.

Le homard étant cuit, prendre les chairs des tronçons et des pinces et les dresser en timbale.

Finir la sauce en lui incorporant les parties crémeuses mises en ré- serve et 100 grammes de beurre divisé en petites parties et verser sur les chairs du homard.

NOTA. — On prépare également le Homard à la Bordelaise comme les écrevisses à la Bordelaise, sauf que les écrevisses sont cuites entières et le homard coupé en tronçons.

Homard Cardinal.

Cuire le homard au court-bouillon. Aussitôt cuit, le fendre en deux dans la longueur ; retirer les chairs de la queue et des pinces et du coffre ; les escaloper et les tenir au chaud avec un peu de beurre fondu et de fines lamelles de truffe.

Étaler au fond de chaque demi-carapace de homard une couche de sauce Cardinal et, sur celle-ci, ranger les escalopes de homard et les lamelles de truffe tenues au chaud. Égaliser la surface avec un peu de sauce homard ; saupoudrer de fromage râpé ; arroser de beurre fondu.

Les deux demi-carapaces étant ainsi garnies, les poser sur un plat, les caler, si nécessaire, avec quelques ronds de carotte pour les main- tenir d'aplomb et les faire vivement glacer à la salamandre ou au four.

Dresser les demi-homards sur serviette ou papiers dentelles; entourer de persil en branches.

Homard Clarence.

Préparer le homard tel qu'il est indiqué « à l'Américaine » auquel on ajoute, avant le cognac et le vin blanc, une demi-cuillerée à dessert de bon curry en poudre et doux. Compléter la sauce après cuisson et dressage du homard, en lui incorporant 50 grammes de beurre au lieu de 100 grammes, comme il est indiqué pour l'Américaine et cette différence est remplacée par 4 cuillerées de crème très fraîche.

Dresser les morceaux de homard, à volonté, avec carapaces ou simplement les chairs des tronçons et des pinces.

Servir en même temps du riz cuit à l'Indienne.

Homard en coquilles à la Mornay.

Choisir des coquilles Saint-Jacques, de grosseur moyenne, ou des coquilles en argent ; les beurrer et mettre dans le fond de chacune une cuillerée de sauce Béchamel et une cuillerée à café de fromage râpé. D'autre part, on aura émincé finement la chair d'un homard cuit, puis mise dans une petite casserole avec le quart du volume du homard de fines lamelles de truffe. Assaisonner très légèrement de sel et poivre ; faire à peine chauffer et ranger homard et truffe dans les coquilles; masquer de sauce Béchamel, saupoudrer de fromage râpé, arroser de beurre fondu, et glacer vivement au four, ou, si possible, à la Salamandre.

NOTA.— On peut préparer le homard à la Mornay dans sa carapace même.

Homard à la crème.

Découper le homard comme pour « l'Américaine »; les sauter au beurre et à l'huile d'olive. Quand les chairs sont saisies et le test coloré, arroser de 3 à 4 cuillerées de cognac et un demi-verre de vin blanc; laisser réduire le vin et mouiller presque à couvert avec de la crème légère et bien fraîche; assaisonner de sel, d'une pointe de Cayenne; couvrir la casserole et finir de cuire le homard.

Retirer ensuite les chairs des carapaces ; les dresser en timbale avec un tiers de leur volume de lamelles de truffe à peine chauffées au beurre; puis, réduire la crème moitié de son volume primitif et lui incorporer 4 cuillerées de bonne glace de viande fondue et quelques gouttes de jus de citron.

Dans certains cas on pourra ajouter à la réduction de crème 2 ou 3 cuillerées de sauce Béchamel.

Passer cette sauce à la mousseline et verser sur les morceaux de homard.

Croquettes de homard.

Homard cuit au court-bouillon coupé en très petits carrés ; le tiers du volume du homard de champignons et truffes également coupés en petits carrés, lié d'une fine sauce Béchamel, liée aux jaunes d'œufs, verser ensuite sur un plat et laisser refroidir. Diviser cet appareil en parties du poids de 75 grammes environ les façonner soit en forme de palets ou de côtelettes, les paner à l'oeuf et mie de pain fraîchement préparée et faire frire au moment. Dresser sur serviette avec persil frit. Servir en même temps soit une sauce au curry ou une sauce homard.

Homard à la Française.

Diviser le homard en tronçons ; ranger ceux-ci dans une casserole à sauter contenant 2 fortes cuillerées de beurre chaud; assaisonner de sel et poivre.

Lorsque les chairs sont saisies, mouiller (*pour un homard d'un {ilo environ)* de 2 décilitres de vin blanc et quelques cuillerées de fine Champagne. Ajouter 3 cuillerées de julienne d'oignon et carotte étuvée, au beurre, une pincée de persil concassé, 6 cuillerées à soupe de fumet de poisson et 4 à 5 décilitres de velouté.

Couvrir la casserole et cuire 18 à 20 minutes. Dresser le homard dans un plat creux; lier la cuisson avec 3 jaunes d'oeufs étendus de quelques cuillerées de crème; compléter la sauce avec 100 grammes de beurre et verser sur le homard.

Homard grillé.

Généralement le homard est fendu vivant dans la longueur, briser les pinces, assaisonner de sel et de poivre et griller à feu doux.

Il est cependant préférable de cuire d'abord le homard à moitié dans un court-bouillon, attendu qu'ainsi traitée, la chair du homard ne durcit pas comme lorsqu'elle est traitée à cru. Dans ce cas, le homard est fendu en sortant du court-bouillon, arrosé de beurre fondu et grillé le temps voulu pour en compléter la cuisson.

Dresser sur une serviette, après avoir brisé les pinces pour en faciliter l'extraction de la chair et l'entourer de persil en branches.

Servir en même temps du beurre fondu relevé d'une pointe de Cayenne ou une sauce Diable.

Homard bouilli à la Hollandaise.

Cuire le homard dans un court-bouillon ordinaire et, aussitôt qu'il est cuit, l'égoutter et le fondre en deux dans la longueur.

Le dresser sur serviette et l'entourer de persil.

Servir en même temps des pommes de terre fraîchement cuites et bien farineuses, et une saucière de beurre fondu, auquel on ajoute quelquefois un œuf dur haché.

Mousse de homard.

Proportions pour 8 couverts : Un homard vivant du poids de 2 livres, une pinte de crème très fraîche, 3 cuillerées à soupe de velouté froid ou sauce Béchamel, 10 grammes de sel et une pointe de poivre de Cayenne.

Fendre le homard sur la longueur, retirer soigneusement les chairs, les mettre dans un mortier avec sel et poivre Cayenne. Ajouter 3 blancs d'oeufs, broyer aussi fin que possible, y mêler le velouté et passer au tamis.

Si le homard a des oeufs, les joindre aux chairs.

Déposer la purée qui en résulte dans une sauteuse bien étamée ou une terrine forme calotte, laisser reposer sur glace une demi-heure. Ensuite, lui incorporer, petit à petit, la crème en procédant comme pour la mayonnaise.

Pocher la Mousse dans un moule à douilles beurré et de grandeur voulue.

Le pochage des Mousses, en général, demande beaucoup de soins. Déposer au fond d'une casserole de hauteur voulue une soucoupe, dé- poser le moule sur celle-ci et verser de l'eau bouillante à mi-hauteur du moule. Couvrir la casserole et tenir sur le coin du feu ou dans une étuve assez chaude pour maintenir l'eau à 98 degrés. Le pochage doit se faire par la vapeur à basse température qui se dégage de l'eau. Temps de cuisson : 25 à 30 minutes.

NOTA. — Pour les mousselines, le pochage se fait en moule à darioles.

Dressage : Au moment de servir, démouler la mousse sur un plat rond.

La sauce Homard, la sauce Normande, la sauce Curry, Paprika aux Huîtres, Nantua, conviennent à la Mousse de Homard ou aux Mousselines.

Homard à la Newburg.

Le homard à la Newburg se fait de deux façons :

1° Avec le homard cru ;

2° Avec le homard cuit, méthode véritable.

Homard préparé à cru.

Choisir un homard d'un kilo bien vivant; le fendre sur la longueur; diviser chaque moitié en 3 ou 4 morceaux, retirer la poche contenant du gravier, mettre en réserve la partie crémeuse qui se trouve à côté de la poche.

Faire chauffer 2 cuillerées de beurre dans une casserole à sauter, mettre les morceaux de homard dans le beurre assez chaud ; les assaisonner de sel et poivre; dès que les chairs sont saisies et que la carapace a pris la couleur rouge, ajouter 2 cuillerées de fine champagne et 1 décilitre et demi de madère. Réduire de deux tiers. Ajouter 3 décilitres de crème. Couvrir et donner 15 à 18 minutes de cuisson.

Retirer alors les morceaux de homard, en extraire les chairs et les tenir au chaud dans une casserole couverte.

Lier la sauce avec 3 jaunes d'œufs étendus d'un décilitre de crème et la partie crémeuse mise en réserve et écrasée avec 50 grammes de beurre

Chauffer sans bouillir et verser sur les morceaux de homard.

Homard à la Newburg avec homard cuit.

Choisir un homard d'un kilo environ, récemment péché; le cuire au court-bouillon 20 à 25 minutes. Aussitôt cuit, le sortir de la cuisson' extraire les chairs de la queue en retirant la membrane du dessous, et les diviser en escalopes régulières.

Ranger ces escalopes dans un sautoir grassement beurré, les assaisonner de sel et de poivre et les chauffer des deux côtés. Ensuite, mouiller avec 1 décilitre et demi de bon madère et faire réduire de deux tiers.

Au moment de servir, verser sur les escalopes une liaison composée d'un décilitre et demi de crème, 3 jaunes d'œufs et 60 grammes de beurre divisé en petites parcelles. Rouler doucement la casserole sur le côté du feu, jusqu'à ce que, par la cuisson des jaunes, la liaison soi: bien assurée. Dresser aussitôt dans une timbale tiède.

Homard Thermidor.

Partager le homard dans le sens de la longueur, assaisonner les chairs de sel et de poivre et le griller doucement. Couvrir le fond des deux demi-carapaces d'une légère couche de sauce Béchamel à la crème et moutarde anglaise ; replacer les escalopes dans les carapaces et les napper de la même sauce. Arroser légèrement la surface de beurre fondu et faire vivement glacer à la salamandre.

Homard Victoria.

Préparer le homard identique au homard cuit « à la Newburg Ranger les escalopes dans un sautoir grassement beurré, les assaisonner de sel et poivre et les chauffer des deux côtés; leur mêler un tiers du volume des escalopes, de lamelles de truffe assaisonnées de sel et poivre; les arroser de quelques cuillerées de madère. Enrober ce ragoût de 3 décilitres de sauce Normande complétée de 60 grammes. de beurre divisé en petites parcelles.

Dresser en timbale.

NOTA. — On pourra remplacer, dans certains cas, la sauce Normande par de la Sauce Suprême.

Comme variation on peut compléter la sauce soit : de beurre d'homard, de curry ou de paprika.

HOMARD FROID

Aspic de homard.

La méthode ancienne est de chemiser légèrement à la gelée un moule à douille uni ou historié, et décoré selon le goût. Dans ce cas, ranger les escalopes de homard dans le moule en les intercalant de lames de truffe, et en les disposant par rangées superposées alternées de couches de gelée, laquelle doit, autant que possible, être blanche.

Laisser consolider la gelée sur glace et démouler au moment de la servir.

Ce système a cependant divers inconvénients dont le principal est de forcer la gelée en gélatine, ce qui nuit complètement à la finesse de ce mets.

Pour supprimer cet inconvénient, il est beaucoup préférable de rem- placer le moule par un plat creux. Incruster le plat dans un bloc de glace, faire prendre une légère couche de gelée au fond du plat, dresser les escalopes de homard sur la gelée en les intercalant de lames de truffes; quelques feuilles d'estragon sur les escalopes; couvrir complètement de gelée.

Servir dans le bloc, de glace ou, à défaut, entourer le plat de glace en neige.

Accompagnement : Sauce Mayonnaise, sauce ravigote, salade de légumes, salade verte.

Aspic de homard à la Russe.

Enrober les escalopes de sauce Mayonnaise liée à la gelée ; les décorer avec truffes, corail, estragon, etc., et les disposer sur une couche de gelée comme il est expliqué dans la précédente formule en laissant un espace, entre la rangée des escalopes, sur la longueur du plat. Garnir ce vide d'une fine salade russe et couvrir le tout de gelée.

Servir dans le bloc de glace même ou, à défaut, entourer le plat de glace en neige.

NOTA. — Avec un peu de goût, on pourra varier le style du dressage en y apportant des éléments nouveaux tels; des oeufs de pluvier, des œufs de pigeons, des demi-oeufs farcis, des olives farcies, des filets d'anchois, des lamelles de thon mâtiné, intercalées entre les escalopes de homard, etc.

Mousse de homard.

Cuire le homard dans une Mirepoix au vin blanc et cognac, comme il est indiqué pour la Mousse d'Écrevisse.

Escaloper la chair de la queue du homard, enrober de sauce mayonnaise à la gelée ou de sauce chaud-froid ordinaire, dresser sur la mousse, décorer et recouvrir de gelée.

Homard aux sauces diverses.

Le homard, étant cuit au court-bouillon et refroidi, est partagé en deux sur la longueur. Briser la carapace des pinces pour la facilité du service et dresser sur serviette pliée ; entourer de persil en branches, Servir à part une sauce mayonnaise, ou l'une de celles qui en dérivent comme : Rémoulade, Tartare, Ravigote, etc.

Mayonnaise de homard.

Cuire le homard au court-bouillon, le laisser refroidir; escaloper les chairs, les assaisonner légèrement de sel et poivre, les arroser de quelques gouttes de vinaigre et filets d'huile. Garnir le fond d'un saladier avec de la laitue ciselée, légèrement assaisonnée. Couvrir avec le homard escalopé. Masquer de sauce mayonnaise et décorer avec : Filets d'anchois, câpres, olives dénoyautées, quartiers d'oeufs durs, petits coeurs de laitues.

LANGOUSTE
(Toutes les formules, chaudes ou froides, applicables au homard conviennent à la Langouste.)
Langouste à la Parisienne et à la Russe.

Les méthodes qui concernent l'apprêt de la langouste à la Parisienne et à la Russe sont contradictoires, bien que les deux genres soient distincts, et qu'il n'y ait pas de confusion possible.

Ce qui établit leur différence, c'est que, dans la méthode « A la Parisienne », les escalopes sont simplement glacées à la gelée; tandis que, dans la méthode « A la Russe », elles étaient autrefois enrobées de sauce Mayonnaise collée à la gelée, procédé un peu abandonné aujourd'hui, et remplacé par l'enrobage des escalopes à la sauce chaud- froid ordinaire.

Préparations : Choisir une belle langouste vivante, pesant 1 kilo 500 environ ; la fixer solidement sur une planchette avec la queue bien entendue. La cuire au court-bouillon et la laisser refroidir.

Pour l'extraction de la queue, détacher avec précaution la membrane du dessous, au ras des bords de la carapace. La retirer aussi entière que possible; la diviser en escalopes régulières; les décorer chacune d'une lame de truffe et les arroser de gelée froide, jusqu'à ce qu'elles en soient bien recouvertes.

Dressage : Fixer la carapace sur un tampon en pain en forme de coin posé sur un des bouts du plat de service, de façon à ce que, la langouste étant placée dessus, se trouve à moitié debout. Ranger alors sur la langouste les escalopes glacées, en partant de la tête, et en les rapportant par grandeur, tout en les chevalant légèrement.

Entourer la langouste, avec des fonds d'artichauts garnis d'une fine macédoine de légumes, dans laquelle on aura mêlé les parures des esca- lopes, liée à la Mayonnaise ; placer sur la macédoine une lamelle de truffe. Intercaler les artichauts de demi-œufs durs et petits cœurs de laitues. Border le plat de croûtons de gelée bien limpide.

LANGOUSTINES

Sur le continent méditerranéen, la langoustine n'est autre que la petite langouste ordinaire dont le poids ne dépasse pas 250 grammes. Toutes les formules indiquées pour la préparation du homard lui conviennent.

Mais ce qu'on appelle véritablement langoustines est tout à fait d'une autre espèce, que l'on trouve maintenant chez tous les marchands de poisson et comestibles; la grosseur est celle d'une grosse écrevisse.

NOTA. — Ces langoustines se préparent également selon toutes les formules indiquées pour le homard et les écrevisses.

TERRAPÈNE

La Terrapène est une petite tortue originaire de l'Amérique du Nord. Les Américains la dénomment « Diamond-back » ou « Dos de Diamant », en français, à cause de la forme des facettes en relief qui ornent la carapace. Les gourmets américains en font grand cas.

En Europe, où on ne peut l'avoir vivante, on l'emploie en conserve, ce qui, malheureusement, ne réalise pas la finesse du mets préparé avec la Terrapène vivante.

Bien que, comme il est dit ci-dessus, la Terrapène soit très rarement importée vivante en Europe, voici, néanmoins, la meilleure façon de la préparer.

Plonger la terrapène dans un bassin contenant assez d'eau pour qu'elle puisse nager à son aise. Après une demi-heure, on renouvelle l'eau en recommençant cette opération à plusieurs reprises. Finalement, on la lave bien, puis on l'échaude en la plongeant dans une casserole d'eau bouillante, jusqu'à ce que la peau blanche qui recouvre la tête et les pattes s'enlève aisément en la frottant avec un linge blanc.

La terrapène étant ainsi échaudée, on la cuit à l'eau bouillante, sans sel, ou à la vapeur. Le temps de cuisson varie selon la grosseur et la qualité de la bête, mais le temps normal est de trois quarts d'heure.

On reconnaît que la terrapène est cuite en pressant les pattes entre les doigts : la chair doit céder sous la pression, si elle est suffisamment cuite.

Les terrapènes qui exigent plus d'une heure de cuisson sont sans valeur et on ne doit pas les utiliser.

La terrapène étant cuite, on la laisse refroidir, puis on lui arrache les ongles, et on sépare avec un couteau la partie plate de la carapace du dessous. Détacher soigneusement toutes les chairs d'après ces deux parties de carapaces; détacher aussi les pattes d'après le corps; les couper en morceaux de 4 centimètres carrés et les mettre de côté. Re- tirer le foie en prenant garde de ne pas crever le fiel ; enlever celui-ci avec précaution ainsi que les parties du foie avec lesquelles il était en contact. Ce fiel est jeté, ainsi que la tête, la queue, le cœur, les entrailles, et les muscles blancs de l'intérieur. Retirer aussi soigneuse- ment les œufs, les joindre aux pattes. Assaisonner le tout de sel, poivre noir, Cayenne, et couvrir d'eau juste à hauteur. Faire bouillir; achever la cuisson dans un four doux pendant 20 à 30 minutes.

Terrapène à la Maryland.

Piler 8 jaunes d'œufs durs avec 125 grammes de beurre et les passer au tamis.

Préparer un litre de terrapène comme il est dit ci-dessus; l'égoutter, la mettre dans une casserole avec un demi-litre de crème fraîche; laisser bouillir 15 à 16 minutes et ajouter la purée de jaunes d'œufs comme liaison. Continuer l'ébullition 2 minutes et au moment de servir, ajouter quelques cuillerées de bon madère, puis rectifier l'assaisonnement.

MOULES

Préparation première des moules.

Choisir des moules de moyenne grosseur et très fraîches ; les nettoyer, soigneusement, les mettre dans une casserole avec oignon émincé, queues de persil, poivre mignonnette et un demi-verre d'eau. Couvrir la casserole, la mettre sur le feu, donner quelques minutes de cuisson, juste le temps de faire ouvrir les moules.

Après cuisson, retirer la casserole du feu, et retirer aux moules une des coquilles; mettre celles contenant la moule dans une terrine. Dé- canter la cuisson et la verser sur les moules.

Moules à la marinière.

Pour 2 litres de moules, ouvertes et débarrassées d'une coquille : Faire réduire de deux tiers 2 décilitres de vin blanc additionné d'une forte cuillerée d'échalote haché ; ajouter 2 décilitres de cuisson des moules, 4 à 5 cuillerées de mie de pain fraîchement préparée. Sauter les moules quelques instants dans cette sauce ; lui mêler 60 grammes de beurre, une forte pincée de persil haché, le jus d'un demi-citron. Les dresser en timbale ou dans un légumier.

NOTA. — On pourra, à volonté, remplacer la mie de pain par du bon velouté.

Moules à la poulette.

Les moules étant ouvertes et une des coquilles retirée, faire réduire 1 décilitre de leur cuisson et l'ajouter à 3 décilitres de sauce Poulette. Sauter les moules dans cette sauce. Compléter d'un jus de citron. Dresser et saupoudrer de persil finement haché.

Moules à la Toulonnaise.

Les moules étant ouvertes, les débarrasser des deux coquilles. Mettre les moules dans une casserole avec une cuillerée de leur cuisson et 2 décilitres de velouté; tenir au chaud. Lier la sauce, au dernier mo- ment, de 2 ou 3 jaunes d'œufs et quelques parcelles de beurre.

Dresser les moules dans une bordure de riz cuit avec une partie de cuisson des moules et cuisson du poisson ou bouillon ordinaire et complété d'une petite pincée de safran en poudre ou feuilles de safran infusées.

COQUILLES SAINT-JACQUES

Choisir 12 coquilles bien fraîches; les brosser, les laver, les mettre sur le fourneau pour les faire ouvrir, enlever la valve supérieure, détacher les chairs de la coquille concave en passant dessous la lame d'un couteau pliant. Mettre les chairs dans une casserole, les couvrir d'eau, donner 6 à 8 minutes d'ébullition et les égoutter. Diviser les noix en rondelles minces, escaloper le corail et couper les barbes en petits dés. Mettre le tout dans une casserole avec 2 cuillerées de beurre, 1 décilitre de vin blanc, le jus d'un citron, assaisonne- ment sel et poivre et, si possible, quelques cuillerées de champignons. Couvrir la casserole et donner 15 à 18 minutes de cuisson.

Coquilles Saint-Jacques crème gratin.

Après avoir bien brossé et lavé les coquilles concaves, couvrir le fond de sauce Béchamel à la crème et dans laquelle on aura ajouté la cuisson des noix, réduite des deux tiers. Ranger sur cette sauce les rondelles de noix, corail et barbes. Masquer de la même sauce, saupoudrer de fromage râpé, arroser de beurre fondu et faire légèrement gratiner.

NOTA. — On pourra, à volonté, ajouter aux noix quelques lamelles de truffes.

Les coquilles Saint-Jacques, après cuisson, peuvent être préparées à l'Américaine, à la Newburg, au Curry, à la Provençale.

Coquilles Saint-Jacques à la Provençale.

Les noix coupées, en rondelles pas trop minces, les passer dans la farine et les jeter dans une casserole dans laquelle on aura fait chauffer
2 cuillerées de beurre et 3 cuillerées d'huile d'olive, et fait blondir
2 cuillerées d'oignon finement haché. Dès que les rondelles de noix sont légèrement saisies, ajouter le blanc, 7 à 8 tomates pelées, épépinées hachées, une pointe d'ail, persil haché, sel et poivre et corail émincé et les barbes. Couvrir la casserole et donner
20 minutes de cuisson environ. Compléter la sauce de quelques par- celles de beurre fin. Dresser en timbale ou plat creux.

NOTA. — On pourra, à volonté, servir un plat de riz pilaw en même temps.

ESCARGOTS

Prendre les escargots bouchés ; retirer la cloison calcaire ; les laver à plusieurs eaux et les mettre à dégorger pendant une heure avec du sel gris et vinaigre.

Les laver de nouveau à grande eau pour les débarrasser de toute mucosité, puis les faire bouillir pendant 5 à 6 minutes couverts complètement d'eau.

Les égoutter, les rafraîchir, les sortir des coquilles et supprimer le bout noir. Ensuite, les mettre en cuisson avec : moitié vin blanc et eau, assez pour qu'ils en soient largement couverts; carottes, oignons et échalotes émincés et un bon bouquet garni. Saler à raison de 8 gr. par litre de mouillement et cuire à petit feu, environ 3 heures. Les laisser refroidir dans leur cuisson. Laver les coquilles, les faire égoutter et sécher à l'étuve.

NOTA. — Si, au printemps **ou** en automne, vous ramassez des escargots dans les vignes, il faut, avant de les cuire, les mettre en cage et les faire jeûner 8 jours.

Escargots à la Bourguignonne.

Cuire les escargots comme il est indiqué ; les égoutter. Garnir le fond de chaque coquille de beurre, gros comme une noisette, ainsi préparé : *(Pour 50 escargots)* : Ajouter à 300 grammes de beurre, 30 grammes d'échalote finement hachée, une petite gousse d'ail broyé et mis en pâte, une cuillerée de persil haché, 12 grammes de sel et 2 grammes de poivre. Mélanger le tout intimement et tenir au frais.

Introduire l'escargot dans la coquille, fermer celle-ci avec du même beurre, et les ranger au fur et à mesure sur un plat. Mettre un peu d'eau au fond du plat, saupoudrer de chapelure le beurre des escargots et chauffer â four vif pendant 7 à 8 minutes.

Escargots sautés aux tomates.

Cuire les escargots comme il est indiqué ; les égoutter. *(Pour 4 douzaines d'escargots) :* faire chauffer 4 à 5 cuillerées d'huile d'olive dans une casserole, ajouter 2 fortes cuillerées d'oignon finement haché. Dès que l'oignon commence à blondir, lui mêler les escargots, les laisser rissoler quelques minutes, les mouiller d'un verre de vin blanc et de quelques cuillerées de leur cuisson. Réduire moitié du liquide. Ajouter alors 7 à 8 tomates pelées, épépinées et hachées, une petite pointe d'ail et une forte pincée de persil haché. Couvrir la casserole et donner 15 à 18 minutes à petit feu.

Dresser les escargots sans leurs coquilles, dans une timbale ou plat creux, et servir en même temps du riz cuit pour pilaw. Les escargots étant cuits selon la méthode indiquée, peuvent s'accommoder selon la formule de la « Terrapène à la Maryland ».

Escargots à la façon d'un gourmand.

Cuire les escargots, les laisser refroidir dans leur cuisson et les égoutter.

Garnir le fond de chaque coquille d'une cuillerée à café de truffe hachée enrobée de glace de viande. Remettre un escargot dans chaque coquille et les recouvrir légèrement de la même préparation de truffe hachée et de glace de viande. Fermer l'ouverture avec une épaisse couche de beurre assaisonné de poivre frais moulu, une petite pointe de poivre rouge et une cuillerée de persil haché avec un soupçon d'ail. Ranger les coquilles dans un plat dont le fond est formé de petites fossettes, servant à maintenir les escargots. Mettre le plat au four, faire mijoter 10 à 12 minutes. Retirer le plat du four et mettre dans chaque escargot une cuillerée à café de mie de pain frite au beurre.

GRENOUILLES

Grenouilles sautées aux fines herbes.

Parer les cuisses; les assaisonner de sel, poivre et les faire sauter au beurre, à la poêle. Dresser en timbale ou légumier, exprimer dessus un petit jus de citron et saupoudrer de persil haché.

NOTA. — Quelques amateurs font frotter légèrement d'ail le fond de la poêle avant d'y mettre le beurre.

Grenouilles frites.

Parer les cuisses; les faire mariner une demi-heure dans du jus de citron, filet d'huile, sel et poivre, et persil haché.

Au moment de servir, tremper les cuisses dans une pâte à frire légère et les frire à grande friture chaude.

Les égoutter et les dresser sur serviette avec persil frit.

Grenouilles à la poulette.

Parer les cuisses de 36 grenouilles; les mettre dans une casserole avec 3 fortes cuillerées de beurre et cuisson de champignons, les assaisonner de sel et poivre. Couvrir la casserole et leur donner 12 à 15 minutes de cuisson à feu doux. A ce point, les grenouilles doivent être cuites et la cuisson réduite. Ajouter 4 décilitres environ de sauce Normande et quelques parcelles de beurre frais.

Dresser en timbale et saupoudrer de persil haché.

NOTA. — On pourra supprimer le persil et mêler aux cuisses des grenouilles des champignons, lamelles de truffe, queues d'écrevisses. *Autre Méthode de Préparation :* Prendre les cuisses de 36 grenouilles, les parer. Faire chauffer 3 cuillerées de beurre dans la casserole, y joindre les cuisses de grenouilles; les laisser étuver quelques minutes; les saupoudrer de 3 cuillerées de farine, puis les mouiller d'un verre de vin blanc et un demi-litre d'eau chaude, assaisonnement 3 grammes de sel, quelques grains de poivre; un petit bouquet de branches de persil et une feuille de laurier. Faire bouillir 10 à 12 minutes à petit feu. Retirer la casserole du feu. Passer la cuisson à la passoire dans une casserole, la mettre à ébullition. Ranger les cuisses de grenouilles dans une timbale et les tenir au chaud.

Lier la sauce avec 3 jaunes d'oeufs étendus de 2 cuillerées de crème. Compléter la sauce de quelques parcelles de beurre fin.

NOTA. — On pourra, à volonté, ajouter des champignons sautés au beurre comme garniture et pincée de persil haché.

GRENOUILLES FROIDES

Nymphes à l'aurore.

Parer les cuisses; les pocher dans un court-bouillon **au** vin blanc et les laisser refroidir dans la cuisson.

Lorsqu'elles sont froides, les égoutter, les éponger sur un linge blanc et les enrober d'une sauce chaud-froid au Paprika doux de couleur aurore.

Faire prendre une couche de gelée au vin de Moselle, bien limpide, au fond d'un plat creux carré en argent ou, à défaut, dans une coupe en cristal. Disposer sur cette couche de gelée les cuisses de grenouilles enrobées de sauce, en les entremêlant de feuilles d'estragon pour imiter les herbes aquatiques. Recouvrir complètement de même gelée et laisser raffermir.

Pour servir, incruster plat ou coupe dans un bloc de glace vive ou entouré de glace en neige.

VIANDES DE BOUCHERIE

LE BŒUF

BŒUF BOUILLI

Le Bœuf bouilli n'est pas toujours apprécié à sa juste valeur. Je dirai même qu'il est dédaigné dans certains pays, tel en Angleterre.

Il est vrai que la viande qui a produit le bouillon ne peut manquer d'avoir perdu quelques-unes de ses qualités essentielles.

Cependant un bon pot-au-feu sera toujours un mets confortable et bien bourgeois que rien ne détrônera.

Les manières d'accommoder un morceau de bœuf bouilli de la veille sont nombreuses. Voici quelques formules prises au hasard dont une bonne ménagère comprendra l'importance à tous points de vue.

Le bœuf bouilli mangé froid, le lendemain de sa cuisson et simplement accompagné de gros sel, n'est-il pas un véritable régal ?

NOTA. — Le bœuf bouilli destiné à être réservé pour le lendemain devra être déposé sur un plat et conservé sec. Ne jamais le laisser refroidir dans son bouillon.

Bœuf à l'Arlésienne.

Couper le bœuf en tranches de 1 centimètre d'épaisseur. Ranger ces tranches dans un plat à gratin, dont on fait usage en Provence.

D'autre part, émincer 2 oignons moyens, les mettre dans la poêle avec 4 à 5 cuillerées d'huile d'olive; dès que l'oignon commence à blondir, ajouter 3 à 4 aubergines pelées et coupées en rondelles minces; les sauter 7 à 8 minutes avec l'oignon, à feu modéré, et y joindre 6 à 700 grammes de tomates pelées, épépinées et hachées, puis 4 gros poivrons rouges qu'on aura fait griller et coupés en lanières ; assaisonnement sel et poivre, persil haché et soupçon d' ail. Laisser mijoter 18 à 20 minutes. Avec ce ragoût de légumes, recouvrir les tranches de bœuf. Mettre le plat quelques instants au four.

Bœuf au gratin.

Faire légèrement blondir au beurre, ou au saindoux, 3 cuillerées d'oignon haché ; ajouter 500 grammes de bœuf haché fin ; assaisonner de sel, de poivre et muscade râpée; compléter par 2 décilitres de sauce tomate, persil haché et soupçon d'ail. Laisser mijoter 7 à 8 minutes. Verser alors le hachis dans un plat à gratin, en faïence, ou en terre, assez profond pour que le hachis arrive aux deux tiers de hauteur des bords du plat **et** finir de le remplir d'une couche de purée de pommes de terre.

Saupoudrer la surface avec de la chapelure mélangée avec fromage râpé; arroser légèrement de beurre et faire gratiner dans le four.

Bœuf miroton.

Émincer finement 3 oignons moyens ; les mettre dans une casserole dans laquelle on aura fait chauffer 2 cuillerées de beurre ou tout autre corps gras alimentaire; dès que l'oignon aura pris une couleur légère- ment brune, ajouter une forte cuillerée de farine; laisser cuire la farine pendant quelques minutes et mouiller avec 3 à 4 décilitres de bouillon ordinaire et 2 cuillerées de bon vinaigre; cette sauce doit être un peu épaisse; assaisonner de sel, poivre; ajouter un petit bouquet : persil, demi-feuille de laurier, brindilles de thym et facultativement une demi- gousse d'ail; laisser bouillir 10 à 12 minutes.

Couper, en tranches minces, 500 grammes de bœuf bouilli cuit de la veille et conservé à sec ; ranger ces tranches dans un plat à gratin ; mêler à la sauce quelques cornichons émincés, ou câpres, et verser sur le bœuf; saupoudrer de chapelure, arroser de quelques gouttes de beurre fondu, ou, plus économique, un peu de bonne graisse du pot- au-feu et faire légèrement gratiner.

NOTA.— Le bœuf bouilli ne doit, dans aucun cas, refroidir dans son bouillon.

Bœuf sauté Lyonnaise.

Émincer de gros oignons blancs, les mettre dans la poêle avec 4 cuillerées de beurre ou de saindoux. Dès que l'oignon commence à blondir, lui mêler 500 grammes de bœuf émincé, ou coupé en petits carrés; assaisonner de sel et poivre et faire sauter pendant 7 à 8 minutes sur feu doux. Au moment de servir le bœuf, ajouter 2 cuillerées de bon vinaigre et saupoudrer de persil haché.

Bœuf sauté Parmentier.

Hacher 2 oignons moyens, les faire légèrement roussir au beurre et leur ajouter 500 grammes de bœuf émincé en petites lamelles; assaisonner de sel et poivre, et le sauter pendant 7 à 8 minutes. Mêler alors au bœuf des pommes sautées en partie égales ; sauter le tout quelques instants. Saupoudrer de persil haché et servir.

Bœuf Provençale.

1 kilo de tomates bien mûres; les peler, les épépiner et les hacher grossièrement ; les mettre dans une casserole avec 4 à 5 cuillerées d'huile d'olive, assaisonner de se! et poivre, persil haché et une pointe d'ail. Couvrir la casserole, cuire à petit feu environ 12 minutes. Ajou- ter à la tomate 500 grammes de bœuf coupé en morceaux carrés de la grosseur d'une noix; laisser mijoter 12 à 15 minutes.

Facultativement, on pourra ajouter au sauté : olives noires ou vertes, champignons crus émincés et sautés à l'huile.

Comme accompagnement : purée de pommes de terre, pommes na- ture, pommes sautées, macaroni, nouilles, conviennent au « Bœuf sauté Provençale ».

Bœuf à la Tyrolienne.

Couper 500 grammes de bœuf en tranches minces ; les ranger dans un plat à gratin.

Émincer 2 gros oignons, les faire légèrement roussir à l'huile d'olive à la poêle; ajouter 4 cuillerées de bon vinaigre, le faire réduire et joindre à l'oignon 7 à 8 tomates pelées, épépinées et émincées; les assaisonner de sel et de poivre, pincée de persil grossièrement haché et soupçon d'ail. Cuire 15 à 18 minutes à petit feu. Avec cette sauce, recouvrir les tranches de bœuf. Mettre le plat au four 7 à 8 minutes à chaleur modérée.

En sortant le plat du four, saupoudrer de persil haché.

Comme accompagnement : les mêmes éléments mentionnés pour « Le Bœuf Provençale ».

Palets de bœuf à la ménagère.

Hacher finement 500 grammes de bœuf bouilli froid, le mettre dans une terrine, et lui mêler même volume de pommes de terre cuites à l'eau, bien égouttées et passées au tamis, ou simplement écrasées avec une fourchette; ajouter 2 œufs bien battus, sel et poivre, muscade râpée, une cuillerée de ciboulette hachée; mêler le tout intimement et verser sur une planche saupoudrée de farine. Diviser l'appareil en boules de la grosseur d'un oeuf, les aplatir et leur donner la forme d'un petit palet. Les faire colorer dans la poêle, au beurre ou au saindoux, les retourner en temps voulu pour les obtenir de couleur dorée, sur les deux faces.

Salade de bœuf.

Émincer ou couper en petits dés 500 grammes de bœuf bouilli froid, le déposer dans un saladier.

Mettre dans un bol : 2 cuillerées à café de moutarde en poudre, sel, poivre, 3 cuillerées de bon vinaigre, 7 à 8 cuillerées d'huile d'olive, cerfeuil, estragon et 2 œufs durs hachés; battre le tout avec une fourchette et verser sur le bœuf. Laisser macérer une heure avant de servir la salade.

On peut varier la salade de bœuf en y mêlant : des haricots verts, des pommes de terre, tomates, concombres, etc.

Servir à part, dans un ravier, de la ciboulette ou de l'oignon finement haché.

DIVISION DU BŒUF

L'aloyau est la partie du bœuf qui va de la pointe de la hanche aux premières côtes, et dans laquelle la boucherie comprend le filet tout entier. Cette pièce ne peut être justement dénommée « Aloyau » que lorsqu'elle comprend le Contrefilet et le Filet réunis.

L'Aloyau est généralement rôti et servi comme Relevé, en le conservant saignant si on le désire tel.

Toutes les garnitures de légumes lui conviennent.

Si l'Aloyau est rôti au four, on doit apporter tous les soins voulus à la cuisson de façon à pouvoir retirer un excellent jus par le déglaçage de l'ustensile où il a cuit, avec du bouillon ordinaire ou simple- ment avec de l'eau chaude.

Ce jus doit être un peu gras.

L'aloyau se sert également froid accompagné de bonne gelée et salades diverses.

Amourettes et cervelles.

On appelle « Amourettes » la moelle épinière du bœuf et du veau. Elles sont ordinairement vendues avec la cervelle, et on les sert sou- vent avec celle-ci. Cependant, en certains cas, elles sont traitées séparément et peuvent constituer, sous une forme ou une autre, des mets spéciaux ou un élément de garniture. En raison de leur légèreté, les cervelles et les amourettes sont des aliments recommandables pour les enfants et les personnes âgées.

La cervelle et les amourettes de veau sont préférables à celles du bœuf, mais leurs préparations sont identiques.

Principe de traitement. — Après avoir été dégorgées à l'eau courante, les amourettes et les cervelles sont débarrassées des membranes nerveuses qui entourent la partie corticale. Elles sont alors soumises à un nouveau trempage à l'eau froide pour achever de les dégorger, c'est-à-dire dissoudre les adhérences sanguinolentes.

On cuit les cervelles et les amourettes dans un court-bouillon, légèrement acidulé de vinaigre, bouquet de persil, laurier et thym.

Temps de cuisson : 20 à 25 minutes suivant grosseur.

Fritot d'amourettes.

Détailler les amourettes fraîchement cuites, en tronçons de 7 centimètres de longueur; les mariner 20 minutes à l'avance avec jus de citron, filet d'huile, sel, poivre et persil haché.

Au moment de servir les tremper dans une pâte à frire légère, les traiter à grande friture chaude, les égoutter sur un linge et les dresser sur serviette avec persil frit.

Servir en même temps une sauce tomate.

NOTA. — Les amourettes fraîchement cuites détaillées en petits dés, additionnées de truffe hachée, enrobées de sauce Béchamel à la Crème, se prêtent délicieusement comme garniture de petits pâtés et bouchées.

CERVELLES

Cervelles au beurre noir.

Fraîchement cuites, les escaloper, les dresser en turban sur un plat rond et disposer au milieu les amourettes tronçonnées. Assaisonner de sel et poivre. Couvrir avec beurre noir proportionné au nombre de cervelles, soit 50 à 60 grammes pour une cervelle de veau ou de boeuf, additionné de feuilles de persil jetées dans le beurre au dernier mo-ment. Compléter par un filet de vinaigre passé dans la poêle après avoir versé le beurre sur les cervelles.

Cervelles à la Bourguignonne.

Fraîchement cuites, les escaloper; y joindre une garniture de cham-pignons et petits oignons glacés; couvrir de sauce au vin rouge, dite « A la Bourguignonne », laisser mijoter pendant 7 à 8 minutes. Dresser en timbale ou en plat creux et entourer les cervelles de petits croûtons en cœurs frits au beurre.

Crépinettes de cervelles.

Détailler en petits dés une cervelle de veau cuite ; mélanger avec même quantité de farce fine à saucisse; ajouter une cuillerée de truffe hachée; assaisonner de sel et poivre.

Diviser l'appareil en boules de 50 grammes; les aplatir, leur donner la forme d'une côtelette, les envelopper de crépinette, les arroser légèrement de beurre fondu, les saupoudrer de chapelure et les faire griller.

Servir en même temps soit une purée de pommes, de pois ou de haricots, etc., et une saucière de sauce Diable.

Fritot de cervelles.

Étant cuites, les escaloper, les mariner et les traiter comme il est indiqué pour le « Fritot d'Amourettes ».

Cervelles à la Génoise.

Détailler les cervelles, cuites en escalopes; les assaisonner légèrement de sel et poivre, les passer dans la farine et les faire colorer dans la poêle avec moitié beurre et huile d'olive.

Beurrer le fond d'un plat en porcelaine de grandeur voulue, parsemer de parmesan râpé, arroser le fromage d'une légère couche de sauce tomate réduite avec un bon jus de veau; ranger dessus les escalopes, les saupoudrer de fromage et les couvrir complètement de la même sauce. Mettre quelques petites parcelles de beurre sur la surface, couvrir le plat, tenir au chaud pendant quelques minutes, le temps nécessaire pour que le fromage et la sauce forment liaison.

Cervelles à l'Italienne.

Préparer les cervelles comme il est indiqué pour les « Cervelles à la Génoise » après les avoir fait colorer à la poêle ; les dresser en couronne sur le plat bien chaud et verser une sauce Italienne au milieu.

Cervelles Napolitaine.

Détailler en larges escalopes des cervelles cuites; les assaisonner de sel et poivre; les passer dans la farine, ensuite dans de l'œuf battu, puis dans de la mie de pain et les faire colorer à la poêle dans moitié huile, moitié beurre.

Dresser en couronne sur plat très chaud; garnir le centre de macaroni préparé à la Napolitaine.

Pain de cervelle à la ménagère.

Étuver au beurre 300 grammes de cervelle crue, l'assaisonner de sel et poivre, la broyer au mortier et lui incorporer 200 grammes de panade à la mie de pain, 60 grammes de beurre à peine fondu et 4 œufs entiers bien battus; mettre l'assaisonnement à point, passer au tamis et verser l'appareil dans un moule à charlotte beurré. Cuire le pain au bain-marie dans le four, à chaleur très douce ; temps de cuisson : '30 à 35 minutes.

Laisser reposer le Pain pendant 5 à 6 minutes, avant de le démouler, Servir à part une sauce tomate ou une sauce piquante.

Palets de cervelle.

Détailler en petits dés une cervelle de veau cuite, lui mélanger un tiers de son volume de farce fine à saucisse, 2 cuillerées de mie de pain blanc humecté d'une petite cuillerée de crème ; assaisonner de sel, poivre et soupçon de muscade râpée.

Avec cet appareil, former des boules de 50 grammes environ, les aplatir et leur donner la forme d'un palet ; les passer dans la farine, ensuite dans l'œuf battu, puis dans de la mie de pain, et les faire colorer des deux côtés dans du beurre clarifié, à la poêle.

Dresser sur plat chaud et servir en même temps, soit une purée de marrons, purée de pommes, des épinards, des œufs à la tripe, et une saucière de sauce poivrade à la crème.

Cervelle à la poulette.

Escaloper les cervelles fraîchement cuites, les mettre dans une casserole, les enrober de sauce Poulette et les dresser en timbale ou plat creux.

Cervelle Royale.

Étuver au beurre une cervelle de veau bien blanche; la passer au tamis fin; mettre la purée qui en résulte dans une petite terrine, lui incorporer 4 jaunes d'œufs et 1 décilitre de crème crue, très fraîche. Mettre l'assaisonnement à point et verser l'appareil dans des petites casseroles à œufs cocotte, beurrées. Cuire au bain-marie à chaleur très douce. Au moment de servir, ajouter dans chaque cocotte une cuillerée à café de fine glace de viande fondue.

Dresser sur plat avec papier dentelle ou serviette pliée.

Subrics de cervelle.

Détailler en dés 200 grammes de cervelles cuites ; assaisonner de sel et poivre; lui mélanger même quantité d'épinards, cuits à l'eau salée, pressés, hachés et séchés au beurre, puis à peu près le même volume d'appareil à crêpes, un peu serré.

Chauffer du beurre clarifié ou du saindoux ou bien de l'huile dans une poêle; prendre l'appareil par cuillerée et le faire tomber dans le beurre en forme de gros macaron, ce qui représente les subrics; retourner ceux-ci à la palette, de manière à les obtenir colorés des deux côtés. Dresser sur plat chaud.

CONTREFILET

Le contrefilet est la partie du bœuf qui s'étend de la pointe de hanche aux premières côtes le long de l'échine. Son traitement est le même que celui du filet, et toutes les préparations de celui-ci sont applicables.

Le contrefilet est rôti de préférence, soit désossé ou non.

En Angleterre, on ne désosse jamais les pièces destinées à rôtir, ce qui est de beaucoup préférable, la chair acquiert ainsi une saveur plus délicate.

ENTRECOTE

Bien que, comme le nom l'indique, l'entrecôte soit la partie de chair qui se trouve comprise entre deux côtes, il est également pris, très souvent pour faciliter le service de détail sur le contrefilet.

L'entrecôte se fait griller ou sauter. Le poids d'un entrecôte pour 2 personnes varie entre 175 à 200 grammes ; épaisseur 2 centimètres et demi environ.

Poids d'un entrecôte double : 350 à 400 grammes. Entrecôte minute, taillé mince, 100 grammes.

Pour obtenir des viandes grillées ou sautées, toutes les qualités requises, elles doivent être de premier choix et rassises à point.

Lorsqu'il s'agit d'une pièce double, que ce soit Entrecôte ou Châteaubriant, ne jamais en exagérer l'épaisseur; celle-ci doit être basée sur la grosseur de la pièce à détailler, cela pour ne pas être obligé de battre démesurément les viandes pour les aplatir et pouvoir les cuire, ce qui est une grave erreur ; une viande fortement battue en brise les fibres et à la cuisson le sang se sépare des chairs, ce qui, de ce fait, ne fait obtenir qu'un morceau de viande dépourvue de sucs et de saveur.

En principe, toutes viandes destinées à être grillées ou sautées ne doivent être battues que très légèrement.

Entrecôte Béarnaise.

Pour 2 personnes : Graisser l'entrecôte au beurre ou à l'huile, saler et faire griller. Dresser sur un plat long chaud, arroser légèrement l'entrecôte d'une cuillerée de glace de viande légère additionnée d'une cuillerée de beurre. Servir à part une saucière de Béarnaise.

On pourra, à volonté, entourer l'entrecôte, ou servir à part, des pommes soufflées, pommes paille, pommes au beurre, pommes sautées L'entrecôte grillé peut, selon le désir, être accompagné de Beurre Bercy, de sauce Bordelaise à la Moelle, de Cèpes aux fines herbes de tomates grillées ou sautées, de sauce Tyrolienne. Toutes les manières d'apprêter les pommes de terre lui sont applicables.

L'entrecôte minute doit se griller rapidement sur feu vif; servir aussitôt sur plat très chaud. Accompagnement à volonté.

Entrecôte aux champignons.

Cuire l'entrecôte au beurre, dans un plat à sauter. Dresser sur plat chaud.

Déglacer le fond de la casserole avec quelques cuillerées de madère ou de vin blanc ; ajouter, pour 2 personnes, une dizaine de petites têtes de champignons cuits et un peu de leur cuisson, puis 5 à 6 cuillerées de sauce demi-glace ; faire réduire quelques secondes ; ranger les champignons sur l'entrecôte, passer la sauce à la passoire fine et la verser sur les champignons.

Comme accompagnement, une purée de pommes de terre est tout indiqué.

Entrecôte Mirabeau.

Griller l'entrecôte, dresser sur plat chaud; disposer dessus, en grille, quelques lanières de filets d'anchois, de feuilles d'estragon, passées quelques secondes à l'eau bouillante salée, en entourer l'entrecôte d'olives dénoyautées.

Servir à part : un beurre d'Anchois et, à volonté, des pommes soufflées, frites, sautées, etc.

COTE DE BŒUF OU TRAIN DE COTE

La côte de bœuf, ou plutôt le train de côtes, est généralement rôti. Le temps de cuisson varie naturellement selon la grosseur et la q u a l i t é de la pièce. Il peut cep e n d a n t , être fixé approximativement de 15 à 20 minutes au moins.

Cette pièce de boucherie ne doit être employée que très rassise, c'est à cette condition qu'on peut l'obtenir tendre.

La côte de bœuf peut être également braisée; mais, dans ce cas, on divise le train de côtes en morceaux, comprenant 2 ou 3 côtes.

Côte de bœuf braisée.

Parer et ficeler la côte de bœuf ; la mettre ensuite dans une braisière dont on aura garni le fond d'un lit d'oignons et carottes émincés et de quelques couennes de lard bien dégraissées ; assaisonner légèrement la viande, 1 arroser de quelques cuillerées de bonne graisse. Placer la braisière sur un feu doux ; mouiller de 5 décilitres de vin blanc ; dès que le vin est à peu près réduit, ajouter un pied de veau désossé et blanchi ; un bouquet garni ; puis mouiller à hauteur de la pièce avec du bouillon ordinaire. Couvrir la braisière, la mettre dans le four à chaleur douce; arroser souvent la côte pendant la cuisson. Lorsqu'elle est cuite à point, ce qui se reconnaît, quand la pointe d'une aiguille à brider pénètre aisément la viande sans rencontrer de résistance, on la retire avec précaution de la cuisson, ainsi que le pied de veau. Le fonds de cuisson est alors passé à la passoire fine et on laisse reposer pendant quelques instants pour permettre à la graisse de remonter entièrement à la surface, d'où elle est ensuite enlevée. Si le fonds était trop clair, le réduire vivement au tiers de son volume primitif.

Si on désire un jus plus lié, on pourra, pour un demi-litre de jus, lui ajouter une cuillerée d'arrow-root délayé avec un peu d'eau, ou, si possible, avec quelques cuillerées de sauce demi-glace légèrement tomatée.

Dresser la pièce sur le plat de service, l'arroser légèrement de la cuisson, la passer quelques instants au four, puis l'entourer du pied de veau détaillé en petits morceaux et de la garniture adoptée, soit : carottes, laitues braisées, céleris, navets, oignons glacés, endives, purée de pommes de terre, choux farcis, etc.

t.es pâtes : Macaroni, Spaghetti, lasagnes, nouilles, raviolis, accompagnent délicieusement la côte de bœuf braisée.

Côtes en entrecôtes de détail.

Les côtes en entrecôtes de détail sont généralement grillées ou sautées, en les taillant d'épaisseur convenable pour rendre leur cuisson facile.

L'entrecôte, en réalité, ne doit pas, pour la régularité de la cuisson, dépasser le poids d'un kilo. Tous les modes d'apprêts indiqués à l'entrecôte lui sont applicables.

HAMPES OU ONGLÉES

Ces parties sont les muscles de la plèvre. Ils constituent des morceaux très tendres et juteux qui fournissent d'excellents beefsteaks, des paupiettes exquises ; détaillés en petits carrés, on les fait sauter au beurre comme les rognons que l'on accommode de même.

A ces différents usages, il faut ajouter celui qui consiste à les griller pour en extraire le jus. Quel que soit leur emploi, ils doivent toujours être débarrassés des tendons de peau qui les recouvrent.

FILET DE BŒUF

Le filet de bœuf représente la partie la plus fine du bœuf. On sert la pièce entière généralement piquée de lard et, dans certaines préparations, on pique le filet de truffe; dans ce cas, il est enveloppé de bardes de lard.

Le filet de bœuf destiné à être servi comme Relevé est poêlé ou rôti.

A moins d'indications contraires, il doit toujours être tenu légèrement rosé intérieurement.

Observation sur le détail du Filet de Bœuf.— Autrefois, c'était la coutume, dans les maisons de commerce, ou du moins dans les restaurants à la carte, de détailler le Filet de Bœuf de la façon suivante : *La tête servait pour les « Beefsteaks »* (poids180 grammes), *2 per- sonnes. Le milieu était réservé pour Châteaubriant (poids300 gr.), 3 à 4 personnes, et Filets de détail (poids 180 grammes), 2 personnes.* Puis sur la partie mince étaient taillés les *« Tournedos », 3 pièces par portion ensemble* (poids 150 grammes), *2 personnes. Puis, la partie aplatie de l'extrémité divisée en deux sur la longueur, fournissait les filets « Mignons »* (poids150 grammes), *2 personnes.*

Cette méthode de détailler le Filet de Bœuf est excellente, et permet un contrôle facile du rendement.

Le Filet de Bœuf destiné à être rôti doit être soigneusement paré de ses deux enveloppes nerveuses extérieures, tout en conservant 1. chaîne, bien dénervée, que longe le filet, puis piqué ou bardé. Mais, une précaution qui mérite d'être mentionnée, est de mettre sur le côté non piqué des tranches de graisse de bœuf aplaties, que l'on maintient avec de la ficelle.

Le Filet de Bœuf doit être rôti à feu assez vif et tenu un peu rosé. Temps de cuisson à la broche : 18 minutes au kilo et 15 minutes au four. L'arroser de temps à autre avec la graisse qui en découle et le saler pendant la cuisson.

Rôtis de bœuf à l'Anglaise.

Ces rôtis sont tenus plutôt un peu cuits ; ils sont toujours accompagnés de « Yorkshire-Rudding ».

Le Filet de Bœuf destiné à être poêlé se prépare identiquement comme pour rôtir, mais, à la place d'être mis à la broche, il est mis sur un lit de : Oignon, carottes émincées, bouquet garni, quelques bouts de céleri, et arrosé de beurre. Couvrir l'ustensile et le mettre au four à chaleur moyenne. Arroser de temps à autre le filet avec sa graisse, le saler avant la cuisson complète; éviter surtout de laisser brûler les légumes.

Aussitôt cuit, sortir le filet de la casserole, le tenir au chaud. Ajouter au fonds de cuisson un verre de madère ou de vin blanc,

puis du bon jus, quantité en rapport de la pièce; faire bouillir quelques instants, passer le jus à la passoire fine et le dégraisser en partie.

Le filet est déficelé, débarrassé de la graisse supplémentaire, en- touré de la garniture choisie, légèrement saucé de son jus, ou celui-ci additionné de sauce demi-glace, suivant le cas.

Filet de bœuf à l'Arlésienne.

Filet poêlé, entouré d'aubergines et tomates farcies. Servir à part le fonds de cuisson additionné de sauce demi-glace légèrement tomatée.

Filet de bœuf bouquetière.

Piquer le filet de lard fin et le poêler ou le rôtir. Le dresser et l'entourer de bouquets de légumes en alternant les couleurs. Servir à part le fonds de cuisson passé et dégraissé et réduit à point.

Filet de bœuf financière.

Piquer le filet et le poêler. Le dresser et l'entourer des éléments de la garniture Financière, disposés en bouquets distincts et légèrement saucés.

Servir à part le complément de la sauce Financière.

Filet de bœuf Godard.

Piquer le filet avec lard et langue alternés, et le poêler.

Le dresser et l'entourer des éléments de la garniture « A la Godard » disposés en bouquets légèrement saucés.

Placer les quenelles décorées de façon bien apparente, sur le milieu du plat, de chaque côté du filet. Servir à part une sauce Godard additionnée du fonds de poêlage dégraissé, passé et réduit. *(Voir Garniture Godard.)*

Filet de bœuf jardinière.

Piquer le filet et le rôtir. Le dresser et l'arroser simplement de quelques cuillerées de son jus de rôti, non dégraissé.

Envoyer à part : Une bonne jardinière de légumes frais liée au beurre fin et une saucière de très bon jus réduit.

Filet de bœuf Madrilène.

Piquer le filet et le poêler. Le dresser, l'entourer de tomates farcies, de riz en pilaw.

Servir à part : Une saucière de sauce demi-glace légèrement tomatée additionnée de son fonds de poêlage réduit et de poivrons doux, grillés et taillés en julienne.

Filet de bœuf Nivernaise.

Piquer le filet et le poêler. Le dresser; l'entourer avec carottes nouvelles et oignons glacés, disposés en bouquets alternés.

Servir à part : le fonds de cuisson légèrement lié, dégraissé et passé.

Filet de bœuf à la Talleyrand.

Clouter le filet aux truffes. Le mettre à mariner au madère, pendant quelques heures. Ensuite, le barder, le ficeler, et le poêler au madère. Le glacer à l'entrée du four; le dresser avec, simplement, un peu de jus au fond du plat.

Envoyer à part : un légumier ou timbale de fin macaroni cuit à point, huilé avec beurre fin, fromage de gruyère et parmesan râpés, additionné, pour 150 grammes de macaroni cru, de 50 grammes de truffe en julienne et de 75 grammes environ de parfait de foie gras coupé en dés. Servir en même temps : une sauce Madère avec julienne de truffe.

Le Filet de Bœuf peut être accompagné de nombreuses garnitures suivant les saisons et le désir de chacun.

La pomme de terre, que je n'ai pas indiquée dans les recettes précédentes, pourra, de n'importe quelle façon de la préparer, être toujours, en toutes circonstances, un précieux auxiliaire comme accompagnement du Filet de Bœuf.

FILET DE BŒUF FROID

Le filet destiné à être servi froid est poêlé ou rôti, en le tenant légèrement rosé à l'intérieur. Lorsqu'il est froid, il est paré dessous et sur les côtés, puis nappé à la gelée ou glacé légèrement de glace de viande. Cette seconde méthode est préférable dans bien des cas.

Le filet froid peut être accompagné soit : légumes à la gelée, de salade, de légumes, de salade à la Russe, et entouré de fonds d'artichauts garnis à volonté; pointes d'asperges mélangées avec truffe en dés, tomates et aubergines farcies à la provençale conviennent très bien.

NOTA.— Autant que possible ne pas faire usage de fonds d'artichauts de conserve. N'importe quelle méthode de garniture employée pour le filet de boeuf froid doit toujours être accompagnée d'une timbale de fine gelée incrustée ou entourée de glace.

En Angleterre, toutes viandes froides sont généralement accompagnées de pommes de terre chaudes, cuites à la vapeur, et de différentes sortes de pickles.

La sauce raifort froide, à la crème, est très appréciée comme accompagnement des viandes froides noires.

155

BEEFSTEAK

En principe, le beefsteak était autrefois, à Paris, pris sur la tête du filet de boeuf, mais il peut tout aussi bien être fourni par le contre- filet ou la tête d'Aloyau sans qu'il y ait dérogation à la règle, puisque son nom, d'origine anglaise qui se traduit littéralement par « Tranche de Bœuf » n'indique pas de partie de bœuf qui lui soit spéciale.

Le Beefsteak peut recevoir toutes les préparations de l'Entrecôte, indépendamment des suivantes :

Beefsteak à l'Américaine.

Tailler le beefsteak sur le filet, dégraisser et dénerver la viande, la hacher finement, et l'assaisonner de sel et de poivre. Avec ce hachis, reformer le beefsteak sur le plat de service, en ménageant une petite cavité sur le milieu poury mettre un jaune d'oeuf cru.

Envoyer à part : "Câpres, oignon et persil haché.

Beefsteak à la Hambourgeoise.

Hacher finement la viande et ajouter au hachis : un petit œuf cru, une cuillerée à café d'oignon haché et légèrement roussi au beurre, sel, poivre et muscade.

Reformer le beefsteak dans son état naturel, le fariner et le cuire au beurre clarifié. Dresser et disposer sur le beefsteak une petite cuillerée d'oignon haché et revenu au beurre.

La cuisson est à point quand le sang perle à la surface.

Beefsteak à la Russe.

Préparer le beefsteak comme pour « Hambourgeoise », mais rem- placer l'oignon sur le beefsteak par 2 œufs cuits à la poêle et coupés à l'emporte-pièce.

BITOKES
Bitokes à la Russe.

Hacher finement 500 grammes de viande maigre de bœuf dégraissée et dénervée. Ajouter à ce hachis 100 grammes de beurre et 100 gr, de mie de pain blanc, humecté légèrement de crème, 10 grammes de sel, pincée de poivre, soupçon de muscade et mélanger le tout inti- mernent.

Diviser la masse en 7 ou 8 parties ; les façonner en forme de palets, les saupoudrer de farine, les cuire au beurre clarifié et les dresser en couronne sur un plat rond.

Égoutter le beurre de cuisson et le remplacer par un décilitre de crème aigre ; faire réduire quelques secondes et compléter par l'addition à la crème de quelques cuillerées de sauce demi-glace très réduite, ou, à défaut, 2 ou 3 cuillerées de bonne glace de viande.

Passer la sauce, l'envoyer à part et, en même temps, un légumier de pommes sautées.

NOTA. — A défaut de crème aigre, ajouter à la sauce le jus d'un demi-citron.

Quelquefois on pane les bitokes à l'œuf et à la mie de pain.

CHATEAUBRIANT

Le Châteaubriant, comme je l'ai indiqué d'autre part, se prend en plein cœur du filet. Il est difficile d'en fixer le poids juste, car cela dépend beaucoup de l'épaisseur du filet de laquelle on doit tenir compte pour ne pas être obligé, soi-disant pour en faciliter la cuisson, de battre la viande outre-mesure, ce qui est une grande erreur. Dans un filet de poids et de grosseur moyenne, il est bon de ne pas dépasser le poids de 400 grammes. Anciennement, le Châteaubriant était toujours accompagné d'une sauce composée de glace de viande, additionnée de deux fois son volume, de beurre à la Maître-d'Hôtel et de pommes rissolées au beurre.

Aujourd'hui, le Châteaubriant est accompagné de toutes les sauces et garnitures usuelles applicables aux Filets grillés et aux Tournedos.

FILETS DE BŒUF SAUTÉS OU GRILLÉS

Ces filets se taillent du poids de 180 grammes, ou de 200 grammes au maximum, et se traitent comme les entrecôtes et les Tournedos.

Les garnitures et sauces d'accompagnement des uns et des autres conviennent au filet.

FILETS MIGNONS

Les filets Mignons de Boeuf sont généralement fournis par les queues de filets de Bœuf, divisées en deux parties sur la longueur. On les façonne en forme de triangle plat.

Après les avoir assaisonnés, les tremper dans du beurre fondu et les paner à la chapelure ou à la mie de pain. Arroser de beurre fondu et les faire griller.

Accompagnement : Toutes garnitures de légumes et sauces : Béar- naise, Piquante, Choron, etc.

Filets mignons en chevreuil.

Parer 6 à 8 filets mignons comme il est dit ci-dessus, les piquer d'une petite rosace de lardons, sur la partie la plus large du filet. Les mettre dans une terrine avec quelques grains de poivre, carotte et oignon émincés, une feuille de laurier, brindilles de thym, persil en branches; les arroser de quelques cuillerées d'huile, 2 cuillerées de vinaigre et I décilitre de vin rouge. Couvrir la terrine, la tenir sur glace, si possible au moins 24 heures.

Traitement : Les filets en chevreuil, après les avoir égouttés et bien épongés, sont sautés à l'huile très chaude. On les dresse généralement sur croûtons en cœurs, frits à l'huile ou au beurre. Saucer de sauce poivrade additionnée de la marinade réduite aux deux tiers et passée, ou de sauce Chasseur.

Accompagnements ordinaires : Purée de marrons, purée de lentille purée de haricots rouges, purée de patates.

TOURNEDOS

Les Tournedos sont taillés sur les parties minces du filet; le poids moyen est de 90 à 100 grammes. Ils sont vivement sautés au beurre ou grillés, suivant le cas.

Autrefois, il était coutume de dresser sur croûtons les tournedos sautés, méthode qui, pour de multiples raisons, a été abandonnée. Cependant si l'on doit faire usage de croûtons, ceux-ci doivent être frits au beurre, au dernier moment, et nappés de glace de viande qui forme isolant entre la viande et le pain, et empêche celui-ci d'absorber le jus qui s'échappe de celle-là.

Tous tournedos sautés, garnis de légumes liés au beurre, pointes d'asperges, jardinière, etc., doivent être saucés de sauce « Châteaubriant », autrement dit de glace de viande montée au beurre, complétée de quelques gouttes de jus de citron. Cette sauce a l'avantage de donner aux légumes un supplément de liaison, ce qui n'est pas le cas lorsque les Tournedos sont saucés de sauce Madère ou de Vin Blanc. La sauce Madère ou autres sauces dérivées de la sauce Espagnole, doivent être réservées pour garnitures de truffe, champignon, financière, laitue, braisée, céleris, etc.

Tournedos Andalouse.

Tournedos sautés huile et beurre. Dresser sur un lit de garniture composée de : oignon émincé légèrement sauté à l'huile à la poêle auquel on ajoute le double de volume d'aubergines émincées et frites à l'huile, un ou deux poivrons rouges grillés, débarrassés de leur peau, et coupés en lanières, puis autant de tomates que d'aubergines pelées, épépinées et hachées ; assaisonnement sel et poivre ; persil haché avec une petite pointe d'ail. Cuire doucement environ 20 à 25 minutes. Déglacer le fond du sautoir des tournedos avec un peu de bon jus et verser sur les Tournedos.

Servir en même temps un plat de riz à la Créole.

Tournedos Arlésienne.

Préparer identiquement comme il est dit pour le « Tournedos Andalouse », sauf que dans la garniture Arlésienne le poivron est sup- primé.

Servir en même temps un légumier de pommes nature.

Tournedos Béarnaise.

Griller les tournedos et les dresser sur plat très chaud. Les entourer de petites pommes noisettes roulées dans de la glace de viande légère. Napper les tournedos de sauce Châteaubriant et servir en même temps une saucière de sauce Béarnaise.

Tournedos Bordelaise.

Griller les tournedos et les dresser sur plat bien chaud. Placer une large lame de moelle pochée sur chacun, avec une pointe de persil haché au milieu.

Servir à part : une sauce Bordelaise.

Comme accompagnement : Presque toutes les façons d'accommoder les pommes de terre conviennent aux « Tournedos Bordelaise ».

Tournedos champignons.

Sauter les tournedos, les dresser sur plat rond. Déglacer le fond de la casserole avec un peu de madère et cuisson de champignons. Ajouter pour chaque tournedos 3 à 4 champignons et assez de sauce demi- glace pour les enrober, faire bouillir quelques secondes et garnir et saucer les tournedos.

Une fine purée de pommes de terre accompagnera admirablement ces tournedos.

Tournedos chasseur.

Assaisonner et sauter les tournedos et les dresser sur plat rond. **D**églacer le fond de la casserole avec cognac et vin blanc. Ajouter pour 4 pièces de tournedos une échalote finement hachée, une douzaine de champignons crus émincés et sautés au beurre. Mouiller d'un décilitre de sauce demi- glace légèrement tomatée, une cuillerée de glace de viande et une pincée de persil ciselé; faire bouillir quelques secondes et verser sur les Tournedos.

Tournedos Choron.

Assaisonner les tournedos, les sauter au beurre et les dresser sur plat rond ou long suivant le nombre. Les entourer d'un nombre égal de fonds d'artichauts frais cuits et garnis de pointes d'asperges ou petits pois frais liés au beurre intercalés de pommes noisettes au beurre et roulées dans la glace de viande. Saucer légèrement les tournedos avec le déglaçage au vin blanc et quelques cuillerées de jus très réduit. Servir en même temps une sauce Béarnaise tomatée, dite « Sauce Choron ».

Tournedos à l'estragon.

Assaisonner les tournedos, les sauter au beurre, les dresser sur plat rond et disposer sur chacun quelques feuilles d'estragon blanchies.

Déglacer le plat à sauter au vin blanc, ajouter assez de sauce demi- glace tomatée pour le nombre de tournedos et une cuillerée de feuilles d'estragon hachées; faire réduire pendant 2 ou 3 secondes et napper les tournedos.

Accompagnement : Pommes de terre sautées, rissolées au beurre, pommes purée, pommes Macaire, etc.

Tournedos favorite.

Assaisonner les tournedos, les sauter au beurre et les dresser sur plat chaud.

Disposer sur chaque tournedos une petite escalope de foie gras assai- sonnée, farinée, sautée au beurre et les saucer d'une fine sauce demi- glace et lamelles de truffes.

Accompagnement : Envoyer en même temps des petites pommes de terre noisettes cuites au beurre et roulées dans de la glace de viande et pointes d'asperges liées au beurre.

Tournedos Judic.

Assaisonner et sauter les tournedos au beurre. Les dresser sur plat long, les entourer de petites demi-laitues braisées. Couvrir les tournedos de fin ragoût composé de lamelles de truffe, de crêtes et rognons de coq, enrobés d'une succulente sauce demi-glace au madère.

Tournedos Mistinguett.

Proportions pour 6 pièces de tournedos : Préparer d'avance une très fine mirepoix composée de : 30 grammes de rouge de carotte, 15 gr. d'oignon, 30 grammes de maigre de jambon cru, un soupçon de brindille de thym, le tout haché aussi fin que possible, et complétée d'une demi-feuille de laurier. Cuire au beurre à petit feu, environ une demi-heure. A ce point, ajouter un petit verre de fine champagne, quelques cuillerées de vin blanc, 3 à 4 cuillerées de glace de viande et une pincée de persil haché. Lier la sauce avec 60 grammes de beurre fin additionnée de 125 grammes de foie gras truffé passé au tamis.

Assaisonner les tournedos et les sauter vivement au beurre. Le; dresser sur plat chaud et les masquer de la sauce préparée.

Servir en même temps une timbale de pommes Macaire. (Recette inédite.)

Tournedos Montpensier.

Assaisonner les tournedos, les sauter au beurre et les dresser sur croûtons frits au beurre à la dernière minute et masqués d'une légère couche de purée de foie gras additionnée d'un peu de glace de viande.

Saucer les tournedos d'une sauce demi-glace très réduite et complétée de lamelles de truffe.

Servir en même temps des pointes d'asperges au beurre.

Tournedos Niçoise.

Assaisonner les tournedos, les sauter au beurre et huile, les dresser sur plat chaud, les couvrir de sauce tomate à la Provençale et servir en même temps des haricots verts légèrement rissolés à l'huile d'olive ou au beurre.

Sauce tomate Provençale : Pour 5 à 6 tomates mûres à point, pelées, épépinées et hachées : Faire chauffer 4 cuillerées d'huile d'olive, y joindre les tomates, les assaisonner de sel et poivre ; compléter par une pincée de persil haché et gros comme un petit pois d'ail écrasé. Cou- vrir la casserole et cuire à petit feu 15 à 18 minutes.

Tournedos Piémontaise.

Assaisonner les tournedos, les sauter au beurre et les dresser sur plat chaud. Les saucer légèrement avec le déglaçage au vin blanc du plat à sauter additionné de quelques cuillerées de bon jus et sauce tomate.

Servir en même temps un rizot aux truffes blanches.

Tournedos Racbel.

Assaisonner et sauter vivement les tournedos; les dresser sur plat long.

Placer sur chaque tournedos une belle lame de moelle ; les masquer de sauce Bordelaise et les entourer d'un nombre égal de petits fonds d'artichauts braisés, garnis de pointes d'asperges.

Facultativement, on pourra toujours accompagner ces tournedos d'une garniture supplémentaire de pommes de terre.

Tournedos Rossini.

Assaisonner les tournedos et les sauter au beurre, les dresser sur croûtons frits au beurre au dernier moment et masqués de glace de viande fondue.

Placer sur chaque tournedos une escalope de foie gras sautée au beurre.

Déglacer le plat à sauter au Madère, ajouter 3 belles lames de truffe par tournedos et sauce demi-glace réduite à point ; en couvrir les tournedos.

Servir en même temps un plat de nouilles au beurre et parmesan.

Tournedos Tyrolienne.

Assaisonner et sauter les tournedos au beurre ; les dresser sur plat chaud et les couvrir de sauce Tyrolienne.

Sauce Tyrolienne. — Proportions pour 4 tournedos : Émincer un oignon moyen, le passer dans la farine et le faire légèrement blondir dans une cuillerée d'huile d'olive et une cuillerée de beurre et à la poêle. Ajouter alors 2 cuillerées de bon vinaigre; le laisser évaporer' puis 4 à 5 tomates pelées, épépinées et émincées, sel et poivre, une pointe d'ail et pincée de persil grossièrement haché. Cuire à petit feu 15 minutes environ.

Dans les grandes Cuisines, on ne passe pas l'oignon dans la farine et on remplace le vinaigre par de la sauce poivrade.

Je pourrais continuer ainsi à l'infini la nomenclature des Tournedos; je me suis borné à ne donner ici que les recettes que je crois être les plus intéressantes.

LANGUE DE BŒUF

La Langue de Bœuf s'emploie fraîche ou salée; mais, alors même qu'elle doit être servie fraîche, elle gagne à être mise au sel quelques jours à l'avance.

La langue salée se cuit simplement à 1 ' eau; celle qui est fraîche, par l'eau aromatisée et le braisage.

Langue de bœuf bouillie.

Retirer le cornet d'une langue de bœuf fraîche ; la faire dégorger à l'eau froide environ une heure. La mettre ensuite dans une casserole et la couvrir d'eau. Ajouter 2 gros oignons piqués de 2 clous de girofle, un gros bouquet composé de branches de persil, 2 feuilles de laurier, brindilles de thym et une gousse d'ail. Saler à raison de 6 grammes de sel par litre d'eau et y joindre une dizaine de grains de poivre. Couvrir la casserole, faire partir en ébullition et cuire à petit feu. Après une heure et demie d'ébullition, retirer la langue de la cuisson, enlever la peau qui la recouvre et remettre la langue dans sa cuisson, Continuer l'ébullition jusqu'à complète cuisson.

La Langue de Bœuf bouillie se sert avec Sauce piquante, tomate, Italienne.

Accompagnements qui conviennent : Épinards, chicorée, purée de pommes, purée de pois, de lentilles, de marrons, etc.

Langue de bœuf braisée, fraîche ou demi-salée.

La langue étant préparée et cuite pendant une heure et demie, comme il est dit ci-dessus, enlever la peau qui la recouvre, la déposer dans une braisière sur un lit de carottes et oignons émincés, couennes de lard, bouquet garni. Mouiller d'un demi-litre de vin blanc; faire réduire aux deux tiers ; ajouter une partie du bouillon où a cuit la langue et deux parties de jus de bœuf ou de bouillon, de façon que la langue se trouve mouillée aux deux tiers de hauteur. Couvrir la braisière, la mettre dans le four et continuer le braisage jusqu'à parfaite cuisson de la langue.

Dresser la langue sur plat long ; passer la cuisson, la dégraisser, la passer à la passoire fine dans une casserole ; faire réduire au tiers de son volume et lier avec I décilitre de sauce demi-glace ou simplement avec une petite cuillerée à dessert d'arrow-root délayé avec un peu d'eau froide ou de fécule à la place de l'arrow-root.

Masquer la langue d'une légère couche de sauce, tenir le plat au four quelques instants. Garnir la langue à volonté : carottes, oignons doux braisés, choucroute ; comme pour la langue bouillie, tous les sauces et purées de légumes sont applicables à la langue braisée.

Les Fèves de Marais fraîches cuites à la Française sont une des garnitures très recommandées.

Les nouilles au beurre sont aussi très appréciées comme accompagnement à la langue braisée.

Langue de bœuf à la Bourgeoise.

Préparer la langue et la cuire pendant une heure et demie comme il est indiqué ci-dessus. Enlever la peau qui la recouvre. Mettre la langue dans une braisière, l'entourer de 24 petits oignons légèrement rissolés au beurre, 3 douzaines de carottes nouvelles, un petit bouquet garni, et de quelques couennes de lard bien dégraissées et blanchies. Mouiller avec une partie de cuisson de la langue et 2 parties de bouillon ordinaire. Couvrir la casserole, la mettre au four, l'arroser de temps à autre jusqu'à complète cuisson.

Dresser la langue entourée des légumes après avoir retiré le bouquet.

LANGUE DE BŒUF FROIDE

La langue de bœuf destinée à être préparée pour froid doit être tenue dans la saumure pendant une dizaine de jours et à une température assez froide, pendant les grandes chaleurs, pour éviter toutes fermentations qui pourraient se produire. Au moment de l'employer, elle est mise à tremper à l'eau froide pendant quelques heures; puis on la cuit simplement à l'eau pendant 3 heures et demie à 4 heures, selon la grosseur.

Lorsque la langue est cuite et retirée de sa cuisson, elle est dépouillée de la peau qui la recouvre et enveloppée dans une feuille de papier beurré pour refroidir. Quand elle est bien froide, la parer de façon à pouvoir la maintenir dans sa forme habituelle, la napper d'une couche de gelée mélangée à de la glace de viande.

La dresser sur plat long, l'entourer d'une garniture de légumes à volonté : Macédoines, salade russe moulée, croûtons de gelée, etc.

MUSEAU DE BŒUF

Le Museau de Bœuf ne s'emploie guère qu'en salade, après avoir été cuit doucement au moins 6 heures, à l'eau légèrement salée et acidulée.

PALAIS DE BŒUF

Le Palais de Bœuf qui était très usité dans l'Ancienne Cuisine, est presque complètement négligé par la Cuisine Moderne, ce que je crois regrettable.

Traitement : Après l'avoir fait dégorger à l'eau froide, le faire bouillir quelques minutes à grande eau, l'égoutter, le rafraîchir et enlever la peau.

Le mettre en cuisson dans un blanc très léger et le cuire doucement pendant 4 heures environ.

Palais de bœuf grillé.

Étant cuit, le diviser en morceaux carrés de 5 à 6 centimètres; les passer dans du beurre fondu ; les saupoudrer de chapelure et les faire griller doucement.

Servir à part : Une sauce Rémoulade ou sauce Tartare de haut goût.

Palais de bœuf à la Tyrolienne.

Après cuisson, le tailler en lanières; les passer dans la farine, les faire rissoler à la poêle dans l'huile, les assaisonner de sel et de poivre, les saupoudrer de persil, les dresser dans un plat creux et les couvrir de sauce Tyrolienne.

PALERON

Le Paleron est la partie charnue de l'épaule. Il s'emploie pour les bouillons, comme pièce bouillie, comme élément de Daubes, de Bœuf Bourguignonne, Étouffade de Bœuf, etc.

POINTE DE CULOTTE OU CULOTTE

C'est la partie à préférer pour les pièces de Bouilli, et plus particulièrement pour les Braisés.

Quel que soit leur emploi, le poids d'une pointe de culotte doit être limité à I kilo 500 ou 2 kilos.

Les pièces bouillies s'accompagnent généralement de leurs légumes de cuisson, ou, à volonté, de choux braisés, farcis au riz, de sauce tomate, de sauce raifort, etc.

Les carottes, les pieds de céleri, les oignons glacés, les endives, les laitues braisées; les purées de pommes de terre, de pois, de haricots; les pâtes diverses : Macaroni, Spaghetti, nouilles, lasagnes, con- viennent à la Culotte de bœuf braisée.

Pièce de bœuf ou culotte de bœuf à la Bourguignonne.

Le larder dans le sens des fibres avec de gros lardons saupoudrés d'épices, persil haché, et arroser d'armagnac. Mariner 2 heures à l'avance avec quelques aromates : persil, laurier, brindilles de thym, vin rouge et quelques cuillerées d'armagnac.

Procéder comme il était indiqué pour la Côte de Bœuf braisée. Remplacer le vin blanc par le double de vin rouge, y joindre le vin de la marinade. Couvrir la braisière, la mettre dans le four, à chaleur douce. Arroser souvent la pièce pendant la cuisson. Arrivée au point voulu, sortir la pièce de bœuf de la braisière, la mettre sur un plat, l'arroser quelque peu de son jus de cuisson non dégraissé, tenir au chaud, à l'entrée du four.

Passer le fonds de cuisson à la passoire fine, dite « Chinois », dans une casserole plate ; le dégraisser, lui additionner un tiers de son volume de sauce demi-glace ou, à défaut, une cuillerée d'arrow-root délayé avec 2 ou 3 cuillerées d'eau froide et réduire la sauce au point voulu.

Dresser la pièce de Bœuf sur le plat de service, l'entourer de petits oignons glacés, de dés un peu gros de lard maigre, blanchis et légère- ment rissolés au beurre et de têtes de champignons sautées au beurre.

Saucer la pièce de bœuf et la garniture, servir à part le restant de la sauce.

Pièce de bœuf à l'écarlate.

La pièce doit être mise dans la saumure pendant 8 à 10 jours pour une pièce du poids de 4 kilos.

On la cuit simplement à l'eau avec carottes, oignon piqué de clous de girofle et bouquet garni. Cette pièce peut s'accompagner de choucroute et de n'importe quelle garniture convenant au bœuf bouilli.

Pièce de bœuf à la Flamande.

La braiser comme il est indiqué pour la « Côte de Bœuf braisée La dresser sur le plat de service, l'entourer de petites boules de choux braisés, bouquets de carottes et navets taillés en forme de grosses gousses d' ail, cuits au beurre et bouillon ordinaire, petites pommes à l'Anglaise, rondelles de saucisson sans ail et lard de poitrine cuit avec les choux et détaillé en tranches.

Arroser la pièce avec un peu de son fonds de braisage, et tenir le plat quelques instants au four. Servir à part le fonds de cuisson.

Pièce de bœuf à la mode.

Prendre une pointe de culotte du poids de 2 kilos environ.

Larder la pièce avec 250 grammes de lard gras détaillé en lardons d'un centième carré; arroser ceux-ci d'une cuillerée de cognac, les saupoudrer légèrement d'épices et persil haché.

Assaisonner modérément le morceau de bœuf, le ficeler, le déposer dans une braisière de grandeur voulue, l'arroser de quelques cuillerées de beurre fondu. Le mouiller avec 3 décilitres de vin blanc et I déci- litre de cognac; couvrir la casserole, la mettre sur le feu, laisser réduire le vin au tiers de son volume. Ajouter alors 2 pieds de veau qu'on aura désossés et blanchis, la couenne du lard employée pour les lardons également blanchie, un oignon piqué de 2 clous de girofle, un bouquet garni composé de branches de persil, une feuille de laurier, brindilles de thym. Mouiller à hauteur de la viande avec du bouillon ordinaire, couvrir la casserole, laisser mijoter doucement sur le coin du feu ou à l'entrée du four. Après une heure de cuisson, ajouter 500 grammes de petites carottes rondes, recouvrir la casserole, continuer l'ébullition jusqu'à entière cuisson de la pièce. Au moment de servir, déficeler le morceau de bœuf, le tenir pendant 5 à 6 minutes au four en l'arrosant de son fonds de braisage et obtenir le glaçage de la pièce ; le dresser sur le plat de service ; disposer autout les carottes, les pieds de veau détaillés en morceaux et une vingtaine de petits oignons glacés. Dégraisser le fonds de cuisson, le faire réduire d'un tiers, le passer au chinois et en saucer la pièce et la garniture.

NOTA. — On pourra, à volonté, lier le fonds de cuisson par l'addition d'un décilitre et demi de sauce demi-glace ou une cuillerée à dessert d'arrow-root délayé avec un peu d'eau froide.

L'essentiel pour toutes viandes braisées est qu'elles doivent être traitées avec soin, à petit mijotement, et être bien cuites.

BŒUF A LA MODE FROID

Le Bœuf à la Mode froid est un excellent plat de déjeuner, principalement pour « Picnic ».

Préparer le bœuf tel qu'il est indiqué ci-dessus, et le dresser dans une terrine de grandeur voulue avec carottes, oignons et pieds de veau. Couvrir complètement, avec le fonds de cuisson.

NOTA. — Le Bœuf à la Mode froid doit être préparé la veille et tenu sur glace, de façon que le jus soit bien pris en gelée.

PLAT-DE-COTE

Le Plat-de-Côte est un des morceaux les plus délicats du bœuf.

Bouilli, entouré de ses légumes de cuisson, et accompagné d'une sauce Raifort à la Crème, mérite l'honneur d'une table royale.

C'est avec le Plat-de-Côte désossé, les viandes détaillées en morceaux de 60 grammes environ, qu'on confectionne la meilleure Goulash et les plus savoureux sautés de bœufs Bourguignons et Provençaux.

POITRINE DE BŒUF

Elle admet les mêmes préparations et accompagnement que le Plat- de-Côte. On la sert bouillie nature ou salée, servie chaude ou froide. C'est un excellent plat bourgeois.

QUEUE DE BŒUF

Queue de bœuf à l'Auvergnate.

Détailler la queue en tronçons de 5 à 6 centimètres ; assaisonner ceux-ci modérément, et les braiser au vin blanc, sur lit de carotte et oignon émincés, bouquet garni, comme il est dit pour la « Côte de Bœuf braisée ».

Dresser les tronçons dans un plat creux, les entourer de petits oignons glacés et de marrons cuits au consommé. Passer le fonds de braisage à la passoire fine, le dégraisser, le réduire à point et le verser sur]es tronçons de queue.

NOTA. — On pourra, comme variation, dresser les tronçons de queue dans une terrine avec le fonds de cuisson réduit à point et servir à part une fine purée de marrons.

Queue de bœuf chipolata.

Braiser les tronçons de queue comme il est dit pour la « Queue de Bœuf à l'Auvergnate ».

Dès que les chairs se détachent des os, dresser les tronçons dans un plat creux, les entourer de petites carottes cuites au beurre et bouillon, oignons glacés, marrons cuits au consommé, et petites saucisses dites

« Chipolata ».

Passer au chinois le fonds de cuisson, le dégraisser, lui ajouter 2 décilitres de sauce demi-glace. Faire réduire à point et saucer tronçons et garniture.

Queue de bœuf farcie.

Supprimer la partie mince de la queue et désosser l'autre partie sans la percer; assaisonner l'intérieur de sel et poivre et la remplir de la farce suivante : 300 grammes de chair maigre de bœuf, 300 grammes de chair fine à saucisses, 100 grammes de mie de pain humectée légèrement de lait, 2 œufs entiers, 2 cuillerées de truffe hachée ; assaisonnement : sel, poivre, soupçons de muscade râpée et épices, le tout intimement mélangé.

Recoudre la queue, l'emballer comme une galantine et la cuire doucement pendant une heure et demie environ, comme un bœuf bouilli. La retirer alors de la cuisson, la déballer, la déposer dans une braisière de grandeur voulue, sur un lit de carottes et oignons émincés, bouquet garni. Mouiller de 2 décilitres de vin blanc, et une partie de cuisson de la queue ; couvrir la braisière et terminer la cuisson à petit feu.

Dresser la queue de bœuf sur plat long, l'arroser de quelques cuillerées de son fonds de cuisson et la tenir au chaud.

Passer le fonds de braisage à la passoire fine dans une casserole, le dégraisser, lui ajouter 2 décilitres de sauce demi-glace ou, à défaut, lier le fonds avec une cuillerée d'arrow-root, faire réduire à point.

Au moment de servir, entourer la queue d'une garniture à volonté, et la saucer avec son fonds de cuisson. à 8 centimètres.

Passer les tronçons au beurre et à la chapelure et les griller doucement.

La queue de bœuf grillée s'accompagne à volonté d'une purée de légumes quelconque, de sauces : Diable, Piquante, Robert, Tomate, etc.

Lorsqu'elle est servie à la Diable, on mélange de la moutarde en poudre à la chapelure.

Queue de bœuf à la hochepot.

Marquer les tronçons de queues en cuisson avec 2 pieds de porc coupés chacun en 4 morceaux et une oreille de porc entière. Mouiller d'eau à couvert; saler à raison de 10 grammes de sel par litre d' eau; faire partir en ébullition et écumer comme une marmite, cuire doucement pendant 2 heures. Au bout de ce temps, ajouter : un petit chou pommé divisé en 4 parties, 12 petits oignons, une vingtaine de petites carottes rondes, une dizaine de petits navets tournés en grosses olives. Continuer la cuisson encore pendant 2 heures.

Dresser les tronçons en couronne ovale sur grand plat long, disposer la garniture au milieu, entourer avec saucisses chipolata grillées, morceaux de pieds de porc, et l'oreille détaillée en grosses lanières.

Servir à part : un légumier de pommes à l'Anglaise cuites au dernier moment.

NOTA.— Comme variation, on pourra braiser les tronçons de queue au lieu de les faire bouillir. Dans ce cas, les petits oignons et carottes doivent braiser avec la queue; les pieds et l'oreille bouillis à part. Avec les feuilles de choux, on prépare une dizaine de petits choux farcis et braisés.

Dresser les tronçons sur le milieu d'un plat long, les entourer sur les côtés de choux farcis intercalés de carottes et oignons ; sur les deux bouts du plat les morceaux de pieds de porc, l'oreille détaillée en lanières et les saucisses chipolata grillées.

Servir en même temps un légumier de pommes de terre à l'Anglaise.

Queue de bœuf en daube à la provençale.

Procéder exactement comme il est dit pour la « Daube Provençale » en remplaçant simplement les morceaux de bœuf par les tronçons de queue de Bœuf.

Accompagnements : Purée de pommes de terre et, en général, toutes les pâtes préparées d'une façon ou de l'autre conviennent à la Daube.

ROGNON DE B Œ U F

Le Rognon de Bœuf, de quelque façon qu'il est préparé, n'est pas un mets bien délicat. Les personnes délicates doivent s'en abstenir.

Traitement : Dégraisser et dénerver le rognon, le détailler en lames un peu épaisses et le plonger quelques secondes dans l'eau bouillante; l'égoutter, l'éponger, l'assaisonner de sel et poivre, le rouler dans la farine et le sauter vivement à la poêle dans moitié huile et beurre.

L'égoutter dans une passoire, le saupoudrer de persil haché, le dresser dans une timbale ou plat creux et le couvrir de sauce tomate à la Provençale ou de sauce Tyrolienne, ou de toutes autres sauces : Madère, Vin blanc, Vin rouge, Chasseur, etc.

TÊTE D'ALOYAU

C'est l'extrémité de la Culotte de Bœuf; elle se trouve détachée de celle-ci quand on détaille le Bœuf, de façon à laisser le filet tout entier après l'aloyau. Elle est l'élément véritable des Rumpsteaks.

Le Rumpsteak peut être grillé ou sauté ; mais, d'une façon ou de l'autre, il doit être saisi.

Toutes les formules des Entrecôtes, Beefsteaks et Filets lui sont applicables. En Angleterre, pays d'origine du Rumpsteak, on le sert surtout grillé.

Rumpsteak grillé à l'Anglaise

Lorsque le Rumpsteak est prêt, le dresser sur plat chaud et placer dessus un épais morceau de graisse de rognon grillé par personne. Servir à part : du Raifort détaillé en copeaux.

TRIPES

Elles comprennent le gras-double et les tripes proprement dites, bien que la partie qui fournit le premier contribue à la composition des secondes.

Le Gras-Double est fourni par une seule partie de ces abats du bœuf, qui est la panse. On le trouve généralement tout cuit, mais au cas où l'on devrait le préparer, le cuire à l'eau salée, après l'avoir soigneusement nettoyé, pendant 5 heures à ébullition lente.

Gras-double à l'Anglaise.

Prendre 1 kilo de gras-double cuit, le détailler en carrés de 4 centimètres.

Diviser en quatre 2 oignons moyens blancs d'Espagne ; les émincer et les mettre dans une casserole avec 60 grammes de beurre. Couvrir la casserole pour que les oignons étuvent à petit feu, sans prendre cou- leur. Après 15 minutes, mélanger les morceaux de gras-double à l'oignon, recouvrir la casserole et laisser étuver 10 à 12 minutes. Mouiller alors d'un litre de lait bouillant, saler de 8 grammes de sel ; pincée de poivre frais moulu, un petit bouquet de branches de persil et une feuille de laurier. Laisser bouillir quelques minutes et lier le lait et l'oignon avec **3** cuillerées de farine délayée avec un peu de lait froid. Faire bouillir très doucement 15 à 18 minutes; retirer le bouquet et dresser le gras-double en timbale.

Gras-double à la Génoise.

Prendre 1 kilo de gras-double frais cuit ; le détailler en carrés de 5 à 6 centimètres. Faire chauffer dans une poêle 4 à 5 cuillerées de bonne huile, y joindre les morceaux de gras-double, les sauter quelques instants de manière à faire évaporer toute humidité.

D'autre part, on aura préparé une sauce tomate additionnée de bon jus réduit.

Dresser les morceaux de gras-double dans une terrine ou plat creux, en les intercalant de sauce tomate et parmesan râpé. Couvrir la terrine et la tenir au chaud jusqu'au moment de servir.

Gras-double à la Lyonnaise.

Émincer en lanières 1 kilo de gras-double bien cuit et le sauter au beurre ou au saindoux très chaud. Assaisonner de sel et poivre, ajouter 2 oignons blancs émincés, sautés au beurre et bien cuits. Bien mélanger les deux éléments en les sautant jusqu'à complet rissolage.

Dresser en timbale. Arroser d'une cuillerée de vinaigre passé dans la poêle brûlante et saupoudrer de persil haché.

Gras-double à la Provençale.

Émincer en lanières 1 kilo de gras-double cuit, saupoudrer légère- ment de farine. Faire chauffer 4 à 5 cuillerées d'huile d'olive dans la poêle, lui ajouter 2 oignons finement hachés ; dès que ceux-ci commencent à blondir, leur mêler le gras-double; assaisonner de sel et poivre, et le sauter jusqu'à complète évaporation de l'eau. Ajouter alors 800 gr de tomates pelées, épépinées et hachées, persil haché et pointe d'ail écrasée. Compléter l'assaisonnement en sel et poivre. Donner 15 à
18 minutes de cuisson à petit feu.

Dresser en terrine, servir en même temps un légumier de pommes de terre à l'Anglaise ou de pommes sautées.

Gras-double à la Tyrolienne.

Même préparation que le « Gras-Double à la Provençale », sauf que l'on ajoute à l'oignon 3 à 4 cuillerées de vinaigre avant de mettre la tomate.

On sert en même temps, soit des pommes de terre à l'Anglaise, ou des pommes sautées, ou bien encore un plat de macaroni.

TRIPES A LA MODE DE CAEN

L'apprêt des Tripes à la Mode de Caen demande certains soins qui ne sont pas toujours faciles à réaliser; il est préférable, dans ce cas, de s'adresser directement aux Maisons spécialisées à la préparation de ce Mets.

On peut, en toutes saisons, se procurer des tripes fraîchement cuites.

PRÉPARATIONS DIVERSES DU BŒUF CUISINE ANGLAISE

Beefsteak-pie (pâté de biftecks).

Détailler en escalopes d'un centimètre d'épaisseur 1 kilo de viande maigre de bœuf. Assaisonner de sel, poivre frais moulu et un soupçon de muscade. Ajouter une cuillerée d'oignon et une pincée de persil hachés.

Tapisser le tour d'un plat anglais à tarte avec ces escalopes; disposer au milieu 300 grammes de pommes de terre tournées en olives; rabattre dessus les bords des escalopes et mouiller d'eau juste à couvert.

Autour des bords du plat légèrement mouillés, coller une bande de pâte à foncer, pour faciliter la soudure du couvercle, couvrir avec une abaisse de pâte à foncer ou de feuilletage : décorer à volonté, avec des détails de même pâte; dorer à l'œuf.

Temps de cuisson à four chaleur douce, 2 heures environ.

Beefsteak and kidney-pie (pâté de biftecks et de rognons).

Procéder comme pour le « Beefsteak-Pie » en remplaçant les pommes de terre par le même poids de rognon de bœuf, ou de rognons de veau ou de mouton, émincés comme pour sauter et auxquels on ajoute quelques champignons de prairie sautés au beurre, un oignon et du persil hachés. Le temps de cuisson est le même.

Beefsteak-pudding (poudding de biftecks).

Pâte pour le Pudding : Détremper 1 kilo de farine avec 600 gr. de graisse de rognon de bœuf, très fraîche, bien dénervée et hachée, une forte pincée de sel fin et environ 2 décilitres d'eau. Tenir cette pâte très ferme.,

Préparation du pudding.

Avec cette pâte dont une partie sera réservée pour fermer le Pudding, foncer un bol à pudding anglais. (Ce bol spécial est sans pied, et il a un rebord saillant qui permet d'attacher facilement la serviette.) Détailler en escalopes 1 kilo de bœuf, comme pour le Beefsteak-Pie, et assaisonner de même. Remplir le bol foncé avec ces escalopes, en les disposant par couches; mouiller à couvert avec de l ' eau; recouvrir avec la pâte réservée, abaissée et soudée sur les bords de l'ustensile. Poser sur le Pudding le milieu d'une serviette beurrée; retourner l'ustensile pour attacher celle-ci derrière le bord saillant du bol, et la nouer également dessus.

Mettre le Pudding à l'eau bouillante, ou à l'autoclave à 100 degrés. Temps de cuisson : 3 heures à 3 heures et demie.

Au moment de servir, déballer le Pudding et dresser le bol sur serviette.

Cette méthode de cuire les viandes a des avantages, mais demande une certaine habitude au point de vue cuisson.

J'ai eu plusieurs fois l'occasion de traiter par cette méthode des volailles et faisans truffés; les résultats furent parfaits.

Mais, ce qui fut surtout un succès, à l'occasion d'un dîner de chasse, c'est un pudding de 24 bécassines très grasses accompagnées de

24 truffes moyennes, soigneusement pelées et cuites une minute dans du bon madère.

Pour cette circonstance, les bécassines avaient été saisies quelques minutes dans du beurre, mises ensuite dans le bol, foncé de pâte avec les 24 truffes, puis arrosées d'une fine demi-glace du fonds de veau, additionnée du madère ayant servi à la cuisson des truffes.

Cette recette est inédite et elle a pour titre : « Cuisine Anglaise francisée ».

Beefsteak and oysters puddings (pudding de biftecks et d'huîtres).

Procéder comme pour le « Pudding de Biftecks » en y ajoutant
36 huîtres crues.

CARBONADES A LA FLAMANDE

Détailler en escalopes minces et courte 1 kilo environ de viande maigre de bœuf (hampe ou paleron). Assaisonner de sel et de poivre; faire colorer vivement ces escalopes dans de la bonne graisse, clarifiée. En même temps faire blondir légèrement au beurre 4 ou 5 gros oignons émincés.

Ranger dans une casserole de grandeur voulue, escalopes et oignons, par couches alternées, et en mettant un bouquet garni dans le milieu.

Déglacer la sauteuse des escalopes avec une bouteille de bière (Lambic Vieux, de préférence) : ajouter la même quantité de fonds brun; faire la liaison avec 100 grammes de roux brun, compléter avec 50 gr. de cassonade ; passer cette sauce sur les Carbonades.

Fermer la casserole et cuire doucement au four pendant 2 heures et demie à 3 heures.

NOTA. — Les Carbonades se servent généralement telles, c'est-à- dire avec l'oignon dedans; mais celui-ci peut être passé à l'étamine ou au tamis, selon le goût des convives.

DAUBE A LA PROVENÇALE

Détailler en morceaux carrés d'environ 100 grammes chacun, 2 kilos de bœuf pris sur le paleron et gîte à la noix; larder chaque morceau avec un lardon roulé dans du persil haché mélangé d'une pointe d'ail broyé et épices.

Mettre ces morceaux de bœuf dans une terrine avec 2 gros oignons divisés en quatre, 2 ou 3 carottes émincées, sel, poivre et épices. Mouiller d'un litre de bon vin rouge, un verre de vinaigre de vin, quelques cuillerées de cognac et laisser mariner 4 à 5 heures. Mettre dans une marmite en terre ou une daubière 100 grammes de lard gras haché et 4 à 5 cuillerées d'huile d'olive; laisser fondre le lard; ajouter un ou deux oignons coupés en quatre, leur laisser prendre couleur; ajouter les morceaux de bœuf et les légumes bien égouttés, laisser revenir en les remuant de temps en temps, y joindre un bouquet garni, persil en branches, thym, laurier, le quart d'une écorce d'orange sèche et 3 gousses d'ail. Mouiller avec le vin de la Marinade, laisser réduire de moitié. Ajouter un demi-litre d'eau bouillante. Couvrir la marmite hermétiquement et laisser cuire à petit feu pendant 5 heures environ.

Facultativement, on peut ajouter des champignons à la Daube.

Ce qui accompagne merveilleusement ce Mets Provençal, c'est un plat de lasagnes ou de macaroni au fromage, arrosés de jus de la daube.

ÉMINCÉS

Les Émincés se font avec des viandes de desserte ayant été rôties ou braisées, soit bœuf, veau, mouton ou agneau, ou chevreuil.

Viandes rôties.

Les détailler en tranches bien minces, les ranger sur le plat de service, légèrement beurré, et les couvrir avec la sauce ou la garniture bouillante qui leur est destinée.

Dans aucun cas, les émincés provenant de viandes rôties ne doivent subir l'ébullition, celle-ci ayant pour effet immédiat de durcir la viande et de la rendre coriace.

Viandes braisées.

Les couper en tranches minces, les ranger sur le plat de service et les couvrir avec la sauce ou garniture choisie. Couvrir le plat et laisser mijoter quelques instants.

Les sauces suivantes conviennent pour les émincés de viande dont il est question ici : Italienne, Piquante, Poivrade, Tyrolienne, Tomate, etc.

Accompagnement des émincés : Pommes de terre apprêtées à volonté, Purées de légumes, Chicorée à la Crème, haricots verts, jardinière, pâtes diverses, etc.

ESTOUFFADE A LA PROVENÇALE

Détailler 500 grammes de Paleron et autant de chair de Plat-de- Côte, en morceaux carrés du poids de 100 grammes environ, et les rouler dans la farine. Faire revenir au beurre ou à l'huile dans une casserole à sauter, 250 grammes de lard maigre coupé en dés et ensuite passé quelques minutes à l'eau bouillante; dès que le lard commence à rissoler, le retirer avec une écumoire et le déposer sur une assiette Dans la même graisse, mettre à revenir les morceaux de boeuf et 3 à 3 et oignons partagés en quartiers.

Assaisonner de sel et de poivre, mouiller d'une bouteille de vin rouge, laisser réduire de moitié et ajouter environ un litre de bouillon ou de fonds léger; à défaut, remplacer le bouillon par de l'eau bouillante ; faire partir en ébullition, ajouter un bouquet garni composé de branches de persil, une feuille de laurier, brindilles de thym et une gousse d' ail. Couvrir la casserole et cuire doucement au four pendant 2 heures et demie à 3 heures.

Renverser le tout sur un tamis placé au-dessus d'une terrine. Recueillir les morceaux de bœuf dans un plat à sauter, leur adjoindre les lardons mis en réserve et 250 grammes de champignons crus coupés en quartiers et sautés à l'huile ou au beurre.

Facultativement, on pourra ajouter à la sauce quelques cuillerées de purée de tomate et des olives noires en supplément de garniture.

Dégraisser la sauce et la verser sur les morceaux de bœuf ; laisser mijoter encore pendant 18 à 20 minutes avant de servir.

Comme accompagnement à l 'Estouffade : Purée de pommes de terre, macaroni, nouilles, lasagnes, gnokis, etc.

FRICADELLE
Fricadelle avec viande crue.

Hacher 600 grammes de viande de bœuf bien dénervée ; lui mélanger intimement 300 grammes de beurre ou 300 grammes de graisse de porc, très fraîche ; 250 grammes de mie de pain humectée de lait, 4 œufs entiers, 3 cuillerées d'oignon haché passé au beurre, sel, poivre et muscade râpée. Diviser la composition en parties du poids de 100 grammes, !es façonner en forme de palets, sur une planche ou marbre saupoudrée de farine.

Faire cuire à la poêle, au beurre ou au saindoux, en les retournant en temps voulu pour obtenir une jolie couleur dorée des deux côtés. Les Fricadelles s'accompagnent de purées de légumes, à volonté, ou de sauce piquante, sauce tomate.

Fricadelle avec viande cuite.

Hacher 600 grammes de chair cuite de bœuf et lui mélanger r 250 grammes de pulpe de pommes de terre cuites à l'eau ou au four et passées au tamis, 3 cuillerées d'oignon haché et légèrement passé au beurre, une cuillerée de persil haché, 2 œufs entiers, sel, poivre et muscade râpée.

Façonner les Fricadelles de même poids et forme que les précédentes; les faire colorer des deux côtés au beurre ou au saindoux, à la poêle.

Ces Fricadelles peuvent se servir telles que, ou accompagnées de sauce tomate, sauce piquante, épinards, chicorée, etc.

GOULASH

La valeur de ce Mets dépend surtout du Paprika que l'on emploie pour son apprêt. On doit, avant tout, s'assurer qu'il soit de bonne qualité, de couleur rosée et doux, car la plupart des Paprikas que l'on trouve dans le commerce sont trop pimentés et ne sont autres que des poivres de Cayenne, dont leur usage rendrait ce mets immangeable.

Goulash à la Hongroise.

Détailler, en morceaux carrés d'environ 90 à 100 grammes, 1 kilo de chair de bœuf prise de préférence dans le Plat-de-Côte.

Faire chauffer, dans une casserole à ragoût, 4 cuillerées de beurre ou de saindoux, ajouter les morceaux de viande et 3 à 4 cuillerées d'oignon haché. Faire revenir ces morceaux à feu modéré et jusqu'à ce que l'oignon ait pris une couleur blonde. Assaisonner de sel et d'un soupçon de poivre et une cuillerée à dessert de Paprika, s'il est de bonne qualité. Puis, ajouter 3 à 400 grammes de tomates pelées, épépinées et hachées, un demi-litre d'eau chaude et un bouquet garni. Couvrir la casserole et cuire à four doux pendant une heure et demie.

Au bout de ce temps, compléter avec 600 grammes de pommes de terre coupées en quartiers et assez d'eau bouillante pour couvrir les pommes de terre. Continuer la cuisson au four jusqu'à cuisson complète.

On peut à volonté cuire la viande sans addition de pommes de terre et accompagner le Goulash de Riz, de pâtes ou de pommes de terre. Dans ce cas, le mouillement doit être réduit de moitié.

HACHIS

On prépare le hachis de bœuf selon les principes du hachis de Mouton ou d'Agneau. La chair du Mouton et de l'Agneau rôtie est celle qui convient le mieux pour le hachis. (Voir « Hachis de Mouton » .)

On peut également faire un hachis avec toutes sortes de viandes, volaille, gibier, venaison; excellente méthode du reste pour accommoder les reliefs d'un repas de la veille.

PAUPIETTES

Les Paupiettes se composent d'escalopes prises sur la tête du Contre-filet, et du poids de 100 à 110 grammes. Ces escalopes doivent être aplaties suffisamment pour avoir 10 centimètres de long sur 5 centimètres de large. Après avoir étalé sur la surface une farce fine à saucisses additionnée d'un tiers de mie de pain humectée de lait ou de bouillon, une forte pincée de persil et une petite échalote hachés, sel, poivre et muscade râpée, on les roule sur elles-mêmes en forme de bouchon et on les maintient ainsi, en les entourant de quelques tours de fil ou de ficelle fine. Elles sont ensuite enveloppées d'une barde de lard.

Ces Paupiettes sont disposées dans un plat à sauter de grandeur exacte sur un lit de carottes, oignons émincés, couennes de lard passées à l'eau bouillante. Mouiller à hauteur avec du bon fonds et les braiser selon la méthode ordinaire.

Au moment de servir, déballer les Paupiettes, les dresser sur plat rond; dégraisser le fonds de cuisson, le réduire au tiers, le verser tel sur les paupiettes ou ajouter au fonds quelques cuillerées de sauce demi-glace.

Accompagnement : Petits Pois, Jardinière, Épinards, Chicorée, toutes les purées de légumes, nouilles, rizotto, sont applicables aux Paupiettes.

Loose-Tinken ou oiseaux sans tête.

C'est le nom donné, en Belgique, à des Paupiettes de bœuf garnies au centre d'un gros lardon assaisonné. Ces paupiettes se traitent exactement comme « Les Carbonades de Bœuf à la Flamande ».

BŒUF SALÉ ET FUMÉ

Le Bœuf salé et fumé doit être assez longuement trempé à l'avance; on le cuit ensuite à grande eau.

Le Bœuf fumé se traite de même.

Les garnitures qui conviennent le mieux sont : Choucroute, Choux rouges ou Choux ordinaires braisés ou farcis, la purée de pommes de terre, la purée de pois.

LEVEAU

AMOURETTES ET CERVELLES

Je classe ces deux articles ensemble, en raison de leur similitude, et parce que les mêmes formules leur sont applicables.

Leur traitement préalable, ou cuisson, est exactement celui des Amourettes et Cervelles de Bœuf.

Amourettes Tosca.

Proportions pour 6 à 8 personnes : Détailler en tronçons de 3 centimètres de longueur, 400 grammes d'amourettes pochées; les mettre dans une casserole avec 2 cuillerées de beurre fin, y joindre 24 queues d'écrevisses et 100 grammes de truffe coupée en lamelles. Enrober ce ragoût de sauce Béchamel à la Crème additionnée de 2 petites cuillerées de beurre d'Écrevisse ; tenir au chaud.

Faire pocher à l'eau salée 150 grammes de coquillettes *{macaroni)* les égoutter, les lier avec beurre, parmesan frais râpé et une cuillerée de Béchamel.

Dresser en timbale ; couvrir le fond avec la moitié des coquillettes, sur celles-ci la moitié du ragoût d'Amourettes, recouvrir avec le **restant** des coquillettes et finir avec le reste d'Amourettes.

Cervelle Béatrice.

Détailler en petits dés une cervelle pochée et bien égouttée, lui mêler un tiers de son volume de parfait foie gras truffé et 4 cuillerées de sauce Béchamel.

Avec cet appareil, former des boules de la grosseur d'un œuf, les déposer sur une planche saupoudrée de farine, les aplatir en forme de palet d'un centimètre et demi d'épaisseur et les tremper ensuite dans de l'œuf battu, puis les paner à la mie de pain fraîchement pré- parée.

Quelques instants avant de les servir, leur faire prendre une jolie couleur dorée sur les deux côtés dans du beurre clarifié chauffé dans la poêle.

Dresser en couronne, garnir le centre de pointes d'asperges au beurre.

Cervelle au beurre noir ou noisette.

Procéder comme pour la « Cervelle de Bœuf ».

Cervelle Mireille.

Détailler une cervelle pochée en escalopes d'un centimètre et demi, les passer dans la farine et les faire colorer des deux côtés au beurre, dans la poêle.

Les dresser en couronne sur palets en semoule de même grandeur et colorés au beurre; placer une belle lame de truffe sur chaque esca- lope, les masquer de sauce Béchamel, saupoudrer de fromage râpé, l'arroser de beurre fondu et faire glacer à la salamandre. Garnir pointes d'asperges au beurre.

Vol-au-vent de cervelle aux œufs.

Détailler en escalopes une ou deux cervelles pochées, les déposer dans un plat à sauter de grandeur voulue et dans lequel on aura fait chauffer une ou deux cuillerées de beurre, ajouter 3 œufs durs par cervelle coupés en rondelles et quelques lamelles de truffe.

Enrober le tout d'une succulente sauce Béchamel à la Crème et en garnir une croûte de Vol-au-Vent sortant du four.

CARRÉ DE VEAU

Le Carré de Veau se cuit poêlé, braisé, étuvé au beurre ou rôti. Lorsqu'il est destiné à être détaillé comme plat du jour, il est préférable à tous les points de vue de le faire rôtir, mais à la condition d'en soigner la cuisson de façon à obtenir un jus parfait par le déglaçage du fond de la casserole avec un jus préparé avec des débris et parures de veau. On doit tenir compte que, lorsqu'une pièce de viande est destinée à être servie comme plat du jour, il faut deux fois plus de jus et c'est là un point capital qu'on néglige trop souvent.

D'autre part, un jus de rôti quelconque ne doit jamais être complètement dégraissé, on ne doit pas oublier que c'est de la graisse que se dégagent la saveur et le fumet de la viande.

Un jus trop dégraissé lave les viandes et, de ce fait, enlève l'arôme. Le Carré de Veau peut s'accompagner de toutes garnitures et diverses pâtes.

Le Carré de Veau se sert également froid ; dans ce cas, on peut le braiser. Sa garniture peut être des carottes, des fonds d'artichauts braisés garnis d'une macédoine de légumes, liée à la Mayonnaise.

La garniture est facultative, mais il est obligatoire d'accompagner le Carré de son fonds de braisage et, dans ce cas, ce fonds doit être dégraissé et pris en gelée.

CŒUR DE VEAU

Cœur de veau à la bourgeoise.

Faire colorer le cœur dans de la bonne graisse de veau ; l'assaisonner de sel et poivre, le mouiller d'un verre de vin blanc ou rouge, l'en- tourer d'une douzaine de petits oignons, 24 petites carottes, un bouquet composé de branches de persil, une feuille de laurier, brindilles de thym. Mouiller à hauteur avec du bouillon ordinaire. Couvrir la casserole et cuire à petit feu une heure et demie.

COTES DE VEAU

Les Côtes de Veau peuvent être grillées ou sautées; mais, dans la généralité des cas, on doit préférer la seconde méthode.

Côte de veau Bordelaise.

Faire sauter la côte de veau au beurre. Arrivée au point de cuisson voulue, la dresser sur le plat de service ; détacher le fonds de cuisson d'un demi-verre de vin blanc, ajouter une cuillerée de glace de viande blonde et 2 cuillerées de bouillon blanc ; si toutefois le beurre se séparait de la glace de viande, ajouter simplement une ou deux cuillerées de bouillon ou de l'eau, pour le remettre au point.

Entourer la côte de 6 petits oignons glacés, de quelques cuillerées de pommes de terre coupées en petits dés et cuites au beurre, et des fonds d'artichauts crus finement émincés et sautés au beurre. Verser le jus de cuisson sur la Côte de Veau.

Facultativement, on peut ajouter un petit bouquet de persil frit.

Côte de veau en cocotte à la paysanne.

Faire sauter une Côte de Veau, la déposer ensuite dans une cocotte en terre de grandeur voulue. Détacher le fonds de cuisson avec quelques cuillerées de bouillon ou de l'eau et verser dans la cocotte.

D'autre part, on aura réuni dans une casserole 4 petits oignons, 4 carottes nouvelles, 4 pommes de terre tournées en grosses olives, un bouquet composé de branches de persil, une demi-feuille de laurier; pincée de sel, 4 cuillerées de petits pois tendres, une cuillerée de beurre et ajouter assez d'eau pour que les légumes se trouvent mouillés à hauteur. Couvrir la casserole et cuire sans précipitation; retirer le bouquet et verser le tout dans la cocotte.

Côte de veau froide.

La ou les Côtes de Veau froides constituent un excellent plat de déjeuner. Dans ce cas, les côtes sont braisées comme la noix de veau, dressées dans un plat creux en porcelaine, entourées de leur fonds de braisage dégraissé et passé à la passoire fine. Ce fonds prend en gelée et c'est le meilleur accompagnement que l'on puisse donner.

On pourra néanmoins servir en même temps une salade de légumes ou une salade à volonté.

Côte de veau marquise.

Faire sauter une côte de veau, la dresser dans le plat de service, détacher le fonds de cuisson avec 2 cuillerées de madère, ajouter une petite truffe soigneusement pelée et taillée en julienne, une cuillerée à dessert de glace de viande, 3 cuillerées de crème très fraîche, donner quelques secondes d'ébullition et incorporer à la sauce une cuillerée de parfait de foie gras; passer au tamis et en couvrir aussitôt la côte de veau.

Servir en même temps une garniture de pointes d'asperges au beurre.

Côte de veau Milanaise.

Paner une côte et la cuire au beurre. La dresser entourée d'une garniture de macaroni lié au beurre et parmesan, dans lequel on aura mêlé une petite julienne de truffe, champignon et langue. Saucer légèrement d'un cordon de sauce tomate.

Côte de veau pannée.

Saler légèrement la côte de veau, la passer à la farine, puis dans de l'œuf battu et ensuite dans de la mie de pain fraîchement préparée; la cuire doucement au beurre clarifié, la dresser sur le plat de service et la masquer de la sauce suivante :

Faire fondre une cuillerée de glace de viande additionnée de 2 cuillerées de bouillon ordinaire, faire bouillir 2 secondes et lui incorporer intimement une cuillerée de beurre fin.

La ou les côtes de veau pannées comportent les mêmes garnitures de légumes que la « Côte de Veau sautée ».

Côte de veau Pojarski.

Détacher la chair d'après l'os; la dénerver, la hacher avec le quart de son poids de beurre et autant de mie de pain imbibée de crème. Assaisonner de sel et, avec ce hachis rapporté le long de l'os, reformer la côte dans son état naturel. La paner à l'œuf et mie de pain et la cuire au beurre.

Toutes les garnitures de légumes et pâtes conviennent à la Côte de Veau Pojarski.

NOTA. — On pourra, à volonté, supprimer l'os; dans ce cas, avec la quantité de hachis, reformer deux côtes sans les os.

Côte de veau sautée.

Assaisonner la Côte de sel, la passer dans la farine et la faire légèrement colorer au beurre des deux côtés. Continuer la cuisson à petit feu, en évitant surtout de laisser brûler le beurre, ce qui demande beaucoup d'attention.

Arrivée à son point de cuisson, dresser la Côte sur le plat de service, détacher le fonds de la casserole avec 2 ou 3 cuillerées de bouillon ou tout simplement de l'eau; ne pas retirer le beurre de cuisson duquel, par l'addition du liquide, il en résulte un jus exquis qui fait la saveur du mets. Verser ce jus sur la Côte de Veau et servir aussitôt.

La ou les côtes de veau sautées peuvent être accompagnées de nombreuses variétés de garnitures : Épinards, Chicorée, Petits Pois au beurre, à la paysanne, Purée de pommes de terre, carottes, tomates sautées, nouilles, spaghetti, purée de marrons, financière, etc.

Côte de veau aux truffes.

Sauter la côte au beurre; la dresser sur plat de service. Déglacer le fonds de cuisson avec 2 cuillerées de madère et 2 cuillerées de bouillon. Ajouter une truffe pelée et coupée en lamelles, une cuillerée de glace de viande; donner 2 secondes d'ébullition et incorporer à la sauce une cuillerée de beurre fin et verser sur la Côte.

On peut, à volonté, accompagner la Côte de Veau aux Truffes, de pointes d'asperges, artichauts au beurre, de purée de pommes de terre, purée de marrons, purée de céleri, Soubise, Nouilles, etc.

ÉPAULE DE VEAU

Épaule de veau farcie.

L'épaule étant désossée, battre les chairs de l'intérieur; les assai- sonner de sel et de poivre; garnir la surface d'une couche de farce composée de : deux tiers de chair à saucisses fine, un tiers de mie de pain humectée légèrement de bouillon, 2 œufs entiers; assaisonnement sel, poivre, muscade, persil haché.

Rouler et ficeler l'épaule, la braiser sur un lit de légumes selon le procédé ordinaire. Servir en même temps une purée de légumes à volonté ou un farinage et le jus provenant du braisage.

Épaule de veau farcie à la bourgeoise.

Farcir l'épaule et la braiser aux deux tiers. L'entourer de petits oignons, carottes nouvelles, bouquet garni. Mouiller avec du bouillon de manière que le liquide se trouve aux deux tiers de hauteur de l'épaule. Couvrir la casserole, compléter la cuisson au four, à chaleur modérée. Lier fonds de braisage avec une ou deux cuillerées de fécule délayée avec quelques cuillerées d'eau froide.

FILET MIGNON DE VEAU

Ce filet se trouve placé sous la selle, de chaque côté de l'Échiné, et correspond exactement au filet de bœuf.

Filet de veau en cocotte au jus.

Cuire le filet au beurre, en ayant soin, dès qu'il commence à prendre une légère couleur brune, d'ajouter une cuillerée d' eau; renouveler l'opération de temps à autre, de manière à obtenir un jus parfait.

Dresser le filet en cocotte avec son jus.

On pourra, à volonté, ajouter une garniture de truffe, champignon, sauce Chasseur, sauce Provençale, Tyrolienne. Comme accompagnement, toutes les garnitures de légumes et pâtes conviennent au filet de veau.

FOIE DE VEAU

Foie de veau à l'Anglaise.

Détailler le foie en tranches du poids moyen de 100 grammes. Assaisonner ces tranches de sel et poivre dans la farine et les sauter au beurre ou les griller.

Dresser en alternant les tranches de foie d'une tranche de Bacon (lard anglais) grillé.

Pour griller le lard, étaler les tranches sur un plat et le faire rissoler à la salamandre et arroser le foie avec la graisse qui en découle.

Foie de veau sauté à la Bordelaise.

Détailler le foie en tranches; les assaisonner de sel et poivre, les passer dans la farine, les faire sauter au beurre. Dresser en couronne sur le plat de service et garnir le centre de cèpes sautés à la Bordelaise.

Arroser les tranches de foie de sauce tomate un peu relevée.

Le Foie de Veau sauté au beurre peut être, à volonté, accompagné de purée de pommes de terre, pommes sautées, maître-d'hôtel, etc., ou bien recouvert de sauces : Italienne, Piquante, Chasseur, Tomate Provençale, Tyrolienne.

Foie de veau sauté Lyonnaise.

Faire sauter le foie, le dresser en couronne sur le plat de service; disposer au milieu une garniture d'oignons émincés cuits au beurre, à petit feu, et additionnés d'un peu de glace de viande ; arroser en der- nier lieu d'un filet de vinaigre passé dans la poêle brûlante.

Foie de veau à la bourgeoise.

Piquer le foie de gros lardons assaisonnés d'épices et le faire colorer au beurre ou dans de la bonne graisse. Procéder ensuite comme il est dit pour le « Cœur de Veau ».

Brochettes de foie de veau.

Détailler le foie en morceaux carrés de 2 à 3 centimètres de côté et d'un centimètre et demi d'épaisseur; les assaisonner de sel et poivre et les sauter vivement au beurre, simplement pour les saisir.

Enfiler ces carrés sur des brochettes, en les alternant de carrés de lard de poitrine, taillés minces et de lames de champignons sautés au beurre également. Saupoudrer légèrement de chapelure et faire griller.

Servir en même temps une saucière de sauce Diable ou de sauce Piquante.

Foie de veau à la Milanaise.

Détailler le foie en tranches; les assaisonner de sel et poivre, les passer dans la farine, les tremper dans l'oeuf battu, puis les passer dans de la mie de pain et les cuire au beurre.

Dresser en couronne sur le plat ; garnir le centre de macaroni comme il est indiqué pour la « Côte de Veau ».

On pourra remplacer, selon son goût, le macaroni par du rizotto.

Pain de foie de veau.

Piler et passer au tamis 500 grammes de foie de veau en lui additionnant 125 grammes de mie de pain humectée de quelques cuillerées de lait bouilli et une cuillerée d'oignon haché et légèrement fondu au beurre. Recueillir la purée qui en résulte et lui ajouter sel, poivre, muscade râpée, 3 œufs entiers et 3 jaunes, 2 décilitres de crème très fraîche et mêler le tout intimement.

Mettre cette composition dans un moule à charlotte beurré; faire pocher doucement au bain-marie.

Au moment de servir, démouler le pain sur le plat de service et le saucer d'un bon jus de veau réduit additionné de sauce tomate.

NOTA. — On pourra, à volonté, remplacer le moule à charlotte par de petits moules à darioles.

FRAISE DE VEAU

La Fraise de Veau doit être bien dégorgée, puis passée quelques minutes à l'eau bouillante et rafraîchie ensuite.

La cuisson se fait dans un blanc comme la « Tête de Veau ».

Fraise de veau Lyonnaise.

La fraise étant cuite, l'égoutter, l'éponger, l'émincer, l'assaisonner et la sauter à l'huile très chaude. Ajouter, par kilo de fraise, 2 oignons moyens émincés, sautés et cuits au beurre à l'avance. Sauter les deux éléments ensemble pendant quelques minutes pour bien les mélanger; dresser en timbale, saupoudrer d'une pincée de persil haché et arroser de quelques filets de vinaigre passé dans la poêle brûlante.

Fraise de veau Tyrolienne.

Ajouter à la fraise Lyonnaise en même temps que l'oignon, par livre de fraise, 200 grammes de tomates pelées, épépinées, hachées et sautées à l'huile à la poêle assaisonnées de sel, poivre, persil haché et une pointe d'ail.

On prépare également la fraise de veau à la Poulette et on la sert aussi à la Ravigote comme la Tête de Veau.

JARRETS DE VEAU

Jarrets de veau paysanne.

Prendre 1 kilo et demi de jarrets, les diviser en rouelles de 5 à 6 centimètres d'épaisseur; les assaisonner de sel et poivre, les passer dans la farine, les faire rissoler au beurre des deux côtés, dans un plat à sauter. Ajouter une douzaine et demie de petits oignons, 2 douzaines de petites carottes, un bouquet garni. Mouiller avec du bouillon blanc à hauteur des légumes; couvrir la casserole et cuire à petit feu environ
30 minutes, y joindre alors 2 douzaines de petites pommes nouvelles et un demi-litre de petits pois, frais; ajouter, si nécessaire, du bouillon, de façon que les légumes se trouvent recouverts. Couvrir la casserole et continuer la cuisson 40 à 50 minutes environ.

Jarrets de veau Ossi-Buchi.

Proportions : 1 kilo et demi de veau. Détailler les jarrets en rouelles comme ci-dessus, les assaisonner, les passer dans la farine et les faire rissoler au saindoux. Lorsque la coloration est à son point, ajouter

150 grammes d'oignon haché, le laisser légèrement roussir; compléter avec 1 kilo de tomates pelées, épépinées et hachées, une demi-bouteille de vin blanc. Mouiller à mi-hauteur des viandes avec du bouillon blanc; ajouter un bouquet garni et laisser cuire pendant une heure et demie, le fonds doit alors se trouver au point.

Dresser les rouelles de jarrets; les couvrir avec le fonds et la garni- ture; ajouter une pincée de persil haché.

LANGUES DE VEAU
Langue de veau braisée.

Mettre la ou les langues dans une casserole, les couvrir d'eau, leur donner 15 minutes d'ébullition; les égoutter, les rafraîchir et les remettre dans une casserole dont le fond est couvert de débris de lard, oignons et carottes émincés; **les** assaisonner légèrement de **sel** et poivre. Mouiller à mi-hauteur avec vin blanc et bouillon ordinaire; faire réduire complètement. Mouiller alors avec du bouillon peu salé, à hauteur des langues, ajouter un bouquet garni ; couvrir la casserole et cuire à feu modéré jusqu'aux trois quarts de la cuisson.

Égoutter les langues, en retirer les peaux, et les remettre dans leur jus en faisant réduire celui-ci presque à glace.

Dresser les langues entières ou divisées en deux sur la longueur; passer le fonds de cuisson avec pression et le verser sur les langues.

Les langues de veau braisées peuvent être accompagnées à volonté d'Épinards, Chicorée, Oseille, Petits Pois, Jardinière et de toutes purées de légumes.

Sauces convenant aux Langues de veau : Chasseur, Italienne, Piquante, Tomate, etc.

LONGE DE VEAU

La longe de veau est l'équivalent de l'Aloyau de Boeuf, c'est-à-dire le morceau qui va de la pointe de la hanche aux premières côtes.

La longe de veau est rôtie ou braisée, selon les cas.

Pour ce dernier apprêt, on la désosse le plus souvent en laissant la bavette un peu longue, de manière à pouvoir la rouler sur elle-même et la farcir au besoin.

Lorsque la longe est destinée à un plat du jour, il est toujours préférable de la rôtir sans la désosser.

En général, tenir compte que, braisée ou rôtie, une viande désossée perd beaucoup de sa valeur.

De préférence, cuire le rognon séparé de la longe, sans le dé- graisser.

Comme accompagnement, tous les légumes lui conviennent : Concombres, Chicorée, Épinards, Oseille, Petits Pois, Macédoine de Légumes, Laitues braisées, Tomates farcies, etc.

MOU DE VEAU
Mou de veau en civet.

Battre le mou pour chasser l'air, le détailler en morceaux du poids moyen de 50 grammes, les assaisonner de sel et poivre.

Procéder pour la cuisson identiquement comme il est expliqué pour le Civet de Lièvre. (Voir « Civet de Lièvre » .)

Mou de veau à la Provençale.

Détailler le mou en morceaux comme il est expliqué pour le Civet; le faire cuire 25 à 30 minutes à l'eau salée, l'égoutter, éponger les morceaux, les assaisonner de sel et poivre, les rouler dans la farine. Faire chauffer quelques cuillerées de bonne huile dans une poêle, ajouter 2 fortes cuillerées d'oignon haché ; dès que celui-ci commence à blondir, y mêler les morceaux de mou, les sauter quelques minutes, mouiller d'un grand verre de vin blanc et compléter avec 1 kilo de tomates pelées, épépinées et hachées, pointe d'ail écrasé et persil haché.

Donner 30 minutes de cuisson à petit feu. Servir en même temps des pommes de terre cuites à l'eau.

NOIX DE VEAU ET SES DÉRIVÉS ESCALOPES.FRICANDEAU.GRENADINS.NOISETTES.

Paupiettes médaillons

La Noix de Veau est généralement piquée, mais seulement sur la partie découverte qui touche l'os du Quasi.
Le mode de traitement qui lui convient le mieux est le braisage.
Noix de veau braisée.
Parer la noix en laissant la tétine sur le côté. Déposer la noix dans une casserole foncée avec des débris et couennes de lard, oignons et carottes émincés, bouquet garni. Saler légèrement; mouiller avec 2 décilitres de bouillon ordinaire et faire réduire complètement; mouiller de nouveau à mi-hauteur de la viande avec du bouillon; faire bouillir quelques minutes. Couvrir la casserole, la mettre au four en ayant soin d'arroser souvent la viande avec sa cuisson ; en dernier lieu, retirer le couvercle de la casserole et faire glacer la surface d'une jolie couleur brune en continuant d'arroser la Noix avec son fonds de cuisson.

Dresser la Noix sur un plat de service avec une partie de son **jus passé à la passoire fine** et l'autre partie envoyée dans une saucière.

NOTA. — La Noix de Veau doit être braisée à fond de façon à pouvoir la servir **à la cuiller**.

Garnitures diverses convenant à la Noix de Veau braisée : Financière, Petites Carottes, Petits Pois, Jardinière, Épinards, Chicorée Oseille, Concombres, Pieds de Céleri braisés, Laitues, Purée de Pois Purée Soubise, Purée de Marrons, Nouilles au beurre, etc.

Noix de veau en surprise.
Braiser la noix sans la piquer, la tenir un peu ferme, la laisser re- froidir quelques instants.

La trancher horizontalement à peu près aux trois quarts de sa hauteur, de manière à obtenir un couvercle. Pratiquer une incision circulaire pour retirer la viande de l'intérieur en laissant une épaisseur de 2 centimètres dans le fond et sur les côtés; de sorte que la partie vidée représente une sorte de caisse.

Remplir la caisse avec la chair retirée, détaillée en petites esca-lopes auxquelles on aura joint des lamelles de truffe, le tout enrobé d'une fine Béchamel à la Crème. Couvrir la noix avec son couvercle, la dresser sur le plat de service. Envoyer à part dans une saucière, son fonds de cuisson passé à la passoire fine et, suivant la saison, soit un accompagnement de pointes d'asperges, de concombres à la crème, de cèpes, de morilles à la crème, etc.

NOTA. — Cette méthode de traiter la noix de veau est un peu fantaisiste et je ne la cite que pour son originalité.

NOIX DE VEAU FROIDE

Noix de veau à la gelée.

Larder les chairs d'une noix de veau avec du lard et jambon cru taillés en filets. Faire braiser la noix comme il est indiqué en y joignant en plus un pied de veau passé 8 à 10 minutes à l'eau bouillante et coupé en morceaux, et un grand verre de vin blanc. Quand elle est à point de cuisson, la mettre dans une terrine avec son fonds de cuisson passé au chinois, laisser refroidir jusqu'au lendemain.

Au moment de servir, tremper la terrine à l'eau chaude et renverser la noix sur un plat ovale assez grand pour pouvoir l'entourer de bouquets de carottes nouvelles cuites au bouillon blanc et beurre intercalés de petites tartelettes garnies de pointes d'asperges bien vertes.

On pourra à volonté accompagner la noix de : Macédoine de légumes à la mayonnaise, salade russe, petites tomates garnies de salade de thon, anchois, œufs durs, etc.

ESCALOPES DE VEAU

Les Escalopes se prennent de préférence dans le filet ou contrefilet et, à défaut, dans la noix. Leur poids normal est de 100 grammes environ.

Lorsque les escalopes sont destinées à être panées, on les aplatit très minces ; mais celles qui sont destinées à être sautées ne doivent être prises que dans la longe ou dans le carré, en laissant une partie de la chair adhérant à l'os, et en ne les aplatissant que très légèrement.

Escalopes de veau à l'Anglaise.

Assaisonner les escalopes, les passer à la farine ; les tremper dans l'œuf battu, puis les passer à la mie de pain fraîchement préparée et les cuire au beurre clarifié.

Les dresser en turban, en les intercalant de tranches de jambon sautées au beurre.

Servir en même temps des petits pois cuits à l'Anglaise. On pourra remplacer par tous autres légumes et purées.

Escalopes de veau Milanaise.

Paner les escalopes à l'Anglaise avec de la mie de pain mélangée de parmesan râpé; les cuire au beurre clarifié.

Dresser en turban et disposer au milieu une garniture de macaroni à la Milanaise.

Escalopes de veau sautées.

Tailler les escalopes comme il est indiqué dans la Longe ou le Carré; les assaisonner, les passer dans la farine et les cuire au beurre, en ayant soin de ne pas laisser brûler le beurre ; leur donner des deux côtés une jolie couleur légèrement brune.

Dresser les escalopes. Ajouter, pour 2 pièces, au beurre de cuisson, 3 cuillerées de bouillon et 2 cuillerées de glace de viande ; faire bouillir une seconde et verser sur les escalopes. On pourra, au besoin, sup- primer la glace de viande. *Comme accompagnement :* Chicorée, Épinards, Petits Pois, Pointe d'Asperges, Haricots verts, Purée de pommes, Pommes sautée; Pommes crème, Purée de marrons. Les sauces : Chasseur, La Vallière, Tyrolienne, Truffe. Garnitures : Financière, Nouilles au beurre conviennent aux Escalopes panées et non panées.

Toutes les préparations indiquées aux « Côtes de Veau » sont applicables aux Escalopes.

FRICANDAU

Le Fricandeau est une tranche de veau prise sur la Noix de Veau coupée dans le sens du fil de la viande et dont l'épaisseur ne doit pas dépasser 4 centimètres, ou la sous-noix entière.

Après avoir battu la surface de la viande, le morceau de veau est piqué finement.

Le Fricandeau est traité invariablement par le braisage et doit être bien cuit.

Sauf celles indiquées dans la formule « Noix de Veau en Surprise », toutes les autres garnitures expliquées à l'article « Noix de Veau u sont applicables au Fricandeau.

Fricandeau froid.

Le Fricandeau froid constitue un excellent plat de déjeuner. Aussitôt cuit, le mettre dans un plat en porcelaine de grandeur voulue et verser dessus son fonds de braisage, dégraissé et passé. Ce fonds se prend en gelée, et constitue un merveilleux accompagnement.

On peut néanmoins servir en même temps diverses salades composées de salades vertes.

GRENADINS

Les Grenadins ne sont autre chose que des escalopes de veau taillées un peu plus épaisses, puis finement piquées.

On les traite par le braisage comme le fricandeau et on les glace au dernier moment.

Toutes les garnitures applicables aux escalopes conviennent aux grenadins.

Les grenadins froids font une excellente entrée froide. On traite les grenadins froids comme le Fricandeau froid.

NOISETTES ET MIGNONNETTES DE VEAU

Les Noisettes et Mignonnettes de Veau sont prises dans le filet et détaillées de forme ronde et invariablement sautées au beurre.

Toutes les garnitures indiquées aux « Escalopes de Veau » leur sont applicables.

PIEDS DE VEAU

Les Pieds de Veau doivent être d'abord désossés, mis à l'eau froide et leur faire subir quelques minutes d'ébullition; les rafraîchir et les cuire au Blanc ou braisés, selon leur destination.

Cependant, lorsque l'on veut retirer des pieds de veau une gelée claire on doit, dans ce cas, les cuire simplement à l'eau citronnée et sans sel.

Depuis l'apparition dans le commerce des gélatines tirées de divers produits, la Cuisine Moderne a délaissé presque complètement l'usage de la gélatine de pieds de veau, ce qui, à plusieurs points de vue est une erreur.

Pieds de veau Cendrillon.

Cuire les pieds de veau d'une façon ou de l'autre. Les détailler en petits dés, leur additionner quelques cuillerées de truffe hachée et partie égale de chair à saucisse. Former avec cette préparation, des côtelettes du poids de 60 à 70 grammes; les envelopper dans de la crépine, arroser de beurre fondu, saupoudrer légèrement de mie de pain ou de chapelure et les griller doucement. Servir en même temps une purée de pommes de terre.

Pieds de veau grillés.

Les pieds étant cuits, bien les égoutter, les saupoudrer légèrement de moutarde, les arroser de beurre ; les passer dans de la mie de pain et les faire griller à feu modéré.

Servir à part : une sauce Piquante ou une sauce Diable.

Pieds de veau Provençale.

Étant cuits, les détailler en grosse julienne et les passer dans la farine.

Proportions pour 2 pieds de Veau : 1 kilo de tomates pelées, épépinées et hachées.

Faire chauffer dans une poêle 6 cuillerées d'huile d'olive, joindre les pieds de veau, les laisser rissoler quelques minutes, les mouiller d'un verre de vin blanc ; ajouter les tomates, une petite pointe d'ail et persil haché, assaisonnement sel et poivre. Laisser mijoter très douce- ment 30 à 35 minutes.

Servir en même temps des pommes de terre cuites à l'eau.

Pieds de veau Tyrolienne.

Préparer les pieds de veau comme « à la Provençale » et dans les mêmes proportions. Faire légèrement roussir à l'huile, dans la poêle

4 fortes cuillerées d'oignon haché ou émincé; joindre les pieds, les laisser rissoler quelques minutes, les mouiller d'un demi-verre de vinaigre, laisser réduire. Ajouter même quantité de tomates pelées et hachées, pointe d' ail, persil, assaisonnement sel et poivre.

Les Pieds de Veau braisés peuvent se servir, comme la Tête de Veau, à la Financière, et à diverses sauces brunes.

Pieds de veau pour hors-d'œuvre.

Étant cuits, les détailler en petites lanières et les condimenter à volonté, selon son goût.

Les Pieds de Veau destinés à être servis froids doivent être accommodés étant chauds et laisser refroidir.

Les Pieds de Veau à la Provençale et à la Tyrolienne servis froids constituent d'excellents hors-d'œuvre auxquels on peut joindre des olives noires.

Dans ce cas, les pieds doivent être très cuits.

POITRINE DE VEAU

Lorsque la poitrine doit être employée entière, elle est généralement désossée, ouverte en poche, farcie et recousue ensuite.

La farce la plus ordinairement employée est celle-ci : I kilo de chair à saucisse fine, 200 grammes de mie de pain humectée de bouillon, persil et estragon hachés, un ou deux œufs, sel, poivre et épices, le tout bien mélangé.

Braiser doucement et à court-mouillement, à four chaleur modérée. Le temps de cuisson pour une poitrine de 5 kilos peut varier de

3 heures et demie à **4** heures. La poitrine de veau braisée peut être servie simplement avec son jus de cuisson ou une garniture à volonté.

Tous les légumes verts, les purées de légumes, tous les farinages tels : Nouilles, Macaroni, Spaghetti, Riz, lui conviennent.

TENDRON DE VEAU

Le Tendron est constitué par l'extrémité des Côtes, du point où celles-ci sont généralement coupées. Il est donc taillé sur la poitrine et il doit comprendre, pour conserver le nom de tendron, un morceau pris sur toute la largeur de celle-ci. S' i l est coupé en travers, il perd son qualificatif de Tendron, et ce n'est plus qu'un morceau de poitrine quelconque.

Quand le Tendron doit être braisé, il doit être traité comme le Fricandeau. Cependant, on peut le cuire au beurre à la casserole, comme il est expliqué au Quasi et Rouelle de veau. Avec un peu d'attention, on obtiendra un jus parfait.

Cuit d'une façon ou de l'autre, les meilleures garnitures applicables au Tendron sont : les petites carottes nouvelles, les petits pois aux laitues, la sauce Chasseur, la sauce tomate à la Provençale, pâtes di- verses, purée de pommes.

Tendron de veau froid.

La meilleure façon de manger le Tendron de Veau est de le braiser, de le dresser dans un plat creux en faïence ou porcelaine, l'entourer de petites carottes et petits oignons cuits avec le tendron et verser dessus le jus de sa cuisson.

Cette préparation, bien que sans apprêt spécial, constitue un excellent plat de déjeuner et pique-nique.

QUASI ET ROUELLE DE VEAU

Le Quasi doit se cuire lentement au beurre, à la casserole, presque sans mouillement, en le retournant de temps à autre. Avoir soin d'en surveiller la cuisson de manière à ne pas laisser brûler le beurre et, pour éviter cet inconvénient regrettable, il suffit d'ajouter quelques cuillerées d'eau chaude dès que le beurre commence à se clarifier. La Rouelle est un morceau d'épaisseur variable coupé en travers sur le Cuissot et qui se cuit comme le Quasi.

Toutes les garnitures indiquées pour la « Noix de Veau » con- viennent à l'un et à l'autre.

RIS DE VEAU

Les Ris de Veau peuvent figurer sur les Menus les plus riches. On doit les choisir bien blancs, sans aucune tache de sang, et les laisser dégorger à l'eau courante ou en changeant fréquemment l'eau.

Mettre ensuite les ris de veau dans une casserole assez grande, les mouiller largement d'eau froide. Mettre la casserole sur un feu très vif et au premier bouillon, retirer la casserole du feu. Mettre les ris à grande eau froide ; après quoi, on enlève les parties nerveuses et cartilagineuses qu'ils comportent et on les met en presse entre deux linges. On pique généralement les ris de lard fin ; quelquefois, on les enveloppe simplement d'une barde de lard. On peut aussi les clouter de truffe ou de langue. D'une façon comme de l'autre, ils sont braisés à
brun ou à blanc suivant le cas.

Le Ris de Veau comporte deux parties, inégales de forme et de qualité. II y a la Noix représentée par la partie ronde, et la Gorge qui est la partie allongée, laquelle est moins délicate que la Noix.

Ris de veau bonne-maman.

Tailler en julienne, grosse et courte, les légumes destinés au braisage des ris et le tiers de leur volume de blanc de céleri également taillé en julienne. Braiser les ris sur cette julienne, en les mouillant d'excellent fonds de veau. Les glacer au dernier moment.

Dresser les ris de veau dans une terrine ou plat creux, avec la julienne de légumes et le fonds de braisage réduit. Couvrir la terrine et servir. **NOTA**. — Lorsque l'on a des ris de veau à braiser, il est essentiel, pour le mouillement de leur cuisson, de préparer d'avance autant que possible, avec quelques parures et os de veau, un peu de fonds ou
bouillon peu salé.

Ris de veau braisés à brun.

Les ris étant piqués ou simplement bardés, les déposer dans un pl»'à sauter dont on aura couvert le fond de rondelles d'oignon, carotte: émincées, débris et couennes de lard. Les saler légèrement, les mouiller *(pour 2 ou 3 ris)* de 2 décilitres de fonds préparé. Couvrir le pi;
faire réduire le mouillement; les mouiller de nouveau aux deux tiers de hauteur, ajouter un bouquet garni. Couvrir le plat ou casserole, le mettre au four. Conduire la cuisson en arrosant souvent les ris, et, au dernier moment, les glacer d'une jolie couleur brune.

Ris de veau braisés à blanc.

Même préparation que pour les « Ris à Brun » ; sauf que la cuisson est conduite sans trop de réduction et que les ris ne sont pas glacés.

Les ris de veau braisés à brun peuvent être garnis à la financière, aux olives, aux champignons, aux truffes; accompagnés de nouilles, macaroni, riz, de tous légumes verts, purées de légumes, purée de marrons, etc.

Les ris de veau braisés à blanc sont de préférence garnis à la Toulousaine, de coquillettes à la crème et julienne de truffes, de nouilles au beurre.

Les pointes d'asperges accompagnent toujours royalement les ris de veau braisés, à brun et à blanc.

Escalopes de ris de veau.

Les escalopes de ris de veau sont taillées suivant le cas sur des ris de veau braisés ou sur des ris simplement passés quelques minutes à l'eau bouillante, puis à l'eau froide et mis sous presse ensuite.

Au moment de les servir, les saler légèrement, les passer à la farine et les cuire au beurre.

Escalopes de ris de veau favorite.

Tailler les escalopes dans des ris tenus sous presse ; les assaisonner de sel et de poivre, les passer dans la farine et faire sauter au beurre. Faire sauter en même temps, au beurre, autant d'escalopes de foie gras frais assaisonné et passé à la farine.

Dresser en couronne les escalopes de ris, placer sur chacune une escalope de foie gras.

Saucer le tout d'une succulente sauce Madère agrémentée de lamelles de truffes. Garnir le centre du plat de pointes d'asperges au beurre.

Escalopes de ris de veau grand-duc.

Détailler les escalopes dans des ris fraîchement braisés à blanc.

Ranger en couronne sur le plat de service autant de petits palets en semoule et dorés au beurre sur les deux faces. Placer sur chaque palet une escalope de ris et sur celle-ci une belle lame de truffe ; les napper de fine sauce Béchamel à la Crème, les saupoudrer de fromage râpé. Arroser de beurre et faire vivement glacer à la salamandre. Garnir le centre d'un bouquet de pointes d'asperges au beurre.

Escalopes de ris de veau maréchal.

Détailler les escalopes sur des ris de veau braisés à blanc; les paner à l'œuf et mie de pain et les faire dorer sur les deux faces au beurre clarifié. Les dresser en couronne, les saucer légèrement de glace de viande montée au beurre. Garnir le centre de pointes d'asperges au beurre.

Servir en même temps, dans une saucière, une sauce Suprême aux truffes.

Escalopes de ris de veau Rossini.

Procéder comme il est indiqué aux « Escalopes Favorite » en supprimant les pointes d'asperges, et remplacer celles-ci par des nouilles au beurre et parmesan.

Escalopes de ris de veau Florentine.

Identique aux « Escalopes à la Rossini » ; ici les nouilles sont rem- placées par un rizotto au parmesan.

Ris de veau grillés.

Les ris ayant été sous presse, les diviser en deux horizontalement sur l'épaisseur; assaisonner les morceaux de sel et poivre, les tremper dans le beurre fondu et les griller à feu doux. Les dresser avec tranches de bacon grillé.

Servir à part : une sauce Diable, une sauce Béchamel ou simple- ment du beurre Maître-d'Hôtel.

Des petits pois frais à l' Anglaise accompagnent très bien les ris de veau grillés.

Ris de veau Monselet.

Braiser les ris à brun. Aussitôt prêts, les dresser dans une terrine ronde, peu haute, de grandeur voulue. Les recouvrir de truffes crues coupées en lames épaisses, passer le fonds de braisage dessus; couvrir et souder le couvercle avec un cordon de pâte composée de farine et d'eau.

Passer la terrine au four pendant 7 à 8 minutes et servir tel quel. Envoyer en même temps une timbale de macaroni lié au beurre,

purée de foie gras et parmesan.

Noisette de ris de veau La Vallière.

Sur un ris de veau braisé, détailler des mignonnes noisettes d'un centimètre et demi d'épaisseur. Les dresser sur petits palets de semoule, colorés au beurre sur les deux côtés et à la poêle et disposés en rond sur le plat de service. Les masquer de sauce « La Vallière », servir aussitôt.

Voir sauce *La Vallière,* série des garnitures.

Noisettes de ris de veau Mireille.

Détailler les noisettes sur ris de veau braisé, les dresser sur palets en semoule colorés au beurre sur les deux côtés, à la poêle et disposés en rond sur le plat de service. Couvrir les noisettes de lamelles de truffes fraîches soigneusement pelées enrobées de sauce Béchamel à la crème. Saupoudrer la surface de fromage frais râpé, arroser de beurre fondu. Passer le plat à la salamandre ou dans le four pendant quelques minutes et obtenir ainsi une jolie couleur légèrement brune. Servir en même temps des pointes d'asperges au beurre.

Noisettes de ris de veau à la moelle.

Détailler les noisettes sur ris de veau braisé, les dresser sur petits palets de semoule préparés comme les précédents et disposés dans un plat en terre, les saupoudrer de fromage frais râpé et les masquer de sauce moelle additionnée d'un soupçon de sauce tomate. Couvrir le plat, tenir au chaud pendant 4 à 5 minutes avant de servir.

Noisettes de ris de veau Victoria.

Détailler les noisettes sur ris de veau braisé, les dresser sur petits palets de semoule, préparés comme les précédents et disposés en rond sur le plat de service. Les masquer d'une purée de champignons à la crème additionnée de truffe coupée en petits dés. Saupoudrer de fromage, arroser de beurre fondu. Faire légèrement gratiner à la sala- mande ou dans le four. Dresser sur le centre du plat un bouquet de pointes d'asperges.

Noisettes de ris de veau châtelaine.

Même préparation que les noisettes Victoria, sauf que la purée de Champignons est remplacée par une purée d'Artichauts.

Vol-au-vent de ris de veau financière.

Détailler en escalopes des ris dé veau braisés à brun, non piqués; les ranger dans un plat à sauter avec quenelles, têtes de champignons, lamelles de truffe, olives. Enrober le tout d'une demi-glace addition- née de fonds de braisage et réduite au point voulu. Ajouter à la sauce, au moment de servir, quelques parcelles de beurre frais et garnir une croûte de vol-au-vent, fraîchement cuite. Couvrir avec son couvercle.

Vol-au-vent toulousaine.

Détailler en escalopes des ris de veau braisés à blanc et non piqués; les ranger dans un plat à sauter beurré, avec têtes de champignons, lamelles de truffes, quenelles, foies de poulardes; le tout enrobé de sauce Suprême ou de sauce Allemande finie avec quelques parcelle? de beurre fin et verser dans une croûte de Vol-au-Vent. Couvrir avec son couvercle et servir très chaud.

RIS DE VEAU FROID

Bien que peu demandés, les ris de veau froids n'en constituent pas moins un mets exquis.

Ris de veau Richelieu.

Braiser les ris comme il est dit à la formule « Ris de Veau Bonne-Maman », en tenant le fonds de braisage assez abondant pour qu'il couvre le ris dans la cocotte. Ajouter, quelques instants avant la cuis- son complète du ris de veau, une julienne de truffe.

Dresser les ris de veau dans la cocotte et verser dessus le fonds et la garniture.

Tenir la cocotte entourée de glace et, quand le fonds est pris en gelée, enlever la graisse qui est figée à la surface. Dresser la cocotte sur plat couvert d'une serviette et entourée de glace en neige.

ROGNON DE VEAU

Le Rognon de Veau pour sauter doit être d'abord dégraissé, dé- nervé et détaillé pas trop mince pour éviter qu'il durcisse. S'il doit être grillé, il est paré de façon à laisser subsister une mince couche de graisse autour; puis il est fendu en deux sur la longueur et embroché.

Rognon sauté aux champignons.

Détailler le rognon, l'assaisonner de sel et poivre, le sauter vive- ment au beurre et le retirer sur une assiette.

Verser dans la casserole I décilitre de vin blanc et une dizaine de petites têtes de champignons; laisser réduire le vin. Ajouter quelques cuillerées de demi-glace, laisser réduire quelques secondes, retirer la casserole du feu, remettre le rognon dans la casserole et lui incorporer une forte cuillerée de beurre fin et quelques gouttes de jus de citron. Servir aussitôt.

Rognon sauté aux truffes.

Même préparation ; remplacer le vin blanc par du madère et les champignons par des lamelles de truffes.

Rognon de veau en casserole.

Parer le rognon en conservant une petite couche de graisse autour. L'assaisonner de sel et poivre, le mettre dans une casserole en terre avec une cuillerée de beurre ; le cuire doucement au four, une demi- heure environ en le retournant souvent. Au dernier moment, l'arroser de quelques cuillerées de vin blanc et de jus de veau un peu concentré et servir tel quel.

On pourra à volonté l'entourer d'une garniture de : truffes, cham- pignons, financière, etc. On l'accompagne de : purée de pommes de terre, purée de marrons, pointes d'asperges, pommes sautées, pommes Macaire.

Rognon de veau à la crème.

Parer le rognon en laissant autour une petite enveloppe de graisse ; la tailler sur l'épaisseur en 5 ou 6 rouelles. Assaisonner les morceaux, les passer à la farine, les sauter vivement au beurre et les retirer sur une assiette et tenir au chaud.

Déglacer le fond de la casserole avec une cuillerée de madère, ajouter 2 cuillerées de glace de viande légère fondue, 5 à 6 cuillerées de crème très fraîche ; donner quelques secondes d'ébullition.

Dresser les petites rouelles sur un plat bien chaud et les masquer avec la sauce crème.

NOTA. — On peut dresser ces petites noisettes de rognon sur croûtons frits au beurre.

Garnir, à volonté, le centre du plat avec une garniture de pointes d'asperges, ou bien de pommes noisettes.

On pourra également ajouter des lamelles de truffes à la sauce.

Rognon de veau grillé.

Parer le rognon en laissant une petite couche de graisse autour. Le fendre en deux dans la longueur sans séparer complètement les deux moitiés; le traverser avec deux petites brochettes pour le maintenir ouvert.

Assaisonner et griller doucement, en l'arrosant de beurre fondu.

Servir à part : une saucière de beurre Maître-d'Hôtel.

Rognon de veau Montpensier.

Préparer le rognon et le sauter au beurre comme il est indiqué pour Je « Rognon à la Crème ».

Déglacer le fond de la casserole avec 2 cuillerées de madère, ajouter 3 cuillerées de glace de viande fondue, le jus d'un demi-citron et incorporer intimement 2 cuillerées de beurre frais. Dans le cas où la glace de viande serait trop réduite, ce qui ferait tourner le beurre en huile, ajouter simplement une ou deux cuillerées de bouillon ou d'eau. Dresser les morceaux de rognon en couronne sur plat très chaud, les masquer avec la sauce; disposer au milieu un bouquet de pointes d'asperges et une belle lame de truffe sur chaque morceau de rognon.

Rognon de veau à la Piémontaise.

Préparer et cuire le rognon comme il est dit « à la Montpensier »; les dresser sur un rizotto à la Piémontaise, et les saucer avec la même sauce Montpensier.

SELLE DE VEAU

La Selle de Veau pour Relevé est rôtie, braisée ou poêlée. Quel que soit le mode de cuisson adopté, la Selle est taillée d'un côté, au ras des os du quasi, et près des premières côtes, de l'autre côté.

Pour faciliter la cuisson de la selle, les rognons sont enlevés en leur laissant une couche de graisse et sont cuits à part, une demi-heure avant la cuisson complète de la selle.

Les bavettes sont rognées de façon à ce que, étant repliées sur elles- mêmes, elles couvrent juste les filets mignons dont on aura eu le soin de leur conserver une couche de graisse. Finalement la pièce est ficelée. Si la Selle est traitée par le braisage, l'opération doit se faire à court-mouillement et elle doit être arrosée très souvent avec sa cuisson. Temps de braisage approximatif d'une Selle de poids moyen : 3 heures.

La Selle poêlée ou rôtie à la casserole demande beaucoup de soin et doit être cuite à feu très modéré, être fréquemment arrosée avec sa graisse et éviter surtout de laisser brûler celle-ci. Par précaution, ajouter quelques cuillerées d'eau pour maintenir le beurre ou la graisse à chaleur normale.

N'importe le mode de cuisson : on doit obtenir un fonds de cuisson parfait.

Comme accompagnement, tous les légumes frais et purées sont applicables à la Selle de Veau.

Selle de veau Metternich.

Braiser la selle. Lorsqu'elle est prête, tracer une ligne à un centimètre et demi des bords extérieurs de chaque côté et à chaque extrémité en enfonçant la peinte d'un couteau dans les chairs. En faire autant le long de l'os de l'échiné et de chaque côté de l'os; puis, enlever les filets de la selle en les détachant avec précaution d'après les os.

Détailler les filets en escalopes, en coupant légèrement celles-ci en biais.

Dans la double cavité formée sur la selle par l'enlèvement des filets, étaler quelques cuillerées de sauce Béchamel au Paprika, puis, en rapportant les escalopes à la suite l'une de l'autre, reformer les filets dans leur état primitif, en mettant entre chaque escalope une petite cuillerée de la sauce déjà employée, et 2 lames de truffe.

Finalement, couvrir la surface de la selle de sauce Béchamel au Paprika, l'arroser légèrement de beurre fondu et faire glacer rapidement à la salamandre.

L'enlever avec précaution, à l'aide d'une grande spatule carrée et la dresser sur le plat de service.

Servir à part : 1 ° le fonds de braisage de la pièce, dégraissé et réduit; 2° une timbale de riz pilaw.

Selle de veau Orloff.

Braiser la Selle et procéder ensuite comme pour la « Selle Metternich ». En reformant les filets, mettre une petite cuillerée de Soubise et 2 lames de truffe entre chaque escalope.

Masquer la surface de la Selle de sauce Mornay additionnée d'un quart de purée Soubise; la saupoudrer légèrement de fromage, l'arroser de beurre fondu et la glacer vivement à la salamandre.

Servir à part le fonds de braisage, dégraissé et réduit.

NOTA. — On peut accompagner cette Selle d'une garniture de pointes d'asperges, de concombres à la crème et même de cèpes à la crème.

Selle de veau à la Talleyrand.

Clouter les filets de la selle avec de gros clous de truffe piqués symétriquement ; barder la pièce ; la braiser et retirer les bardes au dernier moment pour la glacer.

Dresser la Selle sur le plat de service et l'entourer simplement avec une partie du fonds de braisage, dégraissé, réduit et passé à la passoire fine.

Servir à part : Une timbale de macaroni lié au beurre parmesan et purée de foie gras. Saupoudrer la surface de macaroni de parmesan fraîchement râpé ; le couvrir de lamelles de truffe enrobées d'une sauce demi-glace additionnée du restant du fonds de braisage, légèrement tomatée et réduite.

Selle de veau Visconti.

Procéder identiquement, comme il est dit pour la « Selle à la Taileyrand ». La braiser et la dresser sur le plat de service entourée d'une partie de son fonds de braisage réduit et le restant servi à part.

Servir en même temps une timbale de macaroni lié à la crème et parmesan additionné d'une julienne de truffe.

SELLE DE VEAU FROIDE

La Selle de Veau froide constitue une magnifique pièce de Buffet, qui admet toutes les garnitures de pièces froides comme : Fonds d'artichauts garnis, Macédoine de légumes liée à la Mayonnaise, Bouquetière, Tomates garnies de façons diverses, Aubergines farcies, etc. La Selle est décorée de beaux croûtons de gelée ; mais ce qu'il ne faut pas oublier, c'est de servir en même temps son fonds de braisage dégraissé, mis dans une petite timbale entourée de glace et pris en

gelée.

TÊTE DE VEAU

Préliminaires. — Choisir une tête de veau bien blanche, la détailler en morceaux carrés de 6 à 7 centimètres et mettre les morceaux dans une casserole; les couvrir d'eau froide. Mettre la casserole sur le feu. Au premier bouillon, retirer la casserole du feu et jeter les morceaux de tête dans l'eau très froide; bien les rafraîchir.

D'autre part, délayer dans une casserole une forte cuillerée de farine, par litre d'eau froide; saler à raison de 6 grammes de sel; aciduler avec le jus d'un citron, par litre d'eau, et faire prendre l'ébullition. Ajouter les morceaux de tête, un oignon piqué d'un clou de girofle, bouquet garni; puis couvrir d'une couche de graisse fraîche hachée, ou, ce qui est plus pratique, d'un linge blanc, ce qui forme un isolant et s'oppose à ce que les morceaux de tête en cuisson reçoivent le contact de l'air qui les ferait noircir.

Tête de veau à l'Anglaise.

On sert généralement la Tête entière ou par moitié, sans être désossée. Mais ce système n'est pas toujours pratique.

La tête est dressée sur serviette et on sert en même temps un morceau de bacon (lard de poitrine bouilli) et une sauce Persil.

NOTA. — On pourra servir la « Tête de Veau à l'Anglaise » détaillée en morceaux et, dans ce cas, l'accompagner de la Cervelle et de la Langue.

Tête de veau financière.

Cuire la tête en morceaux carrés de 6 à 7 centimètres, dans un fonds blanc; diviser ceux-ci en 3 ou 4 parties, les dresser dans un plat ou dans une timbale et les couvrir d'une garniture Financière composée de quenelles de veau, têtes de champignons, lamelles de truffe, olives, crêtes et rognons de coq, le tout enrobé d'une sauce demi-glace au Madère.

Tête de veau Godard.

La Tête de Veau « à la Godard » était l'une des grosses pièces de Relevé de l'Ancienne Cuisine. Elle se servait toujours entière, entourée de : grosses quenelles truffées, têtes de champignons, truffes, ris d'Agneau, ris de Veau, cervelles, crêtes de rognons de coq, et saucée d'une fine demi-glace au Madère.

Aujourd'hui, la tête est détaillée en morceaux comme pour celle

K à la Financière ».

Tête de veau en tortue.

Cuire la tête de veau au blanc, la détailler en morceaux de 4 centimètres carrés.

La dresser en timbale ou plat creux. Garnir avec quenelles, cham- pignons, olives farcies, cornichons tournés en forme de gousses d' ail, cervelle de veau taillée en escalopes, lamelles de truffes. Le tout saucé de sauce demi-glace à la tomate, aromatisée d'une légère infusion dans du Madère ; de quelques feuilles de basilic, sauge, marjolaine, quelques grains de poivre et une pointe de poivre de Cayenne.

Supplément de garniture : Petits oeufs frits ou jaunes d'oeufs durs, croûtons taillés en cœurs et frits au beurre et quelques écrevisses cuites au court-bouillon.

Tête de veau à la vinaigrette ou à l'huile.

Cuire la tête au blanc; la dresser sur serviette avec : Langue, cervelle et bordure de persil.

Servir à part : Petits câpres, oignon et persil hachés, disposés en bouquets sur un ravier; ou envoyer la sauce toute prête, mais, dans ce cas, envoyer 1*oignon toujours à part.

TÉTINE DE VEAU

La Tétine de Veau est surtout employée dans la Cuisine Israélite, où elle tient lieu de lard.

La Tétine de Veau, cuite dans le bouillon et refroidie, est employée avec avantage dans la farce pour Galantine.

PRÉPARATIONS DIVERSES DU VEAU

Blanquette de veau à l'ancienne.

Les éléments de la Blanquette se prennent dans la Poitrine, l'Épaule et les Côtes du Collet.

Détailler les viandes en morceaux de 40 à 50 grammes; les mettre dans une casserole avec assez d'eau froide pour les submerger. Faire prendre l'ébullition doucement, en remuant les morceaux de veau avec une cuiller; écumer avec soin et saler à raison de 6 grammes de sel par litre d'eau.

Pour 6 à 700 grammes de veau, ajouter 2 petites carottes, un oignon piqué d'un clou de girofle, un bouquet composé de branches de persil, une petite feuille de laurier, brindilles de thym. Couvrir la casserole, cuire doucement une heure et demie. Faire fondre, dans une casserole,

75 grammes de beurre, y mêler 3 cuillerées de farine ; laisser cuire celle-ci quelques secondes, sans roussir; mouiller avec la cuisson du veau; laisser cuire à petit feu 12 à 15 minutes, en retirant l'écume qui monte sur la surface.

Dresser les morceaux de veau dans une timbale, ajouter facultativement une garniture de champignons et petits oignons cuits au blanc et tenir au chaud.

Au dernier moment, compléter la sauce avec une liaison de 3 à 4 jaunes d'œufs, 60 grammes de beurre, quelques gouttes de jus de citron et muscade râpée ; passer la sauce à la passoire fine sur les morceaux de veau.

Comme accompagnement : le riz pilaw, les nouilles, les spaghetti, sont tout indiqués.

Fricassée de v e a u .

On prépare !a Fricassée de la façon suivante :

Pour le même poids de viande indiqué pour la Blanquette, faire fondre dans une casserole 3 cuillerées de beurre. Ajouter les morceaux de veau, avec un oignon émincé; assaisonner de sel et poivre; couvrir la casserole et laisser étuver 12 à 15 minutes sur feu doux. A ce point, saupoudrer les morceaux de veau de 3 cuillerées de farine ; remuer avec une cuiller et mouiller à hauteur avec de l'eau chaude. Faire partir en ébullition ; ajouter un bouquet garni, couvrir la casserole et cuire lentement une heure et demie.

Dresser les morceaux de veau dans un plat creux ou timbale ; retirer le bouquet garni ; lier la sauce avec 3 jaunes d'œufs étendus de quelques cuillerées de crème ou, à défaut, 3 cuillerées de sauce de cuisson, et quelques parcelles de beurre fin, muscade râpée, jus de citron, rectifier l'assaisonnement et le mettre à point. Passer la sauce à la passoire line, sur les morceaux de viande.

Les garnitures indiquées pour la Blanquette peuvent aller avec la Fricassée.

NOTA. — Le mouillement à l'eau que j'indique pour la Blanquette et la Fricassée peut être très avantageusement remplacé par du bouillon ou du fonds blanc; la sauce n'en sera que plus onctueuse.

MATELOTE DE VEAU

Détailler le veau comme pour Sauté et selon les proportions indiquées pour la Blanquette. Le faire légèrement blondir au beurre avec 2 oignons hachés ; mouiller à couvert avec deux tiers de vin rouge et un tiers de fonds de veau; assaisonner de sel et poivre, ajouter un bouquet garni, composé de : branches de persil, une feuille de laurier, brindilles de thym et gousse d'ail écrasée et laisser cuire doucement environ une heure et demie, casserole couverte.

Égoutter alors les morceaux de veau ; les dresser dans une timbale avec une vingtaine de petits oignons glacés et autant de petits cham- pignons cuits.

Passer et réduire la cuisson d'un bon tiers; la lier en lui incorporant, par litre de sauce, 125 grammes de beurre manié avec 3 cuillerées de farine; donner une seconde d'ébullition pour en assurer la liaison; ajouter un petit verre de cognac et verser sur les morceaux de veau et garniture. La pomme de terre en purée ou nature est tout indiquée pour accompagner la Matelote de Veau. Les nouilles au beurre sont très appréciées.

PAIN DE VEAU

Le Pain de Veau est un vrai plat de famille, qu'on prépare avec des viandes rôties ou braisées de la veille auxquelles, après les avoir finement hachées, on y ajoute le tiers de son volume de mie de pain humectée de lait bouilli et 3 à 4 œufs entiers par litre de hachis ; assaisonnement sel, poivre et muscade râpée. Le tout intimement amalgamé est versé dans un moule à charlotte beurré et poché au bain-marie.

La sauce tomate est la plus indiquée pour accompagner le Pain de Veau.

NOTA. — On pourra, selon son désir, remplacer la mie de pain par de la pulpe de pommes de terre cuites au four ou à la vapeur.

PAUPIETTES DE VEAU

Les Paupiettes se taillent sur la Noix de Veau, en escalopes de 10 à 12 centimètres de long sur 5 de large.

Après avoir été aplaties et parées, elles sont masquées, sur un côté, de farce; roulées en forme de bouchon; enveloppées d'une fine barde de lard maintenue par quelques tours de fil. Puis braisées sur un lit de carottes et oignons émincés, comme les « Ris de Veau », ou cuite tout doucement au beurre, en y ajoutant de temps à autre, une cuillerée d'eau, pour les obtenir d'une jolie couleur dorée.

La Farce qui convient le mieux pour Paupiettes, et principalement pour faciliter la ménagère, est de la chair fine pour saucisses à laquelle on incorpore le quart de son volume de mie de pain humectée de crème ou à défaut de lait, et un œuf entier par 250 grammes de farce. Assaisonnement : pincée de sel, poivre, muscade râpée et persil haché.

On peut également farcir les Paupiettes avec une farce de veau à la panade.

Les garnitures qui accompagnent le plus avantageusement les Pau- piettes sont : les petits pois à la Paysanne, les Épinards, la chicorée à la crème, la purée de Marron, la purée de Pois, les nouilles au beurre, la sauce Tomate, les tomates sautées à la Provençale, la sauce Chasseur, Truffes et champignons, sauce Estragon, La Vallière.

SAUTÉS DE VEAU

Les Sautés de Veau se font avec les mêmes parties que celles employées pour la Blanquette, et dans les mêmes proportions.

Sauté de veau aux champignons.

Pour 6 à 800 grammes de veau divisé en morceaux, faire chauffer, dans une casserole plate, 3 cuillerées d'huile avec 2 cuillerées de beurre; ajouter les morceaux de veau, les faire rissoler modérément; les assaisonner de sel et poivre ; mouiller d'un verre de vin blanc puis d'un demi-litre de fonds brun et 4 décilitres environ de demi-glace, un bouquet garni. Cuire doucement, à couvert, une heure et demie.

Changer les morceaux de veau de casserole et leur ajouter 300 gr. de champignons frais sautés au beurre.

Réduire la sauce aux deux tiers et la passer sur les morceaux de veau et champignons ; laisser mijoter pendant 12 à 15 minutes et dresser en timbale ou plat creux.

Sauté de veau à la ménagère.

Assaisonner les morceaux de veau, les passer dans la farine, les faire rissoler au beurre et à l'huile avec 2 moyens oignons hachés; ajouter un verre de vin blanc et 1 kilo de tomates pelées, épépinées et hachées, une forte pincée de persil et une pointe d' ail. Couvrir la casserole et cuire lentement une heure et demie. Si la sauce réduisait par trop, ajouter de temps à autre quelques cuillerées d'eau chaude.

Servir en même temps des pommes nature.

On pourra, à volonté, ajouter des aubergines coupées en rondelles et frites ou sautées à l'huile, des poivrons doux grillés et taillés en lanières, des cèpes rissolés.

Sauté de veau aux nouilles à la ménagère.

Assaisonner les morceaux de veau, les passer dans la farine, les taire rissoler dans beurre et huile avec un oignon haché; mouiller d'un verre de vin blanc et ajouter un tiers de litre de purée de tomate, un bouquet garni et une pointe d'ail, un demi-litre de bouillon ou simplement de l'eau. Couvrir la casserole, cuire une heure et demie à petit feu.

Dresser le sauté et servir en même temps un légumier de nouilles au beurre ou au fromage.

Sauté de veau printanier.

Assaisonner les morceaux de veau, les passer à la farine, les faire légèrement rissoler au beurre; les mouiller d'un demi-litre de fonds blanc, ajouter un bouquet garni : persil en branches, une feuille de laurier, brindilles de thym. Couvrir la casserole et donner 25 à 30 minutes de cuisson; y joindre alors une douzaine de petits oignons nouveaux, 18 petites carottes nouvelles, autant de toutes petites pommes nouvelles et un demi-litre de petits pois frais. Continuer la cuisson une bonne demi-heure, à casserole couverte et à feu doux.

Sauté de veau paysanne.

Assaisonner les morceaux de veau, les passer dans la farine, les faire rissoler avec 100 grammes de lard haché; les retirer de la casserole sur une assiette. Couvrir le fond de la casserole avec 3 moyens oignons taillés en rondelles et 400 grammes environ de carottes émincées. Ranger les morceaux de veau sur ce lit de légumes; ajouter un bon bouquet garni et un verre d'eau ; couvrir la casserole, la mettre sur le feu; dès que l'eau est évaporée, mouiller avec de l'eau chaude ou, si possible, du bouillon ou fonds blanc à hauteur des viandes. Cuire doucement, à casserole couverte, une heure et demie.

Servir en même temps une purée de pommes de terre.

LEMOUTON ETL'AGNEAUDEPRÉ-SALÉ

Au point de vue culinaire, les produits de l'espèce ovine se pré- sentent sous trois formes qui sont :

1° Le mouton proprement dit, qui est parvenu, avec l'âge, à son entier développement ;

2° L'agneau, ou jeune mouton sevré, mais non parvenu à son entier développement et qui est d'autant plus estimé qu'il est plus jeune;

3° L'agneau de lait est celui qui n'est pas sevré et n'a pas encore brouté ; celui de Pauillac est le plus parfait du genre.

L'agneau ordinaire ou « agneau de pré-salé » est assimilable au mouton, bien que sa chair soit beaucoup plus fine et plus tendre, et les mêmes formules lui sont applicables. Il y a seulement à tenir compte de la qualité pour régler le temps de cuisson. L'agneau de lait, dont la chair est plus blanche et bien différente, ses formules spéciales.

BAS-ROND OU BARON ET DOUBLE D'AGNEAU

Le Baron qui comporte la Selle et les deux Gigots, c'est-à-dire tout le train de derrière de l'animal, constitue l'une des plus belles pièces de Relevés qui soient.

Le Double compte les deux Gigots non séparés.

L'un et l'autre sont presque toujours fournis par l'Agneau de pré- salé; ils se servent, en général, comme Relevés et sont toujours rôtis. Pour ces pièces, si elles sont rôties au four, déglacer le plat de cuisson avec un peu de jus ordinaire ou simplement un peu d'eau chaude; ce jus ne doit pas être complètement dégraissé, un jus complètement dégraissé perd toute la saveur de l'animal et devient un bouillon quelconque.

Pour les pièces rôties à la broche, il suffit de soigner la cuisson et les gouttelettes de graisse et de sang qui tombent dans la lèchefrite contenant un peu d'eau. Après cuisson, passer le contenu de la lèche- frite dans une casserole; lui ajouter quelques cuillerées de jus ordinaire, le dégraisser en partie.

Garnitures applicables aux Barons et Doubles : Bretonne, Bouquetière, Jardinière, Portugaise, Provençale, Richelieu, Renaissance, Lai- tues farcies, etc.

Les pommes de terre, de n'importe quelle façon qu'on les prépare, peuvent, en toutes circonstances, être servies en supplément de garniture.

CARRÉ DE MOUTON

Le Carré destiné à être servi entier est d'abord raccourci comme s'il devait être détaillé, puis on enlève l'épiderme et les os de l'échiné et on dégage le bout de chaque os, comme on le fait pour les côtelettes détaillées. On enveloppe ensuite la partie de la chair mise à nu, de bardes de lard ou de graisse de rognon aplatie en bandes minces et qui sont maintenues avec de la ficelle.

Toutes les garnitures indiquées pour Barons et Doubles sont applicables au Carré.

MOUTON E T AGNEAU FROIDS

Le Mouton et l'Agneau constituent un excellent plat froid qu'on peut accompagner de diverses salades vertes ou composées.

En Angleterre, on ne sert jamais ces viandes sans les accompagner d'une Sauce à la Menthe composée de Menthe hachée, sucre en poudre et vinaigre.

CERVELLES

Toutes les formules décrites aux articles Cervelles et Amourettes de Veau sont applicables aux Cervelles de Mouton.

COTELETTES

Les Côtelettes de mouton ou d'agneau sont quelquefois sautées, mais la grillade est le procédé de cuisson qui lui convient le mieux.

Quand le genre de préparation exige qu'elles soient panées avant de les griller, on les assaisonne, on les trempe ensuite dans du beurre fondu, puis on les passe dans de la chapelure ou dans la mie de pain.

Cette méthode de paner avant de les faire griller a l'avantage, par la mie de pain, de conserver à la viande tous les sucs qui en découlent pendant la cuisson.

Quand les côtelettes sont destinées à être sautées, on les pane à l'Anglaise et on les cuit au beurre clarifié.

On entend par paner à l'Anglaise, après assaisonnement des côte- lettes, les passer légèrement dans la farine, puis dans l'œuf battu et ensuite dans de la mie de pain fraîchement préparée.

NOTA. — La chapelure et la mie de pain exigent d'être toujours fraîches et de les préparer soi-même. Se méfier des chapelures qu'on trouve dans le commerce.

En général, quel que soit le mode de cuisson employé, on pourra les accompagner à volonté : de pommes de terre préparées de toutes les façons, de légumes verts, de purées diverses, de sauces Soubise, tomate, de pâtes, Macaroni, nouilles, etc., et diverses sauces : to- mate, piquante. Réforme, etc.

Côtelettes Carmen.

Paner les côtelettes à l'Anglaise, les cuire au beurre clarifié. Dresser en couronne ; disposer au milieu un riz pilaw auquel on aura mêlé quelques cuillerées de petits pois cuits à l'Anglaise et piments **doux d'**Espagne coupés en petits dés.

Servir à part : une saucière de sauce tomate.

Côtelettes Champvallon.

Prendre une dizaine de basses côtes ; les parer, les assaisonner et les faire colorer au beurre des deux côtés. Les ranger ensuite dans un plat en terre avec 3 oignons blancs émincés et étuvés quelques instants au beurre, sans roussir; mouiller de fonds blanc, en quantité suffisante pour que côtelettes et oignons en soient presque couverts; ajouter un bouquet garni : persil, thym, laurier et une gousse d'ail écrasée; faire prendre l'ébullition ; couvrir le plat et le mettre au four.

Au bout de 20 minutes, compléter avec 600 grammes de pommes de terre émincées en rondelles et assaisonnées. Finir la cuisson en arrosant souvent;

Côtelettes Maintenon.

Choisir de jolies côtelettes prises dans la partie couverte du Carré; les parer, les sauter au beurre. Les dresser aussitôt sur croûtons de pain frits au beurre au dernier moment et recouverts de glace de viande ou de purée de foie gras. Mettre sur chaque côtelette une cuillerée de garniture suivante : Champignons, truffe et blanc de poulet taillés en julienne et enrobés de sauce Allemande un peu serrée ; égaliser la surface, saupoudrer légèrement de fine chapelure, arroser de beurre et passer quelques secondes à la salamandre. Servir en même temps une sauce Châteaubriant.

Facultativement, on pourra accompagner les côtelettes Maintenon, soit: de petits pois au beurre, ou de pointes d'asperges.

Côtelettes Montglas.

Se préparent comme il est indiqué pour les « Côtelettes à la Maintenon », sauf que la sauce Allemande est remplacée par de la sauce demi-glace très serrée, et que l'on ajoute à la garniture de la langue écarlate.

Servir en même temps une saucière de sauce Madère très réduite et légèrement beurrée.

Facultativement, on pourra accompagner les côtelettes d'une fine purée de pommes de terre, ou une purée de marrons.

Côtelettes à la Parisienne.

Griller les côtelettes et les dresser en turban. Disposer au milieu une garniture de pommes de terre levées à la cuiller à légumes, ronde, cuites au beurre et arrosées de glace de viande.

Servir en même temps des petits pois de Clamart cuits à la Française.

Côtelettes de mouton à la Provençale (ancienne mode).

Ancienne mode : Faire sauter les côtelettes à l'huile d'olive et les dresser sur croûtons frits à l'huile à la dernière minute et masqués de glace de viande. Recouvrir chaque côtelette d'une purée Soubise, arroser légèrement de beurre fondu ; mettre le plat au four quelques secondes ; mettre au dernier moment une belle lame de truffe sur chaque côtelette et saucer les lamelles de truffe de légère glace de viande montée au beurre.

Facultativement : servir en même temps des champignons grillés ou des cèpes rissolés à l'huile, ou des pommes Macaire.

Côtelettes Réforme.

Aplatir légèrement les côtelettes, les paner à l'Anglaise avec de la mie de pain mélangée d'un tiers de jambon maigre, haché très fine- ment. Cuire les côtelettes au beurre clarifié.

Dresser en couronne ; servir à part une sauce à la Réforme.

Cette sauce est composée de sauce Poivrade et de sauce demi-glace qui comporte, par demi-litre de sauce, une garniture de : 2 moyens cornichons, un blanc d'œuf dur, 2 champignons, 20 grammes de truffe,

30 grammes de langue écarlate, le tout détaillé en julienne courte. Cette sauce est absolument spéciale aux Côtelettes de Mouton dites
« à la Réforme ».

Mutton-chop.

Le Mutton-Chop est une côtelette qui se taille sur le filet de mouton dont l'épaisseur ne doit pas être inférieure à 3 centimètres. Après avoir roulé l'extrémité de la bavette vers l'intérieur de la côtelette, on la fixe avec une brochette.

Cette côtelette se fait toujours griller et se sert généralement au naturel, mais on peut très bien accompagner le Mutton-Chop, soit de pommes de terre, petits pois, haricots verts, etc.

ÉPAULE DE MOUTON

Épaule boulangère.

Choisir l'épaule d'un mouton jeune; l'assaisonner de sel et poivre, la mettre dans un plat à rôtir, l'arroser de quelques cuillerées de sain-doux ou de bonne graisse et mettre le plat au four. Après 20 minutes, l'entourer de pommes de terre coupées en morceaux de 3 à 4 oignons émincés et cuits 10 à 12 minutes au beurre, sans trop les colorer. Arroser pommes de terre et oignons avec la graisse contenue dans le plat; compléter la cuisson au four en arrosant souvent.

Au moment de servir, saupoudrer la garniture de persil haché. Ajouter quelques cuillerées de jus qui, uni à la graisse de cuisson, donnera un jus exquis.

NOTA. — Ne jamais désosser l'épaule lorsqu'elle est destinée à être rôtie soit au four ou à la broche.

Le découpage à table peut paraître un peu plus difficile, ce qui n'est qu'une question d'habitude, mais combien est supérieure la saveur de la viande lorsque celle-ci est cuite sur ses os. Il n'en est pas de même lorsque l'épaule est destinée à être braisée.

Épaule braisée.

Désosser l'épaule, assaisonner l'intérieur de sel et poivre; la farcir ou non de hachis, ce qui est facultatif; la rouler, la ficeler, et la cou- cher dans la braisière sur un lit de carottes et oignons émincés; ajouter un bouquet garni ; mouiller de 2 ou 3 décilitres de bouillon ordinaire ; couvrir la braisière, la poser sur un feu pas trop vif. Dès que le liquide est à peu près évaporé, mouiller l'épaule jusqu'à hauteur avec du bouillon peu salé. A défaut de bouillon, le remplacer par de l'eau chaude, mais dans ce cas, un bon verre de vin blanc est très recommandé.

L'épaule de mouton braisée demande à être très cuite.

La débrider au moment de servir, la dresser sur le plat de service et l'entourer d'une garniture de carottes, navets, oignons, avec le fonds de braisage dégraissé et passé au chinois, ou simplement l'accompagner d'une purée de légumes à volonté.

On pourra ajouter au fonds de cuisson quelques cuillerées de sauce tomate.

On pourra également accompagner l'épaule braisée d'un plat de macaroni, de nouilles, ou d'un bon rizotto aux flageolets ou aux petits pois».

GIGOT

Gigot à l'anglaise.

Raccourcir le manche du gigot : parer celui-ci ; le déposer dans une marmite, le couvrir d'eau bouillante salée à raison de 8 grammes de sel au litre. Ajouter une douzaine et demie de carottes rondes, à défaut, quantité égale de carottes longues taillées de la grosseur d'un œuf de pigeon; 2 oignons piqués chacun d'un clou de girofle, un bouquet garni comprenant : branches de persil, une feuille de laurier, brindilles de thym et une gousse d'ail. Compter 30 minutes de cuisson par kilo de viande en tenant le liquide en petite ébullition.

Dresser et entourer la pièce avec les carottes et oignons. Servir à part : Une sauce au beurre à l'Anglaise, faite avec la cuisson de
4 cuillerées de câpres par demi-litre de sauce.

NOTA. — Le Gigot à l'Anglaise peut être accompagné d'une purée de navets ou de céleris, cuits avec le gigot. On peut également servir en même temps une purée de pommes de terre ou de haricots.

Avec le bouillon de Gigot on peut préparer d'excellentes soupes : à l'Orge, au Riz, ou légumes divers.

Gigot braisé.

Procéder tel qu'il est expliqué pour l'Épaule de Mouton braisée; aussi bien pour le braisage que pour les garnitures ; mais la garniture que me paraît la plus recommandée, ce sont de bons haricots de Sois-sons, dans lesquels on a cuit un morceau de lard maigre, arrosés du fonds de cuisson du gigot.

Gigot boulangère.

Procéder exactement comme il est indiqué pour 1' « Épaule de Mouton Boulangère ».

Gigot de mouton rôti sauce menthe.

Cet accompagnement est peu usité en France. En Angleterre, c'est une règle absolue. Le gigot rôti et tous les rôtis de mouton en général, de même que les rôtis d'agneau, qu'ils soient servis chauds ou froids, sont toujours accompagnés d'une sauce Menthe.

En France, le gigot rôti est généralement accompagné de légumes frais ou secs, ou de diverses purées de légumes, ou bien encore d'une excellente salade de chicorée à laquelle on aura joint un croûton de pain légèrement frotté d'ail.

LANGUES DE MOUTON

Choisir une dizaine de langues bien fraîches, les parer, les fane dégorger quelques heures à l'eau froide. Les mettre ensuite dans une casserole, les couvrir d'eau légèrement salée, les faire bouillir pendant une demi-heure; les égoutter, les rafraîchir, enlever leur peau et les ranger dans un plat à sauter sur une couche de carottes et oignons émincés; ajouter un bouquet garni. Mouiller les langues juste à couvert avec du bouillon ordinaire. Couvrir le plat, le mettre au four le temps nécessaire pour compléter leur cuisson.

Dresser les langues, les saucer avec leur fonds de cuisson réduit et dégraissé.

La sauce Tyrolienne, la sauce Piquante, Italienne, Tomate, Soubise, conviennent aux langues de mouton braisées.

Comme accompagnement : La purée de pommes de terre, la chicorée à la crème, les épinards sont tout indiqués.

PIEDS DE MOUTON

Les Pieds doivent être d'abord désossés, flambés, débarrassés de la partie constituant les sabots et de la touffe de poils qui se trouve entre les orteils. On les cuit ensuite dans un blanc léger.

La façon la plus usitée de manger les Pieds de Mouton est, sans contredit, « à la Poulette », mais cette sauce, vu la cherté du beurre et des oeufs, revient à un prix assez élevé.

Pieds de mouton à la poulette.

Proportions pour 6 à 8 pieds : Faire fondre 2 cuillerées de beurre dans une casserole, lui mêler 2 fortes cuillerées de farine délayée avec de l'eau bouillante, laisser bouillir quelques minutes, saler à point, une pincée de poivre frais moulu. Lier la sauce avec 3 jaunes d'œufs étendus de cuisson de champignons. Passer la sauce sur les pieds qu'on aura, après les avoir bien égouttés, réunis dans une casserole avec une vingtaine de têtes de champignons. Compléter la sauce en lui incorporant, par petites parcelles, 80 à 100 grammes de beurre fin; ajouter un filet de jus de citron et servir aussitôt.

NOTA. — La sauce avant la liaison des œufs doit être plutôt épaisse.

On peut procéder autrement, en remplaçant la sauce indiquée ci-dessus, par de la sauce Allemande additionnée de beurre fin.

On sert quelquefois les pieds de mouton frits à la vinaigrette, à la Tyrolienne.

Pieds de mouton en crépinette.

Cuire les pieds de mouton aux trois quarts ; les égoutter, les braiser ensuite sur un bon lit d'oignons et carottes émincés, avec bouquet garni et mouillés à hauteur. Terminer la cuisson à four doux. Les détailler ensuite en lanières et les mêler à parties égales avec de la farce fine à saucisse additionnée de petites lamelles de truffes. Les envelopper dans de la crépine de porc en leur donnant la forme d'une côtelette; les arroser de beurre fondu, les saupoudrer de chapelure et les faire griller doucement. Servir en même temps une sauce Périgueux et une purée de pommes de terre.

POITRINE DE MOUTON

La poitrine est généralement employée pour les Navarins et Ragoûts On la sert aussi grillée, accompagnée de sauces : Piquante, Diable de Purées de pommes de terre, de pois, etc.
Poitrine grillée.
Cuire la poitrine dans du bouillon ordinaire ou la faire braiser; la désosser, la laisser refroidir et la détailler en rectangles ou en cœurs; les arroser de beurre, les passer ensuite dans de la chapelure ou de la mie de pain et les faire griller. Les servir aussitôt avec l'accompagne- ment choisi.

ROGNONS
Les Rognons se préparent de diverses façons, mais la préférence est donnée aux rognons sautés ou grillés.
Rognons sautés aux champignons.
Enlever la pellicule qui les recouvre, les diviser en deux ou les escaloper, les assaisonner et les sauter vivement au beurre, les retirer aussitôt sur une assiette. Déglacer le fond de la sauteuse avec du vin blanc; ajouter, pour chaque rognon, 3 têtes de champignons cuits et 3 cuillerées de sauce demi-glace. Faire réduire quelques secondes, retirer la casserole hors du feu. Remettre les rognons dans la sauce et lui incorporer une ou deux cuillerées de beurre fin, quelques gouttes de jus de citron et servir aussitôt.
On peut opérer de même pour les rognons sautés aux Truffes en remplaçant le vin blanc par du madère et les champignons par des lamelles de truffes.
Rognons brochette.
Enlever la pellicule et ouvrir les rognons par le côté convexe sans les séparer complètement. Les traverser avec une brochette pour les maintenir ouverts ; les assaisonner, les griller et les dresser avec gros comme une noix de beurre à la Maître-d'Hôtel dans chaque rognon.
NOTA.— Dans certaines Maisons, il est d'habitude de paner les ,ognons de mouton ou d'agneau destinés à être grillés. Bien que cette méthode soit facultative, j'en serais partisan, attendu que la mie Je pain recèle en elle les petites gouttes de sucs qui découlent des rognons pendant la cuisson.
Turban de rognons à la Piémontaise.
Préparer dans un moule à savarin beurré, de grandeur proportionnée au nombre de rognons, une bordure de rizot à la Piémontaise.
Dépouiller les rognons, les partager en deux, les assaisonner et les sauter vivement au beurre.
Démouler la bordure, dresser les demi- rognons dessus, en couronne, en les intercalant de lamelles de truffes blanches.
Saucer légèrement les rognons d'un bon jus réduit et additionné de quelques cuillerées de

sauce tomate.

Rognons sautés Turbigo.

Enlever la pellicule; partager les rognons en deux, les assaisonner, les sauter au beurre et les dresser en turban dans un plat creux. Disposer au milieu une garniture de petits champignons cuits et de saucisses chipolata grillées.

Déglacer la sauteuse au vin blanc, ajouter la quantité nécessaire de sauce Demi-glace à la tomate, finir la sauce avec quelques parcelles de beurre frais; persil haché et un petit jus de citron.

SELLE

La Selle de Mouton se sert généralement rôtie, rarement braisée; cependant une bonne selle de mouton braisée, avec soins voulus, trouve des amateurs chez de véritables Gourmands.

Garnitures convenant à la selle braisée ou rôtie : Boulangère, Duchesse, Bouquetière, Laitues braisées, Laitues farcies au riz, Carottes, Navets, Tomates farcies, Portugaise, Petits Pois Paysanne, Haricots verts, Purée de haricots, Purée de pommes de terre, etc.

FILET ET FILETS MIGNONS

Le Filet est représenté par la moitié de la selle fendue dans le sens de sa longueur. Il est désossé, roulé et ficelé, puis braisé ou rôti comme l'épaule et le gigot, dont il admet les différentes garnitures.

Les Filets Mignons de Mouton ou d'Agneau sont les deux muscles qui se trouvent sous la selle. Ils se font sauter ou griller, et s'accompagnent de différentes garnitures indiquées pour les « Côtelettes et Tournedos ».

NOISETTES

Les Noisettes de Mouton, et surtout celles d'Agneau, peuvent être classées parmi les plus fines Entrées.

On les taille soit sur le filet, soit sur le carré ; on n'emploie dans ce cas que les 5 premières côtes, dites « Côtes de Noix ».

Les Noisettes se font généralement sauter, rarement griller; toutes les formules indiquées pour les Tournedos peuvent leur être appliquées.

Noisettes d'agneau sautées au beurre.

Proportions pour 6 *noisettes :* Faire chauffer dans une sauteuse 2 cuillerées de beurre ; saler légèrement les noisettes et les ranger dans le beurre chaud; les retourner en temps voulu de façon à obtenir une cuisson parfaite; éviter surtout que le beurre noircisse, celui-ci doit rester d'une couleur légèrement brune.

Dresser les noisettes sur le plat de service ; déglacer la sauteuse avec 5 à 6 cuillerées de glace de viande fondue, donner une seconde d'ébullition en agitant la sauteuse ; retirer celle-ci du feu et incorporer intimement à la sauce quelques parcelles de beurre fin.

Dans le cas où le beurre viendrait à se séparer de la glace de viande et tourner en huile, ajouter 2 cuillerées d'eau chaude pour les unir, en agitant la sauteuse et verser ensuite sur les noisettes.

Les garnitures qui leur conviennent le mieux sont : les pointes d'asperges, les petits pois frais, la truffe, le foie gras, les pommes Parisienne.

CASSOULET

Faire tremper à l'eau, pendant 5 à 6 heures, un litre de haricots blancs de l'année. Les mettre en cuisson dans un pot en terre avec 250 grammes de couennes de lard bien dégraissées et 300 grammes de lard de poitrine, l'un et l'autre passés 10 minutes a 1 eau bouillante et rafraîchis, un petit saucisson à l'ail, un oignon piqué de 2 clous de girofle, un bouquet composé de branches de persil et 2 gousses d' ail. Couvrir le tout avec de l'eau tiède. Pour la salaison, tenir compte du sel apporté par le lard. Couvrir le pot ou marmite et cuire à tout petit feu. En même temps que les haricots, on aura fait braiser un bon gigot de pré-salé.

Vingt minutes avant de servir, retirer le gigot de la braisière et le tenir au chaud avec un peu de son fonds de cuisson. Passer le reste du fonds de cuisson dans une casserole assez grande, le dégraisser et ajouter quelques cuillerées de purée de tomate.

D'autre part, égoutter les haricots, retirer l'oignon et le bouquet; mettre le lard avec le gigot et les haricots dans le fonds de cuisson du gigot; laisser mijoter 15 à 20 minutes. Si la sauce se trouvait trop épaisse, ajouter un peu de la cuisson des haricots.

Dressage. — Garnir le fond et les parois d'une terrine spéciale avec les couennes de lard coupées en carrés de 5 centimètres; garnir l'intérieur avec les haricots et le saucisson coupé en rondelles; sur le dessus, ranger de jolies tranches de gigot, les arroser du fonds de cuisson, les saupoudrer de chapelure ; mettre la terrine au four 5 à 6 minutes, pour gratiner légèrement la surface et servir aussitôt.

Facultativement, on peut ajouter à ce cassoulet, et avec avantage, une ou deux cuisses d'oie confites.

NOTA. — La manière de préparer le cassoulet varie quelque peu, suivant l'usage de certains pays.

Exemple : **A** la place de faire braiser le gigot, celui-ci est détaillé en morceaux avec une partie de poitrine de mouton, comme pour ragoût et traité de même, auquel on ajoute, après cuisson, les haricots, le tard et les couennes. Le dressage se fait en terrine, on saupoudre dé chapelure et fait gratiner ensuite.

DAUBE A L'AVIGNONNAISE

La Daube à l'Avignonnaise se prépare identiquement comme la Daube à la Provençale, sauf que les morceaux de bœuf sont rem- placés par des morceaux de mouton pris dans le gigot de mouton.

Les éléments d'accompagnement indiqués à la Daube Provençale sont applicables à la Daube à l'Avignonnaise, mais le plus délicieux accompagnement de celle-ci est un plat de petits haricots blancs de Cavaillon cuits avec un morceau de lard maigre de poitrine et un petit saucisson à l' ail.

HACHIS DE MOUTON

Principes du hachis de mouton.

Hacher finement 500 grammes de viande de mouton rôti. Faire chauffer 2 cuillerées de beurre dans une casserole, ajouter 2 cuillerées d'oignon haché très fin; dès qu'il commence à blondir, lui mêler Je hachis; assaisonner de sel, de poivre et un soupçon de muscade râpée laisser bien chauffer en remuant de temps à autre avec une cuiller. Lier le hachis avec quelques cuillerées de sauce demi-glace à la tomate et bouillante.

Dresser en timbale ou légumier ; saupoudrer de persil haché,

La liaison du hachis peut se faire avec de la purée de pommes de terre ou des pommes Macaire sautées au beurre.

On sert très souvent le hachis accompagné d'œufs pochés ou frits. Avec les œufs pochés ou frits, on sert une saucière de sauce demi-glace à la tomate à laquelle on ajoute une pincée d'estragon.

Hachis ménagère.

Préparer le hachis lié avec la purée de pommes de terre, le verser dans un plat à gratin, le saupoudrer de chapelure mêlée avec du fromage râpé, arroser de quelques gouttes de beurre fondu et faire gratiner.

Hachis à la Provençale.

Préparer le hachis avec 500 grammes de viande, le lier avec de la sauce demi-glace.

D'autre part, choisir une dizaine de tomates de grosseur moyenne, enlever une tranche du côté du pédoncule; les presser légèrement pour extraire l'eau et les semences. Faire chauffer quelques cuillerées d'huile dans la poêle, mettre les tomates, le côté coupé dans l'huile; les cuire 8 à 10 minutes à petit feu, les retourner, les assaisonner de sel et poivre, pincée de persil haché ; puis les ranger dans un plat à gratin en terre, le côté coupé au-dessus; les remplir de hachis, les saupoudrer de chapelure mêlée de fromage râpé. Arroser avec l'huile ayant servi à la cuisson des tomates et faire gratiner.

Hachis à la Turque.

Préparer le hachis avec 400 grammes de mouton rôti haché fin, rem- placer la sauce demi-glace par de la sauce tomate et lui mêler 250 gr. de riz cuit en pilaw, ce qui représente environ 100 grammes de riz cru. Fendre dans la longueur 6 belles aubergines; ciseler la chair et les frire à l'huile. Retirer la chair des demi-aubergines frites, les hacher et les joindre au hachis.

Ranger les peaux des aubergines dans un plat à gratin, les garnir avec le hachis, les saupoudrer de chapelure, les arroser d'huile et m e t t r e le plat au four pendant 10 à 12 minutes. Parsemer persil haché sur les aubergines.

Le hachis de mouton de grand'mère.

Cuire au four, à l'avance, une dizaine de belles pommes de terre de Hollande. Aussitôt cuites, lever dessus un morceau d'écorce et les vider pour en faire un genre de caisse. Faire sauter au beurre la pulpe, retirée de la pomme de terre et la remettre dans les pommes de terre, à peu près à mi-hauteur des bords. Finir de remplir avec du hachis lié sauce demi-glace à la tomate ou simplement de la purée de tomate ; saupoudrer de chapelure mélangée de fromage râpé, arroser de beurre et faire gratiner au four.

Dresser les pommes de terre sur le plat" de service recouvert d'une serviette et les enfourrer de persil en branches.

HARICOT DE MOUTON A L'ANCIENNE

Faire rissoler au saindoux 150 grammes de lard de poitrine coupé en gros dés, blanchi, et une quinzaine de petits oignons. Retirer le lard et les oignons sur une assiette ; faire rissoler à la place 1 kilo de mouton : poitrine et épaule détaillées pour ragoût et passées dans la farine. Les morceaux de mouton rissolés, retirer la graisse et mouiller de trois quarts de litre d'eau chaude, assaisonner de sel et de poivre, ajouter un bouquet composé de : persil, une feuille de laurier, brindilles de thym et une gousse d'ail ; faire prendre l'ébullition en remuant les morceaux de mouton avec une cuiller et laisser cuire à petit feu pendant trois quarts d'heure.

Mettre alors les morceaux de viande dans une autre casserole et leur ajouter le lard et les oignons revenus. Passer la sauce sur le tout, y joindre quelques cuillerées de purée de tomate et finir de cuire doucement au four.

Compléter alors avec un demi-litre de haricots blancs bien cuits, laisser mijoter quelques instants. Servir en terrine.

IRISH-STEW

Détailler, comme pour ragoût, 1 kilo 200 de poitrine et d'épaule désossée. Émincer 1 kilo de pommes de terre et 4 oignons blancs d'Espagne.

Dans une casserole de dimensions proportionnées, disposer les morceaux de mouton par couches, en les intercalant de pommes de terre et oignons. Ajouter un bon bouquet garni.

Mouiller d'un litre d'eau; couvrir hermétiquement et cuire doucement au four pendant une heure et demie.

Dresser en terrine et servir très chaud.

MOUSSAKA

Le Moussaka se prépare de diverses manières; celle-ci est la plus simple :

Préparer un hachis de mouton comme il est indiqué plus haut, lié avec une sauce demi-glace à la tomate.

D'autre part, pour 2 livres de hachis : peler 6 aubergines, les dé- tailler en rondelles un peu épaisses, les assaisonner, les passer dans la farine et les frire à l'huile.

Dresser en terrine ronde, plutôt plus large que haute, en disposant le hachis par couches alternées de rondelles d'aubergines frites. Mettre la terrine dans un plat à sauter; ajouter un peu d'eau chaude et tenir dans le four pas très chaud pendant 15 à 18 minutes; saupoudrer la surface de persil haché.

Facultativement, on pourra dresser sur le Moussaka une couronne de petites tomates épépinées, assaisonnées de sel et de poivre et cuites à l'huile à la poêle.

NAVARIN OU RAGOUT DE MOUTON

Faire revenir dans de la bonne graisse clarifiée et à feu vit 1 kilo 500 de mouton pris dans l'épaule et la poitrine, détaillés en morceaux du poids de 80 grammes environ. Assaisonner de sel, poivre frais moulu, une forte pincée de sucre en poudre. Lorsque les morceaux sont bien rissolés, égoutter presque toute la graisse ; saupoudrer de 2 cuillerées de farine ; cuire celle-ci pendant quelques instants et mouiller d'un litre d'eau ; ajouter facultativement 4 à 5 cuillerées de purée de tomate, puis un bouquet garni : branches de persil, une feuille de laurier et une gousse d'ail écrasée. Cuire lentement au four pendant une heure environ.

Changer alors de casserole les morceaux de mouton et leur ajouter une quinzaine de petits oignons colorés au beurre et une vingtaine de pommes de terre tournées de la forme et grosseur d'un œuf de pigeon.

Dégraisser la sauce, la passer sur le ragoût; couvrir hermétiquement et continuer la cuisson 30 à 40 minutes à feu doux.

Retirer la casserole hors du feu, laisser reposer 5 à 6 minutes, et dégraisser le ragoût avant de le servir.

Navarin printanier.

Procéder comme ci-dessus dans la première partie de l'opération.

Lorsque les morceaux de mouton sont changés de casserole, leur ajouter le» légumes nouveaux suivants : Une quinzaine de petits oignons, une vingtaine de petites carottes rondes, autant de navets parés de la grosseur des carottes, sautés à la poêle au beurre et saupoudrés d'une pincée de sucre ; 300 grammes de petites pommes de terre et
250 grammes de petits pois frais.

Passer sur le tout la sauce bien dégraissée ; continuer la cuisson au four, à ébullition lente, en arrosant souvent avec la sauce des légumes du dessus.

Dresser en terrine et servir très chaud.

Pilaw de mouton à la Turque.

Désosser un petit gigot ou une épaule de mouton, détailler les chairs en morceaux de la grosseur d'un œuf de pigeon. Avec les os et les parures, préparer un litre et demi de bouillon. Hacher 250 grammes de graisse de queue de mouton, la faire fondre dans une marmite en terre ou en fonte, lui mêler 4 à 5 cuillerées d'oignon haché et les morceaux de mouton; faire revenir pendant 15 à 20 minutes; assaisonner les viandes de sel et de poivre; ajouter un bouquet de persil, une feuille de laurier, brindilles de thym et 2 gousses d'ail écrasées, 2 petits piments rouges, mouiller à couvert avec le bouillon préparé et ajouter 5 à 6 cuillerées de purée de tomate. Couvrir la casserole, donner une heure un quart de cuisson à petit feu. A ce point, ajouter, pour I kilo 500 de viande, 400 grammes de bon riz soigneusement lavé et, facultativement, une pincée de safran. Couvrir la casserole et continuer la cuisson à petit feu environ 25 minutes.

Retirer la casserole ou marmite du feu, laisser reposer quelques instants et dégraisser le pilaw avant de le servir.

NOTA.— On pourra remplacer, en certains cas, la graisse de queue de mouton par du beurre ou par de l'huile. Le volume de liquide nécessaire pour cuire le riz est basé sur 100 gr, de riz et 200 grammes de bouillon; suivant le cas, on peut augmenter le liquide à 250 grammes.

Le temps de cuisson est pour le riz Caroline de 18 à 20 minutes.

Ragoût de mouton au riz à la Française.

Faire légèrement rissoler au saindoux ou dans de la bonne graisse

1 kilo 500 d'épaule de mouton désossée et poitrine de mouton détail- lés en morceaux de 80 à 90 grammes, y mêler 4 cuillerées d'oignon haché; assaisonner de sel et poivre. Lorsque les morceaux sont suffisamment rissolés, mouiller d'un litre et demi d'eau; ajouter un bon bouquet garni et, facultativement, quelques cuillerées de tomate. Couvrir la casserole et donner une heure et demie de cuisson. Ajouter alors 400 grammes de riz soigneusement lavé, continuer la cuisson 25 minutes. Retirer la casserole hors du feu, laisser reposer quelques instants et dégraisser le ragoût avant de servir.

La préparation de ces sortes de Ragoûts ou Pilaw varie chez les divers peuples orientaux; les uns y ajoutent des aubergines, des courgettes, frites, des poivrons rouges grillés et détaillés en lanières; d'autres des gombos, des petites carottes ; ces deux éléments sont cuits avec les morceaux de mouton.

On peut également mêler au ragoût des petits pois, des flageolets cuits séparément. Ces suppléments de garnitures de légumes, Mêlés au riz, sont très appréciés.

AGNEAU DE LAIT

La division des grosses pièces d'Agneau de lait est la même que pour le mouton, c'est-à-dire que :

Le Baron comprend les deux gigots et la selle. Le Double comporte les deux gigots non séparés.

Le Quartier se compose d'un gigot auquel on laisse adhérer la moitié de la selle.

Les Grosses pièces d'Agneau doivent être poêlées ou rôties. L'accompagnement qui leur convient le mieux est leur propre fonds de cuisson.

Choisir comme garnitures des légumes frais, tels : petits pois accommodés à volonté, pointes d'asperges, fonds d'artichauts, cèpes, pommes de terre préparées de diverses façons, fèves de marais, flageolets, to- mates, aubergines, courgettes, laitues braisées; purée de légumes, purée de marrons, Soubise, etc.

CERVELLES D'AGNEAU

Bien que toutes les formules indiquées pour les Cervelles de Veau conviennent aux Cervelles d'Agneau, voici une formule inédite :

Cervelles d'agneau marquise.

Proportions pour 6 personnes : Choisir 6 cervelles très fraîches ; après avoir été dégorgées et débarrassées des membranes nerveuses, les pocher dans un court-bouillon acidulé au jus de citron.

D'autre part, préparer une fine sauce Béchamel à la Crème, 6 œufs cuits durs et 3 moyennes truffes soigneusement pelées et coupées en lamelles.

La Sauce Béchamel étant chauffée à point, lui mêler les lamelles de truffes légèrement assaisonnées de sel et poivre, puis les œufs durs détaillés en rondelles.

Égoutter les cervelles, les éponger, les rouler dans la farine et leur faire prendre une jolie couleur blonde dans du bon beurre clarifié.

Dresser la sauce et garniture dans un plat creux et, sur ceux-ci, ranger les cervelles. Masquer légèrement les cervelles de sauce Châteaubriant. Parsemer sur la surface la valeur de 2 jaunes d'œufs durs passés au tamis et mélangés d'une pincée de persil haché.

NOTA. — Toutes les formules de noisettes de ris de veau dressées sur palets à la semoule peuvent être appliquées aux cervelles d'agneau avec la même dénomination.

CARRÉ D'AGNEAU

Les Carrés d'Agneau de Lait sont, de préférence, poêlés ou grillés. Toutes les garnitures indiquées aux grosses pièces d'Agneau lui sont applicables.

Carré d'agneau bonne-femme.

Après avoir raccourci et paré le carré, l'assaisonner et lui donner un commencement de cuisson de 5 à 6 minutes au beurre, dans un plat en terre de grandeur voulue. Ajouter alors une dizaine de petits oignons, colorés au beurre, 50 grammes de lard de poitrine coupé en dés, blanchis et rissolés au beurre, 2 pommes de terre moyennes dé- taillées en petits cubes ou tournées en forme de grosse olive. Arroser de beurre fondu et cuire doucement au four.
Au moment de servir, ajouter quelques cuillerées de bon jus réduit qui, uni au beurre de cuisson, complétera la saveur de ce mets.

Carré d'agneau boulangère.

Faire revenir le carré au beurre, dans un plat en terre de grandeur voulue ; l'entourer d'oignons émincés et cuits au beurre, sans les roussir, et de pommes de terre émincées, en tenant compte de la grosseur de la pièce pour proportionner les éléments de la pièce. Cuire doucement au four; arroser de temps en temps avec son beurre de cuisson.
Au moment de servir, ajouter quelques cuillerées de bon jus réduit.

Carré d'agneau grillé.

Le carré ayant été écourté et paré, l'assaisonner, l'arroser de beurre fondu et le griller doucement. Lorsqu'il est à peu près à point, le saupoudrer de mie de pain et colorer celle-ci en complétant la cuisson.
Servir en même temps une garniture au choix.

Carré d'agneau Mireille.

Mettre le Carré dans un plat ovale en terre de dimension exacte; l'arroser de beurre et le cuire 7 à 8 minutes au four. Retirer le carré du plat; tapisser le fond du plat d'une couche de pommes de terre tournées en forme d'un bouchon ordinaire et émincées et d'un bon tiers de fonds d'artichauts crus et finement émincés. Remettre le carré dans le plat sur la garniture, arroser de beurre, cuire doucement au four.
Au moment de servir, ajouter quelques cuillerées de bon jus réduit.

Carré d'agneau Mistral.

Procéder identiquement comme pour le « Carré Mireille », sauf qu'au lieu d'ajouter au dernier moment du jus, celui-ci est remplacé par des lamelles de truffes fraîches, des Garrigues

Vauclusiennes légèrement chauffées dans un jus de veau un peu corsé.

Facultativement, on pourra ajouter en même temps que les truffes et jus de veau quelques cuillerées de crème fraîche bouillante.

La saison des truffes correspond à l'époque où nos agneaux de Provence sont excellents.

COTELETTES D'AGNEAU

Les Côtelettes d'Agneau de Lait se font généralement sauter au beurre, soit au naturel ou panées à l'Anglaise. (Il est d'usage pour le; Côtelettes d'Agneau de lait de servir 2 pièces par personne.)

Garnitures qui conviennent le mieux : Pointes d'asperges au beurre, à la Crème, petits pois frais, jardinière, artichauts émincés cuits au beurre arrosés de glace de viande, pommes de terre à volonté, purée de champignons à la crème, purée de marrons, chicorée, épinards, morilles à la crème, etc.

Côtelettes d'agneau en crépinettes.

Sauter vivement les Côtelettes au beurre; les envelopper chacune dans un triangle de crépine, entre deux couches minces de chair à saucisse très fine, additionnée de truffe hachée. Arroser de beurre fondu et griller doucement.

Servir en même temps une bonne purée de pommes de terre et une sauce Périgueux.

Côtelettes d'agneau maréchal.

Paner les côtelettes à l'œuf battu et mie de pain fraîchement pré- parée, les cuire au beurre clarifié en les retournant en temps voulu pour obtenir une cuisson parfaite et une jolie couleur dorée.

Les dresser en turban avec une lamelle de truffe sur chacune et saucer légèrement de glace de viande légère additionnée au beurre.

Disposer sur le centre du plat des pointes d'asperges liées au beurre.

Côtelettes d'agneau Sarah-Bernhardt.

Cuire vivement au beurre 12 petites côtes d'agneau, les masquer sur les deux côtés d'une légère couche de purée de foie gras additionnée d'un peu de glace de viande et d'un soupçon de sauce Française (ancienne « Sauce Allemande ») ; les paner à l'Anglaise et les cuire au beurre clarifié.

Dresser les côtelettes sur le plat de service, les saucer légèrement de sauce Châteaubriant.

Envoyer à part une garniture de fonds d'artichauts frais cuits et émincés et lamelles de truffe, le tout enrobé de sauce Française montée au beurre.

NOTA.— Dans certains cas, on pourra remplacer la sauce Française par de la sauce Suprême.

Côtelettes d'agneau Tosca.

Préparer les côtelettes comme il est dit pour les « Côtelettes Sarah- Bernhardt ». Mêler simplement à la purée de foie gras quelques cuillerées de jambon cuit bien dégraissé et haché très fin ; les paner à l'Anglaise et les cuire au beurre clarifié.

Dresser les côtelettes en turban, les saucer légèrement de glace de viande montée au beurre et quelques gouttes de jus de citron. Disposer au milieu une garniture de pointes d'asperges liée au beurre et additionnées d'un tiers de son volume de julienne de truffe.

Côtelettes d'agneau à la Talleyrand - Périgord .

Préparer les côtelettes comme il est indiqué pour la « Tosca »;]es paner et les cuire au beurre. Les dresser chacune sur petite escalope de ris de veau braisée ; les saucer de quelques cuillerées de glace de viande montée au beurre.

Servir à part une garniture de lamelles de truffes enrobées dans une sauce demi-glace, dans laquelle on aura incorporé le fonds de cuisson des Ris de Veau.

Envoyer en même temps une timbale de nouilles fraîches à l'Alsacienne ou un légumier de petits pois frais cuits à l'Anglaise et liés au beurre.

ÉPAULES D'AGNEAU DE LAIT

En général, on ne doit pas désosser les Épaules d'Agneau de Lait que l'on traite comme les Carrés, à la Boulangère, grillées. Cependant il y a une façon de présenter les épaules d'agneau qui exige qu'elles soient désossées.

Épaule d'agneau en canetons.

Proportions pour 6 à 8 personnes : Prendre 2 épaules ; couper une partie du devant des pattes en laissant adhérer un bout de l'os qui doit former le bec du caneton ; désosser les épaules, en conservant une par- tie de l'os qui fait suite au bec, celui-ci doit former le cou, festonner le bout de la palette que l'on adaptera après cuisson, au caneton pour donner l'illusion de la queue; assaisonner les chairs intérieures.

Préparer une farce composée de : moitié chair de veau et moitié chair de porc, 2 jaunes d'œufs, sel, poivre, épices, 2 ou 3 cuillerées de mie de pain, le tout intimement mélangé. Avec cette préparation, garnir les épaules; les coudre en rapprochant les viandes, sur toute la longueur ; les brider alors avec le manche en haut, de façon à leur faire prendre la forme d'un canard. L'épaule d'Agneau se prête naturellement à cette imitation. Ranger les épaules dans une braisière sur lit d'oignons et carottes émincés, quelques couennes de lard, les palettes festonnées et un bouquet garni. Mouiller d'un grand verre de vin blanc, laisser réduire en partie et mouiller alors, moitié hauteur, avec un fonds léger.

Mettre la braisière au four, cuire à petit feu en arrosant souvent les épaules.

Au moment de servir, débrider les épaules; couper légèrement le dessous afin de leur donner l'aplomb nécessaire. Imiter les yeux avec du blanc d'œuf dur, adapter les palettes, les dresser sur plat ovale. Dégraisser le fonds de cuisson, ajouter quelques cuillerées de sauce demi-glace bien réduite, passer au chinois sur les épaules. Servir à part une garniture à volonté.

GIGOT D'AGNEAU DE LAIT

Le Gigot d'Agneau de Lait se fait rôtir ou poêler au beurre. Toutes les garnitures ou sauces indiquées pour les Barons, Doubles, Quartiers de Carrés d'Agneau, sont applicables au Gigot, auquel se rattachent en outre les formules suivantes :

Gigot d'agneau à la Normande.

Choisir un gigot d'agneau de lait aussi gras que possible; l'assai- sonner; le cuire au beurre à la casserole, à petit feu, en l'arrosant sou- vent et en veillant surtout que le beurre ne brûle pas. Aussitôt le gigot cuit, le sortir de la casserole, le déposer dans un plat en terre. Retirer de la casserole les deux tiers de beurre de cuisson; déglacer le fond de la casserole avec quelques cuillerées de vieux Calvados, et 5 à 6 cuillerées de bon jus de veau; faire bouillir quelques secondes, ajouter

2 cuillerées de glace de viande, 1 décilitre de crème d'Ysigny pas trop épaisse et verser sur le gigot.

Mettre le plat au four assez chaud, et pendant 5 à 6 minutes arroser la pièce avec son mouillement. Compléter en couvrant le gigot de mie de pain fine, frite au beurre.

Servir le gigot dans le plat en terre.

Accompagnement au choix : Pommes purée, Pommes Byron, Pommes sautées, Cèpes rissolés, pointes d'asperges, petits pois, Flageolets, conviennent très bien.

On pourra également accompagner le Gigot à la Normande de pommes reinette émincées et sautées au beurre.

Gigot d'agneau des cigaiiers.

Cuire au beurre, à la casserole, un gigot d'agneau de lait très gras et blanc; l'arroser souvent pendant la cuisson de manière à ne pas laisser brûler le beurre.

Pendant le temps de cuisson, peler soigneusement 4 à 5 belles truffes des Garrigues, les couper en lamelles, les assaisonner de sel et poivre frais moulu, les arroser de quelques gouttes d'armagnac ; puis tenir au chaud une terrine de grandeur appropriée au gigot et légèrement frottée d'ail.

Aussitôt le gigot cuit, le sortir de la casserole, le tenir au chaud. Retirer les deux tiers du beurre de cuisson; déglacer le fond de la casserole, avec un demi-verre de vin blanc, laisser réduire d'un tiers • ajouter 5 à 6 cuillerées de bon jus de veau brun ou à défaut 3 cuillerées de glace de viande et 5 à 6 cuillerées d'eau ; donner quelques secondes d'ébullition.

Découper le gigot en tranches pas trop minces ; les ranger dans la terrine en les intercalant avec les lamelles de truffes. Verser dessus le jus préparé ; couvrir la terrine ; tenir au chaud 5 à 6 minutes avant de servir.

Comme accompagnement : Une purée de châtaignes.

Pour les personnes que l'ail pourrait incommoder, on pourra le sup- primer, le mets n'en sera pas plus mauvais.

Comme variation, on pourra remplacer la purée de châtaignes par des nouilles fraîches ou autre garniture.

PIEDS ET LANGUE D'AGNEAU

Le traitement et les préparations diverses étant les mêmes que celles du Mouton, voir « *Pieds et Langues de Mouton* ».

POITRINE D'AGNEAU

La Poitrine d'Agneau s'emploie grillée, et surtout pour les Épi- grammes (voir « Poitrine de mouton grillée » .)

Épigrammes d'agneau.

Proportions pour 6 personnes : Choisir toujours de l'agneau gras et blanc; couper les poitrines de carrés, les faire braiser ou les cuire dans du bouillon.

Lorsque les poitrines sont cuites, les égoutter, les déposer sur un plafond ; retirer les os ; les saler légèrement, les mettre sous presse entre deux plats; les laisser refroidir; les détailler en forme de cœur; les masquer très légèrement de sauce Béchamel; les passer dans l'œuf battu, puis dans la mie de pain fraîchement préparée et les faire blondir des deux côtés dans du beurre clarifié.

D'autre part, détailler en côtelettes les carrés de 2 poitrines, les assaisonner et les faire sauter au beurre.

Déglacer le fond de la casserole avec quelques cuillerées de bon fonds de veau additionné de 2 cuillerées de glace de viande et quelques parcelles de beurre frais, puis quelques gouttes de jus de citron. Servir cette sauce à part dans une saucière.

Dresser les épigrammes sur plat rond en intercalant les morceaux de poitrine et côtelettes.

Garnitures favorables : Pointes d'asperges, petits pois, fèves de Marais, concombres à la

Crème, macédoine de légumes et purées diverses.

RIS D'AGNEAU

Les Ris d'Agneau, après les avoir fait dégorger environ une heure à l'eau courante, sont légèrement passés à l'eau bouillante pour les raffermir, ensuite égouttés et rafraîchis.

Selon le cas, on les cuit au beurre, ou braisés comme les Ris de Veau, ou cuits à la Poulette.

Ris d'agneau en pilaw.

Les ris étant rafraîchis, les éponger, les assaisonner, les cuire au beurre et les mêler à du riz cuit pour pilaw.

Proportions : Deux tiers de riz cuit et un tiers de ris d'agneau environ.

Accompagnement : Servir à volonté sauce Tomate, sauce Curry, sauce Paprika.

Ris d'agneau poulette.

250 grammes de ris d'agneau rafraîchis. Faire fondre 2 cuillerées de beurre dans une casserole, y joindre les ris, les laisser étuver quelques instants; les assaisonner de sel et poivre, les saupoudrer d'une cuillerée de farine; laisser cuire la farine 2 minutes; mouiller d'un demi-verre de vin blanc et de bouillon blanc, ou à défaut de l'eau chaude, de façon que les ris se trouvent à couvert. Ajouter 6 petits oignons et un petit bouquet garni. Cuire doucement 25 minutes environ.

Retirer les ris et les oignons de la sauce, les déposer dans une casserole propre, leur mêler quelques têtes de champignons cuits et tenir au chaud.

Enlever le bouquet et lier la sauce avec 2 jaunes d'œufs étendus de quelques cuillerées de sauce ou de crème et la passer sur les ris; compléter la sauce par quelques parcelles de beurre fin et quelques gouttes de jus de citron.

Accompagnement : Nouilles à l'Alsacienne, ou riz au beurre.

Timbale de ris d'agneau à la Radzivill.

500 grammes de ris d'agneau, 36 écrevisses moyennes, 150 gr. de macaroni de Naples, 125 grammes de truffes pelées et coupées en lamelles, beurre d'écrevisses, 150 grammes de parmesan frais râpé.

Préparation : Après avoir rafraîchi les ris d'agneau, les braiser sur un lit d'oignon et carottes émincés, bouquet garni, mouillés d'un verre de vin blanc ; compléter à hauteur des ris avec du fonds de veau brun. Couvrir la casserole et cuire au four 20 à 25 minutes.

Cuire les écrevisses dans un court-bouillon au vin blanc, les décortiquer et mettre les queues en réserve. Avec les carapaces, préparer
120 grammes de beurre d'écrevisses.

D'autre part, faire pocher le macaroni pendant 10 minutes à l'eau salée; l'égoutter, le remettre dans la casserole, le mouiller juste à couvert avec un bon consommé bouillant et finir de cuire en le tenant un peu ferme; l'égoutter, dans le cas où le consommé n'aurait pas été complètement absorbé par le macaroni et le lier avec le beurre d'écrevisses et le parmesan.

La cuisson des ris étant à son point, sortir les ris avec précaution, les mettre dans une casserole avec quelques parcelles de beurre frais, les truffes »t les queues d'écrevisses; tenir au chaud.

Ajouter au fonds de braisage des ris 4 décilitres de fine sauce demi-glace réduite au fonds de veau brun et la passer sur les ris et leurs garnitures. Dresser dans une timbale en argent les deux tiers de macaroni, disposer sur celui-ci les ris et une partie des queues d'écrevisses et truffe, recouvrir avec le restant de macaroni, saupoudrer légèrement de parmesan et, pour finir, ranger sur le haut le restant des écrevisses, lamelles de truffe et leur sauce.

Vol-au-vent de ris d'agneau.

Proportions pour 6 à 8 personnes : Choisir 4 à 500 grammes de ris d'agneau, les échauder, les rafraîchir, les éponger et les cuire douce- ment au beurre, dans une sauteuse. Aussitôt cuits, leur mêler une quinzaine de têtes de champignons cuits, 120 grammes de truffe coupée en lamelles et les arroser de quelques cuillerées de madère.

Enrober le tout de sauce Allemande additionnée de quelques par- celles de beurre fin.
Dresser dans une croûte de Vol-au-Vent.

Le cas échéant, on pourra remplacer la sauce Allemande par une sauce Béchamel à la Crème.

SELLE D'AGNEAU

La Selle d'Agneau de Lait, lorsqu'elle est d'un véritable agneau de Pauillac, peut figurer dans le Menu le plus select. La meilleure méthode de la cuire est de la rôtir à la broche ou de la poêler au beurre.

Les garnitures qui conviennent le mieux à la Selle d'Agneau sont : Les pointes d'asperges, les petits pois frais cuits à la Française ou à l'Anglaise, les pommes de terre et carottes nouvelles, les jeunes fèves de Marais, la purée de flageolets, la purée de marrons, les nouilles à l'Alsacienne. Tous ces légumes sont généralement servis à part, sauf dans les méthodes qui suivent.

Selle d'agneau duchesse.

Proportions pour 6 personnes : Parer la selle, la saler intérieure- ment, la ficeler et la cuire doucement au beurre dans une casserole proportionnée à la selle, de manière que le beurre conserve toujours une couleur noisette.

Préparer 6 fonds d'artichauts de grosseur moyenne; les cuire 15 minutes dans de l'eau salée additionnée de jus de citron et une cuillerée de farine par litre d'eau. Les égoutter, les ranger dans une casserole plate de grandeur voulue et grassement beurrée ; les couvrir avec du bouillon ou fonds blanc. Couvrir la casserole et finir de les cuire lente- ment. Arrivés à leur degré de cuisson, le fonds doit être réduit à l'état un peu sirupeux; lui ajouter alors quelques cuillerées de sauce demi- glace.

Retirer les fonds d'artichauts de la casserole, les ranger sur un plat; remplir l'intérieur d'une petite garniture composée de truffe, langue écarlate, champignons cuits, coupés en très petits dés, le tout enrobé de sauce Béchamel. Saupoudrer légèrement de fromage, arroser de beurre et faire glacer à la salamandre ou au four.

D'autre part, préparer 6 croûtes à tartelettes en pâte fine, de même grandeur que les artichauts, les garnir de pointes d'asperges au beurre. La selle étant cuite, la sortir de la casserole et la tenir au chaud. Égoutter les deux tiers de la graisse de cuisson; déglacer le fond de la casserole avec quelques cuillerées de vin blanc et un décilitre de fonds de veau brun ; compléter en y ajoutant le fonds de cuisson des artichauts ; faire bouillir quelques secondes et passer à la passoire fine ; tenir au chaud.

Dresser la selle sur plat de service ovale, l'entourer de fonds d'artichauts intercalés de tartelettes aux pointes d'asperges; placer sur chaque artichaut une belle lame de truffe, les saucer légèrement de glace de viande additionnée de quelques parcelles de beurre ; saucer le fond du plat d'un soupçon de la sauce tenue au chaud; servir le supplément dans une saucière.

Envoyer, en même temps que la selle, un légumier de pommes Parisienne.

Selle d'agneau à la Génoise.

Assaisonner la selle, la ficeler et la cuire au beurre. Retirer la selle de la casserole, la tenir au chaud; égoutter les deux tiers du beurre de cuisson, déglacer le fond de la casserole avec 4 à 5 cuillerées de vin blanc et jus brun de veau; tenir au chaud.

Choisir 8 petites tomates rondes, couper une tranche du côté du pédoncule, les presser légèrement pour en extraire l'eau et les graines- les ranger du côté coupé, dans la poêle dans laquelle on aura fait chauffer 4 cuillerées d'huile; les cuire sans précipitation environ 10 minutes, les retourner, les assaisonner de sel et poivre et finir de les cuire.

D'autre part, préparer un rizotto au parmesan.

Dresser la selle sur plat ovale, l'entourer avec les tomates, garnit celles-ci de rizotto. Saucer le fond du plat avec une petite partie du jus tenu bouillant; envoyer le supplément dans une saucière.

Servir en même temps un légumier de petits pois frais cuits à l'Anglaise.

Selle d'agneau Judic.

Cuire la selle au beurre comme la précédente, la tenir au chaud. Retirer les deux tiers du beurre de cuisson; déglacer le fond de la casserole avec un peu de vin blanc; celui-ci réduit, ajouter I décilitre de jus de veau légèrement brun, faire bouillir quelques secondes.

Dresser la selle sur plat ovale, la garnir de laitues farcies au riz légèrement lié de fois gras truffé, et braisées, et ris d'agneau sautés au beurre.

Saucer petitement le plat avec le jus tenu au chaud.

Napper légèrement les laitues avec sauce à la moelle dans laquelle on aura inclus le fonds de cuisson de la selle et envoyer le restant de la sauce dans une saucière.

Servir en même temps un légumier de petits pois à la Française.

Selle d'agneau Orloff.

Cuire la selle au beurre et la préparer comme il est expliqué pour la « Selle de Veau Metternich ». Détailler les filets en escalopes d'un centimètre et demi.

Masquer le fond de la cavité formée sur la selle de sauce Soubise à la Crème; remettre les escalopes à leur place en intercalant chacune d'une lame de truffe et une cuillerée de sauce Soubise.

La selle étant reformée dans son état naturel, disposer une rangée de lamelles de truffe de chaque côté de la selle; les masquer légère- ment de sauce Soubise, saupoudrer la surface de parmesan frais râpé, arroser de beurre et faire glacer à la salamandre. Servir à part Je fonds de cuisson de la selle dégraissé en partie et déglacé avec vin blanc, quelques cuillerées de consommé et 3 cuillerées de glace de viande et parcelles de beurre frais.

Accompagnement : Un légumier de pointes d'asperges au beurre, ou bien entourer la selle de petites bouchées aux pointes d'asperges.

Selle d'agneau de lait Édouard VII.

Prendre une selle d'agneau de Pauillac, la désosser entièrement par dessous, de façon à laisser l'épiderme intact; assaisonner l'intérieur.

Choisir un bon foie gras, le clouter de truffes, l'assaisonner de sel et épices et le faire mariner quelques heures dans quelques cuillerées de madère; l'envelopper dans une mousseline, le faire pocher 18 minutes dans un bon fonds ou jus, le laisser refroidir dans sa cuisson.

Retirer alors le foie de la cuisson, le placer au milieu de la selle, reformer celle-ci dans son état naturel, la ficeler et la cuire tout doucement au beurre en l'arrosant souvent de son beurre.

La selle étant cuite, la débrider, la mettre dans une terrine ovale qui soit juste de dimension pour la contenir.

Ajouter au fonds de cuisson, sans le dégraisser, un demi-litre environ de jus de jarret de veau et de pied de veau, préparé avec un kilo de jarret de veau et un pied de veau braisés. Faire bouillir 2 secondes et verser sur la selle.

Cette préparation doit être faite la veille et tenue sur glace.

Au moment de servir, enlever soigneusement avec une cuiller, la graisse montée sur la surface. Servir tel quel, dans la terrine.

NOISETTES D'AGNEAU OU PLUTOT MIGNONNETTES D'AGNEAU

Les noisettes d'agneau de lait se taillent de préférence sur les premières côtes du carré; on compte 2 pièces par personne. Au moment de les cuire, les assaisonner, les passer à la farine et les sauter au beurre. Elles sont ensuite dressées sur petits croûtons de pain de mie, de même grosseur, frits au beurre à la dernière minute.

Déglacer la sauteuse avec quelques cuillerées de vin blanc et fonds de veau brun ou à défaut du bouillon ordinaire et glace de viande et parcelles de beurre fin. Saucer les noisettes.
Servir en même temps des pointes d'asperges ou petits pois frais à l'Anglaise.

PRÉPARATIONS DIVERSES DE L'AGNEAU

Blanquette d'agneau de lait.

Proportions pour 4 à 5 personnes : Prendre une épaule et 2 poitrines, les détailler en morceaux de 50 à 60 grammes. Faire chauffer 2 cuillerées de beurre dans une casserole, ajouter les morceaux d'agneau, les assaisonner de sel et poivre; laisser saisir les chairs pendant quelques minutes, les saupoudrer de 2 cuillerées de farine ; laisser cuire 2 minutes, mouiller avec un demi-verre de vin blanc et compléter à hauteur des morceaux d'agneau avec du bouillon ou fonds blanc, ou simplement de l'eau chaude. Ajouter un petit bouquet garni et une quinzaine de petits oignons. Couvrir la casserole et faire cuire à petit feu.

Les morceaux d'agneau étant cuits, les dresser dans une timbale ou plat creux avec les oignons ; compléter à volonté la garniture par quelques têtes de champignons cuits.

Retirer le bouquet, lier la sauce avec 2 ou 3 jaunes d'œufs étendus d'une cuillerée d'eau ou de cuisson des champignons et quelques parcelles de beurre. Passer la sauce et la verser sur l'Agneau.

Les nouilles préparées à l'Alsacienne accompagnent délicieusement la Blanquette, ou bien encore du riz cuit à volonté.

Pour le Curry, le Pilaw et tous les genres de sautés d'Agneau de lait, il est préférable que cette chair, étant très délicate, soit traitée comme pour le Poulet Sauté, c'est-à-dire que les morceaux soient entièrement cuits au beurre avant d'être saucés et qu'ils ne bouillent pas dans la sauce.

Currie d'agneau.

Détailler en carrés de la grosseur d'une noix une épaule d'agneau. Faire chauffer 2 cuillerées de beurre dans une casserole plate, ajouter l'agneau, l'assaisonner de sel et poivre, laisser cuire doucement.

D'autre part, faire blondir légèrement au beurre 2 cuillerées d'oignon finement haché, le saupoudrer d'une cuillerée à dessert de curry et une cuillerée de farine, laisser cuire quelques secondes ; mouiller de 2 décilitres de bouillon, laisser bouillir doucement pendant 8 à 10 minutes, passer la sauce sur les morceaux d'agneau, compléter la sauce avec 1 décilitre de crème double. Servir en même temps du riz cuit à l'Indienne.

Pilaw d'agneau.

Détailler une épaule d'agneau en carrés de la grosseur d'une petite noix; les assaisonner et les cuire doucement au beurre. D'autre part, faire blondir au beurre 2 cuillerées d'oignon finement haché ; ajouter 200 grammes de riz Caroline vivement lavé à l'eau tiède, bien l'égoutter et le mêler à l'oignon, le remuer avec une cuiller de façon que le riz se trouve imprégné de beurre. Mouiller avec 4 décilitres de consommé, couvrir la casserole et donner 18 minutes de cuisson. Mêler le riz aux morceaux d'agneau et servir.

Envoyer en même temps une saucière de sauce tomate.

Sauté d'agneau aux petits pois.

Détailler une épaule d'agneau de la grosseur d'un petit œuf, assai- sonner de sel et poivre et cuire au beurre.

D'autre part, cuire un demi-litre de petits pois à la Française ; les mélanger aux morceaux d'agneau quelques instants avant de servir.

Sauté d'agneau chasseur.

Détailler une épaule d'agneau en morceaux de la grosseur d'un petit œuf, assaisonner de sel et poivre et les cuire doucement au beurre et huile d'olive. La cuisson achevée, retirer les morceaux d'agneau, ajouter à leur place 150 à 200 grammes de champignons crus, épluchés et émincés ; les laisser cuire quelques instants. Ajouter 2 échalotes fine- ment hachées, un petit verre de cognac et un demi-verre de vin blanc, puis 3 cuillerées de sauce tomate et 5 à 6 cuillerées de sauce demi- glace. Faire réduire, ajouter une pincée de persil ciselé et remettre les morceaux d'agneau dans la casserole avec la sauce ; tenir au chaud.

Dresser en timbale au moment de servir.

NOTA. — On peut ainsi préparer l'agneau accompagné de différentes sauces ou garnitures, telles : les tomates sautées à la Provençale, la sauce tyrolienne, les flageolets cuits et liés au beurre, etc.

LEPORCFRAIS

Les relevés de porc frais sont toujours rôtis ; le carré et le filet sont les deux pièces qui conviennent le mieux. On peut les accompagner de toutes garnitures de légumes frais ou secs, de purées diverses, de choucroute, de choux rouges, de choux de Bruxelles ; de pâtes diverses, telles : les nouilles, le macaroni, la polenta ; de sauce piquante, sauce Robert, sauce tomate.

On sert aussi le porc rôti accompagné de marmelade de pommes ou de pommes pelées, divisées en quartiers et émincées, puis mises dans une casserole à sauter additionnées de quelques parcelles de beurre, une pincée de sucre et un demi-verre d'eau pour 3 à 4 pommes moyennes. Couvrir la casserole, cuire les pommes sans précipitation et les dresser dans une timbale ou un légumier.

Carré de porc rôti.

Rôtir le carré dans un plat à rôtir, le saler et le dresser sur le plat de service. Retirer du plat les deux tiers de graisse, détacher le fond du plat avec 2 décilitres de jus ordinaire, à défaut simplement de l'eau chaude, laisser réduire de moitié; arroser légèrement la pièce et servir le restant du jus dans une saucière.

Accompagnement : Épinards, chicorée, purée de pommes, purée de pois, etc.

Carré de porc à la boulangère.

Rôtir le Carré dans un plat en terre. A moitié de sa cuisson, l'en- tourer de 4 à 5 oignons blancs émincés et d'un kilo de pommes de terre coupées en rondelles un peu épaisses. Compléter la cuisson en arrosant souvent la garniture avec la graisse du carré.

En sortant le plat du four, ajouter quelques cuillerées de bon jus, une forte pincée de persil haché sur la garniture et servir tel quel.

Carré de porc aux haricots blancs.

Rôtir le Carré dans un plat en terre. Aux trois quarts de sa cuisson, l'entourer d'un litre de haricots blancs cuits, bien égouttés, et finir de cuire doucement, en arrosant les haricots avec la graisse du carré. Servir tel quel.

CARRÉ DE PORC FROID

Le porc rôti servi froid est un mets exquis pour le déjeuner. On l'accompagne au choix : de salade de pommes de terre, de salade de choux rouges taillés en julienne, additionnée de pommes fruits finement émincées, de salades vertes, de salades de légumes.

Sauces froides qui conviennent au porc froid : sauce Escoffier, marmelade de pommes condimentée à la moutarde en poudre, sauce Rai- fort à la Crème, sauce Piquante.

CERVELLES DE PORC

Même traitement et mêmes formules que les Cervelles de Bœuf, de Veau et d'Agneau.

COTES DE PORC

Les Côtes de Porc se cuisent grillées ou sautées, panées suivant le cas, au beurre et mie de pain pour être grillées, ou panées à l'Anglaise, à l'œuf et mie de pain pour être sautées.

Accompagnement : Mêmes garnitures que celles décrites pour le « Carré de Porc rôti ».

ÉPAULE DE PORC

L'épaule désossée, salée, roulée et fumée se prépare comme le jambon.

L'épaule simplement salée s'emploie comme élément de potées.

L'épaule fraîche se rôtit comme le carré et les mêmes garnitures lui sont applicables.

FILET DE PORC

Le Filet de Porc comprend la partie qui va du jambon aux premières côtes et se traite comme le Carré.

FOIE DE PORC

Le Foie de Porc est généralement un élément de farces. On peut cependant l'apprêter comme le foie de Veau.

ZAMPINO

Le zampino ou jambe de porc farcie est un produit spécial de la charcuterie italienne.

On le cuit comme le jambon, mais en ayant soin de le piquer tout autour avec une aiguille, de l'envelopper d'une serviette et de le ficeler pour prévenir l'éclatement de la peau. Servi chaud, on l'accompagne d'une sauce Madère ou Tomate, ou d'une garniture de choucroute, de choux braisés, de haricots verts, de purée de pois ou de pommes de terre.

Le zampino se sert très souvent froid, surtout pour hors-d'œuvre. On le découpe alors aussi mince que possible.

JAMBON

Le Jambon constitue une ressource précieuse et, qu'il soit de Bayonne ou d'York, ou de Prague, c'est un Relevé très apprécié.

Cuisson de jambon. — Après l'avoir fait tremper à l'eau froide pendant au moins 6 heures, il est brossé, débarrassé de l'os du quasi et marqué en cuisson à grande eau froide, sans aucun assaisonnement ni addition aromatique. L'ébullition étant bien développée, l'ustensile est placé de façon à maintenir le liquide en simple frémissement, ce qui suffit pour pocher le jambon.

S'il est pour être servi froid, on le laisse, autant que possible, re- froidir dans sa cuisson.

Le temps de cuisson des jambons varie, naturellement, selon leur qualité et leur poids.

Approximativement, on compte 18 à 20 minutes de pochage à la livre ; les jambons doux de Prague et les jambons doux d'Espagne ne demandent qu'un quart d'heure.

Braisage du jambon.

Lorsqu'il est destiné à être servi chaud, le jambon est retiré de l'eau une demi-heure avant que sa cuisson soit complète. Après avoir enlevé la peau, on le pare sur toutes les faces. Il est alors mis dans une braisière de juste contenance, dans laquelle on verse à peu près le quart d'un litre de vin de Madère, Sherry, Porto, Marsala, Chablis, etc., selon son choix.

L'ustensile est alors fermé hermétiquement et mis au four très doux pendant une heure, pour achever la cuisson du jambon et lui permettre de s'imprégner complètement de l'arôme du vin. Si le jambon doit être présenté, on le glace au dernier moment. Son accompagnement ordinaire est une sauce demi-glace légère additionnée du vin de braisage dégraissé et passé à la passoire fine.

Glaçage du jambon.

Le procédé le plus recommandable est de saupoudrer le jambon avec de la glace de sucre, au moyen d'une glacière. Quand il est régulière- ment couvert on le passe à four vif ou à la salamandre. Le sucre se **caramélise** immédiatement, enveloppant le jambon d'une couche dorée appétissante et d'une saveur très agréable.

On *accompagne généralement le jambon braisé et glacé d'une garniture au choix :* Épinards, Chicorée, Laitues, Petits Pois, Macédoine de légumes, Fèves de Marais, Choux braisés, Choucroute, Purée de Pois, Nouilles au beurre, Rizot, etc., lui conviennent.

NOTA. — La sauce Demi-glace légère additionnée du vin de brai- sage du jambon est toujours de rigueur.

Pour tous les plats servis chauds, à tous points de vue il est préférable de servir les garnitures à part, aussi bien pour les grosses pièces de relevés que les petites entrées.

Avec ce système de service, les mets préparés ne peuvent que gagner en finesse et sont servis plus chauds.

Jambon à la choucroute.

Cuire entièrement le jambon à l'eau; enlever la peau et le parer sur toutes les faces. Le dresser sur plat long, saucer légèrement le fond du plat d'une demi-glace au vin du Rhin, et envoyer, à part, une saucière de la même sauce.

Dresser la choucroute dans un légumier et des pommes de terre nature en même temps.

Jambon aux épinards.

Braiser le jambon au Madère. Les épinards peuvent être traités en branches, ou selon la mode ordinaire, et servis à part en timbale.

Servir en même temps une sauce demi-glace additionnée du vin de braisage cuit.

Jambon aux fèves de marais.

Braiser le jambon, le glacer et le dresser. Envoyer en même temps des fèves bien fraîches, dépouillées de leur pellicule, liées au beurre et additionnées de sarriette hachée.

Servir à part : le fonds de braisage légèrement lié.

Jambon aux laitues.

Braiser le jambon au madère et le glacer. Le saucer légèrement de sauce demi-glace légère additionnée du fonds de braisage. Envoyer à part une saucière de la même sauce. Servir en même temps des demi-laitues braisées.

Les laitues peuvent à volonté être farcies avec une farce à la volaille ou au riz.

Jambon aux nouilles fraîches.

Braiser le jambon et le glacer au Marsala. Le dresser, le saucer légèrement de sauce demi-glace additionnée du fonds de braisage réduit, Envoyer à part une saucière de la même sauce.

Servir en même temps un légumier de nouilles liées au beurre et crème, additionnées d'une petite julienne de truffe.

Jambon aux nouilles à la Rossini.

Braiser le jambon et le glacer au Marsala. Le dresser, le saucer légèrement de sauce demi- glace additionnée du fonds de braisage ré- duit et de quelques cuillerées de sauce tomate ·

envoyer à part une saucière de la même sauce.

Servir en même temps un plat de nouilles fraîches cuites au con- sommé, liées au beurre et parfait de foie gras écrasé, jus de veau réduit et parmesan râpé. Couvrir les nouilles de lamelles de truffes fraîches chauffées légèrement au beurre et enrobées de sauce demi-glace.

NOTA. — Pour le service des Restaurants et Hôtels, choisir des jambons de bonne qualité et de grosseur moyenne. Pour la Maison Bourgeoise, les petits jambons de Prague sont tout indiqués.

Jambon de Prague en croûte.

Pocher le jambon à l'eau, l'égoutter, laisser refroidir à moitié, retirer la peau, le parer tout autour et le glacer.

Préparer une grande abaisse de pâte à pâté; placer le jambon sur cette abaisse, la partie glacée en dessous. Enfermer le jambon en soudant bien les extrémités de la pâte ; retourner la pièce sur une plaque, de façon que la soudure se trouve par dessous. Dorer, faire une ouverture sur le milieu pour l'échappement de la vapeur pendant la cuisson; mettre à four chaud et laisser cuire jusqu'à ce que la pâte soit bien sèche et bien colorée.

En sortant le jambon du four, introduire dans l'intérieur un bon verre de Madère. Boucher l'ouverture avec un petit tampon de pâte et dresser sur le plat de service.

Servir à part : une demi-glace au Madère, bien beurrée au dernier moment.

Après avoir présenté le plat aux convives, avec la pointe du couteau tracer dans la pâte un carré de la largeur et la longueur du jambon, de manière à obtenir une caisse ; soulever le morceau de pâte qui forme le carré de façon à pouvoir découper le jambon en tranches minces.

Comme accompagnement : toutes les garnitures déjà indiquées con- viennent au jambon de Prague.

Jambon de Prague truffé.

Préparer un jambon pour être mis en croûte comme le précédent. le découper en tranches minces avant de le mettre dans la pâte, en intercalant chaque tranche de lamelles de truffes crues, légèrement assaisonnées d'une pincée de sel et poivre fraîchement moulu et le mettre au four jusqu'à ce que la pâte soit bien colorée.

En sortant le jambon du four, introduire dans l'intérieur 1 décilitre de sauce demi-glace au Madère. Boucher l'ouverture avec un petit tampon de pâte et dresser sur le plat de service. Servir en même temps une saucière de même sauce au Madère.

Comme accompagnement : Pointes d'asperges au beurre, Purée de Marrons, Purée Soubise, Purée de Céleri sont tout indiquées.

MOUSSES ET MOUSSELINES CHAUDES DE JAMBON

Ces deux préparations partent du même principe, c'est-à-dire qu'elles ont pour base le même élément, qui est une mousse de jambon. La Mousse se poche dans un moule et généralement pour un service de 6 à 8 personnes; tandis que les Mousselines se moulent à la cuiller, en forme de grosses quenelles auxquelles on donne la forme d'œuf.

Farce pour mousse de jambon chaude.

Proportions : 500 grammes de chair de jambon cru, bien dégraissée; 2 blancs d'œufs; deux tiers de litre de crème très fraîche; 6 grammes de sel, une pincée de poivre blanc.

Procédé : Piler finement la chair avec l'assaisonnement; ajouter les blancs d'œufs petit à petit, et passer au tamis fin.

Recueillir la farce dans une terrine concave ou une casserole dite Sauteuse, et la tenir sur glace pendant 30 à 40 minutes.

Ensuite la relâcher progressivement, avec la crème, en la travaillant avec précaution, en procédant comme pour monter une sauce mayonnaise.

NOTA. — Si la chair du jambon n'était pas d'un beau rose, lui ajouter soit : quelques gouttes de rouge végétal ou du paprika rose doux.

Pour obtenir la couleur du paprika et pouvoir la mélanger à la farce, faire chauffer une cuillerée de beurre dans une casserole, lui mêler une cuillerée de paprika ; laisser chauffer quelques secondes en remuant continuellement avec une cuiller de bois ; ajouter 1 décilitre de crème fraîche, faire bouillir une minute, retirer la casserole hors du feu. Passer la crème à la mousseline, laisser refroidir et l'ajouter à la farce.

Traitement de la mousse de jambon chaude.

Beurrer fortement un moule à charlotte ou un moule à cylindre, le remplir avec la farce préparée. Faire pocher au bain-marie et à cou-vert, en maintenant l'eau du bain à la température de 95 à 98 degrés; surtout ne pas laisser bouillir l'eau.

Le temps de pochage peut varier entre 30 à 35 minutes pour la contenance d'un litre. Le point de pochage se reconnaît lorsque l'appareil commence à monter dans le moule en gonflant.

Lorsque la Mousse est retirée du bain, la laisser reposer pendant quelques minutes pour qu'il se fasse un petit tassement dans l'intérieur; puis la renverser sur le plat de service et attendre une minute avant d'enlever le moule; ce qui ne doit être fait qu'après avoir soigneuse-ment éponge le liquide qui a pu tomber sur le plat.

Les accompagnements qui conviennent le mieux à la Mousse de Jambon sont : les Sauces brunes corsées et moelleuses, au Porto, au Madère, au Marsala, au Frontignan, etc. ; la sauce Suprême, le Velouté au Curry ou au Paprika ;

2° Les Garnitures de légumes ou Financière.

NOTA. — Ne pas confondre le poivre de Cayenne avec le Paprika ; celui-ci doit être doux.

Mousselines de jambon Alexandra.

Les mousselines se moulent à la cuiller auxquelles on donne la forme d'oeuf; on les couche dans un plat à sauter beurré, puis elles sont cou-vertes d'eau bouillante légèrement salée. Couvrir la casserole, tenir l'eau à 95 degrés, en évitant surtout de faire bouillir l'eau.

Laisser pocher les Mousselines 15 à 18 minutes, les égoutter ensuite sur un linge blanc ; les ranger en couronne sur le plat de service beurré, mettre sur chaque Mousseline une lame de truffe. Les masquer de sauce Béchamel, les saupoudrer de fromage râpé, les arroser de beurre fondu et les glacer vivement à la salamandre ou au four.

En sortant les Mousselines du four, disposer au milieu un bouquet de pointes d'asperges liées au beurre.

Mousselines de jambon à la Florentine.

Étaler sur le plat de service une couche d'épinards blanchis, grossièrement hachés, desséchés au beurre sur feu vif, assaisonnés de sel et de poivre.

Dresser sur les épinards les Mousselines pochées comme il est indiqué pour « Alexandra ». Les couvrir de sauce Béchamel, les saupoudrer de fromage râpé, les arroser de beurre fondu, les faire vivement glacer au four ou à la salamandre.

Mousselines de jambon aux petits pois.

Procéder en tous points comme il est expliqué pour les « Mousselines Alexandra », à cette seule différence que les pointes d'asperges sont remplacées par une garniture de petits pois fins liés au beurre.

Soufflé de jambon.

Proportions pour 6 personnes : Piler finement 250 grammes de jam-bon cuit bien dégraissé, en y ajoutant 2 cuillerées de sauce Béchamel froide, une [jointe de poivre rouge et pincée de poivre frais moulu. Passer au tamis fin; recueillir la pâte qui en résulte dans une casserole à sauter et la compléter avec : I décilitre de sauce Béchamel, 3 jaunes d'oeufs, 4 blancs fouettés en neige très ferme.

Verser l'appareil dans une casserole à soufflé beurrée; cuire au four, méthode ordinaire.

NOTA. — Cette composition peut être additionnée de truffes émincées, de parmesan râpé, les trois saveurs se mariant agréablement.

Ainsi préparée, peut servir de base à diverses préparations.

Soufflé de jambon Alexandra.

Préparer un appareil de soufflé au parmesan, et truffe. Le disposer dans une timbale beurrée, par couches alternées de pointes d'asperges liées au beurre.

Lisser la surface en dôme ; cuire au four de moyenne chaleur.

Soufflé de jambon Périgourdine.

Même préparation que le « Soufflé Alexandra », en supprimant les pointes d'asperges.

Soufflé de jambon royale.

Préparer un Soufflé de Jambon Périgourdine et l'accompagner, à part, de petites escalopes de foie gras frais sautées au beurre, de lamelles de truffes, le tout enrobé d'une fine sauce demi-glace au Madère.

Ce Soufflé, au besoin, peut tenir place d'Entrée légère.

JAMBON FROID

Le Jambon étant cuit et refroidi comme il est indiqué pour le Jambon chaud.

Lorsqu'il est bien froid, on retire la peau, puis on le pare, on enlève une légère partie de graisse. Il est ensuite arrosé de gelée jusqu'à ce qu'il soit couvert d'une couche assez épaisse et bien égale. Dresser sur plat ovale entouré de beaux croûtons de gelée.

Mousse froide de jambon.

Proportions pour 6 à 7 personnes : Piler finement 300 grammes de jambon cuit, bien dégraissé, en y ajoutant 1 décilitre de velouté froid• passer au tamis. Recueillir la purée qui en résulte dans une terrine- mettre l'assaisonnement à point. La travailler sur glace pendant quelques minutes et lui mélanger I décilitre de gelée fondue, en ajoutant celle-ci petit à petit. Lui incorporer finalement 2 décilitres et demi de crème très fraîche à moitié fouettée.

Faire prendre une couche de gelée bien claire dans le fond d'une timbale en argent ; entourer extérieurement le haut des parois de celle-ci d'une bande de papier blanc que l'on fixe avec un peu de beurre fiais et dépassant de 2 centimètres les bords de la timbale, de manière à ce que, ce papier étant enlevé, la Mousse figure une sorte de soufflé. La bande de papier peut être mise également dans l'intérieur de la timbale; on l'enlève au moment de servir, en le détachant d'après la Mousse avec la lame d'un couteau trempée à l'eau bouillante, et en la tirant doucement.

Dès que la timbale est garnie, disposer à volonté une couronne de lamelles de truffe ; couler sur la surface une légère couche de gelée mi-prise ; tenir sur glace.

Au moment de servir, retirer la bande de papier. Dresser la timbale sur plat de service recouvert d'une serviette pliée.

Mousse de jambon à l'Alsacienne.

Préparer une Mousse de Jambon comme il est indiqué ci-dessus, garnir à mi-hauteur un plat carré, profond avec la Mousse de Jambon. Égaliser la surface et tenir le plat sur glace. Lorsque la Mousse est prise, ranger dessus des coquilles de foie gras levées sur un Parfait de foie gras avec une cuiller trempée dans l'eau chaude.

Recouvrir aussitôt ces coquilles de succulente gelée de volaille mi- prise et la laisser prendre.

Pour servir, incruster le plat dans un bloc de glace vive. A défaut, remplacer le bloc par de la glace pilée.

Mousse de jambon au blanc de volaille.

Garnir à moitié hauteur un plat carré, profond, avec la Mousse de Jambon ; tenir le plat sur glace.

Quand cette Mousse est prise, disposer dessus des escalopes de volaille, détaillées sur les suprêmes d'une poularde pochée dans un fond; blanc et refroidie, nappées de sauce Chaud-froid blanche.

Facultativement, on pourra disposer sur chaque escalope une belle lame de truffe.
Recouvrir de gelée comme ci-dessus et servir de même.

LANGUE DE PORC

La Langue de Porc peut se traiter comme la Langue de Veau, et être préparée selon toutes les formules indiquées à cet article.

OREILLES DE PORC AU NATUREL

Après les avoir bien flambées et soigneusement nettoyées à l'intérieur, les mettre en cuisson à l'eau salée à raison de 8 grammes de sel au litre, avec carottes, oignon piqué de clous de girofle et bouquet garni composé de persil, laurier, thym.

On peut également cuire les oreilles avec la choucroute, des choux, des lentilles, haricots blancs ; dans ce cas, on les divise en deux sur la longueur.

Pieds de porc

Les Pieds de Porc se cuisent comme les Oreilles au naturel. On les sert généralement panés et grillés, ou truffés.

Pieds de porc panés.

Les pieds étant cuits, partagés en deux et panés, les arroser de sain- doux ou de beurre fondu et les griller tout doucement.

Les servir au naturel, ou avec une purée de pommes de terre à part. Moutarde à volonté.

Pieds de porc truffés.

Cuire les pieds selon le procédé indiqué; les désosser entièrement et les laisser refroidir. Couper ensuite la chair en gros dés; la mélanger dans un fin hachis de porc compté à raison de 200 grammes par pied el additionné de 150 grammes de truffes hachées, crues autant que possible, par 500 grammes de farce.

Diviser en parties du poids de 100 grammes ; façonner en forme de crépinette pointue d'un bout; ajouter 3 lames de truffe sur chaque partie et envelopper la crépinette.

Arroser de beurre fondu et griller doucement pour que la calorique pénètre bien l'épaisseur du hachis. Dresser en couronne sur plat très chaud et servir à part une sauce Périgueux.

On peut également accompagner les pieds truffés d'une purée de pommes très fine.

Queues de porc

Elles se font cuire comme les pieds; puis on les grille doucement après les avoir passées au saindoux et panées.

Leur meilleur accompagnement est une purée de pommes de terre ou une sauce piquante.

rognons de porc
Peuvent être apprêtés selon les différentes formules exposées à l'article « Rognon de Veau ».

Têtedeporc

La Tête de Porc est généralement réservée pour les préparations froides, notamment pour celle du « Fromage de Tête ». On peut aussi la servir chaude, selon les différents modes indiqués pour les
« Oreilles ».

Préparationsdiversesduporcandouilles e tandouillettes

Les Andouillettes s'achetant toutes prêtes, il n'y a qu'à les ciseler et les griller doucement, arrosées de saindoux ou de beurre.

La garniture la plus usuelle des Andouilles et Andouillettes est une purée de pommes de terre.

Boudins

Bien que les Boudins s'achètent généralement tout préparés, il est utile d'en indiquer quelques apprêts.

Boudins blancs ordinaires.

Hacher 250 grammes de chair maigre de porc et 400 grammes de laid frais. Piler ce hachis en y ajoutant 100 grammes de foie gras frais; passer au tamis ; relever la farce dans une terrine et la compléter avec 2 œufs frais, 50 grammes d'oignon cuit étuvé au beurre, sans roussir;
1 décilitre de crème, 15 grammes de sel, une pincée de poivre blanc et un soupçon de muscade. Bien mélanger le tout.

Entonner cette préparation dans des boyaux, sans trop les emplir; ficeler les boudins à la longueur voulue, les ranger sur une grille ou un clayon en osier et les plonger dans un récipient aux trois quarts plein d'eau bouillante. A partir de l'instant de l'immersion, tenir l'eau à une température de 95° et laisser pocher pendant 12 minutes. En- suite, les retirer et les laisser refroidir.

Pour servir : Ne pas ciseler ces boudins, mais les piquer seulement avec une épingle ; les envelopper chacun d'un papier beurré et les griller doucement. Servir en même temps une purée de pommes de terre à la crème.

Boudins blancs de volaille.

Piler séparément 500 grammes de filets de volaille crus et 400 gr. de lard gras frais coupé en dés.

Réunir les deux éléments; les piler ensemble pour en assurer l'unification, puis ajouter 100 grammes d'oignon haché, cuit au beurre sans coloration, avec un fragment de thym et de laurier; 15 grammes de sel, une pincée de poivre, un soupçon de muscade et 4 blancs d'oeufs, ajoutés un par un, en travaillant vigoureusement la farce avec le pilon.

Passer au tamis fin ; remettre la farce dans des boyaux ; les pocher comme les précédents et les laisser refroidir.

Pour le traitement de ces boudins, les cuire sur le gril, prendre les précautions ci-dessus. Servir en même temps une purée de pommes de terre à la crème.

Boudin noir.

Réunir dans une terrine les éléments suivants : 500 grammes de panne fraîche, détaillée en gros dés et à moitié fondue; 4 décilitres de sang de porc, 1 décilitre de crème, 200 grammes d'oignons hachés et cuits au saindoux sans être colorés, 20 grammes de sel, une forte pincée de poivre, une pincée d'épices.

Bien mélanger le tout ; entonner la préparation dans les boyaux sans trop les emplir, pour éviter l'éclatement, ficeler les boudins à la longueur voulue et les ranger sur un clayon en osier.

Plonger le clayon dans une bassine d'eau bouillante; tenir ensuite l'eau à la température de 95° et laisser pocher pendant 20 minutes, en ayant soin de piquer avec une épingle les boudins qui montent à la surface de l'eau, attendu que ces boudins contiennent de l'air qui, en s'échauffant, provoquerait l'éclatement des boyaux.

Les boudins étant pochés, les retirer de la cuisson et les laisser refroidir sur le clayon.

Pour servir : Ciseler les boudins des deux côtés et les griller tout doucement.

Servir en même temps une purée de pommes de terre.

Dans diverses contrées, on accompagne le boudin noir d'une marmelade de pommes ou de pommes simplement émincées mises dans une casserole avec quelques cuillerées d'eau et quelques parcelles de beurre; couvrir la casserole et donner, suivant la qualité de la pomme, 12 à 15 minutes de cuisson. Servir tel quel.

Crépinettes

Composition de la Farce pour Crépinettes ordinaires : 1 kilo de chair à saucisses fine ; une cuillerée de persil haché et un petit verre de cognac. Bien mélanger.

Composition de la Farce pour Crépinettes Truffées : 1 kilo de chair à saucisses fine, 150 grammes de truffes hachées.

Pour les unes comme pour les autres, diviser la farce en parties du poids de 100 grammes et les envelopper de crépine en leur donnant une forme rectangulaire.

Crépinettes truffées.

Les arroser de beurre fondu et les griller doucement. On peut, suivant le cas, les cuire au beurre à la poêle.

La purée de pommes, la purée de pois frais, sont tout indiquées pour accompagner les Crépinettes.

Pâté de porc à l'anglaise.

Tapisser entièrement le fond et les parois d'un plat spécial à pâté de minces tranches de jambon cru. Préparer, pour un plat de dimensions moyennes : 600 grammes d'escalopes de porc frais assaisonnées de sel, poivre et saupoudrées de 60 grammes de champignons, 2 échalotes, persil et une petite pincée de sauge, le tout finement haché; 600 grammes de pommes de terre crues émincées, un gros oignon haché.

Garnir le plat par couches alternées d'escalopes, de pommes de terre et d'oignon.

Ajouter 2 décilitres d'eau ; couvrir avec une abaisse de pâte à foncer ou de rognures de feuilletage, laquelle sera bien soudée sur les bords du plat; dorer; rayer à la fourchette et cuire au four de chaleur douce pendant 2 heures environ.

Petit salé

Le Petit Salé ne demande aucune autre préparation qu'une cuisson prolongée, à l'eau sans sel.

On l'accompagne généralement d'une garniture de choux bouillis, braisés, de choucroute, ou d'une purée de pommes de terre, purée de pois.

Il peut être cuit avec les choux, mais après avoir été passé un quart d'heure à l'eau bouillante, pour lui enlever le goût de la saumure.

Poitrine de porc.

Cuire à l'eau simple 1 kilo d'épaule ou de poitrine de porc salé, en y ajoutant une garniture de légumes comme pour le Bœuf bouilli et 6 panais anglais.

Servir avec les légumes autour du morceau de porc ; envoyer à part une purée de pois cassés jaunes.

SAUCISSES

Les plus renommées sont celles de Cambridge. Elles se préparent comme les saucisses françaises, grillées ou cuites au four, et sont sou- vent servies au breakfast avec accompagnement de bacon (lard anglais grillé). On les sert également avec la volaille rôtie, comme Dindonneaux, Poulets, etc. Leur assaisonnement est souvent trop relevé.

On sert aussi les saucisses avec des choux braisés ou avec des choux rouges à la Flamande.

Saucisses de Francfort et de Strasbourg.

Les pocher à l'eau bouillante et à couvert pendant 10 minutes. Une plus longue cuisson ne peut que leur faire perdre leur qualité.

On les sert, soit avec une garniture de raifort râpé et une purée de pommes de terre à part; mais la garniture habituelle est une bonne choucroute.

Saucisses au vin blanc.

Choisir de préférence les petites saucisses françaises. Les cuire à la casserole au beurre ; les dresser sur croûtons frits au beurre. Déglacer le fond de la casserole avec 1 décilitre de vin blanc; faire réduire; ajouter, pour une douzaine de saucisses, 2 décilitres de sauce demi- glace ; compléter la sauce en lui incorporant 2 cuillerées de beurre fin. Verser sur les saucisses.

Facultativement, on pourra ajouter 2 cuillerées de glace de viande à la sauce et la lier avec 2 jaunes d'œufs étendus de 2 cuillerées de crème fraîche.

On accompagne, à volonté, les saucisses au vin blanc : d'une purée de pommes de terre, purée de marrons, purée de pois, de riz pilaw, de rizotto, etc.

Les croûtons sont taillés de grandeur pouvant supporter deux ou trois pièces de saucisses, suivant le cas.

COCHON DE LAIT

Qu'il soit farci ou non, le cochon de lait est toujours rôti entier; le point essentiel est de conduire la cuisson de façon à ce qu'elle soit au point lorsque la peau est devenue croustillante et dorée.

La durée de cuisson varie suivant grosseur entre une heure et demie et deux heures. S' i l est farci, ce temps est augmenté d'un quart d'heure par livre de farce.

De préférence, on l'arrose avec de l'huile d'olive pendant la cuis- son, cet élément permettant d'obtenir la peau plus croustillante que par l'emploi de tout autre corps gras.

En même temps que la pièce, on sert toujours une saucière de jus un peu corsé.

Farce à l'Anglaise pour cochon de lait.

Cuire au four, avec leur pelure, I kilo 200 de gros oignons blancs et les laisser refroidir. Les peler et les hacher très fin, puis, les mélanger avec 500 grammes de mie de pain trempée et exprimée, 500 gr. de graisse de rognon de bœuf finement hachée, 30 grammes de sel, une pincée de poivre, muscade râpée, 75 grammes environ de sauge passée à l'eau bouillante et hachée, 2 œufs. Bien mélanger le tout.

Cochon de lait farci et rôti à l'Anglaise.

La pièce étant remplie de la farce dont la formule est ci-dessus, les peaux du ventre sont recousues; puis la pièce est couchée sur la broche, arrosée d'huile et rôtie selon la méthode ordinaire.

On *sert à part :* soit une purée de pommes de terre, soit une marmelade de pommes peu sucrée, additionnée de raisins de Corinthe triés, lavés et gonflés à l'eau tiède.

Cochon de lait Saint-Fortunat.

Saler légèrement l'intérieur de la bête et l'arroser de quelques cuillerées d'eau-de-vie.

D'autre part, cuire en pilaw 150 grammes d'orge ordinaire. A cet orge mélanger le foie du cochon coupé en dés moyens et sauté an beurre, 2 cuillerées de fines herbes hachées, 200 grammes de saucisses Chipolata cuites; 3 à 4 douzaines de marrons braisés. Farcir le cochon avec cette préparation, le recoudre et le brider dans la position de la bête au repos.

Le mettre en braisière; l'arroser de beurre et le cuire au four en l'arrosant souvent avec son beurre de cuisson pour l'obtenir doré et croustillant.

Servir à part : 1° Le déglaçage de la braisière fait au fonds de veau brun; 2° Une sauce groseille au raifort; 3° Une marmelade de pommes aigrelettes.

RELEVÉS ET ENTRÉES DE VOLAILLES

CONSIDÉRATIONS GÉNÉRALES

Fris dans un sens général, le terme « volaille » s'applique aux Dindes, Oies, Canards et Pigeons aussi bien qu'aux Poulets; mais culinairement, ce sont ces derniers seuls qui se trouvent désignés lorsque le vocable « Volaille » se trouve sur les Menus.

On distingue en Cuisine quatre qualités de poulets, qui ont chacune leur rôle et leur emploi bien définis, et qui sont représentées par :

1° Les Poulardes et Chapons, qui sont généralement servis entiers, pour sauter et comme Rôtis ;

2° Les Poulets dits « à la Reine » qui sont employés principalement pour sauter et comme Rôtis ;

3° Les Poulets de grain, qui conviennent pour les préparations en cocotte, ou pour être grillés;

4° Les Poussins qui ne se servent qu'en cocotte, grillés ou panés à l'Anglaise.

Les Suprêmes et les ailerons de volaille qui se classent parmi les plus fines Entrées sont fournis par les Poulets Reine ou les Poulets de Grain.

Les crêtes, les rognons, les foies fournissent bon nombre de fines préparations, soit comme Entrées ou Garnitures.

SÉRIE DE POULARDES
Poularde Albuféra.

Farcir la Poularde de riz additionné de foie gras cuit et truffes coupés en gros dés. Brider la poularde avec les pattes retroussées, couvrir la poitrine de bardes de lard et la ficeler ; la mettre dans une casserole de grandeur voulue; la mouiller de fonds de veau blanc et, suivant grosseur, lui donner une heure ou une heure dix de cuisson, à petit feu. Débrider la volaille, la dresser sur plat ovale de préférence, l'en- tourer de belle têtes de champignons, crêtes et rognons de coq, lamelles de truffe. Le tout saucé de sauce blonde dite Allemande additionnée de 5 à 6 cuillerées de glace de viande par litre de sauce, et autant de crème fraîche. A défaut de crème, la remplacer par 75 gr.

environ de beurre fin.

Préparation et proportions de riz pour une Poularde.

Faire fondre 50 grammes de beurre dans une casserole, lui ajouter une cuillerée d'oignon finement haché, laisser étuver quelques secondes sans roussir. Ajouter 100 grammes de riz **Caroline,** et remuer sur le feu une ou deux minutes de façon que le riz se trouve bien imprégné de beurre.

Mouiller avec 3 décilitres de consomma blanc, couvrir la casserole, cuire le riz dans le four pendant 18 minutes; retirer la casserole hors du feu, et mêler au riz truffes et foies gras coupés en dés, puis 2 ou 3 cuillerées de sauce Allemande.

Poularde à l'Andalouse.

Barder de lard la poitrine de la poularde, la cuire à la casserole, au beurre. Déglacer le fond de la casserole d'un verre de vin blanc, ajouter un quart de litre de sauce demi-glace à la tomate.

Dresser sur plat ovale, l'entourer de gros poivrons rouges et aubergines farcies de riz pilaw, et de saucisses espagnoles.

Saucer légèrement le fond du plat et servir le restant de la sauce à part,

Poularde bouillie à l'Anglaise.

Marquer la poularde en cuisson à l'eau salée, à raison de 6 grammes de sel par litre, avec bouquet garni composé de branches de persil, une feuille de laurier, et brindilles de thym, 500 grammes de bacon (lard de poitrine anglais) passé 10 minutes **à** l'eau bouillante. Donner à la poularde une heure environ de cuisson, la dresser, l'en, tourer avec le lard coupé en tranches.

Servir à part : Une sauce persil à l'Anglaise et une saucière de cuisson de la poularde.

Poularde à l'Anglaise (autre méthode).

Marquer la volaille comme la précédente, en ajoutant à la cuisson

150 grammes de carottes, 100 grammes de navets tournés en boules

2 pieds de céleris. Donner environ une heure d'ébullition lente.

Dresser la poularde entourée de carottes, navets, céleris et tranches de langue à l'écarlate.

Servir à part un légumier de petits pois cuits à l'Anglaise et un légumier de pommes de terre cuites à l'eau ou à la vapeur, et une saucière de sauce Béchamel.

NOTA. — Avec la cuisson de ces poulardes, une ménagère économe pourra en combiner d'excellents potages clairs ou liés.

Poularde Argentina.

Préparer la poularde comme pour « Albuféra » non farcie. La faire pocher au consommé blanc. Aussitôt prête, lever les suprêmes, les tenir au chaud avec un peu de cuisson ; remplacer le vide de la carcasse avec du macaroni coupé en petits bâtonnets, lié au beurre, fromage et 2 cuillerées de sauce Béchamel, additionné de fines lamelles de truffes; lisser la surface du macaroni pour rendre à la poularde sa forme première. La napper ensuite de sauce Béchamel, saupoudrer de fromage râpé, l'arroser de beurre et faire glacer au four.

Dresser la poularde sur plat ovale; l'entourer, en les intercalant, de 16 tartelettes dont 8 garnies de pointes d'asperges liées au beurre, et 8 d'escalopes de poularde taillées sur les deux suprêmes et enrobées de fine sauce Béchamel à la Crème. Placer sur chaque escalope une lame de truffe.

NOTA. — Les tartelettes doivent être d'abord remplies de purée de foie gras truffée.

Poularde à l'aurore.

Farcir la poularde au riz comme il est indiqué à la « Poularde Albuféra », la cuire de même.

La dresser sur plat ovale, la masquer de sauce Suprême au paprika rose doux, ou d'un velouté à la tomate.

Facultativement, servir en même temps des cèpes à la crème ou rissolés au beurre.

Poularde Alsacienne.

Garnir la poularde de farce à gratin, la brider, couvrir la poitrine d'une barde de lard, et la cuire au beurre, à la casserole, en ayant bien soin de la cuire à petit feu de manière que le beurre de cuisson teste toujours de couleur légèrement brune.

Au moment de servir, débrider la poularde, la dresser sur un plat ovale. Égoutter une partie du beurre de cuisson, déglacer le fond de la casserole d'un petit verre de cognac, un demi-verre de vin blanc, laisser réduire. Mouiller alors de 2 décilitres de crème fraîche, 3 à 4 cuillerées de glace de viande ; donner une minute d'ébullition et ajouter 150 grammes de foie gras truffé, passé au tamis fin. Fouetter la sauce de manière à la rendre homogène, saucer légèrement la Poularde et servir le restant de la Sauce à part.

Servir en même temps un légumier de Nouilles au beurre à l'Alsacienne.

Farce à gratin pour une Poularde:

Proportions : 50 grammes de beurre.

50—de lard gras haché.

75—de maigre de veau.

75—de porc frais.

75—de parures de foie gras. Le foie de la volaille.

Préparation. — Faire chauffer le beurre et le lard dans un plat à sauter, y mêler le veau et le porc taillés en petits carrés. Faire rissoler à feu vif, ajouter les parures de foie gras, le foie de volaille et une échalote hachée. Assaisonner quelques instants. Retirer la casserole hors du feu, verser les viandes dans une terrine.

Détacher le fond de la casserole avec quelques cuillerées de cognac et un demi-verre de vin blanc, ajouter 4 à 5 cuillerées de glace de viande, et remettre les viandes dans le plat à sauter, les remuer avec une cuiller en bois, de manière que les viandes se trouvent imprégnées du fonds de cuisson; y mêler une truffe hachée.

Piler les viandes, les passer au tamis ou à la machine à passer. Recueillir la farce dans une terrine, la travailler quelques instants avec une cuiller en bois pour la rendre lisse et ensuite en farcir la Pièce.

NOTA. — On peut également remplacer la farce à gratin par de la farce fine à saucisses truffée à laquelle on mélange un quart de son volume de mie de pain frite au beurre.

Poularde aux céleris.

Brider la Poularde, les pattes retroussées, couvrir la poitrine d'une I barde de lard.

Foncer une casserole de grandeur voulue, de quelques couennes de I lard, un oignon coupé en rondelles, 2 carottes émincées, un bouquet I composé de branches de persil, une feuille de laurier et brindilles de thym. Déposer la volaille sur ce lit de légumes, l'arroser d'une cuillerée de beurre et d'un verre de vin blanc ; assaisonnement sel et poivre avec modération. Couvrir la casserole, la poser sur un feu doux. Dès que le vin blanc est à peu près évaporé, mouiller la poularde à demi- hauteur avec du jus de veau brun. Couvrir la casserole, la mettre dans le four à chaleur modérée. Donner suivant grosseur 50 à 60 minutes de cuisson en ayant soin de l'arroser de temps à autre de sa cuisson.

Préparer en même temps 6 à 8 pieds de céleris braisés.

Dresser la Poularde sur plat ovale, l'entourer avec les céleris. Ajouter au fonds de cuisson de la poularde le quart d'un litre de sauce demi-glace. Réduire la sauce à point, la passer à la passoire fine, la dégraisser. Saucer aussitôt la poularde et les céleris. Envoyer le sur-plus de la sauce dans une saucière.

NOTA. — A défaut de demi-glace, on peut lier le fonds de cuisson avec 2 cuillerées d'arrow-root délayé avec 2 cuillerées d'eau froide.

Poularde Chanteclair.

Farcir la poularde au riz comme il est dit pour la « Poularde Albuféra », et la cuire de même.

Dresser la poularde sur plat ovale, l'entourer de moyens fonds d'artichauts frais, préparés de la façon suivante :

Choisir des artichauts de grosseur moyenne, retirer les feuilles dures, laisser les parties blanches des feuilles tendres, couper les têtes des artichauts à la hauteur de ces parties blanches. Arrondir les fonds, les citronner et les cuire à l'eau salée dans laquelle on aura délayé 2 ou 3 cuillerées de farine. Aux trois quarts de cuisson, les égoutter, les mettre à l'eau froide; retirer le foin; ranger les fonds dans un plat à sauter grassement beurré, les mouiller à hauteur de fonds de veau; couvrir le plat et finir de cuire. A ce point le mouillement doit être à peu près réduit, ayant l'aspect d'un sirop épais. Entourer la poularde avec les fonds, les garnir de pointes d'asperges au beurre.

Ajouter à la cuisson des artichauts un tiers de litre de sauce Alle-mande, 4 à 5 cuillerées de glace de viande; finir la sauce avec 3 cuillerées de beurre frais.

Saucer légèrement la poularde. Servir le restant de la sauce dans une saucière.«

Poularde châtelaine.

Assaisonner l'intérieur et l'extérieur de la Poularde de sel et poivre I la brider, les pattes retroussées, l'envelopper d'une barde de lard, li I déposer dans une casserole de grandeur voulue, sur un lit de carotte et oignons émincés. L'arroser de beurre fondu et la cuire à petit feu au four, en l'arrosant souvent avec le beurre. La poularde étant cuite, la retirer de la casserole et la tenir au chaud et clochée jusqu'au moment de servir.

Ajouter au fonds de cuisson de la Poularde un petit verre de vieil **armagnac et** 1 décilitre de vin blanc, faire réduire de moitié, mouiller de 2 décilitres de bon jus de veau brun. Donner 2 minutes d'ébullition, **passer** le fonds dans une casserole, tenir au chaud.

D'autre part, préparer 8 à 10 fonds d'artichauts, les cuire à l'eau bouillante comme il est indiqué dans la « Poularde Chanteclair » et finir de les cuire de même, beurre et fonds blanc. Les farcir de foie gras, langue écarlate, truffe, le tout enrobé de sauce Béchamel. Saupoudrer la surface de fromage râpé, l'arroser de beurre et faire glacer au four.

Dresser la Poularde sur plat ovale, l'entourer de fonds d'artichauts alternés de marrons cuits au consommé. Mettre sur le centre de chaque artichaut une toute petite cuillerée à dessert de {jointes d'asperges liées au beurre. Saucer légèrement la Poularde avec son fonds de cuisson tenu au chaud et envoyer le restant dans une saucière.

Poularde demi-deuil.

Glisser quelques lames de truffe crue ou cuite, bien noire, entre la peau et 'les filets de la poularde; l'envelopper d'une barde de lard et la pocher au court-mouillement dans du fonds blanc comme il est indiqué « Poularde Albuféra ».

La Poularde étant prête, passer la cuisson à la serviette; la dégraisser, la réduire de trois quarts de son volume et l'ajouter à une sauce Suprême additionnée de lames de truffe.

Dresser et napper la Poularde avec une partie de cette sauce et servir le restant de la sauce à part.

NOTA.— Facultativement, on pourra servir comme accompagnement à la Poularde une timbale de riz cuit en pilaw et additionné de quelques cuillerées de foie gras truffé et passé au tamis.

La Poularde demi-deuil peut, à volonté, être farcie de farce fine additionnée de foie gras.

Ce sont les lamelles de truffe et la blancheur de la sauce suprême qui caractérisent la dénomination de demi-deuil.

Poularde Derby.

Proportions pour 8 personnes : Choisir une fine Poularde du poids de 2 kilos environ; la nettoyer soigneusement, assaisonner l'intérieur de sel et poivre.

D'autre part, faire chauffer une cuillerée de beurre dans une casserole, lui mêler 75 grammes de riz Caroline, remuer le riz avec une cuiller pendant quelques secondes, mouiller de deux fois le volume de riz avec du bouillon blanc, bouillant; couvrir la casserole, donner 18 minutes de cuisson. Retirer la casserole du feu, ajouter au riz 75 gr. de truffe, 75 grammes de foie gras cuit coupés en dés et 2 cuillerées de glace de viande.

Farcir la Poularde avec le riz, la brider, les pattes retroussées; l'envelopper d'une barde de lard et la mettre dans une casserole ovale de grandeur voulue, en rapport de la pièce; l'arroser de beurre, la cuire au four à petit feu, de manière que le beurre ne puisse brûler; l'arroser de temps à autre de son beurre. Temps de cuisson ; une heure environ.

Dresser la Poularde sur un plat ovale, l'entourer de 8 petites esca- lopes de foie gras assaisonnées, sautées au beurre et dressées sur croûtons de même grandeur frits au beurre. Dresser sur un des bouts du plat, du côté de la poitrine de la Poularde, un bouquet de truffes de grosseur égale, soigneusement pelées, puis cuites au Madère et glace de viande, et dressées dans une grande coquille en argent.

Ajouter au beurre de cuisson de la Poularde un verre de Madère et 3 décilitres de jus de veau brun. Donner une minute d'ébullition, lier le jus avec une demi-cuillerée à soupe d'arrow-root délayé avec une cuillerée de bouillon froid. Faire bouillir 5 à 6 minutes, dégraisser le jus, le passer à la passoire fine.

Saucer légèrement le fond du plat et les truffes, envoyer en même temps le restant de la sauce dans une saucière.

Poularde Diva.

Farcir la Poularde au riz identiquement comme la « Poularde Derby », la brider avec pattes retroussées, l'envelopper d'une barde de lard, la mettre dans une casserole de grandeur voulue, la couvrir de fonds de veau blanc. Mettre la casserole sur le feu ; au premier bouillon, couvrir la casserole; continuer l'ébullition à petit feu 50 à
55 minutes. Retirer la casserole hors du feu, tenir au chaud.

Avec la cuisson de la poularde, préparer un velouté de Paprika rose ; lui additionner au moment de servir 5 à 6 cuillerées de crème très fraîche.

Débrider la poularde, la dresser sur plat ovale, la masquer légère- ment de sauce Paprika rose.

Envoyer en même temps le restant de la sauce dans une saucière et un légumier de Cèpes à la Crème.

Poularde à l'Écossaise.

Choisir une belle poularde du Mans ou de la Bresse ; la nettoyer soigneusement, mettre le foie en réserve; saler légèrement l'intérieur de la Poularde et la farcir de la préparation suivante :
Cuire au consommé 300 grammes d'orge perlé; aussitôt cuit, l'égoutter.

Faire blondir dans une casserole 75 **grammes de beurre, lui ajouter l'orge,** 125 **grammes de chair** à **saucisses et le foie de volaille haché; laisser rissoler** 5 à 6 **minutes, assaisonnement sel, poivre, soupçon de muscade râpée.**

Brider la Poularde, l'envelopper d'une barde de lard, la mettre dans une casserole, la mouiller à hauteur de fonds blanc. Couvrir la casserole et donner à la Poularde 60 à 65 minutes de cuisson à petit feu.

D'autre part, on aura préparé 3 fortes cuillerées de rouge de carotte, 2 cuillerées de céleri et une cuillerée d'oignon, le tout coupé en très petits dés et cuit au beurre avec quelques cuillerées de fonds blanc. Ces légumes étant cuits, leur ajouter 3 décilitres de velouté réduit avec une partie du fonds de cuisson de la Poularde et 1 décilitre de crème fraîche. Compléter la sauce avec 150 grammes de haricots fins taillés en petits losanges, cuits à l'eau salée, tenus très verts.

Dresser la Poularde sur le plat de service, la masquer légèrement de la sauce préparée, servir le surplus dans une saucière.

Poularde Édouard VII.

Farcir la Poularde comme il est indiqué pour « Diva » et la cuire de même.

Dresser la Poularde sur plat de service et la napper d'une sauce suprême au curry, additionnée de 100 grammes de poivron rouge doux coupé en petits dés, par litre de sauce.

Servir à part une garniture de concombres à la crème.

NOTA. — **On trouve des poivrons rouges en conserve chez les marchands de comestibles.**

Poularde à l'Espagnole.

Farcir la Poularde avec 250 grammes de riz cuit pour pilaw additionné de 75 grammes de poivron rouge doux, cuit et coupé en petits carrés. Brider la poularde, l'envelopper d'une barde de lard et la poêler.

Choisir 10 tomates moyennes; enlever, du côté du pédoncule, une tranche coupée horizontalement ; les presser légèrement pour en faire sortir l'eau et les graines ; assaisonner l'intérieur de sel et de poivre ; les mettre, du côté coupé, dans la poêle dans laquelle on aura fait chauffer 3 à 4 cuillerées d'huile d'olive ; les laisser cuire doucement 7 à 8 minutes.

Retourner les tomates et continuer la cuisson 5 à 6 minutes. Saupoudrer de persil haché.

Dresser la Poularde, garnir le tour avec le6 tomates et tranches de lard maigre légèrement saupoudrées de paprika doux et grillées, de bouquets de rondelles d'oignon frit.

Envoyer à part le fonds de cuisson additionné de quelques cuillerées de bon jus.

NOTA. — Facultativement, on pourra servir en même temps un légumier de pois chiches. (Garbanços.)

On pourra également joindre à la garniture des rondelles d'aubergines frites.

Poularde à l'estragon.

Brider la Poularde, les pattes retroussées, la mettre dans une casserole proportionnée à la grosseur de la pièce, la mouiller à hauteur de jus de veau légèrement brun; ajouter un bouquet de branches d'estragon; couvrir la casserole et donner 50 à 55 minutes de cuisson à feu lent.

Dresser la poularde, l'arroser de quelques cuillerées de son fonds de cuisson; décorer la poitrine de feuilles d'estragon passées une minute à l'eau bouillante et rafraîchies.

Servir à part le fonds de cuisson réduit de moitié et additionner de
2 cuillerées de feuilles d'estragon ciselées.

Poularde favorite.

Farcir la Poularde comme il est dit pour « Derby », la pocher dans du fonds de veau blanc.

Dresser la Poularde, la garnir de belles crêtes, de rognons de coq, lamelles de truffe. Napper la pièce et la garniture de sauce Suprême préparée avec le fonds de cuisson de la poularde.

Poularde financière.

Braiser la Poularde à brun. La dresser et l'entourer d'une garniture composée de : Crêtes, rognons, têtes de champignons, lamelles de truffe et quenelles de volaille, le tout enrobé de sauce demi-glace au Madère, dans laquelle on aura incorporé le fonds de braisage de la poularde.

Servir à part le supplément de sauce dans une saucière.

Poularde Godard.

Même cuisson et même garniture que pour la volaille Financière, sauf que les quenelles sont truffées et que l'on ajoute à la garniture des petites noix de ris de veau braisées.

Facultativement, on peut, comme effet décoratif, ajouter des écrevisses aux deux préparations.

Poularde grand-hôtel.

Découper la poularde comme pour sauter, l'assaisonner de sel et poivre, la cuire au feu modéré, casserole couverte.

' Choisir 150 à 200 grammes de truffes, les peler avec soin, les cou- **per** en lamelles un peu épaisses, les assaisonner de sel et poivre, les mettre dans une petite casserole avec une cuillerée de beurre frais, une cuillerée de Madère et 2 cuillerées de glace de viande fondue ; couvrir la casserole, tenir au chaud sans bouillir.

Dresser les morceaux de poularde dans une terrine bien chaude, les couvrir avec les lamelles de truffe tenues au chaud.

Déglacer la sauteuse avec quelques cuillerées de vin blanc et fine Champagne; ajouter 5 à 6 cuillerées de fonds de veau brun très réduit, donner une seconde d'ébullition et verser ce fonds dans la terrine ; couvrir hermétiquement celle-ci et la mettre pendant 5 à 6 minutes au four, temps nécessaire pour que la truffe développe son arôme. Servir tel quel.

NOTA. — Facultativement, suivant les circonstances, on pourra accompagner la « Poularde Grand-Hôtel » d'un rizotto au parmesan dressé dans une timbale en argent ou à défaut dans un légumier; et sur le rizotto des escalopes de foie gras frais sautées au beurre.

Ou bien encore des nouilles fraîches au beurre et parmesan sur les- quelles, après dressage, on parsème la surface de nouilles crues sautées et rissolées au beurre à la poêle.

Poularde au gros sel.

Brider la Poularde, les pattes retroussées, l'envelopper d'une barde de lard, la mettre dans une casserole avec une dizaine de petites carottes, autant de petits oignons et 6 blancs de poireaux. Mouiller à hauteur avec un fonds blanc. Couvrir la casserole, donner 50 à 55 minutes d'ébullition lente.

Dresser la Poularde, l'entourer avec carottes, oignons et poireaux disposés en bouquets.

Servir à part : 1° Une Saucière de fonds de cuisson; 2° Une coquille de gros sel.

NOTA. — Facultativement, suivant les circonstances, on pourra servir en même temps une casserole de riz cuit avec le fonds de cuisson de la poularde.

Poularde aux huîtres.

Brider la Poularde, l'envelopper d'une barde de lard, la mettre dans une casserole de grandeur voulue, la couvrir de fonds blanc, couvrir la casserole, la cuire 55 à 60 minutes à ébullition très douce. Avec le fonds de cuisson de la Poularde, préparer une sauce Suprême. Prendre 3 douzaines de belles huîtres, les ébarber, les mettre dans une petite casserole et les faire pocher dans leur eau, sans bouillir; les égoutter, les enrober de sauce Suprême.
Dresser la poularde et la napper avec la sauce aux huîtres.

Poularde impératrice.

Préparer et cuire la Poularde comme la précédente. La dresser et disposer à chaque bout du plat un bouquet de ris d'agneau braisés à blanc.

Placer sur chaque côté de la Poularde 3 cervelles d'agneau pochées au court-bouillon.

Napper la Poularde et la garniture de sauce Suprême préparée avec la cuisson de la bête.
Servir en même temps une saucière de sauce Suprême.

NOTA. — Facultativement, on pourra envoyer en même temps un plat de riz.

Poularde à l'indienne.

Préparer et cuire la poularde comme la précédente. La dresser et la napper de sauce Suprême au curry.
Servir en même temps une timbale de riz à l'Indienne.

Poularde Isabelle de France.

Farcir la poularde d'un riz cuit à blanc lié au parmesan et parfait de foie gras écrasé, additionné de 60 grammes de truffe pelées coupées en lamelles. La cuire dans un fonds blanc 55 à 60 minutes, feu doux.

Avec la cuisson de la poularde, préparer une sauce Suprême un peu relevée.

Dresser la poularde sur un beau plat de service, la napper de sauce Suprême; l'entourer de belles truffes cuites au champagne dressées dans une croûte à tartelette.

Servir à part une saucière de sauce Suprême.

Poularde sauce ivoire.

Pocher la Poularde dans un fonds blanc, la dresser, le masquer légèrement de sauce Ivoire.

Sauce Ivoire : Sauce Suprême additionnée de glace de viande blonde.

Servir en même temps une timbale de riz cuit avec la cuisson de la poularde et un légumier de concombres au beurre.

Sauce Ivoire : Un demi-litre de sauce Suprême ou de sauce Allemande, auxquelles on ajoute 3 à 4 cuillerées de glace de viande blonde

Poularde Louise d'Orléans.

Retirer les os de poitrine d'une belle volaille, assaisonner l'intérieur de sel et poivre.

Clouter de truffes un beau foie gras, l'assaisonner d'épices, l'arroser

d'un verre de Madère, l'envelopper d'une barde de lard, puis dans un linge mousseline et le faire pocher 15 à 18 minutes dans un fonds de veau; le laisser refroidir, le déballer et le fourrer dans la volaille; brider ensuite celle-ci et la faire cuire au beurre, à four très doux,

50 minutes environ, en l'arrosant souvent avec le beurre de cuisson, la débrider. Puis la recouvrir complètement d'épaisses lames de truffe, l'envelopper de bardes de lard ou de crépinette; l'enfermer dans une abaisse de pâte à foncer. Poser la poularde sur une plaque ; faire une ouverture sur le centre de la pâte pour l'échappement de la vapeur, dorer la pâte et cuire au four de chaleur moyenne, pendant une demi- heure. Le temps de cuire la pâte.

Cette poularde peut se servir chaude, mais il est préférable de la servir froide et, dans ce cas, on pourra préparer une bonne gelée avec le fonds de veau dans lequel le fois gras a été poché.

Poularde Maréchale.

Farcir la poularde avec la préparation suivante : 75 grammes de langue écarlate, 75 grammes de truffe coupée en petits dés, 100 gr. de parfait de foie gras taillé en dés ordinaires, 50 grammes de mie de pain frite au beurre. Réunir le tout dans une terrine, ajouter 3 cuillerées de glace de viande. Mélanger intimement.

Envelopper la pièce d'une barde de lard et la cuire dans un fonds blanc, 55 à 60 minutes à feu doux.

Débrider la poularde, la dresser sur plat ovale, la saucer légèrement de sauce Suprême, l'entourer de petites bouchées garnies de pointes d'asperges.

Envoyer en même temps une garniture de rognons et crêtes de coq, lamelles de truffe, têtes de champignons, le tout enrobé de sauce Suprême.

Poularde Louise de Savoie.

Choisir une fine Poularde, la nettoyer soigneusement, l'assaisonner intérieurement de sel et poivre.

D'autre part, choisir une douzaine d'alouettes grasses et très fraîches; les désosser, les farcir d'un petit morceau de foie gras truffé et farce à gratin. Les ranger dans un plat à sauter de grandeur voulue de façon à pouvoir les serrer l'une à côté de l'autre, les assaisonner de sel et poivre, les arroser de beurre fondu; couvrir le plat et donner 5 à 6 minutes de cuisson à l'entrée du four. Retirer la casserole hors du feu, ajouter aux alouettes 125 grammes de truffe blanche coupée en fines lamelles et 24 rognons de coq légèrement rissolés au beurre. Arroser le tout de quelques cuillerées de glace de viande et en farcir la Pou- larde. L'envelopper d'une barde de lard et la cuire au four à petit feu en l'arrosant souvent avec son beurre de cuisson.

Par ailleurs, préparer une polenta au lait, l'étaler sur une plaque en couche de 2 centimètres d'épaisseur et la laisser refroidir. Détailler ensuite avec un emporte-pièce rond de 4 centimètres de diamètre.

Quelques instants avant de servir, passer ces ronds de polenta dans la farine; les colorer des deux côtés au beurre clarifié. Les saupoudrer ensuite de parmesan, les arroser de beurre, les passer quelques secondes à la salamandre. Les dresser en couronne dans un légumier ou plat creux, les couvrir de lamelles de truffes blanches du Piémont; clocher le plat, tenir au chaud quelques minutes, le temps nécessaire à la truffe de développer son atome. Les arroser de 4 à 5 cuillerées de glace de viande additionnée de 2 cuillerées de beurre.

Dresser la Poularde. Détacher le fond de la casserole avec I déci- litre de vin blanc et 2 décilitres de veau brun.

Saucer le fond du plat avec une partie de ce jus, envoyer le surplus dans une saucière.

Servir en même temps les petits palets au Maïs. « Polenta », se- moule de maïs.

Poularde Monte-Carlo.

Farcir la Poularde au riz comme il est indiqué pour la « Poularde Diva » ; la cuire de même.

Dresser la Poularde sur plat ovale ; la saucer de sauce Suprême, l'entourer de petites tartelettes dont les unes contiendront des queues d'écrevisses, les autres des truffes tournées en forme d'olive, et les troisièmes des rognons de coq sautés au beurre ; ces trois éléments enrobés de sauce Suprême.

L'écrevisse représente la couleur rouge. La truffe représente la couleur noire.

Le rognon de coq représente la couleur blanche. C'est, en résumé, toujours le blanc qui domine.

Poularde ménagère.

Brider la Poularde, les pattes retroussées, la mettre dans une casserole de grandeur voulue ; ajouter une douzaine de carottes nouvelles, 18 pommes nouvelles, 12 oignons nouveaux, un pied de céleri, tous ces légumes émincés, un bouquet composé de : une feuille de laurier, branches de persil. Mouiller de fonds blanc, de façon que poularde et légumes se trouvent légèrement submergés. Faire partir en ébullition.

Couvrir la casserole et donner 50 à 55 minutes de cuisson à feu modéré. Dresser la poularde dans une terrine avec sa garniture de légumes. Dans un ménage où les dépenses sont limitées, on remplacera le fonds blanc par de l'eau chaude; dans ce cas, on aura soin de saler l'eau à raison de 8 grammes de sel par litre d' eau et d' ajouter un litre
d'eau en plus que les proportions ci-dessus.

Au moment de servir, mettre dans une soupière des tranches de pain taillées très minces et verser sur celles-ci les deux tiers du bouillon de cuisson de la poularde et quelques légumes de garniture, ce qui permettra d'obtenir un bon potage et assez de légumes pour accompagner la poularde.

Facultativement, on pourra ajouter aux légumes 75 grammes de riz
soigneusement lavé.

Poularde Adelina Patti.

Farcir la poularde de riz, préparé comme il est indiqué pour la
« Poularde Diva » et la pocher dans un fonds blanc de volaille et veau. La dresser sur plat ovale, la napper de sauce Suprême au Paprika rose et doux; l'entourer de fonds d'artichauts moyens frais cuits, garnis

chacun de pointes d'asperges et julienne de truffe liés au beurre. Servir à part de la Sauce Suprême au paprika.

Poularde piémontaise.

Farcir la poularde avec un rizotto aux truffes blanches du Piémont, la braiser, l'envelopper d'une barde de lard et la cuire tout doucement au beurre à la casserole.

Dresser la poularde, l'entourer de beaux cèpes rissolés à l'huile, relevés d'un soupçon d' ail, assaisonnés de sel et poivre, saupoudrés de persil haché au dernier moment.

Déglacer le fond de la casserole avec 1 décilitre de vin blanc et 2 décilitres de bon jus brun, faire réduire de moitié et servir à part une saucière.

Poularde Régence.

Brider la poularde, les pattes retroussées, l'envelopper de bardes de lard; la pocher dans un fonds blanc de volaille et veau.

Dresser la poularde sur plat ovale; la garnir de 10 quenelles en farce mousseline à la volaille, décorées aux truffes; 10 têtes de champignons cannelées, 10 petites truffes, 10 bouchées garnies d'une purée de foie gras.

Sauce Blonde à l'essence de truffe.

Poularde Récamier.

Pocher la poularde dans un fonds blanc. Lorsqu'elle est prête, lever les deux suprêmes; détailler sur chacun 4 escalopes; les mettre dans une casserole avec une cuillerée de beurre, ajouter à peu près le **même** volume de truffes soigneusement pelées et coupées en lamelles, une douzaine de belles crêtes de coq, une cuillerée de Madère; faire chauffer et y joindre 4 décilitres environ de sauce Suprême ou de sauce Blonde. Couvrir la casserole, tenir au chaud.

D'autre part, supprimer les os de l'estomac de la poularde; remplir la carcasse d'une garniture composée de : macaroni coupé en **petits** bâtonnets cuits à l'eau salée, les égoutter, les lier avec quelques cuillerées de sauce Béchamel et parmesan frais râpé ; additionnée ensuite de foie gras et truffes coupés en dés. Dresser la garniture de manière à rendre à la poularde sa forme primitive.

Couvrir le macaroni de sauce Béchamel, saupoudrer de fromage râpé, arroser de beurre fondu. Passer la poularde au four, pendant quelques minutes, le temps nécessaire pour obtenir une jolie couleur or. Dresser la poularde sur plat ovale, l'entourer de petites bouchées garnies de pointes d'asperges bien vertes.

Servir en même temps et bien chaud les escalopes et garniture, dans une timbale en argent.

Poularde au riz.

Pocher la poularde dans un fonds blanc.

Proportions de riz pour une poularde et pour 8 personnes : 400 gr. Laver soigneusement le riz, le mettre dans une casserole, mouiller avec 8 décilitres de cuisson de la poularde ; couvrir la casserole, donner

20 minutes d'ébullition à chaleur modérée.

Dresser la poularde avec quelques cuillerées de sa cuisson et le riz à part dans une timbale. Envoyer en même temps une saucière de sauce Suprême.

Poularde Rossini.

Assaisonner l'intérieur de la poularde de sel et poivre ; la farcir avec foie gras cuit et truffes coupés en dés; l'envelopper d'une barde de lard, la cuire au beurre à la casserole et avoir soin de l'arroser souvent de son beurre, en évitant surtout de ne pas laisser noircir le beurre.

Lorsqu'elle est prête, la dresser sur plat ovale ; retirer une partie du beurre de cuisson, déglacer le fond de la casserole avec 2 décilitres de jus brun de veau, saucer légèrement le fond du plat de la poularde, envoyer le restant du jus dans une saucière.

Servir à part, une timbale de nouilles liées au beurre, fromage frais râpé et parfait de foie gras écrasé, et recouvertes de nouilles crues sautées au beurre au moment.

Poularde Sainte-Alliance.

Choisir une dizaine de belles truffes noires de grosseur à peu près égale; les peler soigneusement, les chauffer au beurre, les assaisonner je sel et poivre, les arroser d'un verre de vieux Madère et les introduire dans une belle et fine poularde ; poêler celle-ci en temps voulu, pour qu'elle soit prête juste au moment où elle doit être servie.

Lorsqu'elle est prête, cuire rapidement autant d'ortolans et sauter au beurre autant d'escalopes de foie gras qu'il y a de convives. Les en- voyer à la salle, en même temps que la poularde, ainsi que le fonds de cuisson de celle-ci, additionné de jus brun de veau très réduit, passé dans une saucière à fond plat, de manière à pouvoir tenir plus facilement le jus bouillant, ce qui est important. On pourra, au besoin, remplacer la saucière par une petite casserole en argent.

Le maître d'hôtel, entouré de trois aides et muni d'un réchaud brûlant placé sur la table de service, doit attendre la pièce, dont il lève rapidement les suprêmes qu'il détaille en escalopes. Il place chaque escalope sur une tranche de foie gras, que le premier aide a déjà placée sur une assiette chaude, avec des truffes mises dans la poularde. Le second aide, à qui l'assiette est passée aussitôt, ajoute un ortolan et un peu de jus. Le troisième aide place immédiatement les assiettes devant les convives.

La Poularde se trouve ainsi servie très rapidement et dans des conditions qui en font un mets d'une valeur gastronomique.

La dénomination de « Sainte-Alliance » ne pouvait être mieux choisie pour désigner une préparation où se trouvent réunis ces admirables joyaux de la Cuisine qui sont : le Suprême d'une belle Pou- larde, le foie gras, l'ortolan et la truffe.

Poularde Sicilienne.

Braiser la poularde. Lever les suprêmes en laissant les moignons d'ailes adhérer à la carcasse; supprimer les os de l'estomac. Escaloper les suprêmes, les mettre dans une casserole beurrée, mêler aux suprêmes 100 grammes de truffe en lamelles, une douzaine de crêtes de coq, une douzaine de têtes de champignons, un verre de Madère. Couvrir la casserole, donner une minute d'ébullition; ajouter alors 4 décilitres de demi-glace réduite à point. Tenir au chaud, casserole couverte.

D autre part, remplir le vide de la carcasse de la poularde de macaroni lié avec un fonds corsé de bœuf braisé, fromage râpé, additionné de truffes et foie gras coupés en dés.

Envelopper la poularde avec un morceau de crépine, en lui redondant sa forme naturelle; saupoudrer de chapelure, arroser de beurre fondu; mettre au four quelques minutes, le temps nécessaire de cuire et colorer la crépine. Dresser la poularde sur plat ovale, l'entourer de tomates farcies.

Envoyer en même temps, dans une timbale, les escalopes de la poularde tenues au chaud.

Poularde soufflée.

Pocher la poularde. Lever les suprêmes, les détailler en escalopes, les mettre dans une casserole beurrée avec 100 grammes de truffes soigneusement pelées, coupées en lamelles, assaisonnement sel et poivre couvrir la casserole, tenir au chaud.

D'autre part, supprimer les os de l'estomac de la poularde en les coupant avec de gros ciseaux et remplir l'intérieur de la carcasse avec;
500 grammes de farce Mousseline de volaille additionnée de 150 gr. de purée de foie gras truffée.

Lisser la surface en dôme, pour rendre à la pièce sa forme primitive; décorer avec des détails de truffe.

Dresser la poularde sur plat ovale ; mettre au fond du plat 2 déci- litres de fonds blanc, poser celui-ci sur le coin du fourneau, faire partir en ébullition, clocher hermétiquement la poularde, maintenir la chaleur à 95 degrés. La vapeur concentrée par la cloche est suffisante pour pocher la farce.

Changer la poularde de plat, la masquer légèrement de sauce Suprême ou de sauce Blonde.

Dresser à part, dans une timbale, les suprêmes et truffes enrobés de sauce Allemande additionnée de quelques parcelles de beurre fin.

Poularde Souvarow.

Proportions pour 8 personnes ; Farcir la poularde avec 250 gramme; de foie gras cuit, coupé en gros dés et 8 truffes de moyenne grosseur, soigneusement pelées, assaisonnées de sel et poivre. Brider la poularde, la saler légèrement, l'envelopper d'une barde de lard, la poêler avec soin.

Aussitôt cuite, la débrider, retirer le lard; mettre la poularde dans une terrine de grandeur voulue. Déglacer le fond de la casserole de cuisson avec un verre de Madère, ajouter 1 décilitre de fonds bru; , de volaille et veau très corsé; verser dans la terrine. Couvrir la terrine de son couvercle, le souder avec un bourrelet de pâte; mettre la terrine au four 10 à 12 minutes.

Servir telle quelle.

Poularde Stanley.

Farcir la poularde avec riz cuit au blanc additionné de 60 gramme de champignons, 60 grammes de truffes coupés en julienne; brider poularde, l'envelopper d'une barde de lard, la mettre dans une casserole de grandeur voulue avec 500 grammes d'oignons émincés et passés à l'eau bouillante pendant quelques minutes, bien égouttés et saupoudrés d'une cuillerée de curry doux. Mouiller avec un demi-litre de fonds blanc. Couvrir la casserole et cuire au four à chaleur modérée

45 à 50 minutes.

Lorsque la poularde est prête, passer oignons et fonds au tamis fin ou à l'étamine. A la purée qui en résulte, ajouter 3 décilitres de Béchamel et 1 décilitre de crème fraîche ; réduire vivement de manière à obtenir une sauce plutôt un peu épaisse, mais onctueuse.

Dresser la poularde et la napper avec cette sauce.

Poularde à la Talleyrand.

Poêler la poularde, puis lever les suprêmes et les détailler en gros dés. Les mélanger avec quantité de macaroni coupé très court, cuit au consommé, égoutté et lié au parmesan râpé et sauce Béchamel à la Crème, et lui incorporer 150 grammes de parfait de foie gras et 60 gr. de truffes coupés en dés.

Supprimer les os de l'estomac de la poularde ; remplir la carcasse avec la garniture ci-dessus bouillante, recouvrir celle-ci d'une couche légère d'une farce Mousseline, en donnant à la pièce sa forme primitive.

Décorer la surface d'une couronne de lames de truffe.

Mettre la poularde sur un plat un peu creux; verser 2 décilitres de bouillon blanc au fond du plat ; faire partir en ébullition ; clocher hermétiquement la poularde ; maintenir la chaleur à 95 degrés sur le coin du fourneau. La vapeur concentrée par la cloche suffira pour pocher la farce.

Changer la poularde de plat ; saucer le fond du plat de quelques cuillerées de sauce demi-glace additionnée d'une julienne de truffe.

Servir à part une saucière de même sauce.

Poularde Tosca.

Farcir la poularde au riz comme il est indiqué pour la « Poularde Diva »; la pocher au fonds blanc, la dresser sur plat ovale, la masquer légèrement de sauce Blonde finie au beurre fin, additionnée d'une julienne de truffe et blanc de céleri cuit dans du fonds blanc.

Servir à part une saucière de même sauce.

Poularde Toulousaine.

Pocher la poularde au fonds blanc. La dresser sur plat ovale, l'en- tourer de la garniture suivante : 2 petites noix de ris de veau braisées,

12 crêtes et rognons de coq, 12 quenelles de volaille à la cuiller,

12 têtes de champignons; lamelles de truffes sur les quenelles. Saucer légèrement la poularde et la garniture de sauce Allemande ou sauce Blonde, additionnée de quelques parcelles de beurre fin.

Compléter la garniture avec 10 à 12 petites bouchées garnies de purée de foie gras de canard. Servir en même temps une saucière de sauce Blonde.

Poularde à la Valenciennes.

Poêler la poularde. La dresser sur plat ovale, l'entourer de saucisses Espagnoles roulées dans la poudre rouge de poivrons doux, lard grillé, aubergines et tomates farcies.
Saucer légèrement la poularde de sauce demi-glace à la tomate.
Servir à part une saucière de même sauce.
Envoyer en même temps un plat de riz cuit en pilaw additionné de jambon coupé en petits dés.

Poularde Véronique.

Pocher la poularde. La dresser sur plat ovale, la masquer de sauce Béchamel à la Crème, l'entourer d'escalopes de ris de veau braisé et de petites cervelles d'agneau pochées au court-bouillon et de petits œufs cuits mollets.
Servir en même temps une saucière de sauce Béchamel à la crème additionnée de lamelles de truffe.

Poularde Victoria.

Farcir la poularde avec foie gras et truffes coupés en dés; la brider, l'envelopper d'une barde de lard et la poêler avec soin en l'arrosant souvent avec son beurre de cuisson.
Lorsqu'elle est prête, la mettre dans une terrine de grandeur voulue, l'entourer d'une garniture de pommes de terre taillées en petits dés, cuites au beurre à petit feu, et arrosées, après cuisson, de quelques cuillerées de glace de viande.
Couvrir la terrine et tenir au chaud.
Ajouter au beurre de cuisson de la poularde 1 décilitre et demi de bon jus de veau brun ; donner quelques secondes d'ébullition, passer à la passoire fine et servir ce jus comme accompagnement à la pou- larde.

Poularde à la Washington.

Farcir la poularde avec 300 grammes de fine chair à saucisses et légèrement revenue au beurre, additionnée de quelques cuillerées de maïs et fines herbes.
Brider la poularde et la braiser. La dresser, la saucer légèrement de son fonds de braisage et envoyer le supplément à part dans une saucière.
Envoyer en même temps une timbale de maïs à la Crème.

Poularde ou chapon fin aux perles du Périgord.

Bourrer la volaille de belles truffes mûres **à** point, soigneusement pelées, assaisonnées de sel et poivre. Brider la volaille, l'envelopper Je bardes de lard, puis de tranches de veau coupées aussi minces que possible, la ficeler, la mettre dans une braisière foncée avec **couennes et** bardes de lard, oignon et carottes émincés, bouquet garni. Arroser la volaille de fine champagne et vin blanc, puis mouiller avec un demi-litre de fonds de veau brun. Couvrir la braisière, la mettre au four, donner 50 minutes environ de cuisson, en arrosant souvent la pièce avec son fonds. La dresser et servir en même temps son fonds de braisage.

Poulardes diverses.

La meilleure préparation des volailles est certainement celle qui consiste à les farcir au riz, puis à les pocher ensuite dans un fonds blanc avec lequel, après cuisson de la poularde, on prépare une sauce Suprême additionnée facultativement de truffe.

Ces poulardes s'accompagnent, soit de : concombres, fonds d'artichauts, champignons, cèpes à la crème, carottes nouvelles, etc.

Il y a là bon nombre de formules laissant aux ouvriers le soin de leur appliquer telle dénomination que les circonstances pourraient leur inspirer.

NOTA. — Toutes les formules données ci-dessus sur les diverses préparations des volailles, la majeure partie de ces formules s'adressent à la grande Cuisine; mais, néanmoins, dans certaines circonstances, elles pourront intéresser les amateurs de fine cuisine et conserver le bon renom de la Cuisine française en les faisant connaître.

SÉRIE DE FILETS OU SUPRÊMES, COTELETTES DE VOLAILLE, BLANC DE VOLAILLE, etc.

Les termes Filets et Suprêmes sont synonymes dans la rédaction des Menus. On emploie l'un ou l'autre terme, suivant le cas.

Ils comprennent le filet proprement dit et le filet mignon.

Les suprêmes et filets sont généralement levés sur le poulet dit « à la Reine », ou sur de beaux poulets de grain.

La cuisson des suprêmes et filets se fait toujours au beurre non clarifié. Au moment de les cuire, les assaisonner de sel, les passer à la farine, puis les ranger dans une sauteuse contenant du beurre très frais légèrement chauffé. Quelques minutes suffisent pour les cuire. Aussitôt les suprêmes cuits, les retirer de la casserole, sans retirer le beurre de cuisson, avec un peu de fonds blanc, ajouter quelques cuillerées de glace de viande. La liaison du beurre et de la glace de viande s'opère par l'addition du fonds de déglaçage que l'on ne doit pas laisser réduire complètement. Par cette méthode, on obtient un jus lié d'un goût de noisette exquis. Dans le cas où le beurre se séparerait de la glace de viande, il suffira d'ajouter une ou deux cuillerées de fonds blanc et agiter la casserole.

L'addition de la glace de viande est basée sur une cuillerée de glace pour 2 suprêmes.

Les côtelettes de volaille sont les suprêmes, fournis également par le poulet dit « Reine » ou poulet de grain, auxquels on laisse adhérer l'os du moignon de l'Aile.

Les côtelettes sont généralement panées à l'Anglaise, ce qui consiste, après avoir assaisonné les côtelettes de sel, de les passer dans la farine, puis dans de l'œuf battu et ensuite dans de la mie de pain fraîchement préparée. On les cuit au beurre clarifié.

Lorsque les côtelettes doivent être grillées, on supprime l'œuf, on saie les côtelettes, on les passe à la farine, puis dans du beurre fondu et ensuite dans de la mie de pain.

Blanc de Volaille ou de Poulet.

Choisir une volaille à chair blanche et grasse, la nettoyer soigneusement, la saler intérieurement, la brider, l'envelopper de bardes de lard et la cuire dans un fonds blanc, 50 à 60 minutes, suivant la grosseur. On lève les filets dès qu'elle est cuite et on divise chaque filet en 2 ou 3 escalopes, suivant grosseur de la pièce.

Suprêmes de Volaille Adelina Patti.

Proportions pour 6 personnes : Lever les suprêmes de 3 poulets dits « Reine ». Les assaisonner de sel, les passer à la farine et les cuire au dernier moment au beurre, comme il est indiqué, feu modéré, de manière à les obtenir de couleur légèrement dorée. Aussitôt cuits, les I retirer de la cuisson, les dresser sur supports en semoule, taillés de la même grandeur des suprêmes.

Déglacer le fond de la casserole avec un peu de fonds blanc ou de consommé, ajouter quelques cuillerées de glace de viande, puis 4 à

5 lamelles de truffe par suprême. Chauffer pendant quelques secondes et en couvrir aussitôt les suprêmes. Servir en même temps un émincé de fonds d'artichauts à la crème.

[Voirlaformule,Sériedeslégumes.)

Préparation de la Semoule : Faire tomber en pluie 250 grammes Je semoule dans I litre de lait bouillant; assaisonner de sel, poivre et muscade; cuire à petit feu pendant 20 minutes. Retirer la casserole hors du feu; lier la semoule avec 2 ou 3 jaunes d'œufs et 60 grammes environ de fromage râpé et l'étaler en couche d'un centimètre et demi d'épaisseur, sur une plaque mouillée.

Lorsque la composition est bien froide, la détailler de la même dimension que les suprêmes, les passer à la farine et les faire colorer au beurre sur les deux faces.

Suprêmes de Volaille Chasseur.

Proportions pour 6 personnes : Lever les filets de 3 poulets « Reine », les assaisonner de sel et poivre, les passer à la farine et les cuire, au dernier moment, au beurre, comme il est indiqué, feu modéré. Aussitôt cuits, les retirer de la cuisson, les dresser sur croûtons en pain de mie, frits au beurre, ou sur supports en semoule.

Ajouter au beurre de cuisson 250 grammes de champignons de couche émincés, les faire sauter quelques instants et leur mêler 2 échalotes finement hachées, 4 cuillerées de cognac et 1 décilitre de vin blanc; laisser réduire en partie et ajouter 3 cuillerées de purée de tomate et

2 décilitres et demi de sauce demi-glace, 2 cuillerées de glace de viande, une pincée de persil ciselé très fin. Donner quelques minutes d'ébullition et verser sur les suprêmes.

Facultativement, on pourra accompagner les suprêmes Chasseur soit de : pommes de terre accommodées au goût préféré, riz pilaw, riz à l'Indienne.

Suprêmes Poulet La Vallière.

Même préparation que les « Suprêmes Chasseur », même dressage. La différence est qu'on ajoute aux champignons une julienne de truffe et une pincée d'estragon haché.

NOTA.— Ces deux préparations demandent à être relevées d'une légère pointe de poivre rouge.

Suprêmes de Volaille Favorite.

Lever les filets sur poulet dit « Reine » ; les assaisonner de se! et poivre, les passer à la farine et les cuire au beurre, comme il est indiqué; les dresser sur croûtons frits au beurre ou sur support en semoule. Mettre sur chaque suprême une petite escalope de foie gras sautée au beurre.

Déglacer le fond de la casserole avec un peu de fonds blanc et 3 cuillerées de Madère, 4 cuillerées de glace de viande; donner quelques secondes d'ébullition. Ajouter alors à la sauce 3 à 4 lamelles de truffe par pièce de poulet ; donner encore 2 secondes d'ébullition, ajouter 2 cuillerées de beurre fin et napper aussitôt les suprêmes.

Servir comme accompagnement des pointes d'asperges au beurre.

Suprêmes de Poulet à la Bordelaise.

Lever les filets de 3 poulets de grain, les assaisonner de sel et poivre, les passer à la farine et les cuire au beurre au dernier moment.

D'autre part, émincer 3 coeurs d'artichauts crus et 3 à 4 pommes de terre de Hollande coupées en liards. Cuire au beurre artichauts et pommes de terre séparément et les réunir ensemble après cuisson, les arroser de quelques cuillerées de glace de viande, et les mouler dans des moules à côtelettes; les démouler sur le plat de service.

Faire sauter au beurre les filets ou suprêmes, les dresser sur les canapés d'artichauts. Détacher le fond de la casserole avec quelques cuillerées de vin blanc et autant de consommé ou fonds de veau brun et 3 à 4 cuillerées de glace de viande. Donner quelques secondes d'ébullition, incorporer à la sauce 3 cuillerées de beurre fin et saucer aussitôt les filets de poulet.

NOTA. — Facultativement, on pourra garnir l'intervalle des filets de petits oignons glacés.

Suprêmes ou Filets de Poulet à la Hongroise.

Lever les filets de 3 poulets de grain, les assaisonner de sel et poivre, les passer à la farine et les cuire au beurre quelques instants avant de servir.

Les suprêmes étant cuits, les dresser sur le plat de service. Ajouter au beurre de cuisson une cuillerée de paprika doux, rosé; laisser chauf- fer le paprika 2 secondes, en le remuant avec une cuiller. Mouiller d'un décilitre de vin blanc, 4 cuillerées de glace de viande, 2 décilitres de crème fraîche ; donner quelques secondes d'ébullition et verser aussitôt sur les suprêmes.

Servir en même temps du riz cuit en pilaw.

NOTA. — Comme on n'a pas toujours à sa disposition de la crème fraîche, on pourra la remplacer par de la sauce Béchamel additionnée de quelques cuillerées de beurre fin.

Suprêmes ou Filets de Poulet à l'Indienne.

Lever les filets de 3 poulets de grain, les assaisonner de sel et poivre, les passer à la farine et les cuire au beurre quelques instants avant de servir.

Les suprêmes étant cuits, les dresser sur plat de service. Ajouter au beurre de cuisson une cuillerée d'oignon haché et légèrement blondi au beurre, et une cuillerée à dessert de curry en poudre aussi doux que possible. Chauffer quelques instants le curry en le remuant avec une cuiller. Mouiller avec 2 décilitres et demi de crème fraîche ou, à dé- faut, de Béchamel. Passer la sauce à la passoire fine dans une casserole, chauffer fortement et incorporer à la sauce 3 cuillerées de beurre £n et napper aussitôt les suprêmes.

Servir en même temps du riz à l'Indienne.

Suprêmes de Poulet Judic.

Lever les filets de 2 ou 3 poulets de grain, les assaisonner de sel et poivre, les passer à la farine et les cuire au beurre. Les suprêmes étant cuits, les dresser sur des demi-laitues fraîchement braisées. Les garnir de lamelles de truffe et rognons de coq enrobés d'une fine sauce demi- glace.

Facultativement, on pourra accompagner ces suprêmes de riz pilaw aux petits pois.

Suprêmes ou Côtelettes de Volaille à la Maréchal.

Lever les suprêmes de 2 ou 3 gros poulets Reine, les assaisonner, les passer à la farine, à l'œuf battu, puis à la mie de pain fraîchement préparée et les cuire au beurre clarifié. Les dresser sur le plat de service, les napper de la sauce suivante :

Faire chauffer 4 à 5 cuillerées de glace de viande additionnée de 2 ou 3 cuillerées de fonds de veau brun ou de consommé, donner une minute d'ébullition, ajouter 3 à 4 lamelles de truffe par suprême, donner encore 2 secondes d'ébullition et incorporer intimement à la sauce 3 à 4 cuillerées de beurre très frais et le jus d'un demi-citron.

Servir en même temps des pointes d'asperges au beurre.

Autre méthode. — Lever les suprêmes et les assaisonner, les passer à la farine, puis dans le beurre fondu et ensuite dans la mie de pain fraîchement préparée et les faire griller sur feu doux. Les dresser sur plat de service bien chaud.

Servir à part un fin ragoût de truffes émincées, rognons de coq et petits champignons blancs, enrobés dans une sauce Blonde additionnée d'une cuillerée de Madère et montée au beurre.

Facultativement, on peut accompagner ce mets de pointes d'asperges au beurre, de petits pois à l'Anglaise, etc.

Suprêmes de Volaille Mascotte.

Lever les filets de 2 ou 3 poulets Reine, les assaisonner et les cuire au beurre.

Pendant ce temps, on aura étalé sur une plaque des carrés de crépinette de grandeur voulue pour envelopper complètement les suprêmes- couvrir la crépinette d'une couche de parfait de foie gras truffé et passé au tamis; ranger sur le foie gras les suprêmes, les envelopper, les arroser légèrement de beurre, les passer dans la mie de pain et les mettre quelques instants sur le gril, le temps de colorer la crépinette des deux côtés.

Les dresser sur plat chaud et servir en même temps un émincé de truffe enrobé d'une fine sauce demi-glace au Madère.

Facultativement, on peut accompagner ces suprêmes, soit : de purée Soubise, de purée de céleri, d'une fine purée de pommes de terre, de purée de marrons, cèpes rissolés, cèpes à la crème, etc.

Autre méthode, — Lever les suprêmes d'une volaille pochée; diviser chaque suprême en 6 escalopes.

Préparer 12 carrés de crépinette comme les précédents, les couvrir de farce fine à saucisses additionnée de purée de foie gras par parties égales. Ranger sur la farce les escalopes de volaille en les intercalant de lamelles de truffe coupées très minces, les envelopper complètement, les arroser de beurre, les passer dans la mie de pain et les faire griller.

Les mêmes garnitures leur conviennent.

Suprêmes de Volaille Montpensier.

Lever les suprêmes de 2 poulets Reine, les assaisonner de sel et poivre, les passer à la farine et les cuire au beurre.

Les dresser sur supports en semoule comme il est indiqué aux « Suprêmes Adelina Patti ».

Déglacer le fond de la casserole avec quelques cuillerées de fonds de veau ou de consommé, ajouter 2 ou 3 cuillerées de glace de viande, puis 3 à 4 lames de truffe par suprême. Donner 2 minutes d'ébullition; incorporer à la sauce 2 cuillerées de beurre fin et verser sur les suprêmes. Les garnir de bouquets de pointes d'asperges liées au beurre, tenues bien vertes.

Suprêmes de Volaille Polignac.

Cuire les suprêmes au beurre. Les dresser sur croûtons de pain frits au beurre au dernier moment. Les napper de sauce Suprême additionnée d'une fine julienne de truffe et de champignons. Détacher le fond de la casserole des suprêmes avec 2 ou 3 cuillerées de fonds blanc, ajouter

2 ou 3 cuillerées de glace de viande. Arroser les suprêmes d'un filet de ce jus noisette.

Facultativement, on peut toujours accompagner ces suprêmes soit : de pointes d'asperges, de petits pois à l'Anglaise.

Suprêmes ou Côtelettes de Volaille Pojarski.

Hacher les suprêmes en faisant absorber au hachis, par livre de chair de volaille, 125 grammes de mie de pain humectée de crème, 125 grammes de beurre frais; assaisonner de sel, poivre et soupçon de muscade.

Avec ce hachis, reconstituer les suprêmes dans leur forme et grosseur primitives. On les saupoudre de farine et on les cuit au beurre clarifié

10 à 12 minutes avant de les servir.

Les dresser aussitôt prêts et les servir de suite.

La garniture de ces Suprêmes ou Côtelettes de volaille, comme de tout article « à la Pojarski », est purement facultative.

Suprêmes de Volaille Rosemonde.

Proportions pour 6 suprêmes : Les cuire au beurre, les dresser sur croûtes feuilletées recouvertes de purée de foie gras. Détacher le fond de la casserole avec quelques cuillerées de Madère et autant de fonds blanc et 3 à 4 cuillerées de glace de viande. Ajouter 3 à 4 lamelles de truffe par suprême et 3 décilitres de sauce Suprême ; chauffer et napper les suprêmes.

Servir à part une purée de champignons.

Suprêmes de Volaille Rossini.

Cuire les suprêmes au beurre, les dresser sur plat de service ; mettre sur chaque suprême une escalope de foie gras frais, assaisonnée de sel et épices, passée à la farine et sautée au beurre.

Détacher le fond de la casserole des suprêmes avec quelques cuillerées de Madère, ajouter 3 à 4 belles lames de truffe, puis une fine sauce demi-glace au fonds de veau brun. Napper aussitôt les suprêmes.

Servir en même temps des nouilles fraîchement faites, liées au beurre et parmesan.

Suprêmes de Poulet Verdi.

Assaisonner les suprêmes et les cuire au beurre quelques instants avant de les servir.

Préparer une garniture de Macaroni lié au beurre, parmesan et quelques cuillerées de Béchamel à la Crème, additionné de foie gras truffé coupé en dés et truffes émincées.

Disposer le Macaroni dans un plat en faïence ovale ; les suprêmes étant cuits, les ranger sur le Macaroni.

Détacher le fond de la casserole avec quelques cuillerées de fonds blanc, ajouter 3 à 4 cuillerées de glace de viande et 1 décilitre et demi de crème fraîche. Donner 2 minutes d'ébullition et napper les suprêmes. Mettre sur chaque suprême une belle lame de truffe chauffée dans de la glace de viande.

Blanc de Volaille Vicomtesse de Fontenay.

Faire pocher une belle volaille comme il est indiqué. Lever les
2 suprêmes, diviser chaque pièce en 3 escalopes, les dresser sur petits supports en semoule préparés d'après la formule indiquée pour « Adelina Patti » ; mettre sur chaque blanc de volaille une belle lame de truffe. Masquer les escalopes de sauce Béchamel à la Crème; saupoudrer la surface de fromage fraîchement râpé, arroser de beurre et faire légèrement gratiner.

Garnir les intervalles des blancs de volaille et le centre du plat de pointes d'asperges tenues bien vertes et liées au beurre.

Blanc de Volaille Alsacienne.

Lever les 2 suprêmes d'une volaille pochée, les diviser en 3 escalopes, les dresser sur escalope de foie gras sautée au beurre ; les napper de sauce Suprême avec truffes émincées.
Servir en même temps un plat de nouilles fraîches à l'Alsacienne.

Blanc de Volaille Angeline.

Lever les 2 suprêmes d'une volaille pochée, les diviser en 6 escalopes, les dresser sur supports en semoule comme il est dit pour les suprêmes « Adelina Patti » ; mettre sur chaque morceau de poulet une lame de truffe, couvrir de sauce Béchamel au paprika, saupoudrer de fromage frais râpé, arroser de beurre et faire légèrement gratiner.

Servir en même temps un riz pilaw aux petits pois cuits à l'Anglaise.

Blanc de Volaille aux Concombres.

Lever les filets d'une volaille pochée, les diviser en 6 escalopes, les dresser sur supports en semoule, les napper de sauce Béchamel, les saupoudrer de fromage frais râpé, arroser de beurre, faire gratiner.
Servir en même temps un légumier de concombres à la crème.

Blanc de Poulet Bagration.

Diviser en 2 ou 3 escalopes des suprêmes de poulet pochés; les mettre dans une casserole avec une ou deux cuillerées de beurre frais et autant de lamelles de truffe ; les assaisonner de sel et poivre frais moulu; couvrir la casserole et tenir au chaud.

D'autre part, cuire 300 grammes de pâtes dites « coquillettes » à l'eau salée, les égoutter, les remettre dans la casserole, ajouter une cuillerée de beurre, soupçon de muscade, sel et poivre avec modération, quelques cuillerées de fromage râpé, 3 à 4 cuillerées de sauce Béchamel et une petite truffe pelée et coupée en lames très fines; le tout intimement lié. Verser dans un plat en faïence, égaliser la surface et ranger sur ce lit de pâtes les escalopes de poulet intercalées de lamelles de truffe. Napper de sauce Béchamel, saupoudrer de fromage râpé, arroser de beurre et faire gratiner.

Blanc de Poulet Florentine.

Lever les filets d'un poulet poché, les diviser chacun en 2 ou 3 esca- lopes suivant grosseur ; les ranger dans une casserole plate avec une cuillerée de beurre, les assaisonner légèrement de sel et poivre, les ternir au chaud.

Faire cuire à grande eau bouillante salée 250 grammes d'épinards, les égoutter avec pression, les hacher grossièrement. Faire chauffer dans une casserole 2 cuillerées de beurre, y joindre les épinards, les assai- sonner de sel et poivre, soupçon de muscade; les remuer avec une cuiller et dès que toute l'eau de végétation est évaporée, étaler les épinards sur le plat de service et dresser sur ce lit les blancs de poulet ; les napper de sauce Béchamel, les saupoudrer de fromage frais râpé, arroser de beurre fondu et faire gratiner.

Blanc de Poulet Mireille.

Même préparation que les « Blancs de Poulet Florentine », sauf qu'on ajoute aux escalopes de poulet des truffes, des Garrigues Vau- clusiennes soigneusement pelées, coupées en lames, assaisonnées de poivre frais moulu et sel fin. Couvrir la casserole et chauffer quelques instants pour que la chair du poulet s'imprègne du parfum de la truffe. Dresser sur les épinards les escalopes de poulet intercalées de truffe; les napper de sauce Béchamel, les saupoudrer de fromage frais râpé,
arroser de beurre et faire gratiner.

SÉRIE DES POULETS SAUTÉS

Les poulets qui conviennent le mieux pour sauter sont les poulets dits « à la Reine ». Les poulets doivent être blancs, gras et tendres. A la rigueur, on pourrait employer des petites poulardes et des poulets de grain.

Le découpage du poulet se fait par membres, en commençant par les cuisses dont on supprime l'os jusqu'à la jointure du pilon et les pattes. Les ailes sont ensuite détachées après avoir retiré l'aileron; puis le haut de la poitrine est séparé de la carcasse. La carcasse est enfin divisée en deux morceaux et parée de chaque côté.

Poulet sauté Alice.

Chauffer dans une casserole à sauter, de dimension juste suffisante pour contenir les morceaux de poulet, 50 grammes de beurre et une cuillerée d'huile d'olive. Ranger dans la casserole les morceaux de poulet, *le côté* de la peau en dessous, placer le morceau de poitrine dans je centre et une cuisse de chaque côté ; puis les ailes en faisant appuyer la partie mince de l'aile sur la cuisse ; ajouter les morceaux de carcasse et les ailerons. Assaisonner le poulet de sel et poivre, le mettre au four casserole, couverte, l'arroser de temps à autre de son beurre de cuisson; à défaut de four, le cuire sur le fourneau, à feu doux, en ayant soin de retourner les morceaux de poulet dans le beurre, de manière à obtenir une cuisson régulière. Les ailes étant plus tendres doivent être retirées quelques instants avant et les tenir au chaud. Les cuisses, dont la chair est plus ferme, doivent cuire quelques minutes en plus. Ajouter alors 100 grammes de champignons frais et une écha- I lote finement hachés, puis 2 cuillerées de cognac et 1 décilitre de vin blanc, 3 cuillerées de glace de viande ; faire réduire de moitié ; remettre les ailes du poulet dans la casserole ; chauffer quelques secondes ' et, pour finir, lier la sauce avec 1 décilitre et demi de crème très fraîche. Dresser le poulet sur plat bien chaud.

Servir en même temps des pommes de terre noisettes.

Poulet sauté Alsacienne.

Le découper et le cuire comme le « Poulet Alice ». Mouiller d'un décilitre et demi de vin blanc d ' Alsace, réduire de moitié, ajouter 3 cuillerées de glace de viande légère, 3 cuillerées de crème fraîche. Lier la sauce avec 125 grammes de foie gras truffé, passer au tamis fin.

Dresser le poulet sur plat très chaud. Servir en même temps une timbale de nouilles à l'Alsacienne.

Poulet sauté à la mode d'Auvergne.

Le découper et cuire le poulet comme il est indiqué à la formule précédente. Ajouter 2 cuillerées d'oignon finement haché. Lorsque l'oignon commence à blondir, mouiller d'un décilitre de vin blanc; réduire de moitié, puis compléter avec 2 décilitres de sauce demi- glace à la tomate; donner quelques minutes d'ébullition.

Dresser le poulet, l'entourer de marrons cuits au bouillon et des petites saucisses Chipolata.

Poulet sauté Beaulieu.

Le découper, le cuire comme le précédent et le dresser dans une terrine bien chaude. Déglacer le fond de la casserole avec 1 décilitre de vin blanc et un filet de jus de citron. Ajouter 3 cuillerées de glace de viande.

D'autre part, choisir 5 à 6 petits fonds d'artichauts frais et à peu près le même volume de petites pommes nouvelles, ces deux éléments finement émincés et cuits ensemble au beurre dans une casserole plate de façon que l'épaisseur des légumes ne dépasse pas un centimètre; ceux-ci cuits, en couvrir les morceaux de poulet. Compléter la garni- ture avec une douzaine et demie d'olives noires et verser le fonds de déglaçage dans la terrine. Couvrir celle-ci, tenir au chaud quelques instants à l'entrée du four et servir.

Poulet sauté Bordelaise.

Découper le poulet et le sauter au beurre comme les précédents, le dresser sur plat ovale.

L'entourer de fonds d'artichauts émincés et cuits au beurre, de pommes de terre Hollande taillées en liards également cuites au beurre, de rondelles d'oignons frites, ces différents éléments disposés en bouquets, avec une petite touffe de persil frit, bien vert, entre chaque bouquet.

Déglacer le fond de la casserole avec 1 décilitre de vin blanc, laisser réduire de moitié, ajouter quelques cuillerées de jus de veau brun et

3 cuillerées de glace de viande et verser sur le poulet.

Poulet sauté Bourguignonne.

Faire rissoler au beurre 125 grammes de lard de poitrine coupé en dés et passer quelques minutes à l'eau bouillante.

Égoutter le lard sur une assiette ; mettre les morceaux de poulet dans le même beurre, les assaisonner de sel et poivre et les cuire au four. Retirer les ailes, les tenir au chaud.

Mouiller avec un demi-décilitre de vieux marc et 2 décilitres de vin de Bourgogne rouge : ajouter le lard ; réduire le liquide de moitié et compléter avec 100 grammes de champignons frais coupés en quartiers et légèrement rissolés au beurre et 2 décilitres de sauce demi- glace. Faire mijoter quelques instants, remettre les ailes dans la casserole. Dresser le poulet sur plat en terre, bien chaud, l'entourer de petits oignons glacés.

Poulet sauté à la Bressane.

Découper le poulet, l'assaisonner de sel et poivre, et passer les morceaux dans la farine, les cuire très doucement au beurre, celui-ci ne doit pas noircir. La cuisson étant à peu près à point, ajouter 24 rognons de coq très frais, et 150 grammes de champignons frais coupés en quartiers et rissolés au beurre. Mouiller d'un décilitre de vin blanc; laisser réduire, ajouter 2 décilitres de crème très fraîche et laisser mijoter 8 à 10 minutes.

Servir en timbale en argent ou en terrine.

Poulet sauté à la Paysanne catalane.

Découper le poulet comme à l'ordinaire, mais partager les cuisses en deux morceaux, les assaisonner de sel et de poivre, les rouler dans la farine et cuire les morceaux de poulet à l'huile avec 2 fortes cuillerées d'oignon haché.

D'autre part, choisir 5 à 6 poivrons rouges doux, les émincer, les faire sauter à l'huile à la poêle; ceux-ci étant à peu près cuits, ajouter
5 à 6 tomates pelées, épépinées et hachées, persil haché, sel et poivre, une pointe d' ail. Cuire à petit feu 20 à 25 minutes.

On peut, à volonté, mêler à ce ragoût des aubergines, des courgettes émincées passées à la farine et frites à l'huile.

Dresser cette macédoine de légumes dans une terrine, disposer dessus les morceaux de poulet ; déglacer le fond de la casserole avec un verre de vin blanc, faire réduire et verser sur le poulet. Couvrir la terrine, laisser mijoter quelques instants.

Servir en même temps du riz à la Créole.

NOTA. — On prépare le lapereau dans les mêmes conditions.

Poulet sauté aux Cèpes.

Découper le poulet, l'assaisonner de sel et poivre, le faire sauter au beurre et huile. Mouiller avec 1 décilitre de vin blanc et réduire de moitié; ajouter 1 décilitre de sauce demi-glace à la tomate, donner quelques secondes d'ébullition. Dresser le poulet et l'arroser de sa sauce.

Servir en même temps 250 grammes de cèpes à la Bordelaise.

Poulet sauté Champeaux.

Sauter le poulet au beurre, le dresser sur plat bien chaud et l'entourer de petits oignons glacés et de pommes de terre noisettes cuites au beurre.

Déglacer le fond de la casserole avec 1 décilitre de vin blanc, ajouter 2 cuillerées de glace de viande et 1 décilitre de jus de veau; réduire de moitié ; compléter avec 50 grammes de beurre frais et verser sur le poulet.

Poulet sauté Chasseur.

Découper le poulet; l'assaisonner de sel et poivre, le faire sauter avec moitié beurre et huile. Dès que les ailes sont cuites, les. retirer, les tenir au chaud. Ajouter 125 grammes de champignons frais, 2 échalotes finement hachées ; après 2 ou 3 minutes, mouiller de quelques cuillerées de cognac, 1 décilitre de vin blanc ; faire réduire de moitié ; compléter avec 1 décilitre et demi de sauce demi-glace à la tomate, une pincée de persil finement ciselé. Faire réduire quelques instants et remettre les ailes dans la sauce.

Dresser le poulet et le masquer avec la sauce.

NOTA. — Le « Poulet Sauté La Vallière » se prépare identique- ment comme le « Poulet Chasseur », sauf qu'on ajoute aux champi- gnons quelques lamelles de truffe taillées en julienne et une pincée d'estragon haché.

On peut aussi garnir l'une et l'autre de ces deux préparations de tomates farcies et, dans ce cas, leur donner une autre dénomination.

Poulet sauté au Curry.

Découper le poulet en plusieurs morceaux, l'assaisonner de sel et poivre et le rouler dans la farine. Faire chauffer 3 cuillerées d'huile dans une casserole à sauter, y joindre les morceaux de poulet, 2 cuillerées d'oignon finement haché et une cuillerée à café de curry. Cuire à petit feu, 12 à 15 minutes, ajouter alors soit 2 décilitres de velouté ou même quantité de sauce demi-glace. Continuer la cuisson pendant

15 à 18 minutes. Lier la sauce avec quelques cuillerées de crème fraîche. Dresser en timbale ou plat creux.

Servir à part du riz à l'Indienne.

Poulet sauté à l'Espagnole.

Découper le poulet, l'assaisonner de sel et poivre et le faire sauter au saindoux avec 2 cuillerées d'oignon haché. Mêler au poulet 250 gr. de riz, 2 petits piments. Mouiller avec un demi-litre de bouillon; couvrir la casserole et cuire 20 minutes environ; dresser aussitôt.

Servir en même temps une sauce tomate à la Paysanne : Choisir 6 tomates mûres à point, les peler, les épépiner, les hacher grossière- ment, les mettre dans la poêle avec 4 cuillerées d'huile d'olive, une pointe d'ail, persil haché, sel et poivre. Cuire très doucement 18 à 20 minutes.

NOTA. — On peut, à volonté, joindre au poulet des petites saucisses Chipolata.

Poulet sauté à l'Estragon.

Sauter le poulet au beurre, retirer les ailes et les tenir au chaud. Mouiller d'un décilitre de vin blanc ; réduire de moitié et ajouter 1 décilitre et demi de sauce demi-glace légère à la tomate et une forte pincée de feuilles d'estragon ciselées ; donner quelques minutes de réduc- tion, remettre les ailes dans la sauce.

Dresser le poulet et le masquer de sa sauce de cuisson.

Comme accompagnement, les différentes manières d'accommoder les pommes de terre lui conviennent.

Poulet sauté Florentine.

Sauter le poulet au beurre et huile; dès qu'il est cuit, mouiller d'un verre de Madère et 2 décilitres de fine demi-glace additionnée de fonds de veau brun; ajouter 100 grammes de truffes noires soigneusement pelées et coupées en lamelles; donner quelques secondes d'ébullition.

Dresser le poulet et le couvrir avec les lamelles de truffe et la sauce.

Servir en même temps un rizotto au parmesan sur lequel on aura mis 6 escalopes de foie gras frais sautées au beurre.

Poulet aux fines herbes.

Découper le poulet, l'assaisonner de sel et poivre et le faire sauter sur un feu doux; dès qu'il est cuit, mouiller d'un décilitre de vin blanc ; réduire de moitié, ajouter quelques cuillerées de jus de veau brun et 2 cuillerées de glace de viande. Dresser le poulet, le saupoudrer de persil haché. Compléter la sauce par quelques petites parcelles de beurre et le jus d'un demi-citron et saucer le poulet aussitôt.

Comme accompagnement : Les différentes manières d'accommoder les pommes de terre lui conviennent, et de même du riz cuit à volonté.

Poulet sauté Hongroise.

Découper le poulet, l'assaisonner de sel et poivre et passer les morceaux dans la farine.

Faire chauffer 2 cuillerées de beurre dans une casserole à sauter; y joindre le poulet avec 2 cuillerées d'oignon haché. Lorsque l'oignon commence à blondir, saupoudrer le poulet d'une demi-cuillerée à dessert de paprika rose doux. Mouiller d'un décilitre de vin blanc, ajouter 2 à

3 tomates pelées, épépinées et hachées; finir de cuire.

Dresser le poulet dans une terrine. Compléter la sauce avec quelques cuillerées de crème fraîche ; faire bouillir quelques instants et verser sur le poulet.

Servir en même temps un riz pilaw.

Poulet sauté Matignon.

Découper le poulet, l'assaisonner de sel et poivre et le faire sauter au beurre. Arrivé à son point de cuisson, lui ajouter une Mirepoix très fine préparée d'avance, composée de : 50 grammes de rouge de carotte,

25 grammes d'oignon, 60 grammes de maigre de jambon cru, fragments de thym et de laurier pulvérisés. Ces éléments sont mis dans une petite casserole avec une forte cuillerée de beurre et étuvés doucement **jusqu'**à cuisson complète et ajouter au poulet. Mouiller de quelques cuillerées de vieux cognac, 1 décilitre de vin blanc ; réduire de moitié ; ajouter 4 cuillerées de glace de viande et une pincée de persil haché ; laisser mijoter quelques instants.

Dresser le poulet, lier la sauce avec 60 grammes de foie gras cuit passé au tamis et étendu de quelques cuillerées de crème fraîche. Saucer aussitôt le poulet.

Poulet sauté Marengo.

Sauter le poulet au beurre et huile d'olive. Mouiller d'un décilitre de vin blanc, ajouter une douzaine de têtes de champignons frais sautés à l'huile, une légère pointe d' ail, 1 décilitre et demi de sauce demi- glace additionnée de quelques cuillerées de sauce tomate.

Dresser le poulet, le couvrir avec sauce et champignons; l'entourer de 4 croûtons taillés en cœur et frits au beurre, 4 œufs frits, 4 écrevisses cuites au court-bouillon; saupoudrer la surface d'une pincée de persil haché.

Poulet sauté Maryland.

Découper le poulet comme pour sauter ; assaisonner de sel et poivre ; passer les morceaux à la farine, puis à l'œuf battu, ensuite à la mie de pain fraîchement préparée.

Faire chauffer dans un plat à sauter 75 grammes de beurre clarifié ; ranger dans ce beurre les ailes et les cuisses de poulet, les cuire à feu doux, les retourner en temps voulu pour les obtenir de couleur dorée sur les deux côtés.

Dresser sur plat bien chaud, entourer le poulet de Beignets de Maïs, de croquettes de pommes de terre et de tranches de bacon grillé, des bananes frites au beurre.

Servir comme accompagnement une sauce Béchamel à la Crème dont on ajoute, suivant le goût des personnes, du raifort râpé. On sert aussi de la sauce tomate.

Poulet sauté aux Morilles.

Même préparation et cuisson que pour le « Poulet Sauté Chasseur », sauf que les champignons sont remplacés par des Morilles fraîches et étuvées. (Voir *« Poulet Sauté Chasseur ».)*

Poulet sauté à la Normande.

Sauter le poulet au beurre. A moitié de sa cuisson, ajouter une forte cuillerée d'oignon finement haché et 300 grammes de mousserons soigneusement nettoyés et sautés au beurre; continuer la cuisson à petit feu, de manière que 1 oignon ne roussisse pas. Lorsque le poulet est cuit, l'arroser de quelques cuillerées de vieux Calvados et réduire des deux tiers. Mouiller alors de 2 décilitres de crème très fraîche et 3 cuillerées de glace de viande; donner quelques minutes d'ébullition.

Dresser le poulet sur plat de service bien chaud, le couvrir de sa sauce et garniture de Mousserons.

Deuxième méthode normande à la Fermière.

Sauter le poulet identiquement d'après la formule précédente. Sup- primer les mousserons.
Servir à part une timbale de pommes de Reinette ainsi préparées :

Peler 3 à 4 pommes, les émincer, les mettre dans une casserole avec une cuillerée de beurre très frais, 4 à 5 cuillerées d'eau, une pincée de sucre, un soupçon de cannelle en poudre, quelques gouttes de jus de citron; couvrir la casserole et leur donner 12 à 15 minutes de cuisson.

Poulet sauté Otero.

Découper le poulet, l'assaisonner de sel et de poivre et le préparer identiquement comme il est indiqué à « La Vallière », sauf que le vin blanc est remplacé par du vin de Porto rouge et la sauce complétée, hors du feu, de 50 grammes de beurre frais.

Dresser le poulet, le couvrir de sa sauce et l'entourer d'oeufs de pigeons pochés et posés sur croûtons ronds frits eu beurre au dernier moment.

Servir en même temps comme accompagnement des pommes Midi- nettes.

Poulet sauté Parmentier.

Découper le poulet, l'assaisonner de sel et poivre, le sauter au beurre à feu modéré et, dès qu'il est à peu près cuit, lui mêler 3 à 400 gr. de pommes de terre taillées en petits dés, cuites au beurre, légèrement colorées. Compléter la cuisson au four pendant 5 à 6 minutes.

Dresser le poulet avec les pommes de terre autour, disposées en bouquets.

Déglacer le fond du plat à sauter avec I décilitre de vin blanc, ajouter 3 à 4 cuillerées de jus de veau et une cuillerée de glace de viande. Donner quelques minutes d'ébullition, verser sur le poulet et saupoudrer d'une pincée de persil haché.

Poulet sauté Piémontaise.

Découper le poulet, l'assaisonner de sel et poivre, le sauter au beurre et huile. Aussitôt cuit, mouiller d'un demi-verre de vin blanc. Réduire de moitié et ajouter 2 décilitres environ de sauce demi-glace à la to- mate; donner 2 minutes d'ébullition.
Dresser le poulet sur plat bien chaud et le couvrir de sa sauce.
Servir en même temps un rizotto aux truffes blanches coupées en fines lamelles.

Poulet sauté Portugaise.

Poulet Sauté Chasseur dressé dans un plat ovale auquel on garnit les deux bouts du plat de tomates farcies.
Servir en même temps du riz à la Créole.

Poulet sauté à la Paysanne Provençale.

Découper le poulet, l'assaisonner de sel et poivre; passer les morceaux à la farine et les sauter quelques instants à l'huile d' olive; ajouter une cuillerée d'oignon finement haché; dès que l'oignon commence à blondir, mouiller d'un verre de vin blanc; laisser réduire de moitié; ajouter alors 4 à 5 tomates bien mûres, pelées, débarrassées des pépins et hachées, pointe d' ail écrasée et pincée de persil haché, continuer la cuisson à petit feu 15 à 18 minutes et compléter avec 24 olives noires.

Dresser le poulet et servir en même temps des pommes de terre nature fraîchement cuites ou des pommes au four.

Poulet sauté Rosita.

Découper le poulet, l'assaisonner de sel et poivre et le sauter au beurre et huile. Aussitôt cuit, mouiller d'un demi-verre de vin blanc, réduire des deux tiers et ajouter 2 décilitres de sauce demi-glace à la tomate.

Dresser le poulet, le saucer et l'entourer : de poivrons rouges grillés, dépouillés de leur pelure, divisés en deux parties, épépinées, cuites à la poêle à l'huile avec un soupçon d' ail , et assaisonnées de sel, de poivre et persil haché.

Poulet sauté Stanley.

Découper un poulet très tendre, l'assaisonner de sel et poivre. D'autre part, émincer 250 grammes d'oignons, les plonger pendant
3 minutes dans de l'eau bouillante salée, les égoutter et les étaler dans un plat à sauter grassement beurré. Ranger sur ce lit d'oignons les morceaux de poulet ; couvrir le plat et cuire à petit feu 25 à 30 minutes.

Aussitôt le poulet cuit, le dresser dans un plat creux avec quelques champignons cuits et lamelles de truffe; couvrir et tenir au chaud.

Ajouter aux oignons 1 décilitre de Béchamel et 1 décilitre de crème fraîche, une cuillerée à café de curry. Réduire la sauce 2 minutes en appuyant avec la spatule sur le fond du plat à sauter. Passer la sauce au tamis fin, la chauffer vivement, lui incorporer une cuillerée de beurre fin et verser sur le poulet.

Facultativement, on pourra accompagner le Poulet Stanley d'un riz à la Créole.

Poulet sauté aux Truffes.

Sauter le poulet au beurre. Lorsqu'il est cuit à point, lui ajouter
150 grammes de truffes crues coupées en lames. Couvrir la casserole pendant quelques minutes, ajouter un demi-verre de Madère et 5 à
6 cuillerées de fine demi-glace. Donner une minute de réduction. Dresser le poulet avec les truffes par-dessus et saucer le tout.

Facultativement, on pourra accompagner le Poulet Sauté aux Truffes soit de nouilles au beurre ou de pommes de terre accommodées au goût de chacun.

Poulet sauté Vanderbilt.

Beurrer le fond d'un plat en faïence de dimension voulue; étaler sur le beurre une légère couche de rondelles de pommes de terre et artichauts émincés très fin ; assaisonner modérément de sel et de' poivre ; cuire au four à chaleur douce.

Détacher les cuisses et les ailes de la carcasse du poulet, couper les ailerons et les pattes, diviser la carcasse en deux morceaux, retirer l'os du haut de la cuisse. Assaisonner le poulet de sel et poivre, le sauter au beurre à feu modéré.

Pommes de terre et poulet doivent se trouver cuits en même temps. Dresser les deux ailes et les deux cuisses sur les pommes de terre. Ajouter au beurre de cuisson un demi-verre de vin blanc, réduire de moitié et incorporer 4 cuillerées de jus de veau brun. Donner 2 minutes d'ébullition, retirer les morceaux de carcasse et les ailerons. Ajouter à la sauce 2 belles truffes soigneusement pelées, coupées en lames. Donner quelques secondes d'ébullition, compléter la sauce par l'addition d'un décilitre de crème très fraîche, à défaut de crème la remplacer par du beurre fin. Verser aussitôt sur le poulet et servir.

SÉRIE DES POULETS DE GRAIN EN CASSEROLE, EN COCOTTE, POÊLÉS ET GRILLÉS

Poulet casserole.

Assaisonner le poulet intérieurement de sel et de poivre ; le brider, couvrir la poitrine d'une barde de lard; le cuire au beurre dans une casserole en terre, de préférence, de dimension relative à la grosseur du poulet, en l'arrosant souvent de son beurre pendant la cuisson.

Au moment de servir, débrider le poulet, le remettre dans la casserole et l'arroser de quelques cuillerées de jus de veau brun.
Ce poulet se sert tel que dans la casserole.

NOTA. — Ne pas dégraisser le jus du poulet.

Poulet cocotte Bonne-Femme.

Assaisonner l'intérieur du poulet de sel et poivre; le farcir avec 100 grammes de chair à saucisses additionnée du foie de poulet haché, une cuillerée de mie de pain, pincée de persil.

Brider le poulet, couvrir la poitrine d'une barde de lard; le cuire au beurre dans une cocotte en terre ou en fonte. Poser la cocotte sur un feu doux, ajouter 8 à 10 petits oignons et une douzaine de petits dés de lard maigre. Retourner le poulet de temps à autre, de façon à obtenir une cuisson égale. A moitié cuisson, entourer le poulet avec
300 grammes de pommes de terre taillées en petits carrés, les remuer avec une fourchette, de manière à bien les imprégner du beurre de cuisson. Couvrir la cocotte, terminer la cuisson au four à feu doux.

Au moment de servir, débrider le poulet et l'arroser de quelques cuillerées de jus de veau brun assez concentré.

Poulet de grain Cévenol.

Préparer le poulet, le farcir comme le précédent, le cuire au beurre dans une casserole en terre avec une dizaine de petits oignons. Le poulet étant cuit, le débrider, le remettre dans la casserole ; mouiller d'un demi-verre de vin blanc, réduire de moitié, ajouter 1 décilitre et demi environ de sauce demi-glace et une douzaine de marrons cuits au consommé.
Servir dans la casserole.

Poulet au riz de Tante Catherine.

Choisir un poulet de grain bien blanc et un peu gras ; le nettoyer soigneusement; l'assaisonner intérieurement de sel et poivre; le farcir de 150 grammes de chair à saucisses additionnée du foie de poulet haché et une cuillerée de mie de pain. Brider le poulet, couvrir la poitrine d'une barde de lard. Mettre le poulet dans une casserole de grandeur voulue avec : 6 petites carottes nouvelles, 6 petits oignons, un bouquet composé de branches de persil, une demi-feuille de laurier, brindille de thym. Mouiller d'un demi-verre d'eau ; couvrir la casse- foie, la mettre sur le feu. Dès que la presque totalité de l'eau est évaporée, mouiller le poulet de trois quarts de litre de bouillon non coloré. Couvrir la casserole et cuire à feu modéré, 18 minutes environ. A ce point, ajouter au poulet 250 grammes de riz bien lavé et continuer la cuisson 20 à 25 minutes. Retirer la casserole hors du feu, enlever le bouquet. Débrider le poulet, le dresser dans un plat creux et l'en- tourer de son riz.

NOTA. — Tenir bien compte de la quantité du riz et du volume de mouillement indiqués, sur la manière d'obtenir un riz agréable à manger.

Poulet de printemps aux petits pois à la Paysanne.

Choisir un poulet nouveau un peu grassouillet, le nettoyer, l'assai- sonner intérieurement de sel et de poivre, le brider, couvrir la poitrine d'une barde de lard. Mettre le poulet dans une casserole de grandeur voulue avec 6 petits oignons nouveaux, 6 petites carottes et 6 petites pommes nouvelles. Mouiller d'un demi-verre d'eau, mettre la casserole sur le feu et réduire le liquide de moitié. Ajouter alors le quart d'un litre de petits pois fraîchement écossés, un bouquet de branches de persil et petite laitue. Mouiller avec de l'eau bouillante juste pour couvrir les légumes. Saler avec modération. Couvrir la casserole et cuire sans précipitation 35 minutes environ. Débrider le poulet, le dresser entouré des légumes.

Poulet Graziella.

Assaisonner le poulet, le brider, lui couvrir la poitrine d'une barde de lard; le mettre dans une casserole sur un lit composé de : 100 gr. d'oignons et 100 grammes de carottes coupés en rondelles, et bouquet garni; l'arroser de beurre, couvrir la casserole et la mettre au four 8 à
10 minutes. Mouiller alors d'un décilitre et demi de fonds de veau; recouvrir la casserole, la

remettre au four, continuer la cuisson en ayant soin d'arroser de temps à autre le poulet avec sa cuisson.

Le poulet étant cuit, ce qui demande 35 minutes environ, le débrider, le dresser sur un plat de service un peu creux, l'entourer de laitues farcies au riz et braisées.

Ajouter à la cuisson du poulet 1 décilitre de sauce demi-glace, réduire vivement d'un tiers, passer le tout au tamis, recueillir la purée qui en résulte dans une casserole, chauffer fortement et en masquer le poulet.

Poulet Grand'Mère.

Farcir le poulet de la préparation suivante :

Faire légèrement blondir au beurre une cuillerée d'oignon haché fin, lui mêler 60 grammes de chair à saucisses et le foie du poulet haché, une pincé* de persil, 2 cuillerées de mie de pain, le tout assaisonne avec modération de sel et épices. Brider le poulet, le mettre dans une casserole en terre avec 50 grammes de lard maigre coupé en très petits dés, une cuillerée de beurre et 10 petits oignons. Couvrir la casserole, la poser sur un feu doux. Aussitôt que le poulet et les oignons ont atteint une couleur dorée, ajouter 300 grammes de pommes de terre taillées en petits carrés; continuer la cuisson à petit feu.

Servir le poulet à même la casserole.

Poulet grillé Diable.

Trousser le poulet en Entrée, le fendre par le dos et l'aplatir légèrement. Assaisonner de sel et de poivre, arroser de beurre fondu, le cuire à moitié au four. L'enduire ensuite de moutarde, saupoudrer de mie de pain, arroser de beurre fondu et compléter la cuisson sur le gril.

Dresser sur plat bien chaud ; servir à part une sauce diable.

Poulet grillé Américaine.

Faire griller le poulet sans moutarde. L'entourer de tomates, cham- pignons et tranches de bacon grillés. Sauce Diable à part, ou une sauce Raifort à la Crème.

Poulet de grain à l'Orientale.

Préparer le poulet et le cuire sur lit de légumes comme il est indiqué pour le « Poulet Graziella ».

Dresser le poulet, l'entourer d'aubergines préparées « à l'Orientale. (Voir « *Aubergines* », série *des « Légumes* ».) Ajouter aux légumes de cuisson 1 décilitre et demi de sauce tomate, passer le tout au tamis, chauffer fortement la purée qui en résulte et verser sur le poulet.

Servir en même temps du riz pilaw.

Poulet Tartarin.

Farcir le poulet avec 100 grammes de chair à saucisses additionnée d'une cuillerée de truffe hachée et fines herbes, sel et épices. Brider le poulet, couvrir la poitrine d'une barde de lard, le cuire au beurre dans une casserole en terre. *(En Provence, on donne à cette forme de casserole le nom de poêlon.)*

Le poulet étant cuit, le débrider, le remettre dans la casserole. Ajouter un demi-verre de vin blanc, réduire de moitié et compléter avec 1 décilitre et demi de sauce tomate ; donner quelques minutes d'ébullition. Compléter avec une cuillerée de beurre d'Anchois.

Servir dans la casserole même.

NOTA. — Lorsque l'on peut ajouter à la tomate quelques cuillerées de jus de la Daube Provençale, ce mets est plus que parfait.

Servir comme accompagnement des cèpes rissolés à l'huile, pointe d'ail, persil haché.

Facultativement, un plat de ravioli complétera dignement le poulet Tartarin.

Dresser dans un légumier, couvrir les cèpes de jaunes d'œufs durs passés au tamis fin.

Poulet Vauclusienne.

Nettoyer le poulet, l'assaisonner intérieurement de sel et poivre; le brider et le mettre dans un poêlon en terre avec 60 grammes de lard maigre haché et 2 cuillerées d'huile d'olive. Mettre le poêlon sur le feu; dès que le poulet commence à rissoler, lui ajouter 2 cuillerées d'oignon haché fin, puis un verre de vin blanc, ensuite 5 à 6 tomates, débarrassées de leur pelure, épépinées et hachées, une pincée de persil et pointe d' ail, sel et poivre. Couvrir le poêlon, cuire à petit feu. Compléter avec 2 douzaines d'olives noires.

D'autre part, couper en rondelles minces 2 moyennes aubergines, les passer à la farine et les frire à l'huile. Les mettre dans le poêlon autour du poulet. Servir aussitôt.

Poulet Vivandière.

Farcir le poulet avec du boudin frais cuit ; couvrir la poitrine avec une barde de lard; le cuire au beurre à la casserole.

Le poulet étant cuit, le débrider, le remettre dans la casserole, l'arroser de quelques cuillerées de calvados, puis d'un décilitre de crème fraîche, bouillante.

D'autre part, émincer 2 ou 3 pommes de Reinette, les mettre dans une casserole avec une cuillerée de beurre, quelques cuillerées d'eau, une pincée de sucre et un soupçon de cannelle en poudre. Couvrir la casserole et les cuire à feu doux.

Dresser le poulet, le masquer de sa sauce. Servir les pommes à part.

SÉRIE DES POUSSINS

Poussins Alsacienne.

Nettoyer 2 beaux poussins bien frais; les assaisonner intérieurement de sel et poivre; les farcir d'une cuillerée de foie gras cuit et les foies des poussins sautés au beurre.

Brider les poussins, les envelopper d'une barde de lard coupée très mince et les cuire au beurre. Au point de cuisson voulu, les sortir de la casserole, les débrider, les tenir au chaud.
Déglacer le fond de la casserole avec un demi-verre de vin blanc d'Alsace ; laisser réduire de moitié. Ajouter 1 décilitre et demi de sauce demi-glace au jus de veau, un peu corsée, et 100 grammes de truffes coupées en lamelles. Dresser les poussins dans une cocotte; tenir au chaud.

D'autre part, on aura fait pocher 250 grammes de nouilles fraîches à l'eau salée; bien les égoutter, et les lier avec 100 grammes de beurre frais; assaisonnement sel et poivre frais moulu. Les dresser dans une timbale. Mettre sur les nouilles 4 à 5 belles escalopes de foie gras frais sautées au beurre, les arroser de quelques cuillerées' de la sauce des poussins ; couvrir les escalopes et foie gras de nouilles crues rissolées au beurre.
Servir les poussins accompagnés des nouilles.

Poussins Bohémienne.

Proportions pour 2 poussins : Les farcir avec leur foie haché additionné de mie de pain, fines herbes et pincée de paprika doux. Brider les poussins et les cuire au beurre avec une cuillerée d'oignon haché par poussin. A moitié cuisson, les saupoudrer de paprika doux; ter- miner la cuisson à feu modéré. Les poussins étant cuits, les retirer de la casserole, les débrider, les dresser dans une cocotte. Déglacer le fond de la casserole avec vin blanc et 1 décilitre de crème très fraîche ; faire réduire quelques secondes et compléter la sauce avec 3 à 4 cuillerées de foie gras cuit passé au tamis. Servir en même temps des pommes cuites au four ou sous la cendre.

Poussins Cendrillon.

Les choisir aussi petits que possible. Les fendre par le dos, les aplatir légèrement, les désosser en ne conservant que le bout des ailes attenant à la chair et la moitié des pattes ; les cuire au beurre à feu doux, assaisonner de sel et poivre ; les placer entre deux couches de farce fine à saucisses truffée. Envelopper de Crépine. Les passer au beurre et les griller doucement 12 à 15 minutes.

Servir à part une sauce Périgueux.

Poussins Châtelaine.

Nettoyer les poussins, les assaisonner intérieurement de sel et poivre; remettre leur foie à l'intérieur et les brider.

Proportions pour 2 poussins : Couper en petits dés 50 grammes de lard maigre; le passer quelques minutes à l'eau bouillante; l'égoutter et le mettre dans une casserole avec une cuillerée de beurre. Poser la casserole sur un feu modéré; dès que lard commence à rissoler, mettre les poussins dans la casserole avec 6 petits oignons nouveaux, 6 petites carottes nouvelles, 6 pommes nouvelles, une laitue ciselée, un quart de litre de petits pois frais cueillis. Mouiller avec de l'eau bouillante, de manière que les poussins et les légumes se trouvent couverts. Saler l'eau de mouillement à raison de 8 grammes de sel par litre d'eau. Couvrir la casserole et donner environ 30 minutes de cuisson.

Débrider les poussins, les dresser sur plat creux ou en terrine. Lier le ragoût avec une cuillerée de beurre dans lequel on aura incorporé une demi-cuillerée de farine. Donner quelques secondes d'ébullition et verser sur les poussins.

Poussins Hermitage.

Désosser les poussins comme il est dit pour « Cendrillon », les aplatir légèrement. Assaisonner de sel et poivre, les passer à la farine, puis à l'œuf battu, ensuite à la mie de pain fraîchement préparée et les cuire au beurre clarifié.

Dresser les poussins, les entourer de petites pommes de terre levées à la cuiller, cuites au beurre et additionnées d'une cuillerée de glace de viande fondue.

Napper la surface des poussins de sauce Château additionnée de lamelles de truffes. Servir en même temps des petits pois à l'Anglaise.

Poussins Moscovite.

Farcir les poussins de la composition suivante : faire tomber en pluie
125 grammes de grosse semoule dans un demi-litre de lait bouillant légèrement salé; cuire doucement 15 à 18 minutes. Retirer la casserole hors du feu ; incorporer à la semoule une cuillerée de beurre et 4 cuillerées de maigre de jambon coupé en très petits carrés. Farcir les poussins, les brider, les cuire au beurre, les saler légèrement. Aussitôt cuits, les arroser de crème fraîche ; donner quelques secondes d'ébullition.

Débrider les poussins, les dresser dans un plat creux et les masquer de leur sauce.

Facultativement, on pourra accompagner les poussins soit : de petits pois à l'Anglaise, pointes d'asperges, pommes nouvelles au beurre, etc.

Poussins à la Piémontaise.

Farcir chaque poussin de 2 cuillerées de jambon haché, truffe blanche et les foies des poussins sautés au beurre. Les trousser en entrée et les cuire complètement moitié beurre et moitié lard maigre haché très fin.

Préparer en même temps un rizotto au parmesan ; le dresser dans un plat creux. Ranger les poussins sur le riz et les couvrir de lamelles de truffes blanches légèrement assaisonnées de sel et poivre. Clocher vive- ment le plat; tenir au chaud.

Déglacer le fond de la casserole des poussins avec un succulent jus de veau réduit, additionné de quelques cuillerées de sauce tomate et parcelles de beurre frais, et verser sur les poussins.

Clocher le plat, servir très chaud.

Poussins à la Polonaise.

Farcir chaque poussin de 2 cuillerées de farce à gratin. Les brider et les cuire au beurre à chaleur modérée. Les dresser sur plat de service et les couvrir de mie de pain frite au beurre.

Déglacer le fond de la casserole avec quelques cuillerées de bon jus réduit, 2 cuillerées de crème très fraîche par poussin, et un petit jus de citron.

Poussins Souvarow.

Farcir chaque poussin avec 25 grammes de foie gras cuit, 10 gr. de truffe coupée en dés. Les cuire à moitié, au beurre. A ce point, les débrider, les mettre dans une terrine de grandeur voulue avec une truffe crue par poussin, de grosseur moyenne et soigneusement pelée, assaisonnée de sel et poivre.

Déglacer le fond de la casserole avec fonds de volaille et jus de veau corsé et quelques cuillerées de Madère ; faire bouillir 2 minutes et verser sur les poussins.

Couvrir la terrine, souder le couvercle avec un bourrelet de pâte, achever la cuisson au four pendant 15 à 18 minutes. Servir tel quel.

Poussins Valentinois.

Désosser 2 poussins en ne laissant qu'un petit bout de l'os adhérant aux ailes; les aplatir légèrement, les saler et les passer une minute dans du beurre très chaud pour saisir les chairs; les étaler sur un plat et masquer le côté intérieur d'une couche de purée de foie gras. Sur un des poussins, ranger 6 belles lames de truffe. Recouvrir le tout avec le second poussin ; coudre les bords, passer la pièce dans la farine et faire cuire doucement au beurre. Retourner les poussins en temps voulu, de manière que la cuisson soit uniforme des deux côtés.

Dresser et retirer les fils d'attache ; déglacer le fond de la casserole avec vin blanc et jus de veau ; ajouter quelques cuillerées de glace de viande et petites parcelles de beurre et napper les poussins.

Servir en même temps une timbale de pointes d'asperges au beurre et pommes Macaire.

Poussins Véronique.

Cuire les poussins au beurre, les dresser dans une cocotte avec 12 grains de raisins Muscat par bestiole, ces grains débarrassés de leur pelure et de graines. Déglacer le fond de la casserole des poulets avec vin blanc, faire réduire des deux tiers, ajouter une cuillerée de glace de viande par poussin, et 3 cuillerées de crème très fraîche. Donner quelques secondes d'ébullition et verser sur le ou les poussins.

Poussins Viennoise.

Diviser les poussins en deux parties sur la longueur; les aplatir, les assaisonner, passer chaque moitié dans la farine, puis dans l'œuf, en-suite dans la mie de pain et les cuire au beurre clarifié. On peut aussi les traiter à grande friture quelques instants avant de servir.

Dresser sur serviette, entourer de persil frit et de quartiers de citron.

Comme accompagnement : Sauce Tomate, sauces Raifort, Diable, Tartare, Ravigote, lu; conviennent.

PRÉPARATIONS DIVERSES DE LA VOLAILLE

Abatis de Volaille.

Les abatis sont généralement ajoutés au Pot-au-Feu; cependant 011 en prépare aussi d'excellents ragoûts.

Abatis à la Bourguignonne.

Faire rissoler au beurre 200 grammes de lard de poitrine, coupé en dés, passé quelques minutes à l'eau bouillante et bien égoutté; retirer le lard sur une assiette et, dans le même beurre, faire revenir 1 kilo d'abatis détaillés en morceaux, sauf les foies qui ne sont ajoutés dans l'abatis que 10 à 12 minutes avant la fin de la cuisson.

Saupoudrer de 3 cuillerées de farine; cuire celle-ci quelques instants; mouiller d'un demi-litre de vin rouge et d'un litre d'eau. Assaisonner de sel et poivre ; ajouter 24 petits oignons légèrement rissolés au beurre ; un bouquet garni composé de branches de persil, une feuille de laurier, brindilles de thym et une gousse d'ail. Couvrir la casserole et laisser cuire doucement. Ajouter alors les foies de volaille et les lardons.

NOTA. — On peut joindre aux Abatis à la Bourguignonne des cham- pignons. Remplacer le vin rouge par du vin blanc.

On prépare les Abatis aux navets, aux légumes et même simplement avec des pommes de terre, en procédant comme pour le ragoût de mouton.

AILERONS

Les ailerons se préparent comme les abatis : aux légumes, en pilaw, etc., et constituent d'excellents plats de déjeuner; on les cuit au beurre, à petit feu; on les farcit, notamment ceux de dinde, avec une farce fine à saucisses.

Ailerons au beurre à la purée de Marrons.

Les ailerons qui conviennent pour cette préparation sont ceux de Poularde, ou ceux de Dindonneau.

Pour 12 pièces, faire fondre 125 grammes de beurre dans une casserole à fond épais, et de largeur pouvant contenir les 12 ailerons l'un à côté de l'autre, les saler légèrement, les passer dans la farine et les ranger dans le beurre ; couvrir la casserole, cuire doucement à petit feu. Dès que le beurre commence à se clarifier, ajouter une cuillerée d'eau, continuer ainsi jusqu'à cuisson complète des ailerons en renouvelant toujours la cuillerée d'eau dès que le beurre devient clair. On obtient ainsi un jus légèrement brun d'un goût exquis. On cuit aussi les ailerons sur lits de légumes : oignons, carotte, bouquet garni, en procédant comme le braisage de ris de veau. Les ailerons étant cuits, les dresser sur plat de service, les arroser de leur fonds de cuisson.
Servir la purée de marrons en même temps.

On pourra, à volonté, remplacer la purée de Marrons par toute autre garniture : purée de pommes, de petite pois, chicorée à la crème, Épinards, Jardinière, etc.

Ailerons farcis.

Désosser les ailerons, les farcir avec de la chair à saucisse très fine additionnée de quelques cuillerées de truffe hachée, les braiser sur lit de légumes.
Les mêmes garnitures que les précédentes leur sont applicables.

Ailerons farcis et grillés.

Après braisage, les laisser refroidir, les passer au beurre et à la mie de pain fraîchement préparée, les faire griller à feux doux.
Comme accompagnement.: sauce Diable, purée de pommes de terre, purée de Marrons.

BALLOTINES ET JAMBONNEAUX DE VOLAILLE

On a recours à ces genres de préparations pour utiliser les cuisses de volailles dont on a employé les suprêmes d'une façon quelconque. Les cuisses sont désossées et farcies à volonté : farce fine à saucisse, farce à galantine, etc. Ensuite la peau qui, en prévision de cet em- ploi, doit être laissée très longue, est recousue en donnant aux cuisses l'une ou l'autre forme, c'est-à-dire la forme d'une ballotine ou celle
d'un jambonneau, et même la forme d'un poussin.

249

Ballotines ou Jambonneaux sont alors braisés et dressés avec leur fonds de cuisson. On les accompagne d'une garniture à volonté : petits poids, épinards, chicorée, carottes, sauce suprême aux truffes, cham- pignons, etc.

On peut également les servir froids avec leur fonds de cuisson en gelée.

BOUDINS ET QUENELLES DE VOLAILLE

Boudins de Volaille à la Richelieu.

Préparer une farce de volaille à la panade à la Crème. Mouler les boudins dans de petites caisses en fer blanc, de forme rectangulaire ou ovale, et beurrés; les garnir moitié hauteur de farce; placer sur le centre une cuillerée à dessert de salpicon de volaille, truffes et cham- pignons, enrobé de sauce Blonde un peu serré. Finir de remplir le moule avec la farce et égaliser la surface.

Ranger les moules dans un plat à sauter, les couvrir d'eau bouillante; laisser pocher les boudins tout doucement, les égoutter sur un linge blanc, les paner à l'Anglaise et les faire colorer au beurre clarifié.

Dresser sur serviette, servir en même temps une sauce Périgueux ou une sauce Suprême aux truffres.

NOTA. — On pourra, à volonté, remplacer le salpicon de volaille par du perdreau ou tout autre gibier. Dans ce cas, on peut accompagner les boudins d'une purée de marrons.

Pascalines de Poulet.

Préparer 500 grammes de pâte à chou au lait sans sucre, lui additionner 4 à 5 cuillerées de fromage frais râpé et autant de farce Mousseline de Volaille que de pâte à chou. Mélanger intimement le tout. Ensuite, coucher l'appareil à la poche, dans un plat à sauter, beurré, en donnant aux Pascalines la forme d'un demi-œuf et les faire pocher doucement 8 à 10 minutes à l' eau salée. Les égoutter, les disposer sur le plat de service, le fond du plat masqué d'une légère couche de Béchamel; les recouvrir de fines lamelles de truffes fraîches, soigneusement pelées et napper de sauce Béchamel ; saupoudrer la surface de fromage râpé, arroser de beurre fondu et faire légèrement gratiner à la Salamandre.

NOTA. — Pour varier, on pourra ajouter à l'appareil soit : de la truffe, du poulet, du jambon, de la langue, hachés.

Quenelles de Volaille.

Pour quenelles fines, on doit toujours employer la farce Mousseline. Les quenelles se moulent, suivant leur emploi, à la cuiller à soupe, à la cuiller à dessert et à la cuiller à café.

Lorsque les quenelles sont destinées pour potages, il est plus pratique de les faire à la poche munie d'une douille ou au cornet.

Les quenelles Mousseline doivent être pochées avec beaucoup d' attention à l' eau bouillante salée, casserole couverte. Maintenir à l'état voisin de l'ébullition, la moindre ébullition détruisant la finesse de cette délicate composition.

*Temps de pochage :*10 à12 minutes.

Quenelle à la panade à la crème ou au beurre.

Ces quenelles sont généralement employées comme garniture.

Diviser la farce en parties du poids de 60 à 90 grammes, mouler les quenelles en forme ovale, les pocher 8 à 10 minutes à faible ébullition à l' eau salée; les égoutter.

Ces quenelles sont, suivant leur emploi, truffées, additionnées de jambon, de langue, etc.

On peut avec ces quenelles, confectionner d'excellentes entrées, soit avec émincés de volaille, truffes, champignons, queues d'écrevisses, etc., le tout enrobé de sauce Béchamel ou sauce Suprême.

Blanquette de Volaille à la Bourgeoise.

Choisir une volaille tendre ; la détailler comme pour sauter ; mettre les morceaux dans une casserole, les couvrir d' eau froide ; poser la casserole sur le feu, au premier bouillon retirer la casserole hors du feu; rafraîchir les morceaux de volaille à l' eau froide et les éponger avec un linge blanc.

D'autre part, faire fondre, dans une casserole, 3 cuillerées de beurre et lui mêler 3 cuillerées de farine ; laisser cuire la farine quelques secondes, ajouter les morceaux de volaille. Mélanger bien le tout, mouiller avec de l'eau chaude à hauteur des viandes.

Faire partir doucement en ébullition, saler à raison de 8 à 10 gr. de sel par litre d'eau, une pincée de poivre; ajouter 20 petits oignons dont un sera piqué d'un clou de girofle, un petit bouquet composé de branches de persil, une feuille de laurier, brindilles de thym. Couvrir la casserole, cuire doucement 50 à 60 minutes environ, y joindre alors quelques champignons sautés au beurre.

Au moment de servir, dresser les morceaux de volaille dans un plat creux, les entourer avec les oignons et champignons; retirer le bouquet de la sauce et la lier avec 2 jaunes d'oeufs délayés avec 2 cuillerées de sauce, terminer la liaison en incorporant quelques parcelles de beurre. Ne pas faire bouillir. Passer la sauce sur le poulet.

NOTA. — On peut accompagner la Blanquette de riz pilaw ou de nouilles au beurre.

Capilotade de Volaille.

La Capilotade se fait avec la desserte de volaille rôtie, bouillie ou braisée et découpée en morceaux ; ajouter à ceux-ci de la sauce Italienne et faire mijoter à petit feu 15 à 20 minutes. Dresser en timbale ou plat creux; saupoudrer légèrement de persil haché.

Coquilles de Volaille.

Les Coquilles se font généralement avec de la volaille de desserte, bouillie de préférence.

Coquilles de Volaille Mornay.

Masquer le fond des Coquilles de sauce Béchamel, les garnir de minces escalopes de volaille chauffées au beurre, les napper de sauce Béchamel ; saupoudrer la surface de fromage frais râpé, arroser de beurre fondu et faire gratiner légèrement à la salamandre ou au four.

NOTA. — On pourra, à volonté, mêler à la volaille des fines lamelles de truffes et champignons.

Crépinettes de Volaille.

Proportions du hachis : 500 grammes de chair de volaille ; 100 gr. de chair maigre de porc; 400 grammes de lard frais. Hacher très fine- ment; incorporer au hachis 150 grammes de foie gras passé au tamis;
100 grammes de truffe hachée, 12 grammes de sel, une pincée de poivre, un soupçon de muscade, un petit verre de cognac.

Diviser en parties du poids de 75 à 80 grammes, façonner en ovale plat; placer une lame de truffe sur le milieu de chaque ovale et les envelopper de crépine.
Passer les crépinettes au beurre et à la mie de pain et les griller doucement, ou les cuire au beurre. Dresser en couronne. Envoyer en même temps une sauce Périgueux, ou une sauce Suprême aux truffes et servir à part une purée de légumes à volonté.

CRÊTES ET ROGNONS DE COQ

Les Crêtes de Coq doivent être débarrassées de l'épiderme qui les couvre et bien dégorgées avant d'être mises en cuisson dans un Blanc très léger. Le point essentiel de leur préparation est de les tenir bien blanches.

Les Rognons sont simplement dégorgés quelques instants à l'eau froide, si possible à l'eau courante, et mis dans le Blanc seulement quelques minutes avant la cuisson complète des Crêtes.

L'usage principal des Crêtes et Rognons est en garniture. Cependant ils deviennent un élément principal dans certains mets spéciaux dont les formules suivent.

Crêtes de Coq à l'Aurore.

Proportions pour 6 personnes : Choisir (heure où le Coq fait en- tendre son chant) 18 belles crêtes, les cuire dans un Blanc, les égoutter, les mettre dans une casserole avec 2 truffes soigneusement pelées et coupées en lamelles, 12 rognons de coq très frais rissolés au beurre, 3 cuillerées de Madère, une demi-cuillerée de beurre, 2 cuillerées de glace de viande blonde. Couvrir la casserole, donner quelques secondes d'ébullition et enrober le tout d'une sauce Suprême au paprika rose doux.

Dresser en timbale et servir en même temps du riz Pilaw.

Brochettes de Rognons de Coq.

Choisir, pour 4 personnes, 24 gros rognons très frais; les dégorger à l'eau froide, les égoutter, les éponger sur un linge, les passer légèrement dans la farine, les faire pocher quelques instants dans du beurre fondu, les assaisonner de sel et poivre.

D'autre part, on aura taillé de petites bandelettes très minces de lard de poitrine (Bacon) de grandeur pouvant envelopper les rognons. Embrocher les rognons enveloppés de lard (6 *pièces par brochette),* arroser de beurre fondu, saupoudrer de mie de pain blanche très fine et les griller doucement.

Servir en même temps une sauce à volonté : Béarnaise, Piquante, Diable.

IMPORTANT.— Les rognons mis à l'eau froide pour être dégorgés ne doivent pas rester dans l'eau plus de 25 minutes. Une purée de pommes bien crémeuse est tout indiquée pour accompagner les rognons de coq grillés.

Rognons de Coq Otero.

Proportions pour 6 personnes : Choisir 30 beaux rognons de coq très frais; les dégorger à l'eau fraîche, les égoutter sur un linge, les éponger et les rouler dans la farine. Quelques minutes avant de les servir, les faire sauter au beurre, les assaisonner de sel et poivre, les retirer sur une assiette. Détacher le fond de la casserole d'un demi- verre de vin de Madère ; ajouter 3 cuillerées de glace de viande, 2 décilitres de crème de première fraîcheur, donner quelques minutes d'ébullition. Remettre les rognons dans la casserole, ajouter une fine julienne de truffe.

D'autre part, on aura préparé 6 fonds d'artichauts fraîchement cuits.

(Voir « Fonds d'Artichauts», série des Légumes.)

NOTA. — Ne jamais laisser séjourner longtemps les rognons dans l'eau.

Dresser les artichauts, les garnir de rognons.

Servir en même temps un riz pilaw additionné de 2 gros poivrons rouges doux grillés, dépouillés de leur pelure et coupés en julienne.

Crêtes et Rognons Souvarow.

Proportions pour 6 personnes : Choisir 12 grosses crêtes et 18 ro- gnons bien frais. Cuire les crêtes pendant 20 minutes dans un blanc ; les égoutter et les braiser ensuite sur un lit de légumes : carotte et : oignons, bouquet garni, parures de lard.

Les crêtes étant cuites, les retirer de la cuisson, les déposer dans une casserole avec 2 grosses truffes soigneusement pelées et coupées en lamelles, 3 cuillerées de Madère, 2 cuillerées de glace de viande; tenir au chaud. Ajouter au fonds de cuisson des crêtes 2 décilitres de sauce demi-glace ; faire bouillir quelques minutes et passer ce fonds sur les crêtes.

A la dernière minute, les rognons étant dégorgés à l'eau fraîche, bien épongés, roulés dans la farine sont sautés au beurre, assaisonnes de sel et poivre, puis mêlés aux crêtes.

Chauffer fortement ce fin ragoût, lui mêler intimement une cuillerée de beurre très fin.
Dresser en timbale.

Servir en même temps un rizotto à la Piémontaise, lié avec quelques cuillerées de purée de foie gras et parmesan.

Rognons de Coq farcis pour Entrée froide, Garnitures, etc.

Choisir de beaux rognons très frais, de grosseur égale; les pocher dans un blanc; les laisser refroidir, les éponger sur un linge; les fendre en deux sur la longueur, sans les séparer; les parer légèrement et les farcir de purée de foie gras truffée ; les masquer de sauce chaud-froid blonde; les ranger sur une plaque émaillée, les tenir sur glace le temps nécessaire pour raffermir la sauce.

Le dressage peut se faire soit sur Mousse de jambon, Mousse de tomate, Mousse de poulet au paprika, Mousse de Bécasse, etc.

Procéder de la façon suivante : Choisir un plat carré, creux de préférence; à défaut, on pourra remplacer le plat par une coupe en cristal. Entourer le plat de place pilée, faire prendre au fond du plat une légère couche de gelée. Couvrir la gelée d'un à deux centimètres de Mousse de jambon ; dès que la mousse aura pris la consistance voulue, ranger sur celle-ci les rognons en 2 rangées; laisser entre les rognons un petit espace d'un centimètre qui sera garni d'un petit bouquet de pointes d'asperges bien vertes.

Recouvrir le tout de gelée mi-prise. Tenir constamment le plat en- touré de glace et le servir de même.

On procédera de même pour les autres Mousses.

NOTA. — Pour la Mousse de Bécasse et Canard de Rouen, on remplacera les pointes d'asperges par une fine julienne de blanc de poulet, truffe, champignons et langue.

CROQUETTES, PALETS ET CROMESQUIS DE VOLAILLE

Les Croquettes, les Palets, les Cromesquis comportent les mêmes appareils et prennent le nom de l'élément dominant, soit : volaille, gibier, poisson, etc.

Croquettes de Volaille.

Lever les chairs d'une volaille rôtie ou pochée, les couper en très petits carrés. Couper de même le quart du volume de la chair de volaille, de truffe soigneusement pelée et autant de champignons de couche. Réunir le tour dans une casserole plate, ajouter 3 à 4 décilitres de sauce blonde *(dite « sauce Allemande »*) ; faire réduire vivement la sauce en remuant le fond de la casserole avec la spatule. Verser cet appareil sur un plat, laisser refroidir.

Saupoudrer légèrement de farine une planche servant à cet usage. Diviser l'appareil en parties égales; leur donner la forme d'un bouchon; tremper chaque croquette dans l'œuf battu assaisonné de sel et poivre, les passer ensuite à la mie de pain fraîchement préparée.

Les frire à grande friture brûlante, 10 minutes avant de les servir

Dressage et accompagnement : Les croquettes se dressent généralement sur serviette avec persil frit.

Leur accompagnement est une sauce légère en rapport avec l'élément : sauce Périgueux, sauce tomate, au curry, etc.

Palets de Volaille.

Préparer un appareil à la volaille identiquement comme le précédent auquel on aura ajouté quelques cuillerées de langue et jambon coupés très fin.

Dès que l'appareil est refroidi, le diviser en parties égales de 60 à
70 grammes chaque, les ranger sur une planche légèrement saupoudrée de farine, leur donner d'abord la forme d'une boule qu'on aplatit en- suite en forme de petits palets. Tremper chaque palet dans de l'œuf battu, les passer à la mie de pain.

Dix minutes avant de servir, faire colorer les palets à la poêle dans du beurre clarifié.

Les dresser en couronne sur le plat de service, les saucer légèrement avec quelques cuillerées de glace de viande montée au beurre complétée d'un filet de jus de citron.

Accompagnement : Petits pois à l'Anglaise ou pointes d'asperges au beurre ou à la crème sont tout indiqués.

NOTA. — Ces Croquettes et Palets peuvent se préparer avec des viandes de desserte.

Pour familles nombreuses, on peut joindre à l'appareil un tiers de riz cuit à la Française.

Cromesquis.

Préparer l'appareil de Cromesquis identique à celui pour Croquettes; le diviser en parties égales de 60 grammes, les façonner en forme de rectangles sur la planche saupoudrée de farine et les envelopper de crépinette.

Au moment de servir, les tremper dans une pâte à frire ordinaire et les plonger à grande friture bien chaude. Les égoutter sur un linge et les dresser sur serviette avec persil frit.

Servir en même temps de la sauce tomate.

ÉMINCÉS DE VOLAILLE

Émincé de Volaille à la Ménagère.

Disposer sur un plat beurré un turban de rondelles de pommes de terre cuites à l'eau et légèrement rissolées au beurre. Remplir le vide du turban avec de la volaille de desserte et champignons fraîchement cuits émincés, le tout enrobé de sauce Béchamel. Saupoudrer la surface de fromage râpé mélangé avec de la chapelure ; arroser de beurre fondu et faire gratiner.

NOTA. — Dans le cas où la volaille serait un peu juste, on peut ajouter quelques œufs durs émincés.

Émincé de Volaille à la Bonne-Femme.

Émincer finement de la volaille de desserte, lui ajouter le quart de son volume de jambon cuit et émincé et partie égale de riz cuit au beurre. Enrober le tout de sauce Béchamel. Verser dans un plat creux à gratin de grandeur voulue. Égaliser la surface, saupoudrer de fromage râpé, arroser de beurre fondu et faire gratiner.

Émincé de Volaille au Curry.

Mettre l'émincé dans une casserole avec une cuillerée de beurre, une cuillerée de bouillon ; couvrir la casserole, la poser sur un feu doux le temps nécessaire pour bien chauffer la volaille et l'enrober de sauce Crème au curry.

Dresser l'émincé en timbale.

Servir en même temps un légumier de riz cuit à l'Indienne.

Émincé de Volaille Maintenon.

Détailler en petites escalopes les deux ailes d'une volaille pochée; les déposer dans une casserole avec une cuillerée de beurre, 150 gr. de champignons frais cuits coupés en lamelles, 150 grammes de truffes, pelées et émincées, 2 cuillerées de Madère. Couvrir la casserole, la poser sur le feu, temps nécessaire pour chauffer la volaille et la garni- ture, le tout lié avec de la sauce Blonde.

Dresser l'émincé dans une bordure de riz cuit à la Française. *(Voir, à la « Série des Pâtes », les diverses méthodes de cuire le riz.)*

Blanc de Poularde Marquise.

Proportions pour 8 personnes : Choisir 2 jeunes poulardes de grosseur moyenne; les nettoyer soigneusement, les brider en entrée, les envelopper de bardes de lard ; les pocher à court-mouillement dans un fonds de veau blanc. Aussitôt les poulardes cuites, les retirer de la cuisson, les débrider; lever les filets dont on retirera les peaux. Diviser chaque filet en deux escalopes ;

les déposer dans une casserole avec une cuillerée de beurre et 2 cuillerées de fonds de cuisson des poulardes, 2 cuillerées de Madère, 250 grammes de truffes fraîches, soigneusement pelées et coupées en lamelles; assaisonnement sel, poivre avec modération. Couvrir la casserole, chauffer quelques instants et ajouter 3 décilitres environ de sauce Blonde, dite « Sauce Allemande », dans laquelle on aura ajouté le fonds de cuisson des poulardes réduit au quart de son volume.

D'autre part, on aura préparé un appareil de semoule pour gnocchi dans lequel on aura incorporé le quart de son volume de parfait de foie gras coupé en petits dés. Faire refroidir sur plaque même épaisseur que pour gnocchi. Découper à l'emporte-pièce de forme ovale, même diamètre des escalopes de poulets; passer ces mignons palets dans la farine et les faire dorer au beurre sur les deux faces.

Dresser sur plat d'entrée les palets, déposer sur chaque une escalope de poulet et sur celles-ci les lamelles de truffe et la sauce.

Servir en même temps des pointes d'asperges liées au beurre.

Médaillon Blanc de Poularde Duchesse.

Préparer les Médaillons de Blanc depoularde,identiques aux

« Blancs de Poularde Marquise ». Les dresser sur fonds d'artichauts frais cuits farcis avec parures des blancs de poularde, foie gras cuit, truffe coupée en petits dés, enrobés de sauce Béchamel: Saupoudrer la surface de fromage râpé, arroser de beurre et faire glacer légèrement à la salamandre. Couvrir les blancs de poularde avec la garniture de truffe.

NOTA. — Pour Médaillons, chaque filet de poularde doit être en 3 escalopes.

Servir en même temps, soit des petits pois bien tendres cuits à l'Anglaise, ou des pointes d'asperges.

Foies de Volaille sautés Chasseur.

Choisir 10 beaux foies très frais, retirer soigneusement le fiel, les assaisonner de sel et poivre, les rouler dans la farine et les sauter vive- ment au beurre et huile d'olive ; les retirer de la casserole, les déposer sur une assiette. Mettre dans la casserole à la place des foies 5 à 6 cham- pignons frais émincés, les sauter quelques secondes, ajouter une écha- lote hachée, une cuillerée de cognac et un demi-verre de vin blanc; faire réduire des deux tiers; ajouter alors 3 cuillerées de sauce tomate et 2 décilitres de sauce demi-glace très réduite. Mettre les foies dans la sauce, compléter avec une pincée de persil haché et, facultative- ment, une pincée d'estragon ciselé. Pour finir : petites parcelles de beurre fin et le jus d'un demi-citron. Agiter la casserole pour que le beurre se lie à la sauce.

Dresser en timbale et servir en même temps du riz pilaw.

Foies de Volaille en pilaw.

Sauter les foies de volaille au beurre, les assaisonner de sel et poivre et leur mêler partie égale de riz cuit pour pilaw. On pourra, suivant la circonstance, augmenter la quantité de riz.

Dresser en timbale.

Servir en même temps une saucière de sauce tomate.

NOTA. — On pourra, facultativement, joindre des rondelles d'aubergines frites à l'huile ou sautées au beurre.

Brochettes de Foie de Volaille.

Choisir des foies très frais, les parer, les assaisonner de sel et poivre, et les sauter une minute dans du beurre très chaud. Les débarrasser sur une assiette, les saupoudrer de persil haché.

Les embrocher sur brochettes en argent, les intercalant de champi- gnons cuits ou crus, coupés en rondelles et de petits carrés de lard maigre coupés très minces. Les arroser de beurre, les saupoudrer légèrement de chapelure et les faire griller doucement.

On pourra servir en même temps une sauce Diable, sauce Piquante, etc.

La purée de pommes accompagne très bien les foies de volaille grillés.

Foies de Volaille sautés à la Provençale.

Choisir une douzaine de foies très frais, les parer, les assaisonner de sel et poivre, les rouler dans la farine et les sauter à la poêle moitié huile d'olive et moitié beurre.

D'autre part, on aura préparé la sauce suivante : choisir 5 à 6 to- mates bien mûres, les peler, les épépiner, les hacher, les mettre dans une casserole avec 2 cuillerées d'huile d'olive, sel, poivre, une pointe d'ail haché avec une pincée de persil. Couvrir la casserole, cuire très doucement 18 à 20 minutes; y joindre les foies et les servir en timbale.

On peut toujours accompagner les foies à la Provençale de riz pilaw.

Fricassée de Poulet Ménagère.

Choisir un poulet du poids de 1 kilo 500, tendre et un peu gras; le nettoyer et le découper comme il est expliqué pour sauter. Mettre les morceaux de poulet dans une casserole de grandeur voulue avec une cuillerée de beurre et un verre de vin blanc; couvrir la casserole, la mettre sur le feu; dès que le vin est à peu près évaporé, mouiller d'un litre d' eau bouillante, ajouter une vingtaine de petits oignons qu'on aura fait bouillir quelques minutes à l ' eau; un bouquet de feuilles de persil, une feuille de laurier, brindilles de thym, 8 à 10 grammes de sel, une pincée de poivre. Faire bouillir 6 à 8 minutes, et ajouter

2 cuillerées de farine délayée avec quelques cuillerées d'eau froide.

Couvrir la casserole à moitié et continuer la cuisson sur feu modéré

20 à 25 minutes. Compléter la garniture d'une quinzaine de petits champignons frais sautés au beurre. Retirer la casserole sur le coin du feu. Au moment de servir, sortir le bouquet, lier la sauce de 3 jaunes d'œufs délayés avec quelques cuillerées de sauce. Incorporer à la sauce une cuillerée de beurre fin et une pincée de persil haché.

Comme accompagnement : Les nouilles au beurre, le riz pilaw, les pommes de terre nature, conviennent très bien à la Fricassée de Poulet. **NOTA.** — On prépare également la Fricassée de Poulet aux Truffes, aux morilles, aux queues d'écrevisses. Dans ce cas, on mouille le poulet jusqu'à hauteur avec du fonds de veau à la place de l'eau. Le poulet étant cuit, le dresser dans une timbale ; faire réduire le fonds de cuisson des deux tiers, ajouter 2 décilitres de velouté, faire réduire quelques instants, de façon à obtenir une sauce masquant légèrement la cuiller. Lier la sauce avec 3 jaunes d'œufs étendus de quelques cuillerées de crème très fraîche ; passer à la passoire fine dans une casserole dans laquelle on aura fait chauffer au beurre la garniture adoptée et verser sur le poulet.

Fritot de Volaille.

Prendre de préférence une volaille bouillie et la diviser en 5 parties : les deux cuisses, les deux ailes et la poitrine. Couper chaque cuisse en 3 morceaux, les ailes et la poitrine en 2 morceaux chacune; les déposer dans un plat creux, les arroser légèrement d'huile d'olive, jus de citron et saupoudrer de persil haché.

Au moment de servir, tremper les morceaux de volaille dans une pâte à frire légère ; les plonger dans la friture bien chaude, les égoutter et les dresser, sur serviette ; les entourer de persil frit.

Servir à part une sauce tomate.

Mazagran de Volaille.

Préparer sur plat ovale beurré une bordure en appareil de pommes de terre Duchesse, comme pour le « Turbot Crème Gratin ». Garnir le centre d'un émincé de volaille ; truffe et champignons en lamelles, liés de sauce Suprême. Dorer au jaune d'œuf la bordure de pommes de terre et faire colorer au four.

En sortant le plat du four, recouvrir l'émincé de volaille de mie de pain fraîchement préparée et rissolée au beurre. Entourer la base du Mazagran d'une couronne de petites saucisses

Chipolata grillées ou cuites au beurre à la poêle à l'avance.

MOUSSES ET MOUSSELINES DE VOLAILLE

Ces deux genres de préparations ont pour base la farce Mousseline à la Crème; ce qui les différencie, c'est que la Mousse se fait généralement dans un moule (grandeur 4 à 8 personnes), tandis que les Mousselines se font en forme de grosses quenelles et à raison d'une ou deux par personne.

Mousseline de Volaille Alexandra.

Mouler les Mousselines à la cuiller à potage et les déposer au fur et à mesure dans un sautoir beurré. Les couvrir d'eau bouillante légèrement salée, verser l'eau avec précaution pour ne pas déformer les Mousselines; pour cela, on pourra se servir de la passoire pointue dite « Chinois ».

Couvrir le plat à sauter, le tenir sur le coin du feu en conservant à l'eau une température de 95 degrés; l'eau ne-doit pas bouillir.

Le temps de pochage des Mousselines est d'environ 12 à 15 minutes. Les égoutter, les dresser en couronne sur un plat rond; placer sur chacune une mince escalope de blanc de volaille, et une lame de truffe sur chaque escalope ; les napper de sauce Béchamel ; les saupoudrer de fromage râpé. Arroser de beurre fondu et glacer vivement à la salamandre.

En sortant le plat du four, disposer au milieu des Mousselines un bouquet de pointes d'asperges bien vertes, liées au beurre. (*Voir « Farce Mousseline à la Crème».*)

Mousseline de Volaille à l'Indienne.

Mouler, pocher, égoutter et dresser les Mousselines en couronne sur un plat rond. Les napper de sauce Indienne et servir à part du riz cuit à l'Indienne.

Mousseline de Volaille au Paprika.

Même préparation que les « Mousselines à l'Indienne ». Remplacer simplement la sauce Indienne par la sauce Paprika. Servir du riz pilaw en même temps.

Mousseline de Volaille Patti.

Les mouler, les pocher, les égoutter et les dresser en couronne sur plat rond. Garnir le centre des Mousselines de queues d'écrevisses enrobées de sauce Suprême au beurre d'Écrevisses. Napper légèrement les Mousselines de la même sauce ; disposer sur chacune une belle lame de truffe.

NOTA. — Les Mousselines Patti peuvent à volonté être dressées sur croûtons frits au beurre ou sur petits supports en semoule colorés au beurre.

Sylphides de Volaille.

Mouler et pocher les Mousselines comme d'habitude. Masquer de sauce Béchamel dans laquelle on aura ajouté une fine julienne de truffe, le fond de croûtes à barquettes ; mettre une mousseline dans chaque barquette, une fine escalope de blanc de volaille sur chaque mousseline et napper légèrement celle-ci de sauce Béchamel additionnée de truffe en julienne. Les recouvrir d'une composition de Soufflé au Parmesan, poussé à la poche munie d'une douille unie. Pousser les sylphides au four 4 à 5 minutes, juste le temps de cuire le soufflé et servir aussitôt.

Ursulines de Nancy.

Mouler et pocher les Mousselines, les égoutter. Garnir des croûtes de barquettes de purée de foie gras truffé détendue avec quelques cuillerées de glace et de viande. Dans chaque barquette, placer une mousseline ; les décorer d'une belle lame de truffe coupée très mince ; les napper de glace de viande montée au beurre.

Dresser les Ursulines sur plat rond. Servir en même temps des pointes d'asperges liées au beurre.

NOTA. — Les Ursulines peuvent être servies comme petite entrée et, dans certains cas, servir de garniture à une grosse pièce de relevé.

Pâte de Poulet à l'Anglaise (Chicken-Pie).

Découper un poulet bien tendre, comme pour fricassée; assaisonner les morceaux de sel et de poivre ; les saupoudrer de 3 échalotes et un moyen oignon finement hachés ; 60 grammes de champignons crus hachés, et passés au beurre; une pincée de persil haché.

Garnir le fond et les parois d'un piedish *(Plat à pâté anglais)* de minces escalopes de veau; ranger dedans les morceaux de poulet, en mettant ceux des cuisses au fond; ajouter 150 grammes de bacon *(lard anglais)* coupé en tranches minces, 4 jaunes d'œufs durs divisés en deux ; mouiller aux trois quarts de la hauteur avec du consommé de poulet. Couvrir avec une abaisse de pâte feuilletée; la souder sur une bande de pâte collée sur les bords du plat, dorer la surface; pratiquer une petite entaille sur le centre de l'abaisse et cuire pendant une heure à une heure et demie, au four, chaleur moyenne.

En sortant la pâte du four, introduire dedans quelques cuillerées de bon jus.

NOTA. — On pourra remplacer la pâte feuilletée par de la pâte à pâté ordinaire et supprimer les jaunes d'œufs durs auxquels je ne vois là aucune utilité.

Cette méthode très simple, employée en Angleterre pour confectionner leurs pâtés est, en général, à recommander à toute bonne ménagère.

TIMBALES

Pour la préparation des Timbales, en général, l'habitude est de cuire une croûte à blanc, de grandeur voulue, et de la garnir au mo- ment de la servir, de l'élément convenu, telle qu'on garnirait une croûte de Vol-au-Vent.

Pour la cuisson de cette croûte, après avoir foncé de pâte le moule adopté, le vide est rempli soit : avec des haricots secs, ou de riz ou autres produits de ce genre. Cuire au four, chaleur modérée. Aussitôt la croûte cuite, la retirer du four, la laisser quelque peu refroidir, pu s la débarrasser du contenu qu'on aura le soin de mettre en réserve de manière à pouvoir en faire usage plusieurs fois. Tenir la croûte prête pour être servie.

Le couvercle est confectionné à part.

Mais, lorsqu'on veut réellement donner à cette croûte la finesse qu'elle doit avoir, après avoir beurré et foncé de pâte le moule choisi, celle-ci est recouverte de fines bardes de lard et le vide garni de chair de porc et de chair de bœuf, le tout finement haché et assaisonné de sel, poivre et épices. La garniture devra dépasser quelque peu les bords du moule, de manière à pouvoir former le couvercle; le dorer, cuire au four à chaleur modérée comme un pâté ordinaire. Aussitôt cuit, le retirer du four et le tenir au chaud.

Au moment de servir, détacher avec soin le couvercle, retirer complètement le contenu et le remplacer par la garniture adoptée.

Cette méthode de confectionner une croûte, lorsque l'élément con- tenu ne doit pas cuire avec, est certainement celle qui sera toujours la plus appréciée.

Pendant la saison d'été, lorsqu'on doit servir un pâté de foie gras en croûte et qu'on n'a que des foies gras truffés en terrines et en boîtes, on prépare la croûte de la façon indiquée ci-dessus, qu'on vide aussitôt après cuisson que l'on remplace après refroidissement par du foie gras truffé conservé en terrine ou en boîte et que l'on couvre de bonne gelée. **NOTA**. — Les viandes ayant été employées à la confection des croûtes peuvent servir à une foule d'autres préparations chaudes et froides.

Timbale Bontoux.

Préparer une croûte de timbale à votre choix.

La garniture comporte:

1° Macaroni poché, tenu un peu ferme, lié au beurre et parmesan, additionné de quelques cuillerées de sauce demi-glace à la tomate très réduite ;

2° Garniture de crêtes et rognons de coq, lamelles de truffe, quenelles de volaille truffées, le tout lié avec une fine sauce demi-glace légèrement additionnée de sauce tomate.

Garnir la timbale en alternant le macaroni avec la garniture.

Timbale Maréchal Foch.

Proportions pour 6 personnes : Choisir un beau chapon ; le nettoyer soigneusement; saler légèrement l'intérieur; le farcir de la composition suivante : 100 grammes de lard frais pilé avec 100 grammes de pelures de truffes, assaisonnement sel, poivre et épices.

Brider le chapon, les pattes retroussées, l'envelopper de bardes de lard.

Foncer une casserole de grandeur voulue avec quelques couennes de lard blanchies, un gros oignon et 2 moyennes carottes émincées, 250 à
300 grammes de chair de jarret de veau coupée en petits carrés et un bouquet garni composé de branches de persil, une feuille de laurier et brindilles de thym. Mouiller d'un quart de litre de fonds blanc, couvrir la casserole, la poser sur un feu doux; dès que ce mouillement sera réduit complètement, mouiller de nouveau avec même quantité de fonds blanc ; laisser réduire tout doucement de deux tiers et ajouter alors un demi-litre de même fonds. Couvrir la casserole, la mettre dans le four, arroser le chapon de temps à autre, pondant la cuisson, avec son propre jus. Temps de cuisson : une heure à une heure un quart suivant grosseur.

Une petite demi-heure avant de servir, faire pocher à' l'eau salée
250 grammes de macaroni de grosseur moyenne et qualité extra. Aussitôt poché, l'égoutter complètement et le remettre dans la casserole avec quelques cuillerées de cuisson du chapon non dégraissée, laisser mijoter 4 à 5 minutes ; ajouter quelques petites parcelles de beurre frais,
200 grammes de parfait de foie gras écrasé à la fourchette et 60 gr. de parmesan frais râpé et lier le tout intimement.

Retirer le chapon de la casserole, le débrider, lever vivement les suprêmes et les détailler en escalopes un peu épaisses ; les déposer dans une petite casserole, leur ajouter 200 grammes de truffes soigneuse- ment pelées et coupées en lamelles; une petite prise de sel et poivre frais moulu, et 2 cuillerées de Madère. Détacher les cuisses de la carcasse, supprimer les pilons, émincer finement le gras des cuisses et le mêler au macaroni.

D'autre part, ajouter au fonds de cuisson du chapon un tiers de son volume de fine sauce tomate et même quantité de sauce demi-glace. Faire réduire quelques instants pour obtenir une sauce onctueuse ; passer à la passoire fine et l'ajouter aux escalopes du chapon et lamelles de truffes; donner 2 secondes d'ébullition.

Dressage : Dans une croûte à timbale ou en timbale en argent, verser les deux tiers du macaroni préparé; celui-ci très chaud, saupoudrer de parmesan frais râpé et étaler dessus les escalopes de chapon et une partie de lamelles de truffe, le tout bien enrobé de sauce ; parsemer de parmesan. Finir de remplir la timbale avec le restant de macaroni ; saupoudrer de parmesan et compléter avec ce qui reste de sauce et lamelles de truffe.

Fermer la timbale et la tenir à l'étuve pendant quelques minutes, le temps nécessaire pour que la truffe puisse développer son arôme.

NOTA. — On pourra, à volonté, ajouter comme supplément de garniture crêtes et rognons de coq.

Timbale Châtelaine.

Proportions pour 6 personnes : Faire braiser 2 belles noix de ris de veau, sur fonds de légumes. Aussitôt cuits, les retirer de la casserole. Les tenir au chaud.

Mouiller le fonds de cuisson avec 3 à 4 décilitres de sauce demi-glace. Donner quelques minutes d'ébullition et passer à la passoire fine, dite « Chinois ».

D'autre part, on aura préparé une garniture de crêtes et rognons de coq et lamelles de truffe. Réunir ces éléments dans une casserole, ajouter 2 ou 3 cuillerées de Madère. Couvrir la casserole, donner une ébullition de quelques secondes et mêler à la garniture le fonds de cuisson des ris de veau, très réduit.

On aura préparé d'avance une croûte à timbale de forme plus large que haute; verser le macaroni dans la croûte, le saupoudrer de fromage, l'arroser de quelques cuillerées de sauce de la garniture. Ranger en couronne sur le macaroni, les noix de ris de veau détaillées en escalopes un peu épaisses. Mettre la garniture sur le centre et masquer le tout avec sa sauce très réduite.

Fermer la timbale avec son couvercle ; tenir au chaud quelques instants; servir très chaud.

NOTA. — En général, une timbale, même dans les meilleurs dîners est toujours appréciée, et on doit apporter les meilleurs soins à sa préparation.

Avec un peu d'idée, on peut apporter une variation dans la composition de la garniture, ce qui permet d'en modifier les dénominations.

On pourra aussi, dans certains cas, remplacer le macaroni par des nouilles et même par des raviolis.

NOTA. — Dans ces différentes timbales, pour faciliter le service, il est préférable d'adopter une forme de timbale plus large que haute.

VOL-AU-VENT

Vol-au-Vent Financière.

Préparer une garniture composée de : quenelles de volailles, têtes de champignons, lamelles de truffe, crêtes et rognons de coq, ris d'agneau ou ris de veau. Le tout enrobé d'une onctueuse sauce demi-glace au Madère, bouillante. Compléter la sauce au dernier moment en lui incorporant quelques parcelles de beurre fin. Garnir une croûte de Vol-au-Vent fraîchement cuite. Dresser sur serviette.

Facultativement, on pourra entourer le vol-au-vent d'écrevisses cuites dans un court-bouillon.

Vol-au-Vent Toulousaine.

La garniture de ce Vol-au-Vent est constituée par : un émincé de blanc de volaille, champignons, quenelles de volaille, lamelles de truffe, rognons et crêtes de coq, ris d'agneau, escalopes de ris de veau, le tout enrobé d'une sauce suprême ou d'une sauce blonde liée aux jaunes d'oeufs.

Dresser sur serviette.

PILAW DE VOLAILLE

La Pilaw est le plat national des pays orientaux ; sa préparation comporte une infinité de formules.

En général, le riz doit cuire avec les viandes choisies, mais dans certains cas, on pourra cuire volaille ou toutes autres viandes et riz cuit pour pilaw séparément et mélangés après cuisson, et servir en même temps, soit une sauce tomate ou un très bon jus un peu corsé.

Pilaw de Poulet à la Grecque.

Découper 2 petits poulets en petits morceaux, les assaisonner de sel et poivre, les cuire à petit feu dans 2 cuillerées de beurre et 2 cuillerées d'huile d'olive.

En même temps, faire blondir légèrement au beurre une forte cuillerée d'oignon finement haché, lui mêler 300 grammes de riz; remuer le riz avec une cuiller, de façon à bien l'envelopper de beurre. Mouiller avec 6 décilitres de bouillon ordinaire ; ajouter un petit piment rouge, une feuille de laurier et 150 grammes de raisin de Smyrne. Couvrir la casserole et donner 18 minutes de cuisson. A ce point, les poulets devront être cuits; leur mêler intimement le riz.

Dresser le pilaw dans une timbale. Servir en même temps une sauce tomate.

Pilaw de Volaille à la Turque.

Découper le poulet comme pour fricassée; l'assaisonner de sel et de poivre; le cuire environ 10 minutes à petit feu dans 2 cuillerées de beurre et 2 cuillerées d'huile d'olive ; lui ajouter 2 cuillerées d'oignon finement haché; dès que l'oignon commence à blondir, mêler au poulet 250 grammes de riz, remuer avec une cuiller, ajouter 3 tomates pelées, épépinées et hachées, une petite feuille de laurier. Facultativement, on peut ajouter 125 grammes de raisins de Corinthe et de Smyrne mélangés. Mouiller avec 4 décilitres de bouillon ordinaire. *(Les Turcs emploient de préférence du bouillon de mouton.)* Ajouter une pincée de safran, couvrir la casserole, cuire à four assez chaud 20 minutes. Au bout de ce temps, poulet et riz sont assez cuits et le riz doit se trouver complètement à sec.

Dresser le Pilaw en timbale ou dans un plat creux. Servir en même temps une sauce Tomate.

NOTA. — Comme variante, on peut ajouter au pilaw : Aubergines émincées et frites à l'huile, des poivrons verts ou rouges, grillés et tail- lés en lanières.

Pilaw de Volaille cuite.

Pour ce pilaw, on emploie de la volaille de desserte du repas précédent. La chair est coupée en petits carrés ou escalopée, puis mise dans une casserole avec une ou deux cuillerées de beurre et chauffé très doucement.

D'autre part, on prépare un riz pourpilaw comme il est indiqué pour le « Pilaw à la Grecque », sans addition de raisin. Ausitôt le riz cuit, lui mélanger le poulet tenu au chaud.

Dresser le poulet dans une timbale ou légumier.

Servir en même temps, soit : une sauce tomate, un jus de veau réduit, une sauce paprika ou sauce Curry.

(Cette formule doit être classée dans « l'Art d'accommoder les restes »).

SOUFFLÉS DE VOLAILLE

Les Soufflés de volaille se font soit avec de la volaille cuite ou de la volaille crue.

Composition de S o u f f l é avec de la Volaille cuite : Proportions pour 6 à 8 personnes : Piler finement 4 à 500 grammes de chair de volaille pochée; l'additionner de 5 à 6 cuillerées de sauce Béchamel froide; passer au tamis.

Chauffer la purée obtenue sans la laisser bouillir et lui ajouter 50 gr. de beurre; 5 jaunes d'oeufs, 6 blancs fouettés et cuire à four doux.

Composition de S o u f f l é avec de chair de volaille crue : Incorporer à 500 grammes de farce mousseline de volaille, 3 à 4 cuillerées de sauce Béchamel, 3 jaunes d'oeufs, 4 blancs fouettés en neige bien fermes. Dresser en timbale beurrée et cuire à four doux, directement, ou au bain-marie. Cette dernière méthode est préférable, pour volaille crue.

On peut servir ce genre de soufflé soit tel, ou accompagné d'une sauce suprême, d'une sauce Paprika, d'une sauce Nantua, etc.

Soufflé de Volaille à la Périgourdine.

Ce soufflé peut être fait avec de la volaille cuite ou crue. On ajoute à la composition des lamelles de truffes crues, soigneusement pelées.

Dresser dans une timbale beurrée et cuire à four doux.

Le temps de cuisson de ces soufflés varie entre 15 à 20 minutes, suivant grosseur du soufflé.

POULARDES FROIDES
Poularde en gelée au Champagne.

Désosser l'estomac de la poularde; assaisonner l'intérieur de sel et poivre et une cuillerée de fine champagne.

Choisir un foie gras très frais pesant de 4 à 500 grammes, le parer, l'assaisonner de sel, de poivre et épices; le clouter de quartiers de truffes également assaisonnées. Envelopper le foie de bardes de lard, puis d'une mousseline et le pocher 15 minutes dans un fonds de jarrets de veau, légèrement brun.

Laisser refroidir dans sa cuisson. Aussitôt froid, le déballer et l'introduire dans la volaille. Brider celle-ci les pattes retroussées; couvrir la poitrine d'une barde de lard. Mettre la volaille dans une casserole Je grandeur voulue, ajouter 2 décilitres de fonds ordinaire, couvrir la casserole, réduire le mouillement des deux tiers.

NOTA. — Pour faciliter la mise du foie gras dans la volaille, on pourra fendre celle-ci en partie le long du dos et la recoudre ensuite. On aura préparé d'avance une Mirepoix ainsi composée : un oignon moyen, 2 carottes, 100 grammes de lard de poitrine, 150 à 200 gr. de chair de jarret de veau, le tout coupé en petits carrés; branches de persil ciselées, brindilles de thym, une feuille de laurier.

Réunir cet ensemble dans une casserole dans laquelle on aura fait chauffer 100 grammes de beurre. Faire légèrement rissoler ces éléments et les verser autour de la volaille ; mouiller alors d'une demi-bouteille de Champagne brut; couvrir la casserole, réduire le liquide de moitié. Compléter le mouillement jusqu'à hauteur de la bête avec le fonds ayant servi au pochage de foie gras et 2 décilitres de gelée de pieds de veau. Conduire l'ébullition à feu lent, 55 à 60 minutes environ.

Retirer la casserole hors du feu, laisser refroidir quelque peu la volaille dans la cuisson, la sortir ensuite, la débrider, la placer dans une terrine, la couvrir complètement de sa cuisson passée à la mousseline et laisser refroidir jusqu'au lendemain. Au moment de servir, retirer avec une cuiller la graisse figée sur la gelée.

Placer la terrine sur un plat couvert d'une serviette, servir tel quel. **NOTA.** — La Poularde au Champagne, suivant la circonstance, pourra être présentée sur un tampon en riz de 2 centimètres et demi d'épaisseur posé sur un plat long. Dans ce cas, la volaille est entourée de movens fonds d'artichauts cuits spécialement garnis, soit de pointes d'asperges bien vertes, de fine salade russe ou bien encore de queues d'écrevisses et, au printemps, avec des œufs de pluvier.

La gelée qui doit accompagner la poularde doit être servie dans une timbale à part, entourée de glace, seule façon d'obtenir de la gelée toute la finesse et la sensation de fraîcheur qu'elle exige.

Poularde Rose de Mai.

Pocher la poularde dans un fonds blanc. Lorsqu'elle est bien froide, lever les deux suprêmes et retirer les os de la poitrine.

Masquer la carcasse de sauce chaud-froid blanche ; la garnir de Mousse de tomate disposée de façon à reconstituer la poitrine de la poularde et la masquer complètement de sauce chaud-froid blanche ; décorer avec des détails de truffe et œufs durs.

Détailler, sur chaque suprême, 3 jolies escalopes; les chaud-froiter à blanc, poser sur chaque escalope une belle lame de truffe et lustrer à la gelée. Tenir sur glace.

Garnir de la même Mousse dont on s'est servi pour la poularde, autant de petites barquettes en pâte fine que d'escalopes; laisser prendre la Mousse.

Dresser la poularde sur un tampon en riz de forme basse, l'entourer avec les barquettes garnies de Mousse et disposer une escalope chaud frottée sur chacune de ces barquettes. Croutonner le plat avec de la gelée bien claire. Servir en même temps une timbale de gelée très froide.

Poularde Rose-Marie.

La poularde étant pochée et refroidie, lever les suprêmes; tailler sur chaque suprême 3 ou 4 escalopes, suivant grosseur de la pièce ; les enrober de sauce chaud-froid blanche.

Parer la carcasse en laissant les ailerons après ; la garnir de Mousse de jambon très fine et bien rose, en lui donnant la forme de la poularde. Laisser raffermir au rafraîchissoir.

Garnir de Mousse de Jambon comme il est dit pour la « Volaille Rose de Mai », autant de petites barquettes en pâte fine que d'esca- lopes.

Quand la Mousse formant la poitrine de la volaille est bien raffermie, la napper de sauce chaud-froid au Paprika rose et doux; décorer à volonté et lustrer à la gelée.

Dresser la poularde sur un tampon, bas, en riz, posé sur un plat long ; disposer autour les barquettes de Mousse au jambon ; disposer sur la Mousse une escalope de volaille, sur celles-ci une lame de truffe. On pourra, à volonté, intercaler les barquettes de petits aspics en fine gelée, moulés en moules à darioles. Mais cela n'empêche pas de servir en même temps, dans une timbale à part, entourée de glace, une gelée exempte de toute gélatine, industrielle. Seuls : jarrets de veau, pieds de veau, volaille et chair de bœuf pour clarification des gelées doivent être employés pour obtenir d'exquises gelées.

NOTA. — La Méthode de dressage des poulardes « Rose de Mai » et « Rose-Marie » peut s'adapter à tout genre de volaille froide, à Mousses, aux différents parfums et arômes.

DIVERSES PRÉPARATIONS FROIDES DE LA VOLAILLE
Aspic de Volaille Toulousaine.

Lever les suprêmes d'une volaille pochée et refroidie. Tailler sur chaque suprême 3 à 4 escalopes, les enrober d'une sauce chaud-froid blanche. Tenir au frais. D'autre part, choisir un excellent parfait de foie gras; avec une cuiller à soupe, former autant de coquilles de foie gras que d'escalopes.

Chemiser de gelée blanche un moule à bordure uni; l'entourer de glace, disposer les escalopes de volaille dans la bordure intercalée de coquilles de foie gras et belles lames de truffes et, si possible, quelques rognons de coq ; ceux-ci doivent être très frais et pochés au beurre et cuisson de champignons. Finir de remplir le moule avec de la gelée.

Démouler au moment de servir sur un plat bien froid et disposer au milieu une salade de pointes d'asperges et lamelles de truffe taillées en julienne. A volonté, on peut servir la salade à part et en même temps que l'aspic.

L'aspic de volaille à la Hongroise se prépare de même, seule la sauce chaud-froid blanche est remplacée par une sauce chaud-froid au paprika rose.

NOTA. — Par la même méthode, on peut préparer une variété d'as- pics, soit : Homard, crevettes, écrevisses et différents gibiers.

Chaud-froid de Volaille.

Pocher la volaille, la laisser refroidir dans son fonds de cuisson, puis la découper en morceaux réguliers dont on enlèvera la peau. Tremper ces morceaux dans une sauce chaud-froid apprêtée, autant que possible, avec le fonds de cuisson de la volaille; les ranger sur une plaque. Décorer chaque morceau d'une belle lame de truffe ; lustrer à la gelée et laisser prendre consistance. Parer le tout des morceaux de volaille au moment de les dresser.

OBSERVATION

Autrefois, le chaud-froid de Volaille se dressait sur un tampon en riz ou en p>ain, placé au milieu d'une bordure de gelée, en intercalant entre les morceaux des crêtes, des champignons également enrobés de sauce chaud-froid.

On dressait aussi sur des coupes coulées en stéarine; mais, à ces méthodes de l'ancienne Cuisine, on préfère de plus en plus le dressage que j'ai créé en 1894, au Savoy-Hôtel de Londres et qui est le suivant :

Faire prendre une couche de fine gelée dans le fond d'un plat creux de forme carrée ; ranger sur cette couche de gelée des suprêmes de volaille taillés en escalopes et enrobés de sauce chaud-froid, garnis de crêtes et rognons de coq et lamelles de truffes, et recouvert entière- ment de la même gelée, puis laisser prendre consistance sur place.

(En Angleterre, on ne sert généralement pas les cuisses de poulet; celles-ci trouvent leur emploi dans plusieurs autres préparations, soit ; grillées, en émincés et hachis à la crème, en rizotto, etc.)

Pour servir, incruster le plat dans un bloc de glace vive ou l'entourerj de glace pilée.

Ce procédé a plusieurs avantages : d'employer moins d'éléments gélatineux dans la préparation de la gelée ; de conserver à la gelée la fraîcheur toujours uniforme, ce qui en constitue la délicatesse, de faciliter le service et d'être plus agréable à la vue.

Blanc de Volaille Rachel.

Lever les suprêmes d'une volaille pochée. Les détailler en escalopes pas trop minces.

Avec les chairs des cuisses, apprêter une Mousse, la verser dans un plat carré dans lequel on aura fait prendre une légère couche de gelée. Dès que la Mousse a pris consistance, disposer dessus les escalopes de volaille en les intercalant de petits bouquets de pointes d'asperges. Placer sur chaque escalope une belle lame de truffe, recouvrir le tout de gelée.

On pourra à volonté ajouter à la Mousse de volaille le tiers de son volume de purée de foie gras.

Servir en même temps une salade composée de pointes d'asperges, julienne de truffe et fonds d'artichauts cuits coupés en julienne.

NOTA. — Pour la préparation des Mousses en général, voir les formules initiales à la *Série des Préparations froides, chapitre des Garnitures.*

Suprêmes de Volaille Jeannette.

Lever les suprêmes d'une volaille pochée et refroidie; les diviser chacun en 3 ou 4 escalopes; les enrober de sauce chaud-froid blonde, les décorer ensuite avec des feuilles d'estragon blanchies et bien vertes.

Faire prendre au fond d'un plat carré une légère couche de très fine gelée.

Disposer sur cette gelée des lames de parfait de foie gras même dimension que les escalopes de volaille ; dresser une escalope sur chaque lame de foie gras, couvrir ensuite de fine gelée de volaille mi-prise.

Pour servir, incruster le plat sur un bloc de glace vive, taillée de dimension voulue.

NOTA. — J'ai donné le nom de Jeannette à cette exquise prépa- ration en souvenir du navire « La Jeannette » qui, en 1881, parti en exploration au Pôle Nord, fut pris dans les glaces; un seul survivant revint de cette malheureuse expédition.

Blanc de Volaille Vicomtesse de Fontenay.

Lever les suprêmes d'une volaille pochée et refroidie; les diviser chacun en 4 escalopes; les masquer d'une sauce chaud-froid au paprika rose, doux; disposer sur chaque escalope une belle lame de truffe.

Faire prendre au fond d'un plat carré ou, à défaut, dans une coupe en cristal, une couche de gelée de volaille d'un centimètre d'épaisseur. Disposer sur celle-ci 8 tranches de parfait de foie gras de même grandeur que les escalopes de volaille ; poser une escalope enrobée de sauce chaud-froid sur chaque rond de parfait. Compléter l'espace qui existe entre les escalopes de petits bouquets de pointes d'asperges bien vertes; couvrir ensuite de la même gelée de volaille mi-prise. Tenir le plat sur la glace. Pour servir, incruster le plat ou coupe dans un bloc de glace taillé à cet effet, ou, dans l'impossible du bloc, entourer le plat de glace vive broyée en neige.

NOTA. — Le plat contenant les éléments désignés ne doit jamais quitter la glace. C'est la légèreté et la fraîcheur de la gelée qui donne au palais cette sensation si agréable pendant les chaleurs d'été.

La gelée destinée à ce mets doit être préparée avec jarrets et pieds de veau et de volaille.
Ne jamais faire usage de gélatine de commerce.

Mayonnaise de Volaille.

Garnir le fond d'un saladier de laitue ciselée assaisonnée d'un peu de sel et de quelques gouttes de vinaigre, en la disposant en dôme. Sur cette salade, ranger des escalopes de volaille dont la peau aura été soigneusement retirée ; couvrir le tour de sauce Mayonnaise ; lisser celle-ci ; décorer aux câpres, olives dénoyautées, filets d'anchois, quartiers d'œufs durs, petits cœurs de laitues, etc.

Ces éléments qui constituent le décor sont placés selon le goût. Autrefois, les Mayonnaises étaient, en général, dressées dans le milieu d'une bordure en gelée, dans laquelle étaient disposés les éléments de garniture.

Salade de Volaille.

Elle comporte exactement les mêmes éléments que la Mayonnaise de Volaille, sauf que la sauce Mayonnaise est remplacée par un assaisonnement de salade ordinaire ajouté quelques instants avant de servir. Mais néanmoins on doit toujours servir en même temps une saucière de sauce Mayonnaise.

DINDONNEAU

Le Dindonneau se sert généralement en entier, sauf lorsqu'il s'agit d'accommoder les reliefs du repas précédent, ou les abatis, ou encore d'un vieux coq ou d'une vieille poule dinde qu'on détaille en morceaux et mis en daube, en procédant de la même façon que le Bœuf en Daube. Les mêmes garnitures qui accompagnent le Bœuf en Daube conviennent au Dindonneau.
On cuit le Dindonneau, suivant le cas, soit : Rôti, braisé ou poêlé. En Angleterre, on le sert quelquefois bouilli.

{Voir, pour ses d i f f é r e n t s apprêts : Chapitre des Relevés et Entrées de Volaille, et Série des Préparations diverses.)

En général, presque toutes les façons d'accommoder les Poulardes conviennent au Dindonneau.

Ailerons de Dindonneau à la purée de Marrons.

Après les avoir flambés et débarrassés des plus petites plumes, les mettre dans une casserole dont le fond est juste assez large pour con- tenir les ailerons l'un à côté de l'autre.

Pour 12 ailerons, faire chauffer dans la casserole 100 grammes de beurre, disposer les ailerons dans le beurre, les saler légèrement et les cuire à petit feu, casserole couverte, en procédant comme pour un morceau de veau, c'est-à-dire de soigner la cuisson et d'ajouter une ou deux cuillerées d'eau chaude dès que le beurre commence à prendre une couleur légèrement blonde ; cette opération doit se renouveler plu- sieurs fois au cours de la cuisson. Éviter surtout de laisser brûler le beurre, car toute la saveur de ce mets serait perdue. Au terme de la cuisson, on doit obtenir un jus blond doré.

Dresser les ailerons dans un plat creux, ajouter quelques cuillerées d'eau chaude pour bien déglacer le fonds de cuisson et obtenir assez de jus pour le nombre d'ailerons.

NOTA. — Ce jus ne doit pas se dégraisser, l'addition de quelques cuillerées d'eau chaude, au dernier moment, permet d'obtenir un jus légèrement lié ayant un goût de noisette très agréable.

C'est par le soin apporté à la cuisson des ailerons qu'on obtiendra un mets vraiment délicieux.

On pourra de temps à autre, pendant la cuisson des ailerons, rem- placer l'eau par quelques cuillerées de vin blanc; ceci est affaire de goût.

On peut également cuire les ailerons d'une autre façon, en les faisant braiser sur un lit de légumes émincés en procédant comme pour les ris de veau.

Dindonneau Chipolata.

Farcir le dindonneau d'une farce composée de : 500 grammes de chair de veau, autant de lard gras frais, 150 grammes de mie de pain trempée dans de l'eau et pressé ensuite; assaisonnement : sel, poivre et épices. Le brider, le couvrir de bardes de lard, et le poêler entouré d'une Mirepoix composée de : Oignons, carotte, lard de poitrine, coupés en dés et rissolés au beurre, une feuille de laurier, brindilles de thym et branches de persil. Pendant la cuisson, l'arroser de temps à autre de quelques cuillerées de vin blanc.

Dresser le Dindonneau entouré de la garniture suivante, dite « Chipolata » : 24 petits oignons glacés, 24 marrons cuits au consommé ;
150 grammes de lardons blanchis et rissolés au beurre, 24 petites carottes cuites au consommé et glacées, 12 petites saucisses. Ajouter au fonds de braisage du dindonneau 4 décilitres de sauce demi-glace, donner quelques minutes d'ébullition, passer au chinois; dégraisser la sauce, en masquer légèrement la garniture et servir le surplus à part dans une saucière.

Dindonneau farci aux Marrons.

Pour un dindonneau du poids de 3 kilos environ : choisir 1 kilo de beaux marrons; inciser l'écorce ; les faire éclater soit au four ou à la poêle; retirer vivement l'écorce et la seconde peau; les cuire au con- sommé blanc. Ensuite, les égoutter et les mélanger à 7 à 800 grammes de chair à saucisses assaisonnée de haut goût et à laquelle on pourra mêler à la farce une truffe hachée.

Enlever le bréchet et l'os de poitrine du dindonneau, garnir l'intérieur avec la farce aux marrons préparée ; le brider et le rôtir à la broche ou au four, à chaleur tempérée et en l'arrosant souvent.

Dresser au moment voulu et servir à part le jus de la pièce tenu un peu gras.

DINDONNEAU FROID

Pour manger froid, il est préférable de poêler le Dindonneau. Son fonds de légumes pourra être ajouté à la gelée qui l'accompagne.

Les différentes formules indiquées pour les Poulardes entières froides lui sont applicables.
On prépare également, pour servir froid, le Dindonneau en daube.

Dindonneau en Daube.

Détailler un Dindonneau en morceaux de 100 grammes environ ; les mettre dans une terrine, les assaisonner de sel, poivre et épices; les arroser de quelques cuillerées de cognac et huile d'olive; 2 moyens oignons, 2 échalotes, 2 moyennes carottes, le tout finement haché et un demi-litre de vin blanc ; laisser mariner 2 à 3 heures avec un fort bouquet garni composé de : branches de persil, une feuille de laurier, brindille de thym, une gousse d'ail écrasée et une écorce d'orange sèche.

Prendre un ustensile en terre approprié à cet usage de contenance proportionnée, pour contenir les éléments de la daube. Disposer dedans les morceaux de Dindonneau par couches alternées de : couennes de lard blanchies, détaillées en petits dés; lard de poitrine en dés et légèrement rissolé au beurre. Mettre au centre des couches de Dindonneau le bouquet garni; verser dans la daubière la marinade, compléter avec
4 décilitres de fonds de jarret de veau brun. Couvrir hermétiquement l'ustensile et cuire au four à chaleur douce pendant 2 heures à
2 heures 15.

Retirer le bouquet, laisser refroidir dans la daubière et servir tel quel.

PIGEONNEAUX

En principe, on ne devrait employer que des jeunes sujets qui ont atteint leur complet développement. Un vieux pigeon ne peut guère être employé autrement qu'en compote, ce qui veut dire le cuire jus- qu'à ce qu'il soit en compote, ou pour les farces. C'est pourquoi je ne désigne ici que le Pigeonneau.

Pigeonneaux à la Bordelaise.

Les partager en deux; aplatir légèrement chaque moitié; les assai- sonner et les cuire doucement au beurre dans une casserole à sauter.

D'autre part, on aura, pour 2 Pigeonneaux, émincé 2 fonds d'artichauts crus et sautés au beurre et autant de pommes de terre crues taillées en hards et cuites au beurre.
Joindre aux Pigeonneaux artichauts et pommes de terre.

Au moment de servir, faire frire à l'huile un moyen oignon taillé en rondelles et une touffe de persil.

Dresser les demi-pigeons; les entourer, par bouquets, des pommes et artichauts intercalés de rondelles d'oignon frites et bouquets de persil frit. Déglacer le fond de la casserole avec un demi-verre de vin blanc; réduire de moitié, ajouter 2 cuillerées de glace de viande et 3 à
4 cuillerées de consommé ou fonds de veau; donner 2 minutes d'ébullition. Retirer la casserole du feu, incorporer intimement à la réduction une forte cuillerée de beurre fin, quelques gouttes de jus de citron et verser sur les demi-pigeonneaux.

Pigeonneaux Chasseur.

Voir a Poulet Sauté Chasseur» et procéder de même.

Pigeonneaux Crapaudine.

Couper les Pigeonneaux dans le sens horizontal, de la pointe de l'estomac jusqu'aux ailes. Les ouvrir, les aplatir légèrement, les assaisonner de sel et poivre, les passer dans du beurre fondu, ensuite dans la mie de pain; les griller doucement et les dresser sur plat bien chaud.
Servir en même temps une sauce Diable.

Pigeonneaux Financière.

Poêler les Pigeonneaux, les dresser sur plat d'entrée creux. Les entourer de la garniture suivante : Têtes de champignons, truffes en lamelles, quenelles de volaille, crêtes et rognons de coq, olives dé- noyautées. Le tout enrobé d'une fine sauce demi-glace au Madère.

Pigeonneau Gauthier au beurre d'Écrevisse.

Le mot « Gauthier » n'indique pas une espèce spéciale de Pigeonneaux. On s'en servait autrefois pour désigner les pigeons innocents, c'est-à-dire les jeunes sujets pris au nid à peine drus.

Partager les Pigeonneaux en deux; les ranger dans un sautoir de grandeur voulue, contenant assez de beurre fondu légèrement acidulé de quelques gouttes de jus de citron pour que les demi-pigeonneaux en soient presque couverts. Les pocher dans ce beurre et à feu très doux.

Au moment de servir, dresser les demi-pigeonneaux en couronne sur plat d'entrée et les masquer d'un velouté lié aux jaunes d'œufs additionné de Beurre d'Écrevisse.

On pourra compléter cette sauce de lamelles de truffe, de cèpes rissolés au beurre.

*Commeaccompagnement:*Nouillesàl'Alsacienne.

Pigeonneaux aux petits Pois à la Ménagère.

Faire colorer au beurre 50 grammes de lard maigre de poitrine coupé en dés, blanchi, et 6 petits oignons par Pigeonneau. Égoutter lard et oignons; mettre à la place les Pigeonneaux, les faire légèrement colorer; ajouter un quart de litre de petits pois par Pigeonneau, le lard. les oignons et un bouquet de persil; mouiller de 4 décilitres d'eau bouillante, 6 grammes de sel, une pincée de poivre. Couvrir la casse, rôle, cuire le tout à petit feu.

On ajoute quelquefois aux petits pois quelques petites carottes et pommes nouvelles.

On prépare aussi les Pigeonneaux de la façon suivante : on les couvre d'une barde de lard et on les cuit au beurre. Aussitôt cuits, les sortir de la casserole, les débrider; déglacer le fond de la casserole avec une cuillerée de bouillon. Ajouter, par Pigeonneau un décilitre de sauce demi-glace ; donner quelques minutes d'ébullition, remettre les Pigeonneaux dans la casserole, les couvrir de petits pois cuits à la Française. Faire fortement chauffer. Dresser sur plat d'entrée un peu creux.

Pigeonneaux à la Polonaise.

Proportions pour 2 Pigeonneaux : Les farcir d'une farce à gratin préparée de la façon suivante : Prendre les foies de deux pigeons et

3 à 4 foies de poulet; les assaisonner de sel, poivre et épices; ajouter une petite cuillerée à dessert d'oignon et une demi-échalote hachés, une pincée de feuilles de persil ciselées.

Faire fortement chauffer dans la poêle une cuillerée à dessert de beurre avec une cuillerée à soupe de lard gras râpé. Jeter les foies préparés dans ce beurre brûlant ; les sauter 2 secondes, le temps de saisir les foies; laisser refroidir et passer au tamis fin. Brider et barder les Pigeonneaux et les cuire au beurre, à la casserole. Les dresser sur plat d'entrée et au dernier moment les couvrir de mie de pain frite au beurre.

Ajouter quelques cuillerées de bon jus de veau à la cuisson des Pigeonneaux, donner une minute d'ébullition, passer au chinois et servir à part dans une saucière.

Pigeonneaux au sang.

Saigner les Pigeonneaux en conservant le sang dans un bol auquel on mêlera un filet de vinaigre et une cuillerée de vin rouge ; bien mélanger pouréviter la coagulation.

Après avoir soigneusement nettoyé les Pigeonneaux, les diviser par moitié sut la longueur, les aplatir légèrement, les assaisonner légèrement de sel et poivre, les passer dans la farine. Faire chauffer dans un sautoir de grandeur pouvant contenir 4 demi-pigeonneaux l'un à côté de l'autre, 3 cuillerées de beurre et 2 cuillerées d'huile d'olive. Ranger les demi-pigeonneaux dans le beurre et les cuire à petit feu, les retourner en temps voulu pour obtenir une cuisson uniforme. Ajouter alors une échalote finement hachée et 120 grammes de champignons frais émincés. Arroser les Pigeonneaux de quelques cuillerées de fine champagne et 2 décilitres de vin blanc ou rouge à volonté et faire réduire vivement de moitié. Retirer la casserole hors du feu ; dresser les Pigeonneaux; lier la sauce avec le sang mis en réserve et 3 cuillerées de crème très fraîche. Verser aussitôt sur les Pigeonneaux.

Pigeonneaux sautés aux tomates à la Provençale.

Les diviser en deux sur la longueur, les assaisonner de sel et poivre et procéder comme il est expliqué au « Poulet Sauté Provençale ».

Côtelettes de Pigeonneaux Yvette.

Fendre les Pigeonneaux en deux, les désosser en laissant les bouts d'ailerons et les pattes; les aplatir légèrement, les assaisonner de sel et poivre, les passer à la farine, puis à l'oeuf battu, ensuite à la mie de pain fraîchement préparée et les cuire au beurre clarifié. Les dresser sur plat bien chaud.

Servir en même temps un émincé de fonds d'artichauts et truffe enrobés de fine sauce Béchamel à la Crème.

Suprêmes de Pigeonneaux Rossini.

Cuire au beurre, à la casserole, 2 Pigeonneaux bardés de lard; aussitôt cuits, les débrider; lever les filets, les déposer dans une petite casserole avec 150 à 200 grammes de truffes coupées en lamelles assai- sonnées de sel et poivre frais moulu, une cuillerée de beurre ; tenir au chaud quelques instants et enrober ce fin ragoût d'une fine sauce demi- glace.

D'autre part, faire sauter au beurre, à la dernière minute, 4 belles escalopes de foie gras frais bien assaisonné.

Dresser le foie gras sur croûtons en pain de mie, frits au beurre à la dernière minute ; disposer un suprême sur chaque escalope et couvrir avec les truffes.

Servir en même temps des nouilles au parmesan.

Comme variante, on pourra remplacer les nouilles par un rizotto.

Pâté de Pigeonneaux à l'Anglaise (Pigeon'Pie).

Garnir le fond et les parois d'un plat à pâté à l'Anglaise de tranches de lard de poitrine fumé (Bacon) saupoudrés d'échalote hachée. Ranger dans le plat les Pigeonneaux coupés en quatre morceaux, as- saisonnés de sel et poivre et saupoudrés de persil haché, en ajoutant, par Pigeonneau, un jaune d'œuf dur coupé en deux. Mouiller à moitié hauteur avec du bon jus ; couvrir avec une abaisse de feuilletage ; dorer, rayer avec la pointe du couteau; faire une ouverture sur le centre de 1 abaisse et cuire environ une heure un quart à four chaleur moyenne.

Timbale de Pigeonneaux La Fayette.

1° Préparer une croûte de timbale dans un moule plus large que haut, comme il est indiqué dans l'article « Timbale de Poulet ».

2° Pour 6 Pigeonneaux, cuire 36 écrevisses dans une Mirepoix au vin ; aussitôt cuites, retirer les queues des carapaces, et les mettre dans une petite casserole avec 2 cuillerées de beurre, 2 cuillerées de leur cuisson, 200 grammes de truffes coupées en lamelles, assaisonnés de sel et poivre frais moulu; tenir au chaud.

3° Avec les carapaces d'écrevisses, préparer un beurre d'écrevisses. En même temps cuire au beurre 6 Pigeonneaux enveloppés de fines bardes de lard, après cuisson lever les suprêmes, supprimer la peau, tenir les suprêmes au chaud avec un peu de beurre de cuisson des Pigeonneaux et quelques cuillerées de glace de viande.

4° Cuire à l'eau salée 300 grammes de macaroni, le tenir un peu ferme; l'égoutter complètement et ajouter : 75 grammes de beurre, 125 grammes de parmesan fraîchement râpé, un soupçon de muscade. On aura préparé d'avance une fine sauce Béchamel à la Crème complétée avec le beurre d'écrevisse; ajouter quelques cuillerées de cette sauce au macaroni, et une partie aux queues d'écrevisses et truffes.

Dressage : Verser le macaroni dans la timbale; garnir la surface avec le ragoût d'écrevisses et truffes; ranger dessus les suprêmes de Pigeonneaux et les masquer avec le restant de la sauce. Décorer la surface de belles lames de truffe.

Vol-au-Vent de Pigeonneau.

On peut garnir un vol-au-vent soit avec des Pigeonneaux préparés à la Financière, dans ce cas les Pigeonneaux sont divisés en 4 morceaux.

On peut également garnir un vol-au-vent avec des suprêmes de Pigeonneaux, queues d'écrevisses et lamelles de truffe, enrobés d'une sauce Béchamel à la crème et beurre d'écrevisses.

Pigeons en compote.

Cette dénomination a été adoptée principalement pour préparer les sujets un peu fermes. Dans ce cas, le ou les pigeons sont braisés à fond sur un lit de légumes.

Garniture : Petits oignons glacés, têtes de champignons, lard maigre de poitrine coupé en carrés, blanchis et rissolés au beurre.

Dresser les pigeons. Ajouter au fonds de cuisson un ou deux déci- litres de sauce demi-glace; donner quelques minutes d'ébullition; passer la sauce au chinois sur la garniture, donner encore 2 ou 3 minutes d'ébullition et verser sur les Pigeons.

NOTA. — On pourrait indiquer un nombre infini de préparations dont les pigeons, les pigeonneaux, les ramiers, les tourtereaux, les colombes sont susceptibles.

Bon nombre de préparations appliquées au poulet et au perdreau s'adaptent merveilleusement à ces divers volatiles.

PIGEONNEAUX FROIDS

Pigeonneaux en terrine à la gelée.

Préparer d'abord la farce suivante : faire fondre dans une poêle, pour 2 Pigeons, 50 grammes de lard gras avec 30 grammes de beurre, chauffer fortement et ajouter 100 grammes de foies de poulet assai- sonnés de sel, de poivre et épices, et une petite cuillerée à dessert d'oignon haché et pincée de persil. Faire sauter les foies 2 secondes, juste le temps de les saisir. Laisser refroidir et passer au tamis fin.

Désosser l'estomac des Pigeonneaux, supprimer les pattes. Les assai- sonner intérieurement et les garnir avec la farce préparée; les mettre dans une terrine pouvant juste les contenir. Les arroser d'une cuillerée de cognac, les couvrir d'une barde de lard. Couvrir la terrine, cuire au bain-marie, au four, 35 minutes environ. En sortant les Pigeonneaux du four, les couvrir avec une gelée de veau brune et un peu corsée et laisser refroidir.

Cette préparation doit se faire la veille, de façon que le tout soit bien froid.

Au moment de servir, dégraisser le dessus de la gelée et dresser la terrine sur plat long couvert d'une serviette.

NOTA. — On pourra remplacer la farce de foies de volaille par du parfait de foie gras truffé et cuire les Pigeonneaux comme dans la précédente formule.

On pourra ainsi cuire les Pigeonneaux dans une pâte à pâté. Dans ce cas, après avoir foncé le moule avec la pâte, garnir les parois de celle-ci avec des fines bardes de lard.

Beaucoup de formules et recettes de volaille et perdreaux sont applicables aux Pigeonneaux.

PINTADE

Presque toutes les formules indiquées pour le Faisan sont applicables à la Pintade.

Lorsque la chasse est défendue, une jeune Pintade truffée est digne de paraître sur la meilleure table.

OIE

Le principal mérite de l'Oie est de fournir le foie gras le plus fin et le plus parfait.

On l'accommode cependant de plusieurs façons, mais autant que possible elle doit être jeune.

Oie à l'Alsacienne.

La farcir avec de la chair à saucisses et la faire rôtir ou poêler ensuite.

La dresser et l'entourer de : choucroute braisée; lard de poitrine cuit avec la choucroute et coupé en tranches, et jambonneaux.

Oie à l'Anglaise.

Les Anglais sont assez amateurs de ce volatile. Préparer la farce suivante : cuire au four 6 à 700 grammes d'oignons, sans retirer la pelure ; les laisser refroidir. Les peler ensuite, les hacher et leur ajouter : le même poids de mie de pain humectée de bouillon ; assaisonnement sel, poivre, soupçon de muscade et 15 à 20 grammes de sauge fraîche ou sèche hachée.

Introduire cette préparation dans l'oie; la brider, la rôtir au four ou à la broche. Dresser et entourer avec le jus, qui doit être conservé un peu gras.

Servir à part une saucière de marmelade de pommes légèrement sucrée.

Oie à la Bordelaise.

La farcir avec moitié chair à saucisses et moitié mie de pain rissolée au beurre ; assaisonner de sel, poivre et épices, une pointe d'ail écrasée. Brider la pièce et la rôtir à la broche ou au four.

Dresser ; servir son jus à part et, en même temps, un plat de cèpes rissolés à la Bordelaise.

Oie Chipolata.

Se prépare de même que le Dindonneau de ce nom. *(Voir « Dindonneau à la Chipolata ».)*

Oie en Civet.

Recueillir le sang en tuant la bête; y ajouter de suite le jus d'un citron ou 2 cuillerées à café de vinaigre et le fouetter doucement jus- qu'à complet refroidissement pour éviter la coagulation. Découper ensuite l'oie en morceaux et procéder comme pour un Civet de Lièvre. (Voir « *Civet de Lièvre », chapitre du Gibier.)*

Oie en Confit.

Choisir des oies bien grasses, chaque sujet étant susceptible de fournir 1 kilo 250 grammes de graisse. Les nettoyer soigneusement, les vider et les détailler chacune en 6 morceaux *(les cuisses, l'estomac partagé en deux et 2 morceaux de carcasse)*. Frotter les morceaux avec du sel gris mélangé d'une pointe d'épices. Les ranger dans des plats creux, couvrir de sel et laisser saumurer pendant 24 heures. Le lendemain, faire fondre, dans une bassine ou tout autre ustensile, toute la graisse recueillie après les morceaux d'oie et les intestins. Ranger les morceaux dans la graisse, après les avoir passés à l'eau froide et bien épongés; les cuire à fond tout en les conservant un peu fermes, vu leur emploi ultérieur, ce qui demande environ 2 heures et demie.

Les mettre ensuite dans des pots préalablement passés à l'eau bouillante, et à raison d'une oie par pot. Couvrir ces morceaux avec la graisse de cuisson. Lorsque celle-ci est bien figée, ajouter du saindoux fondu en quantité suffisante pour qu'il y en ait une épaisseur d'un bon centimètre sur la graisse d'oie et laisser se solidifier.

Finalement, couvrir les pots avec des ronds de fort papier bien ficelés autour des pots.

Oie aux Marrons.

Procéder selon la méthode et les proportions indiquées pour le « Dindonneau aux Marrons ».

Oie braisée aux Navets.

Procéder comme il est indiqué pour le « Canard aux Navets ».

Oie en Daube.

Procéder selon la méthode et les proportions indiquées dans la for- mule « Dinde en Daube », en tenant compte du poids de la pièce en traitement pour régler le temps de cuisson.

CANARDS ET CANETONS

En cuisine, on distingue trois sortes de canards qui sont : les Rouen- nais, les Nantais, les diverses variétés de canards sauvages. Ces derniers sont principalement employés comme Rôtis et en Salmis. Le canard Rouennais est également traité en Rôti plutôt qu'en Entrée, la caractéristique de son apprêt étant d'être tenu saignant ; ce n'est que très rarement qu'il est braisé.

Le canard Rouennais n'est pas saigné comme les autres volailles, mais étouffé.

Le canard Nantais, qui est moins fourni en chair que le Rouennais, est généralement braisé, poêlé ou rôti.

Caneton aux nouilles à l'Alsacienne.

Choisir un sujet bien en chair, le nettoyer soigneusement et garnir l'intérieur de farce à gratin préparée avec le foie de canard et foie gras; le brider et le poêler sur un lit de légumes.

Dresser sur plat d'Entrée; l'arroser de son fonds de poêlage additionné de fonds de veau brun.
Servir en même temps un plat de Nouilles à l'Alsacienne.

Caneton à la Choucroute.

Farcir le caneton d'après la formule précédente, le cuire de même et remplacer les nouilles par de la choucroute braisée avec lard de poitrine.
Dresser le caneton avec la choucroute et tranches de lard autour.
Jus à part.

Caneton braisé aux Navets.

Faire colorer le caneton au beurre ; égoutter le beurre ; ajouter un demi-verre de vin blanc, faire réduire complètement; ajouter alors
2 décilitres de sauce demi-glace, autant de fonds de veau brun, un petit bouquet garni. Cuire le caneton à petit feu.
Dans le beurre ayant servi de rissolage au canard, faire colorer
400 grammes de navets tournés en forme d'olive allongée ; les saupoudrer d'une forte pincée de sucre et les faire sauter quelques minutes. Pré- parer également une vingtaine de petits oignons légèrement rissolés au beurre.

Lorsque le caneton est à moitié cuit, le changer de casserole, l'entourer avec les navets et oignons, passer la sauce sur le tout et compléter la cuisson au four, casserole couverte.
Dresser le caneton avec les navets et oignons disposés autour.

Caneton aux Olives.

Braiser le caneton comme celui aux Navets, en tenant la sauce plus réduite et plus succulente.

Quelques instants avant de servir, y ajouter 250 grammes d'olives dénoyautées et passées quelques minutes à l'eau bouillante.
Dresser le caneton; l'entourer avec olives et sauce.

Caneton aux petits Pois à la Ménagère.

Faire légèrement blondir au beurre une quinzaine de petits oignons et 250 grammes de lard de poitrine, coupé en gros dés et passé quelques minutes à l'eau bouillante.

Retirer le lard et oignons ; mettre le caneton à colorer dans le même beurre; dès que la coloration est obtenue, retirer le caneton sur une assiette; mêler au beurre une forte cuillerée de farine, faire légèrement **roussir** en remuant avec une cuiller en bois ; délayer le roux avec un **demi**-litre d'eau, 6 grammes de sel, une pincée de poivre, remettre le caneton dans la casserole avec petits oignons et lard ; ajouter un litre de petits pois et un petit bouquet garni. Couvrir la casserole et cuire doucement.
Retirer le bouquet, dresser le caneton, le couvrir avec la garniture.

Si la sauce était trop courte, ajouter quelques cuillerées d'eau chaude.

Caneton aux petits Pois (autre façon de le préparer).

Braiser ou poêler le canard sur un lit d'oignon et carotte émincés ; couennes de lard, bouquet garni.

Le canard étant cuit, le retirer de la casserole ; ajouter au fonds de cuisson un décilitre et demi de vin blanc, faire réduire, puis 3 déci- litres de sauce demi-glace ; donner 2 minutes d'ébullition ; passer la sauce à la passoire fine avec pression, laisser reposer un instant, dé- graisser la sauce, la remettre dans la casserole ainsi que le canard. Ajouter alors trois quarts de litre de petits pois fins cuits à la française, avec petits oignons et lard. Laisser mijoter quelques instants.

Dresser le canard, le couvrir avec les petits pois.

Suprêmes de Caneton.

Les suprêmes de caneton se lèvent comme ceux de volaille et peuvent se traiter de même.

Cependant, après expérience, on obtient un meilleur résultat lorsque le caneton est d'abord cuit, soit poêlé ou à la broche et les suprêmes levés après cuisson.

Suprêmes de Caneton à la Rossini.

Poêler le caneton sur un lit d'oignon, carottes émincés, bouquet garni. Arrivé au point de cuisson voulu, le retirer de la casserole, le tenir au chaud. Mouiller le fonds de quelques cuillerées de vieil armagnac et un verre de vin blanc; faire réduire de deux tiers; ajouter 3 décilitres de fine sauce demi-glace; donner quelques minutes d'ébullition, passer la sauce au chinois dans une petite casserole, laisser reposer quelques instants et dégraisser la sauce; y mêler 150 à 200 gr. de truffes soigneusement pelées et coupées en lamelles, assaisonnées de sel et poivre frais moulu. Tenir au chaud.

D'autre part, tailler 4 belles escalopes de foie gras frais, les assaisonner de sel et poivre, les passer à la farine et les sauter au beurre.

Lever les suprêmes du caneton, les diviser chacun en 2 escalopes; les dresser sur croûtons en pain de mie frits au beurre à la dernière minute; placer sur chaque une escalope de foie gras. Donner un bouillon à la sauce aux truffes et verser sur les escalopes.

Servir en même temps un plat de nouilles fraîches à l'Italienne.

Suprêmes de Caneton à la Piémontaise.

Préparer les suprêmes exactement pour « Rossini », et remplacer les nouilles par un succulent rizotto à la Piémontaise.

N O T A . — A propos du canard et de toutes les volailles en général, n'employer que des sujets jeunes; c'est là le principal secret pour obtenir des résultats parfaits.

Caneton Rouennais.

Sauf le cas où il doit être servi froid à la cuiller, le Rouennais ne se braise pas : il est poêlé ou rôti, toujours tenu saignant.

Lorsqu'il doit être farci, la farce est ainsi préparée : Hacher 125 gr. de lard frais, le mettre dans la poêle avec 30 grammes de beurre et faire fortement chauffer.

D'autre part, on aura préparé sur une assiette 250 grammes de foies de canard, soigneusement débarrassés du fiel, assaisonnés de sel, poivre et épices, pincée de persil et une cuillerée d'oignon haché. Jeter les foies dans la graisse brûlante, les sauter 2 ou 3 secondes, de façon que les foies soient saignants.

Laisser refroidir à moitié, piler et passer au tamis fin.

Caneton Rouennais aux Cerises.

Poêler le caneton et, avec le fonds de cuisson et addition de sauce ! demi-glace, préparer une onctueuse sauce, dite « fumet ». Dresser le caneton et le couvrir avec le fumet.

Servir à part une garniture de cerises ainsi préparées; Choisir une livre de belles cerises Montmorency ; les dénoyauter, les mettre dans un poêlon en cuivre avec 2 cuillerées de sucre en poudre et une pincée , de cannelle en poudre. Couvrir le poêlon et donner 5 minutes de cuis- son à feu modéré; retirer le poêlon du feu, laisser refroidir.

D'autre part, faire réduire de moitié un décilitre de vin de Porto additionné d' un jus d'orange et le zeste d' une orange râpé et le jus de cuisson des cerises; puis ajouter 4 cuillerées à soupe de gelée de groseille et, dès qu' elle est fondue, y joindre les cerises. **NOTA.** — On peut préparer cette sauce toute l'année en se procurant des cerises conservées dans un sirop léger. *(Spécialité de la Maison Caressa à Nice.)*

Dans le cas d'emploi de la cerise conservée. — Faire réduire de moitié une partie du sirop des cerises avec le Porto, ajouter la cannelle, le jus et le zeste d'une orange ; ajouter la gelée de groseille, compléter avec les cerises.

Caneton Rouennais en chemise.

Le nettoyer soigneusement, supprimer le croupion dont le goût est fort désagréable. Farcir le caneton avec de la farce à la Rouennaise, le brider en Entrée.

L'envelopper dans une serviette ; le ficeler comme une galantine et le pocher doucement, pendant 40 minutes environ, dans un fonds brun un peu corsé.

Pour le servir, retirer la serviette dans laquelle le caneton a été poché et la remplacer par une petite serviette à franges, donnant l'illusion d'une chemisette. L'entourer de quartiers d'oranges parés à vif et envoyer à part une sauce Rouennaise.

Caneton Rouennais en dodine au chambertin.

Rôtir le caneton en le tenant un peu saignant. Lever les deux côtés de la poitrine ; les tenir en réserve en ayant soin de poser ces deux morceaux de poitrine sur un plat du côté de la peau, cette précaution est très importante, elle a pour but de conserver le sang dans les chairs; couvrir le plat en partie.

Détacher les cuisses *(celles-ci ne sont pas servies et trouvent un autre emploi)*; supprimer le croupion complètement et piler la carcasse. Mettre dans une casserole 2 décilitres de vin de Chambertin, 2 petits verres de fine Champagne, 2 échalotes hachées, une pincée de poivre mignonnette, un soupçon de muscade et une demi-feuille de laurier; réduire vivement des deux tiers.

Ajouter alors la carcasse pilée et 3 décilitres environ de sauce demi- glace au fonds de veau brun; couvrir la casserole, la mettre au four à chaleur modérée, donner 15 à 20 minutes de cuisson; puis passer le tout au chinois fin, avec pression. Remettre la sauce en ébullition pendant quelques minutes et la compléter hors du feu avec 30 grammes de beurre frais et 3 cuillerées de farce Rouennaise.

Pour servir : Détailler chaque morceau de poitrine en 3 ou 4 esca- lopes; dresser ces escalopes dans une timbale en argent ou plat creux, l un ou l'autre bien chaud, les saupoudrer d'une pincée de sel et de poivre frais moulu; petits champignons frais rissolés au beurre. Couvrir le tout avec la sauce préparée, celle-ci doit être très chaude. Servir à part des nouilles fraîches au beurre Noisette.

NOTA. — On pourra rendre la Dodine plus riche en complétant les escalopes de caneton avec escalopes de foie gras frais sautées au beurre à la dernière minute, et de lamelles de truffes.

On pourra aussi, comme variante, pour lier la sauce, remplacer la farce rouennaise par du parfait de foie gras passé au tamis fin, additionné de 2 cuillerées de fine glace de viande et remplacer le beurre par 3 à 4 cuillerées de crème à la condition que celle-ci soit très fraîche.

Ces diverses préparations pourront être servies froides et dressées en terrine ou plat carré et en gelée.

Caneton à l'Orange.

Le caneton à l'orange se sert soit : rôti, poêlé ou braisé; mais il est le plus souvent servi rôti, accompagné d'un jus de veau brun un peu corsé, au fumet de canard auquel on ajoute une petite julienne de zeste d'orange fortement blanchie et le jus d'une orange.

Servir en même temps dans une coupe des quartiers d'oranges parés à vif.

Lorsque le canard est braisé ou poêlé, dès qu'il est cuit, le sortir de la casserole ; ajouter à la cuisson 3 décilitres de sauce demi-glace réduite au fonds de veau brun.

Passer au chinois dans une petite casserole, ajouter le zeste d'une orange et le quart d'un zeste de citron taillés en julienne et fortement blanchis et le jus de l'orange.

Dresser le caneton sur plat d'Entrée; le saucer légèrement de la sauce préparée, et envoyer le surplus à part dans une saucière.

Servir en même temps des quartiers d'oranges parés à vif.

Caneton Rouennais à la presse.

Rôtir le caneton pendant 20 minutes; l'envoyer aussitôt à table où il est ainsi traité ; enlever les deux cuisses qui ne sont pas servies.

Détailler les deux filets en fines aiguillettes; les ranger l'une à côté de l'autre sur un plat tiède; les assaisonner de sel, et poivre frais moulu.

Hacher la carcasse et la passer à la presse à cet usage en l'arrosant d'un verre de vin rouge, bordeaux ou bourgogne, qu'on aura fait réduire de moitié.

Recueillir le jus, l'additionner d'un filet de cognac et en arroser les aiguillettes.

Placer le plat sur un réchaud, bien chauffer sans laisser bouillir et servi aussitôt.

Caneton farci à la Rouennaise.

Farcir le caneton avec la farce indiquée à la Notice ; le rôtir à feu vif pendant 25 à 30 minutes selon sa grosseur. L'accompagner d'une sauce Rouennaise.

S'il est servi tout découpé : détacher les cuisses; les ciseler intérieurement, les assaisonner de sel et de poivre et les faire griller.

Détailler les filets en fines aiguillettes; les dresser sur un côté d'un plat long et sur l'autre côté la farce retirée de l'intérieur.

Placer les cuisses grillées sur un bout du plat.

Hacher grossièrement la carcasse; la passer à la presse en l'arrosant d'un verre de fine champagne et le jus d'un citron.

Ajouter le jus recueilli à la sauce Rouennaise et saucer légèrement les aiguillettes. Servir à part le reste de la sauce.

Caneton en salmis à la Rouennaise.

Procéder en tous points comme il est dit pour la « Dodine au Chambertin ». Dresser sur un croûton de pain de mie d'un centimètre d'épaisseur, de forme carrée et grandeur nécessaire ; le creuser légèrement et le faire frire au beurre clarifié, puis garnir le vide de farce à la Rouennaise. •

L'entourer de petits croûtons en pain de mie, frits au beurre et re- couverte d'une légère couche de farce Rouennaise.

On peut toujours faire griller les cuisses et les servir en même temps.

Caneton soufflé Rouennaise.

Rôtir ou poêler le caneton en le tenant saignant.

Lever les suprêmes et les tenir en réserve. Couper les os de la poitrine avec de gros ciseaux, de façon que la carcasse figure une sorte de caisse.

Avec le foie du caneton, 250 grammes de filet de bœuf, 100 gr. de foie gras cru ou à défaut remplacer par même quantité de foies de poulardes, un blanc d' œuf, préparer une farce mousseline.

Emplir la carcasse avec cette farce, de façon à reformer la pièce dans sa forme primitive; l'entourer d'une bande de papier beurré pour éviter toute déformation; pocher doucement à couvert pendant 20 minutes.

Le Pochage : Mettre au fond d'une braisière ovale, de grandeur voulue, une brique assez épaisse; ajouter de l'eau bouillante aux deux tiers de hauteur de la brique ; faire bouillir. Placer le caneton dressé sur un plat pouvant rentrer et se retirer facilement de la braisière ; couvrir celle-ci et laisser pocher la farce doucement en tenant l'eau à 95 degrés. Ne pas laisser bouillir.

Dresser le canard sur le plat de service, le masquer légèrement de sauce Salmis. Servir en même temps les suprêmes de canetons mis en réserve et escalopés, additionnés de lamelles de truffes; le tout enrobé d'une fine sauce Salmis, relevée de haut goût et bouillante.

NOTA. — Cette farce Mousseline peut être pochée dans un moule à cylindre ; servir comme accompagnement les suprêmes de canard escalopés et additionnés de lamelles de truffe enrobés de sauce Salmis.

Caneton Périgourdine (soufflé de).

Piler finement les chairs d'un caneton rôti ou poêlé avec 2 ou 3 foies de canard rissolés au beurre, ajouter 4 jaunes d'œufs, assaisonner de sel et poivre, frais moulu, soupçon de muscade. Passer la farce au tamis fin, la mettre dans une terrine, lui mêler intimement 3 à 4 cuillerées de sauce demi-glace très réduite et 6 blancs d'œufs en neige bien ferme; compléter avec 125 grammes de truffes soigneusement pelées et coupées en fines lamelles.

Verser la composition dans une timbale à soufflé beurrée et cuire au four comme un soufflé ordinaire.

Servir comme accompagnement une sauce à la Moelle.

NOTA. — Ce soufflé peut se préparer avec des restes d'un canard du repas précédent.

CANETONS FROIDS

Aiguillettes de Caneton à la gelée.

Poêler un caneton Rouennais 25 à 30 minutes environ ; le laisser à peu près refroidir dans sa cuisson. Lever ensuite les filets ; en retirer la peau et les détailler en aiguillettes; les tenir en réserve.

Piler finement les cuisses et la carcasse, après avoir supprimé le croupion et les mettre dans la casserole dans laquelle on aura fait réduire de moitié 2 décilitres de vin rouge et une cuillerée de cognac et pincée de poivre mignonnette. Ajouter alors 2 décilitres de sauce demi-glace; laisser mijoter un quart d'heure; passer à la passoire fine avec pression. Tenir au frais.

D'autre part, préparer une farce à la Rouennaise comme il est indiqué. Dans les proportions de 200 grammes environ, mettre cette farce dans une terrine, lui mêler le même volume de parfait de foie gras passé au tamis, et une partie ou le tout de la sauce préparée avec les cuisses et la carcasse du caneton. Travailler le tout fortement, avec une cuiller en bois; lui incorporer petit à petit 200 à 250 grammes de beurre mousseux et quelques cuillerées de crème très fraîche.

Dresser, cette mousse dans un plat creux; égaliser la surface, dis- poser dessus les aiguillettes et recouvrir le tout d'une fine gelée au Porto ou au vin de Frontignan.

Facultativement, on pourra accompagner les aiguillettes de quartier» d'oranges parés à vif.

Aiguillettes de Caneton aux Cerises.

Préparer et dresser les aiguillettes sur Mousse identiquement comme il est dit dans la recette précédente. Disposer, tout autour des aiguillettes, une rangée de cerises cuites avec une cuillerée de sucre, zeste d'orange et 2 cuillerées de vin de Bordeaux.

Couvrir le tout de gelée au Porto.

Faire raffermir la gelée et servir le plat entouré de glace pilée ou incrusté dans un bloc de glace.

Caneton à la Cuiller.

Braiser un caneton sur un lit de légumes; carotte et oignon émincés, et fonds de jarret de veau. Le caneton doit être bien cuit.

Le laisser refroidir à moitié, lever soigneusement les filets, désosser les cuisses.

Ajouter au fonds de braisage 3 décilitres de sauce demi-glace; faire réduire pour obtenir, après réduction, environ 4 décilitres de sauce; compléter alors avec 3 cuillerées de farce Rouennaise et passer à la passoire fine.

Couler au fond d'une terrine, de grandeur voulue, une couche de sauce; disposer dessus la chair des cuisses, les napper de sauce; couvrir avec parfait de foie gras coupé en tranches ; masquer le foie avec les filets de canard détaillés en 3 ou 4 escalopes chaque ; couvrir avec le restant de la sauce. Finir de remplir la terrine avec de la fine gelée au Porto.

Tenir sur glace 24 heures avant de servir.

Terrine de Caneton à la Gelée.

Désosser l'estomac d'un caneton Rouennais, assaisonner l'intérieur de sel et poivre et une cuillerée de cognac. Supprimer le croupion et les pattes.

Garnir le caneton avec de la farce à la Rouennaise ; le mettre dans une terrine pouvant le contenir très juste. L'arroser simplement d'un petit verre de cognac et saler légèrement ; couvrir d'une barde de lard; cuire à découvert au bain-marie, au four, environ 40 minutes.

En sortant le caneton du four, remplir la terrine avec de la gelée un peu corsée et surtout bouillante; laisser refroidir jusqu'au lendemain.

Au moment de servir, retirer avec une cuiller la graisse montée à la surface. Dresser sur plat long recouvert d'une serviette.

Timbale de Caneton à la Toulousaine.

Proportions pour 6 à 8 personnes : Faire rôtir les canetons, les tenir un peu saignants ; les laisser refroidir et lever les filets.

Avec les cuisses et les carcasses auxquelles on aura supprimé les croupions, préparer une sauce Salmis à la Gelée, comme une sauce Chaud-Froid.

Détailler les filets en escalopes (3 ou 4 sur chaque filet), les enrober de même sauce salmis et laisser raffermir.

D'autre part, on aura foncé, avec de la pâte feuilletée, un moule à pâté de forme basse un peu plus large que haut ; couvrir la pâte de bardes de lard ; remplir le vide avec de la chair à saucisses, le haut en forme de dôme, couvrir d'une barde de lard, puis avec la pâte en laissant une cheminée sur le centre. Souder les bords; décorer le couvercle avec des petites feuilles de la même pâte. Dorer à l'œuf battu et cuire au four. Laisser refroidir complètement et délicatement retirer le couvercle en passant la pointe du couteau tout autour, le long de la crête de la timbale. Retirer complètement le contenu, pourra servir à diverses autres préparations.

Faire prendre une couche assez épaisse de sauce Salmis, additionnée dans les mêmes proportions de farce à la Rouennaise, sur cette farce, ranger en couronne la moitié des escalopes de canard en les alternant de minces escalopes de parfait de foie gras et lamelles de truffe ; re-couvrir d'une couche de gelée. Recommencer un deuxième rang d'esca- lopes de canard, de foie gras et lamelles de truffe.

Il doit rester très peu de vide dans le centre qu'on pourra, en tout cas, compléter avec du foie

gras. Finir de remplir la timbale avec de la gelée au Porto, couvrir la timbale avec son couvercle, tenir au frais jusqu'au moment de servir.

NOTA. — Cette méthode de timbale peut être appliquée à tous les Gibiers susceptibles d'être apprêtés en Salmis.

FOIE G R A S
(PréparationschaudesdeFoieGras.)

Le Foie gras servi chaud, sauf en escalopes, n'est pas très apprécié.
Cependant, voici quelques formules :

Il y a trois façons de cuire le foie gras : poché, braisé, et cuit dans une pâte.

Poché : Choisir un beau foie gras, bien frais et ferme, du poids Je 6 à 800 grammes; le parer, le dénerver, puis le clouter de truffes crues, soigneusement pelées et coupées en quartiers, assaisonnées de sel, poivre et épices. Arroser le foie d'un petit verre de cognac et madère, l'assaisonner également de sel, poivre et épices; puis l'envelopper de bardes de lard et ensuite d'une mousseline, le ficeler comme mie Galantine.

- Faire pocher le foie pendant 20 à 25 minutes, suivant grosseur, et à ébullition très lente.

Quelques instants avant de servir, déballer le foie, le dresser sur un plat d'entrée et garnir avec la garniture adoptée, soit : Financière, de sauce Madère aux Truffes, de nouilles, raviolis, macaronis, etc.

Ce sont, en général, les pâtes qui conviennent le mieux pour accompagner le Foie gras chaud.

Braisé : Clouter le foie d'après la méthode première; l'assaisonner de sel, poivre et épices; l'envelopper de fines bardes de lard et le ficeler.

D'autre part, préparer une Mirepoix composée d'un oignon, une carotte coupée en dés, queues de persil ciselées, une petite feuille de laurier, brindilles de thym et 50 grammes de lard maigre détaillé en petits carrés. Faire légèrement blondir le tout au beurre.

Mettre le foie gras dans une casserole, pas trop large; l'entourer avec la Mirepoix, mouiller d'un verre de vin blanc; couvrir la casserole, faire réduire de deux tiers; compléter le mouillement avec 3 à 4 décilitres de jus de veau brun. Couvrir et terminer la cuisson au four, 25 à 30 minutes.

Le fonds de cuisson pourra être lié soit avec une petite cuillerée de fécule, ou additionné de fine sauce demi-glace. Garniture à volonté.

En Pâte : Parer, dénerver et clouter le foie avec truffes en quartiers; l'assaisonner de sel, de poivre et épices; le déposer dans une terrine, l'arroser d'une forte cuillerée de cognac et madère. Couvrir la terrine et laisser macérer environ 2 heures.

Faire deux abaisses ovales en pâte à pâté, un peu plus larges que le foie gras. Sur l'une de ces abaisses, disposer le foie enveloppé de bardes de lard; mouiller les bords de la pâte; recouvrir avec la seconde abaisse ; souder et replier en bourrelet régulier les bords des deux abaisses. Dorer et rayer le dessus de la pâte; faire une petite ouverture sur le milieu pour l'échappement de la vapeur pendant la cuisson. Cuire au four, chaleur moyenne, 30 à 35 minutes.
Servir tel quel et envoyer en même temps la garniture adoptée.

Pour servir le foie gras en pâte, le maître d'hôtel doit détacher le dessus de la croûte, tout autour du foie, et enlever cette croûte.
Il découpe alors le foie à la cuiller, en forme de coquilles, les dresse au fur et à mesure sur les assiettes bien chaudes et les entoure de la garniture choisie et indiquée sur le Menu.

Foie gras chaud à l'Alsacienne.
Préparer et braiser le foie comme il est indiqué. Au moment de le servir, le sortir de la cuisson

; le débarrasser des bardes de lard ; le dresser dans un plat creux, le couvrir de lamelles de truffes enrobées du fonds de cuisson réduit dégraissé et additionné de quelques cuillerées de sauce demi-glace et une cuillerée de Madère.

Servir en même temps un plat de nouilles fraîches préparées à l ' Alsacienne.

Escalopes de Foie gras.

Les escalopes de foie gras sont taillées sur foies bien frais et fermes du poids chacune pouvant varier entre 75 et 100 grammes, suivant les circonstances, assaisonnées de sel et de poivre, puis passées à la farine et sautées au beurre; ou, après les avoir passées à la farine, les tremper dans de l'œuf battu, ensuite dans de la mie de pain fraîchement préparée. Cuites au dernier moment au beurre clarifié.

Ces escalopes comportent une variété de garnitures telles : pointes d'asperges, petits pois frais à l'Anglaise, nouilles à l'Italienne, nouilles à l'Alsacienne, émincé de truffes au Madère à la crème, au Paprika, Rizotto, Champignons, Cèpes à la Crème, Purée de Pommes, etc.

Escalopes de Foie gras Favorite.

Cuire les escalopes au beurre et simplement passées à la farine et à la poêle ; les retourner en temps voulu pour obtenir une belle couleur sur les deux faces.

Les dresser sur croûtons en pain de mie frits au beurre au dernier moment. Les couvrir de lamelles de truffe enrobées d'une fine sauce demi-glace.

Servir en même temps une garniture de pointes d'asperges au beurre, tenues bien vertes.

Escalopes de Foie gras Rossini.

Se préparent identiquement comme pour « Favorite », sauf que les pointes d'asperges sont remplacées par des nouilles à l'Italienne.

Escalopes de Foie gras Richelieu.

Paner les escalopes comme il est indiqué à l'œuf et mie de pain; les cuire au beurre clarifié, de belle couleur dorée. Les dresser sur plat bien chaud, placer 2 belles lames de truffe sur chaque escalope; les masquer de la sauce suivante : Faire fondre 2 ou 3 cuillerées de glace de viande additionnée du même volume de consommé ; donner un bouillon et incorporer à la glace de viande, par petites parties, 100 grammes de beurre fin, en remuant avec une cuiller; compléter la sauce d'un jus de citron.

Accompagnement : Purée de champignons frais à la Crème, Purée de Marrons.

NOTA. — Dans le cas où le beurre et la glace de viande viendraient à se désunir, il suffira d'ajouter une cuillerée d'eau chaude pour faire revenir la sauce à son état normal.

Mignonnettes de Foie gras.

Mélanger intimement deux tiers de foie gras truffé cuit, écrasé à la fourchette et un tiers de farce fine de volaille. Façonner la composition en forme de petits palets; paner à l'Anglaise avec mie de pain fraîchement préparée et cuire doucement au beurre clarifié. Dresser en couronne et garnir à volonté de : pointes d'asperges, petits pois, purée de champignons, etc.

Ces mignonnettes pourront, à volonté, être dressées sur petits palets en semoule, passés à la farine et colorés au beurre sur les deux faces.

Même sauce que la sauce indiquée aux « Escalopes Richelieu ».

NOTA. — Avec les escalopes et les mignonnettes, par la simple variation des garnitures, on peut composer de nombreuses petites entrées volantes très appréciées en certaines circonstances.

PRÉPARATIONS FROIDES DU FOIE GRAS, PARFAITS, PÂTÉS, TERRINES DE FOIE G R A S

Quels que soient les soins et l'attention apportés à la confection de ces diverses préparations, il est souvent si difficile d'obtenir les résultats auxquels atteignent les fabricants réputés de ce produit qu'il est préférable, la plupart du temps, de s'adresser à une bonne maison pour se les procurer.

Parfait de Foie gras.

Le Parfait de foie gras se prête à de nombreuses préparations culinaires. 11 est, en principe, servi en terrine, enrobé d'une succulente gelée.

Méthode simple pour préparer le Parfait. — Choisir deux foies frais bien fermes ; retirer soigneusement le fiel ; parer et dénerver les foies, les clouter d'excellentes truffes pelées avec soin et coupées en quartiers. Mettre les foies dans une terrine, les assaisonner de sel, de poivre frais moulu et épices. Arroser d'un décilitre de cognac et autant de Madère. Couvrir la terrine; laisser macérer 5 à 6 heures.

Envelopper les foies gras de bardes de lard, puis d'une serviette ou d'une mousseline; les ficeler comme une galantine; les faire pocher 20 minutes dans un fonds de veau et les laisser refroidir dans leur cuisson.

Les sortir aussitôt froids, les débarrasser de la serviette et des bardes de lard.

Mettre les deux foies, réunis l'un contre l'autre, dans une terrine de grandeur voulue et les couvrir de fine gelée au champagne ou au Porto.

Aspic de Foie gras.

Chemiser de gelée un moule à douille, nu ou historié, le décorer avec blanc d'œuf dur et truffe.

Le garnir de rectangles de parfait de foie gras, disposés en rangées légèrement chevalées, en les alternant de gelée et lamelles de truffe. On peut aussi remplacer les rectangles par de jolies coquilles de foie gras levées à la cuiller, en procédant ainsi : avoir à côté de soi un pot d'eau chaude et une cuiller à soupe; tremper celle-ci dans l'eau chaude, ensuite dans le parfait et très facilement on obtiendra de jolies coquilles qui, sûrement, produiront meilleur effet que le foie gras coupé en carré.

Tenir le moule entouré de glace pilée.

Au moment de servir, démouler l'Aspic sur un plat recouvert d'une serviette pliée.

On peut aussi servir en Aspic le parfait de Foie gras dans son entier; dans ce cas, il est moulé dans un moule de forme ovale chemisé de gelée décoré de belles lamelles de truffes.

Dresser sur coussin en pain de mie masqué de beurre, façonner en forme de coussin. Former les cordons du coussin avec du beurre ra- molli poussé à la poche munie d'une douille cannelée et le poser sur le plat de service.

Entourer le coussin sur lequel repose le Foie gras, de truffes cuites au Madère en les alternant de petits aspics moulés dans des moules à darioles.

Mousse de Foie gras.

Préparer la Mousse de Foie gras de la façon suivante : Passer au tamis fin 5 à 600 grammes de parfait de foie gras; mettre la purée qui en résulte dans une terrine et lui incorporer intimement 250 gr. de beurre fin ramolli et une prise de sel. Travailler l'appareil de façon à le rendre mousseux et compléter en lui incorporant 6 à 8 cuillerées de crème très fraîche demi-fouettée. Verser aussitôt dans un moule à charlotte. Chemisé à la gelée et décoré de quelques belles lames de truffe. Tenir au frais. Démouler au moment de servir sur plat de service recouvert d'une serviette.

On prépare aussi la Mousse de Foie gras en lui incorporant de la gelée de volaille à la place de beurre. Mais, cette méthode genre de Bavarois offre certains aléas, lorsqu'on doit la démouler trop longtemps à l'avance.

Les Mousses préparées à la gelée doivent être mangées aussitôt démoulées; elles ne résisteraient pas longtemps à la chaleur d'une salle dont l'atmosphère serait un peu surchauffée.

J'ai maintes fois remarqué, dans les buffets de bal où on avait dressé des Mousses à la Gelée, qu'elles fondaient à vue d'œil, ce qui ne pourrait se produire avec les Mousses au beurre.

Les tartelettes, les barquettes, les éclairs, les petites brioches, les petits pains au lait ont avantage d'être garnis avec la Mousse au beurre et, dans ce cas, on pourra supprimer l'addition de crème.

Foie gras au paprika doux (Mode hongroise).

Mode Hongroise. — Parer un beau foie gras frais; l'assaisonner de sel ; le mettre dans une terrine allant au four et de grandeur nécessaire; l'entourer avec un ou deux gros oignons blancs émincés et saupoudrés d'une cuillerée de paprika rose et surtout doux. Cuire au four chaleur modérée, 30 à 35 minutes environ. A ce point l'oignon doit être d'une jolie couleur brune, comme s'il venait d'être frit.

Retirer la terrine du feu et laisser refroidir.

Cette préparation se fait généralement la veille et on sert, en même temps que le foie, des pommes de terre cuites au four.

Recette communiquée par Mme *Katinko, la célèbre danseuse hongroise. — A. E.*

IMPORTANT A CONNAITRE. — Pour le *paprika* comme pour le curry il est prudent de s'assurer du degré de poivre qu'ils contiennent, en goûtant préalablement le produit. — A. E.

GIBIERS

GIBIERAPOIL

LE CHEVREUIL

Le chevreuil est ainsi détaillé : les carrés, la selle, les gigots qui constituent les premiers morceaux de la bête. Les bas morceaux tels : Je collet, les épaules, les poitrines et le haut des carrés détaillés en morceaux de 60 grammes, se préparent comme le bœuf à la Bourguignonne ou sont mis en Daube à la mode Provençale.

Les carrés sont détaillés en côtelettes, les noisettes sont prises sur la selle, les cuissots sont généralement servis rôtis ou poêlés.

Côtes de Chevreuil aux Cerises.

Sauter vivement les côtelettes à l'huile d'olive ou au beurre : les dresser en couronne en les intercalant de croûtons taillés en cœurs et frits au beurre à la dernière minute. Couvrir d'une sauce Venaison.

Servir à part une saucière de sauce aux Cerises. *(Voir cette sauce.)* Les noisettes de chevreuil se préparent de même que les côtelettes; elles sont dressées sur croûtons ronds frits au beurre, masquées de sauce

Venaison, cerises servies en même temps.

NOTA. — Les cerises pourront être remplacées à volonté soit par de la purée de marrons, purée de Patates, purée Soubise, marmelade de pommes, purée de céleri, bananes coupées en rondelles et sautées au beurre, cèpes à la crème, etc.

La sauce Venaison pourra être remplacée à volonté par une simple sauce poivrade.

Sauce aux Cerises. — Réduire de moitié un verre de vin de Porto additionné d'une cuillerée à café d'épices anglaises, d'un jus d'orange et une demi-cuillerée de zeste râpé et quelques cuillerées de jus des cerises. Ajouter 4 à 5 cuillerées à soupe de gelée de groseilles et, dès qu'elle est fondue, y joindre 200 grammes de cerises douces conservées dans un sirop léger.

On trouve cette conserve de cerises chez tous les principaux fabricants de conserves à Nice, principalement chez *Caressa*.

NOTA. — A défaut d'épices anglaises, on pourra les remplacer par une prise de cannelle et un clou de girofle.

Selle de Chevreuil.

La selle de chevreuil soigneusement parée, puis bardée ou piquée, on pourra à volonté la mariner pendant quelques heures, simplement arrosées de quelques cuillerées d'huile d'olive et autant de cognac et vin blanc, un oignon émincé et branches de persil.

La selle est mise à rôtir ou poêlée.

Toutes les garnitures mentionnées aux noisettes sont applicables à la selle.

Les poires de petite grosseur, cuites au vin rouge avec un peu de sucre cannelle et zeste de citron accompagnent très bien une selle de chevreuil poêlée.

Selle de Chevreuil à la crème.

Parer la selle, la barder, ou la piquer avec des fins lardons. La mettre en marinade pendant quelques heures avec 2 cuillerées d'huile d'olive, un oignon et une carotte émincés, queues de persil, une feuille de laurier, une cuillerée de vinaigre, un verre de vin blanc sec et quelques grains de poivre.

L'arroser de beurre et la rôtir dans un plat à cet usage, assez étroit, entourée des légumes de la marinade, bien égouttés. Retirer la selle aussitôt cuite, déglacer le plat avec le vin de la marinade et faire réduire presque entièrement; ajouter 3 décilitres de crème très fraîche et 2 cuillerées de glace de viande ; faire bouillir quelques instants et passer au chinois fin. Servir cette sauce en même temps que la selle.

On pourra toujours accompagner la selle à la Crème d'une purée de marrons.

Selle de Chevreuil avec diverses sauces,

La selle étant piquée ou bardée, marinée ou non et rôtie, peut s'accompagner des sauces suivantes : Venaison, Poivrade, Chasseur, Raifort.

La sauce Raifort est surtout appréciée pour accompagnement de la selle, lorsque la garniture comporte une marmelade de pommes ou de bananes cuites au beurre.

La sauce Raifort se compose de gelée de groseille fondue additionnée de raifort râpé en proportion de 3 cuillerées de groseille et une cuillerée de raifort.

La gelée de groseille nature est toujours de rigueur comme accompagnement à toute préparation du chevreuil.

SANGLIER ET MARCASSIN

Quand le sanglier a dépassé l'âge de sa jeunesse, il n'est guère usité pour la fine cuisine. La meilleure façon dans ce cas, est de l'accommoder en daube, au vin rouge ou blanc, ou à la mode Provençale. Servir en même temps de la purée de châtaignes.

Le jeune sanglier ou marcassin est au contraire assez apprécié. Les noisettes, côtelettes, selle, quartiers de marcassin peuvent se préparer comme ceux de Chevreuil.

Les mêmes sauces et garnitures indiquées pour le Chevreuil con- viennent au Marcassin.

NOTA. — On pourra compléter la Daube de Sanglier avec de beaux pruneaux de Tours cuits au vin légèrement sucré et zeste d'orange.

LIÈVRE ET LEVRAUT

Sauf pour les Terrines, pâtés, ou emplois divers en farces, les vieux lièvres ne sont guère appréciés. Quel que soit l'emploi auquel est destiné ce gibier, on doit, de préférence, choisir un lièvre de l'année, dont le poids dépasse rarement 3 kilos. La fragilité de l'oreille permet d'ailleurs de se rendre compte de la tendresse du sujet.

Civet de Lièvre.

Choisir un lièvre de l'année, le dépouiller, recueillir le sang en le vidant; lui ajouter un filet de vinaigre pour l'empêcher de se cailler; le tenir en réserve ainsi que le foie, dont on doit enlever immédiate- ment le fiel et toute la partie contaminée par le contact de celui-ci.

Découper la bête ; mettre les morceaux dans une terrine avec quelques cuillerées de cognac, et huile d'olive, sel, poivre frais moulu et un oignon coupé en minces rondelles. Laissez mariner quelques heures.

Faire passer quelques minutes à l'eau bouillante 200 grammes de lard maigre coupé en gros dés; l'égoutter et le faire revenir au beurre; le retirer dès qu'il est légèrement coloré, le déposer sur une assiette et, dans le même beurre, faire colorer 2 moyens oignons coupés en quartiers.

Ajouter 2 fortes cuillerées de farine; cuire jusqu'à ce que le roux soit blond ; mettre les morceaux de lièvre dans ce roux, après les avoir bien égouttés, mais ne pas les éponger. Les remuer quelques instants avec une cuiller de façon que les chairs se trouvent saisies.

Mouillez ensuite, à hauteur des morceaux de lièvre, avec du bon vin rouge; ajouter un bouquet garni comportant : queues de persil, une feuille de laurier, thym et une gousse d' ail, couvrir et cuire douce- ment sur le coin du fourneau.

Un peu avant de servir, lier le civet avec le sang réservé additionné de quelques cuillerées de sauce du lièvre ; ajouter le foie escalopé et légèrement sauté au beurre.

Pour terminer, changer de casserole les morceaux de lièvre, en les prenant un par un ; leur ajouter les lardons revenus ; 25 petits oignons glacés, cuits à part ; 25 champignons légèrement rissolés au beurre et assaisonnés.

Passer la sauce sur le tout; dresser au moment en terrine chaude et servir en même temps des croûtons taillés en coeurs frits au beurre.

Civet de Lièvre de la mère Jean.

Préparer un civet tel qu'il vient d'être expliqué; remplacer les champignons par des cèpes escalopés sautés à la Provençale et servis à part.

Dresser les morceaux de lièvre dans un poêlon en terre ; chauffer fortement la sauce sans laisser bouillir, et la compléter avec un décilitre de crème très fraîche; verser aussitôt dans le poêlon.

Cèpes *à la Provençale*. — Cèpes sautés à l'huile d'olive assaisonnés de sel, de poivre frais moulu, un soupçon d' ail, persil haché, additionnés d'un tiers de leur volume de croûtons taillés en cubes et rissolés à l'huile.

Civet de Lièvre à la Lyonnaise.

Préparer un civet suivant la méthode ordinaire, en supprimant les champignons de la garniture et en les remplaçant pair des beaux marrons cuits au consommé.

Dans certains pays, on ajoute au civet des beaux pruneaux de Tours dénoyautés.

Côtelettes de Lièvre.

L'apprêt de ces côtelettes peut se faire de trois façons

1 ° En appareil à croquettes lié à brun, dont la chair cuite du lièvre est l'élément principal. Leur traitement est exactement le même que celui des croquettes ordinaires.

2° Préparées selon la méthode « à la Pojarski », comme il est dit plus loin.

3° En farce de lièvre à la panade et au beurre. (*Voir farce.*)

Ces dernières se moulent dans des petits moules à côtelettes en fer blanc beurrés et sont fourrées d'un salpicon de filet de lièvre rôti lié à brun avec une sauce demi-glace, très réduite.

Ces côtelettes sont pochées à grande eau salée avec le moule, celui-ci se détache de la farce pendant le pochage.

Les côtelettes sont ensuite passées à l'œuf battu, puis à la mie de pain fraîchement préparée; colorées ensuite au beurre clarifié, dressées et accompagnées d'une sauce ou garniture au choix.

Côtelettes à la Pojarski.

Prendre la chair, bien dénervée, de deux cuisses d'un jeune lièvr'6; la hacher en lui incorporant le quart de son poids de beurre et autant de mie de pain blanc humectée de crème. Diviser cette préparation par parties de 50 grammes en leur donnant la forme d'un œuf; les aplatir et les façonner en côtelettes. Les cuire au beurre clarifié et servir en même temps une sauce crème. La garniture de ces côtelettes est facultative.

Cuisses de Lièvre.

Leurs divers emplois rentrent dans la composition du civet; dénervées et piquées de fins lardons et rôties ; avec la chair hachée on en confectionne des côtelettes dites « à la Pojarski » et diverses farces. On accompagne ces préparations de sauces et garnitures à volonté.

Filets de Lièvre.

Les lever dans toute la longueur, depuis la pointe de la hanche jus- qu'à la naissance du cou.

Après les avoir soigneusement dénervés, les piquer de très fins lardons ou les contiser, avec truffe. Ces filets, suivant grosseur, peuvent être divisés en 2 ou 3 parties, et ensuite, rangés dans une casserole à sauter grassement beurrée.

Quelques instants avant de servir, assaisonner les filets de sel et les cuire vivement au beurre de façon à les obtenir légèrement rosés ; sur- tout ne pas laisser brûler le beurre de cuisson.

Dresser les filets, à volonté, sur croûton ou directement sur le plat.

Déglacer le fond de la casserole avec quelques cuillerées de vin blanc, et ajouter 2 ou 3 décilitres de sauce poivrade réduite à point, passer la sauce à la passoire fine et la compléter avec quelques cuillerées de crème très fraîche.

Toutes les garnitures déjà mentionnées conviennent aux Filets de Lièvre.

On pourra également, lorsque les filets sont cuits, remplacer la sauce poivrade par une sauce Chasseur, sauce Madère, aux truffes, sauce Bordelaise, sauce groseille au raifort, etc.

La purée de Marrons pourra toujours accompagner l'une ou l'autre de ces préparations.

Filets de Levraut Chasseur.

Détailler les filets en petites noisettes, les assaisonner de sel et poivre frais moulu, les sauter vivement dans l'huile d'olive et beurre. Aussitôt ces noisettes cuites, les retirer sur une assiette, les tenir au chaud. Ajouter au beurre de cuisson 150 à 200 grammes de cham- pignons frais émincés, les sauter quelques instants, ajouter 2 échalotes finement hachées, un petit verre de cognac et un demi-verre de vin blanc ; faire réduire ; ajouter alors un décilitre et demi de sauce demi- glace, 2 cuillerées de sauce tomate et 2 ou 3 cuillerées de glace de viande, persil ciselé; donner quelques secondes d'ébullition; retirer la casserole hors du feu et mêler à la sauce les noisettes de levraut tenues au chaud.

Filets de Levraut La Vallière.

Même préparation que « Chasseur », compléter par quelques lamelles de truffe taillées en julienne et feuilles d'estragon ciselées.

Filets de Levraut Mornay.

Parer 2 filets de levraut, les détailler transversalement en petites noisettes de l'épaisseur d'un centimètre.

D'autre part, préparer autant de petits croûtons ronds enlevés à l'emporte-pièce de même diamètre que les noisettes; puis 150 gr. de truffes, soigneusement pelées et taillées en lames.

Quelques instants avant de servir, assaisonner les noisettes de sel et poivre, les sauter vivement au beurre, en procédant comme les rognons sautés et en même temps faire colorer les croûtons au beurre clarifié. Déposer noisettes et croûtons sur une assiette. Déglacer la sauteuse avec un verre de Madère ; ajouter un décilitre et demi de sauce demi- glace et 2 ou 3 cuillerées de glace de viande blonde ; donner quelques secondes d'ébullition, ajouter les truffes et incorporer à la sauce, hors du feu, 100 grammes de beurre, puis les petits croûtons et les filetsde levraut. Agiter la casserole pour que tout ce fin ragoût se trouve bien enveloppé de sauce.

Dresser aussitôt en timbale en argent ou en faïence.

Comme variante, on pourra remplacer les 100 grammes de beurre par un décilitre de crème très fraîche et servir en même temps un légumier de purée Soubise, ou purée de Marrons.

Mousse et Mousseline de Lièvre,

Le procédé et les proportions de la farce Mousseline de lièvre sont les mêmes que pour toutes les autres, en employant de la chair de lièvre comme élément principal.

La mousse de lièvre se moule et se traite comme la mousse de volaille et s'accompagne d'une sauce au fumet de gibier.

Les mousselines se moulent à la cuiller ou en petits moules à daricles beurrés et se pochent comme celles de volaille ; s'accompagnent d'une fine sauce au fumet de gibier.

On peut servir, en même temps que la Mousse et Mousselines, une purée de marrons, de céleri, de lentilles.

Râble de Lièvre.

Le râble comprend tout le dos du lièvre, depuis la naissance du cou jusqu'à la queue. Cependant, le plus souvent on ne prend comme râble que la partie de la selle aux trois premières côtes.

Le Râble étant soigneusement dénervé est piqué de fins lardons ou simplement enveloppé de bardes de lard, puis rôti.

Le Râble de lièvre, comme la selle de chevreuil, peut être légèrement mariné, et les mêmes sauces et garnitures lui conviennent.

Souflé de Lièvre .

Dénerver les chairs de deux cuisses de lièvre, les détailler en petits ; carrés de la grosseur d' une noix; les assaisonner de sel, poivre frais moulu : les faire sauter au beurre ; les piler finement, les passer au tamis fin. Mettre la purée qui en résulte dans une terrine, lui incorporer intimement 4 à 5 cuillerées de sauce demi-glace un peu corsée, 4 jaunes d'œufs, soupçon de muscade râpée et essence de truffe. Pour finir,
5 à 6 blancs d ' œufs fouettés bien fermes. Cuire au four comme un soufflé ordinaire et servir en même temps avec sauce Périgueux.

LAPEREAUX DE GARENNE ET LAPEREAUX DE FERME

On accommode l'un et l'autre en civet comme il est expliqué pour le lièvre,

La gibelotte de lapereau n'est autre qu'un civet auquel on ajoute des pommes de terre coupées en quartiers. *(Plats de Ménage.)*

Seul le Lapereau de ferme se prépare en blanquette et en fricassée, en procédant de la même façon que le poulet. *(Voir « Blanquette » et « Fricassée de Poulet ».)*

Toutes les autres façons d'accommoder le Lapereau peuvent être appliquées aux deux espèces. Les formules appliquées aux Filets de Levraut conviennent au Lapereau.

Lapereau sauté Chasseur.

(Voir « Filets de Levraut » de ce nom et procéder de même.)

Lapereau sauté La Vallière.

Lapereau Sauté Chasseur auquel on ajoute à la sauce une truffe taillée en julienne et quelques feuilles d'estragon ciselées.

En général, on pourrait appliquer à la préparation des lapereaux la plus grande partie des formules des poulets sautés. *(Voir « Poulets Sautés ».)*

Le lapereau sauté aux tomates, le pilaw de lapereau, lapereau sauté Parmentier, sauté à l'Italienne, aux Champignons, au curry, au paprika, à la crème, sont des mets excellents pour le déjeuner et à la fois économiques.

Le lapereau sauté aux tomates peut toujours être accompagné d'un plat de riz cuit à volonté ou de pommes de terre nature.

Bien que le lapereau soit considéré comme un aliment un peu rus- tique, on peut, avec les filets de lapereau, composer de fines entrée» pouvant figurer sur les tables les plus opulentes, tels : les filets de lapereaux sautés, aux truffes, à la Rossini, à la crème, accompagnés de purée de châtaignes, de pointes d'asperges, etc.

Les Mousses et Mousselines de Lapereau ne constituent-elles pas d'exquises entrées. *(Voir « Mousselines de Lièvre ».)*

La famille des lapereaux étant très prolifique, l'emploi de ce petit animal, en ces temps de vie chère, devrait être plus répandu.

GIBIER A PLUME

Parmi le nombre d'oiseaux comestibles qui vivent en liberté, je ne citerai que ceux dont l'emploi est courant :

Faisans divers, Perdeaux gris et rouges, Bartavelles, Colin d'Amérique.

Gelinottes, Coq de bruyère, Poule de prairie, Grouses, Campetière, Outarde.

Canardssauvagesdivers,Sarcelles,Pilet,Rougederivière. Bécasses,Bécassines,Bécot.

Pluviers, Vanneaux, Chevaliers, Râles d'eau, Poule d'eau, Ma- creuse.

Cailles,Râles de genêt,Caille de laVirginie.

Grivesdiverses,MerlesdeCorse,Alouettes,Becs fins. Ortolans.

Les chairs de faisan, de bécasse demandent à être légèrement mortifiées, ce qui les attendrit et leur donne un goût spécial.

Les chairs, trop fraîches, sont sèches et sans saveur, tandis que, un peu rassies, raisonnablement mortifiées, elles sont tendres, savoureuses, et d'un incomparable fumet qui en fait la grande valeur gastronomique. On avait coutume, autrefois, de piquer les faisans, les perdreaux qui devaient être rôtis. Aujourd'hui, on a, avec juste raison, abandonné le piquage qui est nuisible à la finesse de la chair. Une simple barde de lard, qui enveloppe l'oiseau, est bien plus efficace, pour le protéger contre l'ardeur du feu, que le piquage.

Les autres types de gibier se traitent généralement à l'état frais.

La chair de faisan, étant toujours un peu sèche, il est bon, lorsqu'il est destiné à être rôti ou cuit simplement à la casserole, après avoir assaisonné l'intérieur de sel, lui introduire, gros comme un œuf moyen, soit de lard gras râpé ou, à défaut, un morceau de beurre.

Plusieurs formules appliquées au poulet ou volailles diverses sont applicables au faisan.

On cuit le faisan : en cocotte au beurre, à la crème, parmentier; on le fait poêler sur lit de légumes et on le rôtit à la broche.

Mais pendant la saison des truffes, la meilleure façon d'en savourer la chair délicate, -c'est de le truffer 24 heures à l'avance et le rôtir à la broche.

Faisan à la Bohémienne.

La Bohême est réputée pour ses faisans, ses foies gras; voici une recette qui m'a été communiquée par une vraie Bohémienne :

Choisir un jeune faisan gras et bien tendre; le nettoyer soigneuse- ment, mettre le foie en réserve; le flamber, saler légèrement l'intérieur, et lui introduire 250 grammes de foie gras frais détaillé en cubes de la grosseur d'une noix et le foie du faisan, assaisonnement sel et paprika doux en poudre et sauter 3 minutes à la poêle dans de la graisse d'oie ou à défaut dans du beurre. Brider le faisan et l'envelopper d'une barde de lard et le cuire en cocotte au beurre ou graisse d'oie et un oignon émincé. Temps de cuisson : 35 à 40 minutes, suivant grosseur.

D'autre part, cuire 250 grammes de riz à la mode orientale, ou simplement cuit en pilaw.

Au moment de servir, retirer le faisan de la casserole, le débrider, le tenir au chaud avec un peu de la graisse de cuisson.

Ajouter au riz une partie du beurre de cuisson.

Saupoudrer le fond de la cocotte d'une petite cuillerée à dessert de paprika doux, puis déglacer avec un demi-verre de vin blanc. Faire réduire de deux tiers et ajouter un verre de crème ; donner quelques secondes d'ébullition, passer à la passoire fine et tenir au chaud. Lors- qu'il est possible, on pourra compléter la sauce de 2 ou 3 cuillerées de glace de viande.

Dresser le faisan sur plat de service, le masquer légèrement de quelques cuillerées de sauce et servir le restant dans une saucière. Servir en même temps le riz dans un légumier ou timbale.

NOTA. — On pourra préparer le faisan de la même façon et rem- placer le riz par des pommes de terre taillées en petits dés et cuites au beurre avec addition d'une cuillerée d'oignon haché très fin et légèrement revenu au beurre.

Faisan Casserole.

Choisir un jeune faisan, le nettoyer soigneusement; le saler intérieurement et lui introduire une forte cuillerée de lard gras râpé. Le brider en entrée, l'envelopper d'une barde de lard et le cuire au beurre, dans une casserole en terre, en ayant bien soin de le cuire à feu modéré, de façon à ne pas laisser brûler le beurre. Temps de cuisson : 35 minutes environ.

Sortir le faisan de la casserole, le débrider, le remettre dans la casserole, l'arroser d'une cuillerée de cognac et 3 cuillerées de bon jus un peu corsé.

Faisan poêlé à la Choucroute.

Choisir un jeune faisan; le préparer comme le Faisan Casserole. Beurrer grassement le fond d'une petite braisière de grandeur voulue et le couvrir d'un oignon et 2 carottes émincés, branches de persil, une petite feuille de laurier et brindille de thym, couenne de lard. Cuire au four, feu modéré en l'arrosant souvent avec son beurre de cuisson; aussitôt cuit, l'arroser d'une cuillerée de cognac. Retirer le faisan de la braisière, le débrider, le tenir au chaud. Ajouter au fond de brai- sage 2 décilitres de sauce demi-glace; donner quelques minutes d'ébullition et passer au chinois dans une petite casserole ; laisser reposer quelques instants; dégraisser la sauce.

Dresser le faisan sur un lit de choucroute braisée au vin blanc et morceau de lard de poitrine, bien égouttée. Entourer la choucroute avec le lard coupé en rectangles; servir à part le fonds de cuisson bien dégraissé.

On pourra, à volonté, servir des pommes nature en accompagnement à la choucroute.

Faisan poêlé au Céleri.

Même préparation et cuisson que le Faisan à la Choucroute. La choucroute est remplacée par des pieds de céleri braisés servis à part saucés d'une partie de la sauce.

Dresser le faisan sur le plat de service, le saucer légèrement avec quelques cuillerées de son fonds de cuisson.

Faisan en cocotte.

Le traiter comme le « Faisan Casserole » auquel on ajoute une garniture composée de : Petits oignons glacés, têtes de champignons, truffe en forme d'olives ou tout simplement en lames. Le fonds de cuisson doit être le même que le fonds indiqué au « Poulet Casserole ».

Faisan à la crème.

Cuire le faisan au beurre, dans une casserole, avec un oignon coupé en quatre. Aussitôt cuit, l'arroser de quelques cuillerées de vin blanc; le retirer de la casserole, le débrider, le tenir au chaud.

Ajouter au fonds de cuisson 3 décilitres de crème fraîche de goût,
3 cuillerées de glace de viande ; faire bouillir 4 à 5 minutes, ajouter le jus d'un demi-citron.

Remettre le faisan en casserole en terre, bien chaude, verser dessus la crème passée au chinois.

Faisan grillé à la Diable.

Pour cette préparation, il faut choisir des tout jeunes faisans, les plus tendres possible.

Le traitement est le même que celui du « Poulet à la Diable ». On pourra l'accompagner de tranches de Bacon grillées *(lard de poitrine anglais)*.

Faisan à la Sainte-Alliance.

C'est le faisan étoffé de Brillat-Savarin qui, sous le nom de « Sainte- Alliance », ne désignait que la rôtie sur laquelle était dressé le faisan.

Désosser 2 bécasses; mettre de côté les foies et les intestins. Hacher finement les chairs avec le quart de leur poids de moelle de bœuf très fraîche pochée et refroidie, autant de lard gras frais, sel, poivre, et fines herbes. Ajouter à ce hachis 200 grammes de truffes crues, pelées, coupées en quartiers, assaisonnées de sel et poivre frais moulu. farcir, avec cette préparation, un beau faisan gras et tendre, le brider, le barder, le tenir au frais pendant 24 heures et le rôtir à la broche. S'il est rôti au four, le placer sur une grille, surveiller la cuisson à feu modéré.

Tailler sur un pain de mie un croûton assez large ; le frire au beurre clarifié.

Piler les foies et les intestins de bécasses avec le même poids de lard gras et frais râpé, les filets d'un anchois, 30 grammes de beurre et 50 grammes de truffe crue. Cette farce étant très fine et bien homo- gène, l'étaler sur le croûton préparé.

Lorsque le faisan est aux deux tiers cuit, disposer dessous le croûton farci, de façon à ce que les sucs qui découlent du rôti tombent dessus.

Finalement, dresser la pièce sur le croûton; l'entourer de tranches d'oranges amères et envoyer le jus à part.

Pour servir, on accompagne chaque morceau de faisan d'une tranche d'orange et d'une petite tranche de croûton farci.

Salmis de Faisan.

Choisir un jeune sujet, le nettoyer, mettre le foie en réserve. Brider le faisan, le barder, le tenir un peu vert-cuit. Lever complètement les deux ailes, supprimer les ailerons; diviser chaque aile en deux parties taillées en forme d'escalope; lever les deux cuisses, les diviser égale- ment en deux morceaux.

Enlever la peau d'après ces morceaux, les parer, les tenir à chaleur douce, dans une casserole à sauter, avec lamelles de truffe, une ou deux cuillerées de glace de viande, une cuillerée de beurre fin et petite cuillerée de fine Champagne.

Piler la carcasse, les parures et le foie ; les mettre dans une casserole avec 2 décilitres de vin blanc, 2 échalotes hachées, une pincée de poivre mignonnette ; faire réduire de deux tiers ; ajouter 2 décilitres de sauce demi-glace au fumet de gibier; laisser cuire environ 15 minutes et passer avec pression à la passoire fine dans une casserole. Réduire cette sauce encore quelques instants, la passer encore une fois au chinois, dans une casserole, lui incorporer 2 cuillerées de beurre très fin, la verser sur les morceaux de faisan.

Dresser en timbale et servir chaudement.

NOTA. — On peut joindre aux lamelles de truffe une douzaine de têtes de

champignons frais cuits.

On pourra également joindre au salmis des quenelles mousselines préparées à la chair de faisan, moulées dans une cuiller à dessert.

Truffes et quenelles mousselines constituent une riche garniture ; dans ce cas, on n'emploie que les ailes du faisan en escalopes; les cuisses sont employées pour autre usage.

On pourra, dans la préparation du salmis, remplacer à son goût le vin blanc par du bon vin rouge.

Le salmis a les avantages de pouvoir être mangé chaud ou froid.

Faisan à la mode de Monseigneur.

Choisir un sujet gras et tendre, le nettoyer soigneusement; mettre le foie de côté, l'assaisonner intérieurement de sel et poivre, l'arroser d'une cuillerée de fine champagne, le farcir de la préparation suivante : 60 grammes de lard frais râpé, une truffe pelée et hachée, le foie du faisan, 150 grammes de foie gras frais ; piler le tout finement ; assaisonnement : sel, poivre et épices. Brider le faisan, le barder et le cuire avec soin à la casserole.

D'autre part, choisir 4 à 5 truffes, mûres à point, les peler avec soin, les couper en lamelles un peu épaisses, les mettre dans une petite casserole avec une cuillerée de beurre fin ; assaisonnement : sel et poivre frais moulu et cuillerées de jus brun tiré de la chair de jarret de veau. Tenir au chaud sans bouillir.

Par ailleurs, tailler 6 belles escalopes sur un foie gras frais; les as- saisonner, les passer dans la farine et, à la dernière minute, les sauter au beurre dans la poêle.

Au moment de servir, retirer le faisan de la casserole, le débrider, lever entièrement les ailes, les diviser chacune en deux escalopes ; lever les cuisses, les diviser en deux morceaux ; mettre complètement de côté les pilons. Dresser les ailes et les deux gras de cuisse dans une terrine très chaude en les intercalant avec les escalopes de foie gras sautées; les couvrir avec la farce du faisan et sur celle-ci les truffes en lamelles, sans le jus.

Déglacer vivement le fonds de cuisson du faisan avec un verre de vieux Madère, y joindre le jus des truffes, donner quelques secondes d'ébullition et verser aussitôt dans la terrine. Couvrir la terrine, la tenir 4 à 5 minutes au chaud, le temps nécessaire à la truffe de développer son arôme. Servir aussitôt. Cette façon de servir le faisan est supérieure au faisan dit « à la Souvarow ».

Faisan sauté.

Il est rare qu'on serve un faisan sauté, à moins de cuire au daube des vieux sujets. La chair de faisan étant toujours un peu sèche ne se prête pas au sauté. En tous les cas, choisir des faisans très jeunes et faire sauter dans beaucoup de beurre.

Suprêmes de Faisan.

La meilleure façon de servir les suprêmes de faisan est de garnir l'intérieur d'un jeune faisan d'une forte cuillerée de lard râpé frais assaisonné de sel et poivre auquel on ajoute une cuillerée de pelures de truffe. Le faisan est bridé, bardé et cuit à la casserole. Aussitôt cuit, on lève les deux suprêmes, on retire la peau et on les dresse comme les suprêmes de volaille.

Garniture : Truffe, champignons, purée de marrons, purée de céleri, purée Soubise. Sauce Chasseur, La Vallière, Paprika, conviennent aux Suprêmes de Faisan.

Cependant, on pourra traiter les suprêmes de faisan comme ceux de poulet. Dans ce cas, les sujets doivent être très jeunes et les suprêmes sautés à la dernière minute.

Presque toutes les formules indiquées au poulet peuvent être appliquées aux suprêmes de faisan.

Côtelettes de Faisan à l'Anglaise.

Lever les ailes d'un faisan jeune et tendre, en laissant un petit bout d'aileron, assaisonner de sel et poivre; les passer dans la farine, ensuite dans l'œuf battu, puis dans de la mie de pain fraîchement pré- parée; les cuire au beurre clarifié.

Les dresser, les saucer légèrement de quelques cuillerées de glace de viande légère à l'estragon et montée au beurre.

Servir en même temps des tranches de bacon grillées.

Garniture: Petits pois à l'anglaise, pointes d'asperges.

FAISAN FROID
Chaud-Froid de Faisan.

Son traitement est le même que celui du « Chaud-Froid de Volaille », en remplaçant simplement la sauce blonde par de la sauce chaud-froid brune, au fumet du faisan.

Mais, par suite d'expériences et observations, j'ai complètement renoncé au dressage des chaud-froids montés sur socle et adopté le dressage dans plats carrés creux, qui résume le superflu de finesse gastronomique, ce qu'on ne peut jamais obtenir par les chaud-froids montés en pyramides. *(Voir u Suprêmes de Volailles Jeannette ».)*

(J'ai donné le nom de Jeannette en souvenir du navire la « Jean- nette », pris dans les glaces lors de son expédition au Pôle Nord en 1881d'oùunseulsurvivantrevintde cettemalheureuseexpédition.) Le plat incrusté dans le bloc de glace, dans lequel sont dressés les petits suprêmes de volaille, représente le navire pris dans les glaces du
Pôle Nord.

Ce mode de dressage permet de préparer de fines gelées tirées absolument des jarrets de veau, sans avoir recours à aucune autre gélatine, point très important au point de vue gastronomique.

L'incrustation dans le bloc de glace, assure une gelée toujours aux mêmes degrés de fraîcheur et de légèreté auxquels on doit apporter la plus grande attention, car c'est d'une gelée fraîche fondant au toucher de la langue qu'on peut apprécier la délicatesse d'un vrai chaud-froid. Rien n'est plus désagréable au palais qu'une gelée trop ferme, sans fraîcheur ni saveur, ce qui est généralement le cas pour les chaud-froids montés.

Je me rends bien compte qu'il n'est pas toujours facile de se pro- curer un bloc de glace ; dans le cas contraire, il faut tout au moins tenir le plat constamment entouré de glace pilée.

Mousse de Faisan.

Choisir une jeune poule faisane ; la nettoyer ; conserver le foie, la saler intérieurement; la brider, la barder et la poêler sur un lit d'oignon et carottes émincés, bouquet garni. Arrivé au point de cuisson voulu, retirer la faisane de la casserole, la laisser refroidir, ajouter au fond de cuisson quelques cuillerées de cognac et un verre de Madère. Désosser complètement la faisane ; piler la carcasse, les parures et le foie et les joindre au fonds de cuisson; mouillez avec 2 décilitres et demi de jus de veau brun. Couvrir la casserole, donner 18 à 20 minutes de cuisson à petit feu; passer à la passoire fine dans une petite casserole et réduire ce jus à l'état sirupeux.

Pendant ce temps on aura pilé, et passé au tamis fin, les chairs de la faisane, et mis la purée qui en résulte dans une terrine. Travailler la purée avec une cuiller en bois, en lui incorporant le jus de cuisson, 250 grammes de parfait de foie gras passé au tamis et 100 grammes de beurre très fin, à peine fondu. Travailler vivement la composition, hors la glace, de façon à obtenir une mousse moelleuse. Compléter alors par une addition de 2 décilitres de crème très fraîche demi-fouettée. Verser la mousse dans un moule à charlotte chemisé de gelée. Tenir sur glace. On peut aussi les mouler en petits moules à babas chemisés de gelée.

Ce genre de mousse peut également se dresser dans un plat carré incrusté dans un bloc de glace ou entouré de glace pilée et dresser Sur la mousse de petites escalopes de faisan taillées dans les filets et enrobés de sauce chaud-froid brune au fumet de gibier, sur lesquelles on met une belle lame de truffe et le tout recouvert de fine gelée. On pourra remplacer les escalopes de faisan par des œufs pochés.

On pourra aussi dresser cette mousse en timbale à soufflé; mais, dans ce cas, on pourra ajouter un décilitre en plus de crème,

Salmis de Faisan à la gelée.

En général, tous les volatiles préparés en salmis constituent d'excellentes entrées froides, faciles à dresser, telles les fricassées de poulet en gelée.

PERDREAUX G R I S ET PERDREAUX ROUGES

Les perdreaux gris sont généralement préférés aux perdreaux rouges. Ils doivent être jeunes; tout sujet vieux ne doit être utilisé que pour les farces ou les fumets.

Presque toutes les formules indiquées pour le faisan, chaudes et froides, sont applicables au perdreau.

On cuit le perdreau à la casserole poêlé sur lit de légumes et rôti à la broche.

Perdreaux Bourguignon.

Farcir le perdreau avec son foie et une cuillerée de lard maigre hachés et une cuillerée de mie de pain frite; le brider et l'envelopper d'une barde de lard; le poêler sur lit d'oignon et carotte émincés, petit bouquet garni. Aussitôt le perdreau cuit, le retirer de la casserole. Ajouter à la cuisson une cuillerée de cognac et un demi-verre de bon vin rouge; faire réduire de deux tiers et compléter avec addition de 2 décilitres de sauce demi-glace ; donner quelques minutes d'ébullition, passer la sauce au chinois. Débrider le perdreau, le dresser sur plat de service. Le garnir de 6 à 8 petits oignons glacés et autant de têtes de champignons crus sautés au beurre. Saucer le perdreau et garniture avec la sauce bouillante.

Comme, en général, la ménagère n'a pas de sauce demi-glace à sa disposition, elle pourra toujours avoir de la glace de viande ou simple- ment du bouillon et lier la sauce avec une cuillerée à café de fécule délayée avec un peu d'eau froide.

Perdreaux aux Choux.

Brider et barder une perdrix, la braiser avec les choux, blanchis pendant quelques minutes à grande eau bouillante, rafraîchis ensuite et pressés pour en extraire l'eau le plus possible; lard de poitrine égale- ment blanchi pendant quelques instants ; un petit saucisson cru de Paris, une ou deux carottes. Mouiller avec un litre de bouillon non dégraissé. Le lard et le saucisson étant plus vite cuits que les choux et la perdrix, les retirer en temps utile et les conserver au chaud.

Vingt minutes avant de servir, cuire à la broche ou au four deux jeunes perdreaux bridés et bardés.

Dresser les deux tiers des choux, bien égouttés, sur le plat de service ; les entourer de rondelles de carotte et de saucisson et rectangles de lard, taillés minces.

Diviser chaque perdreau en deux parties ; les dresser sur le lit de choux, les couvrir avec le restant des choux. Tenir le plat au four quelques instants et servir aussitôt.

Envoyer en même temps une saucière de sauce demi-glace.

NOTA. — La perdrix ayant servi à parfumer les choux servira à tout autre usage, soit en croquettes ou hachis.

Dans un simple ménage on se contentera de manger la perdrix sans 'es jeunes perdreaux, et même sans la sauce demi-glace.

Perdreau en Casserole.

Procéder comme il est expliqué pour le « Faisan à la Casserole ».

Perdreau à la Diable.

Choisir spécialement de tout jeunes perdreaux et procéder comme il est expliqué pour le « Poulet Grillé Diable ». On accompagne le ou les perdreaux de tranches de lard anglais grillées. Servir en même temps une saucière de sauce Diable.

Perdreau à la Crème.

Procéder comme il est indiqué pour le « Faisan à la Crème ».

Crépinettes de Perdreau.

Procéder comme il est expliqué pour les « Crépinettes de Volaille », sauf que les crépinettes de perdreau sont un peu moins grandes que celles de volaille.

Servir en même temps une purée de marrons.

Les Perdreaux de Grand'Mère.

Choisir des jeunes sujets, les nettoyer, les farcir avec la préparation suivante : Hacher les foies et les mêler à une demi-cuillerée à dessert de lard frais râpé par perdreau, un peu de truffe hachée, assaisonne- ment sel et poivre. Brider et barder le ou les perdreaux, les cuire à la casserole, les diviser en deux parties et les mettre dans une terrine de grandeur voulue, très chaude ; couvrir les demi-perdreaux de truffes coupées en lamelles et assaisonnés de sel et poivre frais moulu ; couvrir aussitôt. Déglacer le fond de la casserole avec quelques cuillerées de bon armagnac et vin blanc; réduire les deux tiers et ajouter du fonds brun de veau très réduit; verser dans la terrine sur les truffes. Fermer hermétiquement la terrine; la tenir quelques minutes à l'entrée du four, le temps nécessaire à la truffe de développer son arôme.

On pourra, à volonté, accompagner les perdreaux soit d'une purée de châtaignes, d'une purée Soubise ou tout simplement d'une salade de blanc de céleri.

Mousse et Mousseline de Perdreau.

Voir « Mousselines et Mousse de Volaille » ou « Mousse de Lièvre ». La préparation des Mousselines et Mousses de perdreau est identique, sauf que le changement de chair apporte une note différente.

Soufflé de Perdreau aux Truffes.

Choisir un jeune perdreau, le nettoyer, conserver son foie à l'intérieur, le saler, le brider, le barder, et le cuire au beurre à la casserole. Le désosser, piler les chairs, leur mêler 3 cuillerées de sauce Béchamel et passer au tamis fin ; mettre la purée qui en résulte dans une terrine ou casserole, incorporer à la purée 2 cuillerées de parfait de foie gras passé au tamis; assaisonner modérément de sel et poivre, soupçon de muscade râpée et 3 jaunes d'œufs.

Choisir une belle truffe, la peler soigneusement, la couper en lamelles, les mettre dans une petite casserole, les saler et poivrer légère- ment; ajouter quelques cuillerées de Madère et une cuillerée de glace de viande; couvrir la casserole, donner une ébullition; retirer la casserole hors du feu; ajouter les lamelles de truffe seules à l'appareil et 4 blancs d'œufs montés en neige. Verser dans une timbale à soufflé beurrée, cuire au four.

Ajouter à la cuisson de la truffe 4 cuillerées de sauce demi-glace, au fumet de perdreau; donner quelques secondes d'ébullition et compléter la sauce en lui incorporant une cuillerée de beurre très fin. La servir dans une saucière en même temps que le soufflé.

Soufflé de Perdreau Vicomtesse de Fontenay.

Préparer un soufflé aux truffes, comme le précédent et compléter la sauce demi-glace, au fumet de perdreau, qui doit être très réduite, par un décilitre de crème très fraîche ; donner quelques minutes d'ébullition, passer la sauce au chinois.

Servir la sauce à part dans une saucière.

Suprêmes de Perdreau Vicomtesse de Fontenay.

Proportions pour 6 personnes : Choisir 3 jeunes beaux perdreaux ; les nettoyer soigneusement

; assaisonner l'intérieur de sel et poivre et leur ajouter gros comme une noix de lard frais râpé, additionné de pelures de truffes hachées, ceci pour parfumer leur chair pendant la cuisson. Brider les perdreaux, les envelopper de bardes de lard et les cuire à la casserole au beurre. Aussitôt cuits, lever les suprêmes, les parer, les tenir au chaud, chaleur très douce, avec une cuillerée de beurre et lamelles de truffes.

Piler les cuisses, les carcasses et les têtes de perdreaux que l'on aura fait cuire avec les perdreaux.

Faire réduire de moitié dans la casserole où les perdreaux ont cuit

2 décilitres de vin blanc dans lequel on aura ajouté quelques grains de poivre écrasés. Ajouter les débris pilés et 2 décilitres de sauce demi-glace ; donner quelques minutes d'ébullition, passer à la passoire fine ; mettre la sauce qui en résulte dans une petite casserole, la chauffer fortement et la lier avec 4 à 5 cuillerées de parfait de foie gras passé au tamis fin et étendu de quelques cuillerées de crème très fraîche.

Verser la sauce sur les suprêmes.

Dresser en plat carré. Servir en même temps des nouilles fraîches préparées à la mode Alsacienne.

Suprêmes de Perdreau Rossini.

Préparer et cuire les perdreaux comme les précédents. Lever les suprêmes, les mettre dans une casserole avec une cuillerée de beurre et lamelles de truffe, les tenir au chaud, chaleur très douce. Avec les carcasses et parures, préparer un fumet comme il est indiqué, mais en remplaçant le vin blanc par du Marsala et addition de 3 décilitres de sauce demi-glace. Passer la sauce à la passoire fine sur les suprêmes. D'autre part, tailler sur un bon foie gras frais 6 escalopes, les assai- sonner, les passer à la farine et les sauter au beurre quelques minute avant de servir.

Dresser les suprêmes dans un plat carré, autant que possible, mettre une escalope sur chaque suprême et les couvrir avec les truffes et la sauce.

Servir en même temps un plat de nouilles liées au beurre et parmesan râpé.

PERDREAUX FROIDS

Les différentes formulés de préparation froide indiquées pour le Faisan sont applicables au Perdreau.

CAILLES

Les cailles doivent être choisies bien grasses. Les cailles maigres ne sont utilisables que désossées et farcies d'une fine farce truffée. Les cailles ayant séjourné plusieurs mois au frigorifique prennent un goût de rance et perdent toute saveur. Il en est de même avec *l'Ortolan*.

Cailles Brillat-Savarin.

Proportions pour 6 personnes : Choisir 6 belles cailles de vigne si possible tuées au fusil; (es nettoyer, retirer l'intestin et le gésier; les saler et arroser l'intérieur de quelques gouttes de fine Champagne; les brider en entrée, les barder et les poêler en Mirepoix revenue au beurre, composée de : oignon, carotte, queue de persil, thym, laurier, petit lard maigre, 150 grammes de chair de jarret de veau coupée en petits carrés et pelures de truffes. Temps de cuisson, sans mouillement, 10 minutes. A ce point, débrider les cailles, retirer les bardes de lard, mettre les cailles dans une terrine de grandeur voulue et bien chaude ; les couvrir de truffes crues, soigneusement pelées et coupées en lamelles un peu épaisses, assaisonnées de sel et poivre frais moulu; sur les truffes, 6 escalopes de foie gras frais sautées au beurre à la minute. Couvrir la terrine et tenir au chaud.

Ajouter à la Mirepoix 2 petits verres de fine champagne, un déci- litre de vin blanc sec et un décilitre de vin de Frontignan ; faire réduire le mouillement de deux tiers et ajouter un décilitre et demi de jus brun de veau. Faire réduire d'un tiers environ; passer au chinois, et verser bouillant dans la terrine où reposent cailles, truffes et foie gras. Refermer hermétiquement la terrine. Servir d'accompagnement aux cailles un excellent rizotto lié au beurre et parmesan frais râpé. NOTA. — On remarquera que la désignation « Brillat-Savarin » a ici un certain à-propos. La formule comporte des produits français et italiens.

Cailles en Caisse.

Désosser les cailles, les garnir de farce à gratin truffée, faite avec leurs foies et foies de volaille. Les reformer, les rouler chacune dans une fine barde de lard et les ranger dans un sautoir beurré, en les serrant l'une contre l'autre pour qu'elles ne se déforment pas à la cuisson. Les arroser de beurre fondu et les cuire pendant 10 minutes **à** four chaud.

Garnir d'une cuillerée de sauce Duxelles le fond de caisses ovales en papier, huilées et séchées; mettre une caille dans chaque caisse; les arroser d'une cuillerée de sauce demi-glace au fumet de caille, préparé avec les os de la petite bête, les tenir quelques instants à l'entrée au four. Au dernier moment, mettre sur chaque caille une belle lame de truffe.

Cailles en Casseroles.

Les couvrir d'une feuille de vigne et barde de lard; les cuire au beurre, dans la casserole où elles doivent être servies. Ajouter un filet de vieil armagnac et une petite demi-cuillerée de bon jus de Veau brun par caille.

Cailles aux Cerises.

Trousser les cailles en entrée et les cuire au beurre à la casserole. Pour 4 cailles : faire réduire un verre de Porto additionné d'un quart de zeste d'orange et un soupçon de cannelle en poudre et quelques cuillerées de jus de cerises. Ajouter 2 ou 3 cuillerées de fonds de veau brun, faire réduire de moitié; compléter avec une forte cuillerée à dessert de gelée de groseilles, donner quelques secondes d'ébullition, retirer le zeste d'orange et ajouter 3 douzaines de cerises conservées dans un sirop très léger, donner 2 minutes d'ébullition et les joindre aux cailles. Servir dans la casserole même.

NOTA. — La saison des cerises étant de courte durée, il est préférable de prendre des cerises de conserve qu'on peut se procurer à toute saison. Nice a la supériorité pour la conserve de ces cerises.

La *Maison Caressa* se recommande spécialement pour cette fabrication.

Cailles Figaro.

Introduire un morceau de truffe dans chaque caille assaisonnée de sel, poivre frais moulu et quelques gouttes de cognac; les mettre dans un boyau avec une cuillerée à dessert de jus brun de veau réduit en glace, ou même volume de glace de viande, par caille. Ficeler en laissant un espace de 2 centimètres à chaque bout, afin d'éviter l'éclatement du boyau qui se rétrécit naturellement pendant la cuisson. Pocher les cailles de préférence dans un fonds de veau pendant 15 minutes environ; les égoutter, les dresser sur serviette, dans leur boyau. Pour conserver à la caille tout son fumet intact, c'est le client qui doit retirer les bouts de ficelle, de façon que le peu de jus concentré dans le boyau coule dans l'assiette du convive. Servir en même temps un émincé de truffe sauce Madère.

Cailles Judsc.

Poêler 6 cailles grasses sur lit d'oignon et carottes émincés, petit bouquet garni. Les dresser dans un plat carré, chacune sur une demi- laitue fraîchement braisée. Déglacer le fonds de cuisson avec un demi- verre de vin blanc, laisser réduire complètement; ajouter alors 2 déci-litres de fine sauce demi-glace; donner quelques minutes de réduction.

Passer la sauce dans une casserole dans laquelle on aura préparé une garniture de rognons de coq et truffes coupées en lamelles. Donner quelques secondes d'ébullition et verser sur les cailles.

On peut, comme supplément de garniture, servir à part, du riz cuit en oilaw ou à la française ou simplement au beurre.

De quelque façon que les cailles soient préparées, on peut toujours les accompagner de riz cuit à volonté.

Cailles à la Normande ou Cailles à la crème.

Cuire au beurre, dans un plat en terre, 6 belles cailles grasses assaisonnées; les arroser aussitôt cuites de quelques cuillerées de vieux calvados, ajouter 3 cuillerées de glace de viande et 2 décilitres de crème légère surtout très fraîche, donner quelques secondes d'ébullition et les servir tel que dans le plat de cuisson.

Servir en même temps des pommes fruits, un peu aigrelettes, émincées et cuites au beurre.

Cailles Orientales.

Se préparent de même que les cailles en Pilaw, on ajoute on plus, au riz, pendant la cuisson, une prise de safran et un ou deux piments.

Cailles à la Piémontaise.

Cuire les cailles à la casserole en terre au beurre; les débrider après 10 minutes de cuisson; déglacer le fond de la casserole avec quelques cuillerées de vin blanc d¹ Asti et autant de jus de veau brun très réduit ; remettre les cailles d'ans la casserole ; les couvrir de lamelles de truffes blanches du Piémont assaisonnées de sel et poivre frais moulu. Couvrir la casserole et tenir au chaud pendant 5 à 6 minutes, sans bouillir.

Servir les cailles dans leur ustensile de cuisson et en même temps un rizotto lié au parmesan frais râpé et beurre frais.

Cailles en Pilaw,

Proportions pour 6 personnes : Choisir 6 belles cailles grasses r les nettoyer, assaisonner l'intérieur de sel et poivre; les brider, les pattes retroussées et les cuire 8 à 10 minutes dans le beurre.

D'autre part, on aura cuit pendant 18 minutes 300 grammes de riz en pilaw, comme il est indiqué; le mêler aux cailles, couvrir la casserole, tenir quelques minutes à l'entrée du four.

Dresser les cailles et le riz en timbale ou plat creux. Servir en même temps une saucière de jus de veau brun très réduit.

Mignonnettes de Cailles Rachel.

Partager en deux 6 belles cailles grasses; les désosser en conservant le bout des pattes. Faire saisir la chair des demi-cailles pendant quelques secondes dans du beurre très chaud ; puis les égoutter, les saler légèrement et les laisser refroidir. Ensuite, recouvrir le côté intérieur de chaque demi-caille d'une couche d'un centimètre d'épaisseur de farce, composée de deux tiers de parfait de foie gras truffé écrasé à la fourchette, et un tiers de farce de volaille.

Faner à l'anglaise avec mie de pain fraîche et cuire au beurre clarifié, juste le temps nécessaire pour leur donner une jolie couleur dorée.

Dresser chaque demi-caille sur un support en pâte feuilletée. Servir en même temps une sauce Châteaubriant à l'essence de truffe et une belle garniture d'asperges au beurre.

Cailles aux Raisins.

Cuire les cailles au beurre ; les dresser ensuite dans une terrine bien chaude, avec une dizaine de gros grains de raisins débarrassés de la peau et des pépins, par caille. Déglacer le fond de la casserole avec quelques cuillerées de vin blanc et le jus de quelques grains de raisin; ajouter une petite cuillerée de jus brun de veau, très réduit; verser ce fonds dans la terrine.

Cailles Richelieu.

Choisir 6 belles cailles, aussi grasses que possible, et très fraîches; retirer le gésier et l'intestin; assaisonner l'intérieur d'un grain de sel et d'un filet de cognac; introduire un morceau de truffe dans chacune et les trousser en entrée.

Les ranger dans une casserole, en les serrant l'une contre l'autre, les assaisonner légèrement d'une pincée de sel fin.

Les couvrir d'une julienne de carotte, oignon, céleri, cuite au beurre et faite, autant que possible, avec des légumes nouveaux. Mouiller juste à couvert, avec un fonds de veau succulent gélatineux et de belle couleur ambrée; couvrir la casserole; faire prendre l'ébullition, laisser pocher pendant 10 minutes.

Ajouter alors une julienne de truffes soigneusement pelées, crues autant que possible, représentant le tiers de la quantité totale de la : julienne de légumes; laisser pocher encore pendant 2 minutes.

Dresser les cailles dans une timbale en argent ou terrine, dégraisser le fonds et verser le tout sur les cailles.

Servir en même temps un riz pilaw.

Cailles Souvarow.

Proportions pour 6 personnes : Choisir 6 cailles des plus fines ; les nettoyer; retirer l'intestin et le gésier; les saler et arroser l'intérieur de quelques gouttes de fine champagne et les farcir de foie gras; retrousser les pattes en entrée ; ne pas les brider, les envelopper simplement d' une fine barde de lard; les ranger dans une terrine de grandeur voulue avec 6 belles truffes, soigneusement pelées, assaisonnées de sel et de poivre frais moulu ; les arroser légèrement de beurre et de 6 cuillerées de fonds de veau brun très réduit ou, à défaut, 4 à 5 cuillerées de glace de viande blonde et autant de bon Madère. Fermer hermétiquement la terrine, la mettre au four chaleur modérée temps de cuisson : 20 minutes environ.

Cette formule n'est pas toujours exécutée dans la majorité des restaurants, on y déroge trop souvent, en cuisant les cailles et les truffes séparément et réunies ensuite en terrine.

Cailles : la Turque.

Cailles en Pilaw auxquelles on ajoute au riz des aubergines taillées en petits carrés ou émincées sautées à l'huile ou au beurre.

Servir en même temps une saucière de sauce tomate.

CAILLESFROIDES
Chaud-Froid de Cailles.

Désosser les cailles entièrement, ou simplement la poitrine et une partie des reins; les assaisonner de sel et poivre et les garnir de farce à gratin de gibier, avec un morceau de foie gras cuit et un morceau de truffe en forme de lardon, disposés au milieu. Les remettre dans leur forme naturelle ; les envelopper chacune dans un carré de mousseline ; les pocher pendant 18 minutes dans un fonds de veau un peu corsé, les laisser refroidir dans leurs fonds de cuisson.

Lorsqu'elles sont froides, les éponger, les tremper dans une sauce chaud-froid brune ; les ranger sur plaque émaillée et à mesure ; décorer la poitrine avec des fins détails de truffe et blanc d'oeuf, puis les ranger dans un plat carré creux.

Les couvrir entièrement de fine gelée et les tenir sur glace jusqu'au moment de les servir.

NOTA. — On pourra, à volonté, dresser ces cailles en petites caisses en porcelaine ou en papier.

Les cailles préparées pour chaud-froid, dressées en plat carré peuvent, à volonté, être entourées de crêtes et rognons de coq, truffes, ou dressées sur une mousse de foie gras truffée avec jolie garniture de pointes d'asperges dressées en bouquets, ou simplement entourées de bouquets de pointes d'asperges intercalés de petites truffes entières ou truffes en quartiers, ou bien encore d'un beau rognon de coq entre chaque bouquet d'asperges, etc.

Cailles Richelieu.

Les préparer identiquement comme il est dit pour celles à la « Richelieu », chaudes. Les dresser, aussitôt cuites, dans une terrine de grandeur voulue et verser dessus légumes et fonds de cuisson. Les cailles doivent se trouver juste couvertes par le fonds de cuisson et la julienne. Les laisser refroidir pendant plusieurs heures, la terrine entourée de glace. Au moment de les servir, enlever avec une cuiller le peu de graisse montée à la surface.

Les cailles à la « Richelieu » préparées dans les conditions indiquées, très appréciées des véritables amateurs de fins mets, peuvent figurer sur les Menus les plus mondains.

Mais à la condition de ne jamais faire usage de cailles congelées, ni gélatine de commerce, seule la chair et les os de jarrets de veau doivent fournir le corps gélatineux.

Pour une grande quantité à préparer, on pourra ajouter aux jarrets quelques pieds de veau et couennes de lard sèches, trempées pendant quelque temps à l'eau bouillante et bien dégraissées.

RALE DE GENÊTS OU ROI DES CAILLES

Le Râle de Genêts est un gibier très fin que les amateurs n'admettent que rôti. Mais, d'après expériences, le Râle, cuit au beurre en cocotte, ne perd rien de ses qualités.

Dans ce cas, le fonds de cuisson est déglacé de quelques gouttes de cognac et quelques cuillerées de vin blanc.

Servir en même temps un croûton pour chaque râle, frit au beurre au dernier moment et recouvert de purée de foie gras truffe.

GRIVES
Grives à la Bonne-Femme.

Retirer les gésiers ; les cuire au beurre en poêlon en terre avec, peur chaque oiseau, 30 grammes de petits lardons. Aussitôt cuites, arroser les grives de quelques gouttes de cognac et leur mêler, par grive, une cuillerée de petits croûtons en dés, frits au beurre et servir aussitôt.

NOTA. — On pourra, à volonté, mêler aux grives des cèpes rissolés au beurre assaisonnés de sel, de poivre, un soupçon d'ail et persil haché. '

Grives farcies.

Les désosser et les assaisonner; garnir l'intérieur d'une cuillerée à dessert de farce à gratin, de 2 dés de foie gras truffé, 2 petits dés de truffe. Les remettre en forme; les envelopper chacune d'une bandelette de lard gras; les ranger dans un sautoir beurré en les serrant l'une contre l'autre; les arroser de beurre ou de bon saindoux et les cuire au four
10 minutes environ.

Les grives ainsi préparées et cuites, dressées sur croûton ovale légèrement creusé frit au beurre, puis garni de farce à gratin ou de purée de foie gras, les garnitures suivantes leur sont applicables : ragoût de truffes et champignons, rognons de coq rissolés au beurre et truffes en lamelles, sauce Salmis aux olives violettes, ragoût de petits champignons sanguins à la Provençale accompagnent délicieusement les grives.

Avec les os des grives, légèrement rissolés au beurre, mouillés de vin blanc et quelques gouttes de cognac qu'on fait réduire, puis on ajoute, pour une douzaine de grives, 3 décilitres de sauce demi-glace au fonds de veau brun, on constituera la sauce nécessaire pour enrober les diverses garnitures ci-dessus indiquées.

Grives des Ardennes à la Liégeoise.

Cuire les oiseaux au beurre, dans une casserole en terre, sur le fourneau, et sans les couvrir. Lorsqu'ils sont à peu près cuits, les saupoudrer de 2 baies de genévrier hachées finement, par oiseau; ajouter des petits croûtons en pain de mie taillés ronds de la grandeur d'un sou et frits au beurre ; couvrir la casserole et les servir très chauds.

Grives en salmis (à la façon du Chasseur).

A la façon du Chasseur. — Les plumer, retirer le gésier; les assai- sonner, les envelopper d'une mince barde de lard, les embrocher par

6 ou 8, les rôtir à la petite broche au charbon de bois. Mettre dans la lèche-frite des tranches de pain grillées, en proportion du nombre des petites bêtes pour recevoir les gouttelettes de graisse qui en dé- coulent pendant la cuisson.

Proportions pour 6 grives : Faire réduire de moitié à feu vif un grand verre de vin blanc ou rouge à volonté, dans lequel on aura mis

2 échalotes hachées, une pointe d' ail, un petit bouquet garni persil, thym et laurier, sel et poivre. Ajouter alors les croûtons de pain dé- taillés en petits carrés pour obtenir une purée légère.

Dresser les grives, sur plat très chaud, et les couvrir de la purée obtenue après avoir retiré le bouquet.

On pourra joindre, ou servir en même temps, des cèpes ou champi- gnons à la Bordelaise ou à la Provençale.

NOTA. — Si, à cette sauce Salmis, on pouvait mêler quelques cuillerées de jus de Daube Provençale, ce serait plus que parfait.

Rizotto aux Grives à la Piémontaise.

Préparer les grives et les cuire comme il est indiqué pour les « Grives Farcies ». Les dresser sur rizotto à la façon Piémontaise et les couvrir d'un émincé de truffes blanches ou noires, suivant le cas, sauce demi- glace légèrement additionnée de sauce tomate.

Timbale de Grives à la Napolitaine.

Préparer les grives et les cuire comme il est indiqué pour les « Grives Farcies ».

D'autre part, préparer un macaroni à la façon Napolitaine lié avec du parmesan frais râpé et dressé soit dans une croûte en pâte préparée à cet usage ou en timbale en argent ou bien imitation de croûte en porcelaine.

Garniture : Truffes, champignons, crêtes et rognons de coq, le tout enrobé de sauce demi-glace additionnée de sauce tomate.

MERLES DE CORSE

Les Merles de Corse jouissent d'une réputation méritée. Toutes les préparations indiquées pour les Grives leur sont applicables.

GRIVES FROIDES

Grives à la Strasbourgeoise.

Préparer les grives et les cuire comme il est indiqué pour les « Grives Farcies » ; les laisser refroidir dans leur cuisson.

Avec les os des grives légèrement revenus au beurre, mouillés de vin blanc d' Alsace, réduit de moitié et ensuite additionné de sauce demi-glace tirée de jarrets de veau braisés, on doit obtenir une sauce assez gélatineuse pour chaud-froiter les grives sans avoir recours à la gélatine commerciale. 11 en sera de même pour la gelée qui devra couvrir les grives.

Dressage. — Couler dans le fond d'un plat carré de grandeur voulue, incrusté dans un bloc de glace, une légère couche de gelée; dès que la gelée a pris consistance, ranger sur la gelée des petits médaillons de foie gras, taillés dans un parfait de foie gras. Sur chaque médaillon, déposer une grive chaud-froitée, sur chaque grive une belle lame de truffe, sans autre décor.

On pourra à volonté, pour donner une note moins brune, mettre un gros rognon de coq bien blanc entre chaque grive. Couvrir le tout d'une fine gelée.

Comme variante, on pourra dresser les grives, après les avoir chaud-froitées légèrement, sur une crème de foie gras ainsi préparée. Avec les os des grives et fonds de veau brun, préparer un fin fumet très concentré.

D'autre part, pour 8 à 10 grives, passer au tamis fin 300 grammes de parfait de foie gras, mettre la purée qui en résulte dans une terrine, lui incorporer le fumet préparé, 2 cuillerées de glace de viande blonde et 100 grammes de beurre très fin; travailler vivement hors de la glace de façon à rendre l'appareil léger et mousseux et, pour finir, incorporer à l'appareil un décilitre et demi de crème très fraîche à moitié fouettée. Verser aussitôt dans un plat carré, le mettre sur glace et, dès que l'appareil est raffermi, dresser les grives et les recouvrir de fine gelée au vin d' Alsace.

Alouettes ou mauviettes
(toutes les formules indiquées pour les «Grives» leur sont applicables)
Alouettes du Père Philippe.

Désosser l'estomac d'une douzaine de belles alouettes; les garnir d'une farce à gratin au foie gras et truffe ; les cuire au beurre quelques instants avant de les servir.

D'autre part, on aura cuit au four ou sous la cendre 12 pommes de terre de Hollande de grandeur voulue ; aussitôt cuites, lever un couvercle sur chacune; retirer la pulpe, la faire rissoler au beurre et la remettre dans les écorces de pommes de terre. Placer une alouette dans chacune et les masquer de sauce Chateaubriand.

Proportions : 4 cuillerées de glace de viande pas trop réduite à laquelle on incorpore 5 à 6 cuillerées de beurre très fin et le jus d'un demi-citron. (Les *proportions sont généralement de 3 cuillerées de glace de viande pour 5 de beurre.)*

Si toutefois la sauce venait à tourner, il suffirait de lui ajouter une ou deux cuillerées d'eau chaude pour la ramener à son état normal.

Alouettes et Passereaux à la Piémontaise.

Chacun sait que les gens du Piémont ont un culte pour la farine de maïs préparée à leur façon dite « Polenta ».

Dans un litre d'eau bouillante additionnée de 12 à 15 grammes de sel, faire tomber en pluie 250 à 300 grammes de farine de maïs fraîchement moulu, en remuant continuellement avec une spatule en bois.

Temps de cuisson : 20 à 25 minutes. Ajouter à la polenta quelques cuillerées de beurre et parmesan râpé.

Cuire les oiseaux au beurre, les disposer au fond d'un grand moule à charlotte ; finir de remplir le moule de polenta, le tenir quelques instants au chaud. Pendant ce temps, ajouter un verre de vin blanc à la cuisson des oiseaux, faire réduire de moitié, compléter par un décilitre de sauce tomate et, si possible, quelques cuillerées de bon jus ou sauce demi-glace ; donner quelques minutes de réduction.

Démouler le moule aux oiseaux et polenta sur plat rond, saupoudrer la surface de fromage frais râpé et verser dessus la sauce préparée.

(Excellent mets de déjeuner).

MAUVIETTES OU ALOUETTES FROIDES

Les différents apprêts des Mauviettes froides sont les mêmes que ceux des Grives.

ORTOLANS

L'Ortolan n'a réellement sa valeur gastronomique que lorsqu'il est rôti et mangé aussitôt cuit.

ORTOLANS FROIDS

La meilleure façon de manger les Ortolans froids est de les cuire en brochette enveloppés d'une feuille de vigne et les dresser sur une petite feuille en pâte feuilletée fraîchement cuite, refroidie et recouverte de parfait de foie gras.
Servir en même temps de la fine gelée à part et bien froide.

NOTA. — On pourrait appliquer à l'Ortolan certains apprêts de la Caille et même des Alouettes, mais ce serait nuire à son arôme délicat. L'Ortolan n'a sa réelle valeur que s'il est mangé très frais.
Becs-Figues.

Petits oiseaux bien appréciés en Provence ; toutes les formules appliquées aux Alouettes et aux Ortolans conviennent à ces délicates petites bestioles.

Béquinettes.
Petits oiseaux originaires des pays du Nord, dont on fait une grande consommation en Belgique, se prêtent aux diverses formules des Alouettes.

BÉCASSES, BÉCASSINES, BÉCASSEAUX

Jacasse.
Pour que la Bécasse possède toute sa délicate saveur, elle doit être grasse et légèrement faisandée.
Bécassine.
Cet oiseau diminutif de la Bécasse doit, de préférence, être mangé frais. Pour que la Bécassine soit dans son état normal, après être plumée, elle doit avoir l'aspect d'une boule de graisse blanche.
Bécassco'i
Plus petit que la Bécassine, s'apprête de même.

On accommode ces divers volatiles de plusieurs façons, mais la plus appréciée des gourmets est de les cuire à la broche ou à la casserole au beurre, et de les servir avec un croûton imbibé de leur suc et recouvert de leurs intestins et foies écrasés.

Cependant, un Salmis de Bécasse, auquel on ajoute quelques lamelles de truffes fraîches, mérite bien les éloges de l'amateur de bonnes choses.

Avec la chair crue de la Bécasse, on confectionne d'exquises Mousses et Mousselines, et avec la chair cuite de délicieux soufflés.

Bécasses en salmis.
Proportions pour 6 personnes : Choisir 3 bécasses, possédant les qualités exigées ; les nettoyer, retirer les gésiers, les trousser, les envelopper d'une barde de lard et les cuire au beurre à la casserole, 15 à 18 minutes environ. Détacher les cuisses, couper les pattes; lever les deux ailes

en plein, ce qui fait en tout 12 morceaux; les ranger dans une casserole plate, avec 2 cuillerées de beurre, les assaisonner de sel et poivre frais moulu, les couvrir de truffes crues, soigneusement pelées et coupées en lamelles saupoudrées légèrement d'une pincée de sel et 3 cuillerées de glace de viande. Tenir au chaud à chaleur très douce.

Piler les carcasses, les peaux et débris des parures des morceaux de bécasses, réserver les foies et intestins sur une assiette.

Faire réduire de moitié 2 décilitres de bon vin de Bourgogne rouge ou blanc à volonté auquel on aura ajouté 2 échalotes émincées et quelques grains de poivre écrasés ; ajouter les carcasses pilées et 2 cuilleréesde cognac vieux. Couvrir la casserole, donner 10 minutes d'ébullition et ajouter alors 3 décilitres de sauce demi-glace, continuer doucement l'ébullition 10 minutes; passer à la passoire fine avec pression dans une casserole ; chauffer fortement, lui mêler intimement 2 cuillerées de beurre très fin et verser sur les morceaux de bécasses tenus au chaud. Tenir au chaud sans laisser bouillir la sauce.

D'autre part, hacher les foies et intestins des bécasses, les cuire au beurre pendant 2 secondes, les assaisonner de sel et poivre frais moulu, soupçon de muscade et une cuillerée de fine champagne. Mêler à ce hachis 3 à 4 cuillerées de sauce du salmis et en couvrir 6 jolis toasts en pain de mie frits au beurre quelques minutes avant de servir.

Dresser le salmis en timbale en argent ou en faïence. Envoyer en même temps les toasts bien chauds sous cloche.

Le maître d'hôtel chargé du service aura le soin de mettre sur l'assiette de chaque convive une aile et une cuisse déposées sur un des croûtons, les couvrir de lamelles de truffes et sauce.

Le grand chic des restaurants d'aujourd'hui est de préparer devant le client le Canard à la Rouennaise et la Bécasse flambée. Je ne suis pas contre cette méthode amusante, mais combien de déceptions au point de vue gastronomique !

Bécasse à la mode du Docteur Féraud de Grasse (Véritable et très fin gourmet qui, certainement, eût mérité le titre de « Prince de la Gastronomie »).

Préparer un salmis comme il est indiqué ci-dessus et le compléter d'une belle escalope de foie gras sauté au beurre au dernier moment. *D'après l'éminent et regretté docteur :* Pour pouvoir déguster et savourer ce mets avec sensualité, il doit être accompagné d'un excellent vin de Bourgogne, Clos de Vougeot ou Chambertin.

Bécasse en salmis à la Châtelaine.

Préparer un salmis tel qu'il est expliqué à la « Bécasse en Salmis »; compléter au dernier moment la sauce Salmis par l'addition d'un déci- litre de crème très fraîche.

Mousse et Mousselines de Bécasse.

*Voir « Mousses et Mousselines deGibier, Faisan,Perdreau»,*etc.

Soufflé de Bécasse.

Voir « S o u f f l é de Faisan, Perdreau », etc.

NOTA. — En général, toutes les formules chaudes ou froides applicables au Perdreau conviennent à la Bécasse.

BÉCASSES FROIDES

Rôtir les bécasses à la broche ou les cuire à la casserole en tenant les chairs rosées ; les laisser refroidir. Les dresser au moment de servir et les accompagner d'une fine gelée dressée dans une timbale en argent entourée de glace pilée.

Salmis de Bécasse en gelée.

Préparer un salmis comme il est expliqué **à** la « Bécasse en Salmis ». **Dresser** les morceaux dans un plat carré en les rangeant de façon à reformer une demi-bécasse. Masquer le tout avec les truffes et la sauce. Tenir sur glace et, dès que le salmis est complètement froid, le couvrir d'une bonne gelée comme il est expliqué aux « Suprêmes de Volaille Jeannette ». Conserver le plat sur glace jusqu'au moment de servir.

Suprêmes de Bécasse à l'Alsacienne.

Préparer un Salmis de Bécasse comme il est indiqué, mettre les cuisses en réserve pour autre usage, enrober les suprêmes de sauce salmis et les tenir sur glace.

D'autre part, faire prendre une légère nappe de gelée au fond d'un plat carré, ranger l'une contre l'autre des escalopes de parfait de foie gras et poser sur le foie un suprême de bécasse sur lequel on met

2 belles lames de truffe. Couvrir le tout de gelée et tenir le plat constamment sur glace ou, -ce qui est mieux, incrusté dans un bloc de glace.

Comme variante, on pourra dresser le Salmis de Bécasse sur un lit de Mousse de foie gras et recouvert de fine gelée.

NOTA. — Je dois faire remarquer que les sauces demi-glace quées pour le salmis doivent toujours être tirées des jarrets et - ÏC de veau.
Éviter le plus possible l'usage de gélatine de commerce.

LE GRAND ET PETIT COQ DE BRUYÈRE

Ces deux espèces d'oiseaux, assez communs en Angleterre et dans les pays du Nord, ne se trouvent plus que très rarement en France.

On les rôtit généralement à la broche et on les mange chauds ou froids; on les accommode aussi quelquefois en salmis.

Gélinotte.

La gelinotte de nos montagnes de France est considérée comme un gibier de haute valeur gastronomique. Toutes les formules appliquées au Perdreau conviennent à la Gélinotte, malheureusement devenue très rare en France. Les Gélinottes qui nous arrivent de Russie ont un goût par trop prononcé de bourgeon de sapin dont elles se nourrissent, goût peu apprécié des gourmets.

Grouse.

On ne trouve la Grouse qu'en Écosse et en Angleterre. C'est le gibier favori des Anglais.

La Grouse doit être très fraîche et rôtie à la broche. Servie chaude, elle est accompagnée de « Bread Sauce », de pommes Chips, de mie de pain frite au beurre et d'un petit jus de gibier. Servie froide, on sert en même temps de la gelée. La Grouse ne supporte guère d'autres apprêts.

Colin.

Cet oiseau, dont l'emploi est devenu assez courant, nous vient de la Californie malheureusement frigorifié.

Comme grosseur, il tient le milieu entre la caille et la perdrix; ses apprêts culinaires sont peu variés. On pourrait lui appliquer les formules des cailles et perdrix.
Le Colin est généralement rôti ou cuit à la casserole, au beurre.

Francolie ou Perdrix d'Asie.

Se traite culinairement comme notre perdrix grise.

Canepetière ou petite Outarde à collier.

Appelée aussi « Poule de Carthage », nous vient principalement de Tunisie et d'Algérie. On en trouve de temps à autre quelques-unes en France.

302

On apprête la Canepetière : pour rôtir et salmis.

Guignard.

Oiseau de la grosseur d'un merle. Tous les apprêts de la Grive lui conviennent. On en fait d'excellents pâtés.

GIBIERS D'EAU RÉPUTÉS MAIGRES

Canard sauvage, Sarcelle, Pilet, Souchet ou Rouge de rivière, Plu- vier doré, Vanneau, Chevaliers divers, Poule d'eau, le Râle noir, la Marouette ou Caille de marais, etc.

Le Canard sauvage, ou Canard col vert.

Est le plus gros sujet et le plus apprécié de la série de ce groupe d'oiseaux.

Préparations culinaires : Rôti à la Bigarade, à l'Orange, en salmis, et selon la plupart des formules du « Caneton Rouennais ».

La Sarcelle est un diminutif du Canard Col vert.

Préparations culinaires : Identiques à celles du « Col vert ».

Le **Pilet ou Canard à longue queue.**

Est un peu moins gros que le « Col vert ». Il est considéré par certains amateurs comme le plus fin des canards sauvages.

Préparations culinaires : les mêmes que celles du « Canard sauvage ».

Le **Souchet ou Rouge de rivière.**

Ses préparations sont les mêmes que celles du « Pilet

Pluvier doré et Vanneau

Bien qu'il y ait une certaine analogie entre ces deux oiseaux, la chair du Pluvier doré est beaucoup plus délicate que celle du Vanneau. La chair du Vanneau a un goût plus prononcé de sauvagine. On les rôtit l'un et l'autre ou on les cuit à la casserole.

On peut, avec le Pluvier doré, combiner d'exquises Entrées chaudes et froides pouvant figurer dans la composition des Menus les plus distingués, aussi bien par son nom que par la délicatesse de sa chair.

Les diverses préparations du « Perdreau » et de la « Bécasse » conviennent au Pluvier doré.

Les Chevaliers divers, la Poule d'eau, le Râle, la Caille des marais, etc., ne se servent que rôtis.

PRÉPARATIONSFROIDES

GALANTINES, PÂTÉS, TERRINES, F A R C E S

Les différentes farces pour Galantines, Pâtés et Terrines, ont été classées dans la Série Générale des Farces. (*Voir Série.*)

FUMETS POUR P A I É S ET TERRINES

Ces fumets s'obtiennent avec les os et débris des volailles ou gibiers en traitement et s'additionnent d'une quantité relative de gelée tirée des jarrets et pieds de veau, et couennes de lard sèches.

PATES POUR PÂTÉS MOULÉS

Ces pâtes sont de deux sortes : 1° La pâte ordinaire; 2° La pâte au saindoux.

Proportions de la pâte ordinaire : 1 kilo de farine tamisée, 250 gr. de beurre, 30 gr. de sel, 2 œufs entiers, environ 4 décilitres d'eau suivant la qualité de la farine.

Étaler la farine en fontaine ; mettre au milieu sel, eau, œufs, beurre, et faire la détrempe.

Fraiser deux fois pour lisser et unifier la masse, rouler en pâton, l'envelopper dans un linge et tenir au frais.

Proportions de la pâte au saindoux : 1 kilo de farine tamisée, 250 gr. de saindoux légèrement fondu, 2 œufs, 30 gr. de sel, 4 décilitres d'eau tiède.

Détremper et fraiser comme la pâte ordinaire.

NOTA. — Les pâtes à pâtés doivent, autant que possible, être pré- parées 24 heures à l'avance.

GALANTINE TYPE

Les volailles et gibiers destinés à cet usage peuvent, sans inconvénient, être un peu fermes.

La volaille ou le gibier destiné à la Galantine étant désossé, l'étaler sur un linge; détacher entièrement les chairs d'après la peau. Détailler les filets et filets mignons en lardons ; les assaisonner de sel épicé et les mettre à mariner avec quelques cuillerées de cognac avec, poids moyen :

100 grammes de lard gras frais, 60 grammes de jambon maigre, 60 gr. de langue écarlate, également taillés en lardons; 100 grammes de truffes pelées, coupées en quartiers.

Avec la chair des cuisses et le reste des parures, 200 grammes de chair maigre de veau bien dénervé, 200 grammes de chair maigre de porc, 600 grammes de lard gras frais, 3 œufs entiers, 50 grammes de sel épicé, 2 décilitres de cognac et 3 cuillerées de pistaches mondées. *Procédé* : Hacher séparément chair et lard; les rassembler ensuite dans le mortier avec l'assaisonnement; piler finement, ajouter les œufs un par un, le cognac en dernier lieu, et passer au tamis. Facultativement, mêler à la farce 2 cuillerées de truffe hachée.

Placer la peau de la volaille sur une serviette et étaler dessus une couche de farce; sur cette farce, disposer un lit de lardons et de quartiers de truffe et pistaches en alternant les couleurs. Recommencer une couche de farce et un lit de lardons, et ainsi de suite jusqu'à l'épuisement des deux éléments. Compléter par une couche de farce, puis rapprocher les deux extrémités de la peau et la coudre.

Envelopper ensuite la Galantine de bardes de lard; la rouler dans une serviette; la ficeler et serrer fortement la ficelle sur les deux bouts, et deux ronds de ficelles à distance sur le milieu.

Cuisson de la Galantine. — La plonger dans un fonds blanc, marqué avec os de veau, pieds de veau, carcasses et débris de volaille, bouquet garni, carottes, oignons; assaisonnement : 6 grammes de sel par litre de mouillement. Tenir le liquide à faible ébullition; compter environ 35 minutes de pochage par kilo de galantine.

Mise en presse de la Galantine. — Lorsque la Galantine est cuite, l'égoutter; la déballer et la resserrer dans la même serviette ou dans un autre linge blanc, en la ficelant assez fortement. La placer dans un ustensile long de grandeur proportionnée ; la couvrir d'une planchette et la laisser refroidir sous presse légère. Si elle était pressée fortement, les sucs s'en échapperaient et la galantine serait sèche et sans saveur. *Pour servir.* — Toutes galantines doivent être préparées la veille; étant bien froide, la déballer, la dresser sur un plat long bien froid et l'entourer de gelée.

PÂTÉS DE POISSONS

Farce de Poisson.

Proportions : 500 grammes, poids net, de chair de brochet, 200 gr. de panade, à la frangipane *(voir « Panades »)*, 250 grammes de beurre, 2 blancs d'œufs, 15 grammes de sel, 2 grammes de poivre, une pointe de poivre rouge et un soupçon de muscade râpée.

La préparation de cette farce se fait selon la méthode ordinaire.

Pâté d'Anguille.

Choisir des anguilles pêchées dans des eaux vives, de grosseur moyenne; les dépouiller, lever les filets, les détailler en aiguillettes, les sauter pendant quelques secondes au beurre avec champignons crus, échalote et persil hachés. Laisser refroidir.

Foncer en pâle ordinaire un moule rectangulaire, beurré; l'emplir en- suite avec farce et aiguillettes disposées en couches alternées.

Couvrir avec une abaisse de pâte ; souder celle-ci sur les bords légèrement mouillés; former la crête, la pincer intérieurement et extérieurement ; finir le couvercle avec des feuilles de pâtes disposées par rangées superposées, partant des bords pour venir aboutir au centre. Ménager une ouverture sauf le milieu pour l'échappement de la vapeur pendant la cuisson.

Dorer et cuire au four de chaleur moyenne, en comptant environ 30 minutes par kilo.

Pâté de Saumon.

Parer à vif 4 filets de saumon pris du côté de la queue; les assai- sonner. Foncer en pâte ordinaire un moule rectangulaire, beurré, garnir le fond et les parois d'une couche de farce de brochet, additionnée de

150 grammes de truffes hachées par kilo de farce. Sur cette couche de farce, ranger 2 filets de saumon; recouvrir d'une couche de farce, et, sur le milieu de cette couche, disposer une rangée de truffes moyennes. Disposer une nouvelle couche de farce, ranger sur celle-là les deux autres filets, et compléter par une couche de farce.

Fermer le pâté et le couvrir de feuilles en pâte comme le « Pâté d'Anguille » ; dorer et cuire de même.

Lorsque le pâté est froid, couler dedans de la gelée de poisson.

P Â T É S D E V I A N D E

Pâté de Veau et Jambon.

Détailler en aiguillettes 500 grammes de noix de veau, 300 grammes de jambon, 200 grammes de lard gras frais coupés en lardons, assai- sonnés et marinés au cognac. Foncer en pâte ordinaire un moule ovale cannelé; barder l'intérieur; garnir le fond et les parois de farce. *(Voir chapitre des Farces, « Farce Veau et Porc ».)*

Le garnir de farce, disposée par couches alternées, de lardons, de jambon, lardons lard frais, aiguillettes de veau et, en dernier, avec une couche de farce. Couvrir d'une barde de lard ovale, mettre sur le centre une feuille de laurier et fermer le pâté.

Le finir avec des feuilles en pâte, ou une abaisse de feuilletage. Cuire au four de chaleur moyenne, à raison de 35 minutes par kilo. Couler de la gelée dedans quand il est froid.

Pâté de Veau et Jambon (ancienne méthode).

L'Ancienne méthode : Détailler en gros lardons 500 grammes de noix de veau, 250 grammes de maigre de jambon, 250 grammes de lard gras; assaisonner de sel, de poivre frais moulu, épices, muscade râpée; les faire sauter au beurre pendant 8 à 10 minutes, ajouter 200 grammes de truffes crues, autant qu'il en est possible, soigneusement pelées et coupées en quartiers, quelques cuillerées de cognac et un décilitre de Madère; sauter bien le tout et débarrasser dans une terrine.

Foncer un moule à pâté comme à l'ordinaire; garnir les parois de bardes de lard; remplir le pâté avec les lardons de veau, jambon, lard en les alternant avec les truffes. Couvrir le pâté et cuire à four chaleur moyenne. Quand le pâté n'est plus que tiède, finir de le remplir avec de la bonne gelée.

On peut préparer les pâtés de volaille, gibier, par le même principe en remplaçant simplement le veau par l'élément choisi. On peut également confectionner d'excellentes terrines en procédant de même.

Suivant les circonstances, on pourra supprimer les truffes.

PÂTÉS DE VOLAILLE

Pâté de Poulet.

Désosser 2 poulets moyens, lever les filets. Avec la chair des cuisses, préparer une farce comme il est expliqué pour « Galantine de Volaille »; facultativement, on pourra ajouter à cette farce 150 à 200 gr. de foie truffé par kilo de farce.

Foncer en pâte ordinaire un moule à pâté rond ou ovale; tapisser l'intérieur de fines bardes de lard et le garnir en alternant couche de farce, filets de volaille assaisonnés, tranches de langue écarlate, lames de truffes un peu épaisses.

Placer une mince barde de lard sur la dernière couche de farce, ajouter sur le centre une petite feuille de laurier; fermer le pâté et pincer la crête ; le finir avec des feuilles en pâte ou Je couvrir d'une abaisse de feuilletage; dorer la pâte au jaune d' œuf. Cuire au four, chaleur moyenne. Couler de la bonne gelée dedans avant d'être complètement froid.

Pâté de Caneton.

Préparer la farce selon la formule pour « Galantine de Volaille »; lui mélanger intimement un tiers de farce à gratin et un tiers de foie gras poché et truffé coupé en gros lardons.

Désosser un caneton, supprimer le croupion; lever les filets; les escaloper et les assaisonner de sel, poivre, épices et filet de cognac. Laisser la chair des cuisses adhérant à la peau ; assaisonner de sel, poivre, épices et cognac.

Étaler la peau sur un linge, la garnir comme une galantine, en alter- nant couche de farce, les filets escalopés intercalés de lames de truffes, encadrés de lardons de foie gras. Reformer la pièce, la déposer dans un moule ovale, foncé en pâte ordinaire et tapissé de bardes de lard. Fermer le pâté et le couvrir de feuilles en pâte. Cuire au four chaleur moyenne.

Quand le pâté est presque froid, couler dedans de la gelée au fumet de canard.

Pâté de Pigeon.

Désosser les pigeons et les farcir avec de la farce à galantine de volaille dans laquelle on aura mêlé quelques cuillerées de jambon cuit, truffe et foie gras truffé coupés en dés. Les remettre en forme et procéder ensuite comme pour le « Pâté de Caneton ».

Pâté de Pintade.

Procéder comme pour le « Pâté de Canard »

PÂTÉS DE GIBIER

Pâté d'Alouettes.

Désosser les alouettes; les garnir de farce à gratin pour pâtés de gibier. *(Voir au chapitre des Farces.)*

Mettre sur le centre un dé de parfait de foie gras et les envelopper chacune d'une mince barde de lard.

Beurrer un moule carré à charnières de grandeur voulue, hauteur 6 à
8 centimètres ; le mettre sur une plaque ; le foncer en pâte ordinaire ; garnir le fond et les parois de farce fine à saucisses à laquelle on aura mêlé un tiers de son volume de farce à gratin pour gibier. Ranger les alouettes l'une contre l'autre; les recouvrir d'une couche de farce, puis une barde de lare. Fermer le pâté en procédant comme pour le « Pâté de Volaille ». Cuire à four chaleur moyenne. Le laisser à peu près refroidir et le couvrir de gelée.

Pâté de Bécasses.

Désosser les bécasses, les étaler sur un linge, les assaisonner de sel, poivre et épices et quelques gouttes de cognac; les couvrir d'une couche de farce à gratin pour gibier, mettre sur la farce 75 grammes de foie gras truffé et poché. Reformer les bécasses, les ranger dans un moule ovale foncé en pâte ordinaire et tapissé de minces bardes de lard. Couvrir les bécasses d'une légère couche de farce, puis une mince barde de lard.

Fermer le pâté en procédant comme pour le « Pâté de Volaille ». Cuire au four chaleur moyenne. Le laisser à peu près refroidir et le remplir de gelée au fumet de Bécasse.

Pâté de Faisan.

Désosser le faisan, lever les filets. Avec la chair des cuisses. foie du faisan, 150 grammes de noix de veau, 150 grammes de chair maigre de porc, 300 grammes de lard gras frais, préparer une farce comme il est dit pour la « Galantine de Volaille », avec addition de
150 grammes de farce à gratin pour gibier et 2 cuillerées de cognac. Escaloper chaque filet de faisan en 3 parties, autant de petites esca» lopes de foie gras truffé et poché, lamelles de truffes un peu épaisses, Je tout assaisonné de sel, épices et cognac.

Étaler la peau du faisan sur une serviette, la couvrir d'une couche de farce assez épaisse; ranger sur la farce, en les intercalant, escalopes de faisan, foie gras et lamelles de truffes; couvrir d'une couche de farce. Reformer le faisan; le mettre dans un moule ovale, foncé en pâte ordinaire et tapissé de bardes de lard ; fermer le pâté en procédant comme pour le « Pâté de Volaille ». Cuire au four chaleur moyenne.

Pâté de Grives.

Procéder identiquement comme il est expliqué pour le« Pâté d'Alouettes ».

Pâté de Bécassines, de Pluviers, Vanneau, Chevaliers.

Même préparations que pour Alouettes et Grives.

Pâté de Perdreaux.

(Voir«PâtédeBécasse»et procéderdemême.)

Pâté de Lièvre.

Désosser le râble et les cuisses; réserver les filets, filets mignons et noix de cuisses. Dénerver ces parties; les assaisonner de sel, poivre et épices; les rôtir dans une terrine avec à peu près même volume réunis de lardons de lard gras frais et jambon maigre, et truffes pelées coupées en quartiers, arroser le tout de quelques cuillerées de cognac et un verre de Madère ; laisser mariner quelques heures.

Avec le reste des chairs du lièvre, son foie, 250 grammes de chair maigre de porc, 250 grammes de lard gras frais, préparer la farce, l'assaisonner de haut goût : sel, poivre, épices et thym pulvérisé. Passer au tamis, mettre le résultat dans une terrine, et lui incorporer intimement 200 grammes de farce à gratin pour gibier.

Foncer en pâte ordinaire un moule ovale cannelé, beurré, couvrir le fond et les parois du moule de bardes de lard et le garnir en alter- nant : couches de farce, filets de lièvre et lardons. Placer une barde de lard sur la dernière couche de farce, mettre sur celle-ci une feuille de laurier; couvrir le pâté et le cuire au four chaleur moyenne.

Après refroidissement, couler dedans de la gelée au fumet de lièvre.

TERRINE TYPE

Les Terrines ne sont autres que des pâtés sans croûte et, à part les détails de préparation qui les différencient, tous les pâtés décrits plus haut peuvent être transposés en terrines.

Préparation de la Terrine. — Quel que soit son genre, l'intérieur de la terrine est d'abord tapissé de bardes de lard; puis elle est garnie par couches successives de farce, des filets de l'élément principal, de lardons et de truffes.

Pour les volailles et gibiers à plumes, la garniture peut être enfermée dans la peau, comme il est indiqué pour les Galantines, pâtés de faisan, de perdreau, etc.

La terrine étant garnie, et complétée par une barde de lard et une feuille de laurier, elle est fermée avec son couvercle.

Cuisson de la Terrine. — La déposer dans une plaque ; verser autour un peu d'eau chaude, laquelle sera renouvelée au cours de la cuisson s'il y a lieu, et la mettre au four chaleur moyenne.

Le temps de cuisson varie comme celui des Pâtés, selon l'importance de la terrine et la nature des éléments qui la constituent.

L'examen de la graisse, montée à la surface pendant la cuisson, peut, à défaut d'indications précises sur l'à-point de cuisson, en fournir de très utiles. Ainsi : tant que cette graisse paraît trouble, c'est que les substances qui composent la terrine dégagent encore des sucs crus qui, en se mélangeant à cette graisse, la troublent. Mais si elle apparaît claire, on peut en déduire d'une façon à-peu près certaine que la cuisson est au point.

On peut également constater la cuisson par le sondage à l'aiguille. Si celle-ci, enfoncée dans l'épaisseur de la terrine, en sort également chaude partout, c'est que la cuisson est au point. Quelques minutes après qu'elle est sortie du four, la couvrir d'une planchette et la mettre à refroidir sous presse légère.

PATÉ ET TERRINE DE FOIE GRAS

Cette fabrication, pour les personnes inexpérimentées, offre beaucoup d'aléas; il est préférable de s'adresser aux bonnes maisons spécialisées à traiter le foie gras, surtout pour le Pâté en croûte.

Cependant, voici une formule pour terrine très simple qu'une ménagère peut faire.

Choisir un beau foie gras très frais, le nettoyer, retirer le fiel; le clouter de truffes crues soigneusement pelées; le déposer dans une terrine; l'assaisonner de sel, poivre et épices; l'arroser de quelques cuillerées de cognac et madère ; couvrir la terrine et laisser mariner quelques heures. Puis envelopper le foie de bardes de lard, ensuite d'une mousseline; ficeler celle-ci sur les deux bouts. Faire pocher le foie dans un bon fonds de veau marqué avec jarrets et pieds de veau. Temps de cuisson : 20 minutes. Retirer la casserole hors du feu. Après une demi-heure, sortir le foie de la cuisson, le déposer sur un plat et le laisser refroidir complètement dans ses enveloppes.

Pendant ce temps, préparer avec son fonds de cuisson, une bonne gelée parfumée à volonté : vins de Moselle, Champagne, Porto, etc. Le foie étant complètement refroidi, le débarrasser des enveloppes de mousselines et bardes de lard; le déposer dans une terrine ovale, de grandeur voulue et le couvrir de gelée. Tenir la terrine sur glace.

SALADES SIMPLES ET COMPOSÉES

MAYONNAISE

Les salades simples comprennent les salades vertes crues, qui accompagnent le rôti chaud; les salades composées, qui comportent le plus souvent une variété de légumes cuits sont généralement servies comme accompagnement d'Entrées, ou de Rôtis froids.

Les mayonnaises ne sont qu'une variété de salades composées et, en raison des éléments qui les constituent, elles sont assimilées aux Entrées froides.

ASSAISONNEMENT DES SALADES

1° *A l'huile.* — Est applicable à toutes les salades et se règle à raison de : 3 parties d'huile pour une partie de vinaigre; Sel et poivre. 2° *A la crème.* — Convient particulièrement aux salades de laitues et de romaine auxquelles on peut ajouter divers fruits : Oranges, bananes, Grappe fruits, etc.

Il se règle à raison de : 3 parties de crème douce et légère, pour une partie de vinaigre ou, ce qui est préférable, de jus de citron, sel et poivre.

3° *Aux œufs.* — Se fait aux jaunes d'œufs cuits durs, broyés ou passés au tamis, montés dans le saladier avec moutarde, huile, vinaigre, sel et poivre. A la salade préparée de cette façon on ajoute les blancs d'oeufs durs ciselés très minces.

L'assaisonnement aux œufs se fait également avec une sauce Mayon- naise légère.

4° *Au lard.* — L'assaisonnement au lard est surtout employé pour les salades de pissenlits, de mâches, de choux rouges et verts. Ici, l'huile est remplacée par la graisse de lard de poitrine un peu gras, taillé en petits lardons et rissolés à la poêle. Cette graisse est versée chaude avec les lardons, sur la salade placée dans un saladier chaud et déjà assaisonnée de sel et de poivre.

Faire chauffer dans la poêle quelques cuillerées de vinaigre et le verser sur la salade. Mélanger le tout intimement. Couvrir la salade avec une assiette et laisser macérer quelques instants avant de la servir.

5° *Moutarde à la crème.* — Convient aux salades de betterave, de céleri-rave, et les salades vertes additionnées de betterave.

Proportions : Une petite cuillerée à dessert de moutarde délayée avec 2 décilitres de crème très fraîche et légère, le jus d'un citron, sel et poivre.

6° *Raifort à la crème.* — Se prépare dans les mêmes conditions que la « Moutarde à la Crème », en remplaçant simplement la moutarde par du raifort râpé. On pourra à volonté faire usage de crème légèrement fouettée.

Observation. — L'emploi de l'oignon cru et de l'ail dans les salades doit être fait avec modération, vu que beaucoup de personnes sont réfractaires à ces condiments.

SALADESSIMPLES - SALADES VERTES

Laitues, Romaine, Chicorée, Escarole, Endive, Céleri, Mâche, Pissenlit, Pourpier, Chicorée sauvage, Cresson alénois, Raiponce, Feuilles de Salsifis, Barbe de Capucin, etc.

Salade de Betteraves.

La betterave est surtout un élément auxiliaire des salades simples et composées. Autant que possible, il est préférable de les cuire au four plutôt que par ébullition à l'eau.

On la détaille soit en minces rondelles ou en julienne et on l'assai- sonne à l'huile ou à la moutarde.

La betterave, après l'avoir détaillée, mise dans un pot en terre, additionnée d'un tiers de son volume de raifort râpé, mouillée juste à couvert de vin rouge bouillant aromatisé de quelques grains de poivre, clous de girofle et une feuille de laurier et laissée à mariner 24 heures, constitue un excellent hors-d'oeuvre ou accompagnement de viandes froides.

On sert dans ce cas la betterave sur ravier telle, ou arrosée à volonté de quelques filets d'huile d'olive.

Salade de Céleri.

Comme salade simple, on n'emploie que le céleri sans fibres, blanc et violet, dit « Céleri Anglais ».

Détailler les branches en tronçons, les ciseler en filets très fins, les tenir pendant quelques heures à l'eau très froide pour les faire friser, Assaisonnement à volonté.

Salade de Céleri-Rave.

Le détailler en fine julienne. Assaisonnement à la mayonnaise légère fortement moutardée.

Salade de Choux-Fleurs.

Cuire les choux-fleurs en les tenant un peu fermes; les égoutter sans les rafraîchir et les dresser en petits bouquets bien parés. Assaisonnement à l'huile et au vinaigre, cerfeuil haché.

Salade de Choux rouges.

Les choisir très tendres; retirer les côtes des feuilles et détailler celles-ci en fine julienne. L'assaisonnement se fait à l'huile et au vinaigre quelques heures à l'avance.

On peut également mariner les choux-rouges au vin comme il est expliqué pour la betterave.

Salade de Concombres.

Les peler, les émincer finement et les saupoudrer de sel fin pour provoquer la sortie de l'eau de végétation.

Les éponger au moment; assaisonner à l'huile et au vinaigre et cerfeuil.

NOTA. — Les concombres verts anglais n'ont pas besoin d'être dé- gorgés au sel.

Salade de légumes secs, Haricots, Lentilles.

Les égoutter de leur cuisson pendant qu'ils sont encore tièdes, les assaisonner d'huile d'olive et vinaigre, avec addition de persil haché.

Servir à part de l'oignon finement haché, lavé et pressé dans un coin de serviette.

Salade de Haricots verts à la Provençale.

Cuire les haricots verts à l'eau salée, les passer ensuite une minute à l'eau froide, les égoutter.

Frotter le fond d'un saladier d'un soupçon d' ail, assaisonnement sel, poivre frais moulu, vinaigre très modérément, huile d'olive d ' Aix, battre bien le tout et y mêler les haricots.

On ajoute quelquefois à cette salade quelques tomates émincées et filets d'anchois.

On fait également, en Provence, une salade composée de : haricots verts, de pommes de terre, de courgettes, tous ces légumes cuits à l'eau salée, égouttés et assaisonnés comme il est dit pour la « Salade de Haricots verts ».

Salade de Pommes de terre.

Les cuire à l'eau salée; les tourner en bouchons et les émincer pendant qu'elles sont encore tièdes. Assaisonnement à l'huile et vinaigre, avec addition de fines herbes hachées.

Suivant la qualité de pommes de terre, on ajoute quelquefois à l'assaisonnement un peu de bouillon ordinaire, bouillant.

Salade de pommes de terre à la Parisienne.

Choisir de préférence l'espèce dite « Vitelotte ». Les cuire à l'eau salée, les émincer chaudes et les mariner au vin blanc sec, à raison de 3 décilitres de vin blanc par kilo de pommes de terre. Au moment de servir, les assaisonner d'huile et vinaigre, avec addition de persil, cerfeuil, estragon haché ; mélanger doucement.

NOTA. — Lorsque les pommes de terre sont destinées à être additionnées à d'autres légumes, il y a avantage de les couper à cru et en petits dés, puis les cuire à l'eau salée; surveiller avec attention le point de cuisson; les égoutter aussitôt.

Salade de Tomates.

Choisir l'espèce à chair ferme; les peler, les couper en tranches minces, les épépiner, les dresser sur ravier; les assaisonner d'huile, de vinaigre, de sel, de poivre frais moulu, avec addition d'estragon et persil hachés. Entourer de fins anneaux d'oignons nouveaux.

SALADES COMPOSÉES

A moins qu'elles ne soient finies à la cuisine, les salades composées sont dressées sans en mélanger les éléments. Ceux-ci sont assaisonnés séparément, à l'avance, et disposés par bouquets. Dans ce cas, après avoir présenté la salade aux convives, le maître d'hôtel en fait le mélange.

Le dressage le plus simple et le plus rapide est celui qui doit être préféré.

Les salades composées peuvent être variées à l'infini ; je ne mentionnerai ici que celles que je crois intéressantes.

Salade Alice.

Choisir de jolies pommes blanches et roses de grosseur moyenne *(Type « Grand Alexandre »)* ; couper horizontalement le côté du pédoncule un rond de pomme de 3 centimètres de diamètre et le réserver comme couvercle.

Ensuite, vider la pomme à l'aide d'une cuiller à racines, en ne faisant subsister qu'une mince épaisseur de pulpe après la pelure. Citronner l'intérieur pour le conserver blanc.

Préparer en quantité égale et suffisante pour garnir le vide des pommes : Boules de pommes fruit levées à la cuiller à légumes de la grosseur d'un petit pois, groseilles rouges égrappées, amandes fraîches finement effilées ou lobes de noix fraîches dans la saison. Au moment de servir, ajouter de la crème légèrement salée et acidulée au jus de citron; mélanger le tout, remplir les pommes et rapporter le couvercle sur chacune.

Les dresser en couronne sur une couche de glace en neige ; intercaler chaque pomme d'un demi ou quartier de coeur de laitue.

Salade Américaine.

Tomates à chair ferme pelées coupées en tranches minces, épépinées, ananas en petites tranches, gousses d'oranges parées à vif, bananes émincées, tous ces fruits dressés en les intercalant sur un demi-deuil de salade romaine.

Servir à part une saucière de sauce Mayonnaise légère.

Je crois qu'une sauce crème additionnée d'un jus de citron et d'un jus d'orange, pointe de sel et pincée de sucre, conviendrait mieux à ce genre de salade.

Salade Andalouse.

Tomates pelées, coupées en quartiers, poivrons rouges et doux, flambés et débarrassés de la petite peau fine, puis taillés en lanières; riz cuit 18 minutes à l'eau salée bien égoutté. Ces trois éléments par parties égales.

Assaisonnement : Huile, vinaigre, sel, poivre frais moulu, persil haché. Facultativement, on ajoute à cette salade un peu d'oignon finement haché et une pointe d'ail écrasé.

Salade du Bon Viveur.

En parties égales : queues d'écrevisses, truffes crues soigneusement pelées et émincées, fonds d'artichauts cuits et émincés.

Assaisonnement un peu relevé : huile d'olive, vinaigre de vin, sel, poivre frais, jaunes d'œufs cuits durs passés au tamis.

Salade Carmen.

En parties égales : poivrons rouges grillés ou flambés débarrasses Hé leur fine pelure et blanc de poulet coupés en petits carrés; petits pois cuits ù l'Anglaise; riz cuit à l'eau salée et bien égoutté.

Assaisonnement à l'huile, vinaigre, sel, poivre, moutarde et estragon haché.

Salade Tkéodora (Création du Restaurant Maire, 1C81).

En parties à peu près égales : Têtes d'asperges d'Argenteuil cuites un peu fermes; fonds d'artichauts cuits et émincés, champignons crus pelés et émincés; queues d'écrevisses, lamelles de truffe et œufs durs comme décor.

Assaisonnement à l'huile, vinaigre, sel et poivre complété avec 2 cuillerées de sauce Mayonnaise.

Salade demi-deuil.

En parties égales : pointes d'asperges, julienne de truffes crues et émincées.

Assaisonnement : huiles, vinaigre de vin, sel, poivre frais moulu, persil haché *(moutarde à volonté)*.

Salade Gabrielle d'Estrées.

Blanc de poulet et truffes en julienne, pointes d'asperges. Assaisonnement à la sauce Mayonnaise légère, relevée légèrement à la moutarde et soupçon de poivre rouge ; facultativement, on peut ajouter des concombres cuits taillés en petits bâtonnets.

Salade Ève.

Dressée dans pommes fruits, identique à la « Salade Alice ».

Assaisonnement : Crème, pincée de sel et de sucre, jus de citron et jus d'orange.

Salade Favorite.

En parties égales : queues d'écrevisses, truffes blanches du Piémont émincées, pointes d'asperges.

Assaisonnement : fine huile d'olive, jus de citron, sel et poivre, un brin de céleri et estragon hachés.

Salade Isabelle.

En parties égales : 1⁰ Truffes, blanc de céleri, et champignons crus; 2° Pommes de terre et fonds d'artichauts cuits, le tout émincé finement.

Assaisonnement à l'huile, vinaigre, sel, poire, frais moulu, cerfeuil.

Salade Japonaise aux fruits.

Cette salade se compose d'ananas, oranges, tomates, coeurs de lai- tues, crème fraîche, jus de citron, jus d'orange, pincée de sel, pincée de sucre. Ces fruits sont coupés en petits carrés.

Ils se préparent de la façon suivante : L'ananas doit être acidulé d'un jus de citron; à la tomate, on ajoutera une pointe de sel, pour l'orange un peu de son jus. Tenir le tout au frais.

Au moment de servir, dresser les fruits dans les coeurs de laitues non pommées et répartir ainsi : mettre dans chaque coeur de laitue 6 petits carrés d'ananas, 6 carrés d'orange, les arroser d'une petite cuillerée de crème très fraîche additionnée d'un jus de citron, pincée de sel, pincée de sucre ; pour finir, 4 petits carrés de tomate.

Servir à part une saucière de la même crème.

NOTA. — Pour que les cœurs restent bien droits, les dresser sur un plat en argent muni d'une bordure en argent.

Salade Jockey-Club.

En parties égales : pointes d'asperges, julienne de truffes crues et de blanc de poulet.

Assaisonnement : huile, vinaigre, sel, poivre ; compléter au dernier moment avec une ou deux cuillerées de Mayonnaise.

Salade de légumes.

En parties égales : carottes, navets, pommes de terre, levés à la cuiller ou coupés en petits carrés ; haricots verts en losanges, petits pois, pointes d'asperges et bouquet de chou-fleur.

Assaisonnement à l'huile, vinaigre, sel et poivre, persil et cerfeuil hachés. On peut, à volonté, lier les légumes de mayonnaise légère.

Salades de Nonnes.

Deux tiers de riz cuit à l'eau, un tiers de blanc de poulet taillé en julienne.

Assaisonnement : huile, vinaigre, sel, poivre et soupçon de mou- tarde.

Dresser en saladier ; saupoudrer légèrement la surface de truffe noire râpée.

Salade d'Oranges. (Pour Canards rôtis. Canards Sauvages, Sar- celles, etc.).

Oranges bien mûres, pelées à vif et partagées en deux dans le sens vertical. Retirer les pépins et détailler les oranges en tranches minces.

Arroser d'un filet de kirsch.

Salade Orientale.

Composée de 200 grammes de tomates pelées, coupées en quartiers et épépinées, 100 grammes de poivrons verts, 100 grammes de poivrons rouges grillés débarrassés de leur pelure et coupés en lanières, 150 gr. de Gombos cuits. Réunir tous ces éléments dans une terrine ; les assai- sonner à l'huile d'olive, vinaigre, sel et poivre et essence d'anchois ou filets d'anchois; mélanger le tout intimement et compléter alors par l'addition de 250 grammes de riz cuit à l'eau salée et bien égoutté.

Salade Otero.

Proportions pour 8 personnes : Réunir dans un saladier 400 grammes de petites crevettes roses décortiquées; 150 grammes de truffes crues taillées en fine julienne, 50 grammes de pommes fruit et 50 grammes de poivrons rouges d'Espagne, coupés en petits carrés, 60 grammes de raifort râpé, une pincée de sel, poivre frais moulu et le jus d'un citron. Mêler le tout intimement et enrober ces éléments de crème très fraîche demi-fouettée.Dresser dans 8 jolies pommes de grosseur moyenne préparées comme il est expliqué pour la « Salade Alice ».

Ranger les pommes sur un lit de glace en neige.

Salade Rachel.

Se compose par parties égales de : truffe, pommes de terre, blanc de céleri taillés en julienne, pointes d'asperges vertes.

Assaisonnement : huile, vinaigre, sel, poivre frais moulu.

Liaison à volonté et après assaisonnement d'une ou deux cuillerées de Mayonnaise légère.

Salade Régence.

En parties égales : truffes crues détaillées en copeaux ; rognons de coq très frais, légèrement rissolés au beurre, pointes d'asperges cuites à l'eau salée tenues bien vertes.

Assaisonnement : huile d'olive de Nice, vinaigre de vin avec modération, sel, poivre frais moulu, cuillerée de blanc de céleri haché fin. On pourra à volonté remplacer le vinaigre par du jus de citron.

Salade Russe.

Se compose en parties à peu près égales de : carottes, navets, pommes de terre, haricots verts, petits pois, truffes, champignons, langue écarlate, jambon maigre, blanc de volaille, chair de queues de homards, câpres, cornichons, saucisson, filets d'anchois ; le tout taillé en très petits dés.

Réunir tous ces éléments dans une terrine, les assaisonner d'huile, vinaigre, sel, poivre, une pointe de poivre rouge ; bien mélanger intimement et lier le tout avec de la sauce Mayonnaise.

Dresser dans un saladier; égaliser la surface, la décorer à volonté avec les éléments de la salade : bouquet pointes d'asperges, œufs durs, etc.

Salade Tosca.

Se compose de blanc de poulet, truffes blanches en fines lamelles, blanc de céleri, taillé en petits dés.

Assaisonnement à l'huile, vinaigre, sel, poivre frais moulu, mou-tarde, essence d'anchois.

Dresser dans un saladier; saupoudrer la surface de parmesan finement haché, jaunes d'œufs durs passés au tamis et fines herbes.

Salade aux Truffes.

Se fait avec truffes crues, soigneusement pelées, taillées en lames très minces.

Assaisonnement : jus de citron, huile fine d' olive, sel, poivre frais moulu, jaunes d' œuf s durs passés au tamis.

Salade aux Truffes blanches.

Se prépare identiquement comme la salade aux truffes noires. Rem placer la noire par la blanche.

Salade Victoria.

En parties égales : chair de langouste ou homard, concombres coupés en dés et riz cuit à l'eau salée.

Assaisonnement : huile, vinaigre, sel, poivre, une cuillerée à café de curry en poudre, pour 2 décilitres de sauce.

Cette salade est variable, on peut y ajouter des pointes d'asperges, truffes coupées en dés.

Salade Waldorf.

En parties égales : pommes de reinette et céleri-rave coupés en dés; lobes de noix fraîches épluchés *(pendant la saison de ce fruit).*

Assaisonnement : Mayonnaise légère.

Salade Véronique.

Se compose par parties égales : de gros raisins muscats auxquels on enlève la peau et les pépins; d'ananas, de la chair d'orange coupés en dés, et lobes de noix fraîches. Arrosés de crème très fraîche, additionnée d'une pincée de sel, une pincée de sucre, un jus de citron et un jus d'orange.

Dresser dans une orange évidée, ranger celle-ci sur un lit de glace en neige intercalées de feuilles d'oranger, ou à défaut de tout petits cœurs de laitues.

Servir en même temps une saucière de même crème.

NOTA.— Les Américains étant très friands de salade aux fruits, la salade Véronique est toute indiquée pour l'accompagnement de Canards froids.

ROTIS

Il y a deux façons de rôtir : la broche et le four.

Il est évident que les rôtis à broche auront toujours la supériorité sur les rôtis faits au four.

Mais , en certains cas et dans bien des conditions, l'on n'a pas toujours le choix des moyens et, bon gré mal gré, il faut faire usage du four; cette façon de rôtir les viandes demande beaucoup de soin, surtout pour la volaille.

En général, les volailles et gibiers à rôtir doivent être bardées, sauf en ce qui concerne les gibiers, dans certains cas où ceux-ci sont piqués. L'utilité de ces bardes consiste, non seulement à garantir les filets des volailles et gibiers contre l'action trop vive du calorique, mais encore à prévenir le dessèchement de ces rôtis pendant la cuisson des cuisses, lesquelles sont beaucoup plus longues à cuire que la poitrine de ces volatiles.

Les bardes de lard doivent donc couvrir entièrement l'estomac des volailles et gibiers et être maintenues par quelques tours de ficelle.

Pour certaines pièces de Boucherie, les viandes gagnent beaucoup en saveur lorsqu'on a le soin de les couvrir de lames de graisse de bœuf ou de veau bien fraîches.

En France, on a une très mauvaise habitude de désosser les pièces **de boucherie et de les dégraisser complètement; c'est là une grande erreur, car, par ce système, les viandes perdent 50 % de leur saveur, et sont fatalement desséchées.**

On ne veut pas bien souvent tenir compte que la graisse est absolu- ment nécessaire pour nourrir les chairs pendant la cuisson, .et qu'elle leur donne ce goût de rissolage qui en fait toute la bonté.

Je dois reconnaître que les Anglais sont, sur cet important sujet, plus exigeants que les Français, et ils ont parfaitement raison.

Ne jamais ajouter un liquide quelconque, eau ou jus pendant la cuis- son des viandes, soit dans la plaque à rôtir ou dans la lèchefrite.

Soit à la broche ou au four, un rôti doit toujours être arrose assez souvent, mais avec un corps gras et non pas par un liquide quelconque.

LES JUS DE ROTIS

Question très délicate bien souvent négligée.

C'est avec le déglaçage des plaques ou lèchefrites que se fait "le véritable jus de rôti, fût-il à l'eau, puisque son principe essentiel est représenté par le jus de la pièce tombé dans l'ustensile pendant la cuisson. Mais, pour obtenir un bon résultat, il ne faut pas que l'ustensile, ni le jus aient brûlé ; ce dernier doit être simplement caramélisé au fond de l'ustensile.

Une chose dont on doit tenir compte est, pour les rôtis au four, de choisir des plaques ou plat à rôtir des grandeur et largeur de la pièce en traitement, afin d'éviter que la graisse ne brûle.

En maison privée, le déglaçage seul peut au besoin être suffisant pour accompagner la pièce rôtie ; mais, pour restaurants et hôtels, on y remédie en préparant à l'avance un fonds tiré d'os et de parures de même nature que la pièce à laquelle est destiné le jus, ou avec un jus neutre de goût tiré de la chair et os de veau.

Déglaçage des plaques. — La pièce étant retirée de la broche ou du four, verser dans la plaque ou lèchefrite la quantité de jus nécessaire ; réduire d'un tiers; passer à la passoire fine ou à la mousseline et dégraisser en partie s'il y a lieu.

C'est une erreur de dégraisser entièrement et de clarifier le jus des rôtis. Ainsi traités, ces jus sont plus limpides, peut-être plus agréables à la vue, mais ils auront perdu la moitié de leur saveur.

On ne doit pas oublier que la graisse de rôti apporte au jus l'arôme qui donnera aux viandes leur véritable saveur.

Le dressage doit être simple, sur plat très chaud, et légèrement arrosé de sa graisse de cuisson.

Aux volailles rôties on a l'habitude de les garnir de bouquets de cresson, ce qui ne doit se faire qu'à la dernière minute.

En toutes circonstances, le jus est servi à part.

Les rôtis de gibier à plumes se dressent sur canapés en pain de mie, frits au beurre et recouverts d'une couche de farce à gratin spéciale. (Voir « *Farces* »)

Lorsque des citrons accompagnent un rôti, on doit les envoyer à part.

Il est inutile de décorer la bordure d'un plat soit avec citrons, cornichons, etc. La beauté de la bordure d'un plat est que cette bordure soit très nette et sans taches.

Les rôtis de gibier à plume à l'Anglaise se servent avec ces quatre accompagnements : jus, Bread-Sauce, Bred-Crumb, pommes chips.

NOTA. — Dans les pays du Nord, les rôtis sont toujours accompagnés soit d'une marmelade de pommes peu sucrée, soit d'une compote de cerises, de pruneaux, d'abricots, etc.

SAUCES ET APPAREILS POUR ROTIS A L'ANGLAISE

Sauces diverses. — Apple-Sauce, Bread-Sauce, Bread-Crumb, Horse Radish-Sauce, Cranberries-Sauce.

NOTA. — La « Cranberries-Sauce » qui accompagne spécialement les Dindes, Canards sauvages et rôtis de porc, est une purée d'airelles rouge à peine sucrée, ou en compote.

Four les autres sauces, voir « Sauces Anglaises chaudes ».

Farce à la crème (pour Dindes, Canards et Oies).

Pour Dindes, Canards et Oies. — Cuire 4 gros oignons blancs au four avec leur pelure. Lorsqu'ils sont cuits, les peler et les hacher fine- ment; les passer au beurre avec une pincée de sauge hachée.

Ajouter le même poids de mie de pain trempée au lait et pressée, moitié du poids des oignons de graisse de veau hachée.

NOTA. — **Les** proportions données ici s'appliquent à un Dindonneau ou à une Oie. Réduire les proportions de deux tiers pour un Canard.

Veal Stuffing (Pour le Veau et le Porc).

Pour le Veau et le Porc. — Cette farce se compose par parties égales de : graisse de bœuf hachée et mie de pain passée au tamis, persil haché. Assaisonner de sel et de poivre comme pour une farce ordinaire; muscade râpée; 2 œufs par kilo de composition.

Yorkshire Pudding (Pour les rôtis de Bœuf).

Pour les Rôtis de Bœuf. — Délayer 500 grammes de farine avec un litre et quart de lait et 4 œufs; assaisonner de sel, poivre et muscade. Verser cette composition dans une poêle profonde, contenant de la graisse de rôti bien chaude et cuire au four.

Si le rôti est fait à la broche, placer le Yorkshire-pudding sous la pièce en le sortant du four, de façon qu'il s'imprègne du jus et de la graisse qui tombent de celle-ci.

Le détailler en losanges ou en carrés et le dresser sur un plat à part.

ROTIS DE BŒUF

Côte de Bœuf.

La Côte de B œ u f se rôtit sans être désossée; elle est simplement raccourcie.

Si elle est rôtie au four, la mettre dans une plaque un peu profonde el de grandeur en rapport du volume de la pièce. Conduire la cuisson à chaleur moyenne pour ne pas laisser brûler la graisse; l'arroser souvent de sa graisse pendant la cuisson.

Temps moyen de cuisson : 15 à 18 minutes au kilo.

Si elle est traitée par la broche, le temps de cuisson de la Côte de Bœuf est de 15 minutes au kilo; mais elle doit être tenue à l'étuve demi-fermée pendant une demi-heure ou une heure, selon sa grosseur, pour la concentration intérieure du jus, qui achève la cuisson.

Contre-Filet rôti.

Si le contrefilet est rôti sans être désossé, on doit casser les os saillants des vertèbres et sectionner le ligament jaune de place en place. Pour cette pièce, la chaleur doit être un peu plus vive que pour la Côte de Bœuf, la cuisson étant moins longue.

S'il est rôti désossé, on doit le couvrir de graisse de rognon de bœuf taillée en lames et aplaties; à défaut de graisse, le barder de lard, mais le lard est loin, dans ce cas, de valoir la graisse.

Temps moyen de cuisson s'il est rôti désossé : 12 à 14 minutes au kilo et 5 minutes en plus s'il est rôti avec os.

Filet de Bœuf.

Le filet destiné à être rôti doit être soigneusement paré de ses deux enveloppes nerveuses extérieures et finement piqué de lard ou bardé. Dans certains cas, et suivant le désir et le goût des gens, on l'enveloppe de tranches de graisse de bœuf aplaties que l'on maintient avec la ficelle.

Le Filet de Bœuf doit être rôti à feu assez vif et tenu rosé à l'intérieur.

Temps moyen de cuisson au four : 12 à 15 minutes au kilo et 18 minutes à la broche.

Rôtis de Bœuf à l'Anglaise.

Ces rôtis sont tenus un peu cuits; ils sont toujours accompagnés de
« Yorkshire-Pudding ».

ROTIS DE VEAU

Carré.

Le carré de veau se rôtit à feu modéré dans une plaque ou plat ovale un peu profond, entouré de 150 grammes de graisse de rognon de veau hachée et beurre fondu, en l'arrosant souvent de sa graisse de cuisson.

Temps moyen de cuisson: 30 à 35 minutes au kilo.

Longe de Veau.

La longe de veau se rôtit comme il est dit pour le « Carré » ou en braisière couverte avec beurre assez abondant. Veiller attentivement que le beurre ne brûle pas, c'est le point essentiel pour obtenir un jus de saveur exquise.

Pour éviter que le beurre ne puisse ni noircir, ni brûler :

1° Choisir une braisière ou casserole de grandeur en rapport à la grosseur de la pièce, arroser celle-ci suffisamment de beurre fondu; cuire à petit feu.

2° Dès que le beurre commence à se clarifier et prendre une légère couleur blonde, ajouter au beurre 2 cuillerées d'eau chaude; renouveler l'opération toutes les fois que le beurre commence à se clarifier et cela, jusqu'à cuisson complète de la longe.

A ce point, dresser la longe sur plat de service, ajouter au beurre de cuisson 2 ou 3 décilitres d'eau bouillante suivant la grosseur de la pièce. Faire bouillir 5 à 6 minutes pour bien déglacer le fond de la casserole et en même temps assurer une liaison parfaite du beurre avec l'eau.

Cette façon d'opérer est très simple, mais elle exige une attention de tous instants.

Temps moyen de cuisson: 35 minutes au kilo.

Longe et épaule de Veau à l'Anglaise.

La longe et l'épaule de veau rôtis à l'Anglaise sont farcies de « Veal Stuffing ».

Ces rôtis s'accompagnent de lard, ou jambon bouilli.

NOTA. — Pour la Noix de Veau, opérer exactement comme il est expliqué pour Longe de Veau et surveiller la cuisson.

Le secret de cette façon de cuire le veau est de ne pas laisser brûler le beurre.

ROTIS DE MOUTON ET D'AGNEAU

Carré.

Supprimer les os de l'échiné, et rôtir le Carré à four assez chaud, plutôt de chaleur moyenne.

Le Carré étant au point voulu de cuisson, le dresser sur plat de service. Déglacer le plat ou plaque de cuisson avec du bouillon; donner quelques minutes de réduction; passer le jus au chinois dans une casserole, le dégraisser en partie ; avec cette graisse, en arroser légèrement le carré.

Servir le jus à part dans une saucière.

Bas-Rond.

Le Bas-rond comprend les deux gigots et la selle. On le rôtit à four chaleur moyenne, et avec tous les soins voulus pour que la graisse ne brûle pas.

Temps moyen de cuisson : 12 à 15 minutes au kilo.

Selle.

La selle ne doit être ni désossée, ni piquée de lard. La graisse qui couvre les filets est simplement ciselée avec la pointe d'un couteau; puis la selle est ficelée et rôtie au four ou à la broche.

Temps moyen de cuisson : 12 à 15 minutes au kilo.

NOTA.— La selle cuite au four demande beaucoup d'attention, surtout ne pas laisser brûler la graisse pendant la cuisson, afin de pou- voir obtenir un excellent jus par le déglaçage de l'ustensile de cuisson. Ce jus doit être un peu gras.

Gigot.

Temps moyen de cuisson : 15 à 16 minutes au kilo.

Épaules.

Les Épaules de Mouton peuvent, suivant le cas, être désossées, assaisonnées, roulées et ficelées. Les Épaules d'Agneau ne se désossent pas. Les rôtir à four chaud, en surveiller la cuisson avec l'attention voulue.

NOTA.— Le temps de cuisson des pièces d'agneau est à peu près le même que celui des pièces de mouton, attendu que l'agneau doit toujours être bien cuit.

ROTIS DE PORC

Carré et Filet.

Le carré doit être raccourci et débarrassé des os de l'échiné. La cuisson de la viande de porc doit se faire à four assez chaud et être bien cuite.

Temps moyen Je cuisson au four : 30 minutes au kilo.

Rôtis de Porc à l'Anglaise.

On emploie pour ces rôtis des jambons frais, carrés et filets provenant des animaux très jeunes; la couenne est laissée adhérente aux pièces. Cette couenne et le lard sous-jacent sont ciselés profondément en losanges. Le temps de cuisson se compte à raison de 18 à 20 minutes au kilo.

Ces rôtis de porc s'accompagnent de sauce à la Sauge et aux oignons, d'Apple-Sauce, ou de Cranberries-Sauce, etc.

ROTIS DE VOLAILLES

Poularde.

Brider la pièce, l'assaisonner intérieurement et extérieurement, la barder, la rôtir au four de chaleur douce ou, ce qui est préférable, la rôtir à la broche.

Le temps de cuisson moyen d'une pièce d'un kilo 500 est de 45 minutes au four et 50 minutes à la broche.

Constater l'à-point de cuisson en faisant tomber sur une assiette quelques gouttes du jus de l'intérieur qui doit être absolument blanc. Arroser la pièce avec la graisse de cuisson et servir à part jus et cresson.

Poularde rôtie à l'Anglaise.

Rôtir la poularde comme la précédente. La dresser, l'entourer de saucisses et tranches de bacon grillées et l'accompagner de Bread- Sauce.

Poularde truffée.

Choisir une belle poularde à chair blanche et grasse; la nettoyer soigneusement, en ayant soin de la vider par le côté; laisser la peau du cou très longue. L'assaisonner et la garnir de truffes et préparation suivante : 500 grammes de panne de porc fraîche broyée et passée au tamis; 400 grammes de truffes soigneusement pelées, coupées en quartiers, assaisonnées de sel, poivre et muscade et chauffées quelques instants avec quelques cuillerées de panne de porc et un petit verre de Cognac. Mélanger panne et truffes et garnir la poularde. Glisser sous la peau de la poitrine de la poularde quelques belles lames de truffes; laisser reposer jusqu'au lendemain dans un endroit bien frais.

Brider et barder la pièce; l'envelopper ensuite de papier beurré (1); la rôtir à la broche devant un bon feu, ou à four chaleur moyenne.

Temps moyen de cuisson: une heure et demie au four; une heure trois quarts à la broche.

Poulet Reine.

Le nettoyer soigneusement ; le saler intérieurement et extérieurement ; le brider, le barder et le rôtir à la broche ou au four.

Temps de cuisson : Broche, 40 minutes ; au four, 35 minutes.

Poulet de grain.

Le préparer comme le « Poulet Reine », et le rôtir de même.

Temps de cuisson : au four, 25 à 30 minutes; à la broche, 35 minutes environ.

Poussin.

Temps de cuisson : en cocotte, 12 à 15 minutes.

Dindonneau rôti.

Procéder exactement comme pour la « Poularde ».

NOTA. — Avant de brider le Dindonneau, il est indispensable de procéder à l'extraction des nerfs de la cuisse, ce qui se fait par deux incisions pratiquées sur la partie interne, au-dessous et au-dessus de l'articulation qui joint la patte à la cuisse. Ces nerfs sont saisis un par un, enroulés autour d'une aiguille à brider et, en tournant doucement celle-ci, les ligaments se détachent des muscles et peuvent être facilement retirés.

Dindonneau rôti à l'Anglaise.

Garnir la pièce de farce à la Sauge, la rôtir doucement, la dresser et l'entourer de saucisses et tranches de Bacon grillées.

Dindonneau truffé.

Procéder exactement comme il est expliqué pour la « Poularde truffée », mais en doublant le volume de farce et de truffes.

Papier spécial ne dégageant aucune odeur par la chaleur. Brider et Barder la pièce; l'envelopper de papier huilé ou Beurré ? la rôtir à la Broche ou au four.

Si la pièce est traitée par le four, la rôtir en braisière ouverte.

Temps de cuisson j 35 minutes au kilo par la broche et 28 minutes! par le four.

Accompagnement^r: Le jus de la pièce dégraissé en partie et, facultativement, une sauce Périgueux légère.

Pigeonneaux.

Choisir des sujets sortant du nid; les nettoyer, les vider, conserver le foie dans le pigeon; saler l'intérieur et l'extérieur; les brider, les barder, les cuire à la casserole au beurre ou les rôtir à la broche.

Temps de cuisson 15 à 20 minutes à la casserole et 25 minutes à 5a broche.

Pintade.

La Pintade rôtie est exquise, mais à la condition qu'elle soit très jeune.

La nettoyer soigneusement, la saler intérieurement et à l'extérieur, la brider et la barder; la rôtir à la broche ou par le four, en l'arrosant fréquemment avec son beurre.

On peut appliquer à la Pintade toutes les formules indiquées au Faisan.

Temps de cuisson : 35 minutes.

Caneton Nantais.

Temps de cuisson pour une pièce du poids d'un kilo 200 : 35 à 40 minutes.

Caneton Rouennais.

Soit au four ou à la broche, le caneton Rouennais doit être traits à feu vif.

Pour une pièce pesant 2 kilos 400 brute, et 1 kilo 400 quand elle est vidée, on compte 25 minutes.

Caneton d'Aylesbury à l'Anglaise.

Lé Caneton d'Aylesbury est l'équivalent de notre caneton Nantais; généralement on le farcit à la Sauge.

Son accompagnement le plus courant est l'Apple-Sauce ; mais on sert en même temps de la gelée de groseilles fondue, ou une Cranberries-Sauce.

Oie rôtie à l'Anglaise.

L'oie doit être farcie à la sauge. Oti la sert avec accompagnement indiqué au « Caneton à l'Anglaise ». C'est, en Angleterre, le rôti obligatoire de la Saint-Michel.

Oison.

L'oie pour rôtir doit être jeune, c'est-à-dire non parvenue à sa croissance normale. Elle se traite au four ou à la broche.

ROTIS DE VENAISON

Chevreuil.

Les rôtis de chevreuil sont principalement fournis par les Gigots et les Selles. Ces pièces sont, ou ne sont pas marinées à l'avance, les gigots sont généralement piqués de petits lardons, les selles sont plus souvent bardées que piquées. Dans certains cas, on laisse les deux carrés adhérents à la selle.

Temps moyen de cuisson au four : 12 à 14 minutes au kilo pour les gigots.

Venaison à l'Anglaise.

En Angleterre, la Venaison provient du Cerf ou du Daim. La pièce la plus réputée est la « Hanche » qui se compose du cuissot auquel on laisse adhérer la demi-selle correspondante.

Cette pièce doit être bien rassise, mais on ne la marine pas. Four la conserver et en éloigner l'humidité pendant qu'elle rassit, frotter la pièce de farine additionnée de poivre, cette sorte d'enduit ayant la propriété d'éloigner les mouches. Pour la rôtir, elle est parée, enveloppée de pâte à l'eau chaude avec addition de graisse de bœuf hachée et salée. Cette pâte est elle-même enveloppée de papier graissé et maintenu par de la ficelle. Le temps de cuisson est de 4 heures, en l'arrosant souvent.

Au dernier moment, enlever papier et pâte, saupoudrer la pièce de sel et de farine; arroser de beurre fondu, pour faire prendre couleur.

Tout rôti de Venaison s'accompagne de gelée de groseilles.

Marcassin.

On prend de préférence les Carrés et la Selle, qui sont traités comme le Rôti de Porc.

Les Rôtis de Marcassin s'accompagnent d'un jus un peu corsé ou d'une sauce poivrade légère.

ROTIS DE GIBIERS A POIL ET A PLUMES

Bécasse.

La Bécasse doit être conservée pendant quelques jours avec ses plumes et être faite à point; elle ne se plume du reste qu'au moment de l'employer. Elle ne se vide pas, on enlève seulement le gésier.

La trousser en' la traversant de part en part avec le bec à l'endroit des cuisses, et la barder.

Temps de cuisson à feu assez vif : 15 à 18 minutes.

La dresser sur canapé de pain frit au beurre et servir à part le déglaçage de la cuisson fait au cognac et 2 cuillerées de jus.

Bécassine.

Ce qui est dit ci-dessus pour la Bécasse s'applique à la Bécassine, sauf que le croûton pour celle-ci, après l'avoir fait frire au beurre, est recouvert d'une légère couche de Farce à gratin pour gibier.

Temps de cuisson : 8 à 9 minutes.

Bec-Figues et Béguinettes.

Ces oiseaux s'embrochent par six ; les cuire à feu vif 7 à 8 minutes environ.

Cailles.

On doit les choisir blanches et grasses ; les envelopper d'abord d'une feuille de vigne beurrée, et recouvrir celle-ci d'une mince barde de lard.

Les rôtir à feu assez vif pendant 10 à 12 minutes environ.

Les dresser sur des petits croûtons en pain de mie, frits au beurre, masqués de farce à gratin pour gibier. On les entoure, à volonté, de bouquets de cresson et demi-citrons. Servir à part leur jus, qui doit naturellement être très court.

Canards sauvages.

Le Canard sauvage ne se barde pas et se cuit à feu très vif, pour l'obtenir saignant. On le dresse, à volonté, avec entourage de cresson et citrons.

Temps de cuisson: 20 minutes.

Canard sauvage rôti à l'Anglaise.

Rôtir le canard comme ci-dessus et servir à part une Apple-Sauce ou Cranberries-Sauce.

Canard sauvage à la Bigarrade.

Le rôtir comme le précédent; l'entourer de quartiers d'oranges parés à vif et servir à part une sauce Bigarrade légère.

Pilet.

Le rôtir à feu vif.

Temps de cuisson : 15 à 17 minutes.

Sarcelle.

Se traite comme le « Canard sauvage ».

Temps de cuisson : 12 à 17 minutes.

NOTA. — Le temps de cuisson de ces oiseaux peut toujours varier de quelques minutes ; cela dépend si le sujet est plus ou moins gras.

Chevaliers.

Les diverses Variétés de Chevaliers se traitent comme les Vanneaux. Ces oiseaux se vident entièrement.

Coq de Bruyère, Gélinotte, Grouse.

Le Coq de Bruyère est un rôti dont on fait généralement peu de cas. Cependant, choisi très jeune, la chair de ce coq des bois possède une certaine saveur que bien des Gourmets apprécient.

La Gélinotte doit être employée très fraîche. La brider, la barder et compter, pour la cuire,- 15 à 18 minutes à feu vif.

La Grouse doit également être employée très fraîche. Son temps de cuisson, qui varie de quelques minutes, selon sa grosseur, est de 15 à 18 minutes environ.

NOTA. — Ces différents gibiers doivent être tenus rosés et l'on n'en sert généralement que les poitrines.

Selon la façon anglaise, ils s'accompagnent de « Bread-Sauce », de « Bread-Crumb » et de « Pommes Chips ».

Faisan.

Le Faisan pour rôtir doit être bardé et non piqué. Une excellente méthode, qui en augmente la saveur, est de le farcir de 100 grammes de panne de porc fraîche pilée avec quelques pelures de truffes fraîches ou simplement de panne nature; assaisonnement sel et poivre. La chair de faisan étant un peu sèche, ce corps gras, en fondant, pénètre les chairs intérieures et permet de les obtenir plus savoureuses. La méthode s'applique également au Perdreau.

Temps moyen de cuisson : 25 à 30 minutes, selon grosseur. Servir à part son jus tenu un peu gras.

Faisan truffé.

Pour l'opération de truffage, voir « Poularde Truffée ».

Proportions des éléments : 400 grammes de panne fraîche et 200 gr. de truffes soigneusement pelées. Barder la pièce.

Temps de cuisson au four de chaleur modérée : 40 minutes en moyenne.

Sauce Périgueux légère servie à part.

Grives.

Retirer le gésier; les barder; introduire dans chacune un grain de genièvre et les rôtir à feu vif pendant 8 à 10 minutes environ. Les dresser sur croûtons frits au beurre. Servir à part le jus de déglaçage de la cuisson des grives.

Lièvre.

La seule partie du Lièvre employée pour rôtir est le Râble, qui comprend la partie partant de la naissance des côtes jusqu'à la queue.

Le Râble doit être bien dénervé, finement piqué ou simplement bardé et rôti au four, environ 20 minutes.

Accompagnement ordinaire du Râble de Lièvre : Sauce Poivrade légère.

En Angleterre et dans les pays du Nord, on sert en même temps de la gelée de groseilles et de la marmelade de pommes peu sucrée, même des pruneaux et poires au vin rouge.

Mauviettes.

Les envelopper chacune d'une mince barde de lard; les embrocher par trois, les cuire au beurre en casserole plate pendant 7 à 8 minutes. Les dresser sur croûtons frits au beurre, jus de déglaçage à part.

Facultativement, on peut entourer les mauviettes de bouquets de cresson.

Merles de Corse.

Se traitent comme les « Grives ».

Ortolans.

Les envelopper chacun d'une bande de feuille de vigne ; les ranger dans une plaque humectée d'eau salée et les saisir à four vif pendant

4 à 5 minutes.

Le peu d'eau ajoutée dans le fond de l'ustensile provoque une évaporation qui empêche de fondre la graisse des ortolans et il ne faut en conséquence ni barde, ni beurre, ni jus.

Voir *façon de cuire l'Ortolan* : Pocher les ortolans dans un consommé très corsé. Les dresser en terrine ou en casserole d'argent avec un peu de consommé de pochage.

(Je tiens cette recette de M. Leblanc, chef de cuisine du vieux baron de Rothschild sous le second Empire.)

Ortolans au suc d'Ananas « Fantaisie ».

Pour 10 Ortolans, chauffer 2 cuillerées de beurre frais dans une petite casserole en argent, rouler les ortolans dans ce beurre, les saler légèrement et les passer pendant 3 minutes au four très chaud.

En les sortant du four, les arroser de suc d'ananas; couvrir la casserole et servir immédiatement.

Ortolans à la Vauclusienne.

Cuire les Ortolans comme les précédents; après 2 minutes et demie, les couvrir de truffes crues soigneusement pelées, coupées en lamelles, assaisonnées de sel, poivre frais moulu, chauffées quelques secondes avec une cuillerée de beurre fin, 2 cuillerées de glace de volaille, et

3 cuillerées de vieux Frontignan. Fermer la casserole hermétiquement, donner une minute de cuisson et servir aussitôt.

Servir en même temps des toasts de pain grillé, très chauds.

Perdreau rôti.

L'assaisonner intérieurement et extérieurement de sel ; l'envelopper d'une feuille de vigne beurrée et d'une barde de lard taillée très mince.

Temps de cuisson à four chaleur moyenne : 18 à 20 minutes; à la broche, 25 minutes.

Le dresser sur croûton frit au beurre et recouvert d'une couche de farce à gratin; l'entourer à volonté de bouquets de cresson.

Servir à part un petit jus un peu gras et corsé.

Perdreau truffé.

Proportions des éléments : 100 grammes de panne fraîche passée au tamis et 80 grammes de truffes soigneusement pelées, coupées en quartiers, assaisonnées de sel, de poivre et filet de cognac.

L'envelopper d'une barde de lard très mince et le cuire à la broche de préférence.

Temps moyen de cuisson : 30 à 35 minutes.

Pluviers et Vanneaux.

Ces gibiers se vident, se bardent à volonté. On les cuit à la broche ou à la casserole, en les tenant légèrement saignants.

Les servir aussitôt cuits, avec accompagnement d'un jus court, un peu corsé.

Temps de cuisson : 12 à 14 minutes.

LÉGUMES ETPATESALIMENTAIRES

LÉGUMESDIVERS

SÉRIE DE LÉGUMES
(Observations sur les *opérations préliminaires.)*

Blanchissage.

Cette opération répond à deux buts différents : Dans l'un de ses emplois, par exemple pour le traitement des épinards, petits pois, haricots verts et légumes verts en général, ce blanchissage est en réalité une cuisson complète, conduite rapidement et à grande eau salée à raison de 7 grammes par litre, pour conserver à ces légumes la couleur verte.

Dans l'autre, le blanchissage a pour but de faire disparaître l'âcreté naturelle de ces légumes comme : Choux, Céleri, Chicorée, etc.

En principe, les légumes nouveaux tels que : carottes, navets, oignons, ne se blanchissent pas.

On ne devrait jamais rafraîchir, après blanchissage, que certains légumes destinés à être braisés. Les légumes destinés à être mangés aussitôt cuits, tels ; petits pois, haricots verts, choux-fleurs, choux de Bruxelles, ne doivent pas être rafraîchis. Mais si pour cause de circonstances ces légumes doivent être cuits d'avance, ne les laisser jamais à l'eau froide; un séjour, même peu pro- saveur.

Cuisson des légumes à l'Anglaise.

Ces légumes sont traités simplement à l'eau bouillante. Ils sont en- suite égouttés, séchés, dressés en légumiers très chauds et servis accompagnés de beurre frais. L'assaisonnement est fait par le convive lui- même ou par le maître d'hôtel en présence du client. Tous les légumes verts peuvent se traiter à l'Anglaise. Eau bouillante salée.

Cuisson des légumes secs.

C'est un mauvais procédé que de tremper les légumes secs. S'ils sont de l'année et de bonne qualité, il suffit de les marquer à l'eau froide et de ne *les* amener que très lentement à l'ébullition. On les écume alors, on les garnit, puis on les laisse cuire doucement, à couvert. Les haricots blancs ne doivent être salés que peu avant leur entière cuisson.

Si on se trouve en présence de légumes trop vieux, ou de qualité inférieure, on peut les faire tremper, environ 2 heures, le temps nécessaire pour les faire gonfler.

Un trempage trop prolongé peut déterminer une fermentation qui altère les légumes et leur fait perdre beaucoup de leur valeur.

Braisage des légumes.

Ces légumes sont préalablement blanchis, rafraîchis, parés, déposés dans une casserole bardée, foncée avec oignons, carottes émincés et recouverts de bardes de lard. Après les avoir fait suer quelques instants à casserole couverte, les mouiller juste à hauteur avec du fonds blanc; couvrir la casserole et terminer leur cuisson au four de chaleur modérée.

Après cuisson, les légumes sont égouttés, parés, tenus au chaud dans un sautoir, avec un peu de leur fonds de cuisson.

Les dresser en légumier ou sur plat suivant le genre de légumes. Les fonds d'artichauts, quartiers d'artichauts, les céleris, les cardons, on les sauce généralement de sauce demi-glace, montée au beurre additionné d'un petit jus de citron.

Liaison de légumes verts au beurre.

Aussitôt cuits, les égoutter à fond. On ajoute alors l'assaisonnement qu'ils comportent : sel, poivre et le beurre; la liaison se fait en sautant le légume. Le beurre de liaison d'un légume doit toujours être ajouté hors du feu.

Liaison des légumes à la crème.

Les légumes destinés à être traités de cette façon, que ce soit légumes verts ou secs, sont aussitôt égouttés, mis dans une casserole, et additionnés de crème bouillante et très fraîche et assaisonnement. La crème étant presque réduite, ajouter quelques parcelles de beurre frais.

Crèmes et purées de légumes.

Les purées de légumes secs et de farineux s'obtiennent en passant ces légumes au tamis, en les chauffant ensuite fortement et les complétant avec beurre fin ou crème.

Les Purées de légumes aqueux, comme haricots verts, choux-fleurs, choux de Bruxelles, etc., doivent s'additionner d'un tiers de leur volume de fine purée de pommes de terre à la crème pour en assurer la liaison.

Artichauts à la Barigoule.

Prendre 4 beaux artichauts bien frais et tendres. Après avoir paré le dessus, rogner les feuilles du tour, les blanchir fortement, puis retirer le foin qui doit être complètement enlevé.

Assaisonner l'intérieur et remplir le milieu de l'artichaut de la com- position suivante : Faire chauffer dans une casserole à sauter une forte cuillerée de beurre, une cuillerée d'huile d'olive et 100 grammes de lard frais râpé ; ajouter 2 échalotes finement hachées, 200 grammes de champignons frais hachés fin, puis une forte cuillerée de persil, sel, poivre, muscade râpée; faire vivement revenir sur feu très vif; ajouter facultativement 4 cuillerées de sauce demi-glace très réduite. Garnir les artichauts, les couvrir d'une petite barde de lard taillée en carré; les ficeler, les ranger dans une casserole sur un lit d'oignon, carottes, émincés, bouquet garni ; mouiller avec un grand verre de vin blanc, couvrir la casserole et réduire vivement le vin des deux tiers. Mouiller alors avec fonds brun à demi-hauteur de l'artichaut; recouvrir la casserole, !a mettre au four, cuire doucement.

Au moment de servir, déficeler, retirer la barde de lard, et ranger les artichauts sur un plat. Réduire le fonds de braisage des deux tiers du volume, lui ajouter 6 à 7 cuillerées de sauce demi-glace, donner quelques secondes d'ébullition, passer au chinois dans une petite casserole, laisser reposer la sauce quelques secondes, la dégraisser et la verser bouillante sur les artichauts.

Cœurs d'artichauts Grand-Duc.

Choisir des artichauts bien tendres, de grosseur moyenne et égale; détacher les feuilles dures, couper horizontalement les autres à la naissance du cœur, tourner les fonds, les citronner légèrement et les cuire à l'eau salée dans laquelle en aura ajouté le jus d'un citron, pour

10 fonds, et 2 cuillerées de farine. Aux trois quarts de la cuisson, égoutter les fonds, les rafraîchir, retirer le foin et les ranger dans un plat à sauter grassement beurré ; les mouiller demi-hauteur de fonds blanc; couvrir la casserole, terminer la cuisson.

Dresser les fonds en rosace sur plat rond sur lequel on aura mis une légère nappe de sauce Béchamel.

Faire réduire le fonds de cuisson à un quart du volume et ajouter 3 à 4 décilitres de sauce Béchamel à la Crème.

Remplir les fonds avec une petite garniture de pointes d'asperges et truffes coupées en très petits dés, liée au beurre, masquer complète- ment les cœurs d'artichauts avec la sauce Béchamel, les saupoudrer de fromage râpé, arroser de beurre fondu et glacer à la salamandre.

Au centre de la rosace, disposer un bouquet de pointes d'asperges huilées au beurre ; placer sur chaque cœur une lame de truffe chauffée dans du beurre mélangé de glace de viande fondue.

Artichauts frits.

Proportions : Choisir 3 artichauts de grosseur moyenne très tendres. Enlever les grosses feuilles et tourner les fonds en laissant adhérer aux fonds les parties blanches et tendres des feuilles. Diviser les fonds en quartiers; retirer le foin et couper les quartiers en morceaux d'un demi-centimètre. Les plonger dans de l'eau froide additionnée légèrement de vinaigre ; les égoutter, les mettre dans une terrine ; les assai- sonner d'une pincée de sel, une prise de poivre, et les saupoudrer de 100 grammes de farine; bien la mélanger aux artichauts; puis ajouter 3 oeufs battus en omelette, 3 cuillerées d'huile d'olive, mélanger le tout intimement de façon que chaque morceau d'artichaut soit bien enveloppé de pâte.

Faire frire les artichauts, quelques minutes avant de les servir, dans une friture pas trop chaude ; les artichauts étant crus ne doivent pas être saisis.

Lorsqu'ils sont cuits et de belle couleur, les saler légèrement, les dresser en buisson sur serviette. Garnir de persil frit.

NOTA. — Cette pâte à frire ne comporte pas d'eau.

Artichauts avec sauces diverses.

Couper régulièrement les artichauts aux deux tiers de la hauteur; les iarer tout autour, les ficeler et les cuire vivement à l'eau bouillante légèrement salée ; les égoutter, les passer quelques minutes à l'eau froide de manière à pouvoir retirer le foin, les remettre dans leur cuis- son quelques instants et les dresser sur serviette pliée.

Envoyer en même temps, soit une sauce au Beurre, une sauce Hollandaise ou une sauce Mousseline.

Quand les artichauts ainsi cuits doivent être servis froids, on les accompagne d'une sauce vinaigrette.

Artichauts à la Provençale.

Choisir de très petits artichauts de Provence ; supprimer la pointe des feuilles et le premier rang des feuilles dures; les mettre dans un poêlon en terre contenant de l'huile d'olive assez chaude. Assaisonner de sel et de poivre ; couvrir le poêlon, laisser cuire doucement. Facultativement, on peut ajouter une pointe d'ail et petits oignons nouveaux.

Artichauts en ragoût aux petits pois à la Provençale.

Choisir de très petits artichauts, les parer, les mettre dans un poêlon avec huile d'olive, oignons nouveaux, sel et poivre ; couvrir le poêlon et après 10 minutes de cuisson joindre aux artichauts, pour 12 à 15 pièces, un litre de petits pois très tendres, une laitue et bouquet de persil ficelés, une demi-verre d'eau et facultativement 150 grammes de lard maigre détaillé en

lardons. Couvrir le poêlon et continuer la cuisson à petit feu.
Servir dans le poêlon même.

Fonds d'Artichauts au gratin à la Toulousaine.

Préparer et cuire les fonds d'artichauts comme il est dit pour « Grand- Duc ». Après avoir retiré le foin, les ranger dans un sautoir beurré; les mouiller d'un verre de vin blanc et le jus d'un demi-citron; laisser réduire à fond et mouiller à demi-hauteur de fonds blanc. Couvrir la casserole, compléter la cuisson à petit feu.

Dresser les fonds en couronne sur plat rond. Garnir le creux des artichauts de foie gras cuit et truffes, en petits dés; enrober ces deux éléments de sauce Béchamel dans laquelle on aura incorporé le fonds de cuisson des artichauts réduit à l'état sirupeux. Masquer complètement les fonds d'artichauts de la même sauce, saupoudrer de fromage râpé, arroser de beurre fondu et faire glacer à la salamandre. Placer ensuite les rognons de coq, rissolés au beurre et enrobés de glace de viande sur chaque rond. Garnir le centre du plat de pointes d'asperges liées au beurre.

On pourra remplacer les rognons de coq par une escalope de ris de veau braisé et mettre sur chaque escalope une belle lame de truffe. Saucer légèrement avec glace de viande additionnée de beurre frais.

Les fonds d'artichauts ainsi préparés, dont on peut varier la garniture à l'infini, peuvent servir aussi bien de garniture pour petites entrées volantes, et simplement de légumes.

Le fond d'artichaut à l'état frais, quand on sait en tirer avantage, est un élément de haute cuisine, mais à la condition de ne jamais faire usage de fonds d'artichauts en conserve qui, généralement, sont rendus immangeables par les acides employés pour les obtenir blancs.

Fonds d'Artichauts à l'Italienne.

Préparer et cuire les fonds comme il est expliqué au « Fonds d'artichauts Grand-Duc ».

Après avoir retiré le foin, les ranger dans un plat à sauter grassement beurré; ajouter un verre de vin blanc et un soupçon de jus de citron; faire réduire le vin blanc, ajouter 2 décilitres de fonds de veau brun; compléter la cuisson.

Dresser les fonds en légumier. Ajouter au fonds de cuisson assez de sauce Italienne, une pincée de persil haché ; faire réduire la sauce au point voulu, la compléter par l'addition de quelques parcelles de beurre fin et verser sur les fonds d'artichauts.

Quartiers d'Artichauts à l'Italienne.

Tourner et parer des artichauts moyens; les couper en quatre. Parer les quartiers en retirant le foin ; les frotter avec un demi-citron pour les empêcher de noircir; les jeter à l'eau froide au fur et à mesure; puis les cuire 8 à 10 minutes à grande eau bouillante et les égoutter. Les disposer ensuite dans une casserole à sauter sur un lit d'oignon et carottes émincés, mouiller d'un verre de vin blanc, faire réduire celui-ci et mouiller moitié hauteur avec du fonds brun. Cuire doucement au four, jusqu'à ce que l'artichaut soit au point voulu de cuisson.

Au moment de servir, les dresser dans un légumier; passer et dégraisser le fonds de cuisson; le réduire et lui ajouter de la sauce Italienne ; assez pour saucer les artichauts ; donner quelques secondes d'ébullition, compléter la sauce par l'addition de 2 cuillerées de beurre (in et la verser sur les quartiers d'artichauts.

Artichauts à la Crème.

Choisir les artichauts moyens, les préparer pour fonds; diviser ceux-ci en quartiers et chaque quartier en deux morceaux ; les cuire 10 minutes à l'eau salée additionnée de farine; les égoutter, les mettre dans une casserole, les couvrir d'eau chaude, ajouter une forte cuillerée de beurre pour 6 fonds, une prise de sel, une pincée de sucre et le jus d'un quart de citron; couvrir la casserole et cuire à petit feu. Aussitôt cuits, les égoutter, les tenir au chaud.

Faire réduire le fonds de cuisson complètement, lui ajouter 3 déci- litres de sauce Béchamel à la crème, donner une ébullition et y joindre, les artichauts et quelques parcelles de beurre fin.

Dresser en légumier.

Artichauts Périgourdine.

A l'époque de la truffe fraîche, choisir quelques-uns de ces précieux tubercules; les peler soigneusement, les couper en lamelles, les assaisonner de sel, de poivre frais moulu et les joindre à des artichauts préparés « à la crème » comme il est dit à la formule précédente.

Dresser en légumier.

NOTA. — Les artichauts à la crème et à la Périgourdine peuvent être servis gratinés, dans des petits plats à oeufs.

Beurrer le fond des plats; les remplir de l'une ou l'autre de ces deux préparations; les saupoudrer de fromage râpé, arroser de beurre et passer quelques secondes à la salamandre ou au four.

Artichauts sautés.

Les choisir très tendres, enlever les feuilles et le foin; parer les fonds et les émincer, crus.

Assaisonner de sel et de poivre; les sauter au beurre; dresser en légumier et saupoudrer de fines herbes.

On peut également les sauter à l'huile d'olive et, facultativement, ajouter un soupçon d'ail.

ASPERGES

Les asperges doivent être employées aussi fraîches que possible, pelées avec soin, lavées rapidement, bottelées et cuites à grande eau salée.

On dresse les asperges sur grille spéciale en argent, ou sur une serviette.

Les sauces : au Beurre, Hollandaise, Mousseline, Maltaise, Beurre fondu, et beurre fondu avec œufs durs hachés, sont les accompagnements les plus indiqués pour Asperges chaudes.

Servies froides, elles s'accompagnent d'une sauce à l'huile ou d'une sauce Mayonnaise ordinaire, ou Mayonnaise à la crème fouettée.

Asperges à la Milanaise.

Les asperges étant cuites et bien égouttées, les dresser sur plat long beurré, par rangs superposés; saupoudrer les pointes d'asperges de chaque rangée de parmesan râpé.

Au moment de servir, arroser abondamment de beurre noisette la partie couverte de fromage et glacer à la salamandre.

Asperges Mornay.

Les asperges étant cuites et bien égouttées, les dresser sur plat long, par rangs, en nappant légèrement de sauce Béchamel les têtes des asperges; saupoudrer de parmesan râpé, arroser de beurre fondu et faire glacer à la salamandre.

Asperges Polonaises.

Bien égoutter les asperges; les dresser sur plat long, par rangs, en saupoudrant les têtes avec des jaunes d'œufs durs et du persil hachés, mélangés. Au moment de servir, couvrir les têtes avec du beurre noisette, additionné de 2 cuillerées de mie de pain très fine et fraîche- ment préparée par 125 grammes de beurre.

Pointes d'Asperges au beurre.

Le rôle principal des pointes d'asperges est de servir d'élément de garniture; mais on peut aussi les servir en légumes.

On coupe les têtes en tiges de 5 centimètres de longueur environ, lesquelles sont réunies en bottillons, et le reste de la partie tendre est coupé en morceaux de la grosseur d'un petit pois. Après les avoir lavées, on les plonge dans l'eau bouillante salée, et on les cuit vive- ment pour les conserver bien vertes.

Aussitôt cuites, les égoutter à fond et ne pas les rafraîchir. Faire évaporer l'humidité en les sautant quelques secondes sur le feu; les lier au beurre, hors du feu, et les dresser en légumier, en plaçant les bottillons dessus.

On les sert aussi dans des croûtes de bouchées ou de tartelettes.

Pointes d'Asperges à la crème.

Les préparer et les cuire à l'eau salée comme ci-dessus. Les lier avec de la crème très fraîche et bouillante.

Tartelettes de Pointes d'Asperges Petit-Duc.

Les préparer et les cuire à l'eau salée. Les lier au beurre ou à la crème. Les dresser dans des croûtes de tartelettes, fraîchement cuites; égaliser la surface, la masquer d'une légère nappe de sauce Béchamel, de façon que les bords de la pâte se trouvent couverts de sauce ; saupoudrer de fromage râpé; arroser de beurre fondu, glacer à la salamandre.

Dresser les tartelettes sur plat de service et placer sur chacune une belle lame de truffe fraîche légèrement chauffée dans de la glace de viande et beurre.

NOTA. — Ces tartelettes peuvent servir de garniture à diverses pièces de viande et volailles.

On peut aussi en combiner de petites entrées très élégantes, en plaçant sur chacune, à la place de la lame de truffe, soit : une petite escalope de blanc de poulet, une noisette d'agneau, une escalope de ris de veau braisé et, sur ceux-ci, une lame de truffe.

Saucer légèrement de glace de viande beurrée.

AUBERGINES

Aubergines à la Bordelaise.

Les détailler en rondelles ; les saler et poivrer légèrement ; les fariner; les mettre dans l'huile très chaude, à la poêle, et les sauter jus- qu'à ce qu'elles soient rissolées; ajouter une ou deux échalotes hachées, une cuillerée de mie de pain.

Sauter le tout ensemble pendant quelques minutes; dresser en légumier; compléter avec persil haché.

Facultativement, on pourra ajouter un soupçon d'ail.

Aubergines à l'Égyptienne.

Proportions pour 6 personnes : Choisir 6 aubergines de grosseur moyenne; les fendre sur la longueur, les cerner tout près des bords, ciseler le milieu pour faciliter la cuisson de la chair et les frire à l'huile. Les égoutter; retirer la chair de l'intérieur et la hacher; ranger les écorces sur plat à gratin, huilé.

D'autre part, peler 2 aubergines, les couper en rondelles, les faire frire, les égoutter ensuite, les hacher et les mêler à la chair retirée des écorces des aubergines.

Faire légèrement blondir à l'huile 2 cuillerées d'oignon haché, ajouter la chair des aubergines; assaisonnement : sel et poivre, persil haché,

2 cuillerées de mie de pain, 3 cuillerées de sauce tomate, facultative- ment un soupçon d'ail. Avec cette composition, emplir les écorces d'aubergines; les saupoudrer de mie de pain, arroser de quelques filets d'huile d'olive, et mettre au four environ 20 minutes, chaleur moyenne. En sortant le plat du four, ranger sur chaque demi-aubergine 2 ou 3 petites rondelles de tomate sautées à l'huile, assaisonnées sel et poivre; saupoudrer de persil haché.

Aubergines frites.

Les peler, les couper en rondelles minces; les saler légèrement, les passer à la farine, et les frire à l'huile fumante.

Dresser sur serviette et servir immédiatement, pour que les aubergines soient mangées croquantes.

NOTA. — On peut également les paner à l'anglaise, ou les tremper dans une pâte à frire préparée comme il est dit pour les « Artichauts Frits ».

Aubergines au gratin.

Faire frire 6 aubergines comme celles « à l'Égyptienne » ; le3 vider ; hacher la chair. Faire chauffer dans une casserole une cuillerée de beurre et une cuillerée d'huile; ajouter 2 petites échalotes hachées et

250 grammes de champignons frais, hachés; faire vivement évaporer à plein feu l'eau de végétation de champignons et ajouter la chair des aubergines, 3 cuillerées de mie de pain et 3 cuillerées de sauce tomate ; assaisonner de sel, de poivre et persil haché. Avec cette composition, garnir les écorces rangées sur plat à gratin beurré ; saupoudrer de chapelure, arroser d'un filet d'huile et faire gratiner. Saupoudrer de persil haché en sortant du four.

Aubergines à la Napolitaine.

Peler des aubergines de grosseur moyenne et les partager chacune en six tranches dans le sens de la longueur. Les saler légèrement, les passer à la farine et les frire à l'huile, les égoutter.

Couvrir le fond d'un plat en terre de parmesan râpé et d'une légère couche de sauce tomate très réduite; sur celle-ci, ranger une partie de tranches d'aubergines, les saupoudrer de fromage et les couvrir de sauce tomate ; remettre dessus le restant des aubergines, recouvrir de sauce tomate et semer dessus du parmesan râpé. Tenir au chaud, à l'entrée du four, ou sur le coin du fourneau pendant quelques instants, temps nécessaire pour que le fromage s'unisse intimement à la tomate.

Aubergines à l'Orientale.

Peler 6 petites aubergines; les couper en tranches sur le sens de la longueur; les saler légèrement, les passer à la farine, les frire à l'huile et les égoutter.

Reformer les aubergines en intercalant les tranches d'une légère couche de la composition suivante : Faire légèrement blondir à l'huile d'olive 2 cuillerées d'oignon haché, lui ajouter la chair de 2 petites aubergines coupées en dés et frites et hachées, 3 à 4 cuillerées de sauce tomate très réduite; assaisonnement : sel et poivre, persil bâché et soupçon d' ail. Laisser mijoter quelques minutes; compléter la farce avec 3 cuillerées de mie de pain.

Les aubergines étant reformées, les placer dans un plat en terre de grandeur pouvant contenir les aubergines l'une à côté de l'autre; les arroser légèrement d'huile d'olive et les cuire au four 20 à 25 minutes à feu très modéré.

On les sert, soit chaudes, soit froides, dans le plat où elles ont été préparées.

Aubergines farcies à la Provençale.

Préparer les aubergines et les frire comme il est expliqué pour les « Aubergines à l'Égyptienne » ; les égoutter, retirer la chair de l'intérieur, la hacher et la joindre à une farce préparée identiquement comme il est expliqué aux « Aubergines Orientale », avec un supplément d'une cuillerée à café d'essence d'anchois.

Farcir les aubergines, les saupoudrer de chapelure mélangée de fromage râpé; arroser légèrement d'huile et les faire gratiner. En sortant du four, semer sur les aubergines une pincée de persil haché.

Autre méthode de préparer les Aubergines farcies à la Provençale : Peler les aubergines, les diviser en deux sur la longueur et les cuire à l'eau salée. Les égoutter sur un linge, retirer la chair de l'intérieur en laissant une épaisseur d'un centimètre. Ranger les demi-aubergines dans un plat en terre huilé; les garnir d'une composition analogue à la précédente et couvrir la surface d'une légère couche de pain trempé à l'eau et bien pressé pour en extraire toute l'humidité, arroser d'huile et cuire au four doux pendant 30 à 35 minutes.

NOTA. — En Turquie et en Serbie, on mélange aux farces indiquées ci-dessus du riz cuit pour Pilaw, de la chair cuite de mouton hachée. *(Méthode de préparation à recommander à la ménagère.)*

Aubergines à la Ménagère Provençale et Niçoise.

Proportions pour 4 personnes : Choisir 4 à 5 aubergines de grosseur moyenne ; les peler, les couper en rondelles pas trop minces ; les saler légèrement et les cuire à l'huile d'olive dans une poêle assez large; l'huile doit à peine couvrir les aubergines.

Pendant le temps de cuisson, prendre 6 à 8 belles tomates bien mûres, les peler, les débarrasser des pépins, sans presser les tomates de façon à conserver le plus possible leur eau de végétation et les hacher.

Aussitôt les aubergines cuites, les égoutter, remettre l'huile de cuis- son dans la poêle avec une petite gousse d' ail, faire bien chauffer et ajouter les tomates hachées; les assaisonner de sel et poivre, persil haché; donner 15 à 18 minutes à petit feu. Puis masquer le fond d'un plat en terre d'une couche de tomate, ranger sur la tomate des rondelles d'aubergines, les saupoudrer de fromage râpé; couvrir avec le restant de tomate, saupoudrer copieusement de fromage râpé, et mettre le plat au four, chaleur douce, pendant 7 à 8 minutes. Servir de suite.

NOTA. — On pourra, suivant les circonstances, en sortant le plat du four, dresser sur la tomate des œufs pochés ou des œufs frits.

A tous les points de vue, un plat de riz cuit simplement à l'eau salée pendant 18 minutes, ou cuit pour pilaw, accompagnera toujours avantageusement ces aubergines et tomates préparées ainsi.

Ne pas oublier que le riz ne doit pas être mouillé plus de deux fois son poids ou de son volume d' eau; le cuire à couvert pendant 20 minutes avant de passer à table.

CARDONS

Cuisson : Après avoir supprimé les branches flétries du tour, détacher les branches blanches et les couper en tronçons de 7 à 8 centimètres de longueur. Peler ces tronçons, les jeter au fur et à mesure dans de l'eau fraîche acidulée pour les empêcher de noircir. Préparer de même le cœur du cardon, après en avoir retiré les parties ligneuses, cuire le tout à 1 eau salée acidulée et dans laquelle on aura délayé quelques cuillerées de farine et ajouter 300 à 400 grammes de graisse de veau ou de bœuf hachée.

Cardons au jus.

Les cardons étant cuits, les dresser en légumier, et les saucer d'un excellent jus de veau très réduit et légèrement lié à l'arrow-root.

Cardons à la Milanaise.

Procéder comme il est expliqué pour les « Asperges à la Milanaise ».

Cardons à la moelle.

Après cuisson, au moment de les servir, bien les égoutter ; les dresser Hans un légumier ; disposer dessus le cœur divisé en rondelles minces, et lames de moelle pochée. Couvrir le tout de sauce Moelle.

Cardons au **parmesan.**

Après les avoir bien égouttés, les dresser dans plat creux par 2 ou 3 rangs superposés. Arroser chaque rang de sauce demi-glace à la tomate, saupoudrer de parmesan râpé. Couvrir le tout de même sauce, saupoudrer de parmesan et faire glacer vivement à la salamandre ou au four.

NOTA. — Les cardons étant cuits peuvent, à volonté, être accompagnés de sauce Béchamel, sauce Bordelaise, Italienne; et très appréciés préparés à la Mornay.

Lorsque les cardons sont simplement saucés de sauce demi-glace, il est bon, au dernier moment, d'incorporer à la sauce quelques parcelles de beurre fin.

CAROTTES

Carottes glacées; pour garnitures.

Les carottes nouvelles ne se blanchissent pas; elles sont tournées entières ou coupées en deux ou quatre, selon leur grosseur, et parées. Si elles sont vieilles, elles sont, après les avoir parées, cuites à l'eau salée pendant 9 à 10 minutes et égouttées ensuite.

Mettre les carottes dans une casserole avec assez d'eau pour qu'elles soient à peu près couvertes; 5 grammes de sel, 30 grammes de sucre et 60 grammes de beurre par demi-litre d'eau.

Cuire à petit feu jusqu'à évaporation presque complète, pour obtenir une réduction à l'état de sirop. Sauter les carottes dans cette réduction pour les envelopper d'une couche brillante.

Carottes à la crème.

Préparer les carottes comme ci-dessus et, quand le mouillement est réduit à l'état de sirop, les couvrir de crème bouillante. Donner quelques minutes d'ébullition et dresser en légumier.

NOTA. — On pourra, en certains cas, remplacer la crème nature par de fa sauce Béchamel réduite à la crème ou simplement beurrée.

Carottes au riz gratinées.

Cuire les carottes comme il est expliqué « à la Vichy ». Mêler aux carottes deux tiers de leur volume de riz cuit 15 minutes dans du bouillon ordinaire, ajouter quelques cuillerées de fromage râpé, verser le tout dans une terrine de forme basse, plus large que haute ; saupoudrer de mie de pain fraîchement préparée à laquelle on aura mêlé du fromage râpé; arroser de beurre fondu. Mettre la terrine dans le four, faire gratiner doucement 10 à 12 minutes.

Carottes à la Vichy.

Émincer les carottes et, si elles sont vieilles, les cuire 10 à 12 minutes à l'eau avant de les mettre en cuisson définitive ; les égoutter, les mettre en casserole avec assez d'eau pour les couvrir, ajouter 60 grammes de beurre, 5 grammes de sel, 30 grammes de sucre par demi-litre d'eau. Finir de les cuire jusqu'à évaporation presque complète de l'eau.
Les traiter exactement comme les « Carottes Glacées »; dresser en légumier et saupoudrer de persil haché.

LÉGUMES DIVERS

CÉLERI EN BRANCHES ET CÉLERI-RAVE

Les céleris pour biaiser doivent être sans filandres, blancs et tendres. Les couper de la longueur de10 à12 centimètres; retirer les branches vertes et dures du tour, parer la racine ; les laver soigneuse-

ment; les blanchir pendant 1215 minutes et les rafraîchir.

Les braiser ensuite sur lit de carottes et oignon émincés et mouillés au bouillon non dégraissé.

Lorsqu'ils sont cuits, diviser chaque pied en deux parties, et les dresser sur plat de service ou en légumier.

Les préparations et sauces indiquées pour les Cardons sont applicables au Céleri en branches.

Céleri-Rave à l'Italienne.

Peler fortement le céleri, le diviser, suivant grosseur, en deux ou en quartiers; détailler ceux-ci en tranches d'un centimètre et demi d'épaisseur ; parer correctement ces tranches. Les cuire aux trois quarts **à** l'eau légèrement salée; les égoutter, les mettre dans une casserole à sauter largement beurrée ; couvrir la casserole et compléter la cuisson. A ce point, ajouter assez de sauce Italienne pour enrober convenable- ment les morceaux de céleri ; donner quelques minutes d'ébullition et les dresser en légumier; saupoudrer de persil haché.

Céleri-Rave au jus.

Préparer le céleri comme ci-dessus; finir de le cuire au beurre et ajouter un bon jus de veau légèrement lié, ou une sauce demi-glace à laquelle on aura, au dernier moment, ajouté quelques parcelles de beurre fin. Dresser en légumier.

Purée de Céleri.

Émincer les céleris, les cuire à l'eau légèrement salée; les égoutter et les faire étuver au beurre jusqu'à évaporation complète de toute humidité.

Les passer au tamis; mettre la purée qui en résulte dans une casserole et lui ajouter un quart ou un tiers de purée de pommes de terre bien crémeuse; au moment de servir, ajouter à la purée quelques parcelles de beurre fin.

Dresser en légumier.

Céleri-Rave à la Niçoise.

Préparer et cuire le céleri comme il est indiqué pour « L'Italienne ». Les tranches de céleri étant étuvées au beurre, les ranger dans un plat en terre dans lequel on aura couvert le fond d'une couche de sauce tomate très réduite. Saupoudrer les tranches de céleri de fromage râpé, arroser de beurre fondu et mettre le plat au four pendant 5 à 6 minutes et servir.

CÈPES

Les Cèpes ne devraient pas être lavés, mais essuyés seulement; ce- pendant, par précaution, il est préférable de les plonger quelques secondes dans un grand volume d'eau froide; les sortir de l'eau, les déposer sur un linge et bien les éponger.

Cèpes à la Bordelaise.

Proportions : 500 à 600 grammes de cèpes frais. Les cèpes étant épongés, escaloper les têtes; hacher les queues; assaisonnement de sel et de poivre; les faire sauter à l'huile d'olive, à la poêle. Dès qu'ils commencent à rissoler, ajouter une cuillerée à café d'échalote hachée, une cuillerée à soupe de mie de pain.

Sauter le tout ensemble pendant quelques minutes; dresser en légumier; compléter avec un filet de jus de citron et persil haché.

Facultativement, on pourra ajouter aux cèpes, après être dressés, 2 cuillerées de glace de viande fondue, pas trop réduite.

Cèpes à la crème.

Généralement on emploie des cèpes de conserve; on doit bien les éponger, les escaloper et les sauter au beurre sans les laisser rissoler. Les mettre dans une casserole avec une cuillerée' à dessert d'oignon légèrement blondi au beurre. Les couvrir de crème bouillante, laisser réduire quelques instants et lui ajouter 3 à 4 cuillerées de sauce Béchamel.

Cèpes à la crème au Paprika.

Proportions pour une demi-boîte de cèpes : Préparer les cèpes à la crème comme ci-dessus ; ajouter à la sauce une ou deux cuillerées à café de paprika rose et très doux qu'on aura légèrement fait chauffer avec une cuillerée de beurre et délayé avec 2 cuillerées de crème avant de le mêler à la sauce.

NOTA. — Se méfier de la qualité du Paprika; ce produit doit être d'un beau rose et surtout très doux. Ne pas le confondre avec le poivre de Cayenne.

Cèpes au fromage.

Choisir de beaux cèpes de conserve; les éponger, les escaloper pas trop minces, les assaisonner de sel et poivre ; les passer légèrement à la farine et les faire sauter à l'huile d'olive ou au beurre. Les dresser, par personne, dans des plats à œufs; les saupoudrer de fromage frais râpé, les couvrir de sauce demi-glace fortement additionnée de sauce tomate ; saupoudrer de fromage râpé ; arroser légèrement de beurre fondu ; mettre les plats au four pendant quelques minutes.

NOTA. — Dans un petit ménage où on n'a pas de sauce demi-glace à sa disposition, une bonne sauce tomate seule se prêtera très bien à la préparation de ce mets.

Cèpes à la Provençale.

Opérer comme il est dit pour les « Cèpes à la Bordelaise », en ajoutant une pointe d'ail écrasé en supplément.

Dresser en légumier, compléter avec un petit jus de citron haché.

CHAMPIGNONS et persil

Sous cette simple désignation, on ne comprend, en cuisine, que le champignon blanc de couche, ou le champignon de prairie cultivé en Angleterre. Les Anglais sont très amateurs de leurs champignons grillés et dressés sur toasts.

Notre champignon de couche ne se prête pas très bien pour griller. Nous avons cependant diverses espèces de champignons qui poussent, tout naturellement dans les bois, arrosés d'huile d'olive, assaisonnés de sel et poivre, une prise de chapelure et grillés sont très appréciés.

Champignons à la crème.

Procéder comme il est indiqué pour les « Cèpes à la Crème ». Les Champignons de couche et les Champignons anglais se prêtent à cette préparation, mais il faut les choisir avant leur complète maturité.

Croûte aux Champignons

Proportions pour 6 personnes : Choisir une livre de petits champignons ; les laver et nettoyer avec soin ; les mettre dans une casserole avec une forte cuillerée de beurre et le jus d'un demi-citron ; les assai- sonner de sel et poivre; couvrir la casserole et les faire étuver pendant quelques minutes sur bon feu.

Les enrober alors d'un bon velouté ; donner 4 à 5 minutes d'ébullition. Retirer la casserole hors du feu et lier la sauce avec 2 ou 3 jaunes d'oeufs étendus de 2 ou 3 cuillerées de crème, ou simplement de lait. Finir la sauce en lui incorporant 60 grammes de beurre fin. Tenir au chaud sans bouillir.

Pendant la préparation des champignons, on aura taillé, dans un pain de mie, 6 toasts de pain, de 6 à 7 centimètres carrés, et un centimètre et demi d'épaisseur. Faire sur un des côtés une entaille Garé, pour donner au pain la forme d'une caisse, et les faire frire à la dernière minute au beurre clarifié.

Dresser sur plat de service et garnir le creux avec les champignons tenus au chaud.

NOTA. — On pourra, à volonté, pour ces croûtes, remplacer le velouté par de la fine Béchamel, grassement beurrée.

Champignons grillés.

Choisir de préférence le champignon anglais, ou champignon de prairie de grosseur moyenne et pas trop mûr, ou des champignons de prairie pendant leur saison. Les laver soigneusement, supprimer les queues, les assaisonner de sel et de poivre, les arroser d'huile et les griller doucement. Les dresser sur plat rond; garnir la cavité des cham- pignons avec une petite cuillerée de beurre à la Maître-d'Hôtel.

Champignons farcis.

Choisir une quinzaine de beaux champignons moyens, retirer les queues; laver avec soin les champignons et les éponger.

Ensuite, les ranger sur un plat à gratin ; les assaisonner de sel et de poivre ; les arroser légèrement d'huile, les passer au four 4 à 5 minutes et les garnir de la préparation suivante :

Avec les queues des champignons et encore quelques autres champignons bien lavés, vivement hachés, puis pressés dans un coin de serviette pour en extraire une partie de leur eau de végétation, faire chauf- fer fortement, dans une casserole plate et large, 2 cuillerées de lard gras râpé avec 3 cuillerées d'huile d'olive; ajouter 3 échalotes finement hachées et les champignons hachés; assaisonner de sel, de poivre; faire réduire en plein feu, jusqu'à complète évaporation de toute humidité. A ce point, ajouter quelques cuillerées de sauce demi-glace à la tomate et très réduite; persil haché et 2 petites cuillerées de mie de pain. Garnir les champignons, saupoudrer la surface de chapelure fine et arroser de quelques gouttes d'huile. Faire gratiner vivement.

Champignons sautés aux fines herbes.

Laver, émincer, assaisonner de sel et poivre des champignons bien frais. Les sauter vivement au beurre ou à l'huile d'olive, à la poêle. Saupoudrer de persil haché et servir aussitôt.

Facultativement, on pourra frotter légèrement le fond de la poêle avec un peu d'ail.

Flan grillé aux Champignons.

Foncer un cercle à flan, beurré, avec de la pâte à foncer fine.

Le garnir avec des champignons bien frais et émincés, sautés au beurre, assaisonnés de sel et de poivre, auxquels on ajoute une cuillerée d'oignon finement haché et légèrement blondi au beurre, liés aussitôt avec de la sauce Béchamel réduite à la crème et refroidis. Mouiller les bords du flan, le griller avec minces bandes de pâte croisées, en procédant tout comme un flan de pommes grillé.

Dorer la grille ; cuire à four bien chaud et servir le flan aussitôt sorti du four.

Tartelettes grillées aux Champignons.

On procède exactement comme pour le « Flan de Champignons grillé », en se servant de moules à tartelettes de grandeur voulue.

NOTA. — On peut ne pas griller les tartelettes et, dans ce cas, constituer de fines entrées, en dressant sur les tartelettes soit : une esca- lope de ris de veau braisé, un blanc de poulet, des rognons de coq rissolés au beurre, escalopes de foie gras, rognons d'agneau, etc.

Ces divers éléments sont saucés de préférence avec de la glace de viande légère montée au beurre et, pour certains éléments tels que le blanc de poulet, ajouter à la glace de viande quelques cuillerées de sauce Suprême.

Champignons tournés cannelés pour Garnitures.

Prendre les champignons bien frais et fermes; les laver rapidement à grande eau et les égoutter sur un linge.

Ensuite, supprimer la queue au ras de la tête ; tourner ou canneler les têtes avec la pointe d'un petit couteau et les jeter au fur et à mesure dans une cuisson préparée ainsi qu'il suit :

Pour 500 grammes de champignons, mettre dans une casserole un petit décilitre d'eau, 5 grammes de sel, 30 grammes de beurre et le jus d'un demi-citron. Donner 3 à 4 minutes de cuisson aux champi- gnons; les débarrasser dans une terrine.

Purée de Champignons.

Nettoyer, laver et éponger 500 grammes de champignons très frais et fermes; les peler vivement et les passer au tamis métallique. Mettre cette purée de champignons crus dans une casserole à sauter avec 2 fortes cuillerées de beurre fondu et cuire à feu vif jusqu'à évaporation complète de l'eau de végétation; l'additionner alors d'un décilitre de crème très fraîche, bouillante et un décilitre et demi de sauce Béchamel ; assaisonner avec modération de sel, de poivre, soupçon de mus- cade râpée. Faire réduire la purée, s'il y a lieu, à son point de consistance et la compléter, hors du feu, avec 60 grammes de beurre fin.

Purée de Champignons truffés.

Préparer la purée tel qu'il est dit ci-dessus et lui incorporer 2 fortes cuillerées de truffes crues, soigneusement pelées et hachées, ou l'équivalent de truffes finement émincées.

MORILLES

Ce Champignon de printemps est préféré entre tous par les amateurs.

11 y a deux espèces de morilles : la blonde et la brune, et une troisième sorte de morille de couleur rougeâtre, un peu différente des deux autres, mais très délicate.

Malgré l'opinion de certains amateurs qui considèrent comme une faute de laver les morilles, le lavage leur enlève bien un peu de leur parfum ; mais, néanmoins, il est nécessaire de leur faire subir un lavage à grande eau, à cause du sable et des impuretés qu'elles peuvent contenir.

Cuisson des Morilles.

Si elles sont très petites, on les laisse entières; si elles sont grosses, on doit les couper en deux ou en quatre. Après les avoir bien égouttées, les mettre dans une casserole avec 2 cuillerées de beurre, le jus d'un citron, une pincée de sel et une prise de poivre par livre de morilles. Couvrir la casserole, donner 2 minutes de cuisson, les laisser étuver quelques minutes sans bouillir et les débarrasser dans une terrine.

Croûtes aux Morilles.

Procéder comme pour les « Croûtes aux Champignons », en ayant soin de faire réduire l'eau de végétation rendue par les morilles et ajoutée à la sauce d'accompagnement.

Dresser dans les croûtes préparées.

Morilles à la crème.

On les apprête comme les « Cèpes et Champignons à la Crème ».

Morilles à la Poulette.

Les cuire comme il est expliqué à la notice; faire réduire l'eau de végétation rendue par la cuisson des morilles; lui ajouter, pour une livre de morilles, 3 décilitres de bon velouté; donner quelques minutes d'ébullition, ajouter les morilles. Tenir au chaud.

Au moment de servir, lier la sauce avec 3 jaunes d'oeufs délayés avec 3 cuillerées d'eau ou du bouillon. Chauffer fortement sans faire bouillir. Compléter la sauce avec quelques parcelles de beurre frais et persil haché.

Dresser en légumier.

Morilles sautées.

Après les avoir plongées dans de l'eau en abondance, les sortir vivement avec les deux mains de façon que toutes les impuretés qu'elles pourraient contenir restent au fond de l'eau; les sécher sur un linge, puis les couper par moitié ou en quartiers, suivant la grosseur.

Les sauter au beurre, à la poêle et à feu vif; les assaisonner de sel, de poivre frais moulu. Facultativement, une petite pointe d'ail.

Dresser en légumier; saupoudrer de persil haché.

Vol-au-Vent de Morilles à la Châtelaine.

Préparer les morilles à la crème, sauce un peu abondante, leur ajouter le tiers de leur volume de truffes pelées, coupées en lamelles.

Dresser dans une croûte de vol-au-vent de grandeur voulue ; ranger sur le dessus un petit œuf de poule, cuit mollet, par personne. Masquer légèrement les œufs de sauce crème.

MOUSSERONS, ORONGES ET GIROLLES

A ces diverses variétés de champignons comestibles, on peut appliquer les différents apprêts des Morilles; mais la meilleure manière de les préparer est, après les avoir plongés dans l'eau, puis bien égouttés sur un linge, de les sauter vivement au beurre ou à l'huile d'olive; as- saisonner de sel, de poivre, une pointe d'ail à volonté, ou échalotes finement hachées; persil haché au dernier moment.

BRIONNEOUCHAYOTTE

Cet excellent légume n'est pas très répandu. Il est en saison de novembre à fin février.

On l'apprête comme les concombres, les courgettes et surtout d'après diverses préparations d'artichauts tels : à la Mornay, à l'Italienne, à la Moelle, à la crème, etc.

CHICORÉE

Il y a trois sortes de chicorées à cuire, qui sont :

1° La chicorée frisée ;
2° L'escarole, qui se mange de préférence en salade;
3° *La chicorée de Belgique ou « Endive».*

Chicorée à la crème.

Prendre 6 chicorées frisées; les nettoyer, les laver soigneusement à grande eau, les cuire pendant 15 minutes à l'eau légèrement salée. Les égoutter, les rafraîchir, les presser pour en exprimer l'eau et les hacher. Faire chauffer dans une casserole à sauter 100 grammes de beurre, ajouter la chicorée, l'assaisonner de sel, de poivre et soupçon de mus- cade râpée. Faire évaporer l'humidité sur feu assez vif et ajouter un décilitre de crème fraîche bouillante ; donner quelques minutes de cuis- son, compléter avec 3 à 4 cuillerées de sauce Béchamel et parcelles de beurre. Dresser en légumier.

Autre manière de préparer la Chicorée à la Crème. — Après l'avoir bien nettoyée et lavée, la cuire pendant 10 minutes à grande eau bouillante; l'égoutter, la rafraîchir, la presser pour en exprimer l'eau et la hacher; l'assaisonner de sel, poivre, muscade et lui ajouter un décilitre de bouillon.

Foncer une casserole de grandeur voulue de fines bardes de lard et verser dedans la chicorée; couvrir d'une barde de lard, couvrir la casserole, la mettre dans le four à chaleur très modérée, donner une petite heure de cuisson.

En sortant la chicorée du four, la changer de casserole ; retirer les bardes de lard, compléter, pour 6 chicorées, avec un décilitre de bonne crème fraîche, un décilitre et demi (environ 6 cuillerées) de fine Béchamel et parcelles de beurre fin au dernier moment. Dresser en légumier.

Pain de Chicorée à la crème.

Préparer la chicorée comme il est expliqué à la première méthode « Chicorée à la Crème ». Après addition de crème et sauce Béchamel, lui mélanger intimement, par livre de chicorée, 3 à 4 œufs battus en omelette ; mettre la chicorée dans un moule à charlotte beurré, et pocher au bain-Marie comme une crème renversée.

Avant de démouler le pain, le laisser reposer quelques instants pour qu'il se fasse un petit tassement dans l'intérieur. Démouler, au moment de servir, sur un plat rond et couvrir le pain d'une sauce crème addition- née de 2 à 3 cuillerées de glace de viande.

NOTA. — Comme variante, on pourra remplacer la sauce crème par de la sauce demi-glace beurrée.

Purée de Chicorée.

Prendre la chicorée préparée à la crème; l'une ou l'autre des préparations conviennent pour la purée. Passer au tamis fin; mettre le résultat dans une casserole, lui mêler intimement le tiers de son volume de purée de pommes de terre bien crémeuse ; chauffer fortement. Dresser en légumier.

Soufflé de Chicorée.

Prendre environ 250 grammes de chicorée braisée additionnée de céleri et sauce Béchamel ; la passer au tamis fin. La lier ensuite avec 3 jaunes d'œufs et lui ajouter 3 fortes cuillerées de fromage râpé et 3 à 5 d'œufs fouettés en neige bien ferme.

Dresser en timbale beurrée, saupoudrer la surface de fromage râpé et cuire comme un autre soufflé.

ENDIVES BELGES

Quel que soit l'apprêt auquel on les destine, les Endives sont, généralement, cuites préalablement de la façon suivante :

Après les avoir nettoyées, lavées et égouttées, les ranger dans une casserole bien étamée l'une à côté de l'autre. Pour 1 kilo d'endives, ajouter 2 décilitres d'eau, 3 cuillerées de beurre, une pincée de sel et le jus d'un demi-citron. Couvrir la casserole, faire bouillir vivement; achever la cuisson sur le côté du feu pendant 30 à 35 minutes.

Endives à la crème.

Les endives étant cuites, les dresser bouillantes en légumier; les couvrir de sauce Béchamel réduite à la crème, additionnée au dernier moment de quelques parcelles de beurre.

Endives au jus.

Etant cuites, les égoutter, les ranger dans une casserole, les couvrit d'un jus de veau brun, provenant d'un Braisé de Veau. Laisser mijoter 8 à 10 minutes. Dresser en légumier.

Endives à la Meunière.

Étant cuites, bien égouttées, les rouler dans la farine et les faire colorer au beurre, à la poêle comme une « Truite à la Meunière », et les servir de même.

Autre manière de préparer les Endives à la Meunière. — Étant bien lavées et égouttées, les ranger dans un sautoir grassement beurré; saler légèrement, couvrir la casserole et cuire à petit feu. Arrivées à leur point de cuisson, le beurre doit se trouver clarifié, légèrement brun et les premières feuilles un peu rissolées.

Endives Mornay.

Étant cuites, les égoutter, les passer à la farine, les faire colorer au beurre, à la poêle. Les ranger sur un plat long dont le fond sera nappé de sauce Mornay. Recouvrir de la même sauce; saupoudrer de fromage ; arroser de beurre fondu et glacer à la salamandre ou au four.

Endives à la moelle.

Préparer les endives comme pour « Mornay ».

Les dresser sur plat long, les couvrir de rondelles de moelle, pochée au consommé. Saucer avec demi-glace légèrement tomatée et beurrée.

Endives la Napolitaine.

Préparer les endives comme les précédentes; les dresser sur plat long, les saupoudrer de parmesan râpé, les masquer de sauce tomate très réduite; saupoudrer de fromage, arroser de beurre fondu, mettre au four pendant 5 à 6 minutes et servir.

CHOUX

Les choux peuvent être divisés en 7 classes qui sont :

1° Les « Choux blancs », que l'on emploie à la préparation de la choucroute ;

2° Les « Choux rouges », qui servent comme légume et hors-d'œuvre;

3° Les « Choux pommés », qui conviennent surtout pour braiser et pour les cuissons « à l'Anglaise » ;

4° Les « Scotch Kale » *(choux frisés)* et les « Spring Calbages » *(choux de printemps et choux de mai),* qui sont généralement pré- parés « à l'Anglaise »;

5° Les « Choux-Fleurs » et les « Brocolis », dont on utilise surtout la fleur, mais dont les feuilles sont souvent préparées « à l'Anglaise », ainsi que les côtes, quand elles sont tendres;

6° Les « Choux de Bruxelles », le « Chou Marin »;

7° Les « Choux-Raves » et « Choux-Navets », dont les racines peuvent être employées comme les navets, et les feuilles préparées « à j'Anglaise », quand elles sont jeunes et tendres.

Choucroute.

Four préparer une bonne choucroute, il faut prendre de la choucroute nouvelle; la mettre dans une casserole plus haute que large; l'assai- sonner modérément de sel, de poivre. Ajouter 3 kilos de choucroute, un morceau de lard de poitrine de 7 à 800 grammes et blanchi, une petite crosse de jambon et, si possible, 2 cuisses d'oie fumées, 2 oignons piqués chacun d'un clou de girofle, un bouquet garni, 60 gr. de baies de genévrier enfermées dans un petit sac de mousseline. Mouiller avec une bouteille de vin blanc d'Alsace et assez de bouillon blanc ordinaire très peu salé pour couvrir la choucroute. Fermer la casserole, ou braisière, cuire au four environ 2 heures et demie à 3 heures, chaleur modérée.

Retirer le lard de poitrine après une heure de cuisson, le tenir en réserve.

Pour servir la choucroute : Retirer bouquet, oignons, genièvre; l'égoutter s'il y a lieu; la dresser sur le plat de service, l'entourer de tranches de lard tenu en réserve, de minces lames de jambon, de saucisses de Strasbourg pochées et cuisses d'oie.

NOTA. — Les choux employés pour la choucroute ayant subi une fermentation se digèrent très facilement, mais à la condition de n'ajouter aucune graisse supplémentaire à la cuisson de la choucroute.

Les jeunes perdreaux et jeunes faisans à la choucroute savamment préparée, peuvent l'un et l'autre figurer parmi les mets chers aux gour- mets et gourmands.

Chou rouge à la Flamande.

Partager un beau chou en quartiers; retirer les côtes et le trognon; détailler **les** quartiers **en fine julienne. Assaisonner de sel,** poivre, muscade ; asperger de vinaigre et mettre cette julienne dans une cocotte en terre ou en tonte fortement beurrée ; ajouter facultativement un verre de vin rouge. Couvrir la cocotte et cuire à four doux.

Aux trois quarts de la cuisson, ajouter 3 à 4 pommes de reinette pelées, coupées en quartiers ou en 8 morceaux, suivant grosseur, une cuillerée de cassonade ou de sucre en poudre. La cuisson doit se faire très lentement et sans mouillement autre que le vinaigre et le vin.

NOTA . — Les Limousins cuisent avec le chou des marrons épluchés à cru et fragmentés.

Chou rouge mariné pour hors-d'œuvre.

Préparer le chou en julienne comme ci-dessus; le mettre dans une terrine, le saupoudrer de sel fin, le laisser macérer pendant 5 à 6 heures en le remuant souvent.

Ensuite, l'égoutter et le mettre dans un pot avec 2 ou 3 gousses d'ail, une feuille de laurier, poivre en grains. Couvrir avec moitié vinaigre et moitié vin rouge qu'on aura fait bouillir et refroidir; laisser mariner 24 heures.

NOTA. — Ce chou mariné est un excellent accompagnement pour le boeuf bouilli.

CHOUX VERTS POMMÉS

Chou à l'Anglaise.

Partager le chou en quartiers; retirer le trognon et les grosses côtes; cuire le chou à grande eau salée. L'égoutter, ensuite le presser forte- ment entre deux assiettes plates pour en extraire l'eau et le découper en morceaux, en forme de carrés ou de losanges.

Le chou ainsi préparé sert généralement d'accompagnement aux grosses pièces de rôtis : bœuf, mouton, etc.

Chou braisé.

Partager le chou en quartiers; retirer le trognon et les feuilles dures; le laver soigneusement, le blanchir à grande eau bouillante, le rafraîchir et bien l'égoutter. L'assaisonner de sel, poivre, muscade et mettre le chou dans une casserole tapissée de quelques minces bardes de lard, avec : une carotte coupée en quartiers, un oignon piqué d'un clou de girofle, un bouquet garni;

mouiller à hauteur avec du bouillon de la marmite non dégraissé. Couvrir de bardes de lard; faire braiser à couvert pendant une heure et demie à 2 heures, dans le four, chaleur très douce.

Le chou braisé sert généralement de garniture.

Chou farci.

Il y a différentes méthodes pour farcir un chou. La plus recommandable est celle que les ménagères emploient en Provence, dont Grasse en a la renommée sous la dénomination de « Sou Fassum Provençal ». Retirer la première rangée de feuilles dures; détacher les quatre rangées suivantes ; les laver, les blanchir, les rafraîchir et les égoutter ; les ranger sur un filet spécial à cet usage. Sur ce lit de feuilles de chou,

disposer la préparation suivante :

Echauder les feuilles de l'intérieur du chou, les presser pour en extraire l'eau et les hacher; ensuite les mettre dans une terrine; les assaisonner de sel, de poivre; ajouter une pointe d' ail, un oignon finement haché, 250 grammes de lard maigre de poitrine coupé en très petits dés, ou haché; une cuillerée de persil, 150 à 200 grammes de riz blanchi, 2 œufs et 3 fortes cuillerées de fromage râpé. Mélanger le tout intimement et, avec cette préparation, garnir le centre des feuilles de chou disposées sur le filet.

Tirer les extrémités du filet et le fermer, de manière à reformer le chou; le plonger dans un Pot-au-feu de mouton où il doit cuire en même temps que les viandes.

Pour *servir* : On aura préparé dans une soupière des tranches de pain sur lesquelles on verse le bouillon du pot-au-feu.

Sortir le chou de la marmite; le dresser sur plat rond et retirer le filet.

Dresser les viandes sur un autre plat et servir en même temps viandes et chou.

NOTA. — On ajoute quelquefois, pendant l'hiver, à la farce, 200 gr. de chair à saucisses, et pendant la saison, quelques cuillerées de petits pois frais.

Le « Sou Fassum » était autrefois, dans les familles provençales, le plat consacré au déjeuner du dimanche.

On peut aussi cuire le chou, ainsi farci, dans du simple bouillon ordinaire.

Chou farci pour garnitures.

Retirer d'un chou moyen les feuilles dures : effeuiller complètement les autres et les laver avec soin. Les cuire tout à fait à grande eau salée, les rafraîchir et les égoutter. Choisir autant de grandes feuilles que l'on désire faire de petits choux et, si elles sont de grandeur insuffisante, en mettre deux par pièce et hacher finement le reste du chou.

Faire légèrement blondir, dans quelques cuillerées de beurre ou de saindoux, un oignon haché ; lui ajouter, pour une douzaine de petits choux, 250 grammes de lard de poitrine coupé en très petits dés, et le même poids de chair à saucisses; laisser rissoler quelques instants et y mêler le chou haché, laisser étuver 8 à 10 minutes en remuant de temps en temps avec une cuiller; assaisonner de sel, de poivre et lui mêler à peu près partie égale de riz pilaw; mélanger le tout intimement.

Étaler les feuilles sur an linge, mettre sur chacune 3 cuillerées à soupe de cette composition, chou et riz, les fermer en forme de boules; les ranger au fur et à mesure dans un plat à sauter, beurré et couvert de carotte et oignon émincés. Couvrir les choux de bardes de lard, les mouiller à hauteur de bouillon du pot-au-feu non dégraissé. Couvrir la casserole, la mettre au four, donner 30 à 35 minutes de bon braisage.

Une façon excellente de farcir ces choux est de lier le riz avec de la purée de foie gras truffée.

Chou à la façon des petits Restaurants, Marchands de vin.

Cuire le ou les choux « à l'Anglaise »; les presser fortement, comme il est dit et les hacher.

Four 1 kilo de chou cuit et haché, mettre dans un plat à sauter 2 cuillerées de beurre, 250 grammes de lard de poitrine coupé en très petits dés et 2 fortes cuillerées d'oignon finement haché.

Mettre la casserole sur le feu, dès que l'oignon commence à blondir, ajouter le chou haché ; assaisonner de sel et de poivre ; laisser étuver
15 à 20 minutes en remuant souvent avec une cuiller.

Choux frisés, Choux de printemps, Choux de mai, Feuilles d Brocolis, de Choux-Raves et de Choux-navets.

Ces différents choux se préparent « à l'Anglaise », selon le procédé indiqué plus haut, ou au beurre comme les « Choux de Bruxelles ».

CHOUX-FLEURS ET BROCOLIS

Les Choux-Fleurs et les Brocolis admettent les mêmes préparations.

Les Brocolis sont surtout excellents mangés en salade à l'huile d'olive.

Chou-fleur à l'Anglaise.
Le chou-fleur à l'anglaise, cuit simplement à l'eau salée, se sert entier et on laisse même les deux rangées de feuilles tendres qui enveloppent la fleur.

Cette méthode de cuire le chou-fleur, sans le détacher par petits bouquets, offre des inconvénients et n'est pas recommandable, car il arrive souvent que, malgré toutes précautions prises, on y trouve des chenilles dans l'intérieur.

Il est donc préférable de diviser le chou-fleur en bouquets; conserver les feuilles, les cuire avec le chou-fleur à l'eau salée. Dresser les petits bouquets dans un bol, de façon à reconstituer la forme du chou-fleur. Dresser les feuilles en rosace sur une serviette posée sur le plat de service; démouler le chou-fleur sur le centre.

Servir à part, soit : Beurre fondu, sauce Hollandaise, sauce crème. **NOTA.** — La meilleure méthode de cuire le chou-fleur est de le diviser en petits bouquets; parer ceux-ci et leur donner 7 à 8 minutes de cuisson à l'eau salée; les égoutter, les remettre dans la casserole, les couvrir d'eau bouillante, saler à point, ajouter une cuillerée de beurre et terminer la cuisson.

Une bonne ménagère saura employer la deuxième eau dans une soupe de légumes.

Fritot de Chou-fleur.
Les bouquets étant bien égouttés, les assaisonner; saupoudrer de persil haché et les mariner pendant 20 minutes avec huile d'olive et jus de citron. Tremper en pâte à frire, frire au moment et dresser sur serviette avec persil frit.
Servir à part une sauce Tomate.

Chou-fleur au gratin.
Les bouquets étant cuits et bien égouttés, les sauter quelques instants au beurre, sans rissoler, de façon à faire évaporer l'eau qu'ils pourraient contenir encore ; les assaisonner de sel et de poivre, puis les mouler dans un bol en fourrant l'intérieur de quelques cuillerées de sauce Béchamel.

Masquer de même sauce le fond d'un plat et démouler le chou-fleur dessus; recouvrir entièrement de sauce Béchamel; saupoudrer de fromage râpé, mélanger de chapelure fine; arroser de beurre fondu e» faire gratiner.

Chou-fleur Milanaise.
Les bouquets étant cuits et bien égouttés, les étuver pendant quelques minutes au beurre; les dresser dans un bol, démouler sur un plat beurré saupoudré de fromage râpé. Saupoudrer également de fromage la surface du chou-fleur. Tenir le plat quelques instants à l'entrée du four.

Au moment de servir, arroser le chou-fleur de Beurre Noisette.

Chou-fleur Polonaise .
Préparer le chou-fleur comme pour « Milanaise » sans fromage. Saupoudrer la surface de jaunes d'œufs durs et persil hachés mélangés.

Au moment de servir, arroser le chou-fleur de Beurre Noisette, dans lequel on aura fait frire 2 fortes cuillerées de mie de pain par 100 gr. de beurre.

Purée de Chou-fleur.
Cuire le chou-fleur en bouquets; bien l'égoutter, l'étuver quelques instants au beurre; passer au tamis fin; remettre la purée qui en résulte dans la casserole et lui incorporer le quart de son volume de fine purée de pommes de terre à la crème, tenue un peu ferme.
Dresser en légumier.

CHOUX DE BRUXELLES

Choux de Bruxelles à l'Anglaise.
Les nettoyer soigneusement, les laver, les cuire à l'eau salée; bien les égoutter et les dresser aussitôt en légumier bien chaud. Pour une livre de choux, mettre sur les choux, au moment de les servir, 100 gr. de beurre très frais assaisonné de sel et de poivre frais moulu. Couvrir le légumier, servir aussitôt.

- Choux de Bruxelles au beurre.
Cuire les choux à l'Anglaise, bien les égoutter; les mettre aussitôt dans une casserole avec 150 grammes de beurre par livre de choux ; les assaisonner de sel, de poivre, les sauter pendant quelques minutes, de façon que le beurre enveloppe bien les choux.
Dresser en légumier.

Choux de Bruxelles sautés.
Les cuire à l'eau salée et, après les avoir bien égouttés, les mettre dans une poêle contenant du beurre chaud. Les sauter jusqu'à ce qu'ils soient légèrement rissolés ; dresser en légumier et saupoudrer de persil haché.

NOTA. — On peut préparer les choux de Bruxelles au gratin, à la Milanaise, à la Polonaise, en procédant comme il est dit aux « Choux- Fleurs ».

Purée de Choux de Bruxelles à la Flamande.
Cuire les choux à l'eau salée, bien les égoutter sans les rafraîchir; les faire étuver au beurre pendant 5 à 6 minutes. Puis les passer au tamis, mettre la purée qui en résulte dans une casserole et lui ajoute! un tiers de son volume de purée de pommes de terre bien crémeuse, et quelques parcelles de beurre fin au moment de servir.
Dresser en légumier.

CHOU-MARIN (SEA-KALE)
Le Sea-Kale est un excellent légume très apprécié des Anglais. On le pare, on le bottelle par 4 ou 6 pieds et on le cuit simplement à l'eau salée.

On dresse le Sea-Kale sur serviette comme les asperges ou sur grille en argent.

Toutes les sauces que l'on sert avec les Asperges lui sont applicables.

CHOU DE MAI

Le Chou de Mai, qui est très employé en Belgique, se traite comme les choux verts, ou le chou de printemps *(Spring Cabbage)*.

NOTA. — Autant que possible, peu importe l'apprêt, ni choux-fleurs, ni Brocolis, ni choux de Bruxelles, ni Sea-Kale ne doivent être rafraîchis après cuisson, ou du moins très modérément.

CONCOMBRES ET COURGETTES

Concombres à la crème.

Peler les concombres et les façonner en forme d'olive, ou en petits bâtonnets; les blanchir pendant quelques minutes et les égoutter.

Ensuite, les étuver au beurre jusqu'à évaporation complète d'humidité; à ce point, les concombres doivent être cuits; mouiller de crème bouillante; donner 2 minutes d'ébullition et ajouter quelques cuillerées de sauce Béchamel pourcompléter la liaison.
Dresser en légumier.

Comme variante, on pourra ajouter à la sauce du paprika rose et doux, ou du bon curry doux.

Concombres farcis.

Couper les concombres en rondelles de 3 centimètres d'épaisseur; les peler, vider l'intérieur de façon qu'il ne reste plus de semences; blanchir ces rondelles et les égoutter. Les ranger l'une à côté de l'autre dans un sautoir grassement beurré ; les assaisonner légèrement de sel et poivre et les cuire complètement. Retirer le sautoir du feu. Remplir le vide des rondelles d'une farce crue de volaille à la crème, au moyen d'une poche.

Un quart d'heure avant de servir, remettre le sautoir couvert à l'entrée du four pour pocher la farce.

Les concombres ainsi préparés servent de garniture ou accompagnement aux pièces de volaille braisées, viandes blanches, veau et agneau de lait, et à combiner de délicates petites entrées.

Exemple : Les rondelles de concombre étant farcies, et la farce pochée, les arroser de quelques cuillerées de bonne glace de viande; les dresser à plat et en couronne sur un plat rond, déposer sur chaque une escalope de ris de veau, ou un blanc de poulet, sur ceux-ci une belle lame de truffe.

Ajouter à la cuisson des concombres assez de sauce Suprême et en couvrir les escalopes.

A Volonté, on pourra accompagner cette entrée : d'un ragoût de crêtes, et rognons de coq à la Toulousaine ; de pointes d'asperges au beurre, de lamelles de truffes enrobées dans une sauce blonde. On pourra ainsi, étant dressées sur le plat de service, les masquer de sauce Mornay et les faire légèrement gratiner, et les accompagner de pointes d'asperges au beurre.

Autre façon de farcir les concombres. — Peler les concombres, les fendre en deux dans la longueur et les vider au moyen d'une cuiller. Cela tait, les blanchir et les égoutter sans les rafraîchir.

Garnir chaque moitié de concombre au ras des bords avec une farce de volaille à la frangipane additionnée de quelques cuillerées de truffe, champignons et langue écarlate, hachés. Remettre les concombres, en rapportant les moitiés l'une sur l'autre; les envelopper d'une barde de lard, et d'une mousseline ensuite; les ficeler et les braiser sur lit de légumes selon la manière ordinaire avec un bon fonds de veau. Lors- qu'ils sont cuits, les déballer, les dresser sur plat long un peu creux pour en faciliter le service et sans déformer les concombres; les couper en tronçons de 4 à 5 centimètres. Ajouter au fonds de cuisson des concombres assez de sauce demi-glace, réduire au point voulu, passer la sauce et en masquer les concombres.

Autre façon de les accommoder. — Les concombres étant dressés en tronçons comme il est dit ci-dessus, les saupoudrer de fromage frais râpé, ajouter à la sauce demi-glace moitié de son volume de sauce tomate; faire réduire au point de consistance et en masquer les concombres ; saupoudrer fortement la surface de fromage râpé ; arroser légèrement de beurre et tenir le plat au four pendant 4 à 5 minutes avant de servir.

On pourra également, à volonté, masquer les concombres de sauce Italienne ou de sauce Moelle auxquelles on pourra ajouter le fonds de cuisson des concombres, très réduit. Puis, toujours à volonté, après avoir dressé les concombres et coupé en tronçons, les masquer de sauce Suprême aux Truffes, ou bien encore de sauce Béchamel à la crème; saupoudrer la surface de fromage râpé, arroser de beurre et faire gratiner.

COURGETTES

Sauf quelques petites exceptions, toutes les formules indiquées aux Aubergines sont applicables aux Courgettes.

Les Courgettes peuvent se manger bouillies nature, accompagnées de : Beurre fondu, sauce crème, sauce Hollandaise, ou les préparer à la Mornay, après les avoir dans ce cas évidées quelques instants au beurre.

Tian de Courgettes à la Provençale.

On donne le nom de « Tian » à un plat, ou terrine à gratin, dont on fait grand usage en Provence, de forme ronde et de différentes grandeurs, ayant 5 à 6 centimètres de hauteur.

Peler les courgettes, les émincer, les assaisonner de sel, de poivre et soupçon de noix de muscade ; les cuire doucement à la poêle, à l'huile d'olive avec un soupçon d'ail ; les additionner d'un tiers de leur volume de riz cuit simplement à l'eau. Pour une livre de courgettes cuites, mettre dans une casserole 100 grammes de riz bien lavé; le mouiller de 2 décilitres d'eau, pincée de sel ; couvrir la casserole et donner 18 minutes de cuisson. Mêler intimement riz et courgettes avec quelques cuillerées de fromage râpé et persil haché. Verser le tout dans le Tian. Couvrir la surface d'une couche de pain trempé quelques instants dans de l'eau, puis bien exprimé pour en extraire l'eau et haché.

Les courgettes et le riz étant couvertes, saupoudrer la surface de fromage râpé; arroser d'huile et faire gratiner au four.

Autre façon de préparer les courgettes àla Provençale.— Les courgettes étant pelées, émincées, les sauter à l'huile à la poêle; assaisonnement : sel et poivre, une petite gousse d'ail revenue dans l'huile.

D'autre part, prendre même quantité de tomates bien mûres; les peler, les épépiner et les hacher.

Faire chauffer dans la poêle de l'huile d'olive, lui ajouter 2 Jus 3 cuillerées d'oignon haché; dès qu'il commence à blondir, lui ajouter les tomates; assaisonnement : sel et poivre, persil haché, petite pointe d'ail et un verre de vin blanc. Laisser cuire la tomate à petit feu pendant 20 minutes.

Les courgettes étant cuites, les verser dans le Tian, les saupoudrer de fromage râpé. Finir de remplir le Tian avec les tomates, saupoudrer de fromage et mettre au four très doux pendant 5 à 6 minutes.

Servir en même temps un plat de riz cuit à l'eau, comme il est dit ci-dessus.

CROSNES DU JAPON

Quel que soit l'apprêt qui leur est destiné, les crosnes doivent être choisis très frais.

La meilleure manière de les peler est de les passer avec du gros sel dans un torchon solide;

ensuite, les plonger dans de l'eau froide et les débarrasser des dernières parcelles de pellicules, les blanchir et les égoutter.

On peut appliquer aux crosnes les formules des artichauts.

Après les avoir blanchis et bien égouttés, on peut les cuire au beurre et les rouler dans quelques cuillerées de glace de viande. On pourra, dans ce cas, les saupoudrer de persil haché et les dresser en légumier.

Crosnes à la crème.

Les cuire à l'eau salée, bien les égoutter et les étuver au beurre pendant quelques instants; les mouiller avec de la bonne crème bouillante, une pincée de sel, un soupçon de muscade râpée; laisser bouillir quelques minutes et dresser en légumier.

On pourra, suivant le cas, ajouter à la crème 2 à 3 cuillerées de fine sauce Béchamel.

Les crosnes étant blanchis et étuvés au beurre pourront, à volonté, être enrobés de sauce Suprême, de sauce Blonde, de sauce Béchamel, et servis en légumier.

On pourra, après cuisson des crosnes à l'eau salée, étant bien égout- tés, les faire sauter au beurre à la poêle, les assaisonner de sel et poivre et les saupoudrer de persil haché.

On peut également les sauter à la Bordelaise, à la Provençale, en procédant comme il est dit pour les « Cèpes ».

Purée de Crosnes.

Procéder comme il est indiqué à la « Purée d'artichaut ».

ÉPINARDS

Autant qu'il est possible, les Épinards ne doivent être préparés qu'au dernier moment. Mais le point important est qu'ils soient très frais et jeunes.

Après les avoir blanchis rapidement à grande eau salée et bouillante, vivement rafraîchis, on les presse fortement pour en exprimer l'eau ; puis, selon les cas, on les hache ou on les passe au tamis.

Si les épinards doivent être servis en feuilles, on les égoutté sur un tamis, sans les rafraîchir, ni les presser.

Épinards à l'Anglaise.

Ils sont simplement cuits en feuilles à l'eau bouillante salée, bien égouttés et dressés en légumier sans être rafraîchis. Servir en même temps des ronds de beurre très fin.

Épinards à la crème.

Étant hachés ou passés au tamis, les mettre dans un sautoir avec 60 grammes de beurre par livre d'épinards, les dessécher à feu vif, en les remuant avec une cuiller. Leur ajouter ensuite le quart de leur volume de crème, une pincée de sel, un soupçon de noix de muscade et une pincée de sucre; laisser mijoter 7 à 8 minutes.

Dresser en légumier au moment de servir ; arroser la surface de quelques cuillerées de crème bouillante.

Épinards au gratin.

Hacher les épinards, les faire dessécher au beurre comme pour les « Epinards à la crème » ; les assaisonner de sel, de poivre et muscade ; leur mélanger 3 fortes cuillerées de fromage râpé et 3 cuillerées de beurre, par livre d'épinards.

Dresser dans un plat à gratin ; couvrir la surface d'une petite couche de Béchamel, saupoudrer de fromage râpé mélangé de fine chapelure, arroser de beurre fondu et faire gratine au four.

Comme variante, on pourra ajouter aux « Épinards au Gratin » le tiers de leur volume de jambon maigre taillé en très petits dés.

Subrics d'Épinards.

Les épinards étant hachés et desséchés au beurre, les mélanger par parties égales à un appareil pour crêpes, un peu serré.

Chauffer fortement dans une poêle assez large, un centimètre d'huile d'olive, ou au beurre clarifié. Prendre la composition d'épinards avec une cuiller; faire tomber le contenu de la cuiller dans le beurre en le poussant avec le doigt. Continuer ainsi la formation des subrics en veillant à ce qu'ils ne se touchent pas. Au bout d'une minute, les retourner au moyen d'une palette ou d'une fourchette pour les colorer des deux côtés.

Dresser sur un plat. Les subrics se mangent nature comme des beignets.

Crêpes aux Épinards.

Avec le même appareil pour subrics, tenu un peu plus léger, on peut confectionner d'excellentes crêpes, en procédant comme pour les crêpes ordinaires.

NOTA. — Subrics et crêpes constituent une excellente garniture pour les relevés de boeuf et de veau.

Soufflé aux Épinards.

Préparer la composition telle qu'elle est indiquée pour le « Soufflé à la Chicorée » ; cuire de même.

Soufflé «. Epinards aux anchois.

Ajouter à la composition d'épinards, telle qu'elle est indiquée, quelques filets d'anchois bien nettoyés et dessalés, coupés en losanges. Cuire comme un soufflé ordinaire.

Soufflé d'Épinards au jambon.

Procéder comme pour le « Soufflé aux Anchois », en remplaçant simplement les anchois par du maigre de jambon coupé en très petits dés.

Soufflé d'Épinards aux truffes.

Procéder comme pour les soufflés ci-dessus, en remplaçant les anchois ou le jambon par des lames de truffes coupées très minces.

NOTA. — Ces variétés de soufflés aux Épinards peuvent être, à volonté, servis comme légumes, ou comme accompagnement à certaines pièces de viandes, rôties et braisées.

FENOUIL TUBÉREUX

Ce légume est peu usité en France, bien à tort, car il est excellent. (1 se prépare d'après les mêmes formules que le « Cardon » et le
« Céleri », après avoir été cuit à l'eau salée.

Feuilles de vigne farcies ou Dolmas. (Cuisine Turque.)

En Turquie, les Dolmas tiennent une large part dans la cuisine nationale. On les prépare de différentes façons : avec des feuilles de vigne, des feuilles de mauve, des feuilles de figuier et des feuilles de chou.

La farce des Dolmas se compose de viande de mouton mêlée avec de la graisse de queue de mouton, des oignons et persil hachés, riz cru, assaisonnement sel, poivre et piment.

Diviser la farce en grosseur d'une noix; les envelopper dans les feuilles choisies aussi jeunes que possible et fortement blanchies, en donnant aux Dolmas une forme ronde. Les ranger dans une casserole de grandeur voulue par couches et en les serrant ; les mouiller à hauteur avec du bouillon de mouton, poser une assiette dessus afin de les main- tenir serrés; faire partir en ébullition, les cuire lentement, les dresser en pyramide sur un plat un peu creux ; réduire le fonds de cuisson de deux tiers, et le lier avec des jaunes d'œufs délayés avec 3 cuillerées de cuisson, ajouter le jus d'un citron et verser sur les Dolmas.

NOTA. — En réalité, les Dolmas ne sont que nos petits choux farcis, sauf la variation des feuilles employées en Turquie.

FÈVES

En pleine saison, on doit enlever la peau des fèves et les cuire à l'eau bouillante salée, additionnée d'un bouquet de sarriette dont la grosseur est proportionnée à la quantité de fèves. Lorsque les fèves sont cuites et égouttées, on leur ajoute les feuilles de sarriette du bouquet, hachées.

Fèves à l'Anglaise.

Choisir les plus tendres, enlever simplement la partie noire au-dessus de la tête. Les cuire à l'eau salée et les dresser sous serviette comme des pommes de terre en robe de chambre. Servir en même temps du beurre frais.

Fèves au beurre.

Débarrassées de leur pellicule, ou peau, cuites à l'eau salée, les lier au beurre comme les petits pois au beurre.

Fèves à la crème.

Les fèves étant cuites comme les précédentes, leur ajouter une cuillerée de beurre et de la crème fraîche; donner quelques minutes d'ébullition, ajouter une pincée de sel, une pincée de sucre et soupçon de noix muscade.

Fèves Béchamel.

Procéder de même que pour les « Fèves à la crème » ; remplacer simplement la crème fraîche par de la sauce Béchamel.

Purées de Fèves.

Cuire les fèves à l'eau salée, les égoutter; mettre la purée qui en résulte dans une casserole, la compléter avec quelques cuillerées de crème bouillante et 125 grammes de beurre frais pour un demi-litre de purée.

NOTA. — Au mois d'avril, lorsque les premières fèves viennent de faire leur apparition et qu'elles sont très petites, on les cuit sans enlever la peau et on les accommode comme les petits pois : au beurre, à la Paysanne, aux Laitues, à la Ménagère, etc.

Fèves à la Provençale.

Pour les fèves à la Provençale, on peut les préparer soit avec les petites fèves d'avril, sans être dépouillées de leur peau, ou avec la fève en pleine maturité. Dans ce cas, la peau doit être retirée.

Proportions pour un litre de fèves : Ciseler le cœur de 2 laitues; couper en dés 150 à 200 grammes de lard maigre de poitrine, le mettre dans un poêlon en terre avec 3 cuillerées à soupe d'huile d'olive et 2 fortes cuillerées d'oignon haché; laisser étuver quelques instants sans laisser roussir l'oignon; ajouter les fèves et la laitue. Laisser étuver le tout ensemble, en remuant de temps à autre avec une cuiller; assai- sonner de sel, poivre et muscade ; ajouter de l'eau chaude juste pour les couvrir ; couvrir la casserole et laisser cuire à petit feu.

Si la sauce était trop longue et pas assez liée, on pourra la mettre au point en lui ajoutant une demi-cuillerée de farine délayée avec un peu d'eau froide.

GOMBOS

Ce légume est peu répandu en France, mais par contre, les Américains et les Orientaux en font grand cas.

Il y en a deux variétés : le *Gombo long* et le *Gombo rond.* Ils s'apprêtent selon les mêmes formules

Gombos à la crème.

Rogner les deux extrémités et cuire les Gombos à l'eau salée; bien les égoutter. Ensuite, les étuver au beurre et les lier avec une saucé Béchamel à la crème.

Gombos à l'Orientale.

Blanchir légèrement les Gombos à l'eau salée et bien les égoutter. D'autre part, pour une livre de Gombos, faire légèrement blondir, dans 2 cuillerées d'huile d'olive, 2 fortes cuillerées d'oignon haché; ajouter 4 à 5 belles tomates bien mûres, pelées, épépinées et hachées; ajouter petite pointe d'ail, persil haché, sel et poivre; y joindre les Gombos. Facultativement, on peut ajouter une petite cuillerée de curry.

Couvrir la casserole et cuire à petit feu 25 à 30 minutes. Dresser en légumier et servir en même temps du riz à l'Indienne.

JETS DE HOUBLON

La partie comestible se sépare de la partie ferme en cassant les jets comme des pointes d'asperges. Après les avoir lavés à plusieurs eaux, les cuire à l'eau salée additionnée du jus d'un petit citron par litre d'eau.

Les jets de Houblon se préparent au beurre, à la crème, au velouté, etc.

Lorsqu'ils sont servis comme légume, ils sont généralement accompagnés d'œufs pochés.

HARICOTS BLANCS SECS

Choisir des haricots de l'année, et les cuire de la façon suivante ': Les mettre à l'eau tiède, dans une marmite en terre; au premier bouillon, retirer la marmite du feu. Une minute après, égoutter l'eau; remouiller les haricots avec de l'eau tiède un peu plus que couverts, les garnir d'un oignon piqué de 2 clous de girofle par litre de haricots et 2 moyennes carottes. Couvrir la marmite et cuire à très petit feu.

Facultativement, on pourra ajouter à la cuisson une gousse d'ail non dépouillée.

NOTA. — On ne doit saler les haricots que lorsqu'ils sont presque cuits.

Haricots blancs à l'Américaine.

Cuire les haricots d'après la méthode précédente, en ajoutant, en plus de la garniture, un morceau de lard maigre *(Bacon)* par litre de haricots à l'état sec.

Lorsqu'ils sont cuits et bien égouttés, leur mélanger le lard coupé en dés et les lier avec une bonne sauce tomate.

Haricots blancs au beurre.

Étant cuits et bien égouttés, Ie3 assaisonner de sel, de poivre frais moulu; les lier avec 100 grammes de beurre frais par litre de haricots cuits.

Haricots blancs à la Bretonne.

Étant cuits et bien égouttés, les assaisonner de sel et de poivre; les lier avec sauce tomate très réduite et parcelles de beurre frais, 2 cuillerées d'oignon finement haché légèrement blondi au beurre et persil haché.

Haricots blancs à la crème.

En les sortant de la cuisson, bien les égoutter, les mettre dans une casserole ; les mouiller, par litre de haricots, de 2 décilitres et demi de bonne crème fraîche et bouillante ; les assaisonner légèrement de sel et une prise de poivre blanc. Donner quelques minutes d'ébullition. Servir en légumier.

Haricots blancs à la Lyonnaise.

Haricots au beurre additionnés d'oignon finement émincé légèrement blondi au beurre. Saupoudrer de persil haché.

Haricots blancs au gratin à la Ménagère.

Étant cuits et bien égouttés, les lier avec du jus de rôti de mouton un peu gras; les verser dans un plat à gratin, les saupoudrer de chapelure et les faire gratiner.

Purée de **Haricots blancs.**

Bien égoutter les haricots, les passer au tamis pendant qu'ils sont encore chauds ; mettre la purée qui en résulte dans une casserole, faire bien chauffer et lui ajouter, par livre de purée 75 grammes de beurre fin et un demi-décilitre de crème bouillante ou, à défaut de crème, du bon lait.

HARICOTS FLAGEOLETS

Ces haricots s'emploient le plus souvent à l'état frais; cependant l'on en fait usage hors de leur saison en recourant à la conserve ou aux flageolets secs.

Leurs apprêts sont les mêmes que ceux des haricots blancs.

Leur purée est très fine ; on l'emploie aussi comme élément de liaison pour la purée de haricots verts.

HARICOTS ROUGES

La cuisson des haricots rouges est comme celle des haricots blancs. On ajoute en plus à la cuisson un quart de vin rouge et 150 à 200 gr. de lard de poitrine par litre de mouillement, et un bouquet garni.

Le lard doit être retiré aussitôt cuit.

Lier les haricots au beurre manié; leur ajouter le lard coupé en dés et rissolés au beurre.

HARICOTS VERTS FINS

On doit les choisir très frais et sans fils; les cuire à grande eau salée, en les tenant un peu fermes, mais sans exagération. Les égoutter et ne pas les rafraîchir, les mettre aussitôt dans la casserole avec 100 grammes de beurre frais divisé en petites parcelles, par livre de haricots ; assaisonnement sel et poivre, les sauter de manière à opérer la liaison et les servir aussitôt.

NOTA . — Éviter toute addition de persil dans les haricots verts au beurre.

Haricots panachés.

Us se composent, en parties égales, de haricots verts et de flageolets liés au beurre.

On les fait, quelquefois, légèrement rissoler au beurre.

Haricots verts à la Provençale.

Les haricots étant cuits, et bien égouttés, sont sautés à la poêle, à l'huile d'olive, assaisonnés de sel et poivre, auxquels on mélange la préparation suivante : Pour une livre de haricots verts cuits, faire légèrement blondir à l'huile 2 cuillerées d'oignon haché, lui ajouter 4 à

5 tomates bien mûres, pelées, épépinées et hachées, sel, poivre, petite pointe d' ail, persil haché. Cuire doucement pendant 15 à 20 minutes et ajouter aux haricots.

Bien des personnes, sans savoir pourquoi, ont pour la cuisine à l'huile d'olive une certaine appréhension. Qu'elles goûtent une fois aux haricots préparés à la Provençale, je suis plus que certain qu'elles reviendront vite de leur erreur.

LAITUES

Laitues à la Ménagère.

Point essentiel : les choisir très fraîches et non pommées; retirer les premières feuilles dures.

Diviser 6 laitues en deux; les tremper dans de l'eau froide en abondance; les laisser tremper quelques instants pour que toutes impuretés tombent au fond de l'eau. Les sortir de l'eau, les secouer quelque peu, les ranger, sans les faire blanchir, dans un plat à sauter assez beurré en les serrant; ajouter par laitue 6 petits oignons; assaisonnement : sel, un ou deux morceaux de sucre, un demi-verre d'eau et un bouquet de persil. Couvrir la casserole et cuire à petit feu.

Laitues à la crème.

Cuire les laitues comme il est expliqué pour les « Laitues à la Ménagère », mais sans oignons. Quelques instants avant de servir, leur ajouter, pour 6 laitues, 2 décilitres de crème très fraîche, laisser mijoter quelques minutes et servir en légumier.

Laitues braisées au jus.

Après les avoir blanchies, rafraîchies et pressées pour en extraire l'eau, les diviser en deux, les braiser dans un plat à sauter beurré sur un lit d'oignon et carottes émincés, couennes de lard, bouquet garni; assaisonnement sel et poivre. Les couvrir de minces bardes de lard et les mouiller à hauteur avec du fonds de veau brun. Couvrir le plat, le mettre dans le four, chaleur modérée.

Lorsque les laitues sont braisées, replier chaque moitié sur elle- même ; les dresser en couronne sur un plat, en les alternant de croûtons en coeurs frits au beurre, ou les dresser simplement en légumier.

Ajouter au fonds de braisage quelques cuillerées de sauce demi- glace, ou lier simplement ce fonds avec une petite cuillerée de fécule. Passer à la passoire fine et saucer les laitues.

Pour les laitues à la Moelle, il suffira d'ajouter aux laitues, avant de les saucer, des lames de moelle pochées au consommé.

Pour les laitues au parmesan, ajouter au fonds de cuisson quelques cuillerées de sauce tomate, puis passer ce fonds avec pression à la passoire fine.

Dresser les laitues, les saupoudrer de parmesan frais râpé, les couvrir avec le fonds de cuisson à la tomate. Mettre le plat quelques instants à l'entrée du four pour donner au fromage le temps nécessaire de se lier à la sauce.

Laitues farcies.

Les blanchir et les fendre en deux et les braiser comme les « Laitues au jus ». Mettre sur chaque moitié une cuillerée de farce de volaille, additionnée de quelques cuillerées de jambon et truffe hachés. Replier chaque demi-laitue sur elle-même; les ranger sur un plat beurré, les arroser d'un peu de leur fonds de braisage. Mettre le plat à l'entrée du four pendant 5 à 6 minutes, temps nécessaire pour pocher la farce. Ajouter quelques cuillerées de sauce demi-glace au fonds de braisage et passer au chinois.

Dresser les laitues sur croûtons frits au beurre, et les saucer avec leur fonds.

Laitues farcies à la Piémontaise.

Les blanchir, les presser et les braiser comme les « Laitues au Jus ». Mettre sur chaque moitié une cuillerée de rizotto à la Piémontaise et replier chaque demie sur elle-même, de façon que le riz se trouve enfermé; les ranger sur un plat beurré, les arroser légèrement de leur fonds de braisage, les tenir au chaud.

Ajouter au fonds de cuisson quelques cuillerées de sauce tomate, et procéder comme il est dit pour les « Laitues au Parmesan ».

Laitues farcies au riz à la Toulousaine.

Préparer les laitues comme pour les « Laitues à la Piémontaise », remplacer le rizotto par du riz cuit pour Pilaw et lié avec du foie gras truffé, écrasé avec une fourchette.

Dresser les laitues, les saucer avec son fonds de cuisson lié de quelques cuillerées de sauce demi-glace.

NOTA. — Les laitues simplement braisées, ou farcies, constituent d'excellentes garnitures pour Pièces de Boucherie, de volaille, et petites entrées.

LENTILLES
Cuisson de Lentilles.

Trier et laver soigneusement une livre de lentilles de l'année; les mettre dans une casserole, les mouiller avec de l'eau tiède, juste pour les couvrir de quelques centimètres, ajouter une carotte, un oignon piqué de 2 clous de girofle, une gousse d' ail, et un petit bouquet garni. Faire partir en ébullition très lentement, ajouter 8 grammes de sel, couvrir la casserole, la tenir sur le coin du feu de façon que les lentilles cuisent à petite ébullition.

NOTA. — On ne doit pas faire tremper les lentilles avant de les cuire. La petite lentille est supérieure à la grosse lentille.

Lentilles au beurre -

Les égoutter de leur cuisson et les lier au beurre à raison de 75 gr. de beurre par livre de lentilles. Dresser en légumier et semer dessus une pincée de persil haché.

Purée de Lentilles.

Procéder comme pour la « Purée de Haricots ».

Lentilles à la Ménagère.

Pour une livre de lentilles : Faire légèrement blondir au beurre, ou à l'huile d'olive, 2 cuillerées d'oignon haché; ajouter une cuillerée de farine, le tout bien roussi; y joindre les lentilles moitié égouttées et les assaisonner de sel, poivre et muscade et laisser mijoter quelques instants. Compléter avec un filet de vinaigre et persil haché.

Dresser en légumier.

MAÏS

On doit choisir le maïs bien frais et encore laiteux; on le cuit à l'eau salée, en laissant une partie de l'enveloppe autour de l'épi. Lorsqu'il est cuit, les feuilles de l'enveloppe sont rabattues de manière à figurer la tige et à dégager l'épi. On dresse alors les épis sur une serviette et on les accompagne de beurre frais.

Si les grains de maïs doivent être servis détachés de l'épi, on les lie au beurre comme les petits pois.

Si le maïs doit être grillé, on met les épis au four sur un gril, débarrassés de leur enveloppe ; quand ils sont bien gonflés et dorés, on dé- tache les grains qui sont servis sur une serviette. On sert aussi les épis entiers.

NOTA. — A défaut de maïs frais, on trouve d'excellentes conservés dans le commerce.

Croquettes de Maïs.

Prendre du maïs conservé; le mettre dans une casserole évasée et faire réduire le liquide presque à sec. Ajouter assez de sauce Béchamel pour obtenir un appareil moelleux; les lier aux jaunes d'œufs. Débarrasser cette composition sur une plaque mouillée ; laisser refroidir. Fariner la planche ou table à cet usage; prendre une forte cuillerée à coupe de la composition et, par le moyen de deux palettes ou deux couteaux de table, former une boule et l'aplatir légèrement; renouveler l'opération jusqu'à la fin. Paner ces petits palets à l' Anglaise; frire à grande friture neuve et servir aussitôt.

On peut, au lieu de les frire à grande friture, faire colorer les palets sur les deux côtés au beurre clarifié, à la poêle, ce qui est meilleur.

Soufflé de Maïs.

Préparer avec du maïs conservé un petit appareil à croquettes comme il est dit ci-dessus; le lier de 3 à 4 jaunes d'œufs pour un soufflé de 4 à 5 personnes. Lui incorporer 5 blancs d'œufs fouettés; verser dans une timbale à soufflé, beurrée. Cuire le soufflé au four comme à l'ordinaire.

Facultativement, on pourra ajouter à la composition quelques cuillerées de fromage frais râpé, et une cuillerée à café de paprika rose et doux.

MARRONS

Fendre légèrement l'écorce sur le côté bombé; les mettre au four pendant 7 à 8 minutes dans une plaque contenant un peu d'eau, cela pour pouvoir les éplucher facilement.

Marrons étuvés.

Aussitôt épluchés, les mettre en cuisson avec juste assez de con- sommé pour qu'ils soient mouillés à hauteur et un bout de céleri.

Marrons braisés et glacés.

Les choisir très gros et les éplucher soigneusement. Ensuite, les ranger l'un à côté de l'autre dans un sautoir, de manière qu'il n'y ait qu'un rang.

Les mouiller à hauteur avec un fonds de veau brun, et autant que possible ne pas les remuer pendant la cuisson pour les conserver entiers.

Aux trois quarts de leur cuisson, pour 24 marrons, ajouter 75 grammes de beurre frais; réduire le mouillement au quart de son volume, et rouler très doucement les marrons dans la glace qui résulte de cette réduction pour les couvrir d'une couche brillante.

Les marrons ainsi préparés servent principalement pour garniture.

On sert aussi les marrons bouillis ou grillés. Dans le premier cas, on les cuit tels à l'eau salée avec un bout de fenouil. Dès qu'ils sont cuits, on les égoutté, on les enferme dans un linge et on les tient à l'étuve environ 10 minutes.

Pour faire griller ou rôtir les marrons, il faut d'abord en fendre la peau, comme il a été indiqué, et les faire griller dans une poêle percée, sur feu doux au charbon de bois.

Quand ils sont cuits, les enfermer dans un linge pendant 8 à 10 minutes.

Purée do Marrons.

Étant bien épluchés, la petite peau brune soigneusement retirée, cuire les marrons au consommé comme il est expliqué pour les « Marrons Étuvés ».

Les marrons étant cuits à point, le mouillement doit se trouver réduit; passer au tamis fin. Mettre la purée qui en résulte dans une casserole, ajouter une pincée de sucre, et si nécessaire une pincée de sel.

Lier la purée avec du beurre très fin.

NAVETS

Soit comme légume, soit pour garniture, les navets se préparent comme les carottes. On peut les servir soit glacés, soit à la crème, etc.

On les sert également farcis, selon les formules suivantes :

Choisir des navets ronds et tendres, de grosseur moyenne, les peler, couper horizontalement une tranche mince du navet du côté de la racine. Cela fait, les cuire aux trois quarts à l'eau salée; les égoutter, les rafraîchir, puis avec une cuiller à légumes, ou une simple cuiller à café, creuser le navet de manière à former une petite caisse ronde. Joindre la pulpe retirée à un hachis de mouton, ou un hachis de canard préparé d'avance. Remplir le vide des navets de ce hachis; ranger les navets ainsi farcis dans un sautoir grassement beurré; ajouter au beurre quelques prises de sucre en poudre, terminer la cuisson au beurre, en ayant soin de les arroser souvent.

Les dresser sur plat de service. Déglacer le fonds de cuisson des navets avec quelques cuillerées de consommé; ajouter assez de sauce demi-glace; donner quelques minutes d'ébullition et verser sur les navets.

Navets farcis à la semoule.

Préparer les navets comme ci-dessus, mais les farcir d'un appareil de semoule cuite au consommé et beurre additionné de parmesan râpé. Achever la cuisson au beurre comme il est indiqué dans la recette précédente. Déglacer le fonds de cuisson des navets, ajouter assez de sauce demi-glace, donner 2 minutes de réduction. Saucer les navets dressés d'avance sur plat rond.

NOTA. — Le beurre de cuisson doit rester dans la sauce.

Autre façon : Après avoir dressé sur plat de service les navets farcis à la semoule, les saupoudrer de fromage râpé, les masquer de sauce demi-glace additionnée de sauce tomate; saupoudrer celle-ci de fromage; tenir quelques minutes à l'entrée du four avant de servir.

Navets farcis Châtelaine.

Préparer les navets comme il est dit pour les « Navets à la Semoule ».

Les garnir d'un composé de ris de veau braisé, truffe, jambon cuit, le tout coupé en petits dés et enrobé de sauce Béchamel. Ranger les navets dans un plat beurré, couvrir le plat, le poser sur feu doux; dès que le beurre commence à prendre une couleur noisette, retirer la casserole hors du feu.

Dresser les navets sur le plat de service ; les masquer de sauce Bé charnel, saupoudrer de parmesan râpé, arroser de beurre et faire légèrement gratiner.

Purée de Navets.

Émincer les navets, les blanchir pendant quelques minutes à l'eau bouillante ; les égoutter, les mettre dans une casserole avec une cuillerée de beurre pour 500 grammes de navets, une pincée de sel et une cuillerée à dessert de sucre et juste assez d'eau pour le couvrir. Cuire à petit feu, casserole couverte. Passer au tamis fin; mettre la purée qui en résulte dans une casserole et lui incorporer le tiers de son volume de purée de pommes de terre bien crémeuse.

Pousses ou feuilles de Navets (Turnips Tops).

Les jeunes pousses ou feuilles de navets sont fort appréciées en Angleterre comme légume de Lunch.

Elles se préparent comme les « Choux Verts à l'Anglaise ».

OIGNONS

Oignons farcis.

De grosseur au-dessous de la moyenne; couper une tranche horizon- tale d'un centimètre d'épaisseur, aux trois quarts de la hauteur, du côté de la pousse et les blanchir fortement. Les égoutter, les ranger dans un sautoir, grassement beurré, le côté coupé au-dessus; les saupoudrer légèrement de sucre, couvrir les oignons, les cuire à petit feu. Arrivés au point de cuisson voulu, ils doivent être d'une jolie couleur légèrement brune. Avec une cuiller à café, appuyer sur le centre de l'oignon, celui-ci en s'affaissant formera un vide, laissant autour et au fond un centimètre d'épaisseur. Garnir les oignons, soit : de hachis de volaille, de veau à la crème, de hachis de mouton, chair fine à saucisses légèrement truffée et additionnée de quelques cuillerées de Duxelles, etc.

Tenir les oignons à l'entrée du four, pendant 10 à 12 minutes. Dresser sur plat de service. Déglacer le fond de la casserole avec quelques cuillerées de bouillon; ajouter, pour 6 à 8 oignons, 3 déci- litres de sauce demi-glace; donner quelques secondes de réduction et saucer les oignons.

Tous les apprêts des navets sont applicables aux oignons.

Oignons glacés.

Pour préparation à blanc : Éplucher un demi-litre de petits oignons d'égale grosseur. Les mettre en cuisson avec assez de bouillon blanc pour qu'ils en soient à peu près couverts, et 100 grammes de beurre.

Les oignons doivent se trouver au point de cuisson voulu, et, en même temps, le mouillement à peu près réduit à glace.

Pour préparation des oignons à brun : Cuire les oignons très doucement au beurre avec une demi-cuillerée de sucre en poudre, dans une sauteuse de grandeur voulue, de façon que 'es oignons occupent complètement le fond de la casserole et soient bien enveloppés de beurre.

On doit, avec un peu de soin apporté à la cuisson, obtenir les oignons d'une jolie couleur légèrement brune et régulière.

OSEILLE

Choisir 2 kilos d'oseille bien fraîche, l'éplucher et la laver à plu- sieurs eaux; la mettre à fondre tout doucement avec un peu d'eau. Lorsqu'elle est fondue, l'égoutter sur un tamis; la mélanger ensuite à un roux blond composé de 100 grammes de beurre et 60 grammes de farine. Mouiller avec un litre de consommé, assaisonner de sel, de poivre, une forte pincée de sucre. Couvrir la casserole, la mettre au tour à chaleur douce pendant 35 à 40 minutes. Ensuite, passer l'oseille au tamis; la remettre dans une casserole, chauffer fortement et la lier avec 4 à 5 jaunes d'œufs étendus de quelques cuillerées de crème et 100 grammes de beurre.
Dresser en légumier et arroser de jus de veau brun un peu corsé.

OXALIS

Plante vivace, d'un aspect très élégant, originaire du Mexique. Les feuilles ressemblent à celles du trèfle. En été, la plante donne un grand nombre de fleurs de couleur rose. La saveur est plus agréable que celle de la plante de l'oseille ; elle peut remplacer l'oseille avec avantage. On la multiplie facilement par les tubercules qui naissent en quantité sur ses racines.

PATATES DOUCES

Plante originaire de l'Inde. Il en existe plusieurs variétés. On trouve cette plante en Asie, en Afrique, en Angleterre. Les Espagnols en font un grand usage. La Patate de la Virginie est considérée comme la meilleure, elle est aussi d'un usage plus général, puisqu'elle nourrit une partie de l'Afrique.

La saveur de la Patate rappelle celle des bons marrons; les mêmes formules leur conviennent.

J'ai mangé à la Cour d'Espagne des toutes petites patates glacées identiquement comme les marrons, préparées par M. Maréchel, le « Chef de Cuisine » de la Cour. On les fait cuire sous les cendres et, après les avoir pelées, on les arrose de jus d'orange et on les saupoudre d'un peu de sucre.

Les Patates peuvent se prêter à de nombreuses préparations, plus savoureuses les unes que les autres.

Ce précieux tubercule est peu connu en France ; il pourrait, cependant, être cultivé dans plusieurs parties de la France; il ne craint ni la grêle, ni la gelée, ce qui est toujours à craindre avec la pomme de terre.

PETITS POIS

Quel que soit le genre de préparation auquel on les destine, les petits pois doivent être choisis bien verts, fraîchement cueillis et écossés autant que possible au dernier moment.

Ce légume est de ceux qui perdent le plus facilement leur qualité faute de soins.

Petits Pois à l'Anglaise.

Les cuire rapidement à l'eau bouillante salée ; bien les égoutter. Dresser en légumier, servir à part des rondelles de beurre très frais. Les Anglais ajoutent toujours un petit bouquet de menthe fraîche à la cuisson des petits pois, et en disposent quelques feuilles sur les petits pois.

Petits Pois au beurre.

Aussitôt cuits. les égoutter et les lier au beurre, très fin et bien frais.

Petits Pois Bonne Femme.

Faire légèrement revenir au beurre 12 petits oignons et 125 grammes de lard de poitrine coupé en dés, blanchi. Ajouter un litre de pois moyens, frais écossés, une laitue ciselée, un bouquet de persil, pincée de sel, un morceau de sucre. Mouiller les petits pois avec de l'eau chaude juste assez pour les couvrir; les cuire à couvert. Aussitôt cuits, les lier avec une cuillerée de farine délayée avec un peu d'eau froide.

Petits Pois à la Flamande.

Un demi-litre de petits pois frais écossés; 250 grammes de carottes nouvelles parées. Mettre les carottes dans une casserole avec une cuillerée de beurre, une prise de sel et une pincée de sucre; mouiller avec de l'eau chaude assez pour les couvrir. Lorsqu'elles sont à moitié cuites, leur ajouter les petits pois. Achever la cuisson des deux légumes en- semble, et au dernier moment, compléter ce ragoût avec une cuillerée de beurre.

Petits Pois à la Française.

Mettre dans une casserole de grandeur voulue pouvant aisément con- tenir ces différents éléments : un litre de petits pois fins fraîchement écossés; un bouquet comprenant : un cœur de laitue, 2 branches de persil; 12 petits oignons, 100 grammes de beurre, 10 grammes de sel et 2 morceaux de sucre. Mélanger le tout et ajouter un décilitre d'eau; cuire sur feu moyen, en tenant la casserole bien couverte.

Au moment de servir, retirer le bouquet, et lier les pois avec 100 gr. de beurre, hors du feu; couper la laitue en quatre et la dresser sur les pois.

Petits Pois aux Laitues.

Proportions pour 6 personnes : Choisir 6 laitues très fraîches; sup- primer les premières feuilles dures, diviser chaque laitue en deux; les laver à grande eau, les mettre dans une casserole assez large pouvant les contenir l'une à côté de l'autre sans être blanchies; ajouter un litre de petits pois frais écossés, un petit bouquet de persil, 2 morceaux de sucre, une pincée de sel, une douzaine de petits oignons nouveaux, ï00 grammes de beurre, et quelques cuillerées d'eau chaude. Couvrir la casserole et cuire sur feu moyen.

Dresser les petits pois en légumier et les demi-laitues, repliées sur elles-mêmes, en couronne sur les petits pois.

Purée de Pois (rais.

Cuire un litre de petits pois à l'eau salée; les égoutter, ne pas les rafraîchir ; les passer au tamis fin ; mettre la purée qui en résulte dans une casserole, faire chauffer et incorporer à la purée 125 grammes de beurre fin et une pincée de sucre en poudre.

On prépare également cette purée avec des pois cuits à la Française. La purée est moins verte, mais elle n'en a que plus de valeur.

Petits Pois Princesse ou Mange-Tout.

Les diviser chacun en 2 ou 3 fragments, et les traiter selon l'un des Modes applicables aux Petits Pois.

PIMENTS

Les Piments employés en cuisine sont de plusieurs espèces : les uns comme le piment de Chili et le piment de Cayenne sont d'une saveur forte et brûlante, et on ne les emploie que comme condiment.

Les gros piments doux, verts, rouges ou jaunes sont employés soit : en hors-d'œuvre, comme garniture. On en fait aussi, combinés avec de la tomate, de l'oignon, du vinaigre, de l'huile d'olive, du sucre, un genre de confiture qui accompagne très bien les viandes froides et ragoûts au curry.

Les Espagnols, les Portugais, les Indiens, tous les Orientaux, font une grande consommation de piments, forts et doux.

Quelle que soit la façon dont on prépare les piments doux, ceux-ci doivent être débarrassés de leur pellicule extérieure et de leurs graines. A cet effet, pour les pellicules, la manière la plus simple est de les piquer avec une longue fourchette et les flamber au gaz; on enlève aussitôt la pellicule, on ouvre le piment sur un des côtés pour en extraire les graines.

Piments doux farcis.

Choisir des piments rouges et doux de grosseur moyenne; après les avoir flambés, débarrassés de 'leur pellicule et des graines, les garnir d'un rizotto à la Piémontaise, ou d'un riz pilaw à la tomate, et additionné de hachis de mouton.

Les ranger dans un plat à sauter, les arroser de beurre ; couvrir le plat, le mettre au four, chaleur modérée, pendant 15 à 20 minutes.

Dresser sur plat de service, les couvrir d'une sauce demi-glace à la tomate.

Les formules pour oignons farcis sont applicables aux Poivrons.

NOTA. — Avec le rizotto on pourra, comme surprise, enfermer avec le riz, une caille désossée et farcie au foie gras.

Dresser les poivrons sur plat de service et les masquer de fine sauce demi-glace.

Piments pour viandes froides.

Faire légèrement blondir, dans 3 décilitres d'huile d'olive, 500 gr. d'oignon blanc d'Espagne haché fin; ajouter 1 kilo 200 de poivrons débarrassés de leur pellicule et de leurs graines; les ciseler en lanières assez grosses, les laisser étuver 15 à 18 minutes avec l'oignon; lui ajouter alors 1 kilo de tomates bien mûres, pelées, débarrassées des pépins et hachées, une gousse d'ail écrasée, une cuillerée à café de gingembre en poudre, 500 grammes de sucre, 250 grammes de raisins de Smyrne et une cuillerée à café d'épices anglaises. Mouiller d'un litre de bon vinaigre. Couvrir l'ustensile. Donner 2 heures et demie à 3 heures de cuisson dans le four, chaleur très douce.

Cette préparation doit, de préférence, se faire dans une marmite en terre.

POMMES DE TERRE

Pommes de terre à l'Anglaise.

Parer les pommes de terre en forme d'un œuf de pigeon ou d'une grosse gousse d' ail ; les cuire à l'eau salée ou à la vapeur. Elles accompagnent généralement les poissons bouillis

NOTA. — Les Pommes de terre à l'Anglaise ne doivent pas at- tendre ; elles doivent être mangées aussitôt cuites et bien chaudes.

Pommes de terre Anna.

Les parer en forme de bouchon et les émincer en fines rondelles; les laver et les éponger dans un linge. Ranger les rondelles au fond d'un moule spécial à ces pommes de terre, grassement beurré, par rangées circulaires en chevauchant les rondelles et en disposant chaque nouvelle rangée en sens inverse de la précédente; assaisonner très légèrement de sel, et étaler sur les pommes de terre une couche de beurre; puis en recommencer un second, fait de même. Faire ainsi 4 à 5 lits, en assaisonnant d'une petite prise de sel et en interposant une légère couche de beurre entre chaque lit.

Couvrir l'ustensile, cuire à bon four pendant une demi-heure, dé- mouler sur un couvercle à casserole pour égoutter le beurre et faire glisser sur le plat de service.

Pommes de terre Byron.

Cuire au four une douzaine de grosses pommes de terre de Hollande. Aussitôt cuites, les vider, faire rissoler la pulpe au beurre, à la poêle, l'assaisonner de sel et de poivre. Mettre sur un plat de service rond, un moule à flan du diamètre voulu, remplir avec la pomme de terre préparée; retirer le moule, arroser copieusement de crème; saupoudrer de parmesan frais râpé et glacer vivement à la salamandre.

On pourra aussi mouler les Pommes Byron dans des petits moules à darioles, beurrés; les démouler sur un plat de service; les arroser de crème, les saupoudrer de fromage et les faire glacer à la salamandre ou au four.

Pommes de terre Château.

Les parer en forme de grosse olive; les cuire doucement au beurre clarifié, de façon à les obtenir dorées et moelleuses.

Pommes de terre à la crème.

Sur des pommes de terre de Hollande pelées lever avec une cuiller à légumes de forme ronde de la grandeur d'une noisette autant de petites boules que l'on aura besoin. Les laver, les cuire à l'eau salée, les égoutter, les remettre dans la casserole avec une cuillerée de beurre pour 250 grammes de boules de pommes de terre et un décilitre de crème bouillante, une prise de sel. Donner quelques secondes d'ébullition et dresser en légumier.

Croquettes de pommes de terre.

Peler les pommes de terre, les couper en quartiers et les cuire vive- ment à l'eau salée en les tenant un peu fermes. Les égoutter, les sécher quelques instants à l'entrée du four et les passer au tamis. Remettre la purée dans la casserole avec 100 grammes de beurre par kilo de pommes de terre, sel, poivre, muscade, la dessécher quelques instants en plein feu, et la lier, hors du feu, avec un œuf entier et 4 jaunes par kilo de purée.

Diviser l'appareil par parties du poids de 60 grammes; mouler en forme de bouchon; paner à l'Anglaise, et les plonger à grande friture chaude 5 à 6 minutes avant de servir.

NOTA. — Il est rare qu'une petite ménagère dispose de grande friture ; dans ce cas, donner aux croquettes la forme d'un palet, les paner et les faire dorer sur les deux côtés au beurre, à la poêle.

Pommes Dauphine.

Appareil à croquettes comme ci-dessus, auquel on additionne, par kilo de pommes de terre, 300 grammes de pâte à chou ordinaire, sans sucre. Diviser en parties du poids de 60 grammes, les mouler en forme de petites brioches, les ranger sur plaque beurrée. Dorer à l'œuf et les Cuire au four.

Pommes Duchesse au Chester.

La composition est la même que celle aux croquettes, additionnée de 100 grammes de chester râpé par kilo de composition. Mouler en forme de petites galettes; ranger sur plaque beurrée, dorer à l'œuf; recouvrir chaque galette d'une mince lame de chester et mettre au four 7 à 8 minutes avant de servir.

Pommes fondantes.

Il y a plusieurs façons de faire les pommes fondantes; je ne citerai que les deux qui me semblent les plus intéressantes :

Choisir des pommes de t'erre farineuses; les façonner en forme et grosseur d'un œuf ordinaire. Les ranger l'une à côté de l'autre dans une sauteuse de grandeur voulue, de manière que le fond de la casserole soit complètement couvert; les mouiller à demi-hauteur avec de l'eau chaude; ajouter une petite pincée de sel et 125 grammes de beurre pour une douzaine de pommes de terre ; couvrir la casserole, et la mettre dans le four. L'eau de cuisson étant complètement évaporée, le beurre se clarifiera et rissolera les pommes; celles-ci étant cuites, les aplatir légèrement avec une fourchette sans les briser; leur ajouter quelques parcelles de beurre frais ; les tenir à couvert quelques instants à l'entrée du four, temps nécessaire pour absorber le beurre.

Autre façon. — Choisir des pommes de qualité fondante ; les peler, les cuire à l'eau salée; ne pas les laisser trop cuire; les égoutter complètement, les mettre quelques instants au four, pour les dessécher; puis es écraser assez finement avec une fourchette en les arrosant avec du beurre à peine fondu; les assaisonner légèrement de sel, et les mouler à la cuiller à soupe, comme une grosse quenelle. Les ranger dans un plat à sauter, beurré; les arroser de beurre clarifié et les faire dorer au four.

Pommes de terre en allumettes.

Équarrir les pommes sur les bouts et sur les côtés; les tailler en bâtonnets, forme d'allumettes. Mettre à la friture chaude; on doit les obtenir sèches et croquantes.

Les pommes tournées en forme de rubans dites « Pommes Chatouillard », les pommes copeaux et diverses façons de parer les pommes de terre en rubans, soit au couteau ou avec divers outils, se traitent généralement par la friture comme les « Pommes soufflées ».

Pommes de terre Chip.

Ce sont des pommes taillées en fines rondelles, ce qui se fait ordinairement avec un rabot spécial.

Elles sont mises à l'eau très froide pendant 10 minutes, égouttées ensuite, séchées dans un linge et frites en les tenant très croustillantes. En Angleterre, on ne sert jamais aucun rôti de gibier sans être accompagné de Pommes Chips.

Pommes de terre Collerette.

Tourner les pommes de terre en forme de bouchon et les canneler avec un couteau spécial. Elles se traitent à grande friture comme les « Pommes Chips ».

Pommes de terre en Liards.

Sont les « Pommes Collerette » sans être cannelées.

Pommes de terre paille.

Tailler les pommes en julienne fine et longue; les mettre à l'eau froide pendant quelques minutes, les égoutter et bien les éponger sur un linge. Les mettre à friture chaude et les égoutter au bout de quelques minutes dans le panier spécial aux fritures. Au moment de les servir, les plonger à nouveau dans la friture fumante pour les obtenir bien croustillantes ; les égoutter sur un linge et les saler légèrement.

Pommes de terre Pont Neuf.

Équarrir les pommes de terre sur les côtés et les tailler en tranches, en donnant à celles-ci une épaisseur rigoureusement égale de 3 milli- mètres, les plonger dans la friture et les y laisser jusqu'à ce qu'elles soient croustillantes à l'extérieur.

C'est le vrai type des pommes de terre frites.

Pommes de terre soufflées.

Équarrir les pommes de terre sur les côtés et les tailler en tranches, en donnant à celles-ci une épaisseur rigoureusement égale de 3 millimètres. Les laver à l'eau froide, bien les éponger et les mettre à la friture pas trop chaude.

Dès que les pommes sont dans la friture, remettre celle-ci en plein feu pour rétablir l'équilibre calorifique, la température de la graisse se trouvant fortement abaissée par suite de l'immersion des pommes. Maintenir le même degré de chaleur jusqu'à ce que leur cuisson soit assurée, ce qui se constate quand elles montent à la surface de la graisse.

Les égoutter alors dans le panier spécial ; les plonger aussitôt dans une autre friture plus neuve et très chaude; cette immersion provoque le gonflement, lequel est surtout déterminé par le saisissement à haute température. Laisser bien sécher les pommes; les égoutter sur un linge, les saler légèrement et servir.

Nids pour le dressage des pommes de terre frites.

Prendre des pommes de terre taillées pour pailles, lavées et épongées. En tapisser le panier à friture spécial dit « Moule à Nid » en enchevêtrant et en ayant soin de rogner les parties qui dépassent les bords. Fermez le moule, frire de belle couleur et démouler en sortant de la friture. Dresser sur serviette et garnir d'une pomme frite à volonté.

Gratin de pommes de terre Dauphinoise.

Émincer finement 1 kilo de pommes de terre de Hollande. Les mettre dans une terrine et leur ajouter : sel, poivre frais moulu, mus- cade râpée, un œuf battu, trois quarts de litre de lait bouilli et 125 gr. de gruyère frais râpé; bien mélanger le tout. Verser cette composition dans un plat en terre frotté d'ail et bien beurré; saupoudrer copieuse- ment la surface de gruyère râpé, ajouter quelques parcelles de beurre et cuire au four chaleur moyenne pendant 35 à 40 minutes.

Pommes de terre gratinées.

Cette préparation se fait aussi de plusieurs manières :

1° Apprêter une fine purée de pommes de terre; aussitôt prête, la dresser dans un plat creux à gratin, beurré ; égaliser la surface ; saupoudrer de fromage râpé mélangé de chapelure ; arroser de beurre fondu et faire gratiner.

2° Peler des pommes de terre de Hollande, les cuire à l'eau salée, les égoutter, les couper en rondelles un peu épaisses, les dresser dans plats à œuf beurrés, les écraser légèrement avec une fourchette, les arroser de beurre fondu, les saupoudrer de fromage râpé, les mouiller juste à hauteur de lait bouillant additionné d'une partie de crème fraîche, une prise de sel et soupçon de muscade; saupoudrer de fromage râpé mélangé de chapelure; arroser légèrement de beurre fondu et faire gratiner.

P o m m e s d e t e r r e a u l a r d .

Faire rissoler au beurre 250 grammes de lard de poitrine coupé eu dés, blanchi, et 12 à 15 petits oignons. Retirer le lard et les oignons de la casserole, les déposer sur une assiette. Mélanger au beurre une cuillerée de farine, cuire celle-ci pendant quelques minutes et mouiller avec trois quarts de litre de bouillon blanc ordinaire; assaisonner d'une pincée de poivre, et ajouter I kilo de pommes de terre de Hollande coupées en quartiers ou parées en forme d'un œuf de pigeon et de même grosseur, le lard et les oignons; un bouquet garni composé de : branches de persil, une petite feuille de laurier et brindilles de thym. Cuire à couvert, à petit feu. Dresser en légumier, saupoudrer légère- ment de persil haché.

NOTA. — Comme la ménagère n'a pas toujours du bouillon à sa disposition, on remplacera le bouillon par de l'eau chaude; dans ce cas, ajouter 6 à 8 grammes de sel pour le mouillement indiqué ci- dessus.

Pommes de terre Lorette.

Ajouter du fromage râpé à de l'appareil à « Pommes Dauphine », dans les proportions de 4 fortes cuillerées à soupe pour 500 grammes d'appareil.

Diviser cette composition en parties de la grosseur d'un petit œuf ordinaire ; les saupoudrer légèrement de farine. Les plonger à friture chaude 6 à 8 minutes avant de servir.

Pommes de terre Lyonnaise.

Couper en rondelles des pommes de terre cuites à l'eau, pelées; les sauter au beurre à la poêle. Sauter également au beurre de l'oignon très finement émincé, dans les proportions d'un quart de pommes de terre, **le** cuire à petit feu pour l'obtenir doré et bien cuit. Arrivé au point **de** cuisson voulu, l'ajouter aux pommes sautées, assaisonner de sel et poivre; sauter les deux éléments ensemble pendant 2 ou 3 minutes pour bien les mélanger et les dresser en légumier avec persil haché.

Pommes de terre Macaire.

Cuire au four de grosses pommes de terre de Hollande ; lever un couvercle. Aussitôt cuites, les vider et faire rissoler la pulpe à la poêle dans du bon beurre, puis les remettre dans leur écorce.

Pommes de terre Maire (Spécialité du Restaurant Maire).

Cuire à l'eau salée des pommes de terre dites « Vitelottes » ; les peler aussitôt cuites et les couper en rondelles.

Les mettre dans une casserole plus large que haute, les mouiller de lait bouillant assez pour les submerger complètement; les assaisonner de sel, poivre et soupçon de muscade. Mettre la casserole en plein feu, faire réduire le lait des deux tiers en appuyant sans discontinuer sur le fond de la casserole avec la spatule en cuivre étamé. La réduction étant au point voulu, retirer la casserole du feu, et incorporer petit à petit 250 grammes de beurre frais par livre de pommes de terre.

Pommes de terre à la Maître-d'Hôtel.

Cuire à l'eau salée des pommes de terre de Hollande de grosse à moyenne, les peler aussitôt et les couper en rondelles; les couvrir de bouillon blanc bouillant.

Assaisonner de sel et poivre ; réduire complètement le bouillon, beurrer fortement, dresser en légumier et saupoudrer de persil haché.

Pommes de terre Ménagère.

Cuire à l'eau salée 1 kilo poids net de pommes de terre de Hollande. Aussitôt cuites, les égoutter complètement, les écraser avec une fourchette, les assaisonner de sel et de poivre, ajouter 3 cuillerées de ciboule hachée et quelques cuillerées de lait bouillant et mêler intimement. Avec cette composition, faire des boules de la grosseur d'un œuf, puis les aplatir en leur donnant la forme de petits palets.

Les passer à la farine et les faire colorer sur les deux côtés, soit : au beurre, à l'huile d'olive ou saindoux.

NOTA. — A cette composition, on peut ajouter un œuf battu avec la quantité de lait indiquée.

Pommes de terre Mireille.

Émincer en fines rondelles 500 grammes de petites pommes de terre de Hollande et 300 grammes de fonds d'artichauts crus très finement émincés. Étaler, en une couche mince, pommes et artichauts dans une casserole à sauter de largeur voulue, fortement beurrée. Cuire vivement au four. Temps de cuisson : 8 à 10 minutes.

Retirer la casserole hors du feu et ajouter aux pommes de terre
100 grammes de truffes soigneusement pelées, coupées en lamelles; mélanger le tout et dresser en légumier. Pour terminer, arroser les pommes de terre avec 3 cuillerées de glace de viande fondue, additionnée d'une cuillerée de beurre frais et une pincée de persil haché.

Pommes de terre Mireille à la crème.

Préparer et cuire les pommes de terre et artichauts comme il est dit dans la précédente formule ; ajouter les truffes. Mélanger le tout, puis dresser dans des plats en porcelaine à œufs, arroser de crème bouillante à hauteur des éléments ; saupoudrer fortement de fromage frais râpé ; mettre les plats au four pendant 4 à 5 minutes et servir.

Pommes de terre Mirette.*

Tailler des pommes de terre crues en dés de 3 millimètres de côté; les blanchir pendant 2 minutes à l'eau bouillante, les égoutter, les cuire au beurre en les tenant moelleuses ; leur ajouter, par livre de pommes de terre, 3 cuillerées de truffes hachées et 4 cuillerées de glace de viande additionnée d'une pincée de feuilles d'estragon finement ciselées, 2 cuillerées de sauce tomate et 2 cuillerées de beurre fin. Dresser les pommes dans des petits plats à œuf, les saupoudrer de fromage frais râpé, arroser légèrement de beurre fondu et mettre les plats au four quelques minutes.

Pommes de terre Nana.

Pour ce genre de pommes de terre, on se sert généralement de moules à darioles, en cuivre étamé. Après les avoir grassement beurrés, les garnir de minces rondelles de pommes de terre taillées selon le diamètre du moule, assaisonnées et montées l'une sur l'autre. Ranger les moules dans une plaque, cuire à four chaud pendant 18 à 20 minutes. Démouler juste au moment de servir; les napper de « Sauce Château » *(Glace de viande fondue additionnée de beurre frais, jus de citron).*

Pommes de terre Ninon.

Cuire les pommes de terre au four et les vider aussitôt cuites; en recueillir la pulpe et la faire légèrement rissoler au beurre à la poêle, puis la déposer sur une assiette et lui incorporer un tiers du volume de foie gras truffé, 3 jaunes d'œufs étendus d'un décilitre de crème fraîche ; assaisonnement sel et poivre, pour 500 grammes de pommes de terre. Mélanger intimement. Avec cette composition, garnir des moules à darioles beurrés. Les mettre au four pendant 5 minutes, chaleur vive.
Démouler sur plat de service et napper de « Sauce Château ».

Pommes de terre Noisette.

Lever des pommes de terre à la cuiller à légumes, ronde, de la grosseur d'une petite noisette. Les cuire doucement au beurre, les assai- sonner légèrement de sel. Ces pommes de terre doivent être moelleuses et d'un blond doré.

Pommes de terre Parisienne.

« Pommes de terre Noisette » préparées comme ci-dessus qu'on roule, après cuisson, dans de la glace de viande fondue et beurrée.

Pommesdeterrepersillées.

Cuire les pommes à l'Anglaise, bien les égoutter, et les rouler dans du beurre fondu additionné de persil haché.
Aux « Pommes Persillées » comme variante, on pourra ajouter de la mie de pain frite au beurre.

Pommes de terre Rosine.

Préparer un appareil de pommes de terre pour croquettes; lui mêler le quart de son volume de raisins de Smyrne, bien triés. Diviser en boules de la grosseur d'un œuf, les aplatir ensuite et leur donner la forme de petits palets; les passer à la farine, puis à l'œuf battu et à la mie de pain. Les faire colorer au beurre sur les deux côtés, à la poêle.

Pommes de terre à la Savoyarde.

Procéder comme pour le « Gratin à la Dauphinoise », en remplaçant le lait par du bouillon blanc.

Pommes d terre Voisin.

Elles se préparent exactement comme les « Pommes Anna » ; seulement, on sème entre chaque lit de rondelles de pommes de terre une légère couche de fromage râpé. La cuisson se fait de même.

Purée de pommes de terre.

Peler des pommes de terre de Hollande; les couper en quartiers et les cuire vivement à l'eau salée. Dès que la pulpe cède sous les doigts, égoutter les pommes, les sécher à l'entrée du four pendant quelques minutes, puis les passer vivement au tamis et travailler, avec une cuiller en bois, vigoureusement la purée à laquelle on aura ajouté 150 à 200 gr. de beurre fin par kilo, et ensuite, petit à petit, environ 2 décilitres et demi de lait bouillant pour amener la purée à une consistance convenable. Chauffer sans laisser bouillir.

NOTA. — Les pommes de terre pour une purée ne doivent être que juste cuites.

Quenelles de pommes de terre.

Préparer un appareil à croquettes de pommes de terre, comme il est indiqué; lui mêler intimement le tiers de son volume de pâte à chou ordinaire. Mouler les quenelles à la cuiller à soupe et les pocher à l'eau salée ; les égoutter, dresser sur un plat beurré et saupoudré de fromage râpé ; saupoudrer également les quenelles de fromage râpé, arroser de beurre fondu et gratiner légèrement.

En sortant le plat du four, arroser les quenelles de beurre noisette simple, ou additionner de mie de pain frite au beurre.

On pourra aussi, comme variante, avant de faire gratiner les quenelles, les masquer d'une sauce demi-glace à la tomate, saupoudrer de fromage râpé et mettre le plat au four pendant quelques minutes.

Soufflé de pommes de terre.

Préparation pour 4 à 5 personnes ; Préparer un demi-litre environ de purée de pommes de terre à la crème en la tenant un peu ferme ; lui ajouter 4 jaunes d'œufs et 4 blancs fouettés en neige très ferme. Dresser dans une timbale à soufflé, beurrée, et cuire le soufflé comme à l'ordinaire.

DE RIZ

Aliment le meilleur, le plus nutritif et incontestablement le plus répandu sur la surface du globe.

NOTA. — Il est toujours prudent de laver le riz avant de le cuire.

Riz pour Hors-d'œuvre et Salades.

Proportions : 250 grammes de beau riz; le laver et le cuire vive- ment 20 minutes dans 2 litres d'eau salée à raison de 10 grammes de sel par litre. Égoutter aussitôt cuit, rafraîchir et égoutter de nouveau sur un tamis ou passoire.

La ménagère bien avisée aura soin de mettre en réserve l'eau de cuisson de ce riz, qu'elle pourra joindre à une soupe de légumes quelconque. Cette eau contenant une partie de fécule de riz, il y a intérêt à ne pas la perdre.

Riz à l'Anglaise.

Cuire le riz à l'eau salée, comme il est indiqué pour le « Riz à l'Indienne » ; l'égoutter, le sécher sur une serviette chaude, le dresser dans un légumier et l'arroser de beurre fondu.

A ce riz, on pourra, à volonté, ajouter un tiers de son volume de petits pois cuits à l'Anglaise.

On peut servir ce riz en guise de légume ou comme accompagnement aux viandes.

Riz au beurre.

Proportions pour 4 à 5 personnes : 250 grammes de riz, 75 grammes de beurre, 7 grammes de sel, un demi-litre d'eau chaude. Mettre le riz dans une casserole de grandeur voulue avec la moitié de beurre, le jus et l'eau; couvrir la casserole, donner 18 minutes d'ébullition sur bon feu. A ce point, le riz doit être cuit, et avoir absorbé tout le liquide. Retirer la casserole hors du feu et, avec les pointes d'une fourchette, mélanger intimement au riz le restant du beurre.

Le riz ainsi préparé peut être mangé en guise de légume, servir d'accompagnement à diverses préparations : œufs, poisson, volailles, viandes, etc.

Dans tes moments difficiles, ce riz pourra avantageusement remplacer le pain.

Riz à la Créole (Tel que je l'ai vu préparer par un cuisinier, un nègre du pays, en 1865, à Paris).

Mettre dans une casserole 250 grammes de riz avec un demi-litre d'eau, 30 grammes de bon saindoux, 6 à 8 grammes de sel. Couvrir la casserole, donner 18 minutes d'ébullition sur feu assez vif. A ce point, le riz est cuit et aura absorbé tout le mouillement. Mélanger alors au riz, avec une fourchette, 30 grammes de saindoux pour la seconde fois.

Chez les Cubains, ce riz est généralement servi à tous les repas. On ne sert surtout avec des œufs à la poêle, cuits séparément.

Autre façon de cuire le Riz à la Créole. — Faire blondir légère- ment, dans 50 grammes de saindoux, une cuillerée d'oignon finement haché ; lui mêler un ou deux petits piments émincés et 3 à 4 tomates, pelées, épépinées et hachées, sel et poivre. Après quelques minutes de cuisson, ajouter 250 grammes de riz et un demi-litre de bouillon bouillant. Couvrir la casserole, donner 20 minutes de cuisson. On y ajoute quelquefois une pincée de safran.

Riz au Curry.

Faire blondir très légèrement une cuillerée d'oignon haché dans 50 grammes de beurre ; lui mêler 2 cuillerées à café de Curry en poudra (doux), 250 grammes de riz. Remuer le riz avec une cuiller en bois, quelques secondes, le temps de bien chauffer le riz; mouiller d'un demi-litre de bouillon ordinaire et bouillant, ou, suivant le cas, mouiller avec du bouillon de poisson. Couvrir la casserole, donner 18 minutes de cuisson. Retirer la casserole hors du feu, mêler au riz quelques petites parcelles de beurre.

Riz à la Fermière.

Proportions : 500 grammes de riz, un litre et demi d'eau bouillante,
8 grammes de sel par litre et pincée de poivre, 250 grammes de lard maigre de poitrine taillé en petits carrés et blanchi, 70 grammes de saindoux, un gros oignon haché, un demi-chou taillé en julienne et cuit 12 minutes à l'eau bouillante et bien égoutté ensuite.

Préparation : Faire chauffer le saindoux dans une cocotte en fonte, ajouter oignon et lard; dès que l'oignon commence à blondir, y mêler le chou, le laisser étuver 10 à 12 minutes en le remuant de temps à autre avec une cuiller. Ajouter le riz, puis l'eau, le sel et le poivre. Tenir compte du sel apporté par le lard. Couvrir la casserole, donner 25 minutes de cuisson.

Retirer la casserole hors du feu et mêler au riz quelques cuillerées de fromage râpé.

Riz au gras à la Française.

Jeter 250 grammes de riz dans un litre d'eau bouillante, donner
2 minutes d'ébullition et l'égoutter.

Faire chauffer dans une casserole 30 grammes de beurre, lui mêler le riz, l'assaisonner modérément de sel, une prise de poivre et un soupçon de muscade râpée ; laisser étuver le riz 2 minutes, et le mouiller d'un demi-litre de bouillon blanc, bouillant. Couvrir la casserole, donner 18 à 20 minutes de cuisson.

Lorsque le riz doit servir d'accompagnement à une Poule au riz, le bouillon de cuisson de la poule, ou poulet, doit servir pour mouiller le riz.

Riz à l'Indienne.

Proportions pour 4 à 5 personnes : Cuire 250 grammes de riz pendant 18 minutes dans un litre et demi d'eau salée à raison de 8 gr. de sel par litre. L'égoutter dans une passoire et le mettre ensuite sur une serviette chaude, le sécher quelques instants à l'étuve.

Le dresser dans un légumier.

Ce riz sert d'accompagnement aux diverses préparations : Œufs, poisson, mouton, agneau, volaille, dites « au Curry ».

NOTA. — On peut cuire le riz à l'Indienne par la vapeur.

Riz à la Milanaise.

Même préparation et cuisson que le « Riz Pilaw ». On ajoute en surplus, pendant la cuisson du riz, une pincée de safran. Couvrir la casserole, donner 18 minutes de cuisson. Retirer la casserole hors du feu, incorporer au riz 50 grammes de beurre divisé en petites parcelles et 3 à 4 cuillerées de parmesan frais râpé.

Riz à la Piémontaise.

Le riz cultivé en Piémont est indispensable à la préparation de ce mets.

Proportions: 300 grammes de riz,150 grammes de beurre, une forte cuillerée d'oignon finement haché, 6 décilitres de bon consommé bouillant, sel et poivre.

Préparation : Faire chauffer la moitié du beurre dans une casserole de grandeur voulue ; ajouter l'oignon et dès qu'il commence à blondir, lui mêler le riz, le remuer avec une cuiller en bois pendant une minute. Le mouiller alors avec le tiers du consommé, continuer à remuer le riz avec la cuiller et dès que le liquide est absorbé, ajouter un autre tiers de consommé ; celui-ci étant absorbé, ajouter le restant du consommé. Continuer la cuisson en continuant à remuer le riz. En procédant ainsi, on obtient un riz crémeux qui est finalement additionné du restant de beurre et de parmesan frais râpé.

Facultativement, on complète le Rizotto de jambon taillé en fins petits dés, de truffes blanches du Piémont coupées en fines lamelles.

Le Rizotto étant plutôt un mets de déjeuner doit être servi au commencement du repas.

Depuis quelques années, l'usage du riz a pris un tel développement qu'il est devenu la base et l'accompagnement de nouvelles préparations culinaires : fins ragoûts, sautés de volaille, gibiers, etc.

NOTA.— On peut aussi cuire le riz en ajoutant le consommé bouillant, en une seule fois; dans ce cas, on le cuit à casserole couverte et ne pas remuer le riz pendant la cuisson. On le lie alors avec beurre et fromage râpé.

Les Italiens aiment le riz peu cuit. Le temps de cuisson pour obtenir un bon Rizotto varie entre

15 et 16 minutes.

Le Rizotto est considéré comme un excellent mets, simple, mais on peut l'agrémenter de tant de bonnes choses : foie gras, ortolans, petits oiseaux, cailles, rognons de coq, truffes blanches, truffes noires, etc., qu'il peut dignement faire honneur aux plus fins gastronomes.

Riz pilaw.

Faire blondir très légèrement une cuillerée d'oignon finement haché, dans 50 grammes de beurre, lui mêler 250 grammes de beau riz, pincée de sel et poivre. Remuer le riz avec une cuiller en bois une minute de façon que les grains de riz soient bien imprégnés de beurre; mouiller d'un demi-litre de bouillon ou de fonds de veau bouillants. Couvrir la casserole, la mettre dans le four. Temps de cuisson : 18 minutes.

Retirer la casserole du feu, mêler au riz 30 à 40 grammes de beurre divisé en petites parcelles.

Cette méthode de cuire le riz a les avantages de pouvoir le conserver longtemps chaud, sans perdre sa saveur, et ne formant pas pâte, ce qui est précieux pour le service des restaurants.

Le riz Pilaw sert surtout d'accompagnement à de nombreuses préparations et combinaisons : œufs, poisson, viandes, volailles, légumes.

Riz à la Portugaise.

Faire chauffer 3 cuillerées d'huile d'olive dans une casserole, ajouter une farte cuillerée d'oignon haché; dès qu'il commence à blondir, lui mêler 250 grammes de riz, 2 poivrons rouge grillés, débarrassés de leur fine pelure et taillés en dés; 2 tomates bien mûres, pelées, épépinées et hachées, une prise de sel et poivre, une pincée de safran et mouiller d'un demi-litre de bouillon bouillant. Couvrir la casserole, la mettre dans le four; temps de cuisson : 18 minutes.

On sert généralement avec ce riz des saucisses.

Riz au Praprika.

Procéder exactement comme pour le « Riz au Curry ». Remplacer simplement le curry par du paprika rose et doux. Mouillement bouillon ordinaire ou bouillon de poisson, suivant le cas. Ces deux préparations de riz peuvent servir d'accompagnement à diverses préparations de poissons, volaille, viandes de boucherie, etc.

Riz à la Turque.

Riz Pilaw auquel on mélange, à volonté, tomates sautées, aubergines, courgettes, gombos, etc.

Les Turcs, en général les pays orientaux, se servent de la graisse de mouton pour accommoder les mets.

Riz préparé pour farcir les volailles.

Lorsque la pièce à farcir est destinée à être pochée et servie avec une sauce Suprême, prendre la quantité nécessaire de riz cuit à la Française, auquel on pourra ajouter : Julienne de truffe, de jambon, de champignons étuvés au beurre, foie gras cuit coupé en dés.

Lorsque la volaille est destinée à être poêlée, prendre du riz cuit en pilaw, additionné, à volonté : de truffes, de foie gras cuit, quelques cuillerées de glace de viande, rognons de coq très frais rissolés au beurre et quelques parcelles de beurre frais.

Eau de riz.

Faire bouillir, dans 2 litres d'eau, 150 grammes de riz pendant 20 à 25 minutes. Passer cette eau dans un pot en porcelaine dans lequel on aura mis 125 grammes de sucre, quelques tranches de citron ou d'orange et tenir au frais.

Cette boisson est nourrissante et hygiénique et très agréable à boire pendant les grandes chaleurs et, dans ce cas, elle pourra être coupée avec une eau gazeuse à volonté.

Le riz ayant servi à la préparation de cette eau pourra être utilisé dans une soupe de légumes, ou rissolé au beurre, ou encore additionné, soit à du poisson cuit : crevettes, homard, thon mariné, légumes di- vers, etc. pour en confectionner de petites salades pour hors-d'œuvre.

SALSIFIS

• Les salsifis sont de deux sortes : le salsifis blanc et le salsifis noir. Les mêmes préparations conviennent aux deux espèces. Quelle que soit cette préparation, les salsifis doivent être d'abord ratissés avec soin, lavés, puis cuits dans de l'eau légèrement salée dans laquelle on aura délayé une demi-cuillerée de farine par litre d'eau.

Salsifis à la crème.

Cuire les salsifis, les égoutter et les diviser en bâtonnets de 4 à 5 centimètres de longueur. Les gros bâtonnets doivent en plus être divisés en deux. Les faire étuver au beurre, pendant quelques minutes, les enrober d'une fine sauce Béchamel, donner quelques petites ébullitions, compléter la sauce avec quelques cuillerées de crème très fraîche.

Salsifis frits.

Les salsifis étant cuits, les égoutter; les couper en bâtonnets de 6 à 7 centimètres de long et les mettre dans un plat. Assaisonner de sel et de poivre ; ajouter : jus de citron, quelques filets d'huile et persil haché; laisser mariner 20 à 25 minutes, en ayant soin de les sauter de temps **en** temps.

Ensuite, les égoutter; les tremper dans une pâte à frire légère, les plonger dans la friture très chaude et les égoutter quand la pâte est bien sèche et dorée.

Les dresser sur serviette avec persil frit.

On pourra à volonté ne pas mariner les salsifis avant de les frire.

Salsifis au gratin.

Préparer des salsifis à la crème en tenant la sauce un peu épaisse ; les additionner de gruyère et parmesan râpés et soupçon de muscade; les dresser dans un plat à gratin; saupoudrer de fromage râpé et chapelure fine; arroser de beurre et faire vivement gratiner.

Salsifis à la Poulette.

Les salsifis étant cuits, les couper en bâtonnets de 4 à 5 centimètres de long. Les faire étuver quelques instants au beurre, les assaisonner légèrement de sel et poivre; les enrober d'un bon velouté, leur donner quelques minutes d'ébullition. Au moment de servir, lier la sauce de 2 à 3 jaunes d'œufs par demi-litre de velouté. Compléter avec quelques parcelles de beurre frais, jus de citron et persil haché.

Salsifis sautés.

Les salsifis étant cuits, les couper en petits bâtonnets; les sauter au beurre à la poêle jusqu'à ce qu'ils soient rissolés. Les assaisonner et les dresser en légumier avec persil haché.

Tomates à farcir.
TOMATES

Autant qu'il est possible, choisir des tomates à chair ferme de moyenne grosseur, de manière à ne pas être obligé, si elles sont trop grosses, de les couper en deux; si elles sont moyennes ou petites, on leur enlève, du côté du pédicule, une tranche mince coupée horizontalement.

Les presser légèrement pour en faire sortir les graines; assaisonner l'intérieur de sel et de poivre; les disposer sur une plaque huilée et les cuire à moitié au four. On les farcit ensuite d'une manière ou de l'autre à sa volonté.

Tomates farcies au gratin à la Parisienne.

Les tomates étant préparées pour farcir, les garnir de Duxelles ré- duite avec sauce demi-glace additionnée de quelques cuillerées de sauce tomate et quelques cuillerées de mie de pain. L'addition de la mie de pain a pour but de maintenir la liaison de la farce. Saupoudrer de chapelure ; arroser de quelques filets d'huile d'olive et les faire gratiner au four. En sortant le plat du four, entourer les tomates d'un cordon de sauce demi-glace à la tomate. Saupoudrer de persil haché.

Tomates farcies aux œufs brouillés au fromage.

Préparer les tomates pour farcir et les cuire complètement ; les dresser sur plat de service, les garnir d' œufs brouillés au fromage, les saupoudrer légèrement de fromage râpé, les arroser de beurre et les passer pendant 2 secondes à la salamandre.

NOTA. — On pourra remplacer les œufs brouillés au fromage par des œufs brouillés au jambon aux champignons; dans ce cas, masquer les œufs d'une cuillerée de sauce Château légèrement additionnée de sauce tomate.

Tomates farcies à la Piémontaise.

Préparer les tomates pour farcir et les cuire complètement. Les dresser sur le plat de service, les garnir d'un rizotto crémeux; saupoudrer la surface de fromage râpé; arroser de beurre fondu; mettre le plat au four, les napper légèrement d'une sauce demi-glace très réduite.

Tomates farcies à la Provençale.

Préparer les tomates pour farcir ; les assaisonner de sel et de poivre et les placer, du côté coupé, dans une poêle contenant de l'huile assez chaude. Les retourner quand elles sont cuites à moitié; laisser cuire encore un instant ; les ranger sur un plat à gratin et les farcir de la composition suivante :

Pour 6 à 8 tomates à farcir, faire légèrement blondir à l'huile

2 cuillerées d'oignon haché fin; ajouter la chair de 4 tomates pelées, épépinées et hachées, une pincée de sel, une pincée de persil haché et une petite pointe d'ail écrasé; cuire environ 15 minutes. Compléter avec 4 cuillerées de mie de pain de table humecté de quelques cuillerées de jus, à défaut simplement de l'eau tiède; les filets de deux anchois hachés fin; et finir avec un peu de jus de bœuf en daube un peu gras.

Farcir les tomates, les saupoudrer de mie de pain, ou de chapelure et fromage râpé; les arroser avec l'huile ayant servi à cuire les tomates à la poêle et les faire gratiner au four, à très petite chaleur.

Ces tomates peuvent être servies chaudes ou froides, à volonté.

Tomates farcies à la semoule.

Préparer et cuire 6 à 8 tomates comme il est dit pour les « Tomates farcies Provençale n; les garnir avec la préparation suivante : Faire tomber en pluie 150 grammes de semoule dans un demi-litre de bouillon bouillant. Assaisonner de sel, poivre et muscade; tenir compte du sel apporté par le bouillon; cuire à petit feu 15 à 20 minutes. Retirer la casserole hors du feu; lier la semoule avec 2 jaunes d' œufs; une cuillerée de beurre, 3 cuillerées de fromage râpé. Farcir les tomates, les saupoudrer de fromage râpé, un soupçon de chapelure ; arroser de beurre fondu et faire gratiner au four pendant 5 à 6 minutes.

NoTA. — On pourra, à volonté, ajouter à la semoule quelques cuillerées de jambon haché.

En dehors des formules ci-dessus, on peut encore farcir les tomates avec du hachis d'agneau, de mouton, de veau, de poulet, de fine chair à saucisses que l'on saupoudre de parmesan, de mie de pain ou de chapelure. Arroser de beurre et gratiner.

Tomates frites.

Choisir des tomates moyennes à chair ferme; les tremper pendant une seconde dans de l'eau bouillante, les peler ensuite; les couper en tranches d'un centimètre d'épaisseur, retirer les graines. Assaisonner de sel et poivre; tremper chaque tranche dans une pâte à frire légère et les plonger au fur et à mesure dans la friture très chaude.

Les égoutter, dresser sur serviette et servir de suite.

Mousse de Tomates.

Faire étuver au beurre, pendant une minute, une cuillerée d'oignon haché; mouiller d'un décilitre de vin blanc sec et le réduire de moitié; ajouter 350 grammes de tomates bien mûres, grossièrement hachées, sel, poivre, une pointe de poivre rouge et une branche de persil.

Couvrir la casserole et donner 25 à 30 minutes de cuisson à petit feu, ajouter alors 4 cuillerées de velouté à l'essence de poulet et 6 cuillerées de gelée de pieds de veau. Laisser bouillir pendant quelques minutes; puis passer à l'étamine, ou tamis très fin et régler l'assaisonnement en tenant compte de l'addition de crème qui suit.

La préparation étant presque froide, lui mélanger 7 à 8 cuillerées de crème très fraîche à demi fouettée. La verser alors dans l'ustensile où elle doit être servie et tenir sur glace.

Tomates sautées à la Provençale.

Les tomates étant coupées en deux, épépinées, assaisonnées de sel et de poivre, le? mettre dans une poêle contenant de l'huile assez chaude, le côté coupé au-dessous. Les retourner quand elles sont à peu près cuites ; semer dessus du persil haché avec une pointe d'ail et additionnée de mie de pain. Mettre au four, pendant 5 à 6 minutes pour terminer la cuisson, et les dresser sur le plat de service en les sortant du four.

Soufflé de Tomates.

Proportions pour 6 personnes : Préparer 250 grammes de purée de tomate très réduite, lui incorporer 75 grammes de parmesan râpé, 2 cuillerées de Béchamel, 2 cuillerées de glace de viande et 3 jaunes d'œufs. Ajouter 5 blancs d'œufs fouettés en neige bien ferme. Dresser en timbale beurrée.

Cuire comme un soufflé ordinaire.

NOTA. — Comme variante, on peut ajouter au soufflé quelques lamelles de truffes crues, assaisonnées de sel, de poivre frais moulu.

On pourra aussi servir, en même temps que le soufflé, un fin ragoût de truffes émincées et rognons de coq rissolés au beurre et enrobés d'une succulente sauce au Madère.

TOPINAMBOURS

Topinambours au beurre.

Tourner les topinambours en forme de grosse olive et les cuire doucement au beurre.

Topinambours à la Parisienne.

Cuire les topinambours au beurre comme les précédents et les arroser de sauce Chateaubriand à l'estragon.

Topinambours à la crème.

Préparer les cuire les topinambours au beurre. Aussitôt cuits, leur ajouter assez de crème bouillante pour les envelopper; donner quelques minutes d'ébullition et servir en légumier.

Topinambours à la Mornay.

Cuire les topinambours au beurre, les enrober de sauce Béchamel. Dresser dans un plat à gratin; saupoudrer la surface de fromage râpé; arroser de beurre et faire gratiner.

Purée de Topinambours.

Émincer les topinambours et les cuire au beurre. Les passer au tamis fin, mettre la purée qui en résulte dans une casserole et lui additionner le quart de son volume de purée de pommes de terre bien crémeuse et quelques parcelles de beurre fin.

TRUFFES

Les truffes sont surtout employées comme garniture ; on les sert rare- ment comme légume, sauf en serviette, cuites au champagne ou sous la cendre.

Dans ce cas, la truffe n'a de la saveur que si elle est crue.

Le grand mérite de la truffe est d'enrichir de son parfum volailles **et** gibiers.

Truffes sous la cendre.

Choisir de belles truffes fraîches; les nettoyer avec soin, ne pas les peler. Les saler légèrement, les arroser de quelques filets de fine champagne.

Envelopper d'abord chaque truffe d'une mince barde de lard, puis d'un double papier blanc huilé et humecter d'eau l'intérieur du dernier papier. Les ranger sur une couche de cendres brûlantes, les recouvrir d'une autre couche de cendres et, sur celle-ci une plaque en tôle contenant de la braise pour entretenir une chaleur régulière.

Compter suivant grosseur des truffes 30 à 40 et 45 minutes de cuisson.

Dresser sous une serviette pliée ; après avoir retiré la première enveloppe de papier et servir en même temps du beurre frais.

Truffes au Champagne.

Choisir de belles truffes de bonne grosseur; les brosser, les peler soigneusement ; les mettre dans une casserole avec moitié vin de Cham- pagne et moitié fonds de veau brun tiré de veau braisé. Les truffes doivent se trouver juste couvertes pour le mouillement. Assaisonne- ment sel, poivre, frais moulu *(pour le sel, tenir compte du sel apporté par le fonds de veau)*. Couvrir la casserole, donner 5 minutes d'ébullition; retirer la casserole sur le coin du feu sans la découvrir, la tenir ainsi 10 minutes.

Les dresser ensuite dans une timbale en argent. Réduire de deux tiers le fonds de cuisson et le passer au chinois sur les truffes. Couvrir et servir aussitôt.

Truffes à la crème.

Détailler en lames un peu épaisses 300 grammes de truffes soigneusement pelées; les mettre dans une casserole avec une cuillerée de beurre, quelques cuillerées de vieux Madère, 2 cuillerées de glace de viande blonde; assaisonnement : sel, poivre frais moulu. Couvrir la casserole, la mettre sur le feu, donner 2 secondes de cuisson; retirer la casserole sur le coin du feu et enrober les truffes d'une sauce Béchamel fortement additionnée de crème fraîche. Donner un bouillon; compléter la sauce avec une cuillerée de beurre fin.

Dresser en timbale ou dans line croûte de Vol-au-Vent.

Truffes à la serviette.

Choisir de belles truffes; les brosser soigneusement, les cuire comme les « Truffes au Champagne », en remplaçant le champagne par du Madère, et même volume de fonds de veau. Les assaisonner de sel avec modération, et poivre frais moulu. Couvrir la casserole, donner b à 7 minutes de cuisson, retirer la casserole sur le coin du feu, la tenir couverte 8 à 10 minutes.

Dresser les truffes dans une timbale en argent avec leur fonds de cuisson réduit de deux tiers. Placer la timbale sous une serviette pliée.

Timbale de truffes.

Foncer avec de la pâte à pâté ordinaire un moule à timbale beurré. Garnir de bardes de lard le fond et les parois de la timbale ; remplir l'intérieur de truffes crues, soigneusement pelées, assaisonnées de sel et de poivre. Faire chauffer 2 à 3 cuillerées de glace de viande blonde, lui ajouter un verre de Madère, donner un bouillon et verser sur les truffes. Couvrir les truffes d'une barde de lard, fermer la timbale avec une abaisse de pâte en procédant comme de coutume.

Dorer, cuire à four chaud pendant 40 à 50 minutes.

Au moment de servir, démouler et dresser sur serviette.

PATESALIMENTAIRES

Fondus au Parmesan (Mode belge).

Préparer un roux blanc avec 60 grammes de beurre et 60 grammes de farine; mouiller d'un demi-litre de lait; assaisonner de sel, poivre, muscade; faire prendre l'ébullition et cuire au four, à découvert, pendant

25 minutes. Enlever ensuite la croûte qui s'est formée sur la composition; changer celle-ci de casserole et lui incorporer 5 jaunes d'œufs et 100 grammes de parmesan râpé.

Étaler sur plaque beurrée ; beurrer également le dessus et laisser refroidir. Renverser ensuite la composition sur table farinée ; détailler à l'emporte-pièce rond de 3 centimètres de diamètre, paner à l'an- glaise ; faire frire à friture très chaude et dresser sur serviette avec persil frit.

On sert généralement ces Fondus comme hors-d'œuvre, ou comme Savorys; dans ce cas, on ajoute à la composition une pointe de poivre rouge.

Gnokis au gratin.

Préparer une pâte à chou avec les éléments suivants : Un demi-litre de lait, une pincée de sel et un soupçon de muscade, 100 grammes de beurre, 250 grammes de farine tamisée et 6 œufs.

Procédé. — Mettre le lait, le sel, la muscade et le beurre dans une casserole de grandeur voulue et faire prendre l'ébullition. Retirer la casserole du feu ; ajouter la farine ; mélanger celle-ci et la dessécher à feu vif jusqu'à ce que la pâte ne s'attache plus à la cuiller. Ajouter alors, hors du feu, les oeufs un par un en ayant soin de bien l'incorporer à la pâte avant d'en mettre un nouveau. Quand tous les œufs ont été absorbés par la pâte, lui incorporer le parmesan râpé.

Prendre, avec le bout d'une cuiller à potage, la grosseur d'une noix de pâte; la faire tomber, en poussant avec le doigt, dans un sautoir d'eau bouillante salée, continuer l'opération jusqu'à la fin de la pâte et les pocher doucement.

Dès que les gnokis montent à la surface de l'eau, et sont élastiques sous la pression du doigt, les égoutter sur un tamis. Napper de sauce Béchamel le fond d'un plat à gratin ; ranger les gnokis dessus, les saupoudrer de fromage râpé ; les couvrir de sauce Béchamel un peu serrée ; saupoudrer la sauce de fromage râpé; arroser de beurre fondu et gratiner à four chaleur moyenne.

Gnokis à la Romaine.

Faire tomber en pluie 250 grammes de semoule dans un litre de lait bouillant. Assaisonner de sel, poivre et muscade; cuire doucement pendant 20 minutes. Retirer du feu; lier la semoule avec 2 jaunes d'œufs et l'étaler, en couche d'un centimètre d'épaisseur, sur une plaque mouillée.

Lorsque la composition est bien froide, détailler les gnokis avec un emporte-pièce rond de 4 à 5 centimètres de diamètre. Les ranger dans plats creux beurrés, les saupoudrer de gruyère et de parmesan râpé; arroser de beurre fondu et faire vivement gratiner.

NOTA. — On pourra, à volonté, ajouter à la semoule 100 grammes de parmesan râpé avant de l'étaler sur plaque.

Gnokis de pommes de terre.

Cuire comme purée 1 kilo de pommes de terre. Les égoutter aussitôt cuites ; les passer vivement au tamis ; travailler la purée, pendant qu'elle est brûlante, avec 60 grammes de beurre, 2 œufs et 2 jaunes, 150 gr. de farine, sel, poivre et muscade.

Diviser cette composition en parties de la grosseur d'un œuf de pigeon ; rouler celles-ci en boules ; les aplatir légèrement avec une fourchette pour former comme un grillage dessus; les pocher à l'eau bouillante salée.

Égoutter ensuite les gnokis sur un tamis ou sur un linge; les dresser par couches dans un plat à gratin beurré, en semant du fromage râpé entre chaque couche ; saupoudrer la surface de fromage râpé ; arroser de beurre fondu et faire gratiner.

NOTA. — On peut former des gnokis à la cuiller en procédant comme il est expliqué pour les « Quenelles ».

On pourra aussi avec cette composition former des petits palets, les passer à la farine, et les cuire au beurre à la poêle, les retourner en temps voulu pour obtenir une couleur dorée sur les deux faces. Les dresser aussitôt cuits sur plat très chaud, les saupoudrer de fromage râpé. Ajouter 50 grammes de beurre frais au beurre de cuisson, faire légèrement blondir et verser sur les gnokis.

Noques au parmesan.

Dans une terrine, chauffée à l'avance, mettre 250 grammes de beurre manié; le travailler avec une cuiller de bois en y ajoutant petit à petit

2 œufs et 2 jaunes battus en omelette; assaisonner de sel, poivre et muscade, 150 grammes de farine et un blanc d'œuf fouetté en neige. Prendre la composition par parties de la grosseur d'une petite noix avec une cuiller à dessert ; faire tomber ces parties dans une casserole d'eau bouillante salée et les pocher. Les égoutter sur un tamis; les dresser en légumier, les saupoudrer assez copieusement de fromage râpé et les arroser de beurre noisette.

POLENTA

La Polenta est une préparation exclusivement Piémontaise faite avec de la farine de maïs.

Pour que ce mets soit parfait, les grains de maïs doivent être moulus la veille de leur emploi, en semoule spéciale.

Ce mets, en principe un peu rustique, dont le peuple piémontais fait grand cas et grand usage, peut aussi s'accommoder de tas de bonnes choses qu'il n'est pas toujours accessible aux petites bourses.

Procédé de cuisson de la Polenta à la Piémontaise. — Proportions : Dans un ustensile à cet usage, contenant 2 litres d'eau bouillante, salée à raison de 15 grammes de sel par litre d'eau, faire tomber en pluie 600 grammes de semoule de maïs en remuant avec un bâton réservé uniquement pour la préparation de la Polenta et obtenir un mélange parfait, et remuer souvent pendant la cuisson qui demande 20 minutes environ. Verser alors la polenta sur une planche réservée à cet usage, la diviser en tranches assez épaisses, les saupoudrer de fromage râpé et l'arroser de beurre fondu.

La polenta froide coupée en tranches et grillées peut avantageuse- ment remplacer le pain.

On peut aussi détailler la polenta froide en formes diverses, les passer à la farine et les faire colorer au beurre ou à l'huile d'olive, à la poêle.

La polenta venant d'être cuite est additionnée de fromage râpé et beurre, puis moulée dans un moule à charlotte beurré, tapissé de fines lamelles de truffes blanches crues.

Dressage : Démouler au moment de servir, sur plat rond de grandeur proportionnée ; entourer la polenta aux truffes de petits oiseaux cuits au beurre, et, à la dernière minute, à la casserole. Ajouter un verre de vin blanc à la cuisson des oiseaux, puis un bon jus réduit et corsé; arroser la polenta et les petites bêtes. Servir aussitôt avec accompagne- ment de parmesan râpé.

On pourra, dans certains cas, accompagner ce mets d'une fine sauce demi-glace, à la tomate.

LASAGNES

Sorte de pâte découpée en rubans légèrement gaufrés.- Les lasagnes peuvent être apprêtées comme le Macaroni et les Nouilles.

MACARONI

On cuit le Macaroni à l'eau bouillante, salée à raison de 8 grammes de sel par litre d'eau. Le temps de cuisson est relatif à la qualité des farines employées à cette fabrication.

Le macaroni de Naples demande 14 minutes d'ébullition; à ce point on ajoute un verre d'eau froide pour arrêter la cuisson et on l'égoutte aussitôt pour être immédiatement accommodé. Un macaroni, de même que toutes autres pâtes du même genre, ne doit jamais se rafraîchir. Il est essentiel de cuire ces différentes pâtes au moment d'être employées. Un macaroni réchauffé et surtout s'il a été rafraîchi ne peut donner qu'un mauvais résultat. Mais il existe une qualité de macaroni fait en pâte excellente qui demande un temps de cuisson de 25 à 30 minutes.

CANNELONI

Sorte de pâte préparée en forme de tube de 10 centimètres de longueur et 3 centimètres de diamètre, que l'on trouve dans le commerce.

Canneloni farcis.

Cuire les canneloni comme le macaroni ; les fendre sur longueur, sur un des côtés; les étaler sur un linge et les farcir d'une farce à volonté soit : de volaille, de farce à gratin, de foies gras, gibier, viandes, etc.

La pâte étant couverte de farce, la rouler sur elle-même de façon à reconstituer la forme du canneloni ; les ranger côte à côte sur un plat beurré, les saupoudrer de fromage râpé; les couvrir d'une sauce demi- glace tomatée et assez réduite. Saupoudrer de nouveau de fromage râpé et quelques parcelles de beurre; tenir pendant 5 à 6 minutes à l'entrée du four, temps nécessaire au fromage de s'unir à la sauce. Servir aussitôt.

NOTA. — On peut faire la pâte à canneloni soi-même : Préparer une pâte à nouilles, l'émincer et découper dessus des carrés de 8 centimètres de long et 6 de large, et les cuire à l'eau salée.

Macaroni au graîin.

Cuire 250 grammes de Macaroni à l'eau bouillante salée, l'égoutter complètement, lui ajouter 30 grammes de beurre, 100 grammes de fromage râpé, moitié fromage de gruyère et moitié parmesan râpés; assaisonnement sel, poivre et muscade, 2 cuillerées de sauce Béchamel; lier le tout intimement. Dresser dans un plat à gratin beurré. Saupoudrer la surface de fromage râpé mélangé de chapelure ; arroser de beurre et faire gratiner.

Macaroni à l'Italienne.

Cuire le Macaroni à l'eau bouillante salée; l'égoutter complètement, l'assaisonner de sel, poivre, soupçon de muscade; le lier avec 150 gr. de gruyère et parmesan râpés, par moitié ; 60 grammes de beurre divisé en parcelles, par 500 grammes de Macaroni. Le tout intimement lié, dresser en légumier.

Macaroni au jus.

Cuire 250 grammes de Macaroni de Naples à l'eau salée à raison de 8 grammes de sel par litre d' eau; l'égoutter. Après 12 minutes de cuisson, lui ajouter quelques cuillerées de bon jus de Boeuf braisé ; laisser mijoter jusqu'à l'absorption presque complète du jus par le Macaroni. A ce point, ajouter 30 grammes de beurre, 40 grammes de parmesan, 40 grammes de gruyère, pincée de poivre frais moulu; lier le tout intimement et dresser en légumier.

Servir en même temps une saucière de sauce demi-glace.

Le Macaroni ainsi préparé pourra admettre une garniture de truffes, champignons, crêtes et rognons de coq, ris de veau, enrobée de sauce demi-glace très réduite.

On pourra également joindre à la liaison du macaroni quelques cuillerées de foie gras truffé écrasé avec une fourchette.

Macaroni dit à la « Milanaise ».

Cuire le Macaroni et le lier au beurre et fromage comme pour celui « à l'Italienne »; puis l'additionner de la garniture suivante : Jambon, langue écarlate, champignons, truffes, taillées en julienne, le tout en- robé de sauce demi-glace à la tomate.

Macaroni Nantua.

Préparer 250 grammes de Macaroni aux truffes à la crème comme il est expliqué plus haut ; le compléter de 50 grammes de beurre d'écrevisses et de 24 queues d'écrevisses.

Dresser en timbale et couvrir le Macaroni de belles lames de truffes.

Macaroni Napolitaine.

Préparer à l'avance une Estouffade de Bœuf au vin rouge ou vin blanc à volonté et à la tomate. Cette estouffade doit cuire pendant longtemps; la viande doit être réduite à l'état de purée et passer au tamis.

Cuire le Maraconi à l'eau salée, en le tenant un peu ferme; l'égoutter.

Saupoudrer le fond d'un plat creux ou timbale avec du parmesan râpé; recouvrir d'une couche d'estouffade ; disposer une couche de macaroni sur celle-ci et alterner ainsi les couches de fromage, estouffade et macaroni. L'estouffade doit couvrir la dernière couche de macaroni.

Servir tel quel.

Macaroni aux truffes.

Cuire 250 grammes de Macaroni, comme il est expliqué; l'égoutter complètement, lui ajouter 50 grammes de beurre frais, 50 grammes de parmesan et 50 grammes de gruyère râpés; sel, poivre, muscade, 6 à 8 cuillerées de Béchamel réduite à la crème ; lier le tout intimement et mêler au macaroni 100 grammes de truffes fraîches, soigneusement pelées, coupées en fines lamelles.

Servir en légumier ou en croûte de Vol-au-Vent.

On peut faire gratiner le macaroni aux truffes en procédant comme pour le « Macaroni au Gratin ».

NOUILLES

On les achète généralement toutes prêtes à cuire. Mais quand on le peut, il est préférable de préparer la pâte soi-même et les avoir fraîches. Les proportions de la pâte sont celles-ci : 500 grammes de farine, 15 grammes de sel, 4 œufs entiers et 5 jaunes.

Détremper comme une pâte ordinaire ; fraiser deux fois et laisser reposer au frais pendant une heure avant de les détailler.

Les cuire à l'eau salée comme le Macaroni. Toutes les formes du Macaroni sont applicables aux Nouilles. Pour les « Nouilles à l'Alsacienne », il est d'usage de semer dessus, lorsqu'elles sont dressées et prêtes à servir, une petite quantité de nouilles crues, sautées au beurre et tenues croustillantes.

RAVIOLIS

(Metsdedéjeuner.)

Raviolis à la Provençale.

Lorsqu'on veut savourer ce mets de la vieille cuisine Provençale, il faut, dès la veille, préparer du bœuf en daube. La viande servira à la préparation de la farce et son jus pour arroser les raviolis.

Daube Provençale.

Proportions pour 6 à 8 personnes : Prendre 1 kilo de Bœuf, dans le Paleron ou le Gite à la Noix ou toute autre partie un peu grasse ; le détailler en morceaux de 100 grammes environ chaque. Mettre ces morceaux dans une terrine avec un gros oignon coupé en quartiers,

2 carottes émincées, sel, poivre et épices, un bouquet garni composé de laurier, persil en branches, thym et 2 gousses d'ail écrasées, le tout bien ficelé; arroser d'une bouteille de vin rouge et quelques cuillerées de vinaigre de vin; laisser macérer 4 à 5 heures.

Mettre dans une marmite en terre ou une daubière 60 grammes de lard gras haché et 4 cuillerées d'huile d'olive et un gros oignon haché, faire très légèrement roussir; égoutter les morceaux de bœuf et les mettre dans la daubière; laisser étuver la viande pendant 12 à 15 minutes en les remuant de temps en temps ; mouiller avec la marinade ; ajouter les légumes, le bouquet garni et un brin d'écorce d'orange; laisser réduire la marinade de moitié, ustensile couvert ; ajouter 2 ou 2 décilitres d'eau chaude ; couvrir hermétiquement la marmite et cuire à petit feu environ 5 heures.

Cette Daube étant destinée pour la farce des Raviolis, retirer de la cuisson les morceaux de bœuf avant le complet refroidissement de la daube et les tenir au frais et sans sauce. Passer la cuisson à la passoire fine et la tenir au frais dans une terrine.

Farce à raviolis

Les morceaux de bœuf étant bien cuits et refroidis, les piler finement; leur ajouter le tiers de leur volume d'épinards, blanchis à l'eau salée, hachés et revenus au beurre, une demi-cervelle sautée au beurre et assaisonnée de sel et poivre, 2 jaunes d'œufs, quelques cuillerées de parmesan râpé et quelques cuillerées du jus de la Daube non dégraissé. S'assurer de l'assaisonnement et passer au tamis.

NOTA. — Si cette farce est pilée finement, on pourra, dans certains cas, ne pas la passer au tamis et l'employer telle quelle.

Pâte à raviolis.

Tamiser sur une table 500 grammes de farine, la disposer en rond, mettre au milieu 2 cuillerées d'huile d'olive, une pincée de sel, un verre d'eau tiède environ, pour obtenir une pâte assez ferme ; rassembler peu à peu toute la farine, ne pas trop la travailler, de façon qu'elle ne soit pas cordée. Cette pâte doit être assez ferme, mais avoir une certaine souplesse. Le mélange étant bien fait, rouler la pâte en boule et la laisser reposer 30 à 40 minutes.

Préparation des raviolis.

Il y a plusieurs manières d'opérer pour former les raviolis. Anciennement, on prenait une partie de la pâte préparée qu'on abaissait très mince en forme carrée.

A 3 à 4 centimètres des bords de la pâte, on place en ligne droite une cuillerée à café de farce en laissant entre chaque un espace de
2 centimètres; mouiller avec un pinceau le tour de la farce, recouvrir avec la partie de la pâte restée en bordure, appuyer avec un doigt sur les intervalles des raviolis pour bien souder la pâte; puis, à l'aide d'une roulette à pâtisserie, diviser les raviolis; ils doivent avoir au maximum 2 à 3 centimètres de côté. A défaut de roulette, on les coupe au couteau et on recommence la même opération jusqu'à la fin des éléments : pâte et farce.

Mais, pour opérer plus vite, on pourra faire deux abaisses de pâte très minces, de même grandeur et de forme carrée; introduire la farce dans un cornet en papier ou, de préférence, dans une poche en toile à pâtisserie et coucher sur une des abaisses, à égale distance, par rangs espacés de 2 centimètres, la valeur d'une cuillerée de farce. Appliquer ensuite la seconde abaisse dessus, après avoir mouillé avec un pinceau tout le tour de la farce. Appuyer dessus avec une règle entre chaque rangée pour bien souder la pâte, puis à l'aide d'une roulette à pâtisserie, diviser les raviolis.

A défaut de roulettes, on les coupe au couteau.

Cuisson des raviolis.

Les jeter dans une casserole d'eau bouillante légèrement salée et les cuire 10 à 12 minutes. Les retirer de l'eau à l'aide d'une écumoire à larges trous et appuyer celle-ci sur une serviette pliée en quatre pour enlever toute humidité. Dans un plat creux saupoudré de fromage râpé et dans lequel on aura mis quelques cuillerées de la daube, disposer les raviolis par couches en alternant chaque couche de fromage râpé et du jus de la daube très chaud.

Couvrir le plat et le tenir au chaud pendant quelques minutes, c'est-à-dire le temps nécessaire pour que le fromage et le jus se marient intimement.

NOTA. — On pourra, à volonté, ajouter au jus de la daube quelques cuillerées de sauce tomate.

J'ai donné ici l'ancienne formule provençale des Raviolis, mais en ce qui concerne la préparation de la farce, on pourra remplacer le bœuf par du veau braisé, de la volaille additionnée de foie gras truffé, et avec des viandes de desserte.

Dans ce cas, à défaut de jus de la daube, on pourra le remplacer par de la sauce demi-glace à la tomate et un peu corsée.

Pour la ménagère, qui sûrement n'a pas de sauce demi-glace à sa disposition, elle prendra pour obtenir un demi-litre de bonne sauce :

2 cuillerées de lard maigre, 2 cuillerées d'oignon, 2 cuillerées de carottes, le tout coupé en petits dés. Mettre ces divers éléments dans une casserole avec 50 grammes de beurre. Dès que ces légumes sont légèrement rissolés, ajouter un verre de vin blanc, 400 grammes de tomates bien lavées et émincées; assaisonnement : sel, poivre, persil concassé, une demi-feuille de laurier et une très petite pointe d'a i l . Couvrir la casserole, donner 30 à 35 minutes de cuisson à petit feu, passer la sauce à la passoire fine.

NOTA. — La tomate concassée, que l'on peut se procurer toute
•'année, remplace avantageusement la tomate fraîche.

Les Raviolis sont considérés comme un excellent plat de famille ; beaucoup d'amateurs ne les dédaignent pas, et c'est en gourmets et gourmands qu'ils leur font honneur.
Les Niçois, gens gourmets, ont le mérite de cet honneur.

Les Raviolis peuvent avantageusement remplacer le Macaroni dans la composition des timbales, soit de : poisson, ris de veau, volaille, gibier, et servir d'accompagnement à diverses pièces de volaille, braisées ou sautées.

ENTREMETS

PATES ET COMPOSITIONS DIVERSES

Feuilletage.

Détremper 500 grammes de farine tamisée avec 10 grammes de sel et 2 décilitres et demi à 3 décilitres d'eau, selon la qualité de la farine employée. Rassembler la pâte en boule sans trop la travailler et la laisser reposer pendant 20 minutes. L'étaler ensuite en carré de
20 centimètres de côté et d'épaisseur égale; poser dessus 500 grammes de beurre bien manié, surtout en hiver; ramener les extrémités de la pâte sur le centre, de façon à former un carré et à enfermer complète- ment le beurre.

Laisser reposer encore pendant 10 minutes et donner 2 tours. L'opération du *tourage* consiste à allonger la pâte au rouleau, sur une longueur de 60 centimètres environ, 20 centimètres de largeur et un centimètre et demi d'épaisseur; puis, la bande de pâte est repliée en trois, ce qui constitue un tour. Le second tour est donné en abaissant la pâte en sens inverse et ainsi de suite.

Le tourage a pour but de répartir le beurre dans la détrempe, de façon parfaitement égale, pour assurer le développement régulier du feuilletage.

Donner encore 4 tours, deux par deux, en laissant 10 minutes d'intervalle entre chaque deux tours.

Lorsque le feuilletage a reçu les 6 tours réglementaires, il est prêt pour le détail.

Remarquessurletravaildufeuilletage:

1° Pour obtenir un feuilletage parfait, les deux éléments qui le constituent (détrempe et beurre) doivent être d'une consistance absolu- ment égale;

2° Le beurre doit toujours être manié avant d'être joint à la pâte. Cette opération se fait en mettant le beurre sur le centre d'une serviette légèrement saupoudrée de farine, les bords de la serviette relevés; le beurre se trouvant complètement enveloppé, on le ramollit avec la paume de la main;

3″ Pendant le cours de son apprêt, le feuilletage doit être tenu au frais, mais on ne doit jamais le mettre directement sur la glace ;

4° Pour l'égalité de répartition du beurre dans le tourage, celui-ci doit être fait régulièrement et ne pas être précipité.

Rognures ou demi-feuilletage.

Les rognures de feuilletage sont d'une grande utilité dans le travail de la Pâtisserie. Elles servent pour croûtes de tartelettes, de bar- quettes; pour croûtons et différents autres apprêts auxiliaires.

Lorsque le feuilletage est détaillé, les rognures doivent être rassemblées en boules et tenues en réserve dans un endroit frais. Néanmoins, leur emploi s'impose dans 48 heures.

Pâte à foncer ordinaire.

Proportions : 500 grammes de farine tamisée, 250 grammes de beurre, 10 grammes de sel, 2 décilitres d'eau.

Procédé : Étaler la farine en couronne; mettre au milieu le sel et le beurre bien manié ; détremper en incorporant la farine petit à petit et pétrir un instant. Fraiser deux fois, rassembler la pâte en boule, la tenir ensuite enfermée dans un linge et au frais, en attendant son emploi.

NOTA. — L'opération du fraisage consiste à broyer la pâte sous la paume de la main, par petites parties, en la poussant devant soi. Elle a pour but d'assurer l'unification des éléments qui composent la pâte et de la rendre lisse.

Pâte à foncer fine (pour tartes aux fruits et flancs spéciaux).

*Proportions :*500gr.defarinetamisée,10grammesdesel,
50 grammes de sucre en poudre, 2 jaunes d'œufs, 300 grammes de beurre ramolli, un décilitre et demi d'eau.

Procédé : Étaler la farine en couronne, sur la table; rassembler au milieu sel, sucre, œufs et beurre, amalgamer d'abord ces différents éléments, incorporer ensuite la farine petit à petit et fraiser 2 fois.

Rassembler la pâte en boule et la tenir au frais, recouverte d'un linge.

Pâte à galette ordinaire.

Proportions : 500 grammes de farine, 10 grammes de sel, 15 gr. de sucre, 275 grammes de beurre, un décilitre et demi d'eau.

Procédé : Faire la détrempe comme pour la Pâte à foncer; rassembler la pâte en boule, mais ne pas la fraiser. Laisser reposer au frais pendant une heure.

Lui donner ensuite 3 tours, en laissant un intervalle de 8 à 10 minutes entre chaque tour. Après le dernier tour, laisser la pâte reposer quelques instants avant de la détailler.

Pâte sèche sucrée pour différents usages.

Proportions : 500 grammes de farine tamisée, 200 grammes de beurre, 150 grammes de sucre, 3 œufs, une demi-cuillerée d'eau de fleur d'oranger.

Procédé : Détremper comme à l'ordinaire, fraiser la pâte deux fois, la rassembler en boule et la tenir au frais jusqu'au moment de l'emploi.

Pâte à petits gâteaux.

Pour Thé. — Proportions : 500 grammes de farine tamisée, 300 gr. de beurre, 300 grammes de sucre en poudre, un œuf entier et 4 jaunes, une cuillerée d'eau de fleur d'oranger.

Procédé : Détremper comme de coutume; fraiser la pâte deux fois; rassembler la pâte en boule et la laisser reposer au frais pendant une heure.

Détail : Abaisser la pâte sur une épaisseur d'un centimètre ; la dé- tailler avec les petits emporte-pièces spéciaux; relever les détails sur plaque ; dorer aux jaunes d'œufs ; décorer à volonté avec : demi- amandes, demi-cerises confites, angélique, écorces d'orange confite, etc. Cuire à four chaud.

Gommer les gâteaux en sortant du four.

NOTA. — Le gommage a pour but de donner du brillant aux gâteaux et doit se faire à la sortie du four. On emploie pour cela une dissolution de gomme arabique qui est appliquée au pinceau sur les gâteaux, en les sortant du four.

Galette de Plomb.

500 grammes de farine tamisée, disposée en fontaine sur la table; rassembler dans le centre 350 grammes de beurre ramolli, 15 grammes de se, 20 grammes de sucre en poudre, un œuf et 2 jaunes, un déci- litre et demi de lait. Faire la détrempe, rassembler la pâte en boule, la laisser reposer 2 heures et demie au frais.

Cuisson des Galettes. Pâte feuilletée,

Abaisser la pâte en abaisse ronde d'un centimètre et demi d'épaisseur et de diamètre à volonté, la poser sur une plaque légèrement mouillée. Ciseler les bords de la pâte, dorer la surface, puis la rayer avec la pointe d'un couteau ; cuire à four assez chaud.

Galette de Plomb.

Opérer comme pour la « Galette Feuilletée » en donnant un peu plus d'épaisseur à la pâte. Cuire au four chaleur modérée.

On découpe généralement les galettes de plomb à l'emporte-pièce d'un diamètre variant entre 6 et 10 centimètres.

NOTA. — Par simple précaution, pour éviter l'affaissement de la pâte qui pourrait se produire pendant la cuisson, il est quelquefois prudent d'entourer les galettes d'une bande de papier soutenue par un bout de ficelle, ou d'un cercle à flan de même dimension.

Pâte à Dumplings et à Puddings (Cuisine Anglaise).

Cuisine anglaise. — Proportions : 500 grammes de farine tamisée, 500 grammes de graisse de rognon de bœuf bien sèche, 15 grammes de sel, 2 décilitres d'eau. Si cette pâte est destinée à des puddings aux fruits, on lui ajoute 50 grammes de sucre.

Pour la pâte destinée pour puddings aux fruits, j'ai fait plusieurs fois l'essai de remplacer la graisse par du beurre et véritablement le bon beurre est préférable à la graisse.

Procédé : Casser la graisse en petits morceaux et la débarrasser des membranes qui l'enveloppent. La hacher très finement, ensuite la mettre au milieu de la farine étalée en couronne, en y joignant : le sel, le sucre et l'eau. Mélanger d'abord ces divers éléments, incorporer ensuite la farine petit à petit ; rassembler la pâte en boule sans la fraiser et la tenir au frais jusqu'au moment de l'emploi.

PATES A LEVAIN

Pâte à Brioche ordinaire.

Proportions : 500 grammes de farine tamisée, 250 grammes de beurre, 6 œufs, 12 grammes de levure sèche, 15 grammes de sel,
25 grammes de sucre, un décilitre d'eau tiède.

Procédé : 1⁰ Prendre le quart de la farine, la mettre sur la table, faire un trou au milieu, y mettre la levure et délayer celle-ci avec un peu d'eau tiède. Ajouter ensuite quelques cuillerées d'eau pour dé- tremper la farine en une pâte mollette qui constitue le levain ; rouler cette pâte en boule, tracer dessus une double incision en croix; la mettre dans une petite terrine, couvrir et tenir celle-ci dans un endroit chaud, pour que, par la fermentation, ce levain double de volume.

2° Étaler en couronne, sur la table, le reste de la farine, mettre dans le milieu 2 cuillerées de lait ou d'eau et 4 oeufs. Détremper et, quand Je tout est en masse compacte, travailler vigoureusement la pâte en la rompant et la fouettant sur la table ; ajouter le reste des œufs, un par un, en continuant à la travailler. La pâte ayant pris corps et étant bien lisse, va faire absorber d'abord le sel et le sucre dissous dans un peu d'eau, puis ajouter le beurre ramolli à la consistance de la pâte; mélanger ces divers éléments en rompant la masse par petites parties qui sont successivement rapportées et étalées l'une sur l'autre.

3° Renverser sur la pâte le levain, qui doit avoir exactement doublé de volume, le mélanger en procédant comme pour le beurre.

Relever la pâte dans une terrine, couvrir celle-ci, la tenir dans un endroit tempéré et laisser fermenter pendant 10 à 12 heures, en ayant soin de rompre la pâte après 5 ou 6 heures pour en arrêter la fermentation.

NOTA. — En augmentant la proportion du beurre employé, on obtient une brioche beaucoup plus fine; on peut ainsi aller jusqu'à 500 gr., mais on s'en tient à 400 grammes. La quantité des autres éléments Teste la même.

Plus une pâte à brioche est beurrée, moins on doit la travailler en la pétrissant.

On se sert de cette pâte pour diverses Timbales d entremet; de fruits. Dans ce cas, la pâte est mise à fermenter et cuite dans un moule à charlotte de grandeur voulue.

Pâte à Brioche mousseline.

Prendre la quantité de pâte à brioche fine ; lui ajouter, par livre de pâte, 60 grammes de beurre ramolli en pommade. La rouler en boule et la mettre dans le moule où elle doit cuire, en observant :

1° que ce moule doit être grassement beurré ;
2° que la pâte ne doit le garnir qu'aux deux tiers, se trouvant comblé par suite du développement de la pâte par la fermentation.

Tenir le moule dans un endroit tempéré jusqu'à ce que la pâte soit arrivée aux bords du moule ; passer alors à la surface un pinceau trempé dans du beurre fondu et cuire au four de chaleur moyenne.

Pâte à Brioche commune.

Proportions : 500 grammesdefarinetamisée,200grammes de beurre, 4 œufs, 15 grammes de sel, une pincée de sucre, 15 grammes de levure, un décilitre de lait tiède.

Procédé : 1° Préparer le levain avec le quart de la farine, la levure et le lait;

2° Travailler la pâte comme celle de la brioche ordinaire et opérer de même en tous points.

NOTA. — Cette pâte doit être tenue assez ferme pour pouvoir être travaillée au rouleau.

Si elle est spécialement préparée pour « Coulibiac », les proportions restent les mêmes, mais on supprime le sucre.

Pâte à Beignets viennois.

Proportions : 500 grammes de farine tamisée, 200 grammes de beurre, 6 œufs, 20 grammes de levure, 15 grammes de sel, 25 gr. de sucre^ un décilitre de lait tiède.

Procéder en tous points comme pour la Pâte à brioche ordinaire.

Pâte à Savarin.

Proportions : 500 grammesdefarine,375grammesdebeurre,

8 œufs, 20 grammes de levure, 15 grammes de sel, 25 grammes de sucre, un décilitre de lait tiède.

Procédé : Tamiser la farine dans une sébile en bois; faire un trou au milieu, y mettre la levure et délayer celle-ci avec le lait. Ajouter les œufs, détremper et travailler la pâte à la main pendant quelques minutes ; détacher et rejeter dans la masse les parties de pâte attachées après les parois de la sébile ; puis, disposer sur la surface le beurre manié, bien ramolli et divisé en petites parties. Couvrir la pâte et la tenir dans un endroit assez chaud pour que, par la fermentation, elle double de volume.

Ajouter alors le sel, pétrir la pâte avec la main pour y incorporer le beurre et la battre vigoureusement jusqu'à ce qu'elle ait assez de corps pour pouvoir être soulevée d'une seule masse.

Lorsqu'elle est à ce point, mettre le sucre et la travailler encore pendant quelques instants pour le mélange du sucre.

NOTA. — Les moules pour « Savarin » ne doivent être garnis de pâte qu'au tiers de la hauteur des parois ; les deux autres tiers sont comblés par la pâte qui se développe sous l'action du ferment.

Pâte à Baba.

Proportions : 500 grammes de farine tamisée, 300 grammes de beurre, 7 œufs, 20 grammes de levure, 15 grammes de sel, 20 grammes de sucre, un décilitre de lait tiède, 100 grammes de raisins de Corinthe et de Smyrne, moitié de chacun.

Procédé : Le travail est le même que celui de la pâte à Savarin, on ajoute les raisins à la fin, en même temps que le sucre. De même que pour les Savarins, les moules ne doivent être garnis de pâte qu'au tiers de leur hauteur.

Pâte à Mazarine.

Prendre la quantité nécessaire de pâte à brioche ordinaire et lui incorporer, petit à petit, la même quantité de pâte à baba.

Mouler en moules à Génoise unis.

Pâte à Chou ordinaire.

Proportions : Un litre d'eau, 375 grammes de beurre, 15 grammes de sel, 25 grammes de sucre, 500 grammes de farine tamisée, 16 œufs.

Procédé : Mettre eau, sel, sucre et beurre dans une casserole et faire prendre l'ébullition.

Retirer du feu, ajouter la farine; mélanger celle-ci et dessécher à feu vif, en remuant avec une cuiller jusqu'à ce que la pâte n'attache plus à la cuiller et suinte légèrement. Ajouter alors, et complètement hors du feu, les œufs deux par deux, en ayant soin de bien les incorporer à la pâte avant d'en mettre de nouveaux. Quand tous les œufs ont été absorbés par la pâte, compléter celle-ci avec de l'eau de fleur d'oranger.

Pâte à Beignets soufflés.

Réunir dans une casserole : Un litre d'eau, 200 grammes de beurre, 10 grammes de sel, 20 grammes de sucre. Faire bouillir et ajouter, hors du feu, 625 grammes de farine tamisée. Mélanger en remuant vivement avec une spatule en bois, dessécher la pâte jusqu'à ce qu'elle se détache du fond de la casserole, puis lui incorporer, hors du feu, 12 ou 14 œufs selon leur grosseur.

Cette pâte à chou est aussi employée pour gnoki, pour pommes Dauphine, etc. Dans ce cas, on supprime le sucre.

Pâte à Ramequins et à Gougère.

La préparation de cette pâte est la même que celle de la « Pâte à Chou ordinaire » décrite ci-dessus, en observant les modifications suivantes :

1° Remplacer l'eau par du lait et supprimer sucre et parfum ;
2° Quand les œufs sont incorporés à la pâte, compléter celle-ci par
200 grammes de gruyère frais râpé ou haché.

Pâte à Génoise ordinaire.

Proportions : 500 grammes de sucre en poudre, 16 œufs, 375 gr. de farine tamisée, 200 grammes de beurre fondu; parfum à volonté, dosé à raison d'une cuillerée ordinaire de sucre vanillé, ou de zeste; ou un demi-décilitre d'une liqueur au choix.

Procédé : Mélanger sucre et œufs dans une bassine en cuivre ; poser l'ustensile sur des cendres chaudes ou sur la plaque du fourneau, de façon à ce que la composition tiédisse légèrement ; fouetter jusqu'à ce que cette composition fasse le ruban. Lorsqu'elle est à ce point, la retirer du feu et continuer à la fouetter jusqu'à ce qu'elle soit refroidie. Ajouter alors : le parfum adopté, la farine et le beurre fondu, versé en petits filets en le décantant. Mélangez en soulevant légèrement pour ne pas alourdir la pâte. Se cuit en moules divers ou en plaques beurrés et farinés selon l'usage auquel est destinée la Génoise.

NOTA . — Une composition fait le « ruban » lorsqu'elle est devenue épaisse et que, en élevant la spatule ou le fouet, au-dessus de l'ustensile, la composition qui y est adhérente s'en détache en ruban de pâte et retombe dans la masse en s'affaissant lentement.

Pâte à biscuits à la cuiller.

Proportions : 500 grammes de sucre en poudre, 16 œufs, 375 gr. de farine tamisée, une cuillerée d'eau de fleur d'oranger.

Procédé : Mettre dans une terrine le sucre et les jaunes d'œufs; mélanger et travailler avec la spatule jusqu'à ce que la composition blanchisse légèrement et fasse ruban. Lui mélanger d'abord le parfum et la farine en faisant tomber celle-ci en pluie, puis les 16 blancs d'œufs montés en neige très ferme, en soulevant la masse avec la spatule pour lui conserver sa légèreté.

Dressage et Cuisson. — Mettre la pâte dans une poche munie d'une douille ayant un centimètre et demi de diamètre d'ouverture; coucher les biscuits sur des feuilles de papier blanc; saupoudrer copieusement de sucre en poudre, et faire tomber l'excédent de sucre, en soulevant les feuilles par les deux extrémités. Projeter ensuite quelques goutte- lettes d'eau sur les biscuits pour faciliter le perlage. Cuire à four très doux.

Pâte à biscuit manqué.

Proportions : 500 grammes de sucre en poudre, 18 jaunes d'œufs,
400 grammes de farine tamisée, 300 grammes de beurre, 16 blancs en neige, 3 cuillerées de

rhum.

Procédé ; travailler le sucre et jaunes d'œufs dans une terrine jus- qu'à ce que la composition soit devenue blanche et légère. Ajouter : le rhum, la farine, les blancs fouettés bien fermes, et le beurre fondu, décanté. Mettre en moules beurrés et farinés, et cuire au four chaleur moyenne.

Pâte à biscuit punch.

Proportions : 500 grammes de sucre en poudre, 12 jaunes d'œufs et 3 œufs entiers, 8 blancs de neige, 375 grammes de farine tamisée,
300 grammes de beurre, une demi-cuillerée de sucre d'orange et autant de sucre de citron, 3 cuillerées de vieux rhum.

Procédé : Travailler sucre, jaunes et œufs dans une terrine jusqu'à **que** la composition soit devenue mousseuse. Ajouter : sucre d'orange et **de** citron, **le** rhum, la farine et blancs d'œufs, fouettés très fermes, **beurre** fondu, et mélanger le tout en procédant légèrement.

Se cuit en moules, en caisse, ou en cercles à flan beurrés, selon la destination, et au four de chaleur moyenne.

Pâte à biscuit de Savoie.

Proportions : 500 grammes de sucre en poudre, 14 jaunes d'œufs,
290 grammes de farine tamisée, 290 grammes de fécule mélangées,
14 blancs d'œufs fouettés en neige très ferme; une cuillerée de sucre vanillé.

Procédé : Travailler le sucre et les jaunes dans une terrine jusqu'à ce que la composition fasse bien le ruban. Ajouter : sucre vanillé, la farine, la fécule et les blancs d'œufs en neige. Mettre en moules beurrés, saupoudrés de sucre glace ou de fécule, en les remplissant seulement aux deux tiers. Cuire à four doux.

Pâte à frire.

Détremper dans une terrine 250 grammes de farine avec 2 décilitres d'eau tiède, ajouter une bonne prise de sel, 2 cuillerées d'huile d'olive, laisser reposer une heure et, au moment de l'employer, ajouter 2 blancs montés en neige.

Si la pâte à frire est destinée à des entremets sucrés, on y ajoute une cuillerée de sucre et facultativement 2 cuillerées de cognac.

Pâte à ravioli.

La pâte à ravioli généralement employée est tout simplement une détrempe de farine à l'eau tiède salée à laquelle on ajoute, par 500 gr. de farine, 3 à 4 cuillerées d'huile d'olive.
Cette pâte doit être tenue un peu molle.

Mais on peut également faire les raviolis avec de la pâte à nouilles, ou bien avec de la pâte-feuilletée ordinaire.

Raviolis aux fruits.

Pâte feuilletée : l'abaisser aussi mince que possible; garnir avec de la confiture à volonté, 20 minutes avant de servir, cuire les raviolis à l'eau bouillante, légèrement salée, pendant 12 à 15 minutes. Les égoutter, les dresser en timbale ; les couvrir de gelée de groseille fon- due, semer dessus des amandes émondées, ciselées et grillées.

Raviolis aux pommes.

Pâte feuilletée, garnir avec l'appareil suivant : choisir 3 à 4 pommes de reinette, les diviser en quatre, les peler, les émincer. Mettre les pommes dans une casserole avec 5 cuillerées d'eau, 4 cuillerées de sucre en poudre et une cuillerée de beurre; couvrir la casserole, donner 10 à 12 minutes de cuisson; à ce point, les pommes doivent être cuites; les mêler alors à 2 cuillerées de marmelade d'abricot et former les raviolis.

Vingt minutes avant de servir, cuire les raviolis à l'eau bouillante, légèrement salée, pendant

12 à 15 minutes, les égoutter, les dresser en timbale ; les masquer de sauce abricot au kirsch ; parsemer la surface de macarons écrasés.

CROUTES DIVERSES

Croûtes de bouchées.

Abaisser du feuilletage à 6 tours, bien reposé, sur une épaisseur de 8 millimètres. Détailler avec un emporte-pièce cannelé de 7 centimètres de diamètre ; relever les abaisses sur plaque mouillée, en les retournant; dorer au jaune d'oeuf; marquer l'emplacement du couvercle avec un emporte-pièce rond uni de 3 centimètres de diamètre trempé un instant dans de l'eau chaude et rayer l'emplacement marqué.

Cuire à four chaud, enlever les couvercles en sortant les bouchées du four et retirer délicatement la pâte de l'intérieur.

Les petites bouchées pour garniture se font comme les précédentes. Elles se détaillent à l'emporte-pièce, de 5 centimètres de diamètre et se finissent comme les précédentes.

Croûte à flan, cuite à blanc.

Pour un cercle de 20 centimètres de diamètre, prendre 200 grammes de pâte à foncer. Rouler cette pâte en boule, l'abaisser en circonférence de 24 centimètres de diamètre, beurrer le moule ; le placer sur une plaque ou tourtière; soulever l'abaisse sur les mains; la déposer sur le cercle et la faire rentrer dedans en l'appuyant bien sur les parois. Passer le rouleau sur les bords; former la crête avec le bourrelet de pâte qui s'est produit et pincer cette crête. Piquer le fond pour éviter les boursouflures de la pâte pendant la cuisson; tapisser ce fond et les parois de papier blanc beurré ; remplir de riz, de pois cassés, ou de noyaux de cerises séchés, et cuire 25 minutes environ, à four de chaleur moyenne. Retirer ensuite le papier et l'élément mis dans le flan. Dorer le tour de la croûte, la tenir à l'entrée du four pendant quelques minutes pour la sécher.

Croûtes de Tartelettes.

Ces croûtes, qui sont usitées très diversement, se font en moules unis ou cannelés, plus ou moins grands, selon leur destination, et en pâte à foncer fine ou en rognures de feuilletage.

Abaisser la pâte en lui donnant une épaisseur d'un quart de centimètre; détailler avec un emporte-pièce cannelé de dimensions proportionnées à celles du moule qu'on emploie ; beurrer les moules et les foncer avec ces ronds de pâte; piquer le fond; garnir de papier fin et de pois cassés; cuire pendant 10 à 12 minutes au four de chaleur moyenne. Retirer ensuite papier et pois cassés, démouler, dorer le tour, les sécher pendant quelques minutes à l'entrée du four ou à l'étuve.

Croûte de grande timbale.

Beurrer un moule à charlotte ; décorer les parois avec des détails de pâte à nouilles, légèrement mouillés ; ce décor est facultatif.

Mouler en boule la pâte nécessaire; l'abaisser en rond de 20 centimètres de diamètre, saupoudrer de farine ; plier le rond en deux ; ramener les bords vers le centre, de façon à former une sorte de calotte en évitant de faire des plis. L'aplatir ensuite avec rouleau pour lui donner une épaisseur égale de 8 millimètres environ et la fixer dans le moule. Bien l'appuyer sur le fond et les parois.

Garnir le fond et les parois de papier fin beurré ; emplir de pois cassés; poser sur ceux-ci un tampon de papier pour former le dôme; couvrir d'une mince abaisse de pâte et souder celle-ci après les bords de la timbale. Former la crête en serrant entre les doigts la pâte qui monte au-dessus des bords du moule ; pincer celle-ci intérieurement et extérieurement. Mouiller légèrement l'abaisse rapportée et former le couvercle en disposant dessus plusieurs rangées de feuilles en pâte, taillées à l'emporte-pièce ou au couteau.

Compléter le couvercle avec trois ronds cannelés de grandeur différente, collée l'un sur l'autre et troués au milieu avec un emporte-pièce rond et uni. Ménager une ouverture sur le centre de l'abaisse, pour l'échappement de la vapeur pendant la cuisson; dorer et cuire au four chaleur moyenne.

Lorsque la cuisson de la croûte est assurée, enlever le couvercle avec précaution; retirer pois et papier; dorer l'intérieur de la timbale et la sécher à l'entrée du four pendant quelques minutes.

NOTA. — Pour toutes croûtes devant être garnies d'un élément gras, je suis d'avis que : les pois cassés, les haricots, le riz, les noyaux de cerises doivent, de préférence, être remplacés par un hachis de viandes crues, chair.de bœuf et chair de porc, celle-ci un peu grasse, par parties égales, assaisonnées de sel, de poivre et épices. Dans ce cas, l'intérieur de la timbale devra être tapissée de fines bardes de lard. En faisant usage de cette méthode, la pâte se trouvant nourrie d'un corps gras sera très agréable à manger, ce qui n'est pas par l'emploi des croûtes sèches. Cuire à four chaleur moyenne.

Lorsque la cuisson de la croûte est assurée, enlever délicatement le couvercle ; retirer la farce, la mettre en réserve : elle pourra être employée à de multiples préparations.

D'autre part, pour ce genre de timbale, il est préférable, pour faciliter le service, de choisir un moule à pâté, de forme ronde et à charnières, plus large que haut. Exemple :

Timbale de ris de Veau aux nouilles.

La croûte étant cuite, la garnir demi-hauteur de nouilles pochées à l'eau salée, liées au beurre et fromage râpé. Dresser en couronne sur les nouilles des escalopes de ris ' de veau taillées sur des noix de ris de veau braisées, les intercaler avec des escalopes de foie gras, garnir avec crêtes et rognons de coq et lamelles de truffes, le tout enrobé de sauce demi-glace et le fonds de cuisson des ris de veau et madère. Par cette méthode, le maître d'hôtel pourra facilement servir à chaque convive une escalope de ris de veau, foie gras, nouilles et garniture, à laquelle on peut ajouter un morceau de la croûte.

Aujourd'hui, l'usage des croûtes cuites à blanc, garnies de pois cassés ou autre élément sec, n'a plus raison d'être ; la pâte n'étant mangeable, il est préférable de la remplacer par des timbales imitation soit en faïence ou porcelaine ; cela aura un double avantage de pouvoir servir très chaud.

Croûte de vol-au-vent.

Abaisser un pâton de feuilletage à 6 tours en lui donnant une épaisseur bien égale de 2 centimètres. Poser dessus un patron quelconque, soit assiette, couvercle de casserole, cercle à flan ou autre, de la grandeur à donner au vol-au-vent ; couper la pâte obliquement, avec la pointe d'un petit couteau, en suivant les bords de ce patron. Retourner le rond de feuilletage et le poser sur une tourtière légèrement mouillée ; chiqueter le tour, dorer le dessus; tracer un cercle avec la pointe d'un couteau, à 3 ou 4 centimètres des bords, selon la dimension du vol-au-vent, pour former le couvercle. Rayer ce couvercle de lignes quai- drillées, et cuire à four chaud.

En sortant le vol-au-vent du four, retirer le couvercle et enlever la mie molle qui se trouve dans l'intérieur.

CRÈMES DIVERSES, MERINGUES, PRALINS

A. **Crème à l'Anglaise.**

Proportions : 500 grammes de sucre, 16 jaunes d'œufs, un litre de lait bouilli, parfum **à** volonté, soit vanille ou zeste de citron ou orange, infusés dans le lait bouillant, ou un demi-décilitre de liqueur qui est ajoutée dans la crème lorsque celle-ci est refroidie.

Procédé ; Travailler dans une casserole sucre et jaunes d'œufs jus- qu'à ce que la composition fasse le ruban et mouiller petit à petit avec le lait infusé ou non ; faire prendre la crème sur le feu jusqu'au moment où, la cuisson des jaunes d'œufs étant complète, elle nappe bien la spatule. Eviter l'ébullition, qui amènerait la décomposition de la crème.

Aussitôt prise, la passer à la passoire fine, soit dans un bain-marie si elle doit être conservée chaude, à une température peu élevée, de manière que les œufs ne puissent pas cuire, soit dans une terrine si elle doit être employée froide. Dans ce cas, la vanner jusqu'à complet refroidissement.

NOTA. — On peut ajouter à la composition de sucre et de jaunes une petite cuillerée d'arrow-root délayé avec 2 cuillerées de lait froid. Outre que cette addition permet d'obtenir une liaison plus absolue de la crème, elle prévient sa décomposition au cas où l'ébullition viendrait **à** se prononcer.

B. Crème à l'Anglaise collée.

Pour Entremets froids. — Préparer la crème selon les proportions et le procédé indiqué ci-dessus et lui ajouter 20 à 25 grammes *de* gélatine ramollie à l'eau froide (8 à 10 feuilles), passer au chinois fin, vanner jusqu'à complet refroidissement.

C. Crème Anglaise Custard

Pour accompagnement de compotes chaudes ou froides. — La crème anglaise destinée à cet usage se prépare comme il est indiqué à la *formule A,* mais avec 10 jaunes seulement au lieu de 16 par litre de lait.

La passer dans une timbale en argent ou en porcelaine de forme basse ; saupoudrer la surface de sucre en poudre et quadriller avec une tige de fer rougie au f e u .

Crèmes au beurre.

Préparer une crème anglaise selon la *formule A,* parfumée à la vanille. Prendre 6 décilitres de cette crème, la vanner jusqu'à ce qu'elle ne soit plus qu'à peine tiède et lui incorporer, par toutes petites parties,
430 grammes de beurre très fin un peu ramolli.

Crème au beurre au sirop.

Préparer 5 décilitres de sirop à 28 degrés et faire infuser dedans le parfum adopté, soit : vanille, zeste, pétale de fleurs, etc. Si le parfum est une liqueur quelconque, celle-ci s'ajoute quand la composition n'est plus que tiède et dans les proportions d'un demi-décilitre. Il est préférable cependant d'employer des essences pour le parfum.

Verser le sirop infusé sur 12 jaunes d'œufs et petit à petit; faire prendre à feu doux comme une crème anglaise ; passer au linge ou à la mousseline et incorporer par petites parties 450 grammes de beurre fin.

NOTA. — La variété de ces crèmes au beurre est très grande et il serait difficile d'en établir une nomenclature complète. Mais l'exposé des deux types principaux suffit pour les varier à volonté.

Crème fouettée, dite « crème Chantilly ».

Tenir sur glace, pendant 5 ou 6 heures de la crème très fraîche, pas trop épaisse ; la crème dite « Fleurette » est très recommandée pour cet usage; la fouetter jusqu'à ce qu'elle ait doublé de volume et soit devenue très ferme. Arrêter de la fouetter quand elle est à ce point, autre- ment elle se décomposerait et se transformerait en beurre.

Lui ajouter, par litre de crème, 150 grammes de sucre en poudre dont le quart vanillé, et la tenir au frais si elle n'est pas employée de suite.

Crème frangipane.

Proportions : 250 grammes de sucre; 250 grammes de farine, 4 œufs entiers et 8 jaunes; un litre et demi de lait, une demi-gousse de vanille, une prise de sel, 50 grammes de macarons écrasés et 100 grammes de beurre.

Procédé : Faire bouillir le lait et mettre à infuser la vanille dedans. Rassembler dans une casserole : sucre, farine, œufs et jaunes, sel ; mélanger et travailler le tout à la cuiller; délayer petit à petit avec le lait infusé. Faire prendre sur le feu en remuant sans discontinuer, laisser bouillir pendant 2 minutes et verser cette crème dans une terrine.

Ajouter et lui incorporer intimement le beurre et macarons et tamponner la surface avec un morceau de beurre.

Crème pâtissière.

Proportions : 500 grammes de sucre en poudre; 12 jaunes, 125 gr. de farine, un litre de lait infusé à la vanille.

Réunir dans une casserole : sucre, jaunes d'œufs, farine et délayer petit à petit avec le lait infusé. Cuire la composition comme la crème Frangipane et la mettre dans une terrine.

Crème Saint-Honore.

Est la « Crème Pâtissière » indiquée ci-dessus, additionnée, pendant qu'elle est bouillante, de 15 blancs d'œufs montés en neige et bien ferme.

NOTA. — Il est bon, lorsque cette crème doit attendre, et surtout dans l'été, d'ajouter au lait 4 feuilles de gélatine par litre.

Pendant les grandes chaleurs, je conseillerai de supprimer les blancs d'œufs et de les remplacer par de la Crème Chantilly lorsque la Crème Pâtissière est à peu près froide.

Crème renversée.

Proportions : Un litre de lait bouillant dans lequel on aura fait infuser une demi-gousse de vanille, ou zeste de citron ou orange, 200 gr. de sucre en morceaux et dissous dans le lait, 4 œufs et 8 jaunes.

Procédé : Rassembler dans une terrine œufs et jaunes; les fouetter quelques instants et ajouter petit à petit le lait en remuant avec le fouet ; passer la composition à la mousseline ou au tamis et enlever soigneusement la mousse qui s'est formée à la surface. Pocher la crème au bain-marie.

La démouler au moment de la servir et la happer de crème anglaise à la vanille ou de Sabayon.

Meringue ordinaire.

Fouetter bien ferme 10 à 12 blancs d'œufs très frais. Faire tomber dedans, et en pluie, 500 grammes de sucre en poudre déglacé; mélanger à la spatule en bois en procédant légèrement, pour laisser aux blancs d'œufs toute leur légèreté. Observer que, plus la Meringue est légère, plus la température du four doit être basse. Cette pâte doit sécher plutôt que cuire.

Meringue Italienne montée en Génoise.

Mélanger dans un bassin en cuivre 500 grammes de sucre en poudre et 8 à 10 blancs d'œufs. Poser l'ustensile sur des cendres chaudes ou sur la plaque du fourneau, de façon à tiédir très légèrement la composition, et fouetter jusqu'à ce que celle-ci soit devenue assez consistante pour tenir entre les branches du fouet.

Si cette meringue n'est pas employée de suite, la débarrasser dans une petite terrine et la tenir au frais, couverte d'un rond de papier blanc.

Meringue Italienne au sucre cuit.

Monter 8 à 10 blancs d'œufs en neige très ferme, et cuire en même temps, au grand boulet, 500 grammes de sucre.

Verser le sucre sur les blancs, en petit filet continu, en les fouettant vivement pendant cette opération, jusqu'à ce que tout le sucre soit absorbé.

Pâtes d'Amandes à l'Abricot.

Remplacer le miel par de la pâte d'abricot parfumée au kirsch, et procéder de même.

Pâte d'Amande fondante.

Passer à la broyeuse 250 grammes d'amandes mondées, les mettre ensuite dans le mortier, avec le parfum adopté : soit avec une cuillerée de sucre vanillé ou un petit verre d'excellente liqueur et ajouter, petit à petit, 500 grammes de sucre cuit au grand cassé. Faire le mélange du sucre à la pâte d'amandes en remuant vigoureusement avec le pilon.

Pâte d'Amandes au Miel.

Mélanger 500 grammes d'amandes mondées, 500 grammes de sucre en poudre, 100 grammes de miel, 3 cuillerées de sucre vanillé et broyer le tout très fin.

Pâte de Pistaches fondante.

Passer à la broyeuse 250 grammes de pistaches et 50 grammes d'amandes mondées. Mettre la pâte dans le mortier, lui ajouter d'abord 2 cuillerées de sirop fortement vanillé, puis 250 grammes de sucre cuit au cassé, en mélangeant celui-ci dans la pâte petit à petit. Relever la pâte sur un marbre, et lui incorporer 3 cuillerées de glace de sucre en la travaillant à la main.

Pralin à la glace royale (Pour gâteaux et entremets divers).

Pour gâteaux et entremets divers. — Travailler dans une petite terrine 2 blancs d'œufs avec 3 cuillerées de glace de sucre, jusqu'à ce que la composition fasse le ruban. Lui mélanger alors des amandes hachées en quantité plus ou moins grande, selon que le Pralin doit être plus ou moins épais, ce qui est indiqué par l'emploi auquel on le destine.

Pralin pour soufflés divers, crèmes et glaces.

Faire fondre tout doucement 500 grammes de sucre en poudre dans un bassin en cuivre ; le cuire jusqu'au degré de caramel blond foncé, ou cuire ce sucre selon le procédé ordinaire et l'arrêter quand il est au degré indiqué. Mélanger dedans 500 grammes d'amandes brutes, bien sèches, ou le même poids d'avelines, ou moitié amandes et moitié avelines, selon l'usage auquel on destine le pralin. Renverser le tout sur un marbre huilé ; laisser refroidir ; piler au mortier, passer ensuite au tamis fin et réserver au sec dans des boîtes bien fermées — si le pralin doit être conservé.

CUISSON DU SUCRE

De l'état de sirop au terme extrême de sa cuisson, qui est le degré dit « le Caramel », le sucre passe par six phases bien distinctes de cuisson qui sont : le *petit* et le *grand* filet; le petit boulet, degré dit aussi « à la plume et au soufflé », et le grand boulet; le *petit* et le *grand* cassé.

Procédé : Mettre la quantité de sucre nécessaire dans un poêlon en cuivre, avec une cuillerée ordinaire de glucose par livre de sucre; ajouter juste l'eau nécessaire pour assurer la dissolution du sucre. Faire partir en ébullition et écumer soigneusement les impuretés contenues dans le sucre risquant de le faire gainer par la suite.

Dès que l'ébullition se manifeste sous forme de bouillons serrés, c'est l'indice que l'évaporation de l'eau est terminée et que le sucre entre dans sa période réelle de cuisson. A partir de ce moment, détacher fréquemment d'après les parois du poêlon le sucre qui s'y attache en se cristallisant et qui pourrait faire tourner la masse.

Les degrés de cuisson sont alors franchis très rapidement et on doit suivre la marche du sucre en constatant ses différents degrés.

Il est au *petit filet* lorsque, en prenant entre le pouce et l'index une goutte de sucre en fusion, et en écartant ces deux doigts l'un de l'autre, il se forme des petits fils sans résistance.

Le *grand filet* est atteint lorsque, en recommençant l'opération au bout de quelques secondes, il se forme des filets plus nombreux, plus allongés et plus résistants.

A partir de ce moment, tremper le doigt à l'eau froide pour faire les constatations.

Il est au petit boulet quand le sucre qui s'est attaché au bout du doigt plongé dedans forme une sorte de glu ou de gomme molle.

Il est au grand boulet lorsque cette glu se roule facilement en boule et offre une certaine résistance.

Il est au *petit cassé* lorsque la pellicule du sucre qui s'est attachée au doigt aussitôt trempé à l'eau froide est flexible, et s'attache à la dent.

Il est au *grand cassé* lorsque la pellicule du sucre prise avec le doigt casse net comme le verre.

Le sucre doit être retiré du feu à ce moment et tenu sur des cendres chaudes pour son emploi ; quelques secondes de cuisson de plus l'amènent au *Caramel*.

SAUCES POUR ENTREMETS CHAUDS

Sauce Anglaise.
(Voir auxcrèmes diverses,«Crèmeanglaise».)
Sauce au chocolat.

Faire dissoudre 250 grammes de chocolat avec 4 décilitres d' eau; ajouter une cuillerée de sucre vanillé; cuire à petit feu pendant 20 à
25 minutes et compléter, au dernier moment, avec 3 cuillerées de crème très fraîche et gros comme une noix de beurre très fin.

Sabayon.

Dans un bain-marie, travailler fortement 250 grammes de sucre en poudre avec 6 jaunes d'œufs, jusqu'à ce que la composition fasse le ruban; délayer avec 2 décilitres et demi de vin blanc sec; fouetter la composition sur le côté du feu jusqu'à ce qu'elle soit devenue mousseuse et épaisse. Parfumer avec quelques cuillerées de rhum ou de kirsch.

NOTA. — Le Sabayon se fait aussi à divers vins fins, comme Madère, Xérès, Marsala, Asti, Champagne, etc. Dans ce cas, le vin adopté remplace le vin blanc du Sabayon ordinaire et il n'y a besoin d'aucun autre parfum.

Sauce aux fruits.

L'abricot, la groseille, la mirabelle, sont les fruits qui conviennent le mieux pour les sauces d'entremets. Ces fruits sont préparés comme des confitures ordinaires, un peu moins réduites, puis passées au tamis fin après cuisson et, au dernier moment, on complète la sauce avec un parfum comme : madère, rhum, kirsch, marasquin.

Sauce à l'Abricot.

Passer au tamis fin de la marmelade d'abricots, la relâcher ensuite avec du sirop à 28 degrés. Faire bouillir en écumant soigneusement; retirer du feu lorsque la sauce nappe la cuiller et la parfumer à volonté, avec kirsch, marasquin, rhum, madère.

NOTA. — Si la sauce est destinée à des croûtes aux fruits, on peut lui ajouter une cuillerée de beurre fin, par quart de litre de sauce.

Sauce aux Cerises.

Cuire des cerises pour compote. Réduire le sirop, ajouter même quantité de gelée de groseille et parfumer au kirsch.

Sauce aux Fraises.

Choisir une livre de belles fraises bien mûres, retirer les pédoncules, plonger vivement les fraises dans de l'eau froide, assez abondante; les soulever aussitôt avec les mains, de façon que toutes les impuretés testent au fond du récipient. Les déposer dans une terrine et verser sur les fraises un demi-litre de sirop demi-bouillant, parfumé à la vanille. Laisser refroidir et passer au tamis fin.

Sauce Framboises.

Procéder comme pour la « Sauce aux Fraises ».

Sauce Groseille.

Faire dissoudre de la gelée de groseille et la parfumer au kirsch.

Sauce à l'Orange.

Passer au tamis fin de la marmelade d'orange, lui ajouter un tiers de marmelade d'abricot passée au tamis et parfumée au curaçao.

Sauce Mirabelle.

Se prépare comme la « Sauce Abricot ».

Sauce Noisette.

Préparer un demi-litre de Crème anglaise; lui ajouter une cuillerée de fin pralin d'avelines et un peu de sucre vanillé.

Sauce de fruits liés.

Ces accompagnements d'entremets, qui sont très usités dans les contrées du Nord de l'Europe, ont l'avantage d'être économiques.

On emploie pour cela une purée de fruits sucrée à 15 à 18 degrés et liée légèrement à l'arrow-root, parfumée au dernier moment avec une liqueur ou une essence à volonté.

C'est avec ce genre de sauce que, dans les pays du Nord, on nappe les flans et tartelettes de toutes sortes.

SÉRIE DES ENTREMETS CHAUDS BEIGNETS

Pâte à frire pour beignets de fruits et de fleurs.

Proportions: 250 grammes de farine tamisée, 5 grammes de sel,
2 cuillerées de beurre fondu, un décilitre et demi de bière, 2 décilitres d'eau tiède, une cuillerée de cognac, 2 blancs d'œufs fouettés en neige.

Procédé : Rassembler dans une terrine : farine, sel, beurre, détremper avec la bière et l'eau, sans travailler la pâte, et ajouter le cognac. Compléter la pâte, au moment de l'employer, avec les blancs en neige.

Pâte à frire pour beignets de fruits glacés au four.

Proportions : 500 grammes de.farine, 2 cuillerées de beurre fondu, une pincée de sel fin, une pincée de sucre, un œuf, un décilitre et demi de bière et un peu d'eau tiède.

Détremper la pâte à la cuiller, sans trop la travailler et un peu à l'avance. La tenir dans un endroit un peu chaud pour la mettre en fermentation et la rompre au moment de l'emploi.

Beignets d'Abricots.

Prendre les fruits mûrs à point; les partager en deux; les saupoudrer de sucre et les faire macérer pendant une heure avec kirsch, cognac ou rhum.

Tremper dans la pâte à frire les demi-abricots et les traiter à friture bien chaude.

Les égoutter sur un linge, les ranger sur une plaque, les saupoudrer de sucre et les glacer à four vif ou à la salamandre.

NOTA. — On procède de même pour Beignets de Pommes, Ananas, Poires, Pêches, Bananes, etc.

Beignets de Fraises.

Choisir de grosses fraises à chair un peu ferme, les sucrer fortement, les arroser de kirsch et les faire macérer sur glace, dans une terrine, pendant une demi-heure. Au moment de les servir, les tremper dans la pâte à frire et les mettre à friture bien chaude.

Égoutter les beignets sur un linge, les dresser sur papier dentelle et les saupoudrer de sucre fin.

Beignets en fleurs d'Acacia.

Choisir des grappes bien en maturité, les éplucher, les ranger dans un plat creux, les saupoudrer de sucre et les arroser de fine Champagne et les laisser macérer pendant une demi-heure.

Au moment de les servir, les tremper dans la pâte à frire, et les traiter à friture bien chaude ; les égoutter, les saupoudrer de sucre et les dresser sur serviette.

NOTA. — Les Beignets de Fleurs de Sureau, de Courge, de vrilles de vigne, se font de même.

Four tous ces beignets de fruits, comme d'ailleurs pour tous les Beignets d'entremets, la meilleure friture qui convienne est celle d'huile d'olive non fruitée.

Beignets de crème.

Préparer une crème Frangipane *(Voir « Série des Crèmes »_)* ; l'étaler sur une plaque beurrée, en couche égale d'un centimètre et demi d'épaisseur et laisser refroidir. Détailler ensuite au couteau ou à l'emporte-pièce, en carrés, losanges, ronds, etc. Les tremper dans la pâte à frire ou les paner à l'Anglaise, et les traiter à grande friture chaude. Si les crèmes ont été panées, elles sont simplement saupoudrées de sucre ; si elles ont été enrobées de pâte à frire, elles sont saupoudrées de glace de sucre et glacées au four vif ou à la salamandre. Dresser sur serviette.

Beignets Viennois ou Krapfen.

Préparer une pâte à brioche à 250 grammes de beurre *(Voir « Série des Pâtes »)* ; l'abaisser au rouleau, en lui donnant une épaisseur d'un demi-centimètre et la détailler avec un emporte-pièce rond uni, de 6 centimètres de diamètre.

Ranger la moitié de ces ronds de pâte sur des feuilles de papier beurrées posées sur plaques ; les garnir à volonté d'une petite cuillerée à dessert de confiture : abricot, cerises, Bar-le-Duc, etc. Mouiller légèrement les bords, couvrir avec l'autre moitié des ronds, appuyer dessus avec le pouce pour bien souder la pâte. Couvrir avec un linge et laisser fermenter la pâte environ une demi-heure.

Traiter les beignets à grande friture chaude en prenant les feuilles de papier par les deux extrémités; retirer ces feuilles dès que les beignets en sont détachés. Égoutter ceux-ci aussitôt colorés et les plonger dans un sirop léger, chaud, parfumé à volonté. Les retirer dès qu'ils sont légèrement imbibés et les servir froids.

Beignets Viennois chauds ou beignets à la Dauphine.

Même préparation que les précédents, sauf que ceux-ci sont saupoudrés de sucre en sortant de la friture et dressés sur serviette, servis très chauds.

Beignets soufflés.

Préparer une pâte à chou ordinaire comme il est. indiqué *(Voir « Pâtes diverses »)* et la parfumer à volonté. Mettre cette pâte par parties de la grosseur d'une petite noix dans la friture modérément chaude; augmenter ensuite progressivement la chaleur de la friture pour assurer le développement de la pâte et bien sécher les beignets.

Les égoutter sur un linge, les saupoudrer de sucre fin, les dresser sur serviette.

Beignets favoris.

Prendre 2 macarons mous par beignet. Creuser légèrement le centre. Les garnir de confiture d'abricot; les rassembler et les imbiber au der- nier moment de sirop au kirsch et marasquin ou sirop de rhum ; les tremper dans une pâte à frire et les plonger à friture chaude. Les égoutter, les saupoudrer de sucre et les dresser sur serviette.

NOTA. — Par ce même procédé, on pourra remplacer l'abricot par toute autre confiture et autre liqueur, tel que le curaçao avec la confiture d'orange et la confiture de fraise.

On pourra aussi, au lieu de tremper les macarons dans une pâte à frire, les paner à l'anglaise et les faire colorer au beurre sur les deux faces.

On pourra également remplacer la confiture par de la Frangipane à laquelle on aura mêlé un salpicon de fruits confits macérés au kirsch.

Ces sortes de beignets, très simples à préparer, peuvent se varier **à l'infini** et être accompagnés d'une sauce aux fruits parfumée, soit : au rhum, kirsch, marasquin, curaçao, etc.

CHARLOTTES

Charlotte de pommes.

Beurrer grassement un moule à charlotte de la contenance d'un litre. Garnir le fond de croûtons en pain de mie taillés en forme de cœurs en les chevalant légèrement et formant une rosace ; garnir également les parois de rectangles de pain ayant exactement la hauteur du moule, en les chevalant de même. Cœurs et rectangles doivent avoir une épaisseur de 4 millimètres et être trempés dans du beurre fondu avant d'être disposés dans le moule.

D'autre part, couper en quartiers 12 belles reinettes; les peler, les émincer et les cuire dans une casserole à sauter avec une forte cuillerée de beurre, 3 cuillerées de sucre en poudre, quelques cuillerées d'eau et le jus d'un citron. Lorsque les pommes sont cuites et réduites en marmelade très épaisse, leur ajouter 3 cuillerées de marmelade d'abricot.

Remplir le moule avec cette composition, en ayant soin qu'elle dépasse les bords en forme de dôme, car elle se tasse en cuisant et diminue de volume. Couvrir avec un rond de mie de pain trempé dans le beurre fondu; cuire au four chaleur moyenne pendant 30 à 35 minutes.

En sortant la charlotte du four, la laisser tasser pendant quelques minutes après avoir renversé le moule sur le plat de service. Au moment de servir enlever le moule et envoyer à part une sauce abricot.

NOTA. — On sert quelquefois la charlotte de pommes froide ; dans ce cas, on la masque de crème Chantilly et on la décore au cornet avec la même crème, sauce abricot, au rhum à part.

On peut ne pas masquer la charlotte avec la crème; servir simple- ment celle-ci à part.

COMPOSITIONS POUR CRÊPES ET PANNEQUETS

Composition pour crêpes ordinaires.

250 grammes de farine délayée avec 3 œufs et un demi-litre de lait ou de l'eau tiède pour obtenir une pâte pas trop épaisse; ajouter 2 cuillerées de beurre fondu, 2 cuillerées de cognac et facultativement une cuillerée d'eau de fleur d'oranger, une petite prise de sel. Laisser reposer la pâte environ une heure et la passer à la passoire fine.

Cuisson : Pour obtenir les crêpes grandeur régulière, faire usage d'une petite louche, la remplir avec la composition et verser celle-ci dans une poêle à cet usage, chauffée et beurrée légèrement au beurre clarifié; sauter la crêpe au moment voulu, pour obtenir une cuisson égale sur les deux côtés. Les servir aussitôt très chaudes.

NOTA. — Lorsque l'on a beaucoup de crêpes à faire, on doit opérer avec 6 petites poêles à la fois, mais dans ce cas, il est nécessaire de pouvoir procéder sur une plaque de fourneau, chaleur égale.

Composition A. — 500 grammes de farine tamisée, 200 grammes de sucre en poudre et une prise de sel fin. Délayer avec 12 œufs et un litre et demi de lait ajouté petit à petit. Parfumer avec une cuillerée de sucre vanillé ou de sucre d'orange, ou avec 3 cuillerées de liqueur comme cognac, kirsch ou rhum, 2 cuillerées de, beurre fondu, à volonté.

Composition B. — 500 grammes de farine, 150 grammes de sucre en poudre et une prise de sel fin. Délayer avec 10 œufs, travailler légèrement la pâte et ajouter : 3 décilitres de crème très fraîche, 3 cuillerées de cognac, 3 cuillerées de beurre fondu et un litre de lait. Passer au chinois fin; compléter avec 3 cuillerées de sirop d'orgeat, et 100 gr. de macarons finement écrasés.

Composition C. — 500 grammes de farine, 150 grammes de sucre, une prise de sel fin. Délayer avec 6 œufs, 4 jaunes et un litre un quart de lait. Parfumer à volonté et compléter avec 6 blancs d'œufs pris en neige bien ferme.

NOTA. — Pour éviter tous grumeaux qui pourraient se produire, il est préférable de passer ces différentes compositions au chinois ou passoire fine.

Crêpes- Suzette.

Elles se font avec la Composition *A* parfumée au curaçao et au suc de mandarine. On les couvre de la préparation suivante : travailler dans une terrine 100 grammes de beurre très fin jusqu'à ce qu'il soit à l'état de pommade. Lui incorporer 100 grammes de sucre en poudre,
3 cuillerées de curaçao et suc de mandarine.

Cette opération doit se faire à table devant le client. Les crêpes sont cuites à la cuisine et le maître d'hôtel muni d'un réchaud sur le- quel est disposé un grand plat en métal, les crêpes sont étalées sur le plat, puis saupoudrées de sucre fin et arrosées de curaçao et servies sur assiettes chaudes aux convives.

Les crêpes sont toujours cuites par le même procédé, sauf que les parfums et garnitures varient suivant le goût.

CROQUETTES

Croquettes de Marrons.

Prendre des débris de marrons glacés, les écraser finement avec une fourchette, leur mélanger intimement le tiers de leur volume de macarons imbibés de kirsch ou de rhum, et finement écrasés.

Diviser ensuite la composition en parties de la grosseur d'un petit œuf; les rouler en boules, les aplatir en forme de petits palets. Les paner **à** l'anglaise à la mie de pain très fine et, au dernier moment, faire colorer ces palets au beurre clarifié sur les deux côtés.
Servir à part une sauce abricot au kirsch, et crème Chantilly.

Croquettes de Riz.

Préparer la composition comme il est indiqué « Riz pour entre- mets ». La diviser en parties de la grosseur d'un œuf, les mouler en forme de poire ou abricot; les paner à l'œuf, mie de pain fraîchement préparée et très fine. Faire frire à friture bien chaude; les égoutter sur un linge, les saupoudrer de sucre et les dresser sur serviette.
Servir à part une sauce Abricot ou un Sabayon.

Croquettes de Semoule.

Faire tomber en pluie 300 grammes de semoule dans un litre de lait bouillant additionné à l'avance de 150 grammes de sucre, 50 grammes de beurre et d'une prise de sel.

Cuire à petit feu pendant 25 minutes et lier la composition avec

3 œufs battus et quelques parcelles de beurre. Étaler la composition sur plaque beurrée, épaisseur un centimètre et demi. Laisser refroidir et détailler ensuite la semoule soit : en ronds, carrés ou losanges. Paner à l'anglaise : œufs, mie de pain fraîchement préparée et très fine. Faire colorer au dernier moment, au beurre clarifié comme les

« Croquettes de Marrons ». Les saupoudrer de sucre fin, les dresser sur serviette. Servir en même temps une sauce abricot parfumée à volonté, ou une crème anglaise.

NOTA. — On pourra mêler à ces compositions de riz et de semoule des fruits confits coupés en petits dés, raisins de Corinthe et Smyrne macérés au kirsch ou rhum.

CROUTES AUX FRUITS

Les croûtes aux fruits, considérés autrefois comme de bons entre- mets de cuisine, sont aujourd'hui un peu délaissées et remplacées par des entremets glacés dont la variété de ces entremets froids a pris un essor considérable. Cependant, ce serait une grande faute que de les abandonner complètement.

Croûte aux fruits .
Tailler sur un Savarin un peu rassis non siropé, et à raison de 2 par personne, des tranches ayant un demi-centimètre d'épaisseur. Ranger ces tranches sur une plaque, les saupoudrer de sucre fin ; les mettre au four pour les sécher et les glacer en même temps.

Les dresser en turban serré, en les alternant de tranches minces d'ananas ayant les mêmes dimensions.

Sur ce turban, disposer des demi-pêches, quartiers de poires, des demi-abricots, pommes, etc. Ces fruits cuits en compote. Décorer avec des cerises confites, anneaux d'angélique, amandes vertes confites.

Napper d'une sauce d'abricot parfumée au kirsch.

Croûte à la Lyonnaise (Inédite).
Tailler en demi-lunes sur une brioche mousseline, cuite dans un moule à charlotte de moyenne grandeur un peu rassie, des tranches d'un demi-centimètre d'épaisseur ; les ranger sur une plaque ; les saupoudrer de sucre fin ; les mettre au four pour les glacer et les caraméliser légèrement.

Les couvrir ensuite sur un des côtés de la composition suivante : Passer au tamis 500 grammes de débris de marrons glacés; mettre la purée qui en résulte dans une terrine, lui mêler le tiers de son volume de confiture d'abricot, 4 fortes cuillerées de kirsch et marasquin ou de rhum, et 5 à 6 cuillerées de crème très fraîche.

Les croûtes étant couvertes de cette composition, les dresser en couronne, les saucer avec une sauce aux cerises à la gelée de groseille.

Servir en même temps de la crème Chantilly parfumée à la vanille.

Croûte au Madère.
Dresser en turban des croûtes taillées en demi-lunes dans une demi- brioche, cuite dans un moule à charlotte grandeur moyenne, saupoudrées de sucre fin et glacées au four. Verser dans le centre une garni- ture composée en parties égales de : fruits confits taillés en petits dés; raisins de Smyrne et Corinthe gonflés à l'eau chaude et bien égouttés.

Réunir le tout dans un sirop d'abricot parfumée au madère.

Ici, les croûtes peuvent être masquées, d'un côté, de confiture d'abricot.

Croûtes aux pommes a la Bonne-Femme.

L'ailler sur un pain de mie une douzaine de tranches de l'épaisseur d'un demi-centimètre, largeur 4 centimètres, longueur 6 centimètres; les faire colorer au beurre clarifié, les saupoudrer de sucre fin; les faire glacer au four.

Couvrir chaque croûte d'un centimètre et demi de marmelade de pommes préparée comme pour charlotte ; égaliser la surface, saupoudrer assez fortement de sucre fin, et avec un fer rouge quadriller la marmelade. Servir sur plat chaud, en même temps, une sauce abricot par- fumée à volonté.

Croûte à la Normande.

Préparer les croûtes comme à l'ordinaire, les masquer de marmelade de pomme additionnée d'un tiers de marmelade d'abricot et les dresser en turban sur le plat de service.

Garnir le milieu de marmelade de pomme apprêtée comme pour charlotte dressée en pyramide.

Napper le tout avec un sirop d'abricot parfumé au rhum. Servir en même temps de la crème Chantilly.

Croûte aux Abricots à la Valentinoise.

Choisir de beaux abricots mûrs; les débarrasser de leur pelure; les cuire légèrement dans un sirop léger parfumé à la vanille et les tenir en réserve hors du feu.

D'autre part : Préparer les croûtes comme à l'ordinaire, les masquer sur un côté de frangipane additionnée de quelques cuillerées d'amandes blanchies, finement pilées avec sucre en poudre. Dresser en turban sur plat de service, et sur celui-ci les abricots débarrassés du noyau.

Saucer le turban avec le sirop de cuisson des abricots additionné de confiture d'abricot et parfumé au marasquin et kirsch. Jeter dessus des amandes effilées, dorées au four, saupoudrer de sucre fin et légèrement caramélisées.

NOTA. — On peut préparer, avec des fruits, un grand nombre d'autres croûtes qui prennent le nom du fruit qui en constitue la garniture, tels la pêche, les fraises, les cerises, bananes, etc. Parfums à volonté.

On peut toujours accompagner certaines croûtes aux fruits de crème Chantilly.

Pour cette croûte, on peut employer des abricots conservés au sirop.

OMELETTES

Les Omelettes d'entremets se rattachent à quatre genres distincts, qui sent :

1° LesOmelettesauxliqueurs ;
2°LesOmelettesauxconfitures;
 3° Les Omelettes s o u f f l é e s;
4°LesOmelettes en surprise.

Omelette au rhum.

Assaisonner les œufs d'un peu de sel, de sucre et la traiter comme une omelette ordinaire.

La dresser sur un plat long, la saupoudrer de sucre; l'arroser de rhum légèrement chauffé et allumer celui-ci en mettant l'omelette sur table.

NOTA . — Les omelettes au kirsch, à la fine Champagne se préparent de même.

Omelette aux confitures à l'Abricot.

Assaisonner les œufs d'un peu de sel et de sucre, les battre vive- ment et les verser dans la poêle contenant le beurre nécessaire et très chaud et, au moment de rouler l'omelette, garnir l'intérieur de 2 cuillerées de confiture d'abricot par 6 œufs. La dresser sur plat long; la saupoudrer de sucre fin et quadriller la surface avec un fer rouge.

NOTA. — Les omelettes aux mirabelles, aux fraises, aux groseilles de Bar-le-Duc se préparent de même.

}Les omelettes aux confitures peuvent être flambées au rhum ou kirsch.

Omelette soufflée à la vanille.

Travailler dans une terrine 250 grammes de sucre en poudre avec

6 jaunes d'œufs, jusqu'à ce que la composition soit devenue légère- ment blanche en épaississant et fasse le ruban.

Ajouter 8 blancs fouettés en neige très ferme, les mélanger douce- ment, en soulevant la composition avec la cuiller.

Dresser cette composition sur un plat beurré, saupoudré de sucre, et en forme de monticule ovale, en ayant soin d'en réserver une petite partie dans un cornet, pour le décor; ce dernier est facultatif.

Lisser le tour de l'omelette avec la lame d'un couteau, décorer à volonté avec la composition réservée et cuire au four chaleur moyenne, pendant un temps déterminé par le volume de l'omelette.

Deux minutes avant de la sortir du four, la saupoudrer de glace de sucre, pour que ce sucre en fondant l'enveloppe d'une couche caramélisée.

NOTA. — Le parfum est à volonté : vanille, zeste de citron ou orange, rhum, kirsch, etc. Ce parfum est ajouté à la composition avant d'y mélanger les blanc» d'œufs. Toutefois, lorsqu'il s'agit d'un parfum liquide, on doit l'incorporer à la composition sous forme de petits carrés de biscuit ou de macarons imbibés de la liqueur adoptée.

La même remarque s'applique aux Soufflés.

Omelette en surprise.

Disposer sur un plat long une abaisse en biscuit génoise forme ovale, épaisse de 2 centimètres et dont la longueur est proportionnée à celle que l'on veut donner à l'omelette.

Sur cette abaisse, dresser une glace au parfum demandé, glace aux fruits ou crème.

Couvrir la glace d'une couche de meringue ordinaire, ou de meringue italienne bien ferme; la lisser avec la lame du couteau, en lui donnant une épaisseur d'un centimètre et demi ; décorer à la poche ou au cornet avec la même composition et mettre au four très chaud pour que la meringue cuise et colore rapidement, sans que la chaleur pénètre jusqu'à la glace qui se trouve dans l'intérieur.

Omelette en surprise Montmorency.

Garnir l'abaisse de génoise de glace à la vanille et kirsch". Couvrir la glace avec de la meringue et procéder comme il est expliqué pour « l'Omelette Surprise ».

Servir en même temps une timbale de cerises Jubilé.

Omelettes diverses en surprise.

Par le procédé type indiqué, on peut varier indéfiniment ce genre d'omelette en changeant la composition glacée de l'intérieur.

L'aspect extérieur reste le même ; seulement tout changement de garniture intérieure doit être indiqué par une dénomination en rapport.

PANNEQUETS

Pannequets aux confitures.

Préparer des crêpes petites et minces ; les masquer d'une confiture quelconque ; les rouler, les parer sur les deux bouts et les diviser chacune en deux, en carrés ou losanges. Les ranger sur une plaque, les saupoudrer de glace de sucre, les glacer à la salamandre ou les quadriller au fer rouge.

Servir sur plat très chaud.

Pannequets à la crème.

Masquer les crêpes avec de la crème Frangipane et saupoudrer celle-ci de macarons écrasés. Procéder ensuite comme pour les « Pannequets aux confitures ».

NOTA. — On pourra, à volonté, varier la garniture des Pannequets, soit avec marmelades ou crème.

PUDDINGS

La variété des Puddings chauds est innombrable et ce serait chose inutile que vouloir les énumérer tous.

Pudding aux amandes.

Travailler 100 grammes de beurre dans une casserole jusqu'à ce qu'il soit en pommade; ajouter 100 grammes de sucre en poudre et

100 grammes de farine tamisée; délayer avec 3 décilitres de lait d'amande. Faire bouillir cette composition en la remuant avec la spatule en bois, puis la dessécher à feu vif comme une pâte à chou.

Retirer la casserole hors du feu; lier avec 5 jaunes d'œufs, et mélanger ensuite, avec précaution, 5 blancs d'œufs fouettés en neige très ferme. Verser en moule grassement beurré et saupoudré d'amandes effilées et grillées. Pocher au bain-marie.

Servir comme accompagnement un Sabayon au vin blanc parfumé à
} l'Orgeat.

Pudding aux amandes à l'Anglaise.

Travailler en pommade 125 grammes de beurre avec 150 grammes de sucre en poudre, ajouter 250 grammes d'amandes hachées finement; une prise de sel fin; une petite cuillerée d'eau de fleur d'oranger;

2 œufs, 2 jaunes et un décilitre de crème. Verser cette composition dans un plat à pudding beurré; le cuire au bain-marie et au four.

NOTA. — Quelle que soit leur nature, les Puddings anglais sont cuits dans des plats en faïence et sont servis dans le plat où ils ont cuit.

Pudding de biscuits.

Emietter dans une casserole 250 grammes de biscuits à la cuiller; les arroser de 6 décilitres de lait bouillant additionné de 150 grammes de sucre. Prendre et travailler sur le feu; puis, ajouter 150 grammes de fruits confits coupés en petits dés et raisins de Smyme, mélangés et macérés au kirsch; 5 jaunes d'œufs, 100 grammes de beurre fondu. Compléter avec 3 blancs d'œufs en neige et verser en moules unis, beurrés et saupoudrés de biscuits finement écrasés.

Pocher au bain-marie et servir en même temps une sauce abricot ou chocolat.

NOTA. — Cette composition peut également être servie en guise de soufflé, cuite en timbale à soufflé, directement au four; dans ce cas, on ajoute 2 blancs en neige en plus.

Pudding diplomate.

Garnir un moule à cylindre beurré avec morceaux de biscuits à la cuiller, imbibés de rhum ou de madère, en les disposant par couches alternées de fruits confits coupés en petits dés et raisins de Corinthe et Smyrne macérés à la liqueur choisie. Finir de remplir le moule, en versant dedans, petit à petit, de la composition de crème renversée. Pocher au bain-marie.

PUDDINGS DE FRUITS A L'ANGLAISE

Apples-Pudding.

Préparer la pâte destinée à cet usage.

Proportions : 500 grammes de farine tamisée, 300 grammes de graisse de rognon de bœuf très fraîche et bien sèche, 15 grammes de sel, 50 grammes de sucre, 2 décilitres d' eau.

Procédé : Casser la graisse en menus morceaux et la débarrasser des membranes qui l'enveloppent. La hacher très finement ensuite; la mettre au milieu de la farine étalée en couronne, en y joignant : le sel, le sucre et l'eau.

Mélanger d'abord ces divers ingrédients, incorporer ensuite la farine petit à petit; rassembler la pâte en boule sans la fraiser et la tenir au frais jusqu'au moment de l'emploi.

Laisser reposer cette pâte pendant une heure; l'abaisser en lui don- nant 8 millimètres d'épaisseur et, avec cette abaisse, foncer un moule à dôme ou de préférence un grand bol à pudding beurré. Le garnir de pommes émincées, additionnées de sucre en poudre et parfumées avec un peu de zeste de citron haché et un peu de cannelle en poudre. Fermer le moule avec une abaisse de la même pâte bien soudée ; l'envelopper dans un linge que l'on attache fortement; le plonger dans une casserole d'eau bouillante et laisser cuire environ 2 heures, pour un moule d'une contenance d'un ou deux litres.

NOTA. — On peut faire ce pudding avec d'autres fruits à pulpe.

Plum-Pudding.

Mettre dans une terrine : 500 grammes de graisse de bœuf, très fraîche, débarrassée des membranes qui l'enveloppent et hachée ; 250 gr. de mie de pain; 250 grammes de farine; 250 grammes de pommes pelées et hachées; 250 grammes de raisins de Malaga épépinés, raisins de Corinthe et Smyrne ; 60 grammes de chacun des fruits confits suivants : écorces d'oranges, de citrons et de cédrats, coupés en petits dés; 60 grammes de gingembre; 120 grammes d'amandes hachées;

250 grammes de cassonade; le jus et le zeste d'une demi-orange, d'un demi-citron, 12 grammes d'épices anglais; 3 œufs, 2 décilitres de rhum ou de cognac; un verre de stout. Autant que possible les fruits doivent être macérés au cognac ou au rhum pendant quelques jours à l'avance.

Bien mélanger le tout ; verser cette composition dans des bols en faïence blanche, sans pieds et à rebords saillants; la tasser, recouvrir d'un linge beurré et fariné, que l'on noue en dessous. Cuire à l'eau bouillante ou à la vapeur pendant 5 à 6 heures.

Au moment de servir, démouler le Pudding sur le plat de service; l'arroser de rhum ou de cognac chauffé et flamber.

On accompagne le Pudding, soit d'un Sabayon au rhum, soit de beurre au cognac, soit d'une crème anglaise liée à l'arrow-root.

NOTA. — Quand on ne dispose pas de bol spécial, on beurre et on farine le centre d'une serviette, celle-ci est placée sur une terrine et on y verse la composition ; puis ficeler et plonger dans l'eau bouillante.

Beurre au cognac : Travailler dans une terrine 100 grammes de beurre fin jusqu'à ce qu'il soit à l'état de pommade, lui incorporer

100 grammes de sucre en poudre, 3 cuillerées de fine champagne.

Pudding à l'Américaine.

Mettre dans une terrine : 75 grammes de mie de pain, 100 grammes de cassonade, 100 grammes de farine, 150 grammes de moelle de bœuf hachée, 100 grammes de fruits confits coupés en petits dés, un œuf et

3 jaunes, une pincée de zeste d'orange et de citron, haché; une prise de cannelle en poudre et un soupçon de muscade; 2 petits verres de cognac ou de rhum. Mélanger le tout; verser la composition dans un moule ou terrine beurrés, et cuire au bain-marie.

Servir en même temps un Sabayon au rhum.

Pudding à la Clermont.

Même préparation que le « Pudding à l'Américaine », sauf que la moelle est remplacée par du beurre fondu et on ajoute en plus des fruits confits, 200 grammes de débris de marrons glacés et un demi- verre de crème fraîche.

Verser dans un moule beurré et saupoudré de fécule. Pocher au bain-marie.

Servir en même temps une crème parfumée au rhum ou une sauce Abricot au rhum.

NOTA. — L'avantage de ce Pudding est qu'il ne demande que peu de temps de cuisson au bain-marie.

Pudding au pain à l'Anglaise.

Beurrer de minces tranches de mie de pain, semer dessus des raisins de Corinthe et de Smyrne gonflés à l'eau tiède et bien égouttés.

Ranger ces tranches dans un plat creux en faïence (*Pie-dish*) ; recouvrir l'appareil à crème renversée et pocher à l'entrée du four, chaleur très douce.

NOTA. — Ce pudding est plus délicat, lorsque les tranches de pain sont grillées et beurrées aussitôt.

On peut aussi remplacer le pain par du biscuit à volonté.

Pudding au pain à la Française,

Tremper 300 grammes de mie de pain blanc dans un litre de lait bouillant, parfumé à la vanille et additionné de 250 grammes de sucre. Passer au tamis et ajouter 4 œufs entiers, 6 jaunes, 4 blancs fouettés en neige.

Verser cette composition dans un moule à bordure très fine. Pocher au bain-marie.

On pourra aussi, et avec avantage, pocher cette composition en petits moules à baba.

Servir comme accompagnement, soit une crème à la vanille ou une sauce au chocolat, ou bien aux fruits; tels : cerises, framboises, groseilles, abricots.

On peut, en procédant de même, remplacer le pain blanc par du pain noir, dans ce cas, on ajoute quelques fruits confits à la composition, un peu de cannelle en poudre et 4 cuillerées de miel.

Accompagnement: Sauce Abricot au rhum.

On pourra également remplacer le pain par du biscuit, à volonté.

NOTA. — Nos bonnes ménagères auraient tout avantage d'adopter le système anglais pour la cuisson des puddings.

La méthode de cuisson dans le plat en porcelaine ou faïence dit Pie-Dish est très pratique et économique.

PUDDINGS AUX PATES ET AU RIZ

Pudding au tapioca.

Faire tomber en pluie 250 grammes de tapioca dans un litre de lait bouillant, additionné à l'avance de 150 grammes de sucre, d'une prise de sel et de 100 grammes de beurre. Cuire au four, chaleur douce, pendant 20 à 25 minutes; changer la composition de casserole et lui incorporer 6 jaunes d'œufs, 50 grammes de beurre et 4 blancs d'œufs, fouettés en neige bien ferme.

Verser la composition dans un moule à cylindre ou un moule à charlotte beurrés et féculés; pocher au bain-marie jusqu'à ce que la composition soit élastique au toucher.

Laisser reposer le pudding, hors du feu, pendant 7 à 8 minutes avant de le démouler.

Servir comme accompagnement : une crème anglaise, un Sabayon ou une sauce aux fruits.

NOTA. — Ce genre de composition pour pudding peut se cuire en timbale, comme un soufflé ordinaire en servant à part, en même temps, une sauce Crème ou sauce aux fruits, à volonté.

Le Pudding de Sagou, de semoule, de Vermicelle fin, se préparent identiquement avec les mêmes proportions.

Pudding de tapioca, de sagou, de semoule à l'Anglaise.

Quelle que soit la pâte employée, elle est cuite au lait peu sucré, au parfum à volonté.

Faire la liaison à raison de 4 œufs par litre de composition.

Verser dans un moule en porcelaine *(pie-dish)* beurré et cuire au bain-marie. Comme pour tous les Puddings anglais, servir dans le plat même.

Pudding de tapioca au caramel.

Préparer la composition du « Pudding au Tapioca » ; la verser dans un moule à charlotte chemisé de sucre cuit au caramel. Pocher au bain-marie sans ébullition et servir sans accompagnement de sauce.

NOTA. — Les Puddings de semoule, de Sagou, peuvent se pré- parer de même au caramel, puis joindre à fa composition de ces divers Puddings des fruits confits coupés en petits dés.

Pudding au riz.

Préparer le riz comme il est indiqué à l'article « Riz pour entre- mets » ; incorporer à la composition 8 blancs d'œufs battus en neige par 250 ou 300 grammes de riz cru. Mouler en moule beurré saupoudré de fécule. Cuire au bain-marie comme les précédents Puddings. Servir de même.

Pudding de riz à l'Anglaise.

Faire bouillir 200 grammes de riz pendant 2 minutes dans un litre d'eau; l'égoutter, le mouiller d'un litre de lait bouillant, parfumé à volonté; 75 grammes de sucre, 75 grammes de beurre, une prise de sel. Donner 20 à 25 minutes de cuisson, casserole couverte ; à ce point, le riz doit être assez cuit et la composition assez liquide.

Lier le riz avec 3 jaunes d'oeufs délayés avec 5 à 6 cuillerées de crème très fraîche.

Verser la composition dans un plat spécial de porcelaine beurré ; saupoudrer de sucre en poudre.

Remettre le plat au four le temps nécessaire pour glacer la surface du riz.

NOTA. — On peut, comme accompagnement au Riz à l'anglaise, servir une sauce au Chocolat, ou une sauce aux fruits à volonté, ou des fruits cuits en compote.

Pudding de semoule à la crème.

Faire tomber en pluie 250 à 300 grammes de semoule dans un litre de lait bouillant parfumé à volonté, additionné de 150 grammes de sucre, une prise de sel, et une cuillerée de beurre. Couvrir la casserole et donner 20 à 25 minutes de cuisson à feu doux.

Lier la composition avec 4 jaunes d'oeufs étendus de 5 à 6 cuillerées de crème très fraîche. Verser la composition dans un plat en porcelaine, saupoudrer de sucre en poudre. Mettre le plat au four le temps nécessaire pour glacer la surface de la semoule.

Comme accompagnement, les mêmes sauces que pour le riz sont toutes indiquées, ainsi que les fruits cuits en compote.

PUDDINGS SOUFFLÉS

Pour les Puddings soufflés, on prend comme base la composition suivante, type « Pudding Saxon ».

Pudding saxon.

Travailler 100 grammes de beurre dans une casserole jusqu'à ce qu'il soit en pommade, ajouter 100 grammes de sucre en poudre et 100 gr. de farine tamisée ; délayer avec 3 décilitres de lait bouilli. Faire bouillir cette composition en la remuant avec une spatule ; puis la dessécher à feu vif comme une pâte à chou.

Retirer la casserole du feu; lier avec 5 jaunes d'œufs et mélanger ensuite, avec précaution, 5 blancs d'œufs fouettés en neige bien ferme.
Verser en moules bien beurrés saupoudrés de fécule et pocher au bain-marie.

Servir comme accompagnement, une crème anglaise ou un Sabayon, parfumés à volonté.

Pudding soufflé au citron, à l'orange, au kirsch, au curaçao, à la vanille, à la bénédictine, etc.

La préparation est la même que celle du « Pudding Saxon » ; il n'y a que le parfum qui change. L'accompagnement est, pour tous, soit un sirop d'abricot parfumé au rhum, au kirsch, crème anglaise, sauce chocolat, etc.

NOTA. — On peut ajouter à la composition du « Pudding Saxon » des amandes finement pilées et quelques cuillerées de sirop d'Orgeat.

Pudding Mousseline.

Travailler en pommade 125 grammes de beurre avec 125 grammes de sucre en poudre, ajouter 10 jaunes d'œufs, un par un, et en tra- vaillant la composition. Prendre cette composition sur un feu doux jus- qu'à ce qu'elle nappe la cuiller; lui incorporer aussitôt 7 blancs d'œufs montés en neige très ferme ; la verser dans une timbale à soufflé, beur- rée et saupoudrée de macarons en poudre. Cuire au four au bain-marie. Servir dans la timbale comme un soufflé ordinaire.

Comme accompagnement servir à part : crème Chantilly parfumée à volonté, crème anglaise, sauce Chocolat, etc.

Les purées de fraises, de framboises parfumées au kirsch ou au curaçao, mêlées à la crème Chantilly sont les parfums les plus recommandables pendant la saison de ces fruits.

ROLLY-PUDDING

Préparer une pâte à la graisse de bœuf *(Voir « Pâte à Dumpling et Pudding »*, au commencement du chapitre ou à l'article « *Apples Pudding* ») ; laisser reposer cette pâte pendant une heure avant de l'employer.

L'abaisser en forme de rectangle, en lui donnant un demi-centimètre d'épaisseur; sur cette abaisse, étaler une couche de confiture à volonté et la rouler en forme de gros boudin.

Emballer ce boudin dans un linge beurré et fariné; le cuire à l'eau bouillante ou à la vapeur pendant une heure et demie.

Pour servir : Couper le boudin en rondelles d'un centimètre d'épaisseur, et les dresser en couronne.

Comme accompagnement, une sauce aux fruits.

NOTA. — On peut préparer le **Rolly**-Pudding en remplaçant **la** pâte à la graisse par du feuilletage ordinaire.

RISSOLES

La préparation des Rissoles d'entremets est la même que celle des Hors-d'œuvre; la différence est qu'elles se garnissent de marmelades ou de confitures, de crèmes aux parfums à volonté, de pâte de marron simple ou additionnée de confiture d'abricot parfumée au kirsch ou au rhum.

La pâte à employer est celle qui provient des rognures de feuilletage ou bien de la pâte à foncer très fine.

Riz pour entremets.

Proportions : 300 grammes de beau riz, 150 grammes de sucre, une prise de sel, un litre de lait, 6 jaunes d'œufs, le tiers d'une gousse de vanille, zeste d'orange ou zeste de citron, 50 grammes de beurre.

Procédé : Faire infuser la vanille dans le lait bouillant ou autres parfums; ajouter le sucre, le sel et le beurre.

Laver le riz, le mettre dans une casserole, le mouiller d'un litre d'eau, faire bouillir une minute. L'égoutter et le mettre en cuisson avec le lait infusé. Lorsque l'ébullition se prononce, couvrir la casserole et cuire doucement, de préférence dans le four, pendant 25 à 28 minutes; ne pas remuer le riz pendant la cuisson.

En le sortant du four, ajouter les jaunes, les mélanger à la fourchette, avec précaution, pour ne pas briser le riz.

SOUFFLÉS

Composition de l'appareil à s o u f f l é pour ménagères. — Proportions pour 4 personnes : Un décilitre de lait, 35 grammes de sucre, une cuillerée de farine, 10 grammes de beurre fin, 2 jaunes d'œufs, 3 blancs montés en neige très ferme.

Faire bouillir le lait avec le sucre, ajouter la farine délayée avec un peu de lait froid, cuire la composition pendant 2 minutes; la compléter hors du feu avec le beurre et les jaunes, puis lui mêler les blancs d'œufs en neige.

Composition de soufflé à la crème pour grands services.

Travailler en casserole 250 grammes de sucre et 250 grammes de farine avec 4 œufs entiers et 3 jaunes. Délayer avec un litre de lait bouillant, ajouter la moitié d'une gousse de vanille et cuire comme une crème Frangipane.

Compléter, hors du feu, avec 125 grammes de beurre fin, 5 jaunes d'œufs et 10 blancs montés en neige bien ferme.

Dressage et cuisson des soufflés.

Les soufflés se dressent en timbale à cet usage, beurrée et saupoudrée de sucre. Leur cuisson se fait au four, chaleur plutôt modérée. Deux minutes avant de sortir le soufflé du four, on le saupoudre de sucre, qui caramélise à la surface et forme le glaçage.

Soufflé aux amandes.

Préparer la composition du soufflé à la crème, l'additionner de quelques cuillerées de sirop d'Orgeat et de 50 grammes d'amandes finement hachées et légèrement grillées, par décilitre de lait. Dresser en timbale et cuire comme il est dit à la notice.

Soufflé aux avelines.

Préparer la composition du soufflé comme la précédente formule avec du lait dans lequel on aura fait infuser 60 grammes de pralin d'avelines par décilitre de lait.

Dresser et cuire le soufflé comme de coutume.

Soufflé aux cerises.

Préparer un appareil de soufflé à la vanille dans lequel on ajoute de tout petits macarons imbibés de kirsch. Cuire le soufflé comme d'habitude et servir en même temps une compote de cerises liée avec quelques cuillerées de gelée de groseilles.

Servir en même temps de la crème Chantilly.

Soufflé au chocolat.

Préparer et cuire un soufflé à la vanille, servir en même temps une sauce au chocolat et de la crème Chantilly.

Soufflé au curaçao.

Préparer une composition de soufflé à la crème parfumée à l'orange, additionnée de morceaux de macarons imbibés de curaçao.

Servir en même temps de la crème Chantilly.

Soufflé Élisabeth.

Composition de soufflé à la crème vanillée dressée par couches alternées de macarons en morceaux imbibés au kirsch et de violettes pralinées.

En sortant le soufflé du four, le couvrir d'un voile en sucre filé et servir aussitôt.

Soufflé aux fraises.

Préparer une composition de soufflé à la crème, comme pour le précédent, additionnée de petits macarons imbibés soit de kirsch, de curaçao, accompagné de belles fraises sucrées et macérées au sucre et jus d'orange et curaçao, enrobées de purée de fraises.

Servir en même temps de la crème Chantilly.

Soufflé Hilda.

Composition de soufflé crème parfumée au citron. Servir en même temps une purée de framboises sucrée, et crème Chantilly, à volonté.

Soufflé Palmyre.

Composition de soufflé à la crème vanillée. Dresser en timbale, par couches alternées de biscuits à la cuiller imbibés de kirsch et anisette. Cuire comme d'habitude.

Soufflé Praline.

Composition de soufflé à la crème vanillée, additionnée de pralin d'amandes.

Lorsque le soufflé est dressé, semer sur la surface quelques pralines roses écrasées. Cuire le soufflé comme d'habitude.

Soufflé Rothschild.

Composition de soufflé à la crème additionnée de fruits confits coupés en menus dés macérés au kirsch. Servir en même temps de la crème Chantilly additionnée de purée de fraises sucrée, pendant la saison, ou simplement de la crème Chantilly parfumée au kirsch.

Soufflé Sarah-Bernhardt.

Composition de soufflé à la crème vanillée, dressée en timbale par couches alternées de macarons imbibés de curaçao sec. Cuire comme d'habitude.

Servir en même temps de belles fraises, sucrées et macérées au curaçao, enrobées de purée de fraises, crème Chantilly à part.

Soufflé à la vanille.

Composition de soufflé à la crème, préparée avec du lait dans lequel on aura fait infuser à l'avance la moitié d'une gousse de vanille.

COMPOSITION DE SOUFFLÉ A BASE DE PURÉE DE FRUITS

Soufflé à la fraise.

Éplucher une livre de fraises bien mûres; les passer au tamis fin; mettre la purée qui en résulte dans une terrine, ajouter 100 grammes de sucre en poudre et quelques cuillerées de kirsch, tenir au frais. Vingt minutes avant de servir, mêler à la purée de fraises 8 blancs d'œufs montés en neige très ferme, additionnés de 300 grammes de sucre en poudre.

Cuire le soufflé en timbale comme d'habitude.

Soufflé de pommes à la Parisienne.

Préparer une marmelade de pommes comme charlotte à laquelle on ajoute un tiers de son volume de confiture d'abricot et 2 cuillerées de rhum.

Pour 500 grammes de marmelade, lui mêler 6 à 7 blancs d'œufs montés en neige très ferme, à laquelle on ajoute 250 grammes de sucre en poudre. Cuire le soufflé en timbale comme d'habitude.

Servir en même temps un sirop d'abricot au rhum, et de la crème Chantilly.

NOTA. — Les soufflés aux liqueurs se font généralement avec la composition à la crème, mais pour conserver l'arôme de toutes liqueurs, il est important d'ajouter à la composition des morceaux de biscuits, macarons, etc., imbibés de la liqueur choisie, soit : Rhum, Anisette, Curaçao, Bénédictine, Chartreuse, Lérina, crème de cacao, etc.

Subrics à la semoule.

Dans un demi-litre de lait bouillant additionné de 100 grammes de sucre et parfumé à la vanille, faire tomber en pluie 150 grammes de semoule. Ajouter 50 grammes de beurre, une petite prise de sel ; bien mélanger le tout, couvrir la casserole, cuire très doucement au four pendant 20 minutes, ou à défaut sur le côté du feu.

Retirer la casserole hors du feu, lier la semoule avec 5 à 6 jaunes d'œufs; étaler la composition SUT une plaque beurrée, en couche de 2 centimètres d'épaisseur; passer un morceau de beurre à la surface pour éviter le hâle et laisser refroidir.

Détailler ensuite cette composition en forme de petits palets de 6 centimètres de diamètre. Les passer à la farine et les faire colorer des deux côtés au beuiie clarifié, à la poêle et les dresser en couronne sur le plat de service.

Servir en même temps une saucière de gelée de groseilles ou de gelée de pommes, ou autre confiture à volonté.

Pain perdu.

Couper sur une brioche des tranches d'un centimètre d'épaisseur; les imbiber légèrement de lait sucré vanillé froid. Puis tremper ces tranches dans des œufs battus en omelette et modérément sucrés ; les ranger dans une poêle contenant du beurre clarifié très chaud et les colorer des deux côtés.

Les dresser sur plat très chaud et les saupoudrer de sucre vanillé.

NOTA. — On peut remplacer la brioche par des tranches de pain que l'on fait griller, et beurrées aussitôt grillées.

TIMBALES

Les croûtes de Timbales se font, soit en pâte à brioche, soit en pâte à foncer fine, ou bien en pâte sablée.

Timbale d'Aremberg.

Cuire une brioche dans un grand moule à charlotte. Lorsqu'elle est bien froide, enlever la tête de la brioche et la mettre en réserve ; retirer la mie de l'intérieur, en laissant tout autour et dans le fond une épaisseur d'un centimètre et demi. Masquer les parois et le fond de marmelade d'abricot.

Au moment de servir, garnir l'intérieur de quartiers de poires cuites au sirop, alternés de marmelade d'abricot et amandes effilées, grillées saupoudrées de sucre et caramélisées.

Dresser la timbale sur le plat de service et la masquer d'un sirop d'abricot au marasquin et remettre la tête de la brioche à sa place.

Timbale de cerises et marrons à la Clermont.

Préparer une brioche comme la précédente, garnir le vide avec moitié cerises dénoyautées cuites au sucre et marrons glacés, le tout enrobé de confiture d'abricot parfumée au kirsch. Couvrir la brioche de son couvercle.

Timbale de pêches à la Condé.

Choisir des pêches de Montreuil, mûres à point, les débarrasser de leur pelure, les diviser par moitié et les cuire dans un sirop léger par- fumé à la vanille.

D'autre part, prendre un grand moule à charlotte, le beurrer et le tapisser d'amandes effilées. Foncer le moule avec de la pâte à foncer très fine; garnir l'intérieur par couches de riz cuit pour entremets par- fumé au kirsch ; sur le riz, un rang de moitié de pêches, recouvertes d'une légère couche de marmelade d'abricot, puis une couche de riz, une rangée de moitiés de pêches, abricot et riz. Fermer la timbale avec une abaisse de la même pâte, faire un petit trou sur le centre pour l'échappement de la vapeur.

Mettre la timbale au four, chaleur moyenne. Temps de cuisson :

30 à 35 minutes environ.

Démouler la timbale; servir en même temps un sirop d'abricot au kirsch.

Pour timbale de poires, abricots, pommes, bananes, opérer de même.

ENTREMETS DE FRUITS CHAUDS

Abricots Bourdaloue.

Garnir le fond d'une jatte ou compotier creux d'une couche de
3 centimètres d'épaisseur de crème Frangipane. Dresser sur la crème des moitiés de beaux abricots débarrassés de leur pelure et cuits dans un sirop léger; les masquer avec le sirop de cuisson des abricots additionné de confiture d'abricot et réduit de façon à bien enrober les demi-abricots. Saupoudrer la surface de macarons écrasés.

Les poires Bourdaloue, les pêches, les pommes, les bananes, les cerises se préparent de même.

Note. — Pour ces derniers fruits, on emploie simplement de la **mar**melade d'abricot délayée modérément de sirop léger. Comme variante, la marmelade d'abricot pourrait être parfumée au kirsch et au rhum. On pourrait également accompagner les fruits de crème Chantilly.

Aux cerises à la Bourdaloue, on pourra ajouter des débris de marrons glacés.

Abricots à la Condé.

Mouler dans un moule à bordure uni et beurré, de grandeur voulue, du riz cuit pour entremets et vanillé. Démouler la bordure sur le plat de service et sur cette bordure dresser des moitiés d'abricots ou des abricots entiers débarrassés de leur pelure et cuits dans un sirop léger. Décorer avec des fruits confits et napper avec un sirop d'abricot au kirsch.

404

Les pêches, les poires, les bananes Condé se préparent de même.

Abricots Châtelaine.

Choisir de larges macarons, les ranger en couronne sur le plat de service, les humecter légèrement de kirsch; les couvrir d'une petite cuillerée à dessert de confiture d'abricot et sur l'abricot une cuillerée de frangipane; placer sur la frangipane une belle moitié d'abricot poché dans un sirop léger. Masquer de meringue italienne, décorer la surface de la même meringue poussée au cornet. Mettre le plat au four doux pendant quelques minutes pour sécher la meringue. Servir en même temps une sauce Abricot au kirsch.

Les pêches à la Châtelaine se préparent de même.

Comme variante, on pourra remplacer la Frangipane par des débris de marrons glacés passés au tamis ; parfumer la purée qui en résulte au kirsch et compléter avec quelques petites cuillerées de crème très fraîche.

On pourra à volonté remplacer le kirsch par du rhum et, dans ce cas, parfumer la sauce Abricot au rhum.

Abricots meringues.

Disposer sur un plat de service beurré une couche de riz à entremets de 2 centimètres et demi d'épaisseur; ranger dessus les demi-abricots pochés. Recouvrir de meringue ordinaire; façonner à volonté, soit en forme de dôme ou de charlotte ; décorer au cornet avec la même meringue ; saupoudrer de sucre glacé et mettre à four doux pour cuire et colorer légèrement la meringue.

Servir comme accompagnement une sauce abricot ou sauce groseille.

Ananas Condé.

Fa.re macérer au kirsch et sucre des tranches d'ananas partagées en deux sur le milieu.

Les dresser en turban sur une bordure de riz préparée comme il est dit aux « Abricots Condé » ; décorer avec cerises mi-sucre et petits cercles d'angélique; napper d'un sirop au kirsch.

Bananes flambées.

Retirer l'écorce ; saupoudrer les bananes de sucre fin. Les passer à la farine et les cuire au beurre clarifié.

Dresser les bananes sur plat long l'une à côté de l'autre; saupoudrer de sucre, les arroser de kirsch chauffé et faire flamber à table.

On pourra remplacer le kirsch par du rhum.

Comme variante, on pourra entourer les bananes de cerises jubilé et faire flamber.

CERISES

Cerises Jubilé.

Dénoyauter de belles cerises; les mettre dans un poêlon avec **150 gr.** de sucre pour une livre de cerises. Couvrir le poêlon, donner 6 à
8 minutes d'ébullition et mêler aux cerises 200 grammes de gelée de groseille.

Dresser les cerises dans des petites cassolettes en argent, à mi-hauteur des cassolettes ; les couvrir avec leur cuisson ; verser dans chaque cassolette sur les cerises une cuillerée de kirsch chauffé et l'enflammer au moment de les servir.

NOTA. — On peut se procurer en toutes saisons de belles cerises conservées au sirop, avec lesquelles on peut préparer les entremets les plus exquis. *(On trouve ces cerises chez les frères Caressa, fabricants de conserves de fruits à Nice.)*

Flan de cerises à la Danoise.

Foncer un cercle à flan avec de la pâte brisée ; le garnir avec des cerises fraîches en saison, ou avec des cerises conservées, les unes et les autres ayant été saupoudrées de sucre additionné de cannelle en poudre.

Travailler dans une terrine 60 grammes de sucre, 60 grammes de beurre ramolli en pommade, 60 grammes d'amandes en poudre et un œuf. '

Recouvrir les cerises avec cette composition en remplissant le fia» jusqu'aux bords, cuire celle-ci au four, chaleur modérée et laisser refroidir.

Napper ensuite la surface du flan au pinceau avec de la gelée de groseille et le glacer au rhum.

Flanc aux cerises meringue.

Foncer en pâte fine un cercle à flan beurré; piquer le fond avec la pointe du couteau, et saupoudrer de sucre, garnir de cerises dénoyautées comme un flan ordinaire ; finir de remplir avec la composition du flan au lait et cuire au four comme d'habitude.

Lorsque le flan est cuit et refroidi, masquer la surface d'une couche de meringue ordinaire et décorer au cornet de la même meringue. Mettre au four, chaleur douce, pour cuire et colorer légèrement la meringue.

Autre façon de faire le flan aux cerises.

Cuire des cerises dénoyautées au sucre et, ce qui est mieux, prendre des cerises conservées au sirop léger, les égoutter.

D'autre part, foncer un cercle à flan beurré avec de la pâte à sablé, ou pâte sèche sucrée (*Voir à la « Série des Pâtes »*) ; remplir le moule aux trois quarts de hauteur de frangipane, piquer les cerises dans la frangipane et cuire au four. En sortant le flan du four, masquer la sur-face d'une légère couche de gelée de groseille.

Ce flan peut, à volonté, être glacé au rhum ou au kirsch.

Pâte sablée.

500 grammes de farine tamisée, 300 grammes de beurre fin, 125 gr. de sucre en poudre vanillé, une prise de sel, 3 jaunes d'œufs, 6 à

7 cuillerées de lait. Faire la détrempe comme d'habitude, la fraiser deux fois ; la rassembler en boule et la laisser reposer une heure.

NECTARINES OU BRUGNONS

Les Nectarines se préparent selon toutes les formules appliquées aux pêches. (*Voir « Pêches ».*)

Pêches Bourdaloue.

Partager les pêches en deux ; enlever la pelure ; les pocher dans un sirop léger vanillé, et procéder ensuite comme pour les « Abricots Bourdaloue ». (*Voir « Abricots ».*)

Pêches Condé.

Procéder comme il est indiqué pour les « Abricots Condé ».

Pêches flambées.

Tremper vivement, pendant 2 secondes, à l'eau bouillante et les jeter aussitôt dans de l'eau glacée; les dépouiller de leur pelure et les mettre de suite dans un sirop parfumé au kirsch. Les tenir au chaud.

Au moment de servir, dresser les pêches dans une timbale de forme plus large que haute, les arroser d'une partie de leur sirop et, en les présentant à table, ajouter du kirsch chauffé et faire flamber.

Comme variante, on peut joindre au sirop, soit : de la purée de framboise, de la purée de fraise, jus de groseille, ces purées ajoutées au sirop avant d'ajouter le kirsch pour faire flamber.

Pêches Impératrice.

Garnir le fond d'une timbale à bords bas d'une couche de riz pour entremets, parfumé au kirsch et marasquin.

Sur ce riz, disposer des demi-pêches débarrassées de leur pelure et pochées dans un sirop vanillé; les masquer légèrement de marmelade d'abricot et les couvrir d'une mince couche de riz. Sur celle-ci, étaler une nappe légère de sauce abricot au kirsch et marasquin ; saupoudrer la surface de macarons écrasés et mettre la timbale à l'entrée du fou? pendant 5 à 6 minutes. Ne pas laisser gratiner.

Pêches meringuées.

Voir « *Abricot Meringué* », et procéder de même.

Mais on peut meringuer les pêches en remplaçant le riz par de la frangipane. Dans ce cas, on cuit à blanc une croûte à flan; garnir le fond d'une couche de frangipane pralinée; disposer sur la crème des demi-pêches pochées au sirop; les masquer de sauce Abricot bien réduite. Couvrir de meringue et compléter comme il est dit à la formule « Abricot Meringué ».

Pochage des Pêches.

La meilleure méthode pour pocher les pêches est celle-ci : la première condition est de les choisir mûres à point, à chair blanche et tendre; les tremper dans l'eau bouillante quelques secondes, puis les plonger aussitôt dans l'eau glacée. Si les pêches sont mûres à point, les pelures s'enlèvent sous une simple pression du doigt.

Les déposer dans une terrine et les recouvrir d'un sirop vanillé bouillant à 28 degrés.

Si elles doivent être servies chaudes, les tenir au chaud sans bouillir.

Si elles doivent être servies froides, on les retire du sirop en temps voulu et les égoutter.

Pour le service des restaurants, lorsque les pêches sont destinées à être servies rapidement, il suffit, aussitôt pelées, de les ranger sur des plats émaillés, de les saupoudrer de sucre et de les tenir au frais.

Pour les pêches simplement sucrées, le trempage à l'eau glacée, au sortir de l'eau bouillante, a pour effet de conserver leur fraîcheur pendant de longues heures et éviter qu'elles noircissent. C'est un point important pour les grands restaurants à la carte.

NOTA. — Il est possible qu'après le service, il reste quelques pêches simplement sucrées; dans ce cas, ces pêches doivent être mises dans une terrine et recouvertes de sirop bouillant. Mettre sur les pêches une soucoupe ou une petite assiette de manière que les pêches baignent complètement dans le sirop, sinon la partie qui se trouve au-dessus prend une couleur brune et la pêche n'est plus présentable.

Certaines personnes aimeraient avoir la pêche sans le noyau; dans ce cas, il faut choisir des pêches bien mûres à chair tendre et n'adhérant pas au noyau; avec la pointe d'un petit couteau, dégager l'orifice sur le côté tenant à la branche, tenir la pêche dans la main gauche el avec une aiguille à brider, par le côté opposé à l'orifice pousser le noyau qui doit sortir facilement. Procéder ensuite comme il est expliqué pour les pêches avec noyaux.

Comme fantaisie, on pourra remplacer le vrai noyau par un simili en pâte d'amande pralinée.

POIRES

Poires Bourdaloue.

Les poires Bourdaloue peuvent être servies entières, par moitié ou par quart, suivant la grosseur ou les circonstances.

Sont cuites dans un sirop vanillé léger.

Procéder ensuite comme aux « Abricots Bourdaloue ».

Poires Condé.

Choisir de la petite poire ; les tourner avec soin et les cuire comme pour compote. Les dresser SUI bordure de riz et procéder comme pour les « Abricots Condé ».

Poires Impératrice.

Choisir de belles poires; les partager en quartiers; parer ceux-ci et les cuire dans un sirop léger vanillé. Procéder ensuite comme il est indiqué aux « Pêches Impératrice ».

Poires Crassane.

Poires crassane, cuites au sirop vanillé, égouttées, dressées au centre d'un savarin trempé au kirsch. Les masquer d'une garniture de cerises, conservées au sirop et débris de marrons glacés, enrobée d'un sirop d'abricot parfumé au kirsch.

Servir en même temps de la crème Chantilly.

Poires Madeleine.

Couper en quartiers des poires fondantes, telles que : Comice, Duchesse, Beurrée, etc., les peler, les émincer, les mettre dans une casserole avec une forte cuillerée de beurre fin pour 3 à 4 poires grosseur moyenne, 3 cuillerées de sucre en poudre et un décilitre d'eau. Couvrir la casserole et les cuire en procédant comme les pommes à charlotte.

Lorsque les poires sont cuites, leur mélanger le tiers de leur volume de marmelade d'abricot. Dresser cette composition dans un savarin trempé au rhum et, au dernier moment, dresser sur les poires un rocher en crème Chantilly, imitant la cime des Alpes.

NOTA. — Cet entremets peut être servi chaud ou froid, à volonté.

POMMES

Beignets de pommes.

Choisir des pommes de Reinette de grosseur moyenne; les percer sur le centre avec un emporte-pièce à colonne d'un centimètre et demi de diamètre, pour en retirer le cœur et les pépins. Les peler et les couper en rondelles de 6 à 7 millimètres d'épaisseur; les faire macérer pendant 15 à 20 minutes avec sucre en poudre et cognac ou rhum.

Quelques instants avant de servir, les égoutter ; tremper les rondelles de pommes dans une pâte à frire, les mettre à grande friture chaude. Égoutter les beignets sur un linge; les ranger sur une plaque; les saupoudrer de sucre glace, ou de sucre en poudre; les faire vive- ment glacer à la salamandre, ou au four très chaud et les dresser sur serviette.

Pommes au beurre.

Diviser en 4 ou en 6 des pommes de Reinette ou des pommes Cal- ville ; les peler, les parer; les ranger dans une casserole à sauter, beur- rée ; ajouter quelques cuillerées de sirop léger et 2 ou 3 gouttes de jus de citron; les cuire à couvert.

Les dresser sur petits croûtons en brioches, glacés au four; les couvrir avec leur sirop de cuisson, légèrement lié à la purée d'abricot et complété d'une ou deux cuillerées de beurre fin.

A défaut de brioche, on pourra la remplacer par des croûtons en pain de mie, frits au beurre, saupoudrés de sucre et glacés au four, ou à la salamandre.

Pommes Bonne-Femme.

Vider à la colonne des pommes de Reinette; les inciser légèrement tout autour.

Les ranger sur un plat beurré; emplir le vide avec du beurre additionné de sucre en poudre; ajouter un peu d'eau au fond du plat et les cuire doucement au four. Les servir telles quelles.

Pommes Bourdaloue.

Couper les pommes en quartiers; les peler, les parer et les cuire au sirop léger vanillé. Procéder ensuite comme il est dit à l'article « Abricot ».

Pommes Châtelaine.

Diviser en quartiers des pommes de Reinette; les parer, les cuire dans un sirop vanillé.

Pour la suite, procéder comme il est indiqué aux « Abricots Châtelaine ».

Pommes Condé.

Pocher au sirop vanillé de beaux quartiers de pommes, pelés et parés.

Les dresser sur bordure de riz à entremets ; décorer avec cerises demi-sucre et ronds d'angélique, comme il est dit aux « Abricots Condé », et napper de sirop d'Abricot au kirsch.

Pommes Impératrice.

Procéder comme il est indiqué aux *Pêches de ce nom,* en remplaçant celles-ci par des quartiers de pommes pochés au sirop vanillé.

Pommes meringuées.

Procéder comme il est indiqué aux « Abricots Meringués », en remplaçant ceux-ci par des quartiers de pommes cuites dans un sirop vanillé.

Pommes Moscovite.

Prendre des pommes de grosseur égale et de belle forme; les parer aux deux tiers de la hauteur et retirer la pulpe de l'intérieur de façon à former un genre de caisse.

Pocher ces caisses dans l'eau sucrée pendant 5 minutes, les égoutter et les mettre en réserve.

D'autre part : Avec la pulpe retirée des pommes et l'addition à celle-ci de quelques pommes émincées, préparer une marmelade de pommes comme pour charlotte, additionnée d'un tiers de confiture d'abricot et le quart de son volume de blancs d'œufs montés en neige ferme.

Avec cette composition, garnir le vide des pommes mises en réserve; les mettre au four pendant 10 à 12 minutes.

Servir en même temps un sirop d'Abricot parfumé au kummel. On pourra, suivant le cas, remplacer le kummel par de l'anisette.

Rabotte de pommes ou Douillon normand.

Préparer des pommes comme celles à la « Bonne-Femme », les enfermer chacune dans une abaisse de pâte à foncer. Couvrir chaque Rabotte d'un rond dentelé de même pâte; dorer; rayer le fond de pâte et cuire au four assez chaud pendant 15 ou 20 minutes.

Saupoudrer de sucre en les sortant du four.

Flan de pommes.

'Foncer un cercle à flan beurré, avec de la pâte à foncer fine; la garnir de marmelade de pommes préparée comme pour charlotte.

Recouvrir cette marmelade d'une couche d'un centimètre et demi de riz à entremets; égaliser la surface et mettre le flan dans le four, temps nécessaire de cuire la pâte.

En sortant le flan du four, le masquer d'une légère couche de gelée de groseille fondue, puis saupoudrer de macarons écrasés.

Flans de pommes divers.

En variant légèrement la précédente formule, on obtient une variété de Flans ou Tartes qui sont généralement servis comme entremets de déjeuners.

C'est ainsi que l'on peut préparer des flans, soit garnis d'une couche de pommes à charlotte et, dessus, des fruits divers frais, comme : abri- cots, bananes, cerises, pêches, prunes, etc. Ces flans peuvent être finis, soit de la manière habituelle, en les nappant d'une couche d'abricot cuit ou de groseille ; soit en les couvrant d'une couche de meringue et en les finissant comme un flan meringué ; soit en les couvrant d'une couche de frangipane qu'on saupoudre de sucre que l'on quadrille au fer rouge.

On peut aussi procéder, pour certains flans, avec des croûtes cuites à blanc, exemple : Garnir le fond d'une croûte d'une couche de pommes à charlotte de 2 centimètres d'épaisseur, finir de remplir avec de la purée de marrons sucrée ; égaliser la surface, étendre dessus une mince couche de confiture d'abricot et glacer au rhum.

On pourra également, après avoir couvert la purée de marrons de marmelade d'Abricot parfumée au kirsch, recouvrir celle-ci de crème Chantilly et cette dernière, la décorer au cornet avec la même crème.

Ces variations peuvent être indéfiniment étendues.

ENTREMETS ANGLAIS

Mince-Pies.

Composition : 500 grammes de graisse de rognon de bœuf très fraîche et finement hachée; 600 grammes de filet de bœuf rôti et froid, coupé en très petits dés; 500 grammes de raisins de Malaga sans pépins et hachés; 500 grammes de raisins de Corinthe, 500 grammes de Smyrne, 500 grammes d'écorces orange, citron confites et hachées;

250 grammes de pommes crues, pelées et hachées; le jus de 2 oranges, 25 grammes d'épices anglais; un décilitre de cognac, autant de rhum et autant de madère. Mélanger le tout intimement, verser dans un pot en grès, fermer celui-ci et laisser macérer pendant un mois.

Préparation : Foncer en pâte à foncer ordinaire, ou en feuilletage, de grands moules à tartelettes hauts de bords et beurrés; les garnir de la composition ci-dessus, recouvrir d'une mince abaisse de feuilletage trouée sur le centre, souder cette abaisse, dorer et cuire à four chaud.

Tartes de fruits à l'Anglaise.

Ces tartes se font en plats creux spéciaux appelés *Piedish* ou plats à pâté.

Quels que soient les fruits employés, les nettoyer et les éplucher selon leur nature.

Certains de ces fruits sont émincés, d'autres coupés en quartiers ou laissés entiers.

Les disposer dans le plat, en emplissant celui-ci plus ou moins, selon la nature du fruit ; saupoudrer de cassonade blonde ou de sucre en poudre; arroser de quelques cuillerées d'eau s'il s'agit de fruits à chair ferme comme les pommes. Cette addition d'eau est facultative et, en tout cas, n'a pas raison d'être avec des fruits aqueux.

Entourer les bords du plat, légèrement mouillés, d'une bande de pâte à foncer ayant un centimètre de largeur.

Recouvrir ensuite d'une abaisse de même pâte que l'on soude sur la bande mise autour du plat, laquelle est un peu mouillée pour faciliter le soudage. Dorer avec un pinceau l'abaisse de pâte qui forme le couvercle de la tarte. Cuire au four chaleur moyenne.

Toutes les tartes à l'Anglaise se font par le même procédé et tous les fruits peuvent y être employés, même quand ils sont encore verts, tels : les groseilles à maquereau et le verjus. Bien souvent aussi on mélange plusieurs fruits, c'est ainsi que l'on fait des tartes aux pommes avec des airelles; aux pommes et rhubarbe, aux pommes et mûres, aux groseilles et cassis, etc.

On accompagne toujours ces tartes de crème très fraîche.

ENTREMETS FROIDS

Les Entremets froids sont généralement accompagnés de sauces diverses : crèmes, sirops et purées de fruits, tels : Fraises, framboises, groseilles, abricots, parfumés aux liqueurs. Le kirsch, le rhum, le marasquin, le curaçao sont les liqueurs préférées.

Bavarois.

Cet entremets n'est plus guère usité aujourd'hui, mais avantageusement remplacé par les crèmes et mousses glacées. Cependant en voici la formule :

Proportions : Travailler dans une casserole 250 grammes de sucre en poudre avec 8 jaunes d'œufs; délayer avec un demi-litre de lait bouillant, dans lequel on aura fait infuser une demi-gousse de vanille; ajouter 15 grammes de gélatine trempée à l'eau froide et bien égouttée. Faire prendre à feu très doux jusqu'à ce que la composition nappe bien la cuiller et sans bouillir. Passer au chinois dans une terrine ; la faire refroidir sur glace en remuant avec la cuiller et, quand la composition commence à se lier, lui incorporer un demi-litre de crème fouettée bien ferme et sucrée.

Verser aussitôt la composition dans des moules à douilles, de grandeur voulue, légèrement enduits d'huile d'amandes douces. Lorsque les moules sont remplis, on les incruste dans de la glace pilée.

Au moment de servir, tremper vivement le moule à l'eau tiède, l'essuyer; renverser alors l'entremets sur le plat de service, couvert ou non d'une serviette pliée, suivant le cas.

Au lieu d'huiler les moules, on peut les caraméliser comme pour la crème au Caramel; dans ce cas, l'entremets doit être dressé directe- ment sur le plat, sans serviette.

NOTA. — La dénomination de « Bavarois » tout court est complète- ment illogique, on pourrait penser que nous sommes des anthropo- phages; on devrait en tout cas dire « Crème Bavaroise » ou « Crème Moulée ».

Crème bavaroise au café.

Dresser la crème sur le plat de service ; la masquer de sauce crème à l'essence de café, additionnée au dernier moment de quelques cuillerées de crème Chantilly.

Crème bavaroise aux cerises.

Préparer une crème suivant la formule type : la dresser sur le plat de service et l'entourer de belles cerises dénoyautées, cuites dans un poêlon en cuivre, additionnées de sucre en poudre. Aussitôt cuites, lier le sirop produit par la cuisson avec de la gelée de groseille. Laisser refroidir sur glace.

Crème bavaroise au chocolat.

Préparer la crème comme il est dit à la formule type ; la dresser sur le plat de service. La masquer de sauce au chocolat.

Crème bavaroise aux fraises.

Préparer une crème comme il est dit dans la formule type ci-dessus. La dresser sur le plat de service, l'entourer de belles fraises macérées au sucre et kirsch et marasquin et liées avec de la purée de fraises crues et sucrées.

Crème bavaroise aux framboises.

Même procédé de préparation que les fraises et même dressage.

On pourra remplacer, suivant le cas, le kirsch et le marasquin par du curaçao, du rhum, de l'anisette, ceci à volonté.

Crème bavaroise aux marrons.

Ajouter à la composition de la crème type avant son complet refroidissement et l'addition de la crème fouettée, un tiers de son volume de purée de marrons préparée avec débris de marrons glacés parfumée au kirsch.

411

Dresser la crème sur plat de service; l'entourer de marrons glacés. Masquer l'entremets avec sauce Abricot, kirsch et marasquin.

Pour plus de facilité et éviter le démoulage de la crème, verser la composition dans une timbale en argent ou en porcelaine, la laisser refroidir sur glace. Au moment de servir, décorer la surface de crème Chantilly poussé au cornet et entourer la timbale de glace pilée. Servir en même temps la garniture adoptée.

Mais, comme je l'ai mentionné, ces crèmes solidifiées par de la gélatine sont délicieusement remplacées par les mousses glacées, évitant ainsi toute gélatine commerciale. (Voir « *Mousses glacées* ».)

On pourrait au besoin remplacer la gélatine animale par de *l'Agar Agar,* mais le corps gélatineux de cette mousse manque de souplesse et de ce fait trop cassante, ne donne pas à la crème la finesse que celle-ci doit avoir.

Crème bavaroise aux **pêches.**

Préparer la crème d'après la formule type ; la dresser sur plat de service et l'entourer de quartiers de pêches pochées dans un sirop léger vanillé. Masquer l'entremets avec un sirop d'Abricot au kirsch et marasquin.

BLANC-MANGER

Le Blanc-Manger, comme le Bavarois, est passé de mode, du moins l'ancien procédé, qui est remplacé par la Mousse Chantilly parfumée à l'Amande et glacée.
Le Blanc-Manger, comme le nom l'indique, doit être blanc comme neige et c'est une hérésie de dire « Blanc-Manger aux Fraises ou aux Framboises ». On devrait, dans ce cas, dire « Blanc-Manger accompagné de Fraises on de Framboises ».

Blanc-manger moderne.

Monder 250 grammes d'amandes douces et 2 ou 3 amandes amères. Les passer à l'eau froide, les piler aussi finement que possible, avec 150 grammes de sucre en poudre et quelques cuillerées d'eau, 5 à 6 cuillerées de crème très fraîche et 4 cuillerées de bon kirsch. Passer au tamis fin et mêler à la purée qui en résulte un demi-litre de crème Chantilly, sucrée.

Verser la composition dans un moule à biscuit glacé et le frapper à la glace et sel comme un biscuit ordinaire.

Dresser sur le plat de service couvert d'une serviette pliée, et sur le dessus du blanc-manger dresser de la crème Chantilly en forme de rocher imitant les cimes neigeuses des Alpes. Entourer la base du blanc-manger de sucre filé.

NOTA. — On pourra ne pas passer la composition au tamis, mais dans ce cas, les amandes doivent être réduites en pâte très fine.
Le blanc-manger de l'ancienne méthode n'est autre qu'une gelée au lait d'amande, qu'on pouvait à volonté parfumer au kirsch.

Blanc-manger à l'Anglaise.

Faire bouillir un litre de lait additionné de 150 grammes de sucre. Délayer 125 grammes de cornflour (fécule de maïs) avec 2 décilitres de lait froid et verser dans le lait bouillant.

Travailler la composition au fouet pour la rendre lisse ; la cuire en plein feu pendant 8 à 10 minutes, sans cesser de la remuer avec le fouet.

Retirer la casserole hors du feu, parfumer à volonté, la compléter avec un décilitre de crème fraîche. Verser aussitôt dans des moules préalablement humectés de sirop léger. Laisser raffermir sur glace et servir bien froid; soit au naturel, soit avec accompagnement d'une compote de fruits ou une simple purée de fraises ou purée de framboises, sucrées, etc.

NOTA. — Ce genre d'entremets peut également se dresser en timbale et en petits pots à crème. Dans ce cas, on peut décorer le dessus avec de la crème Chantilly poussée au cornet.

CHARLOTTES

Les Charlottes pour entremets froids sont foncées, soit de biscuits à la cuiller, soit de meringues couchées en forme de biscuits à la cuiller, sol de gaufrettes.

Charlotte Chantilly.

Garnir l'intérieur d'un moule à charlotte de grandeur voulue, de biscuits à la cuiller. Remplir le vide de crème Chantilly parfumée à la vanille et sucrée. Démouler sur le plat de service. Servir en même temps, et à volonté, une sauce aux fruits, soit : abricot, fraise, framboise, groseille, ou une sauce au chocolat.

Charlotte Hélène.

Foncer un moule à charlotte avec des meringues couchées en forme de biscuits à la cuiller. Remplir le vide avec de la crème Chantilly sucrée parfumée à la vanille à laquelle on aura mêlé des violettes de Parme cristallisées.

Dresser sur le plat de service recouvert d'une serviette pliée. Décorer le dessus de la charlotte avec de la crème Chantilly poussée au cornet et violettes cristallisées. Servir en même temps une sauce chocolat.

Charlotte Montmorency.

Foncer les parois d'un moule à charlotte avec des biscuits à la cuiller. Remplir le vide de glace à la vanille. Démouler aussitôt sur le plat de service recouvert d'une serviette. Décorer le dessus de la charlotte avec de la crème Chantilly. Servir en même temps une compote de cerises dénoyautées et liées à la gelée de groseilles.

Charlotte Normande.

Foncer les parois d'un moule à charlotte avec des biscuits à la cuiller. Remplir le vide avec de la marmelade de pommes préparée pourcharlotte et très réduite, additionnée d'un tiers de son volume de crème Chantilly.

Démouler sur plat de service. Décorer le dessus de la charlotte avec de la crème Chantilly. Servir en même temps un sirop d'Abricot au kirsch.

Charlotte Russe.

Garnir les parois et le fond d'un moule à charlotte avec des biscuits à la cuiller. Remplir le vide soit avec de la crème pour Bavarois *(Voir*
« *Bavarois* »), ou de la glace à la vanille. A l'une et l'autre de ces deux compositions, on pourra y mêler des fruits frais, par couches, soit : Abricots, ananas, bananes, pêches, fraises des bois, framboises, macérés au kirsch, marasquin, ou bien encore des morceaux de marrons glacés arrosés au dernier moment de quelques cuillerées de rhum ou de kirsch.

CRÈMES POCHÉES

Les crèmes pochées ne sont qu'une variété de la crème anglaise.

Les crèmes pochées sont préparées soit dans des pots spéciaux, soit dans de petites timbales en argent ou en porcelaine, soit dans des moules. Ces dernières sont démoulées lorsqu'elles sont froides; on les appelle « Crèmes renversées » par opposition aux premières qui sont toujours servies dans les ustensiles où elles ont cuit : pots ou timbales.

La crème au caramel est le type parfait de la crème renversée.

Les crèmes que l'on sert dans l'ustensile où elles ont cuit sont plus fines que les autres, parce que leur composition n'exige pas une quantité d'œufs aussi forte.

Crème pochée à la vanille.

Ajouter 200 grammes de sucre à un litre de lait bouillant, y joindre une demi-gousse de vanille et laisser infuser pendant 20 minutes.

Verser ce lait petit à petit sur 4 œufs entiers et 6 jaunes battus à l'avance dans une terrine, mélanger en fouettant la composition. Passer à la passoire fine ; laisser reposer pendant quelques instants ; enlever la mousse qui s'est formée à la surface et verser la composition dans des moules beurrés, ou dans les vases spéciaux à cet usage.

Pochage de la crème.

La crème doit pocher au bain-marie, c'est-à-dire se coaguler par la chaleur de l'eau du bain-marie maintenue constamment à 96 degrés, et à couvert. A aucun moment du pochage, l'eau du bain-marie ne doit bouillir, sans quoi l'air contenu dans la crème, porté à une trop haute température, se distend et forme une infinité de petites bulles qui, après le refroidissement, laissent la crème criblée de petits trous d'un effet disgracieux.

Aussitôt la crème pochée, on la retire du bain et on la laisse re- froidir.

Lorsque la crème est pochée dans les ustensiles dans lesquels elle doit être servie, les proportions d'un œuf entier et 8 jaunes par litre de lait sont suffisantes. Après pochage et refroidissement de la crème, ces ustensiles sont essuyés soigneusement et dressés sur serviettes.

Si la crème a été faite pour être démoulée, renverser doucement le moule sur le plat de service et ne l'enlever que quelques minutes après.

Ces crèmes peuvent être parfumées, soit au chocolat, au café, à la vanille, à l'orange, aux pralins d'amandes et noisettes, etc.

Crème pochée au caramel.

Chemiser le fond et les parois d'un moule avec du sucre cuit au caramel blond; l'emplir d'une composition de « Crème à la Vanille ». Pocher et démouler comme il est expliqué pour la « Crème à la
Vanille ».

Crème pochée Montmorency.

Préparer une crème au caramel; la démouler sur plat de service; la décorer avec de la crème Chantilly. Servir en même temps une compote de belles cerises Montmorency dénoyautées, le sirop additionné de gelée de groseille.

Crème pochée à la Viennoise.

C'est une crème au caramel dans laquelle le sucre, cuit au caramel blond, est dissous dans le lait chaud au lieu de servir à chemiser le moule. Elle se poche et se dresse comme la crème à la vanille.

On pourra, à volonté, l'accompagner de crème fouettée parfumée à la vanille.

CRÈMES A BASE DE CRÈME FOUETTÉE

Crème Chantilly.

Prendre de la crème très fraîche pas trop épaisse ; la fouetter jusqu'à ce qu'elle soit devenue ferme au point de tenir entre les branches du fouet. Ne pas dépasser ce but, sinon on finirait par obtenir du beurre.

L'additionner de 250 grammes de sucre en poudre par litre de crème.

Biscuit Marie-Rose.

Additionner à un demi-litre de crème Chantilly le quart de son volume de meringues brisées grossièrement.

Mettre la composition dans un moule à biscuits « Comtesse Marie », foncé de papier blanc; fermer hermétiquement, sangler fortement et tenir à la glace une heure et demie à 2 heures.

Démouler sur le plat de service ; retirer le papier et décorer au cornet avec de la crème Chantilly.

Servir en même temps une timbale de fraises macérées au curaçao et sucre, additionnées au dernier moment de purée de fraises sucrée.

Biscuit Chantilly aux framboises.

Se prépare tel le « Biscuit Marie-Rose », en remplaçant les fraises par des framboises très fraîches macérées au kirsch, additionnées de purée de framboises sucrée.

Brise d'Avril.

Un litre de crème Chantilly, additionnée de 500 grammes de fraises macérées au kirsch et marasquin et sucre en poudre, puis passées au tamis, légèrement frappées, dressées à la cuiller dans de jolies petites coupes en cristal. Placer dessus quelques violettes pralinées.

Pour les biscuits Chantilly, on pourra remplacer la meringue par des biscuits à la cuiller, imbibés soit : de kirsch, de rhum, curaçao, Marmer, Bénédictine, Vieille-Cure, etc.

On pourra procéder de même en remplaçant la crème Chantilly par de la composition préparée pour Crème à Bavarois ou, ce qui est plus délicat, par des crèmes au Beurre, à divers parfums : kirsch, rhum, café, purée de marrons, etc.

Ce genre de biscuits très simples à préparer est toujours très apprécié et, dans ce cas, le « Biscuit Guillout » est tout indiqué par sa finesse et la facilité d'exécution.

Exemple : Prendre un moule à biscuits dit « Comtesse Marie » de grandeur moyenne, couvrir le fond d'une feuille de papier blanc, mettre sur le papier une rangée de biscuits à la cuiller imbibés légèrement de kirsch, couvrir les biscuits d'une couche de crème de beurre, puis une nouvelle rangée de biscuits imbibés de kirsch et de crème; continuer ainsi jusqu'à ce que le moule soit bien plein. Tenir au frais.

Au moment de servir, démouler le biscuit sur le plat de service ; le décorer avec de la crème Chantilly poussée au cornet.

Servir en même temps, soit un sirop d'Abricot, au kirsch et marasquin ou tout autre parfum : fraise, cerise, etc.

NOTA. — Si la crème Chantilly est remplacée par de la crème pré- parée pour Bavarois, celle-ci étant collée, tenir le moule sur glace.

CRÈMES AU BEURRE

Pour ce genre de crèmes, on peut opérer de façons et à parfums à volonté.

Crème au beurre.

Préparer une crème anglaise de la façon suivante :

Proportions : 250 grammes de sucre en poudre, 8 jaunes d'œufs, un demi-litre de lait bouillant, vanille ou zeste d'orange infusés dans le lait.

Procédé : Travailler dans une casserole sucre et jaunes d'œufs jus- qu'à ce que la composition fasse le ruban ; mouiller petit à petit avec le lait ; faire prendre la crème sur le feu en remuant avec une spatule jusqu'au moment où la cuisson des jaunes étant complète, elle nappe bien la spatule.

Éviter l'ébullition qui amènerait la décomposition de la crème.

Aussitôt prête, la passer au chinois fin, dans une terrine, la vanner jusqu'à ce qu'elle ne soit plus que tiède et lui incorporer, par toutes petites parties, 500 grammes de beurre très fin, ramolli.

Crème au beurre au sirop.

Préparer un demi-litre de sirop à 28 degrés et faire infuser dedans le parfum adopté, soit : vanille, zeste ou pétales de fleurs, etc. Si le parfum est une liqueur quelconque, celle-ci s'ajoute quand la composition n'est plus que tiède et dans les proportions d'un demi-décilitre.

Il est préférable cependant d'employer des essences pour le parfum.

Il en est de même pour les crèmes au beurre au café.

Verser le sirop sur 10 jaunes et, petit à petit, faire prendre à feu doux comme une crème anglaise ; passer à la mousseline et lui incorporer par petite quantité 450 grammes de beurre fin.

Crème au beurre aux marrons.

Broyer 500 grammes de débris de marrons glacés avec 125 grammes de beurre fin ; délayer ensuite en fouettant, avec un décilitre et demi de sirop à 28 degrés parfumé au kirsch ou rhum.

GELÉES

La base des gelées : c'est la gélatine dans une quantité d'eau déterminée.

La meilleure gélatine est celle qui est fournie par la cuisson des pieds de veau, mais comme sa préparation est un peu compliquée, on la remplace souvent par de la gélatine que l'on trouve dans le commerce.

Gelée de pieds de veau.

Prendre de beaux pieds de veau dégorgés ; les mettre dans une casserole; les couvrir d'eau froide; mettre la casserole sur le feu et, au premier bouillon, retirer la casserole; rafraîchir les pieds et les mettre en cuisson avec 2 litres d'eau par pied. Écumer soigneusement, couvrir la casserole et laisser cuire très doucement pendant 7 heures environ. Au bout de ce temps, passer la cuisson et la dégraisser complètement, essayer sa force gélatineuse en en refroidissant quelques cuillerées sur glace; la rectifier s'il y a lieu, en y ajoutant la quantité d'eau filtrée en l'essayant de nouveau sur glace.

Par litre de cette gelée, ajouter : 300 grammes de sucre; un demi- zeste d'orange, un demi-zeste de citron; le jus d'une orange et le jus d'un citron.

Pour la clarification, procéder comme il est expliqué ci-dessous avec la gélatine commerciale.

Gelée à base de gélatine.

Faire dissoudre 35 grammes de gélatine dans un litre d'eau, ajouter
300 grammes de sucre, le zeste et le jus d'un demi-citron et d'une orange.

Clarification : Battre dans une casserole très propre un blanc d'œuf avec un verre à madère de vin blanc. Verser le sirop collé sur le blanc d'œuf petit à petit et en fouettant fortement. Poser la casserole sur le feu; fouetter toujours jusqu'à ce que l'ébullition se prononce. A ce moment, retirer la casserole sur le coin du feu; maintenir la gelée, casserole couverte, pendant un quart d'heure, chaleur douce sans bouillir.

Au bout de ce temps, la clarification étant à point, passer la gelée dans une chausse placée au-dessus d'une terrine en porcelaine, ou à défaut, dans une serviette très propre, attachée des quatre coins sur les pieds d'un tabouret renversé. Si la première gelée passée n'était pas tout à fait claire, il faudrait la passer une seconde fois jusqu'à ce qu'elle en sorte limpide. Laisser à peu près refroidir avant d'y ajouter le parfum.

Les éléments complémentaires des gelées sont : les liqueurs, les vins fins ou les fruits.

Toute gelée dont le parfum sera une liqueur comportera par litre,

9 décilitres de gelée et 1 décilitre de la liqueur adoptée, soit : kirsch, marasquin, rhum, curaçao, anisette, etc.

Une gelée aux vins fins comme : Champagne, Madère, Marsala, etc., comportera 7 décilitres de gelée et 3 décilitres du vin choisi pour compléter le litre.

Pour les gelées aux fruits, tels : les fraises, framboises, groseilles, cerises, bananes, pêches, etc., on prépare une gelée à une liqueur au choix. Les fruits sont montés par rangées dans un moule entouré de glace pilée, la gelée est ajoutée après rangée de fruits; dès que la gelée est prise, on renouvelle l'opération jusqu'à ce que le moule soit complètement plein.

Tenir le moule entouré de glace jusqu'au moment de dresser la gelée.

On prépare aussi des gelées aux sucs de fruits, tels : la fraise, la framboise et les cerises; ces gelées étant très délicates sont servies dans des jolies coupes à champagne.

Préparation. — Proportions : 300 grammes de fraises, 200 grammes de framboises, ces fruits très frais et soigneusement épluchés; les dé- poser dans une terrine blanche, les couvrir de 7 décilitres de sirop à

28 degrés, à moitié refroidi, parfumé à la vanille. Couvrir la terrine; laisser macérer pendant 2 heures au frais. Verser le tout dans un tamis de Venise, placer sur une terrine et laisser passer le sirop sans pression.

Ajouter au sirop 2 décilitres de liqueur au choix et 20 grammes d'Agar-Agar dissoute dans un décilitre d'eau. Verser immédiatement clans les coupes. Tenir au frais.

Cette façon de servir la gelée est très en usage à la Réunion, c'est un agréable dessert à l'heure du thé. On peut, à volonté, garnir les coupes de fruits frais, soit : pêches, coupées en quartiers, fraises, framboises, cerises cuites en compote, bananes, etc.

NOTA. — Cette gelée prend très vite et elle doit être versée dans les coupes, un peu tiède.

PUDDINGS FROIDS

Pudding diplomate.

Préparer un demi-litre de crème pour Bavarois, légèrement collée.

Garnir un moule à cylindre ou, à défaut, un moule à charlotte, de la crème préparée, dressée par couches alternées de biscuits à la cuiller imbibés de kirsch. Sur chaque couche de biscuits, semer des raisins de Smyrne gonflés au sirop tiède ; disposer de place en place quelques cuillerées à café de confiture d'abricots.

Tenir le moule sur glace et démouler le pudding au moment de le servir, et le masquer d'un sirop d'Abricot au kirsch et marasquin.

Pudding diplomate aux fruits.

Préparer un pudding tel que le précédent. Au moment de le servir, le démouler sur le plat de service, l'entourer soit : de demi-pêches, abricots, cerises, poires en quartiers, ces fruits cuits au sirop. Lier le sirop de cuisson des fruits avec de la purée d'abricot; parfumer au kirsch et marasquin et saucer le pudding et les fruits.

Pudding aux marrons.

Ajouter à un demi-litre de glace à la vanille 200 grammes de débris de marrons glacés passés au tamis, 2 décilitres de crème fouettée et su- crée. Dresser la composition dans un moule à pudding glacé, par couches intercalées de macarons imbibés au rhum. Frapper le moule à la glace.

Au moment de servir, démouler le pudding sur le plat de service, l'entourer de beaux marrons glacés. Sauce Abricot au rhum.

Pudding de riz Joséphine.

Proportions pour 6 *personnes* ; Laver 300 grammes de beau riz Joséphine ; le mettre dans une casserole, le couvrir largement d'eau froide, mettre la casserole en plein feu; au premier bouillon, égoutter le riz, le remettre dans la casserole, le mouiller de 6 à 7 décilitres de lait bouillant, une prise de sel et 2 cuillerées à café de beurre, un petit bout de vanille; couvrir la casserole, la poser sur le feu et, dès que l'ébullition se prononce, retirer la casserole, la mettre à l'entrée du four chaleur douce. Après 12 minutes de cuisson, ajouter 150 gr. de sucre, continuer la cuisson 10 à 12 minutes. A ce point, le lait doit être absorbé et le riz assez cuit. Retirer la casserole hors du feu et lier le riz avec 3 jaunes d'œufs étendus de 3 cuillerées de crème. Parfumer le riz au kirsch et marasquin et verser aussitôt dans une belle coupe en cristal. Laisser refroidir.

D'autre part, on aura choisi une livre de belles fraises, soigneuse- ment épluchées, 350 grammes des plus jolies mises à macérer au sucre, kirsch et marasquin et 150 grammes passées au tamis dont la purée qui en résulte est ajoutée aux fraises en macération.

Au moment de servir, disposer une belle couronne de fraises en bordure de la coupe et dresser sur le centre un rocher de crème Chantilly. Servir en même temps le restant des fraises dans une timbale en argent.

ENTREMETS DE FRUITS FROIDS

Abricots Mireille.

Choisir de beaux abricots bien mûrs; les fendre sur un côté, retirer le noyau et les peler; les déposer dans un plat creux, les saupoudrer de sucre fin; couvrir le plat et laisser macérer une heure, les arroser alors de kirsch et marasquin, casser les noyaux, émonder les amandes et au moment de servir les remettre dans les abricots à la place des noyaux. Sur un lit de glace à la vanille, disposer en couronne les abricots, les masquer légèrement de sirop d'Abricot au kirsch et marasquin. Dresser sur le centre un rocher de crème Chantilly. Couvrir d'un léger voile en sucre filé parsemé de fleurs de jasmin et de violettes de Provence cristallisées.

Abricots Duchesse.

Préparer les abricots comme les précédents, mais dans le cas où ils seraient un peu fermes, les cuire comme pour compote.

Dressage : Garnir autant de coquilles de meringue que de convives, de glace à la vanille. Disposer sur la glace un abricot. Masquer légèrement d'un sirop d'Abricot très réduit, parfumé au kirsch et marasquin. Entourer chaque meringue de sucre filé, donnant l'illusion d'un nid; placer sur chaque abricot une belle fraise.

Dresser les meringues sur un joli plat en argent, recouvert de petites serviettes à thé.

Ananas à la Parisienne.

Dans le centre d'un savarin trempé au kirsch, disposer à mi-hauteur un lit de mousse glacée à l'ananas. Dresser sur la mousse de belles fraises macérées au sucre et kirsch.

Dresser en couronne sur le savarin des demi-tranches d'ananas macérées au kirsch, les masquer d'un sirop d'ananas lié à la purée d'abricot parfumée au marasquin.

Servir en même temps de la crème Chantilly.

Mousse à l'ananas au sirop.

Choisir un ananas à chair jaune et bien mûr ; le parer à vif et arracher la chair avec une fourchette ; les déposer dans une terrine, les saupoudrer légèrement de sucre ; couvrir la terrine.

D'autre part : Délayer 16 jaunes d'œufs avec un demi-litre de sirop à 28 degrés, un peu tiède, parfumé à la vanille ; passer le mélange à la passoire fine et lui ajouter la pulpe d'ananas.

Faire prendre la liaison à feu doux en fouettant comme pour une Génoise. Quand la composition est bien montée et fait le ruban, la retirer du feu; continuer à la fouetter sur glace jusqu'à parfait refroidissement.

Ajouter alors un demi-litre de crème fouettée très ferme.

Mouler la composition soit dans un moule à bombe ou à biscuit glacé. Temps de glace : 2 à 3 heures pour un moule de la contenance d'un litre.

Dressage : Démouler, au moment de servir, sur plat recouvert de petites serviettes à thé.

NOTA. — Lorsque la Mousse est destinée à servir de lit tel comme il est dit pour « l'Ananas à la Parisienne », la Mousse étant bien glacée, la prendre avec une cuiller et former un lit pour recevoir soit : fraises, pêches, abricots, etc.

Mousse d'ananas à la crème.

Préparer une crème anglaise avec 250 grammes de sucre en poudre,
8 jaunes d'œufs et un quart de litre de lait bouilli; la laisser refroidir en la fouettant. Lui ajouter 250 grammes de pulpe d'ananas comme il est indiqué pour la Mousse au Sirop, puis lorsque la composition est bien froide, lui incorporer le quart d'un litre de crème Chantilly.

Mouler la composition dans un moule à biscuit et la glacer et servir comme la « Mousse au Sirop».

BANANES

Bananes en salade.

Choisir des bananes mûres à point, enlever l'écorce et couper le fruit en rondelles. Les ranger dans un plat creux, les saupoudrer de sucre, les arroser de quelques cuillerées de jus d'orange et laisser macérer
15 à 20 minutes.

Au moment de servir, les mettre dans une coupe en cristal et les arroser de bon kirsch.

On pourra additionner aux bananes des gousses d'oranges pelées à vif, complètement débarrassées de leur enveloppe.

Mousse de banane.

Préparer une crème à l'anglaise tel qu'il est indiqué pour la « Mousse à l'Ananas », et remplacer l'ananas par 250 grammes de pulpe de banane passée au tamis fin. Compléter avec la crème Chantilly et la faire glacer de même.

NOTA. — On peut faire toutes les mousses aux fruits tout simple- ment en ajoutant comme proportions à 250 grammes de purée de fruit :
250 grammes de sucre en poudre et un demi-litre de crème fouettée un peu ferme. La mouler et glacer ensuite.

CERISES

Cerises au vin de Bordeaux ou soupe aux cerises à la Française.

Choisir une livre de belles cerises de Montmorency, les dénoyauter et les mettre dans une timbale en argent de grandeur voulue ; leur ajouter 250 grammes de sucre en poudre, un tout petit morceau de cannelle, le zeste d'une moitié d'orange et 5 à 6 cuillerées de gelée de groseille.

Verser dessus une bouteille et demie de bon bordeaux. Couvrir la timbale, faire donner un bouillon et la tenir 10 à 12 minutes sur le coin du feu, le temps nécessaire pour pocher les cerises. Les laisser refroidir.

Servir ces cerises dans des coupes de cristal accompagnées soit de biscuits à Champagne ou de macarons.

Ce délicieux dessert est très apprécié à l'heure du thé.

Cerises Mireille.

Choisir une livre de belles cerises de Montmorency ; les dénoyauter, les mettre dans un poêlon avec 200 grammes de framboises très fraîches passées au tamis et le tiers d'un bâton de vanille. Couvrir le poêlon, donner deux ébullitions et tenir pendant 10 à 12 minutes sur le coin du feu, puis déposer les cerises dans une terrine. Laisser refroidir dans leur sirop.

D'autre part : Mêler à trois quarts de litre de crème Chantilly une dizaine de toutes petites meringues. Verser la crème dans un moule à biscuit glacé dont on aura tapissé le fond et les parois de papier blanc. Fermer le moule et le frapper à la glace comme à l'ordinaire.

Au moment de servir, démouler la Mousse sur le plat de service, l'entourer de quelques cerises, la masquer légèrement avec le sirop. Servir dans une timbale à part le restant des cerises.

NOTA. — Comme variante, on pourra remplacer les petites meringues par des petits macarons imbibés soit : de kirsch, marasquin, curaçao ou rhum.

On pourra garnir ou accompagner ce genre de Mousse soit : de pêches, fraises, abricots, pochés ou non dans un sirop à la vanille, et dire « Mousse de Pêches Mireille » en donnant le nom du fruit choisi.

On ne doit jamais cuire les fraises, les faire simplement macérer au sucre et à la liqueur adoptée.

FIGUES

Soit à l'état cru, soit cuites, les figues fraîches bien mûres peuvent fournir d'exquis entremets, dont quelques-uns suivent :

Figues à la mode du Carlton, à Londres.

Peler des figues fraîches ; les diviser en deux parties, les ranger dans une timbale en argent ou dans une coupe en cristal et tenir sur glace.

D'autre part : Préparer une purée de framboises, le double de son volume de crème Chantilly et couvrir complètement les figues avec cette composition.

Figues à la crème et liqueurs.

Peler les figues, les diviser en deux parties et les ranger dans une timbale, les sucrer très légèrement, les arroser de quelques cuillerées de liqueur de noyau ou curaçao au choix et tenir sur glace.

Au moment de servir, recouvrir les figues de crème Chantilly.

NOTA. — Après avoir été cuites en compote ou dans le four, les figues fraîches peuvent être dressées sur un lit de riz, de semoule, de frangipane, etc. Mais, à mon avis, les figues fraîches cuites au four sont préférables.

Choisir des figues à peau fine, sans être pelées les ranger dans un plat en terre au fond duquel on a mis quelques cuillerées d'eau, les saupoudrer de sucre et les cuire au four comme les pommes. Le sucre, pendant la cuisson du fruit, se caramélisant, donne un goût fort apprécié que ne donne pas le sirop, généralement trop sucré.

Ces figues cuites au four, servies froides accompagnées de crème Chantilly, constituent un dessert très délicat.

Les figues sèches peuvent se traiter comme les pruneaux au sirop, au vin rouge, et se servir avec du riz ou de la semoule au lait.

FRAISES
Fraises à la créole.

Mouler dans un moule à bordure du riz cuit pour entremets lié aux jaunes d'œufs et parfumé au kirsch et marasquin. Tenir le moule sur glace.

D'autre part : choisir une livre de belles fraises, les nettoyer soigneusement, les déposer dans une petite terrine, les saupoudrer de sucre, les arroser de kirsch et marasquin ; couvrir la terrine et laisser macérer

15 à 20 minutes.

Par ailleurs, on aura coupé des tranches minces d'ananas; les diviser en deux parties.

Démouler le riz sur le plat de service. Garnir le vide de la bordure avec les fraises et disposer sur la bordure les tranches d'ananas également macérées au kirsch. Arroser le tout d'un sirop au kirsch et marasquin.

Servir en même temps de la crème Chantilly dressée dans une coupe en cristal.

Fraises Jeanne Granier.

Choisir une livre de très belles fraises ; les nettoyer soigneusement, les déposer dans une terrine, les saupoudrer de sucre, les arroser de curaçao Grand Marnier. Couvrir la terrine et la tenir sur glace.

Au moment de servir, disposer au fond d'une timbale ou d'une coupe en cristal un lit de glace à l'orange. Ranger sur cette glace les fraises avec leur jus et les couvrir avec une composition de mousse ou sirop parfumée au curaçao et non glacée.

Mousse au curaçao.

Délayer 8 jaunes d'œufs avec un quart de litre de sirop à 28 degrés, un peu tiède; passer le mélange à la passoire fine dans une casserole. Faire prendre liaison sur feu doux ou au bain-marie en fouettant comme pour une Génoise. Quand la composition est bien montée et fait le ruban, retirer la casserole du feu ; continuer à fouetter sur glace jusqu'à parfait refroidissement. Ajouter alors un demi-décilitre de curaçao et à peu près le même volume de composition de crème fouettée au mo- ment de servir.

Fraises Lerina.

Choisir un melon Cantaloup de grosseur moyenne mûr à point; l'ouvrir en détachant un morceau rond de 7 à 8 centimètres de diamètre dont le pédicule forme le centre, mettre ce rond en réserve. Retirer les graines et les filaments contenus dans le melon ; puis détacher la pulpe du melon avec une cuiller à dessert, la déposer dans une terrine et lui mêler une livre de fraises des bois ou de quatre-saisons. Saupoudrer de sucre et arroser d'un bon décilitre de la liqueur Lérina, autrement dit « Liqueur des Moines des Iles de Lérin ». Couvrir la terrine et faire macérer pendant une heure.

Dresser le melon sur plat de service recouvert d'une serviette, remplir le melon avec les fraises et la pulpe de melon, n intercalant les fruits de quelques cuillerées de glace à l'orange.

Fraises Monte-Carlo.

Choisir de belles fraises de serre, retirer les pédicules. Mettre les fraises dans une terrine, les saupoudrer de sucre, les arroser de curaçao et tenir sur glace.

Avec des fraises moins belles et quelques framboises, préparer une fine purée, la sucrer légèrement, la tenir au frais sur glace pilée. Au moment de servir, incorporer à cette purée moitié de son volume de crème Chantilly.

On aura préparé à l'avance une mousse au curaçao moulée dans un moule à biscuit glacé dit « Comtesse Marie » et glacée ensuite, et autant de coquilles de meringue qu'il y a de convives, ces coquilles entourées de sucre filé, au moment de servir, de façon à leur donner l'aspect de jolis petits nids.

Dressage : Démouler la mousse sur plat ovale ; ranger les nids sur les bouts du plat. Garnir le fond de chaque nid d'une cuillerée de purée de fraises à la Chantilly; placer sur celle-ci 2 ou 4 fraises en macération au curaçao.

Masquer la mousse de purée de fraises à la Chantilly et la recouvrir d'un léger voile en sucre filé, parsemé de violettes de Monte-Carlo cristallisées.

Fraises Ritz.

Dresser en timbale en argent ou dans une coupe en cristal 500 gr. de belles fraises épluchées, les saupoudrer de sucre, les tenir sur glace. Passer au tamis fin 150 grammes de fraises de quatre-saisons avec 150 grammes de framboises bien fraîches et ajouter à la purée qui en résulte à peu près le même volume de crème Chantilly bien ferme, et en masquer complètement les fraises.

Fraises Romanoff.

Faire macérer de belles fraises avec suc d'orange et curaçao. Les dresser en timbale ou coupe en cristal et les recouvrir de crème Chantilly.

FraisesSarah-Bernhardt.

Choisir de très belles fraises de serre, retirer les pédoncules, et mettre les fraises à macérer au sucre et curaçao Grand-Marnier.

D'autre part, on aura préparé à l'avance une Mousse à l'Ananas avec pulpe d'ananas, moulée dans un moule à biscuit glacé, et glacée ensuite.

Démouler le biscuit sur le plat de service, l'entourer des fraises en macération et masquer le biscuit de mousse au curaçao très froide, mais pas glacée. Servir en même temps de fins macarons.

Pour le service courant des restaurants, pour activer le service, on dresse dans le fond d'une timbale en argent un lit de glace à la vanille additionnée de pulpe d'ananas demi-confite sur laquelle on dispose les fraises en macération qu'on recouvre de mousse au curaçao non glacée.

Fraises Tosca.

Faire macérer au sucre, jus d'orange et kirsch, dans une timbale en argent, de très belles fraises. Les recouvrir d'une purée de framboises additionnée de son volume de crème Chantilly. Parsemer le dessus de macarons en poudre.

Mandarines glacées.

Avec un emporte-pièce rond uni de 2 centimètres de diamètre, lever un morceau d'écorce sur les mandarines, du côté du pédoncule; ensuite les vider et tenir les écorces dans l'étuve à glace.

Au moment de les servir, garnir les écorces de glace à la mandarine préparée avec un sirop à 22 degrés dans lequel on aura fait infuser le zeste de quelques mandarines et ajouté le jus des mandarines en traitement. Couvrir les mandarines avec le rond enlevé formant couvercle et les dresser sur un lit de glace broyée en neige.

Lorsque l'on peut se procurer des mandarines avec feuilles bien fraîches, l'effet de présentation est plus flatteur.

MELON
Melon glacé.

Choisir un bon melon d'une moyenne grosseur, mûr à point ; faire une incision circulaire autour de la queue de 7 à 8 centimètres de diamètre et enlever le morceau, le mettre en réserve.

Retirer les graines et les filaments : détacher la pulpe au moyen d'une cuiller eu argent et la couper en gros dés. Les déposer dans une terrine, les saupoudrer de sucre, les arroser de kirsch et de marasquin.

Saupoudrer de sucre l'intérieur du melon.

Dressage : Garnir le melon avec la pulpe coupée en dés et macérée au kirsch, en intercalant les dés de pulpe de glace à l'orange.

Fermer le melon avec la partie enlevée formant couvercle et dresser sur plat recouvert d'une serviette pliée.

ORANGES

Autrefois, la Gelée à l'Orange parfumée au kirsch était très à la mode, elle était servie dans l'écorce de l'orange à laquelle on donnait la forme d'un petit panier à anse. Aujourd'hui, les gelées sont rem- placées par de la glace.

Cependant, ces paniers garnis de fraises des quatre-saisons macérées au sucre et kirsch, recouvertes de gelée à l'orange, avaient bien leur charme.

On peut remplacer la gelée par de la glace à l'orange et disposer sur la glace 3 à 4 grosses fraises macérées quelques instants au sucre et curaçao.

Ces paniers garnis de glace à l'orange et grosses fraises pourront, suivant les circonstances, être légèrement enveloppés d'un léger voile en sucre filé et dressés sur un joli plat en argent de forme ovale.

PÊCHES ET NECTARINES, OU BRUGNONS

Pêches Adrienne.

Choisir des pêches de qualité tendre, mûres à point, autant qu'il y a de convives. Les tremper vivement dans de l'eau bouillante, les re- tirer aussitôt avec une écumoire et les jeter dans de l'eau contenant de la glace en morceaux ; les débarrasser de leur pelure ; les ranger sur un plat, les saupoudrer de sucre et les tenir au frais.

On aura préparé une fine glace à la fraise des bois et crème fraîche parfumée à la vanille et autant de coquilles de meringue qu'il y a de pêches.

Dresser la glace dans une coupe en cristal de forme basse et incruster dessus les coquilles de meringue. Placer une pêche dans chacune, les masquer d'une légère nappe de mousse au curaçao non glacée. Disposer dessus un voile au sucre filé, parsemé de pétales de roses cristallisées.

Incruster la coupe dans un bloc de glace, ou l'entourer simplement de glace en neige.

Pêches Aiglon.

Après avoir préparé les pêches comme les précédentes, et débarrassées de leur pelure, les mettre dans une terrine, les couvrir d'un sirop à 28 degrés et bouillant, les laisser refroidir dans le sirop.

Au moment de servir, égoutter les pêches et les dresser sur un lit de glace à la vanille, disposée dans une timbale en argent. Semer des violettes de Parme pralinées sur les pêches; incruster la timbale au bas d'un bloc de glace imitant un rocher surmonté d'un aigle taillé dans la glace et couvrir l'ensemble de sucre filé.

Pêches à l'Aurore.

Préparer les pêches comme les précédentes, après les avoir débarrassées de leur pelure, les déposer dans une terrine, les couvrir de sirop parfumé au kirsch et les laisser refroidir dans le sirop.

D'autre part, on aura préparé une « Mousse glacée aux Fraises », la dresser dans une coupe en cristal et l'entourer avec les pêches bien égouttées. Napper le tout d'un Sabayon froid au curaçao.

Pêches Alexandra.

Préparer les pêches comme les précédentes; les couvrir d'un sirop à la vanille bouillant, les laisser refroidir dans le sirop.

Les dresser sur une couche de glace à la vanille dressée dans une coupe en cristal ; les masquer d'une purée de fraises sucrée parfumée au marasquin. Semer sur les pêches des pétales de roses rouges et blancs cristallisés.

Pêches Cardinal.

Préparer les pêches comme il est expliqué pour les « Pêches Adrienne », les dresser dans une timbale en argent, les masquer d'une purée de fraises au kirsch et marasquin. Semer sur les pêches des amandes fraîches effilées.

NOTA . — Les « Pêches Cardinal » ne comportent pas de glace à la vanille, comme il a été dit par erreur dans le *Guide Culinaire*.

Aux pêches pour « Cardinal », on peut retirer les noyaux; pour cela on dégage légèrement le côté de la tige et avec une aiguille à brider, par le côté opposé, on pousse le noyau qui sort facilement.

Les pêches doivent être bien mûres, à chair tendre n'adhérant pas au noyau.

Pêches au Château-Laffitte.

Échauder les pêches, les peler et les diviser en deux. Les pocher dans du vin de Château-Laffitte, en quantité suffisante pour qu'elles en soient couvertes et sucrées à raison de 250 grammes de sucre par bou- teille de vin et un décilitre de gelée de groseille.

Laisser refroidir dans le sirop, dresser les pêches dans une timbale avec le sirop.
Servir en même temps des macarons de Nancy.

Pêches Dame Blanche.

Préparer les pêches comme il est expliqué pour les « Pêches Aiglon » ; les débarrasser de leur pelure, les déposer dans une terrine, les couvrir de sirop bouillant, les laisser refroidir dans le sirop.

Au moment de servir, égoutter les pêches et les disposer en couronne sur un lit de glace à la vanille dans laquelle on aura mêlé des petits dés d'ananas légèrement confit, dressée dans une coupe en cristal. Sur le centre, un rocher de crème Chantilly.

Pêches Eugénie.

Choisir des pêches mûres à point; enlever le noyau avec précaution. Les dépouiller de leur pelure, les disposer dans une timbale en les intercalant de fraises des bois. Arroser de quelques cuillerées de kirsch et marasquin, les saupoudrer de sucre fin et tenir sur glace.

Au moment de servir, masquer les pêches d'un Sabayon au Champagne très froid.

Pêches Melba.

Choisir des pêches à chair tendre n'adhérant pas au noyau; les plonger une minute dans de l'eau bouillante, puis dans de l'eau glacée, comme il est expliqué aux « Pêches Adrienne », les déposer sur un plat, les saupoudrer de sucre et les tenir au frais.

D'autre part, on aura préparé une glace à la vanille très crémeuse et une purée de framboises aussi fraîches que possible et sucrée.

Dresser la glace à la vanille dans une timbale ou dans une coupe en cristal, disposer les pêches sur la glace et les napper de purée de framboises.

NOTA. — Pendant la saison des amandes vertes, on pourra facultativement semer sur les pêches des amandes finement effilées; mais ne jamais faire usage d'amandes sèches.

Pêches Petit-Duc.

Préparer les pêches comme « Melba », les dresser en couronne sur un lit de glace à la vanille et les napper de confiture de groseilles rouges de Bar-Le-Duc. Disposer sur le centre un rocher de crème Chantilly.

Pêches Rose Chéri.

Choisir des pêches mûres à point, sortir le noyau avec précaution. Les débarrasser de leur pelure, les déposer dans une terrine, les couvrir de sirop bouillant et les laisser refroidir dans le sirop.

D'autre part, pour 6 pêches, prendre 300 grammes de cerises de Montmorency, les dénoyauter, les mettre dans un poêlon en cuivre avec

150 grammes de sucre en poudre, les cuire pendant 7 à 8 minutes et ajouter 150 grammes de gelée de groseille, dès que la gelée est fondue, verser les cerises dans une terrine et les laisser refroidir.

Au moment de servir, dresser dans une coupe en cristal un lit de glace à la vanille; disposer les pêches sur la glace, les intercaler de cerises sans le sirop. Mêler au sirop le double de crème Chantilly et couvrir les pêches.

Pêches Trianon.

Préparerles pêches comme les précédentes. D'autre part, pour

6 pêches, prendre une livre de fraises des quatre-saisons, en mettre 300 grammes dans une terrine, les saupoudrer de sucre, les arroser d'un décilitre de curaçao sec, et avec le restant des fraises préparer une purée, la sucrer et la joindre aux fraises. Laisser macérer une demi- heure.

Au moment de servir, dresser dans une timbale ou une coupe en cristal un lit de glace à la vanille, disposer sur la glace 6 beaux macarons imbibés de curaçao, placer une pêche sur chaque macaron et les couvrir avec les fraises en macération. Couvrir le tout avec de la crème Chantilly.

POIRES

Poires Bohémienne.

Choisir des poires de grosseur moyenne à chair tendre ; les pocher dans un sirop vanillé, les laisser refroidir.

Dressage : Dresser dans une coupe en cristal un lit de glace à la vanille, semer sur la glace des morceaux de marrons glacés, les arroser légèrement de rhum. Disposer les poires sur ce lit et les masquer d'un sirop d'Abricot parfumé au rhum.

Poires Cardinal.

Choisir des poires de belle grosseur moyenne et à chair tendre ; les pocher dans un sirop vanillé. Les laisser refroidir dans le sirop.

Les dresser en timbale, les masquer d'une purée de fraises sucrée parfumée au kirsch et marasquin.

Poires Florentine.

Diviser les poires en quartiers; les parer et les cuire dans un sirop vanillé.

D'autre part, verser en pluie 300 grammes de semoule dans un litre de lait bouillant additionné de 250 grammes de sucre et le quart d'une gousse de vanille. Cuire à petit feu 18 à 20 minutes, retirer la casserole hors du feu, lier la semoule avec 3 jaunes d'œufs étendus d'un décilitre de crème très fraîche ; compléter avec 3 cuillerées de kirsch/et marasquin et verser la composition dans un moule à bordure dont on aura humecté les parois de sirop. Tenir le moule entouré de glace, pendant une heure avant de servir.

Démouler sur le plat de service ; garnir le centre avec les quartiers de poires bien égouttés. Les masquer, ainsi que la bordure, d'un sirop d'Abricot au kirsch et marasquin.
Dresser sur les poires un rocher de crème Chantilly.

Poires Hélène.

Pocher les poires au sirop vanillé et les laisser refroidir. Au moment de les servir, les dresser en timbale ou dans une coupe en cristal, sur un lit de glace à la vanille parsemé de violettes pralinées.
Servir à part une sauce Chocolat chaude.

Poires Mary Garden.

Cuire les poires dans un sirop léger; les laisser refroidir dans le sirop. Les dresser dans une coupe en cristal, sur un lit de glace à la va- nille ; les couvrir de cerises dénoyautées, cuites en compote, le sirop réduit et lié avec de la gelée de groseille framboisée.

Poires Melba.

Choisir des poires de grosseur moyenne à chair fine ; les cuire dans un sirop vanillé, les laisser refroidir. Les dresser dans une coupe en cristal sur un lit de glace à la vanille et les masquer de purée de framboises sucrée.

Poires Richelieu.

Cuire les poires au vin de Bordeaux rouge sucré à raison de 125 gr. de sucre par bouteille de vin, le zeste d'une orange, un soupçon de cannelle. Aussitôt que les poires sont cuites, les déposer dans une terrine ; ajouter à la cuisson de la gelée de groseille, donner quelques minutes d'ébullition. Verser sur les poires, laisser complètement refroidir et les dresser dans une coupe en cristal, ou en timbale.

Servir en même temps de la crème Chantilly vanillée et une assiette de beaux macarons.

POMMES

Pommes Châtelaine.

Préparer de la pomme pour charlotte de pomme, la lier avec le tiers de son volume de marmelade d'abricot; laisser refroidir.

Foncer le fond et garnir les parois d'un moule à charlotte de biscuits à la cuiller et le remplir avec la pomme.

Dresser la charlotte sur le plat de service couvert d'un papier den- telle. La décorer copieusement avec de la crème Chantilly, poussée au cornet et semer sur la crème des pralines roses réduites en poudre.

Pommes aux raisins de Smyrae.

Proportions pour 6 personnes : Choisir 6 pommes Reinette de grosseur moyenne ; les diviser en quartiers, les peler, les parer, les cuire à court mouillement dans un sirop léger ; les laisser refroidir.

D'autre part, faire gonfler, dans quelques cuillerées de sirop très léger et bouillant, 150 grammes de raisins de Smyrne, ajouter I décilitre de bon Madère et 2 décilitres de purée d'abricots sucrée et la cuisson des pommes; faire bouillir quelques minutes et laisser refroidir. On aura préparé d'avance 12 tranches de brioche coupées en demi-lune, puis mises sur une plaque, saupoudrer de sucre fin, les mettre au four et faire légèrement caraméliser le dessus.

Au moment de servir, dresser en couronne sur le plat de service les tranches de brioche sur lesquelles on dispose les quartiers de pomme et qu'on couvre avec les raisins.

Facultativement, on pourra servir en même temps de la crème Chantilly.

NOTA. — On pourra faire les pommes aux cerises en remplaçant les raisins par des cerises confites.

ENTREMETS FROIDS DIVERS

Biscuit Monte-Carlo.

Sur une planche légèrement mouillée et recouverte de papier d'office, placer 4 à 5 grands cercles à flan. Les remplir de meringue à moitié de leur hauteur; cuire la meringue et la tenir ensuite à l'étuve pendant
24 heures, de façon à ce qu'elle soit très sèche.

Rassembler ces disques de meringue l'un sur l'autre en les intercalant de crème Chantilly saupoudrée de chocolat râpé. Glacer au chocolat la surface du dernier disque, puis décorer le tour du Biscuit avec de la crème Chantilly poussée au cornet.

Sur les bords du Biscuit, former une bordure de petites roses en crème, et placer dans chaque rosace une violette pralinée.

Croûte Joinville.

Imbiber légèrement de sirop au kirsch des tranches de Savarin frais; les dresser en turban en les alternant de minces tranches d'ananas macérées au kirsch, garnir le milieu de crème Chantilly montée en pyramide et la saupoudrer de chocolat râpé.
Entourer le turban de sirop d'Abricot au kirsch et marasquin.

Croûte Mexicaine.

Prendre une brioche cuite de la veille dans un moule à charlotte de grandeur moyenne. Diviser la brioche en deux parties et tailler dessus des tranches demi-lunes. Les saupoudrer de sucre et les faire légère- ment caraméliser au four. Dresser ces croûtes en formes de couronne en les intercalant de tranches d'ananas.

Au moment de servir, napper les croûtes de brioche et ananas d'un sirop d'Abricot au rhum et froid. Dresser au centre de la couronne un rocher de glace : Vanille, Orange, Fraise.

Croûte Normande à la Chantilly.

Préparer des tranches de brioche comme les précédentes; les dis- poser en couronne sur un plat rond; les napper d'un sirop d'Abricot au kirsch et marasquin froid.

Garnir le centre de pommes cuites pour charlotte et refroidies, additionnées de quelques cuillerées de marmelade d'abricots ; recouvrir de crème Chantilly vanillée, montée en pointe.

NOTA. — On pourra varier ce genre d'entremets de plusieurs façons en changeant la garniture, crème ou glace, fruits et parfums.

Mont-Blanc aux Marrons.

Après avoir débarrassé les marrons de la peau et seconde pelure, les cuire à l'eau ou au lait à court-mouillement ; ajouter une pincée de sel. Aussitôt cuits, les égoutter, les passer au tamis, au-dessus d'un plat, les marrons tombant du tamis doivent être semblables à un petit vermicelle. Les saupoudrer de sucre vanillé et, sans les tasser, les sou- lever délicatement avec une fourchette, les dresser en couronne sur le plat de service sans déformer le vermicelle, ou sur une bordure de Savarin au kirsch. Dresser au centre de la crème Chantilly vanillée, en la montant irrégulièrement pour donner l'illusion des neiges du mont Blanc.

Mont-Rose.

Foncer un moule à charlotte avec des coquilles de meringue de grosseur moyenne. Au moment de servir, la garnir de glace à la vanille. Démouler la charlotte sur le plat de service, dresser sur le dessus un rocher de glace à la fraise à la crème. Couvrir légèrement le rocher de crème Chantilly à la fraise.

Mousse Monte-Carlo.

Foncer un moule à charlotte avec coquilles de meringue. Au moment de servir, garnir l'intérieur de crème Chantilly à la mandarine.

Dresser la mousse sur le plat de service. Couvrir le dessus avec de la même crème à la mandarine et la parsemer de violettes de Parme cristallisées.

Préparation de la mousse Monte-Carlo.

Fouetter jusqu'à ce qu'elle soit mousseuse et ferme un demi-litre de crème très fraîche ; la sucrer avec un sirop à 32 degrés dans lequel on aura fait infuser du zeste de mandarine, ou avec du sucre en poudre fortement additionné de zeste de mandarine.

Mousse d'oeuf au caramel.

Préparer une composition d'oeuf à la neige ; la verser dans un moule à charlotte caramélisé comme pour la crème à caramel ; procéder de même pour la cuisson au bain-marie. Laisser refroidir, démouler sur le plat de service, la masquer de crème anglaise froide vanillée, ou crème au chocolat ou bien au café.

Macédoine de fruits rafraîchis.

Choisir des fruits de saison comme : Pêches, poires bien fondantes, abricots pelés, ananas frais, bananes émincées. Ajouter belles fraises, framboises, groseilles blanches et rouges égrappées, gros grains de raisins muscats, amandes fraîches mondées, etc.

Déposer ces fruits dans une timbale en argent de grandeur voulue, les arroser avec du sirop à 30 degrés, parfumé au kirsch et marasquin. Mélanger les fruits avec précaution, et les laisser macérer une demi- heure avant de servir.

Tenir la timbale entourée de glace pilée jusqu'au moment de servir.

Œufs à la neige.

Mouiller à la cuiller et en forme d'œuf de la meringue ordinaire; faire tomber les parties moulées dans un sautoir contenant du lait bouillant sucré et vanillé. Retourner ces meringues dans le lait pour qu'elles pochent également et les égoutter sur un tamis aussitôt qu'elles sont bien fermes.

Avec le lait additionné de 8 jaunes d'œufs par litre, préparer une. crème anglaise. Dresser les œufs dans une jatte et les couvrir avec la crème.

Riz Impératrice.

Proportions pour 6 à 8 personnes : Faire tomber en pluie dans un litre d'eau bouillante 250 grammes de riz lavé, l'égoutter; après 2 minutes d'ébullition, le mouiller avec un litre de lait bouillant; ajouter un grain de sel, le quart d'une gousse de vanille et une cuillerée de beurre très frais, et cuire lentement; après 10 minutes de cuisson mêler au riz 250 grammes de sucre en poudre; couvrir la casserole, continuer l'ébullition lentement encore 10 à 12 minutes.

Verser le riz dans une terrine, le laisser à peu près refroidir, le parfumer au kirsch et marasquin, lui incorporer le quart d'un litre de crème anglaise préparée pour Bavarois, légèrement collée et le quart d'un litre de crème fouettée. Verser la composition dans un moule à cylindre, laisser raffermir sur glace.

Démouler le riz sur plat rond; le masquer de sirop d'Abricot par- fumé au kirsch et marasquin.

Rôd-Grôd (Entremets danois).

Mettre dans un poêlon en cuivre 500 grammes de groseilles rouges, 250 grammes de framboises et 8 décilitres d'eau. Faire donner un bouillon et passer au tamis fin. Cela doit produire un litre et demi de liquide auquel on ajoute : 380 grammes de sucre, 35 grammes de fécule sagou et autant de fécule de pommes de terre, l'une et l'autre diluées dans un peu d'eau froide, 2 décilitres de vin rouge et le quart d'une gousse de vanille. Remettre la préparation sur le feu et lui donner 2 minutes d'ébullition en remuant avec la spatule.

Verser alors cette préparation dans des moules spéciaux en faïence, préalablement mouillés et saupoudrés de sucre en poudre, ou simplement sirupés. Laisser reposer 24 heures dans un endroit frais avant de servir. Démouler au dernier moment sur plat de service, envoyer en même temps un peu de crème fraîche et du lait non bouilli.

Semoule Ftamri.

Dans un demi-litre de vin blanc et autant d'eau bouillante, faire tomber en pluie 250 grammes de semoule fine. Laisser cuire doucement pendant 20 minutes. Ajouter ensuite à cette composition 300 grammes de sucre en poudre, une pincée de sel fin, 2 œufs entiers et 6 blancs d'œufs montés en neige. Verser en moule beurré, pocher au bain-marie et laisser refroidir.

Démouler le PTamri sur plat rond ; le napper soit d'une purée de fraises, de framboises, garni de cerises à la gelée de groseilles, etc.

Suédoise de fruits.

La Suédoise de fruits est une gelée, moulée dans un moule à Aspic et garnie, par couches, de fruits en compote, dont on varie le plus possible les dispositions et les couleurs.

NOTA. — Les fraises et les framboises sont mises crues dans la gelée.

Tivoli aux fraises.

Chemiser d'une épaisse couche de gelée au kirsch, très claire, un moule à douille centrale. Emplir le moule d'une composition de crème pour Bavarois additionnée de purée de fraises des bois et laisser raffermir sur glace.

Démouler au moment de servir sur plat de service. Envoyer en même temps une timbale de fraises des bois macérées au kirsch et marasquin et une timbale de crème Chantilly parfumée à la vanille.

Junket Milfe.

Chauffer doucement un litre de lait. Lorsqu'il a atteint 35 degrés centigrades, le retirer du feu et lui ajouter 50 grammes de sucre, parfumer à volonté, et 6 gouttes d'essence de reinette, qu'on trouve chez les pharmaciens. Verser dans une jatte et laisser coaguler.

Entremets simple, très salutaire à la santé.

GLACES

Préparation des glaces.

La confection des glaces comprend deux phases distinctes :

1°La préparationdelacomposition;

2°Lesanglageetlemoulage.

Le sanglage, c'est entourer de glace pilée additionnée de sel marin et de salpêtre, dans des proportions déterminées.

Selon leur nature, les glaces sont : ou directement moulées et glacées dans les moules, telles sont les glaces légères : Biscuits glacés. Parfaits, Soufflés glacés, Mousses, Bombes, etc. ; ou glacées d'abord dans un ustensile spécial nommé « Sorbetière », puis moulées ensuite et sanglées de nouveau. Les glaces à la crème ou glaces grasses et les glaces au sirop ou glaces maigres, s'obtiennent par ce dernier procédé. Les sorbetières où se forment la solidification des glaces sont généralement mues à la main, soit directement, soit par l'intermédiaire d'un mécanisme. Elles sont en étain pur et possèdent à leur base un pivot central qui s'emboîte dans une petite cavité ménagée au centre du récipient en bois dans lequel est placée la Sorbetière.

Celle-ci étant couverte hermétiquement, on l'entoure, jusqu'à la hauteur des bords du récipient, de glace broyée contenant, par 20 kilos de glace, 3 kilos de sel et 500 grammes de salpêtre. La Sorbetière doit dépasser le niveau de la glace d'un tiers de sa hauteur, pour éviter, pendant le travail, l'introduction accidentelle de glace salée dans la composition en traitement. La glace doit être fortement tassée à l'aide d'un pilon spécial autour de la Sorbetière. Cette opération constitue le sanglage, qui se fait autant que possible quelques minutes à l'avance. La Sorbetière étant ainsi préparée, on y verse la composition à glacer et on met l'ustensile en mouvement, soit en le faisant tourner sur lui-même alternativement dans les deux sens, à l'aide de la poignée dont le couvercle est muni, si on le travaille à la main; soit en action- nant la manivelle, si la Sorbetière est munie d'un axe central, sur lequel est fixé un mécanisme. Dans un cas comme dans l'autre, la composition est, par l'effet de la rotation, projetée sur les parois de la Sorbetière où elle se solidifie rapidement. On détache les parties solidifiées à l'aide d'une spatule spéciale, au fur et à mesure qu'elles se forment et jusqu'à ce que la masse, entièrement congelée, soit devenue lisse et homogène. Du soin apporté à cette opération dépend en grande partie la finesse de la glace. Aussi donne-t-on maintenant la préférence aux machines qui portent, calés sur l'arbre central, deux malaxeurs dont les lames frottant sur les parois de la Sorbetière et tournant en sens inverse de celle-ci, détachent constamment la glace qui se congèle sur les parois, en même temps qu'elles exercent sur la masse une trituration régulière et énergique, qu'on ne peut obtenir par le travail à la main.

Moulage des glaces.

La composition étant ainsi glacée pourrait être dressée en rocher sur assiette, ainsi que cela se pratique quelquefois, ou dans des verres. Mais le plus souvent, on la moule dans des moules spéciaux à couvercle fermant hermétiquement. Ces moules doivent être remplis soigneuse- ment et frappés sur un torchon plié pour tasser la glace et chasser l'air dont la présence occasionnerait la formation de trous dans l'intérieur. Le moule étant bien rempli et fermé, on en soude le couvercle tout autour avec un peu de beurre, pour empêcher tout contact de la com- position avec l'eau salée provenant de la fonte de la glace. Enfin, le moule est placé dans un récipient de grandeur convenable et entouré de glace concassée, salée, préparée comme pour le sanglage de la Sorbetière. Le moule doit rester au moins une heure dans la glace, s'il s'agit d'une glace ordinaire, et 2 heures au moins, s'il s'agit d'une glace légère, que l'on ne glace pas d'avance, comme les Bombes, les Parfaits, les Mousses, etc.

Au moment de servir, on sort le moule de la glace ; on le lave rapidement à l'eau froide pour enlever toute trace de sel, puis on le plonge un instant dans l'eau tiède. Il ne reste plus alors qu'à renverser le moule et à faire glisser la glace sur une serviette pliée placée sur un plat.

Compositions pour glaces simples.

Les compositions pour glaces sont des deux sortes : celles à la crème et celles au sirop, qui servent principalement pour les glaces aux fruits. Les doses d'oeufs et de sucre employées pour ces compositions étant très variables. les formules qui suivent ont été établies sur une moyenne. Si on désire des glaces plus grasses, il suffira d'augmenter les pro- portions de sucre et de jaunes d'œufs par litre de lait, tandis que, en les diminuant, on obtiendra des glaces plus fermes, mais plus maigres. Pour donner une idée de la différence qui peut exister dans la com- position des crèmes, je citerai des glaces crème dont les proportions, pour un litre de lait, varient de 7 à 16 jaunes d'œufs et de 200 à 500 grammes de sucre. Quant aux glaces aux sirops et aux fruits, leurs compositions marquent au pèse-sirop entre 15 et 17 degrés et 30 à 32 degrés.

Composition pour glace-crème.

Travailler dans une casserole 300 grammes de sucre et 10 jaunes d'œufs, jusqu'à ce que le mélange fasse le ruban. Délayer petit à petit avec un litre de lait bouillant ; remuer sur un feu doux jusqu'à ce que la composition couvre bien la cuiller et surtout éviter l'ébullition qui amènerait la décomposition de la crème.

Passer au chinois dans une terrine et remuer de temps en temps avec une spatule jusqu'à complet refroidissement.

Compositions diverses de glaces à la crème.

Pour ces « Compositions de Glaces diverses », les proportions de sucre et de jaunes d'œufs, ainsi que la façon d'opérer, restent les mêmes. Elles ne se différencient l'une de l'autre que par le parfum qui caractérise la préparation.

Glace aux amandes.

Piler finement 100 grammes d'amandes douces fraîchement mondées et 5 amandes amères, en ajoutant petit à petit quelques cuillerées d'eau pour faciliter l'extraction de l'arôme.

Mettre cette pâte d'amandes à infuser pendant 20 minutes dans un litre de lait bouillant. Procéder à l'apprêt de la crème comme ci-dessus et avec les mêmes proportions de sucre et jaunes d'œufs.

Glace aux avelines.

Torréfier 100 grammes d'avelines; les piler finement en ajoutant quelques cuillerées de lait; mettre la pâte qui en résulte à infuser dans un litre de lait bouillant, pendant 20 minutes. Procéder pour l'apprêt de la crème comme il est dit pour la « Glace aux Amandes ».

Glace au café.

Ajouter dans un litre de lait bouillant 100 grammes de café en grains fraîchement grillé et concassé ; laisser infuser pendant 20 minutes. Passer au chinois et procéder à l'apprêt de la crème comme il est dit pour les glaces précédentes.

On peut également procéder en remplaçant le café en grains par de l'essence de café.

Glace au chocolat.

Ajouter à trois quarts de litre de glace à la vanille 250 grammes de chocolat dissous dans un décilitre et demi d'eau et un décilitre de crème fraîche, franche de goût; travailler la glace quelques instants encore, de façon à obtenir une crème très lisse.

Glace aux fraises à la crème fraîche.

Passer au tamis fin 500 grammes de fraises dites « de quatre-saisons », lui mêler 250 à 300 grammes de sucre en poudre et un demi-litre de crème très fraîche et faire glacer.

Glace aux marrons.

Ajouter à un litre de composition de glace à la vanille environ
500 grammes de purée de marrons préparée de la façon suivante : Choisir I kilo de beaux marrons; fendre légèrement l'écorce du côté bombé ; les mettre au four pendant 7 à 8 minutes dans une plaque contenant un peu d'eau, cela pour pouvoir les éplucher facilement. Les débarrasser alors de leur écorce et de la seconde pelure fine et les cuire à court-mouillement à l'eau ou au lait avec une pincée de sel. Aussitôt cuits, les égoutter à fond, les passer au tamis fin au-dessus d'une terrine; délayer la purée qui en résulte avec un litre de composition de crème à la vanille préparée pour glace et faire glacer. La composition étant prise, compléter la glace avec quelques cuillerées de crème Chantilly.

NOTA. — On pourra remplacer cette purée de marrons par des débris de marrons glacés, passés au tamis fin.

Glace aux noix.

Piler finement 125 grammes de lobes de noix fraîches, bien épluchées; mettre la pâte qui en résulte à infuser pendant 20 minutes dans un litre de lait, puis procéder comme il est expliqué pour la « Glace aux Amandes ».

Glace aux pistaches.

Piler finement 30 grammes d'amandes douces et 70 grammes de pis- taches fraîchement mondées, en les mouillant d'une cuillerée de lait. Mettre la pâte qui en résulte à infuser dans un litre de lait bouillant pendant 20 minutes et procéder ensuite comme pour la « Glace aux Amandes ».

Glace pralinée.

Piler et passer au tamis 125 grammes de pralin d'amandes, l'ajouter à un litre de composition de crème à la vanille préparée à l'avance et glacer ensuite.

Glace à la vanille.

Lorsque le lait a bouilli, mettre à infuser dedans une demi-gousse de vanille pendant 20 minutes. Procéder pour la liaison comme il est expliqué pour « Glace crème », même poids de sucre et même nombre de jaunes d'œufs.

Pour augmenter la finesse de ces différentes compositions, on peut ajouter un quart de litre de crème très fraîche, franche de goût, par litre de composition et faire glacer ensuite.

Glace à la vanille à la fraise.

Préparer une composition de crème à la vanille ; la composition étant froide, lui incorporer 300 grammes de purée de fraises des bois sucrée et 2 décilitres de crème très fraîche. Faire glacer.

Composition de glaces aux fruits.

Ces compositions se font des deux façons suivantes :

1° Passer les fruits au tamis après les avoir broyés. Délayer la purée qui en résulte avec la même quantité de sirop de sucre à 32 degrés froid, ajouter le jus d'un demi-citron. Le mélange se fait toujours à froid et doit peser 20 à 21 degrés au pèse-sirop. Faire glacer ensuite;

2° Broyer les fruits avec une quantité moyenne de 300 grammes de sucre en poudre par 500 grammes de fruits. Passer au tamis; ajouter à la purée assez d'eau pour obtenir 19 à 20 degrés au pèse-sirop.

Composition des glaces aux liqueurs.

Ces compositions s'obtiennent en additionnant au sirop, base de la glace, un décilitre de la liqueur choisie par litre de sirop à 28 degrés et le jus d'un demi-citron.

COMPOSITIONS DIVERSES POUR GLACES AUX FRUITS

A l'abricot.

Choisir des abricots bien mûrs, les passer au tamis. Pour un demi- litre de purée, lui incorporer un demi-litre de sirop froid à 32 degrés, suivant l'acidité du fruit, on peut employer du sirop à 35 degrés, ajouter le jus d'un citron. Vérifier la composition qui doit peser 19 à 20 de- grés au pèse-sirop.

Les glaces : Ananas, Cerises, Fraises, Framboises, Groseilles, Pêches. Melon, Bananes, se font sur ces mêmes bases.

On obtient, d'après expérience, la composition de ces glaces en mettant le fruit choisi dans une terrine et y ajouter le sirop légèrement tiède. Couvrir la terrine et laisser macérer une heure et demie à deux heures.

A l'ananas.

Mettre à macérer pendant 2 heures un demi-litre d'ananas, râpé ou pilé, dans un demi-litre de sirop. Passer au tamis et vérifier la composition qui doit peser 18 à 20 degrés.

On pourra, à volonté, parfumer la composition au kirsch et marasquin.

Glace aux bananes.

500 grammes de pulpe de banane écrasée, y joindre un demi-litre de sirop parfumé au kirsch, laisser macérer pendant une heure et demie. Ajouter le jus de 2 citrons et passer au tamis.

Degrés de la composition : 20 à 22 degrés.

Glace aux cerises.

Broyer un demi-litre de cerises dénoyautées et piler les noyaux. Mettre le tout à macérer pendant une heure dans un demi-litre de sirop au kirsch. Passer au tamis, ajouter le jus d'un demi-citron.

Degrés de la composition : 20 à 21 degrés.

Glace au citron.

Faire infuser pendant 2 heures, dans un demi-litre de sirop froid à 24 degrés, le zeste de 3 beaux citrons et le jus de 4 à 5 citrons; passer au chinois.

Degrés de la composition : 22 degrés.

Glace aux fraises.

Mélanger un demi-litre de fraises à un demi-litre de sirop à 32 de- grés. Ajouter le jus d'un citron et facultativement le jus d'une orange.

Glace aux framboises.

Procéder comme pour la composition aux fraises.

Glace à la groseille.

Mélanger à un demi-litre de sirop froid, à 32 degrés, un demi-litre de jus de groseilles.

Degrés de la composition : 20 degrés.

Glace à la mandarine.

Dans trois quarts de litre de sirop bouillant à 23 degrés, faire infuser le zeste de 4 à 5 mandarines. Laisser refroidir; passer au tamis, compléter avec le jus des mandarines, le jus de 2 oranges et d'un citron.

Degrés de la composition : 21 à 22 degrés.

Glace au melon.

Mélanger : un demi-litre de pulpe de melon bien mûr, un demi-litre de sirop à 32 degrés, le jus de 2 oranges et d'un citron. Passer au tamis.

Degrés de la composition : 22 degrés.

Glace aux primes Mirabelles.

Procéder comme pour la composition à « L'Abricot » et obtenir
20 degrés.

NOTA. — Le goût des divers fruits s'harmonise très bien d'une addition de crème Chantilly parfumée à la vanille; tels l'abricot, la framboise, la fraise, la mirabelle, la prêche, la poire, le melon.

Glace à l'orange.

Procéder comme pour la « Glace à la Mandarine », en remplaçant la mandarine par l'orange.

Composition : 21 degrés.

Glace aux pêches.

Procéder comme la composition à « L'Abricot », en employant de préférence des pêches de vigne bien mûres à chair tendre.

Glace aux poires.

Peler, épépiner et piler des poires bien fondantes avec 500 grammes de sucre pour 500 grammes de fruits, ajouter le jus d'un citron. Passer au tamis, additionner de l'eau filtrée jusqu'à ce que le pèse-sirop marque 22 degrés.

GLACES MOULÉES

Glace Alhambra.

Moule à biscuit glacé : chemiser le fond et les parois de glace à la vanille; garnir l'intérieur d'une Mousse aux fraises. (*Voir « Moulage des Glaces ».*)
Temps de glaçage : Une heure et demie.

Glace Carmen.

Moule à bombe : chemiser le fond et les parois de glace Abricot; garnir l'intérieur de crème Chantilly framboisée.

Glace Comtesse Marie.

Moule spécial carré, uni : Le chemiser à la glace Fraise, garnir l'intérieur de glace à la vanille et, après démoulage, décorer à la poche munie d'une douille cannelée, de glace là la vanille.

Glace Diane.

Moule à madeleine : chemiser le fond et les parois de glace à la vanille; garnir l'intérieur de Mousse aux Marrons parfumée au kirsch et marasquin.

Glace Francillon.

Moule à madeleine : chemiser à la glace au café; garnir l'intérieur de glace fine champagne.

Glace Madeleine.

Moule de ce nom : Garnir de glace à la vanille additionnée d'ananas confit coupé en petits dés, et macéré au kirsch et marasquin, complété d'un tiers de son volume de crème Chantilly à la vanille.

NOTA. — On peut varier à l'infini, question de goût et d'idée. La question du genre de moules reste un peu facultative.

On moule également les glaces dans des moules en étain et à charnières représentant des sujets divers.

Petites glaces moulées.

Ces glaces, qui servent principalement pour soirées ou pour garniture de grosses pièces en glace, se font dans des moules en étain à charnières ayant la forme de fleurs, de fruits, d'oiseaux, de gerbes, etc.

Ces glaces se moulent avec n'importe quelle composition glacée, autant que possible en rapport avec les sujets qui représentent les moules.

Ces petites glaces peuvent être tenues sanglées jusqu'au moment de les servir. On peut aussi les démouler à l'avance et les tenir en cave sanglée.

Mandarines givrées.

Cerner les mandarines sur le dessus avec un emporte-pièce de la grandeur d'une pièce de 2 francs, de manière à laisser la queue à la- quelle doivent encore adhérer 2 feuilles. Vider complètement les mandarines.

Garnir l'intérieur de glace à la mandarine; les recouvrir avec le rond enlevé; puis avec un pinceau projeter de l'eau en pluie fine sur l'écorce des fruits et mettre aussitôt ceux-ci dans un rafraîchissoir fortement sanglé. Aussitôt que l'écorce des mandarines est couverte de givre, les dresser sur un lit de glace broyée en neige.

Mandarines glacées aux perles des Alpes.

Procéder exactement comme pour les Mandarines Givrées. On mélange simplement à la glace à la mandarine des petits bonbons à la liqueur des Chartreux. Couvrir et faire givrer. Les dresser de même sur glace broyée en neige.

Meringues glacées.

Garnir des coquilles de meringue d'une glace à volonté moulée à la cuiller; les dresser sur serviette.

Meringues glacées Hélène.

Garnir les coquilles de glace à la vanille, disposer dessus 3 violettes de Parme cristallisées. Servir en même temps une saucière de Sauce au Chocolat chaude.

NOTA. — On peut également garnir les coquilles de crème Chantilly, saupoudrer la crème de chocolat râpé. Servir en même temps une Sauce Chocolat chaude.

COUPES

Ainsi, comme son nom l'indique, il s'agit ici de Coupes en Cristal, qui sont garnies : ou de glaces à différents parfums, ou de glaces additionnées de crème Chantilly ou de fruits.

Coupe Adelina Patti.

Les coupes étant remplies au ras de glace à la vanille, ranger sur chacune et en couronne des cerises à l'eau-de-vie roulées dans sucre en poudre, les queues des cerises en dehors du verre, de façon à pou- voir les prendre avec le bout des doigts. Pointe de crème Chantilly au centre.

Coupes d'Antigny.

Garnir les coupes aux trois quarts de leur hauteur de glace aux fraises des quatre-saisons à la crème crue, très fraîche et franche de goût.

Sur la glace de chaque coupe, poser une demi-pêche à chair très tendre pochée dans un sirop vanillé ; recouvrir d'un léger voile en sucre filé.

NOTA. —— Pour les diverses coupes où il est indiqué une demi-pêche, il est préférable de la diviser en quartiers, sans la déformer.

Coupe Bohémienne.

Garnir les coupes de glace à la vanille additionnée de débris de marrons glacés. Dresser en pointes et napper d'un sirop d'abricot un peu épais parfumé au rhum.

Coupe Châtelaine.

Garnir le fond d'une coupe de framboises très fraîches macérées au sucre, curaçao et fine Champagne. Compléter par un petit rocher de crème Chantilly.

On pourra à volonté remplacer le curaçao et la fine champagne par du kirsch et marasquin.

Coupe Clo-CIo.

Garnir à ras une coupe de glace à la vanille additionnée de débris de marrons glacés humectés de marasquin. Poser un marron glacé sur le centre de la glace et l'entourer d'une bordure de crème Chantilly à la purée de fraises, dressée à la poche munie d'une douille cannelée.

Coupe Emma Calvé.

Garnir, à mi-hauteur, les coupes de glace à la vanille. Disposer sur la glace des cerises de Montmorency dénoyautées, cuites avec sucre en poudre et dans leur propre jus. Au sirop obtenu, ajouter quelques cuillerées de gelée de groseille, parfumer avec quelques gouttes de liqueur de noyaux et laisser refroidir. La glace étant couverte de cerises, dresser sur celles-ci un petit rocher de crème Chantilly à la framboise.

Coupe Favorite.

Garnir les coupes de glace à la vanille additionnée d'ananas coupé en petits dés et macérés au kirsch et marasquin. Placer sur le centre une meringue de grosseur moyenne et ronde, dresser dans la meringue un petit rocher de glace à l'ananas; couvrir d'une purée de fraises au kirsch. Entourer la meringue d'un petit cordon de crème Chantilly.

Coupes Hélène.

Garnir les coupes à ras de glace à la vanille. Décorer d'une couronne de violettes pralinées. Disposer au centre un petit rocher de crème Chantilly parsemé de chocolat râpé.

Coupe Jacques.

Garnir le fond des coupes d'une cuillerée de fruits confits coupes en petits dés et macérés au kirsch et marasquin. Couvrir les fruits avec moitié glace au citron et moitié glace aux fraises. Égaliser la surface, disposer dessus en couronne des quartiers de pêches et sur le centre une grosse fraise.

Coupes Madelon.

Garnir les coupes de glace à la vanille. Disposer sur le centre Un macaron imbibé de kirsch, mettre sur celui-ci une moitié d'abricot dépouillé de la peau et poché au sirop. Napper légèrement de sauce Abricot au kirsch et marasquin. Entourer les macarons d'un petit cordon de crème Chantilly.

Coupe Marie-Thérèse.

Bananes mûres à point, coupées en rondelles, macérées au kirsch et marasquin, dressées en petites coupes et les couvrir d'un rocher de glace aux fraises à la crème.

Coupe Melba.

Garnir les coupes aux trois quarts de hauteur de glace à la vanille ; disposer sur le centre une demi-pêche à chair tendre, pochée dans un sirop à la vanille, le côté extérieur de la demi-pêche reposant sur la glace; mettre dans la cavité un noyau en pâte d'amande pralinée, don- nant l'illusion d'un vrai noyau. Napper de purée de framboise légère- ment additionnée de crème Chantilly. Couvrir d'un léger voile en sucre filé.

Coupes Mireille.

Garnir les coupes aux deux tiers de hauteur de glace à la fraise à la crème crue. Disposer dessus une demi-pêche à chair tendre, débarrassée de sa pelure et pochée dans un sirop à la vanille ; masquer la pêche de groseille de Bar-le-Duc.

Coupes Odette.

Bananes émincées en rondelles, macérées au curaçao, dressées en petites coupes et les couvrir d'un rocher de glace à l'orange.

Coupes Petit-Duc.

Garnir les coupes de glace à la vanille. Placer dans chacune une petite meringue de forme ronde, les garnir de confiture de groseille de Bar-le-Duc. Couvrir de crème Chantilly dressée en pointe.

On pourra, à l'époque des pêches, remplacer la meringue par une demi-pêche pochée à la vanille, l'extérieur de la pêche posant sur la glace. Remplir le vide laissé par le noyau avec les groseilles de Bar-le-Duc. Couvrir de crème Chantilly.

Coupes Yvette.

Garnir les coupes aux deux tiers de hauteur de glace aux marrons additionnée de fruits confits coupés en petits dés et macérés au kirsch. Placer dessus un abricot pelé, dénoyauté et poché au sirop d'abricots parfumé au kirsch. Entourer l'abricot d'un cordon de crème Chantilly.

NOTA. — On peut varier la composition des Coupes à l'infini, question de goût et d'idée.

GLACES LÉGÈRES

Ces glaces comprennent : *les Biscuits glacés, les Bombes, les Mousses, les Puddings* et *les S o u f f l é s glacés.*
La composition de ces glaces est à peu près identique.

Biscuit glacé.

L'ancienne composition des « Biscuits glacés » était une crème an- glaise préparée avec 500 grammes de sucre, 12 jaunes d'œufs et un litre de lait parfumé à volonté.

Cette crème étant cuite, on la passait à la passoire fine dans une terrine, on la laissait refroidir en la vannant, puis, la terrine mise sur glace, la crème était montée en la fouettant.

A l'origine, cette composition était moulée telle quelle, tandis que maintenant, on y mêle, pour les proportions de 500 grammes de sucre et 12 jaunes d'œufs, un litre de crème fouettée.

Autre procédé de préparation. — Fouetter dans un bassin en cuivre et au bain-marie : 12 jaunes d'œufs et 500 grammes de sucre en poudre jusqu'à ce que la composition soit bien ferme et fasse le ruban. Retirer alors le bassin du feu, continuer à fouetter jusqu'à complet refroidissement.

Compléter, pour terminer, avec quelques cuillerées de meringue italienne et un litre de crème fouettée.

Mais, aujourd'hui, pour ces diverses préparations de Biscuits, Bombes, etc., on a adopté la méthode suivante : Délayer petit à petit 16 jaunes d'œufs avec un demi-litre de sirop à 28 ou 30 degrés. Passer la composition au tamis pour retenir les germes des jaunes et faire pocher au bain-marie en fouettant, de façon à obtenir un appareil lisse.- Dès que l'appareil est poché, le verser dans une terrine de grandeur voulue et le fouetter jusqu'à ce qu'il soit tout à fait refroidi. Ajouter alors un litre et demi de crème fouettée.

On peut également faire prendre l'appareil sur feu très doux en fouettant comme pour une Génoise. Quand la composition est montée et fait le ruban, la retirer du feu; continuer à fouetter sur glace jusqu'à complet refroidissement. Ajouter alors le parfum adopté et un litre et demi de crème fouettée bien ferme.

Les parfums à la vanille, à l'orange, à la mandarine doivent être infusés dans le sirop.

Les parfums aux liqueurs les plus usités sont : *le \kirsch, le marasquin, le rhum, le curaçao, l'anisette, la Vieille-Cure.*

BOMBES

Les Bombes se moulent dans des moules coniques unis, arrondis au sommet.

Moulage des Bombes.

Chemiser d'abord le fond et le tour du moule avec la composition de glace indiquée par la dénomination. Cette enveloppe, dont l'épaisseur varie selon les dimensions du moule, doit être plutôt mince et se fait en composition de glace ordinaire, qui se prête à ce rôle. Le milieu est ensuite rempli avec une composition de Bombe au parfum indiqué, ou une composition de Mousse. La composition est couverte avec un rond de papier blanc et le moule fermé avec son couvercle hermétiquement assujetti, est sanglé fortement et laissé environ 2 heures à la glace.

Au moment de servir, sortir le moule de la glace, le laver à l'eau froide, puis le tremper à l'eau tiède ; l'essuyer et démouler la Bombe sur serviette.

BOMBES DIVERSES
Bombe abricotine.

Le moule chemisé de glace abricot; l'intérieur garni d'une composition de Mousse au kirsch.

Bombe Aïda.

Le moule chemisé de glace fraise; l'intérieur garni d'une Mousse au kirsch et marasquin.

Bombe Alhambra.

Le moule chemisé à la vanille; l'intérieur garni d'une composition de Mousse fraise.

Dressage : Démouler la Bombe sur plat de service et l'entourer de belles fraises macérées au kirsch et marasquin.

Bombe Andalouse.

Le moule chemisé de glace abricot; l'intérieur garni d'une Mousse à la mandarine.

Bombe Brésilienne.

Le moule chemisé de glace à la vanille; l'intérieur garni d'une Mousse à l'ananas.

Bombe Cardinal.

Le moule chemisé de glace à la framboise; l'intérieur garni d'une Mousse à la vanille.

Bombe diplomate.

Le moule chemisé de glace à la vanille; l'intérieur garni d'une Mousse au kirsch et marasquin additionnée de fruits confits, taillés en petits dés, macérés au kirsch.

Bombe favorite.

Le moule chemisé de glace aux marrons; l'intérieur garni d'une Mousse abricot parfumée au rhum.

Bombe Monte-Carlo.

Le moule chemisé de glace vanille; l'intérieur garni de Mousse à la fraise. Servir en même temps de belles fraises macérées au sucre et curaçao.

Bombe Nélusko.

Le moule chemisé de glace au chocolat; l'intérieur garni de Mousse à la vanille.

NOTA. — La composition des Bombes est indéfinie, c'est une question de goût et d' idée; l'important est que les parfums se marient et fassent un tout délicieux.

MOUSSES AUX FRUITS

Mousse aux fraises.

Choisir des fraises bien mûres, de préférence la petite fraise des quatre-saisons ; les passer au tamis. A un demi-litre de purée, lui ajouter 500 grammes de sucre en poudre, et lui incorporer intimement trois quarts de litre de crème fouettée bien ferme.

Les *Mousses aux Abricots, Bananes, Framboises, Mirabelles, Pêches,* etc., se font de même.

Parfait au café.

Avec 250 grammes de grains de café, fraîchement grillés, préparer une essence de café, ce qui doit donner à peu près un décilitre d'essence.

Délayer petit à petit 16 jaunes d'œufs avec un demi-litre de sirop à 30 degrés, ajouter l'essence de café; passer au tamis et faire prendre la composition sur feu doux, ou au bain-marie, en fouettant. Dès que l'appareil est à point, le retirer du feu; le verser dans une terrine placée sur glace; continuer à fouetter jusqu'à complet refroidissement.

Incorporer intimement à la composition un litre de crème fouettée.

Moulage des petits biscuits glacés.

Les biscuits se moulent dans des caisses rectangulaires, ayant la forme d'une brique; ces caisses sont munies de deux couvercles : l'un pour le dessous, l'autre pour le dessus.

Généralement, la composition moulée dans les couvercles est de parfums et de couleurs différents de celle mise au milieu du moule. Ainsi, par exemple, l'un des couvercles sera garni de composition à la fraise, l'autre de composition au café, tandis que le compartiment du milieu comportera une composition à la vanille. Quand, après avoir été frappées et démoulées, ces sortes de briquettes sont partagées verticale- ment, on obtient des rectangles dans lesquels les teintes sont nettement tranchées.

Ces rectangles sont placés dans des petites caisses spéciales en papier, facultativement décorés dessus, puis rangés dans un rafraîchissoir sanglé en attendant le service.

Les diverses compositions de Bombes peuvent s'appliquer aux Biscuits, ce n'est qu'une affaire de goût.

Les *grands Biscuits* sont moulés en moules de forme carrée, dit « Comtesse-Marie ». Les moules sont chemisés d'une glace ferme à volonté et l'intérieur garni d'une composition de Mousse à laquelle on joint des petits biscuits, ou macarons, imbibés de liqueur s'harmonisant avec la composition de la Mousse.

MOUSSE GLACÉE

La composition des Mousses se fait, soit avec la crème anglaise, soit au sirop. Ce dernier procédé convient surtout pour les Mousses aux Fruits.
Composition de Mousse glacée aux fruits.
C'est un sirop à 30 degrés, chaud, qu'on laisse refroidir, auquel on ajoute le même volume de purée de fruits choisi, puis le double de ce volume de crème fouettée bien ferme.
Composition de Mousse glacée à la crème.
Préparer une crème anglaise avec 500 grammes de sucre en poudre, 16 jaunes d'oeufs et un demi-litre de lait; laisser refroidir en la fouet- tant. Lorsqu'elle est bien froide, lui ajouter un demi-litre de crème crue, 20 grammes de gomme adragante pulvérisée et le parfum qui doit caractériser la composition. Si la Mousse est aux fruits, ajouter un demi-litre de purée de fruits frais. Fouetter la composition sur glace, jusqu'à ce qu'elle soit bien mousseuse; mettre en moules foncés de papier blanc ; fermer hermétiquement et tenir fortement sanglé pendant 2 à 3 heures, suivant la contenance des moules employés.
NOTA. — Par le même procédé, on opère avec toutes sortes de fruits, soit au sirop ou à la crème.
Parfait au café.
Délayer 32 jaunes d'œufs avec un litre de sirop à 28 degrés, froid, et passer le mélange au chinois, ajouter l'essence de café tirée par infusion de 25 grammes de café fraîchement grillé. Faire prendre à feu doux en fouettant comme pour un appareil à biscuit à la cuiller, puis continuer à fouetter sur glace jusqu'à refroidissement complet. Ajouter alors un litre de crème fouettée bien ferme ; mouler la composition en moules à Parfaits ; les tenir fortement sanglés pendant 2 à 3heures.

PUDDINGS GLACÉS

Les Puddings glacés ne sont autres que des glaces ou mousses moulées dans des moules à Bombes ou dans des moules à Madeleine, alter- nées soit de biscuits ou macarons imbibés d'une liqueur à volonté, fruits confits coupés en petits dés macérés à la même liqueur.

Fermer le ou les moules; les tenir sanglés pendant 2 heures et dé- mouler le Pudding sur plat de service couvert d'une serviette. Servir en même temps r soit une sauce aux fruits, ou à la crème, vanille, chocolat, etc.

SOUFFLÉS GLACÉS

Composition de Mousse au parfum choisi, ou composition pour Bombes.

Mouler dans une timbale à soufflé ordinaire, que l'on entoure d'une bande de papier soudée avec du beurre, dépassant de 3 centimètres les bords de la timbale, pour que la composition montant au-dessus des bords donne l'illusion d'un soufflé lorsque la bande de papier est re- tirée. Aussitôt moulé, le soufflé est mis en cave fortement sanglée.

Au moment de servir, retirer la bande de papier, dresser le soufflé sur serviette ou sur un bloc de glace.

NOTA. — On pourra, suivant le cas, saupoudrer le soufflé soit : de pralin, de macarons en poudre ou chocolat râpé.

SORBETS, GRANITÉS, MARQUISES, PUNCHS, SPOOMS

Les Sorbets et les préparations qui en dérivent sont des glaces légères, à peine congelées, qui sont servies entre le premier et le second service, avant le rôti ; c'est un délassement donné à l'estomac qui lui permet de bien accueillir les mets qui vont suivre.

Malheureusement, depuis qu'on a pris la mauvaise habitude de fumer pendant le repas, la cigarette, en général, a détrôné le Sorbet.

Composition pour sorbets.

Les Sorbets se font avec toute composition de glace aux liqueurs réglée à 15 degrés et se préparent ainsi :

Pour un litre de composition à base de vins tels : *le Frontignan, le Lunel, le Rincio, le Samos,* etc., ajouter à un demi-litre de l'un ou l'autre de ces vins le jus de 2 citrons et d'une orange, et du sirop froid à 22 degrés jusqu'à ce que le pèse-sirop indique 15 degrés.

Pour les sorbets aux liqueurs, on ajoute, par litre de sirop à 18 et

20 degrés, un décilitre de la liqueur choisie.

La liqueur ne s'ajoute que quand le sorbet est complètement glacé, et au moment de servir. Pour les Petits Services, on verse généralement la liqueur directement dans les verres après avoir dressé la glace en pointe dépassant les bords du verre.

Les sorbets au citron, à l'orange, mandarine, se font après infusion du zeste de ces fruits dans un sirop à 18 et 20 degrés et auquel on ajoute le jus du fruit adopté. On peut aussi faire les sorbets avec divers sucs de fruits tels : *l'Ananas, les Cerises, les Groseilles,* etc.

Glaçage des sorbets.

Verser la composition dans la sorbetière sanglée à l'avance, ou dans la turbine, et mettre l'ustensile en mouvement. Détacher la composition d'après les parois de l'ustensile, au fur et à mesure qu'elle s'y solidifie ; la rejeter dans la masse jusqu'à congélation complète et sans la travailler pendant le glaçage.

Lorsqu'elle est assez ferme, lui incorporer, en mélangeant douce- ment le quart de son volume de meringue italienne, ou de crème fouettée bien ferme; compléter au moment de servir par l'addition de la liqueur.

GRANITÉS

Ils ont pour base des sirops aux jus ou aux sucs de fruits ne dépassant pas 14 degrés au pèse-sirop.

Leur rôle est le même que les sorbets, mais ils ne comportent aucune addition de meringue ni de crème. Quand il est congelé, il doit former un ensemble légèrement granulé.

MARQUISES

Les Marquises se font principalement à l'ananas, aux fraises et au kirsch. La composition est celle d'un sorbet au kirsch marquant 17 de- grés au pèse-sirop.

Le glaçage se fait comme celui du Granité; au moment de servir, on y mélange, par litre de composition glacée, 4 décilitres de crème Chantilly, bien ferme, soit à la purée de fraise ou d'ananas, selon que la marquise est à l'un ou à l'autre de ces fruits.

PUNCH A LA ROMAINE

Mélanger la quantité voulue de vin blanc sec ou de Champagne sec à un demi-litre de sirop à 22 degrés, pour le ramener à 17 degrés.

Ajouter : le jus de 2 oranges et de 3 citrons; un ruban de zeste de citron ; laisser infuser à couvert pendant une heure. Passer le sirop et le régler à 18 degrés. Glacer à la sorbetière, en tenant la composition glacée un peu ferme ; lui incorporer le quart de son volume de meringue italienne, faite dans les proportions de 2 blancs d'œufs et 100 grammes de sucre.

Au moment de servir, compléter le punch avec un décilitre de rhum, ajouté par petites parties. Dresser dans des verres, en procédant comme pour les Sorbets.

NOTA. — Pour tous Sorbets et Punchs, le service se règle à raison d'un litre de composition, toute prête, pour 12 à 15 personnes.

SPOOMS

Les Spooms sont des Sorbets préparés avec sirop à 20 degrés. On ajoute à la composition de la meringue italienne en quantité double de celle du Sorbet ordinaire, car ils doivent être très légers et mousseux. Les Spooms se font généralement aux vins, tels : Champagne, Mus- cat, Frontignan et divers vins doux de Bordeaux. On les dresse dans les verres comme les Sorbets.

Trou normand.

Granité au citron, dressé en pointe dans les verres à Sorbets, et remplir le verre à demi-hauteur de vieux calvados.

SAVORY S

Il est d'usage, en Angleterre, de terminer le dîner par quelque chose d'un peu excitant, qu'on nomme « Savory », dont les Anglais font grand cas.

Bien que ce mets ne soit pas en faveur en France, j'indiquerai ci- après quelques formules choisies parmi les plus admissibles.

Anges à cheval (ou Huîtres en brochette).

Envelopper de belles huîtres, chacune d'une fine lame de Bacon (lard anglais). Les embrocher, les griller et les dresser sur toasts en pain grillé et beurré. Les saupoudrer de chapelure à laquelle on aura mêlé quelques petites pointes de poivre de Cayenne. Servir "très chaud.

Canapés ou Toasts.

Ce sont des Toasts tout simplement ; c'est-à-dire des tranches de pain de mie taillées d'une forme carrée, ou rectangulaire, grillées, beurrées aussitôt et garnies à volonté. L'important est que les Canapés ou Toasts ne doivent être grillés qu'au dernier moment.

Canapés écossais.

Toasts couverts d'une purée de Haddock ainsi préparée : Émincer la chair d'un petit haddock, la mettre dans une petite casserole avec une cuillerée de beurre et 2 cuillerées de lait chaud, une prise de sel, une pincée de poivre et une pointe de poivre rouge. Couvrir la casserole, donner 2 secondes d'ébullition. Retirer la casserole hors du feu.Travailler vivement la chair du haddock comme une purée de pommes de terre, compléter avec quelques cuillerées de crème chaude. Comme variation, on peut saupoudrer la purée de haddock de fromage râpé, arroser de beurre fondu et faire glacer à la salamandre et à volonté compléter avec une tranche de Bacon grillé.

Canapés aux crevettes roses.

Choisir de la petite crevette rose, fraîchement cuite, la décortiquer, la mettre dans une casserole avec une cuillerée de beurre, une prise de poivre frais moulu, une petite pincée de sel, un soupçon de mus- cade râpé, une pointe de poivre rouge. Chauffer légèrement, enrober les crevettes de sauce Béchamel à la crème. Les disposer sur toasts très chauds et beurrés. Saupoudrer de fromage râpé, arroser de beurre fondu et glacer à la salamandre. Servir aussitôt.

NOTA. — Les Canapés aux Crevettes constituent un excellent hors- d'œuvre chaud, très apprécié au déjeuner.

Canapés au fromage.

Toasts très chauds couverts d'une fondue au fromage, sur lesquels on place, suivant le cas, une tranche de Bacon grillé.

Canapés au fromage de Roquefort et bacon grillé-

Pétrir 150 grammes de roquefort avec 50 grammes de beurre et une pointe de poivre rouge. Étaler sur les toasts grillés et beurrés au der- nier moment, une couche assez épaisse de fromage. Glacer à la salamandre. Sur chaque toast, placer une tranche de Bacon, grillée à la dernière minute.

Canapés de Haddock.

Escaloper de l'épaisseur d'un demi-centimètre la chair de haddock; l'étaler sur un plat beurré avec du beurre additionné de poivre rouge; couvrir le plat, le mettre sur le feu juste le temps de chauffer le beurre. ce qui suffit pour pocher la chair. Dresser sur toasts grillés et beurrés à dernière minute.

NOTA. — Comme variation, on pourra mettre une petite tranche de Bacon grillé sur le haddock.

Canapés à la moelle.

Choisir de la moelle très fraîche, la détailler en rondelles de l'épaisseur d'un centimètre ; la faire pocher dans le bouillon simple. Au mo- ment de servir, bien l'égoutter; passer chaque rondelle dans de la glace de viande fondue additionnée d'une pointe de poivre de Cayenne. Dresser sur toasts grillés au dernier moment et beurrés.

Canapés de saumon fumé.

Choisir du bon saumon fumé peu salé, le couper en très minces esca- lopes et en couvrir des toasts grillés et beurrés à la dernière minute.

NOTA. — Les saumons ayant séjourné au frigo et ceux conservés longtemps par le sel, puis fumés, ne donnent que des produits inférieurs.

Les bons saumons fumés doivent être préparés aussitôt péchés, légèrement salés, puis fumés.

Champignons grillés.

Les Champignons grillés sont très estimés en Angleterre où l'on en fait une grande consommation. Après les avoir soigneusement nettoyés, les assaisonner de sel et de poivre, les arroser de beurre fondu, ou d'huile d'olive et les griller. Les dresser sur toasts grillés et beurrés au dernier moment.

Autre façon de préparer les Toasts aux champignons.

Les choisir bien frais, les nettoyer, les émincer, les faire sauter au beurre, assaisonnement un peu relevé, puis enrober de sauce Béchamel ; ensuite étaler sur toasts très chauds et beurrés ; saupoudrer la surface de fromage râpé ; arroser de beurre fondu et glacer à la salamandre. Servir aussitôt.

Laitances à la Diable.

Laitances fraîches de maquereaux et harengs pochées au beurre ; assaisonnement sel et poivre, pointe de poivre rouge, et dressés sur toasts très chauds et beurrés.

Crème frite au fromage.

Mélanger 100 grammes de farine, 50 grammes de crème de riz,
3 œufs et 2 jaunes. Délayer avec un demi-litre de lait; assaisonner de sel et poivre, pointe de poivre rouge et soupçon de muscade; faire bouillir et cuire pendant 5 minutes, en plein feu, et sans cesser de remuer avec une cuiller en bois.

Ajouter 125 à 150 grammes de fromage de gruyère râpé; étaler cette composition sur plaque beurrée, la laisser refroidir et la détailler ensuite en losanges. Passer ces losanges à l'oeuf et à la mie de pain mélangée de gruyère râpé ; les faire frire au moment de les servir et les dresser sur serviette.

Diablotins.

Rissoles garnies à volonté, soit : d'une purée de foie gras de volaille, de gibier, de crème au fromage de purée de haddock, de brandade, de morue truffée, etc. Les frire au moment de les servir, et les dresser sur serviette.

Sardines à la Diable.

Choisir de préférence des sardines sans arêtes; retirer délicatement les écailles; les enduire largement de moutarde, un soupçon de poivre rouge, et les dresser sur toast très chauds, grillés et beurrés à la dernière minute.

Scotch-Woodcock.

Griller de longues tartines de pain un peu épaisses, les beurrer, les couvrir d'une couche d'œufs brouillés et les quadriller avec des filets d'anchois.

Tartelettes Agnès Sorel.

Foncer en pâte fine des moules à tartelettes; les garnir d'un appareil de Quiche au fromage relevé d'une pointe de Cayenne. Les cuire au moment et, en les sortant du four, placer sur chaque tartelette un rond de moelle pochée roulée dans de la glace de viande fondue.

Tartelettes aux champignons.

Choisir des champignons de Paris aussi frais que possible, les laver, les peler et les émincer, les sauter au beurre; assaisonnement sel et soupçon de muscade râpée. Les enrober de sauce Béchamel à

Foncer en pâte fine des moules à tartelettes, les garnir avec la com- position de champignons, griller la surface avec des petites bandelettes en pâte feuilletée. Les cuire au four peu avant de les servir.

Tartelettes Forestière.

Ajouter simplement aux champignons des petites lamelles de truffe et procéder de même.

Barquettes Tosca.

Garnir des croûtes forme barquettes, fraîchement cuites, avec des queues d'écrevisses préparées « à l'Américaine ». Recouvrir de « Soufflé au Parmesan » et passer au four pendant 2 à 3 minutes.

Welsh-Rarebit.

Couper en petits dés du fromage de chester, le mettre dans une casserole avec quelques cuillerées de pale-ale et à volonté un peu de moutarde anglaise. Faire fondre le fromage en le remuant légèrement avec une cuiller en bois; assaisonnement une pointe de poivre rouge. Dès que le fromage est bien fondu, on le verse sur des toasts de forme carrée, grillés et beurrés à la dernière minute.

Mais une méthode plus simple de préparer le Welsh-Rarebit consiste de couvrir les toasts, étant grillés et beurrés d'une couche épaisse de fromage de chester râpé, additionné de poivre rouge ; passer les toasts au four pendant quelques minutes, temps nécessaire pour faire fondre le fromage.

SANDWICHS

Ils se composent, ordinairement, de minces tranches de pain de mie, couvertes d'une légère couche de beurre assaisonnée de sel et moutarde. On garnit une tranche de pain de jambon, de langues coupées très minces et on recouvre avec une autre tranche beurrée. Mais la garniture de Sandwichs est facultative et la nomenclature en est assez grande : *Sandwichs au Jambon, à la Langue écarlate, au Roastbeef, au Prossed-Beef, au Veau, au Poulet, au Faisan, au Foie gras, aux Rillettes, aux Œufs durs, au Caviar, au Fromage, à la Tomate,* etc. La forme du Sandwich est le plus souvent rectangulaire, les dimensions sont de 8 centimètres de long sur 4 de large.

Les Sandwichs pour Buffet de Bal sont moitié plus petits, et, dans ce cas, il y a avantage à couper en très petits dés l'élément de garniture et de le mélanger avec poids égal de beurre assaisonné et additionné de moutarde.

Quand les Sandwichs doivent attendre, il faut les tenir sous presse légère pour éviter le racornissement du pain.

COMPOTES

Les fruits pour compotes sont préparés entiers, par moitiés ou par quartiers et cuits dans un sirop léger qui est ensuite parfumé selon leur nature. Ces fruits sont dressés sur compotiers ou dans des coupes et couvert de leur sirop.

Les compotes se servent quelquefois chaudes, mais il est plus agréable de les manger froides. Autant que possible, les fruits employés ne doivent pas être trop mûrs.

Compote d'abricots.

Partager les abricots en deux; les tremper vivement dans l'eau bouillante, les égoutter sur un tamis; enlever la peau; les cuire dans un sirop léger. Monder les amandes; les mettre à macérer dans un sirop au kirsch.

Dresser les abricots avec une demi-amande sur chaque moitié; arroser la compote de sirop et de la liqueur où ont macéré les amandes.

Compote d'ananas.

Prendre un ananas cru ; le peler, le détailler en tranches ; retirer la partie dure du cœur, cuire ces tranches dans un sirop vanillé. Si l'ananas est de conserve, le détailler de même.

Dresser en turban sur un compotier et arroser de sirop de cuisson ou avec le sirop contenu dans la boîte.

Compote de bananes.

Les peler et les cuire 4 à 5 minutes dans un sirop au kirsch ou au rhum.

Les dresser en coupe et les arroser avec le sirop.

Compote de cerises.

Retirer les queues, sortir les noyaux ; mettre les cerises dans un poêlon et cuire avec 200 grammes de sucre par kilo de cerises. Couvrir le poêlon; donner 5 à 6 minutes d'ébullition. Verser les cerises dans une terrine ; la couvrir, laisser refroidir.*

NOTA. — La compote de cerises se fait également au vin de Bordeaux en ajoutant aux cerises 300 grammes de sucre au lieu de 200 et

3 décilitres de vin de Bordeaux par kilo de fruits. Cette compote se sert en petites coupes, accompagnée soit : de macarons ou biscuits secs.

Compote de fraises.

Pour obtenir une bonne compote de fraises, ce fruit ne doit pas être cuit. Choisir de belles fraises de serre, retirer les queues. Mettre les fraises dans une terrine en porcelaine ou dans une timbale en argent, les couvrir d'un sirop à 28 degrés, vanillé et refroidi à moitié. Couvrir la terrine et laisser refroidir.

Cette méthode d'opérer permet de conserver à la fraise son réel parfum, qui n'existe pas lorsque le fruit a subi une ébullition, même de quelques secondes.

NOTA. — Si l'on doit opérer avec des fraises de plein champ, après les avoir soigneusement épluchées, jeter les fraises dans une grande terrine contenant de l'eau en abondance et aussi froide que possible; avec les deux mains, les doigts croisés, soulever les fraises, les déposer dans une terrine et les couvrir avec le sirop.

Ce passage à grande eau froide est indispensable, les fraises se trouveront ainsi débarrassées de toutes impuretés.

Compotes de framboises.

Choisir de grosses framboises, très fraîches, les éplucher soigneusement, les déposer dans une terrine, les couvrir d'un sirop au jus de framboises à peine tiède, couvrir la terrine et laisser refroidir. Dresser en coupe avec leur sirop.

Compotes de mirabelles.

Choisir de la vraie mirabelle de Metz; retirer les noyaux, les cuire pendant 10 à 12 minutes dans un sirop à 18 degrés, vanillé. Les dresser avec leur sirop.

Compote de Nectarines ou brugnons.

Les choisir mûrs à point; les plonger pendant 2 secondes à l'eau bouillante, puis dans de l'eau très froide; les débarrasser de leur pelure, et les cuire entières dans un sirop à 18 degrés, vanillé. Dresser en compote avec leur sirop.

Compote de pêches.

Les débarrasser de leur pelure en procédant comme pour les nectarines, et les cuire ensuite entières ou par moitiés dans un sirop à 18 degrés, vanillé.

Compote de poires.

Choisir des poires fondantes de grosseur moyenne, les tourner et les cuire dans un sirop léger à 12 degrés, vanillé.

Certaines qualités de poires à chair ferme se cuisent le plus souvent au vin rouge et sucre,

445

parfumées : zeste de citron et soupçon de cannelle.

Compote de pommes.

Toutes les pommes peuvent se préparer à être cuites pour compote; mais de préférence on choisit soit : la Calville, la Reinette à chair blanche. Si elles sont pochées entières, les vider au tube, les tourner, les citronner et les mettre à l'eau fraîche au fur et à mesure. Les pocher ensuite dans un sirop à 12 degrés, vanillé; les surveiller attentivement pendant le pochage, de manière à les retirer au point de cuisson voulue.

Compote de pruneaux.

Les mettre à tremper à l'avance; les cuire à petit feu dans moitié vin rouge et eau et 125 grammes de sucre par livre de pruneaux, soupçon de cannelle, zeste de citron à volonté.

Compote de Reines-Claude.

Les choisir un peu fermes, les dénoyauter, les pocher, sans bouillir, dans un sirop à 18 degrés, vanillé. Les dresser en coupe.

Compote de rhubarbe.

Détailler les pétioles en tronçons de 6 à 7 centimètres de longueur; les peler, et les ranger au fur et à mesure dans une bassine plate. Verser dessus, jusqu'à mi-hauteur, un sirop à 28 degrés. Couvrir et pocher la rhubarbe à petit feu, sans remuer, pour conserver les tronçons bien entiers.

CONFITURES

Sous ce nom générique sont comprises : 1 ° *Les préparations où le fruit est traité directement avec le sucre;* 2° *Celles dont le jus seul, en raison de ses principes mucilagineux, donne la gelée, par sa combinaison avec le sucre.*

La quantité de sucre à employer se règle en raison de la nature du fruit et selon qu'il est plus ou moins sucré; cependant, pour tous les fruits acides, la quantité de sucre doit être maintenue à poids égal.

Si on met trop de sucre, on atténue l'arôme du fruit et il en résulte la cristallisation au bout de peu de temps ; si on en met trop peu, la cuisson doit être poussée plus loin pour atteindre le degré voulu, et c'est encore la destruction de l'arôme du fruit par une évaporation trop prolongée. Si enfin la cuisson n'est pas amenée exactement au degré qui convient, c'est la fermentation qui se produit à bref délai.

Dans la préparation des confitures, on doit donc se guider sur le fruit lui-même, pour régler les proportions du sucre.

CUISSON DES CONFITURES, MISE EN POTS, BOUCHAGE

Le temps de cuisson d'une confiture, quelle qu'elle soit, marmelade ou gelée, ne peut se déterminer que très approximativement. C'est une erreur absolue de chercher à fixer un temps juste, puisque la durée de la cuisson dépend uniquement de l'intensité du feu et de l'évaporation plus ou moins grande de l'eau de végétation des fruits. En principe, plus une confiture est cuite vivement et mieux cela vaut, parce que le fruit conserve mieux sa couleur.

Cependant, à moins d'une surveillance continue et de beaucoup de soins, une confiture où le fruit subsiste ne doit pas être conduite à trop grand feu, parce qu'elle risque de brûler. Par contre, lorsqu'il s'agit de gelées où seul le jus de fruit est traité, le feu doit être très ardent, pour arriver aussi vite que possible au degré qui indique que la cuisson est au point.

Ce degré est le même pour toutes et on le reconnaît à ceci :

Lorsque la vapeur s'échappe moins dense et que le bouillonnement se produit plus serré, c'est que l'évaporation est complète et que la cuisson est réelle, qui est très prompte, est en marche. A partir de ce moment, élever fréquemment l'écumoire hors de la bassine. La confi- ture qui y est attachée s'en détache très vite, puis, au bout de quelques minutes, on la voit se rassembler sur le milieu du tranchant de l'écu- moire et s'en détacher lentement par larges gouttes espacées.

C'est ce que l'on appelle la « Nappe », signe certain, qui indique que la confiture est au point de cuisson voulue.

Sitôt que le degré indiqué est atteint, retirer les confitures du feu. Laisser partir la grande chaleur pendant 7 à 8 minutes ; puis les re- mettre en pots en échauffant graduellement s'ils sont en verre, pour les empêcher d'éclater.

Le lendemain, poser sur chaque pot un rond de papier blanc enduit de glycérine rectifiée *(produit préférable au cognac)* posé à même sur la confiture. Fermer ensuite les pots avec un double papier ficelé autour et conserver au sec.

Confitures d'abricots.

Prendre de préférence des abricots de plein vent bien mûrs ; les partager en deux; casser les noyaux, monder les amandes et les diviser.

Compter 375 grammes de sucre en morceaux par 500 grammes de fruits. Mettre ce sucre dans une bassine avec 2 décilitres d'eau par kilo de sucre, quand il est dissous, le faire bouillir pendant quelques minutes et bien l'écumer.

Ajouter les abricots; cuire à feu pas trop vif, en remuant continuellement, surtout à la fin où la confiture risque davantage de s'attacher au fond de la bassine. Retirer du feu, aussitôt que la cuisson est à la nappe, comme il est expliqué plus haut ; mélanger les amandes dans la confiture et mettre en pots.

Confitures de cerises.

Dénoyauter les cerises, peser 750 grammes de sucre en morceaux par kilo de fruits et poids pour poids si le fruit n'est pas très sucré. Mettre le sucre en bassine; l'humecter d'eau pour le dissoudre, et le faire bouillir pendant 5 minutes en écumant soigneusement. Ajouter les cerises et un demi-litre de jus de groseille ; conduire la cuisson à feu vif, jusqu'à constatation du degré de cuisson, dit « à la nappe ».

NOTA. — Quand les fruits commencent à bouillir, avoir soin de bien enlever l'écume qui se produit, parce que cette écume troublerait les confitures, et d'autre part elle pourrait être cause de fermentation.

Confiture de fraises.

La fraise est très délicate à traiter ; il y a plusieurs façons d'opérer.

.Voici la méthode la plus simple et la plus rapide :

Éplucher les fraises, mûres à point ; ce fruit contenant généralement des impuretés, il est prudent de les plonger à grande eau froide; les retirer vivement et les égoutter. Peser 375 grammes de sucre en morceaux par 500 grammes de fruits. Mettre ce sucre dans la bassine; l'arroser d'eau pour le dissoudre et le cuire au « Boulet » (Voir « Cuis- son du sucre »), en ayant soin de bien l'écumer quand il commence à bouillir. Jeter les fraises dans le sucre ; tenir la bassine sur le côté du feu pendant 7 à 8 minutes, c'est-à-dire jusqu'à ce que l'eau de végétation du fruit l'ait dissous et ramené à l'état de sirop.

Égoutter alors les fraises sur un tamis. Continuer vivement la cuisson du sirop, jusqu'à ce que le degré indiqué commence à se constater. A ce moment, remettre les fraises dans le sirop pendant 5 minutes, c'est- à-dire jusqu'à ce que le degré de la nappe soit atteint.

Emplir les pots petit à petit pour que les fraises soient bien réparties partout et ne remontent pas en bloc à la surface, ce qui se produit lorsque les pots sont remplis trop vite. *

Confiture d'orange.

Choisir des oranges de belle couleur, sans taches, avec l'écorce assez épaisse et souple. Les piquer assez profondément avec un petit bâton pointu, cela pour faciliter la cuisson, et les jeter dans une bassine d'eau bouillante. Laisser bouillir une demi-heure, puis égoutter les oranges, les rafraîchir et les tenir sous un robinet d'eau courante pendant 12 heures, ou les faire tremper dans de l'eau froide souvent renouvelée pendant 18 à 20 heures. Ce trempage a pour but de compléter le ramollissement des écorces et l'enlèvement de l'amertume.

Ensuite, égoutter les oranges, les couper par petits quartiers, en retirer pépins et filaments et les passer au gros tamis.

Peser le même poids de sucre qu'il y a de purée d'orange. Dissoudre ce sucre dans la bassine et le faire bouillir pendant 5 minutes en l'écumant bien.

Ajoute r alors : la purée d' orange et un décilitre et demi de bon jus de pommes par 500 grammes de purée.

Dans la première partie de la cuisson, écumer avec le plus grand

soin; dans la seconde partie, remuer constamment avec la spatule, jus- qu'à constatation de la nappe.

NOTA. — On ajoute généralement à cette confiture, au dernier mo- ment, une quantité relative de zeste taillé en julienne très fine et cuit à fond.

Autre façon de procéder. — Faire tremper les oranges à l'eau courante pendant 24 heures. Les faire cuire entières dans de l'eau jusqu'à ce qu'une paille puisse traverser la pelure. A ce point, les retirer et les mettre dans de l'eau froide. Étant bien refroidies et raffermies, les couper en tranches minces, retirer les pépins.

Peser les fruits et prendre le même poids de sucre en morceaux, mettre le sucre dans la bassine, l ' humecter d ' e a u et le faire bouillir pendant 5 minutes en l'écumant soigneusement.

Ajouter alors les oranges émincées et 2 décilitres de jus de pomme par 500 grammes de fruits; continuer l'ébullition en remuant constamment, jusqu'à constatation de la nappe.

NOTA. — Beaucoup de gens aiment la confiture d'orange un peu amère et, dans ce cas, on ajoute quelques oranges amères.

Mais la meilleure marmelade d'orange est celle qui est faite avec seulement des oranges amères et jus de pomme.

Chez la ménagère avisée, elle pourra tirer le jus de pomme avec des pelures et pépins de pomme qu'elle fera cuire et employer la pulpe des pommes à tout autre usage.

Confiture de prunes.

Choisir le fruit de belle couleur dorée ; la Mirabelle de Metz est celle qui convient le mieux. Pour les prunes Reines-Claude, si on veut conserver leur couleur verte, ne pas en faire plus de 4 kilos à la fois et ne jamais mettre le fruit et le sucre macérer d'avance, ce qui donnerait à la confiture une couleur noirâtre.

Procéder comme il est expliqué pour la *confiture d'Abricots.*

Confiture de tomates.

Cette confiture se fait de différentes façons : soit la pulpe passée au tamis, ou les tomates simplement émincées, après les avoir pelées et débarrassées des pépins.

Première méthode. — Émincer les tomates et les passer au tamis. Mettre la purée qui en résulte dans la bassine ; faire bouillir pendant

5 à 6 minutes en remuant avec la spatule. Verser alors sur une serviette tendue sur un tabouret, comme pour passer une gelée et laisser égoutter à fond. L'égouttage fait, peser même poids de

sucre qu'il y a de pulpe. Mettre ce sucre dans la bassine avec un peu d' eau; le laisser dissoudre et le cuire au boulet, en ayant soin de bien l'écumer quand il commence à bouillir.

On pourra, à volonté, ajouter une gousse de vanille dans le sucre en le mettant en cuisson.

Le sucre étant au point indiqué, ajouter : la pulpe de tomates et un décilitre et demi de jus de groseilles par 500 grammes de pulpe ; cette addition de jus de groseilles est indispensable.

Placer la bassine sur un feu très vif et remuer sans arrêt, jusqu'à constatation de la nappe.

Deuxième méthode. — Choisir des tomates à chair ferme; les plonger pendant quelques secondes dans de l'eau bouillante, les retirer et les mettre dans de l'eau froide ; les débarrasser de leur pelure, les diviser en deux transversalement, retirer soigneusement les semences, puis émincer finement les tomates.

Peser même poids de sucre que de pulpe. Mettre le sucre dans la bassine avec 2 décilitres d'eau par kilo de sucre ; quand il est dissous, le faire bouillir quelques instants et bien l'écumer.

Ajouter la pulpe de tomate, le zeste d'un citron par 3 kilos de pulpe, ou un citron finement émincé ; cuire à feu vif, en remuant continuelle- ment et éviter que la confiture n'attache au fond de la bassine. Retirer du feu dès que la cuisson est à la nappe.

Troisième méthode. — Les tomates étant pelées, les diviser en quartiers; les épépiner, les disposer, par rangées, dans une marmite en terre en saupoudrant chaque rangée de cassonade blanche (calculer 800 grammes de cassonade par kilo de fruit)- Ajouter à volonté quelques tranches minces de citron. Couvrir la marmite, la mettre au four à chaleur tout à fait douce, donner 2 heures et demie à 3 heures de cuisson. Surveiller la cuisson pour qu'elle ne brûle pas.

Cette méthode, dite « à la Ménagère », peut s'appliquer à d'autres fruits.

La marmite étant retirée du four est mise en réserve et la confiture conservée dans l'ustensile même.

Autrefois, les « Bonnes-Mamans » cuisaient ces confitures, ainsi préparées, dans le four à pain, après que le pain en était retiré.

NOTA. — On ajoute quelquefois, aux tomates, un quart de litre de vin blanc par kilo de tomate, ou même quantité de bon vinaigre de vin blanc.

GELÉES DE FRUITS FRAIS

Gelée de cassis.

Choisir des cassis bien mûrs, les égrapper dans une terrine, les mettre dans une bassine avec un demi-verre d'eau par kilo de fruits; poser celle-ci sur le coin du feu et laisser fondre les fruits. Pendant cette cuisson préparatoire, les peaux des grains éclatent et le jus se répand dans la bassine ; il n'y a alors qu'à renverser les cassis sur un tamis placé au-dessus d'une terrine, ce qui est plus facile à faire que de les broyer et les tordre dans un linge pour extraire le jus.

Peser autant de fois 850 grammes de sucre qu'il y a de litres de jus ; mettre ce sucre dans la bassine, le faire dissoudre avec un peu d'eau et le cuire au boulet, en l'écumant soigneusement. Ajouter le jus de cassis et, facultativement, 2 décilitres de jus de groseilles blanches par litre de jus de cassis.

Tenir sur le coin du feu pendant quelques minutes pour que le mélange du sucre et des jus de fruits s'opère sans précipitation ; cuire ensuite la gelée à feu vif, jusqu'à obtention de la nappe et en écumant avec soin.

NOTA. — L'addition du jus de groseilles blanches au jus de cassis a simplement pour but d'en atténuer la couleur noire; il peut se sup- primer.

Gelée de coings.

Choisir des fruits bien mûrs, les couper en tranches, les peler, les épépiner et les jeter au fur et à mesure dans une terrine d'eau froide. Les mettre ensuite dans la bassine avec un litre d'eau environ par

500 grammes de fruits épluchés et les cuire sans précipitation et sans les toucher ni les remuer. Aussitôt cuits, les renverser sur un tamis placé sur une terrine et les laisser égoutter.

Remettre le jus dans la bassine avec 800 grammes de sucre en morceaux par litre de jus; faire dissoudre le sucre, puis cuire à feu vif jus- qu'à constatation de la nappe, et en ayant soin de bien écumer.

Sitôt la gelée cuite, la passer à travers une mousseline tendue sur une terrine, seul moyen de l'obtenir très limpide.

Gelée de groseilles.

Prendre deux tiers de groseilles rouges et un tiers de groseilles blanches.

Égrapper les groseilles dans une terrine au moyen d'une fourchette ; et peser un kilo de sucre en morceaux par kilo de fruits égrappés.

Paire dissoudre le sucre dans une bassine avec un peu d' eau; le cuire au petit boulet en ayant soin de bien l'écumer au début de l'ébullition.

Jeter les groseilles dans le sucre, tenir la bassine sur le coin du feu pendant 7 à 8 minutes pour que le jus sorte des grains ; cuire ensuite à feu vif jusqu'à la nappe, toujours en écumant avec beaucoup de soin. Renverser ensuite sur un tamis placé au-dessus d'une terrine et mettre en pots dès que la gelée est passée.

NOTA. — On peut, à volonté, ajouter aux groseilles, 100 grammes de framboises par kilo de groseilles.

Gelée de groseilles à froid.

Choisir de belles groseilles rouges, les broyer, les passer à travers un linge.

Ajouter au jus qui en résulte un kilo de glace de sucre par litre de jus et tenir au frais pendant 2 ou 3 heures, en ayant soin de remuer fréquemment avec une cuiller en argent pour faciliter la dissolution du sucre. Emplir les pots et les tenir à découvert pendant 2 ou 3 jours.

Ensuite, les couvrir comme d'habitude et les exposer au grand soleil pendant 2 jours, soit 2 ou 3 heures par jour.

NOTA. — Cette gelée est très délicate et très fragile et doit être conservée dans un endroit bien sec.

Gelée d'oranges.

Pour faire un litre de gelée d'oranges : 12 belles oranges du poids moyen de 150 grammes, 2 décilitres de bon jus de pommes, 500 gr. de sucre en morceaux, une forte cuillerée à soupe de sucre d'orange râpé.

Préparation : Presser les oranges à fond et filtrer le jus, mettre le sucre à dissoudre avec quelques gouttes d' eau; ajouter au sucre le jus d'oranges et le jus de pommes; cuire la gelée comme les précédentes, laisser refroidir pendant 10 minutes, ajouter le sucre d'orange et mettre en pots.

On peut, à volonté, ajouter à cette gelée une fine julienne d'écorce d'orange confite.

Gelée de pommes.

Choisir des pommes de reinette ; les diviser en quartiers ; les mettre dans la bassine avec 5 décilitres d'eau par 500 grammes de fruit.

Ne pas les cuire trop vite, ni trop longtemps. Aussitôt les pommes cuites, passer le jus sans presser le fruit. Décanter le jus, le mettre dans la bassine avec 900 grammes de sucre en morceaux et un quart de gousse de vanille par litre de jus. Cuire et passer à la mousseline comme la « Gelée de Coings ».

NOTA. — La pulpe de pomme ayant servi à faire le jus servira à faire une bonne marmelade.

LESBOISSONSDETABLE

Parmi les diverses boissons, telles la bière, le cidre, le poiré, le vin est celle qui convient le mieux à tous les tempéraments.

Le vin est un excitant nerveux, qualité qu'il doit à l'alcool, à son bouquet et aux matières qui le constituent.

Le vin vieux à dose modérée est un aliment réparateur, une boisson hygiénique.

Les vins jeunes contiennent trop d' acidité; les estomacs délicats et les vieillards doivent donc s'en abstenir ou les sucrer légèrement.

BOISSONS DIVERSES

Bavaroise.

Travailler dans une casserole 250 grammes de sucre en poudre avec 8 jaunes d'œufs, jusqu'à ce que l'appareil fasse le ruban.

Ajouter, l'un après l'autre, un décilitre de sirop de capillaire, un demi-litre de thé fraîchement fait, brûlant, et autant de lait bouillant, tout en fouettant avec un fouet pour que la boisson devienne très mousseuse. Compléter en dernier lieu avec 2 décilitres de kirsch ou rhum.

Si la Bavaroise est à la vanille, à l'orange ou au citron, faire infuser le parfum dans le lait un quart d'heure à l'avance. Si elle est au chocolat, faire dissoudre et lui ajouter le lait parfumé à la vanille. Si elle est au café : faire infuser dans le lait 100 grammes de café fraîchement torréfié et concassé; ou parfumer avec un demi-litre de café fraîchement fait.

La Bavaroise se sert dans des verres spéciaux et elle doit être à l'état de mousse.

Bischoff.

Mettre dans une terrine une bouteille de champagne; un verre de madère d'infusion de tilleul, une orange et un demi-citron coupés en tranches minces et assez de sirop à 32 degrés pour régler l'appareil à

18 degrés. Laisser macérer au frais pendant une heure. Passer ensuite au chinois fin ; glacer à la sorbetière comme un Granité et compléter avec 4 petits verres de fine champagne.

Servir dans des verres à punch.

Café glacé.

Verser petit à petit trois quart de litre d'eau bouillante sur 300 gr. de café fraîchement moulu et laisser passer doucement. Mettre ce café dans une terrine avec 600 grammes de sucre en morceaux ; laisser se dissoudre le sucre et refroidir le café. Ajouter alors un litre de lait bouilli parfumé à la vanille, bien froid, et un demi-litre de crème très fraîche.

Glacer à la sorbetière. Servir en tasses bien froides.

Café noir glacé.

Préparer un bon café noir suivant les meilleurs principes, et un peu fort, le sucrer modérément et faire glacer à la sorbetière.

Le servir dans des verres à sorbets.

Orangeade.

Presser le jus de 4 oranges et d'un citron pour un litre ; ajouter 2 décilitres et demi de sirop à 28 degrés, le zeste d'une orange et ajouter l'eau pour compléter le litre. Passer au tamis fin et mettre à rafraîchir en carafe placée dans un seau contenant de l'eau glacée.

Cette boisson doit marquer 10 à 12 degrés au pèse-sirop.

Limonade.

Procéder comme il est dit pour « L'Orangeade », en employant des citrons à la place des oranges.

Boissons fraîches.

Telles les cerises, les groseilles, les framboises se préparent de même que « L'Orangeade ».

Marquise au champagne.

Préparer la composition suivante : un demi-litre de sirop à 30 degrés et un demi-litre de jus d'ananas, ajouter du champagne, assez pour mettre la composition à 15 degrés environ et faire glacer en sorbets. Compléter avec 3 à 4 cuillerées de meringue italienne. Travailler vivement l'appareil pour le rendre mousseux. Servir en verres à sorbets.

Sprinchade.

Préparer une composition de glace aux fruits à 18 degrés et frappée à la sorbetière. Mélanger à un litre de cette composition à demi glacée 5 à 6 cuillerées de meringue italienne et travailler fortement pour rendre l'appareil mousseux et assez ferme. Servir en verres à sorbets.

Sprinchade au citron.

Un demi-litre de sirop à 30 degrés, y mêler le jus de 6 citrons et assez d'eau de Seltz ou, ce qui est mieux, du champagne pour ra- mener la composition à 18 degrés; faire frapper la sorbetière et compléter avec 5 à 6 cuillerées de meringues en travaillant fortement pour rendre la composition mousseuse. Servir en verres à sorbets.

Punch glacé à la Romaine.

Ce punch se prépare de façons différentes; la plus simple est celle-ci :

Préparer un appareil à sorbets au citron à 20 degrés, additionné du jus de 2 oranges par litre d'appareil et un décilitre de rhum. Faire frapper la composition à la sorbetière et compléter avec 5 à 6 cuillerées de meringue italienne en travaillant fortement pour rendre le punch mousseux.

Servir en pointes dans des verres à sorbets et ajouter dans chaque verre une forte cuillerée de vieux rhum.

Punch Marquise.

Mettre dans un poêlon en cuivre un litre de vin de Sauternes, 200 gr. de sucre en morceaux et un zeste de citron attaché avec un clou de girofle; faire dissoudre le sucre; chauffer le vin jusqu'à ce qu'il se couvre d'une fine mousse blanche ; le verser dans un bol à punch après en avoir retiré le zeste et le clou de girofle.

Ajouter 2 décilitres et demi de cognac chauffé, l'enflammer et laisser brûler jusqu'au bout.
Servir avec une tranche de citron dans chaque verre.

Punch chaud au thé.

Lever le zeste d'une orange et celui d'un citron; les mettre dans un bol, les saupoudrer de sucre, les laisser macérer un quart d'heure et les arroser d'un verre d'eau tiède.

Imbiber avec de l'eau froide 500 grammes de sucre en morceaux, mis dans un ustensile en cuivre ou en argent ; ajouter le jus de l'orange et du citron desquels on a retiré les zestes et une demi-bouteille de cognac; faire chauffer et enflammer le liquide; les flammes éteintes, ajouter l'infusion des zestes passée au chinois et 5 décilitres d'infusion de bon thé préparée au dernier moment.

NOTA. — On pourra augmenter l'infusion de thé, si on désire le punch moins fort.

Fraises des bois, ou de quatre-saisons au champagne.

Choisir des fraises bien mûres et très fraîches; les faire macérer au sucre dans un ustensile entouré de glace pilée. D'autre part, on aura préparé une glace à l'orange.

Dresser les fraises dans des coupes à champagne et sur les fraises un rocher de glace à l'orange. Verser dans les coupes du bon cham- pagne, ceci au moment de servir, en présence des convives.

NOTA. — On peut de la même façon servir divers fruits. On peut également varier le parfum de la glace et des liqueurs.

Vin chaud.

Verser une bouteille de bon vin rouge sur 200 grammes de sucre en morceaux mis dans un poêlon en cuivre, et faire dissoudre le sucre. Ajouter : le zeste d'un citron, un fragment de cannelle et de macis, un clou de girofle. Chauffer le vin jusqu'à ce qu'il se couvre d'une fine mousse blanche et passer au chinois fin.

Servir une rondelle de citron dans chaque verre.

Vin chaud à l'orange.

Sur 300 grammes de sucre en morceaux, verser 2 décilitres d'eau bouillante. Ajouter le zeste d'une ou deux oranges et laisser infuser pendant un quart d'heure. Retirer le zeste et mêler à l'infusion une bouteille de vin rouge : bourgogne ou bordeaux, chauffés.

Servir une rondelle d'orange dans chaque verre.

Vin à la Française.

Mettre 250 grammes de sucre en morceaux dans un saladier; l'arroser de quelques cuillerées d'eau pour le faire dissoudre.

Ajouter une bouteille de vin de bordeaux rouge et un citron coupé en rondelles minces et débarrassées des pépins. Bien remuer avec une louche en argent et servir avec une tranche de citron dans chaque verre.

NOTA. — On peut ajouter un demi-siphon d'eau de Seltz, ou même de la limonade gazeuse.

RATAFIAS

Les Ratafias ou liqueurs de Ménage, très appréciés autrefois, ne sont plus guère à la mode aujourd'hui, ce qui est très regrettable.

Le Ratafia se prépare avec toutes sortes de fruits.

Pour opérer, le fruit choisi est mis dans un bocal et recouvert d'eau-de-vie blanche, et **le** vase bien fermé est exposé au soleil pendant

40 jours.

On décante alors la liqueur, on y ajoute 3 décilitres de sirop à

30 degrés par litre de suc de fruit, puis on filtre et on met aussitôt en bouteilles que l'on bouche. Exemple :

Ratafia de merises.

Choisir 3 livres de belles merises très mûres, retirer les queues et les noyaux; piler à peu près la moitié des noyaux, les mettre dans un bocal, les couvrir avec de l'eau-de-vie blanche pour les faire infuser séparément.

Mettre les merises dans un bocal de grandeur voulue, les couvrir avec 4 litres d'eau-de-vie. Le vase étant bien fermé, l'exposer au soleil pendant 40 jours.

Réunir alors les deux infusions : noyaux et merises ; les passer à la passoire fine, leur mêler 2 livres de sucre en morceaux légèrement imbibés d'eau. Dès que le sucre est bien fondu, filtrer la liqueur au papier et mettre en bouteilles.

Liqueur de fraises et framboises préparée en quelques heures.

Choisir 5 à 600 grammes de belles fraises bien mûres et parfumées; les nettoyer soigneusement, les mettre dans une terrine en porcelaine blanche avec 300 grammes de framboises très mûres et bien fraîches.

D'autre part, avec 400 grammes de sucre en morceaux, préparer un sirop à 30 degrés parfumé à la vanille et de quelques grains de coriandre ; laisser refroidir le sirop pendant quelques minutes et le verser sur les fruits. Couvrir la terrine et laisser macérer pendant 3 à 4 heures.

Poser sur une terrine blanche un tamis de Venise, sur celui-ci une pièce de mousseline, plus large que le tamis, verser dedans fruits et sirop, laisser passer le sirop très doucement pour l'obtenir très clair.

Mêler alors le sirop obtenu à un litre de vieil armagnac et mettre en bouteilles.

NOTA. — Avec la pulpe du fruit, faire une marmelade.

J'ai remarqué que les infusions faites au sirop, puis mélangées à de bon armagnac, avaient l'avantage de mieux conserver le goût des fruits et d'être vivement faites. — **A. E.**

MENUS TYPES

JANVIER
DÉJEUNER
Hors-d'œuvre. Œufs moulés Verdi. Épaule d'Agneau de lait Parmentier.
Terrine de Faisan à la gelée.
Salade d'Endive.
Poire3 Impératrice. Galette feuilletée.
DINER
Petite Marmite.
Turbotin Bonne Femme.
Ris de veau poêlés.
Pointes d'asperges au beurre.
Bécassines Chasseur. Salade de Laitue.
Mont Blanc aux Marrons. Mirlitons de Rouen.
SOUPER
Caviar frais.
Consommé de volailles en iasse. Mignonnettes de Sole diablées.
Côtelettes d'Agneau de lait Maréchal. Petits Pois (primeur) au beurre.
Parfait de Foie gras. Roast chauds.
Mandarines glacées. Petits Mille-Feuilles.

FÉVRIER

DÉJEUNER
Hors-d'œuvre. Huîtres ravigote.
Rougets à la Livoumaise. Chateaubriand Béarnaise.
Pommes soufflées.
Terrine de Canard Rouennaise.
Salade de Chicorée.
Soufflé Élisabeth. Puits d'amour.
DINES
Potage Bortsch.
Timbale de sole Grimaldi.

Selle de Chevreuil Grand Veneur.

Purée de Châtaignes.

Chapon rôti. Salade verte. Coupes Hélène. Palmiers.

SOUPER

Consommé de tortue au Marsala. Queues *d'Écrevisses à la Nantua. Pilaw de Cailles à l'Orientale. Blanc de Poulet sur mousse de tomate. Salade Rachel. Asperges de Lauris. Biscuit Sigurd. Gaufrettes Anglaises.*

MARS
DÉJEUNER
Hors-d'œuvre. Crevettes roses.
Brandade truffée.
Filets mignons de veau Orloff.
Concombres à la crème. Asperges vertes à l'huile. Crêpes Châtelaine. Fruits.
DINER
Crème de volaille à l'aurore. Filets de Barbue Dieppoise. Baron d'Agneau à la broche.
Pommes Mireille.
Rouge de rivière au Porto.
Salade Lorette.
Haricots verts nouveaux au beurre.
Parfait au Café. Sacristains.
SOUPER
Caviar de Sterlet.
Consommé à l'essence de Céleri.
Filets de Truite glacés sur *mousse au Volnay Suprême de Poulet Saint-Germain.*
Petits Pois frais de Nice.
Friands au fromage.
Pêches du Cap Melba. Tartelettes perlées.

AVRIL
DÉJEUNER
Œufs de Pluvier. Anguille à la Tartare. Poussins Valentinois.
Pointes d'Asperges au beurre.
Fricandeau à la gelée. Cœurs de laitue. Bananes Soufflées. Croquets de Bordeaux.
DINER
Potage Longchamps.
Sole Meunière aux morilles. Jambon de Prague au Marsala.
Fèves de Marais.
Poulet de grains à la broche.
Cœurs de Romaine.
Fraises Fémina. Gâteaux Condé.
SOUPER
Consommé à l'essence de morilles. Truites de rivière à la nage (froides).
Côtelettes d'agneau Villeroy. Petits pois à l'Anglaise.
Cailles Richelieu. Salade de Laitue- Pêches Adrienne. Gaufrettes Normandes

MAI
DÉJEUNER
Melon Cantaloup. Œufs Grand Duc. Rumpsteak Mirabeau. Pommes Persillées.
Terrine de Poulet à la gelée.
Salade Printanière.
Anana3 à la Créole. Croquets de Bordeaux
DINER
Potage Saint-Germain. Turbotin Dugléré.
Épigramme d'Agneau Jardinière. Caneton de Rouen au sang.
Salade de Romaine. Asperges à la Polonaise.
Fraises Sarah-Bernhardt. Conversations.

SOUPER
Melon Cocktail.
Velouté léger de Poulet en tasse.
Filets de Sole glacés sur mousse de Crevettes Côtelettes de volaille Pojarski•
Petits pois à la Française. Terrine de Canard au Porto.
Salade Saint-Jean.
Mousseaux fraises parfumées au Curaçao.
Langues de chat.

JUIN
DÉJEUNER
Hors-d'œuvre divers. Melon au gingembre.
Œufs Polignac à la gelée.
Croquettes de volaille à la Soubise tomatée.
Jambon sous la cendre.
Fèves à la Sarriette. Salade Bagration. Nectarines Orientale. Gaufrettes roulées.
DINER
Consommé Rachel.
Darne de saumon sauce Génevoise.
Pigeonneaux aux petits pois.
Selle de Présalé poêlée. Purée d'artichauts Salade Irma.
Abricots meringués. Sablés de Lisieux.
SOUPER
Consommé Madrilène entasse.
Paillettes au Parmesan. Homard à la New-burg. Noisettes d'agneau Maréchal.
Pointes d'asperges à la crème. Dindonneau en daube
Salade Américaine.
Framboises rafraîchies. Crème Chantilly.
Conques glacées-

JUILLET
DÉJEUNER
Grape-fruit. Jambon de Parme. Timbale de Sole aux Ravioli».
Rognons d'agneau sautés au Paprika.
Champignons à la Crème.
Poulets Reine en gelée à l'estragon.
Salade de légumes.
Ananas frais au kirsch. Éclairs au café
DINER
Consommé Madrilène. Paillettes au Parmesan. Merlans à l'anglaise. Selle d'Agneau Soubise.
Flageolets nouveaux au beurre.
Pommes Byron.
Jeunes Pintades en Cocotte. Salade de romaine et tomate.
Bombe Hélène. Papillons caramélisés.
SOUPER
Coupe de Melon au Porto.
Consommé Viveur.

Petits Palets au fromage.
Timbale de crevettes roses au Paprika.
Riz Pilaw Poussins Grand'mère. Salade mélangée (mode Niçoise). Mousse de Jambon Alsacienne.
Pêche au Sabayon.

AOUT
DÉJEUNER
Melon de Chypre. Saumon fumé.
Omelette à l'Espagnole.
Londe de Veau poêlée au beurre.
Fonds d'Artichauts émincés sauce Suprême aux truffes.
Flan aux Champignons.
Pêches Bourdaloue. Mille-Feuilles,
DINER
Petite Marmite.
Filets de Sole Dugléré.
Timbale de Ris d'Agneau Toulousaine.
Coquillettes à la Crème.
Grouse à l'Écossaise (Bread-Sauce). Pommes Chip. Céleri à la moelle.
Mousse à l'Ananas. Gaufrettes Flamandes,
SOUPER
Consommé de Poulet en gelée. Coquilles d'Écrevisses Nantua. Noisettes d'Agneau Lavallière.
Pommes Parisienne.
Grouses froides à la gelée. Salade de Laitue aux œufs.
Biscuit glacé. Éclairs caramélises.

SEPTEMBR E

DÉJEUNER
Huîtres Côtes Rouges. Œufs Grand-Duc. Pilaw de rognons de coq à l'Orientale.
Aubergines sautées aux tomates.
Grouse à la gelée.
Salade de Chicorée et Betterave.
Bananes flambées au Rhum. Éclairs au café.
DINER
Consommé aux ailerons de Poulet à l'Ecossaise. Mostèle à l'Anglaise.
Selle de Veau Orloff. Concombres au Velouté.
Perdreaux aux feuilles de Vigne.
Salade Floride.
Cèpes persillés. Poires Jubilé.
SOUPER
Caviar frais.
Consommé de Poulet entasse.
Tartelettes à la moelle.
Côtelettes d'Agneau de Pauillac Maréchal. Fonds d'artichauts émincé sà la crème.
Cailles Richelieu.
Salade de Laitue aux œufs.
Petits Soufflés glacés. Langues de Chat.

OCTOBRE

DÉJEUNER

Huîtres. Cocktail. Gnokis à la Parisienne.

Sauté d'Agneau Chasseur. Pommes rissolées Terrine de Perdreau Toulousaine.

Salade Barbe de Capucin et Betterave.

Savarin aux fruits.

DINER

Velouté de Poulet au Paprika rosé.

Sole Véronique.

Ris de Veau Financière. Nouilles à l'Alsacienne.

Faisan à la Broche. Salade de Chicorée.

Céleri à la moelle et Parmesan.

Soufflé Lérina.

SOUPER

Caviar frais. Blinis.

Soupe à l'oignon gratinée.

Huîtres à l'Anglaise.

Perdreaux aux raisins à la crème. Salade de blanc de Poulet, artichauts et truffes.

Poires Bohémienne. Macarons.

NOVEMBRE
DÉJEUNER
Cèpes marinés. Salami de Bologne.
Bouillabaisse Provençale.
Selle d'Agneau de lait en cocotte, aux truffes de Vaucluse.
Nouilles au beurre.
Croustade de Grives aux Olives noires.
Salade de Laitue.
Poires Mireille. Macarons d' Aix.
(Menu d'un déjeuner à Carpentras.)
DINER
Velouté Crécy.
Truite saumonée au coulis d'Écrevisses.
Poularde Derby.
Selle de Chevreuil Grand Veneur. Purée de Châtaignes. Sauce groseille au raifort. Coeurs d'artichaut garnis de pointes d'asperges à la crème. Pommes à la Châtelaine. Friandises.
SOUPER
Caviar frais. Crêpes au blé noir. Consommé au suc de pommes d'amour.
Paillettes au Parmesan.
Cuisses de Grenouilles Meunière.
Faisan à la Périgourdine. Salade Lorette. S o u f f l é au Paprika. Coupes Adclinc Patiî.
DÉCEMBRE
DÉJEUNER
Variétés Norvégiennes. Huîtres à l'Américaine.
Matelote de Carpe et Anguille.
Ris d'Agneau sautés au beurre sauce Ivorre Pommes Macaire.
Pâté de Lièvre à la gelée. Salade d'Endive et Betterave.
Tarte aux Poires. Crème Chantilly.
DINER
Potage Tortue.
Paupiettes de Sole New-burg.
Râble de Marcassin.
Purée de marrons. Sauce Venaisoi.
Poulet Reine à la broche. Salade de Cresson et Laitue.
Chou-fleur au gratin.
Mousse pralinée. Mille-feuilles.
SOUPER
Huîtres. Caviar frais. Consommé Gladiateur.
Filet de Poulet à l'Anglaise. Bacon grillé. Purée de Céleri.
Pâté de foie gras. Salade Vénitienne.
Poires flambées au kirsch. Biscuit mousseline à l'orange

CPSIA information can be obtained
at www.ICGtesting.com
Printed in the USA
BVHW011406110722
641847BV00007B/422